THIRD EDITION

AVENTURAS

PRIMER CURSO DE LENGUA ESPAÑOLA

Philip Redwine Donley, late

José A. Blanco

VISTA
HIGHER LEARNING

Boston, Massachusetts

Publisher: José A. Blanco
Vice President & Editorial Director: Beth Kramer
Managing Editor: Sarah Kenney
Project Manager: Gabriela Ferland
Design and Production Team: Polo Barrera, Oscar Diez,
Rachel Distler, Linda Jurras, Nicholas Ventullo

1 2 3 4 5 6 7 8 9 RR 14 13 12 11 10 09
Maestro ® and Maestro ® Language Learning System and design are registered trademarks
of Vista Higher Learning, Inc.

Introduction

Welcome to **AVENTURAS, Third Edition!** This highly successful introductory Spanish program is designed to provide you with an active and rewarding learning experience. You are about to embark on an exciting adventure as you learn Spanish and explore the diverse cultures of the Spanish-speaking world.

New to the Third Edition

- **Video!** Two engaging video programs, **Flash cultura** and **Videoclip**, provide authentic cultural and linguistic input

- **Culture!** An enhanced **Exploración** section presents compelling cultural information on the products, practices, and perspectives of the Spanish-speaking world

- **Readings!** Two new readings—a literary piece and a comic—in the **Lectura** section help you develop your reading skills with authentic material

- **Integrated Technology!** Virtual Interactive Textbook (**vText**), the completely online and interactive version of the Student Edition; a comprehensive upgrade to the **AVENTURAS** Supersite (<u>aventuras.vhlcentral.com</u>); see p. xxx for a complete description

- **Support!** Ancillaries like the **Flash cultura** video program and MAESTRO® Language Learning System all closely integrated with your student text

Original Hallmark Features

- Fresh, user-friendly design and layout that support and facilitate language learning

- An easy-to-navigate, color-coded lesson organization

- An abundance of illustrations, photos, and charts specifically chosen to help you learn

- Integration of an appealing storyline video in each lesson

- Practical, high-frequency vocabulary for communicating in real-life situations

- Clear, concise grammar explanations that graphically highlight important concepts

- Guided activities practice vocabulary and grammar so that you feel confident communicating in Spanish

- Abundant opportunities to interact in communicative situations

- A process approach to reading, writing, and listening skills

- Presentation of important cultural aspects of the daily lives of Spanish speakers and coverage of the entire Spanish-speaking world

- A complete set of print and technology ancillaries to make learning Spanish easier

To familiarize yourself with the program's organization, as well as its original and new features, turn to page xii and take the **AVENTURAS**-at-a-glance tour.

table of contents

	PREPARACIÓN	**AVENTURAS**

EXPLORACIÓN	GRAMÁTICA	LECTURA

table of contents

	PREPARACIÓN	AVENTURAS

table of contents

	PREPARACIÓN	**AVENTURAS**

EXPLORACIÓN	GRAMÁTICA	LECTURA

table of contents

	PREPARACIÓN	**AVENTURAS**

EXPLORACIÓN	GRAMÁTICA	LECTURA

Lesson Openers
outline the content and goals of each lesson.

4 El fin de semana

Communicative Goals
You will learn how to:
- talk about pastimes, weekend activities, and sports
- make plans and invitations
- say what you are going to do

PREPARACIÓN
pages 84–89
- Words related to pastimes and sports
- Places in the city
- Word stress and accent marks

AVENTURAS
pages 90–91
- Don Francisco informs the students that they have an hour of free time. Inés and Javier decide to walk through the city. Maite and Álex go to a park.

EXPLORACIÓN
pages 92–93
- Bajo la lupa: *Real Madrid y Barça: rivalidad total*
- Flash Cultura: *¡Fútbol en España!*

GRAMÁTICA
pages 94–105
- Present tense of **ir**
- Present tense of stem-changing verbs
- Verbs with irregular **yo** forms

LECTURA
pages 106–107
- Newspaper article: *Guía para el fin de semana*

PARA EMPEZAR
- ¿Cómo son estas personas? ¿Gordas o delgadas?
- ¿Son jóvenes o viejas?
- ¿En qué tienen interés: en el fútbol o en el ciclismo?
- ¿Tienen calor o frío?

Para empezar A series of questions on the lesson opener photo recycles the language you already know and previews the vocabulary you are about to learn.

Lesson organization Consistent, color-coded sections make navigating each lesson easy.

Preparación
introduces vocabulary central to the lesson theme.

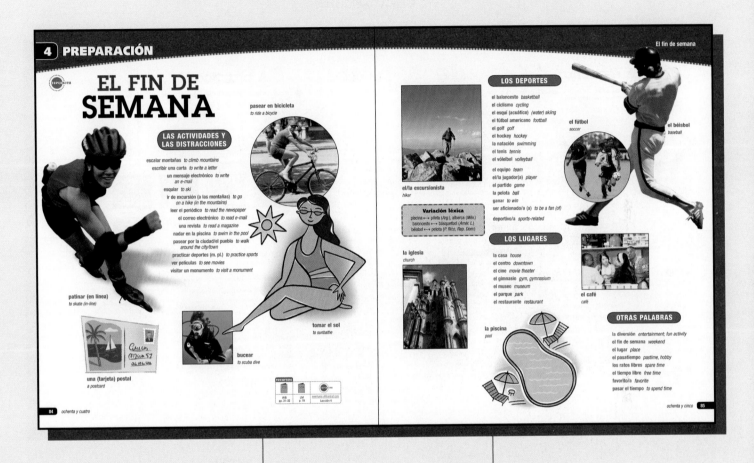

Art Dynamic photos and illustrations present high-frequency vocabulary.

Vocabulary Theme-related vocabulary appears in easy-to-reference Spanish/English lists.

Recursos These boxes let you know exactly which print and technology ancillaries you can use to reinforce and expand on every section of every lesson. See page xxviii for a legend of the **recursos** boxes.

Variación léxica This presentation of alternate words and expressions highlights the richness of the Spanish-speaking world.

Preparación
practices vocabulary in stages.

A escuchar Practice always begins with a page of listening activities that focus on vocabulary recognition and comprehension.

A practicar Practice continues with a page of guided and transitional activities that reinforce the new vocabulary in diverse formats.

Icons Icons provide a visual cue that indicates listening, Supersite, pair, group, and info gap activities. See page xxviii for a legend of all the icons used in the student text.

Preparación
wraps up vocabulary practice with communicative activities.

A conversar

6 **¿Y tú?** Interview your partner using these questions.

1. ¿Te gustan los deportes?
2. ¿Qué deportes practicas?
3. ¿Cuál es tu deporte favorito? ¿Por qué te gusta?
4. ¿Te gusta pasear en bicicleta? ¿Dónde paseas y con quién?
5. ¿Escribes muchos mensajes electrónicos? ¿A quién escribes los mensajes?
6. ¿Qué periódicos y revistas lees? ¿Por qué?

7 **En el campus** With a partner, describe what the people in the illustration are doing.

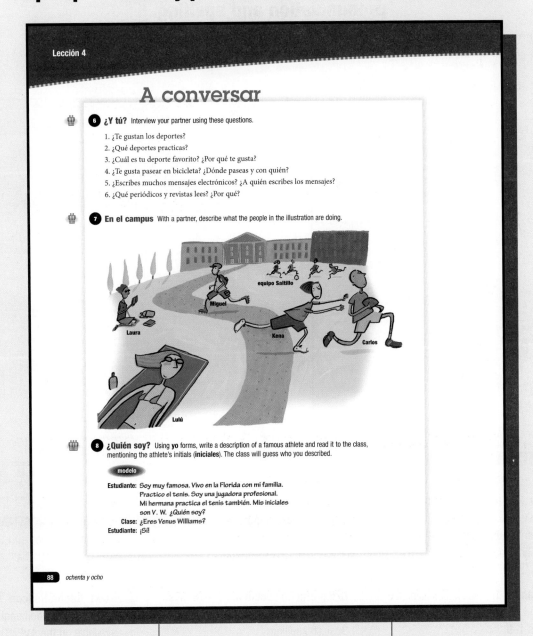

equipo Saltillo
Miguel
Laura
Kena
Carlos
Lulú

8 **¿Quién soy?** Using **yo** forms, write a description of a famous athlete and read it to the class, mentioning the athlete's initials (**iniciales**). The class will guess who you described.

modelo

Estudiante: *Soy muy famosa. Vivo en la Florida con mi familia.*
Practico el tenis. Soy una jugadora profesional.
Mi hermana practica el tenis también. Mis iniciales
son V. W. ¿Quién soy?
Clase: *¿Eres Venus Williams?*
Estudiante: *¡Sí!*

A conversar This final set of activities gets you using vocabulary creatively for self-expression in interactions with a partner, a small group, or the entire class.

Information Gap activities These activities, in **Lecciones 5–16** engage you and a partner in communication based on handouts your instructor gives you. You each have only half of the information, so you must work together to accomplish the task.

Preparación

Pronunciación and *Ortografía* present the basics of Spanish pronunciation and spelling.

Pronunciación This section explains the sounds and pronunciation of Spanish in **Lecciones 1–9**.

Ortografía In **Lecciones 10–16**, this section focuses on topics related to Spanish spelling.

New! Supersite Icon An icon indicates that additional content is available on the **AVENTURAS** Supersite (**aventuras.vhlcentral.com**). For more information, see page xxx.

Aventuras
tells the story of four students traveling in Ecuador.

Personajes The photo-based conversations take place among a cast of recurring characters—four college students on vacation in Ecuador and the bus driver who accompanies them.

AVENTURAS Video The photo-based **Aventuras** conversations appear in the textbook's video program. To learn more about the video, turn to page xxvi.

Conversations Taken from the **AVENTURAS** video, the conversations re-enter vocabulary from **Preparación**. They also preview structures from the upcoming **Gramática** section in context <u>and</u> in a comprehensible way.

Para recordar Video recap activities help you recall the events of the previous lesson's **Aventuras** episode and prepare you for the upcoming one.

Actividades Guided exercises check your understanding and communicative activities allow you to react in a personalized way.

Expresiones útiles New, active words and expressions are organized by language function so you can focus on using them for real-life, practical purposes.

AVENTURAS-at-a-glance

Exploración
highlights engaging contemporary culture through reading and video.

New! Bajo la lupa This feature article focuses on a person, place, custom, event, or tradition in the Spanish-speaking world, with an emphasis on contemporary, day-to-day culture. In Spanish as of **Lección 7**, this feature also provides valuable reading practice.

New! Así se dice & Conexión Internet Additional lexical and cultural features expand cultural coverage to traditions, customs, trends, and vocabulary from all over the Spanish-speaking world.

New! Flash Cultura An icon lets you know that the enormously successful **Flash Cultura** Video offers specially-shot content tied to the lesson theme. Previewing support and comprehension activities are integrated into the student text. To learn more about the video, turn to page xxvii.

Gramática

uses innovative design to support the learning of Spanish.

Layout For each grammar point, the explanation and practice activities appear together on two facing pages. Grammar explanations in the outside panels are the foundation for the activities in the shaded inner panels, providing you with support on the same page.

Explanations Written with the student in mind, **AVENTURAS'** grammar explanations are known for their clarity. Images, charts, and diagrams support the text by illustrating language and calling out key grammatical structures, patterns, and vocabulary.

Video Photos from the **AVENTURAS fotonovela** Video integrate the video into the grammar explanations, providing a model and a real-life context for the structures you are studying.

AVENTURAS-at-a-glance

Gramática

progresses from directed to communicative practice.

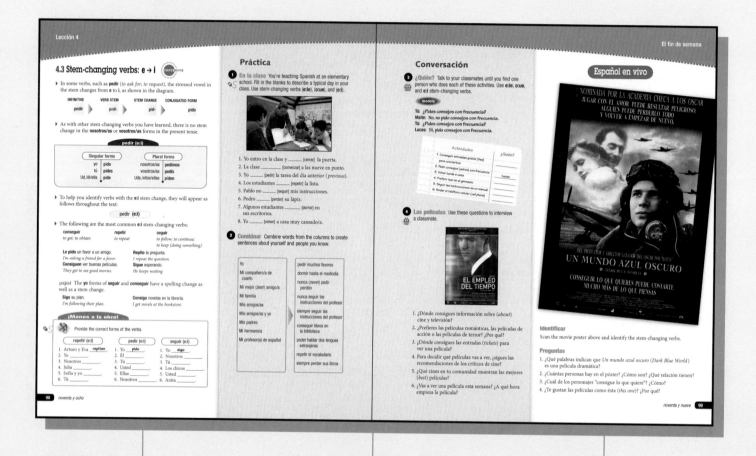

¡Manos a la obra! This first practice activity gets you working with the grammar point right away in simple, easy-to-understand formats.

Práctica Activities provide a wide range of guided exercises in contexts that combine current and previously learned vocabulary with each grammar point.

Español en vivo Authentic documents, like advertisements and movie posters, highlight the new grammar point in a real-life context.

Conversación Opportunities for personalized expression use the lesson's grammar and vocabulary. Activities take place with a partner, in small groups, or with the whole class.

Icons Mouse and Supersite icons let you know when content from the text is available online with auto-grading and when additional content is available. For more information, see page xxx.

Information Gap activities Just as in **Preparación**, these activities involve you and a partner in tasks and problem-solving situations.

Gramática

includes additional practice and a new video section.

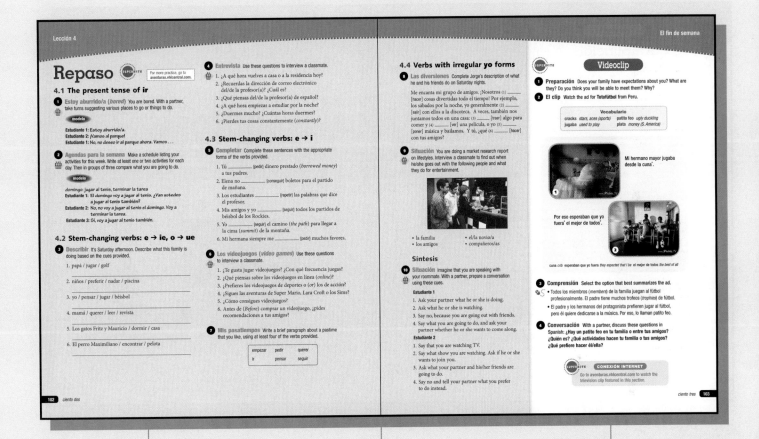

Repaso Two directed and/or communicative exercises provide additional practice opportunities for each grammar point.

Síntesis Every **Repaso** section concludes with an open-ended, cumulative activity that allows you and your classmates to re-combine the grammar points of the lesson with the lesson's vocabulary.

New! Videoclip An authentic video clip synthesizes the entire lesson in a fun and engaging way. News stories, commercials, and even short films will get you excited about learning Spanish and expose you even more to the cultures of the Spanish-speaking world.

AVENTURAS-at-a-glance

Gramática

emphasizes listening, writing, and speaking in *Ampliación.*

Escuchar A recorded conversation or narration develops your listening skills in Spanish and checks your understanding of what you heard.

Tips Valuable on-the-spot listening and writing strategies help you carry out the activities effectively.

Un paso más This project guides you to research and create a tangible product such as a brochure or a Web page.

Conversar Your oral communication skills are developed through realistic, practical role-plays and situations.

Escribir A writing topic and plan take you step-by-step through the writing process, including planning, writing a first draft, peer review, and correcting your work.

Conexión Internet This list of relevant topics leads you to further research and discovery on the **AVENTURAS** Supersite (**aventuras.vhlcentral.com**).

Lectura
develops reading skills in the context of the lesson theme.

Antes de leer This feature presents helpful strategies and pre-reading activities to build your reading abilities in Spanish.

Readings The selections are specifically related to the lesson theme and recycle the vocabulary and grammar you have learned. **Lecciones 13–16** feature literary selections so you can experience reading works by well-known authors in Spanish.

Después de leer Exercises check your comprehension of the reading.

Coméntalo Activities encourage you to discuss the material in the reading with respect to your own life.

Vocabulario
summarizes the active vocabulary in each lesson.

4 VOCABULARIO

Las actividades

bucear	to scuba dive
escalar montañas (f. pl.)	to climb mountains
escribir una carta	to write a letter
un mensaje electrónico	an e-mail message
una (tarjeta) postal	a postcard
esquiar	to ski
ganar	to win
ir de excursión (a las montañas)	to go for a hike (in the mountains)
leer el correo electrónico	to read e-mail
un periódico	a newspaper
una revista	a magazine
nadar	to swim
pasar el tiempo	to spend time
pasear en bicicleta	to ride a bicycle
pasear por la ciudad/el pueblo	to walk around the city/town
patinar (en línea)	to skate (in-line)
practicar deportes (m. pl.)	to play sports
ser aficionado/a (a)	to be a fan (of)
tomar el sol	to sunbathe
ver películas (f. pl.)	to see movies
visitar un monumento	to visit a monument
la diversión	entertainment; fun activity
el/la excursionista	hiker
el fin de semana	weekend
el pasatiempo	pastime, hobby
los ratos libres	spare time
el tiempo libre	free time

Los deportes

el baloncesto	basketball
el béisbol	baseball
el ciclismo	cycling
el equipo	team
el esquí (acuático)	(water) skiing
el fútbol	soccer
el fútbol americano	football
el golf	golf
el hockey	hockey
el/la jugador(a)	player
la natación	swimming
el partido	game
la pelota	ball
el tenis	tennis
el vóleibol	volleyball

Verbos

cerrar (e:ie)	to close
comenzar (e:ie)	to begin
conseguir (e:i)	to get; to obtain
dormir (o:ue)	to sleep
empezar (e:ie)	to begin
encontrar (o:ue)	to find
entender (e:ie)	to understand
hacer	to do, to make
ir	to go
ir a (+ inf.)	to be going to do something
jugar (u:ue)	to play
mostrar (o:ue)	to show
oír	to hear
pedir (e:i)	to ask for; to request
pensar (e:ie)	to think
pensar (+ inf.)	to intend; to plan
pensar en	to think about
perder (e:ie)	to lose; to miss
poder (o:ue)	to be able to, can
poner	to put; to place
preferir (e:ie)	to prefer
querer (e:ie)	to want; to love
recordar (o:ue)	to remember
repetir (e:i)	to repeat
salir	to leave
seguir (e:i)	to follow; to continue; to keep (doing something)
suponer	to suppose
traer	to bring
ver	to see
volver (o:ue)	to return

Adjetivos

deportivo/a	sports-related
favorito/a	favorite

Los lugares

el café	café
la casa	house
el centro	downtown
el cine	movie theater
el gimnasio	gym, gymnasium
la iglesia	church
el lugar	place
el museo	museum
el parque	park
la piscina	swimming pool
el restaurante	restaurant

Expresiones útiles	See page 91.

recursos

SUPERSITE
aventuras.vhlcentral.com
Lección 4

Recorded vocabulary The headset icon and the **recursos** box highlight that the vocabulary is recorded on the **AVENTURAS** Supersite at **aventuras.vhlcentral.com**.

Aventuras en los países hispanos
presents the countries of the Spanish-speaking world.

Maps These maps situate the country or region on its continent and highlight significant features.

Readings Contemporary readings with eye-catching photos explore key facets of the target location's culture, such as history, fine arts, food, celebrations, and traditions.

Conexión Internet This feature leads you to related topics to investigate further on the **AVENTURAS** Supersite (**aventuras. vhlcentral.com**).

Video A video segment from the **Aventuras en los países hispanos** Video Program country lets you experience the sights and sounds of each country featured in this section.

Opening and closing pages The opening page sets the scene for the section with a dramatic photo and statistics about the location. **¿Qué aprendiste?** activities on the closing page check your understanding of key ideas.

The Cast

Here are the main characters you will meet when you watch the **AVENTURAS** video:

From Ecuador,
Inés Ayala Loor

From Puerto Rico,
Javier Gómez Lozano

From Spain,
**María Teresa (Maite)
Fuentes de Alba**

From Mexico,
**Alejandro (Álex)
Morales Paredes**

And, also from Ecuador,
**don Francisco
Castillo Moreno**

Video programs

Aventuras

Fully integrated with your textbook, the **AVENTURAS** Video contains fifteen episodes. The episodes present the adventures of four college students who are studying at the **Universidad de San Francisco** in Quito, Ecuador. They each decide to spend their vacation break on a bus tour of the Ecuadorian countryside with the ultimate goal of hiking up a volcano. The video, shot in various locations in Ecuador, tells their story and the story of Don Francisco, the tour bus driver who accompanies them.

The **Aventuras** section in each textbook lesson is actually an abbreviated version of the dramatic episode featured in the video. Therefore, each **Aventuras** section can be done before you see the corresponding video episode, after it, or as a section that stands alone in its own right.

In each dramatic segment, the characters interact using vocabulary and grammar you are studying. As the storyline unfolds, the episodes combine new vocabulary and grammar with previously taught language. The **Resumen** segment serves to recap the plot as well as to emphasize the grammar and vocabulary you are studying.

Aventuras en los países hispanos

The **Aventuras en los países hispanos** Video is integrated with each **Aventuras en los países hispanos** section in **AVENTURAS**. Each segment is 2–3 minutes long and consists of documentary footage from each of the countries featured. The images were specially chosen for interest level and visual appeal; the all-Spanish narrations were carefully written to reflect the vocabulary and grammar covered in the textbook.

As you watch the video segments, you will experience a diversity of images and topics: cities, monuments, traditions, festivals, archeological sites, geographical wonders, and more. **Aventuras en los países hispanos** covers each Spanish-speaking country, including the United States and Canada, and gives you the opportunity to expand your cultural perspectives with information directly related to the content of **AVENTURAS**.

NEW! Flash Cultura

The dynamic, new **Flash Cultura** Video is fully integrated into the **Exploración** section of each lesson and into your Video Manual. Shot in eight countries (US, Puerto Rico, Mexico, Spain, Argentina, Costa Rica, Ecuador, and Peru), these contemporary and engaging episodes expand on the lesson themes. Each episode is hosted by a correspondent from the featured country; the host provides valuable information about a tradition, event, resource, or other aspect of the country's culture and talks to the locals to get their opinions about the subject at hand.

The episodes are entirely in Spanish as of **Lección 7**, but they feature authentic interviews in Spanish from the very beginning, exposing you to the diverse and authentic accents of the Spanish-speaking world. Support materials in the text, on the Supersite, and in the Video Manual make these interviews accessible so you get the most out of them.

We hope you enjoy **Flash Cultura, ¡el programa donde aprender es toda una aventura!**

NEW! Videoclip

New to this edition, **AVENTURAS** now features an authentic video clip from the Spanish-speaking world for each lesson. Clip formats include commercials, news stories, and even a short film. These clips have been carefully chosen to be comprehensible for students learning Spanish. Developed by Spanish speakers for Spanish speakers, they offer another valuable window into the products, practices, and perspectives that are key to the cultures of the Spanish-speaking world. More importantly, though, these clips are a fun and motivating way to improve your Spanish!

Here are the countries represented in each lesson in **Videoclip**.

Lesson 1 US	Lesson 5 Mexico	Lesson 9 US	Lesson 13 Argentina
Lesson 2 Chile	Lesson 6 Spain	Lesson 10 Argentina	Lesson 14 Argentina
Lesson 3 US	Lesson 7 Argentina	Lesson 11 Colombia	Lesson 15 Spain
Lesson 4 Peru	Lesson 8 Colombia	Lesson 12 Argentina	Lesson 16 El Salvador

You may view videos featured in **AVENTURAS** with subtitles on the Supersite (**aventuras.vhlcentral.com**).

Icons and recursos boxes

Icons Familiarize yourself with these icons that appear throughout **AVENTURAS**.

Icons legend

Supersite content available	Pair activity
Activity available on Supersite	Group activity
Video-based activity/section	Information Gap activity
Listening activity/section	

Recursos boxes let you know exactly which print and technology ancillaries you can use to reinforce and expand on every section of every lesson. They even include page numbers when applicable.

Recursos boxes legend

Workbook WB pp. 37–38	Video Manual VM pp. 199–200
Lab Manual LM p. 19	AVENTURAS Supersite aventuras.vhlcentral.com Lección 4

Student Ancillaries

- **EXPANDED! Workbook/Video Manual**
  The Workbook activities provide additional practice of the vocabulary and grammar in each textbook lesson and the information in the **Aventuras en los países hispanos** sections. The Video Manual includes pre-, while-, and post-viewing activities for the **Aventuras, Aventuras en los países hispanos**, and the new **Flash Cultura** videos.

- **Lab Manual**
  The Lab Manual activities build listening comprehension, speaking, and pronunciation skills.

- **Lab Program MP3s**
  The Lab Program MP3s provide the recordings to be used in conjunction with the activities in the Lab Manual. These recordings are available on the **AVENTURAS** Supersite.

- **Textbook MP3s**
  The Textbook MP3s are the recordings for the listening activities in the **Preparación, Pronunciación,** and **Ampliación** sections in each lesson of the student text, as well as the active vocabulary in each end-of-lesson **Vocabulario** list. These recordings are available on the **AVENTURAS** Supersite.

- **Web-SAM**

  The Web-SAM delivers the Workbook/Video Manual, and Lab Manual online with automatic scoring. Instructors have access to powerful classroom management and gradebook tools that allow in-depth tracking of students' scores and customization of activities.

- **EXPANDED! Supersite**

  Practice from the book, additional practice, as well as all audio and video material related to the **AVENTURAS** program are available on the Supersite. Access is free with the purchase of a new student text. See page xxx for information on the expanded **AVENTURAS** Supersite, powered by MAESTRO®.

Instructor Ancillaries

- **Instructor's Annotated Edition**

  The IAE contains a wealth of information and resources to support classroom teaching.

- **WB/VM/LM Answer Key**

  This supplement contains the answers to all activities with discrete responses in the Workbook/Video Manual and Lab Manual (available in print and on the Supersite).

- **NEW! Instructor's Resource CD & DVD Set**

  - **Instructor's Resource CD (IRCD)**

    The IRCD contains all of the resources formally contained in the Instructor's Resource Manual: the lab and textbook audioscripts, videoscripts and translations for all four video programs, instructor annotations for **Preparación** and **Gramática**, **Vocabulario adicional** handouts, and the information gap activity handouts. It also contains overheads, including maps of the Spanish-speaking countries, drawings to reinforce the textbook's **Preparación** vocabulary sections, presentations for each grammar point in **Estructura**, and other textbook illustrations. The complete Testing Program is also included. The Testing Program contains two versions of tests for each textbook lesson, semester and quarter exams, listening scripts, answer keys, and suggestions for oral tests. It is provided in ready-to-print PDFs and in RTF word processing files. The corresponding MP3 files are included for the listening section.

  - **Aventuras DVD**

    This text-specific video is closely integrated into the **Aventuras** and **Gramática** sections of each textbook lesson. It contains dramatic episodes, cultural shots, and unique summary features. See page xxvi for more information.

  - **Aventuras en los países hispanos DVD**

    This provides the **Aventuras en los países hispanos** video with Spanish and English subtitles.

  - **Flash Cultura DVD**

    The **Flash Cultura** episodes integrated in the **Exploración** section are provided on DVD with subtitles in English and Spanish.

- **NEW! Introductory Spanish Test Generator**

  The Introductory Spanish Test Generator provides a test bank that includes all of the tests in the **AVENTURAS** Testing Program plus an additional bank of testing material for each lesson. Instructors can modify existing tests, create their own tests, and randomly generate new tests. Test items with discrete answers are automatically scored, and grades are easily exported to Blackboard and WebCT.

- **EXPANDED! Supersite**

  See page xxx for information on the expanded **AVENTURAS** Supersite, powered by MAESTRO®.

SUPERSITE Powered by **MAESTRO®**

Free with the purchase of a new student text, the **AVENTURAS** Supersite provides a wealth of learning tools for students.

- Interactive practice activities with auto-grading and real-time feedback
  - directed practice from the textbook, including audio activities
  - additional practice for each and every textbook section

- **EXPANDED! Exploración:** open-ended activities to explore and search the Internet

- Audio practice
  - record-and-compare audio activities
  - all audio material related to the **AVENTURAS** program
  - **NEW!** dramatic recordings of literary readings

  Plus MP3 files for the complete audio program

- The complete **AVENTURAS** Video Program
  - **Aventuras:** Dramatic video episodes follow four students on their adventures through Ecuador.
  - **NEW! Flash Cultura:** Dynamic news program shot on location in Latin America, the US, and Spain.
  - **NEW! Videoclip:** Real TV clips offer an authentic window into Spanish-language media.
  - **Aventuras en los países hispanos:** Cultural episodes for every Spanish-speaking country.

- Resources for study and practice
  - auto-scored practice quizzes with feedback in every lesson
  - additional readings
  - **NEW!** flashcards with audio
  - **NEW!** flash-animated grammar tutorials

v̂Text : virtual interactive text

This completely online and interactive Student Edition provides access to the complete textbook and integrated Supersite resources from any computer.

- Click right on the textbook page to complete mouse-icon activities online
- Clearly see which activities have been assigned on the vText page
- Access all Supersite media resources
- Access all Supersite resources for additional support, extra practice and online dictionary
- Quickly search table of contents or browse by page number
- Have instructor activities automatically recorded in instructor gradebook

On behalf of its authors and editors, Vista Higher Learning expresses its sincere appreciation to the many educators nationwide who contributed their ideas and suggestions to **AVENTURAS, First Edition**. We are grateful to the more than eighty members of the Spanish-teaching community who reviewed the original manuscript and/or class-tested the materials. Their insights and detailed comments were invaluable to us as we created the First Edition.

AVENTURAS, Third Edition, has been informed by extensive reviews and ongoing input from both students and instructors using the Second Edition. Accordingly, we gratefully acknowledge those who shared their suggestions, recommendations, and ideas as we prepared this Third Edition.

We acknowledge Dr. Solivia Márquez of the Massachusetts Institute of Technology for her work with us on the First Edition, and we thank her for her contributions to activities and the **Lectura** sections.

We express our appreciation to the ninety instructors and hundreds of students using **AVENTURAS** who completed our online reviews. Their comments and suggestions were instrumental in shaping the entire **AVENTURAS, Third Edition**, program.

Reviewers

Meredith Adams
Peace College, NC

Ellen Bailey
University of North Carolina-Asheville, NC

Lisa Barboun
Coastal Carolina University, SC

Randy Barrette
Morehead State University, KY

Jo Baskin
Jack M. Barrack Hebrew Academy, PA

Tatia Beal
Greensboro College, NC

Barbara Beck Díaz
Coastal Carolina University, SC

Juan Antonio Bernabeu
Laramie County Community College, WY

Michelle Bettencourt
University of North Carolina-Asheville, NC

Paulo Boero,
Belmont University, TN

Beatrice L. Bongiorno
Bellevue Community College, WA

Rachel Chrane
Lees-McRae College, NC

Elizabeth Church
Wake Technical Community College, NC

Carrie Clay
Anderson University, IN

María Esperanza Cohn
Central Piedmont Community College, NC

Chad Colden
Cathedral Catholic High School, CA

Yarlenis Coletta-Ensley
Washburn University, KS

Dale Crandall
Gainesville State College, GA

Ivana Cuvalo
South Suburban College, IL

Sarah J. DeSmet
Wesleyan College, GA

Jeffrey Di Iuglio,
Curry College, MA

Maureen Dougher
Western Piedmont Community College, NC

Lena Escandon
Pacific Union College, CA

María Forcadell
De Pauw University, IN

José García-Sánchez
Eastern Washington University, WA

Ignacio Garrido-Manrique
University of North Carolina-Asheville, NC

Rachel Gersh
Santa Fe Community College, NM

Alicia Goehring
Laramie County Community College, WY

Rodolfo González
Kingsborough Community College, NY

Mary Guillen
Corban College, OR

Holly J. Hayer
Juniata College, PA

Bea Houston
Western Iowa Tech Community College, IA

David C. Julseth
Belmont University, TN

Sylvia Kallemeyn
Hope College, MI

Helen Kent-Pegram
Belmont University, TN

Jorge 'Coqui' Koochoi
Central Piedmont Community College, NC

Chery Lanier
Central Alabama Community College, AL

Roxana Levin
St. Petersburg College, FL

Ilia M. Lively
Central Piedmont Community College, NC

Carol Lodder
Wake Technical Community College, NC

Diane Lucar-Ellens
Hope College, MI

Lori Madden
St. Petersburg College, FL

Margaret Marek
Illinois College, IL

Lynne Markham
Cathedral Catholic High School, CA

Mina Marmol
Georgiana Bruce Kirby Preparatory
High School, CA

Lydia Masanet
Mercer University, GA

Angela McCorkle
University of Arkansas Community
College at Hope, AR

Andrea McDonnell
La Lumiere School, IN

Diane McNab
Santa Fe Community College, NM

Diana Mibelli
Central Piedmont Community College, NC

Denise Mills
Daemen College, NY

José L. Mireles
Coastal Carolina University, SC

Dana Nichols
Gainesville State College, GA

Fernando A. Ojeda
St. Petersburg College, FL

Raquel Olson
Cathedral Catholic High School, CA

Milta Oyola
Evangel University, MO

J. Fernando Palacios
Mercer University, GA

Natalia Pelaz
Belmont University, TN

Marisa Pereyra
Peace College, NC

Graciela Pérez
Biola University, CA

Johana Pérez
Campbellsville University, KY

Kathryn Peters
Greensboro College, NC

Mari Pino del Rosario
Greensboro College, NC

Richard Piwowarski
Marist High School, IL

Phyllis Prawl
Laramie County Community College, WY

Nathaniel Reiss
Olivet Nazarene University, IL

Charlotte Riley
Sacred Heart School of Halifax, NS

María Laura Rosenbaun-Bodie
University of North Carolina-Asheville, NC

Connie Rossi
Annie Wright School, WA

William Salazar
Morehead State University, KY

Gabriela Segal
Arcadia University, PA

Catherine Selin
Calvin College, MI

Kathryn Smolko Kiec
Wake Technical Community College, NC

Andrew Snustad
University of Minnesota Duluth, MN

Ronald W. Sousa
University of North Carolina-Asheville, NC

Brenda Stanek
Olivet Nazarene University, IL

Christine Swain
Hope College, MI

Janet Tan
St. Viator High School, IL

Ronald Tapia
Ivy Tech Community College,
Columbus, IN

Rita Tejada
Luther College, IA

Vicki L. Trylong
Olivet Nazarene University, IL

Kathleen Tucker
Belmont University, TN

Nicholas J. Uliano
Cabrini College, PA

Margarita Uquillas
St. Petersburg College, FL

Yertty VanderMolen
Luther College, IA

Valeria Vannucci
Luther College, IA

Virginia V. Wempe
Augustana College, SD

Tina Williams
Washburn University, KS

Lissette Wright
Mount Vernon Academy, OH

Communicative Goals

You will learn how to:
- use greetings, farewells, courtesy expressions, and numbers
- identify yourself and others
- tell time

PARA EMPEZAR
- Guess what the people in the photo are saying:
  a. Por favor.   b. Hola.   c. amigo
- Most likely they would also say:
  a. Gracias.   b. fiesta   c. Buenos días.

SUPERSITE

HOLA, ¿QUÉ TAL?

SALUDOS Y DESPEDIDAS

Buenas noches.	*Good evening; good night.*
Buenas tardes.	*Good afternoon.*
Hasta la vista.	*See you later.*
Hasta pronto.	*See you soon.*
Hasta mañana.	*See you tomorrow.*

SEÑORA	Hola, señor Lara. ¿Cómo está usted?
SEÑOR	Muy bien, gracias. ¿Y usted, señora Salas?
SEÑORA	Bien, gracias.
SEÑOR	Hasta luego, señora Salas. Saludos al señor Salas.
SEÑORA	Adiós.

JUANA	Hasta luego, Sofía.
SOFÍA	Chau, Juana. Nos vemos mañana.

¿CÓMO ESTÁS?

¿Cómo estás?	*How are you? (familiar)*
No muy bien.	*Not very well.*
¿Qué pasa?	*What's happening?; What's going on?*

CARLOS	¿Qué tal, Roberto?
ROBERTO	Regular. ¿Y tú?
CARLOS	Bien. ¿Qué hay de nuevo?
ROBERTO	Nada.

recursos

WB pp. 1–2	LM p. 1	SUPERSITE aventuras.vhlcentral.com Lección 1

PRESENTACIONES

¿Cómo se llama usted? *What's your name? (formal)*

¿Cómo te llamas (tú)? *What's your name? (fam.)*

Le presento a... *I would like to introduce (name) to you. (form.)*

Te presento a... *I would like to introduce (name) to you. (fam.)*

Éste es... *This is... (masculine)*

Ésta es... *This is... (feminine)*

LAURA	Buenos días. Me llamo Laura.
ESTEBAN	Buenos días. Me llamo Esteban. Mucho gusto.
LAURA	El gusto es mío. ¿De dónde eres?
ESTEBAN	Soy de los Estados Unidos, de Texas.

SUSANA	Leti, éste es el señor Garza.
LETICIA	Encantada.
SEÑOR GARZA	Igualmente. ¿De dónde es usted, señora?
LETICIA	Soy de Puerto Rico. ¿Y usted?
SEÑOR GARZA	De México.

EXPRESIONES DE CORTESÍA

¡Muchas gracias!

Por favor. *Please.*

De nada. *You're welcome.*

No hay de qué. *You're welcome.*

Lo siento. *I'm sorry.*

Muchas gracias. *Thank you very much; thanks a lot.*

Variación léxica

Buenos días. ←→ Buenas.

De nada. ←→ A la orden.

Lo siento. ←→ Perdón.

¿Qué tal? ←→ ¿Cómo te va?,

¿Qué hubo? (*Col.*)

tres

A escuchar

1 **¿Lógico o ilógico?** Listen to each conversation and indicate whether the conversation is logical or illogical.

	Lógico	Ilógico
1.	_____	_____
2.	_____	_____
3.	_____	_____
4.	_____	_____
5.	_____	_____
6.	_____	_____

2 **¡Hola!** Margarita is having an all-day party to celebrate her twentieth birthday. Listen to the conversations and indicate whether each guest is arriving (**Llega**) or leaving (**Sale**).

	Llega	Sale
1. Ramiro	_____	_____
2. Sra. Sánchez	_____	_____
3. Luisa	_____	_____
4. Vicente	_____	_____
5. Profesor Lado	_____	_____
6. Sr. Torres	_____	_____

3 **Seleccionar** Listen to each question or statement, then choose the correct response.

1. a. Muy bien, gracias.   b. Me llamo Graciela.

2. a. Lo siento.   b. Mucho gusto.

3. a. Soy de Puerto Rico.   b. No muy bien.

4. a. No hay de qué.   b. Regular.

5. a. Mucho gusto.   b. Hasta pronto.

6. a. Nada.   b. Igualmente.

7. a. Me llamo Guillermo Montero.   b. Muy bien, gracias.

8. a. Buenas tardes. ¿Cómo estás?   b. El gusto es mío.

A practicar

4 **Sinónimos** For each expression, write a word or phrase that expresses a similar idea.

modelo ¿Cómo estás? _____¿Qué tal?_____

1. De nada. _____

2. Encantado. _____

3. Adiós. _____

4. Te presento a Antonio. _____

5. ¿Qué hay de nuevo? _____

6. Mucho gusto. _____

5 **Ordenar** With a classmate, put this scrambled conversation in order. Then act it out.

—Muy bien, gracias. Soy Rosabel.

—Soy del Ecuador. ¿Y tú?

—Mucho gusto, Rosabel.

—Hola. Me llamo Carlos. ¿Cómo estás?

—Soy de la Argentina.

—Igualmente. ¿De dónde eres, Carlos?

CARLOS _____

ROSABEL _____

CARLOS _____

ROSABEL _____

CARLOS _____

ROSABEL _____

6 **Emparejar** With a partner, match each question with the correct answer.

____ 1. ¿Qué tal?

____ 2. Hasta mañana, señora Ramírez.
Saludos al señor Ramírez.

____ 3. ¿Qué hay de nuevo, Alberto?

____ 4. Miguel, ésta es la señorita Perales.

____ 5. ¿De dónde eres, Antonio?

____ 6. Buenas tardes, señor. ¿Cómo
está usted?

a. Muy bien, gracias.

b. Soy de México.

c. Nada. ¿Y tú?

d. Encantado. Yo soy Miguel.

e. De nada.

f. Hasta pronto.

g. Bien. ¿Y tú?

h. Por favor.

A conversar

7 Diálogos With a partner, complete and act out these conversations.

DIÁLOGO 1

—Hola. Me llamo Teresa. ¿Cómo te llamas tú?

_____

—Soy de Puerto Rico. ¿Y tú?

_____

DIÁLOGO 2

_____

—Muy bien, gracias. ¿Y usted, señora López?

_____

—Hasta luego, señora. Saludos al señor López.

_____

8 Conversaciones With a partner, make up a conversation in Spanish for each photo.

9 Situaciones Work with two classmates to write and act out these situations.

1. As you leave class on the first day of school, you strike up a conversation with the two students who were sitting next to you. Find out each person's name and where he or she is from before you say goodbye.

2. You meet up with a friend and find out how he or she is doing. As you are talking, your friend Elena walks by. Introduce her to your friend.

3. You say hello to your parents' friends Sra. Sánchez and Sr. Rodríguez and find out how they are doing. As you say goodbye, send greetings to Sra. Rodríguez.

Pronunciación

The Spanish alphabet

The Spanish alphabet consists of 29 letters. The Spanish letter **ñ** (**eñe**) doesn't appear in the English alphabet. The letters **k** (**ka**) and **w** (**doble ve**) are used only in words of foreign origin.

Letra	Nombre(s)	Ejemplo(s)	Letra	Nombre(s)	Ejemplo(s)
a	a	adiós	n	ene	nacionalidad
b	be	bien, problema	ñ	eñe	mañana
c	ce	cosa, cero	o	o	once
ch	che	chico	p	pe	profesor
d	de	diario, nada	q	cu	qué
e	e	estudiante	r	ere	regular, señora
f	efe	foto			
g	ge	gracias, Gerardo, regular	s	ese	señor
			t	te	tú
h	hache	hola	u	u	usted
i	i	igualmente	v	ve	vista, nuevo
j	jota	Javier	w	doble ve	walkman
k	ka, ca	kilómetro	x	equis	existir, México
l	ele	lápiz			
ll	elle	llave	y	i griega, ye	yo
m	eme	mapa	z	zeta, ceta	zona

 Práctica Spell these words aloud in Spanish.

1. nada	4. muy	7. San Fernando	10. España	13. Maite
2. maleta	5. hombre	8. Estados Unidos	11. Javier	14. gracias
3. quince	6. por favor	9. Puerto Rico	12. Ecuador	15. Nueva York

Oraciones Repeat these sentences after your instructor, then spell each word aloud.

1. Me llamo Carmen.
2. Hasta luego, señora Herrera.
3. ¿Qué tal, David?
4. Buenos días, Pedro.

 Refranes Read these sayings aloud after your instructor.

> En boca cerrada no entran moscas.[2]

> Ver es creer.[1]

1 Seeing is believing.
2 Silence is golden.

recursos

LM
p. 2

aventuras.vhlcentral.com
Lección 1

siete

📹 ¡Todos a bordo! SUPERSITE

Los cuatro estudiantes, don Francisco y la Sra. Ramos se reúnen (*meet*) en la universidad.

PERSONAJES

DON FRANCISCO

JAVIER

INÉS

ÁLEX

MAITE

SRA. RAMOS

SRA. RAMOS Buenos días, chicos. Yo soy Isabel Ramos de la agencia Ecuatur.
DON FRANCISCO Y yo soy don Francisco, el conductor.

SRA. RAMOS Bueno, ¿quién es María Teresa Fuentes de Alba?
MAITE ¡Soy yo!
SRA. RAMOS Ah, bien. Aquí tienes los documentos de viaje.
MAITE Gracias.

SRA. RAMOS ¿Javier Gómez Lozano?
JAVIER Aquí… Soy yo.

JAVIER ¿Qué tal? Me llamo Javier.
ÁLEX Mucho gusto, Javier. Yo soy Álex. ¿De dónde eres?
JAVIER De Puerto Rico. ¿Y tú?
ÁLEX Yo soy de México.

DON FRANCISCO Bueno, chicos, ¡todos a bordo!

INÉS Con permiso.

ACTIVIDADES

1 **Completar** Complete these conversations.

A. SRA. RAMOS Buenos (1) _____, chicos. Yo soy Isabel Ramos de la agencia Ecuatur.

DON FRANCISCO Yo (2) _____ don Francisco, el conductor.

SRA. RAMOS Bueno, ¿(3) _____ es María Teresa Fuentes de Alba?

MAITE ¡Soy (4) _____!

B. INÉS Hola. ¿Cómo te (1) _____?

MAITE (2) _____ llamo Maite. ¿Y (3) _____?

INÉS Inés. Mucho (4) _____.

MAITE (5) _____ gusto (6) _____ mío. ¿De dónde (7) _____?

INÉS (8) _____ del (9) _____. ¿Y (10) _____?

MAITE De (11) _____.

MAITE Oye, ¿qué hora (12) _____?

INÉS Son las diez y tres minutos.

SRA. RAMOS Y tú eres Inés Ayala
Loor, ¿verdad?
INÉS Sí, yo soy Inés.
SRA. RAMOS Y tú eres Alejandro
Morales Paredes, ¿no?
ÁLEX Sí, señora.

INÉS Hola. Soy Inés.
MAITE Encantada. Yo me llamo Maite.
¿De dónde eres?
INÉS Soy del Ecuador, de Portoviejo.
¿Y tú?
MAITE De España. Soy de Madrid, la
capital. Oye, ¿qué hora es?
INÉS Son las diez y tres minutos.

ÁLEX Perdón.

DON FRANCISCO ¿Y los otros?
SRA. RAMOS Son todos.
DON FRANCISCO Está bien.

Expresiones útiles

Identifying yourself and others

¿Cómo se llama usted?
What's your name?
Yo soy don Francisco, el conductor.
I'm Don Francisco, the driver.

¿Cómo te llamas?
What's your name?
Me llamo Javier.
My name is Javier.

¿Quién es... ?
Who is... ?
Aquí... Soy yo.
Here... That's me.
Tú eres... , ¿verdad?/¿no?
You are... , right?/no?

Saying what time it is

Oye/Oiga(n), ¿qué hora es?
Hey, what time is it?
Es la una. / Son las dos.
It's one o'clock. / It's two o'clock.
Son las diez y tres minutos.
It's 10:03.

Saying "excuse me"

Con permiso.
Pardon me; excuse me. (to request permission)
Perdón.
Pardon me; excuse me.
(to get someone's attention or to ask forgiveness)

When starting a trip

¡Todos a bordo!
All aboard!
¡Buen viaje!
Have a good trip!

---

 2 **¿Cierto o falso?** Indicate if each statement is **cierto** (*true*) or **falso** (*false*). Correct the false statements.

1. Javier y Álex son pasajeros (*passengers*). _____
2. Javier Gómez Lozano es el conductor. _____
3. Inés Ayala Loor es de la agencia Ecuatur. _____
4. Javier es de Puerto Rico. _____
5. Álex es del Ecuador. _____

3 **Preguntas** In pairs, imagine that each of you is one of the **Aventuras** characters. Take turns asking and answering these questions.

- ¿Cómo te llamas?
- ¿Quiénes son tus nuevos/as amigos/as (*new friends*)?
- ¿De dónde eres?
- ¿Cómo estás hoy?

BAJO LA LUPA

SUPERSITE

Saludos y besos en los países hispanos

In Spanish-speaking countries, kissing on the cheek is a customary way to greet friends and family members. Even when people are introduced for the first time, it is common for them to kiss, particularly in non-business settings. Whereas North Americans maintain considerable personal space when greeting, Spaniards and Latin Americans tend to decrease their personal space and give one or two kisses (**besos**) on the cheek, sometimes accompanied by a handshake or a hug. In formal business settings, where associates do not know one another on a personal level, a simple handshake is appropriate.

Greeting someone with a **beso** varies according to gender and region. Men generally greet each other with a hug or warm handshake, with the exception of Argentina, where male friends and relatives lightly kiss on the cheek. Greetings between men and women, and between women, generally include kissing, but can differ depending on the country and context. In Spain, it is customary to give **dos besos**, starting with the right cheek first. In Latin American countries, including Mexico, Costa Rica, Colombia, and Chile, a greeting consists of a single "air kiss" on the right cheek. Peruvians also "air kiss," but strangers will simply shake hands. In Colombia, female acquaintances tend to simply pat each other on the right forearm or shoulder.

Tendencias			
País	**Beso**	**País**	**Beso**
Argentina	💋	España	💋💋
Bolivia	💋	México	💋
Chile	💋	Paraguay	💋💋
Colombia	💋	Puerto Rico	💋
El Salvador	💋	Venezuela	💋/💋💋

1 **¿Cierto o falso?** Indicate whether these statements are true (**cierto**) or false (**falso**). Correct the false statements.

1. Hispanic people use less personal space when greeting than in the U.S.

2. Men never greet with a kiss in Spanish-speaking countries.

3. Shaking hands is not appropriate for a business setting in Latin America.

4. Spaniards greet with one kiss on the right cheek.

5. In Mexico, people greet with an "air kiss."

6. Gender can play a role in the type of greeting given.

7. If two women acquaintances meet in Colombia, they should exchange two kisses on the cheek.

8. In Peru, a man and a woman meeting for the first time would probably greet each other with an "air kiss."

ASÍ SE DICE

Saludos y despedidas

Buenas.	*Hello./Hi.*
Chao./Ciao.	**Chau.**
¿Cómo te/le va?	*How are things going (for you)?*
Hasta luego. **Nos vemos**.	*See you later.*
¿Qué hay?	*What's up?*
¿Qué hacés? (Arg.) **¿Qué te cuentas? (Esp.)**	
¿Qué onda? (Méx.); **¿Qué hubo? (Col.)**	*What's going on?*

CONEXIÓN INTERNET

What do **plazas** and **Las ramblas** have in common? Go to **aventuras.vhlcentral.com** to find out and to access these components.

- the **Flash Cultura** video
- more activities
- additional reading: **Las Ramblas: el bulevar de los cafés**

2 Saludos Role-play these greetings with a partner. Include a verbal greeting as well as a kiss or handshake, as appropriate.

1. friends in Mexico
2. business associates at a conference in Chile

recursos

VM pp. 227–228

aventuras.vhlcentral.com
Lección 1

Encuentros en la plaza

1 Preparación Where do you and your friends usually meet? Are there public places where you get together? What activities do you do there?

2 El video Watch this **Flash Cultura** episode.

Vocabulario
abrazo *hug*   plaza *square*

Today we are at the **Plaza de Mayo.**

People come to walk and get some fresh air…

3 Identificar Identify the person or people who make(s) each of these statements.

1. ¿Cómo están ustedes?   **a.** Gonzalo
2. ¡Qué bueno verte!   **b.** Mariana
3. Bien, ¿y vos?   **c.** Mark
4. Hola.   **d.** Silvina

1.1 Nouns and articles

▸ Nouns identify people, animals, places, things. All Spanish nouns have gender (masculine or feminine) and number (singular or plural).

▸ Most nouns that refer to males are masculine. Most nouns that refer to females are feminine.

Masculine		Feminine	
el hombre	the man	la mujer	the woman
el chico	the boy	la chica	the girl
el pasajero	the passenger	la pasajera	the passenger
el conductor	the driver	la conductora	the driver
el profesor	the teacher	la profesora	the teacher

el chico   **el conductor**   **la chica**   **la pasajera**

▸ Most nouns ending in **–o**, **–ma**, and **–s** are masculine. Most nouns ending in **–a**, **–ción**, and **–dad** are feminine.

Masculine		Feminine	
el cuaderno	the notebook	la cosa	the thing
el diario	the diary	la escuela	the school
el diccionario	the dictionary	la grabadora	the tape recorder
el número	the number	la maleta	the suitcase
el video	the video	la mochila	the backpack
el problema	the problem	la palabra	the word
el programa	the program	la lección	the lesson
el autobús	the bus	la conversación	the conversation
el país	the country	la nacionalidad	the nationality
		la comunidad	the community

¡ojo! **El lápiz** (*pencil*), **el mapa** (*map*), and **el día** (*day*) are masculine. **La mano** (*hand*) is feminine.

▸ Some nouns have identical masculine and feminine forms. The definite article (**el** or **la**) indicates the gender of these words.

Masculine		Feminine	
el turista	the tourist	la turista	the tourist
el joven	the young man	la joven	the young woman
el estudiante	the student	la estudiante	the student

Práctica

1 ¿Femenino o masculino? Provide the opposite gender form for each word.

1. la chica _____
2. el conductor _____
3. el turista _____
4. la profesora _____
5. la mujer _____
6. el pasajero _____

2 Singular y plural Make the singular words plural and the plural words singular.

1. el turista _____
2. las cosas _____
3. una mujer _____
4. la palabra _____
5. los países _____
6. el problema _____
7. unos números _____
8. el conductor _____
9. un programa _____
10. una mano _____

3 Identificar For each photo, provide the noun and its corresponding definite and indefinite articles.

modelo

las maletas, unas maletas

1. _____

2.

3.

4. _____

Conversación

4 **Clasificar** With a partner, identify the photos in Spanish and supply the definite and indefinite articles. Then indicate whether the photos represent objects or persons.

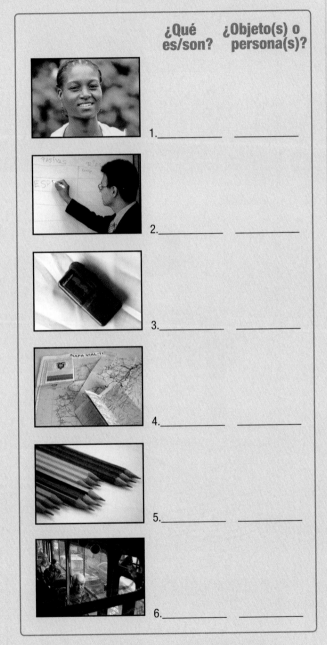

	¿Qué es/son?	¿Objeto(s) o persona(s)?
1.	_____	_____
2.	_____	_____
3.	_____	_____
4.	_____	_____
5.	_____	_____
6.	_____	_____

5 **Charadas** In groups, play a game of charades. Individually, think of two nouns for each charade—for example, a boy using a computer (**un chico; una computadora**). The first person to guess correctly acts out the next charade.

Plural of nouns

▶ Nouns that end in a vowel form the plural by adding **–s**. Nouns that end in a consonant add **–es**. Nouns that end in **–z** change the **–z** to **–c**, then add **–es**.

SINGULAR	PLURAL	SINGULAR	PLURAL
el chico	los chicos	el país	los países
la palabra	las palabras	el lápiz	los lápices

¡ojo! When a singular noun has an accent mark on the last syllable, the accent is dropped from the plural form:

la lección → las lecciones   el autobús → los autobuses

▶ The masculine plural form may refer to a mixed-gender group.

1 pasajero + 2 pasajeras = 3 pasajeros

Spanish articles

Spanish has four forms that are equivalent to the English definite article *the*. Spanish also has four forms that are equivalent to the English indefinite article, which, according to context, may mean *a, an,* or *some*.

Spanish articles

Definite articles

MASCULINE		FEMININE	
el diccionario	the dictionary	la computadora	the computer
los diccionarios	the dictionaries	las computadoras	the computers

Indefinite articles

un pasajero	a (one) passenger	una fotografía	a (one) photograph
unos pasajeros	some passengers	unas fotografías	some photographs

¡Manos a la obra!

Provide the correct articles.

¿el, la, los o las?

1. __la__ chica
2. _____ chico
3. _____ nacionalidad
4. _____ cuadernos
5. _____ problemas
6. _____ mujeres

¿un, una, unos o unas?

1. __un__ autobús
2. _____ lección
3. _____ computadora
4. _____ hombres
5. _____ señora
6. _____ lápices

1.2 Numbers 0–30

Numbers 0–30				
0 cero	6 seis	12 doce	18 dieciocho	24 veinticuatro
1 uno	7 siete	13 trece	19 diecinueve	25 veinticinco
2 dos	8 ocho	14 catorce	20 veinte	26 veintiséis
3 tres	9 nueve	15 quince	21 veintiuno	27 veintisiete
4 cuatro	10 diez	16 dieciséis	22 veintidós	28 veintiocho
5 cinco	11 once	17 diecisiete	23 veintitrés	29 veintinueve
				30 treinta

▸ Before a masculine noun, **uno** shortens to **un**. Before a feminine noun, **uno** changes to **una**.

> **un hombre** → **veintiún hombres**

> **una mujer** → **veintiuna mujeres**

▸ To ask *how many*, use **¿Cuántos?** with a masculine noun and **¿Cuántas?** with a feminine one. **Hay** means both *there is* and *there are*. Use **¿Hay…?** to ask *is/are there…?* Use **no hay** to express *there is/are not*.

—**¿Hay** chicas en la fotografía?
Are there girls in the picture?

—No, **no hay** chicas.
No, there aren't any girls.

—**¿Cuántos** chicos **hay?**
How many guys are there?

—**Hay** cuatro.
There are four.

¡ojo! The numbers **16–19** and **21–29** can also be written as three words, as in **diez y seis** and **veinte y uno**. **Uno** and **veintiuno** are used when counting (**uno, dos, tres… veinte, veintiuno, veintidós…**). They are also used after a noun, even if it is feminine (**la lección uno**).

¡Manos a la obra!

 Provide the Spanish words for these numbers.

a. **7** _siete_	f. **15** _____	k. **30** _____	p. **10** _____
b. **16** _____	g. **21** _____	l. **4** _____	q. **2** _____
c. **29** _____	h. **9** _____	m. **12** _____	r. **5** _____
d. **1** _____	i. **23** _____	n. **28** _____	s. **22** _____
e. **0** _____	j. **11** _____	o. **14** _____	t. **13** _____

Práctica

1 **Matemáticas** Solve these math problems.

> **+ más − menos = es (singular)/son (plural)**

modelo $9 + 2 =$ Nueve más dos son once.

1. **3 + 10 =** _____
2. **22 – 3 =** _____
3. **4 + 8 =** _____
4. **17 + 13 =** _____
5. **22 + 1 =** _____
6. **5 – 2 =** _____
7. **11 + 12 =** _____
8. **10 – 10 =** _____
9. **3 + 14 =** _____
10. **22 – 11 =** _____

2 **¿Cuántos hay?** Indicate how many persons or things there are in each drawing.

modelo

¿Cuántas maletas hay?
Hay *cuatro maletas.*

1. ¿Cuántos hombres hay?   2. ¿Cuántas fotografías hay?
_____   _____

3. ¿Cuántos chicos hay?   4. ¿Cuántos turistas hay?
_____   _____

5. ¿Cuántas conductoras hay? 6. ¿Cuántas chicas hay?
_____   _____

Conversación

3 **Describir** With a classmate, answer these questions about the photo.

1. ¿Cuántos conductores hay en la fotografía?

_____

2. ¿Cuántas mujeres hay?

_____

3. ¿Cuántos hombres hay?

_____

4. ¿Cuántos pasajeros hay?

_____

5. ¿Cuántos pasajeros son hombres?

_____

6. ¿Cuántos autobuses hay?

_____

4 **En la clase** With a classmate, take turns asking and answering these questions about your classroom.

1. ¿Cuántos estudiantes hay?
2. ¿Hay un profesor?
3. ¿Hay una profesora?
4. ¿Cuántos hombres hay?
5. ¿Cuántas mujeres hay?
6. ¿Hay una computadora?
7. ¿Hay fotografías?
8. ¿Cuántos mapas hay?
9. ¿Hay diccionarios?
10. ¿Hay cuadernos?
11. ¿Cuántas grabadoras hay?
12. ¿Cuántas mochilas hay?

Español en vivo

¿Cuál es la fórmula para un futuro perfecto?

1 escuela + 3 profesores + 20 estudiantes

30 cuadernos + 80 lápices de colores = una generación de niños con futuro

Proyecto **EducAR** trabaja° para construir un futuro mejor°. Apoye° a **EducAR** en la construcción de quince nuevas escuelas rurales.

trabaja	works
mejor	better
Apoye	Support

Identificar

Scan the brochure above, find the places where numbers appear, and say the numbers out loud.

Preguntas

1. Indicate how many of each item are needed. Write the numbers as words.
   a. profesores _____
   b. estudiantes _____
2. What is the purpose of this brochure: to improve existing schools, or to raise funds for new schools?
3. What would be your formula for the perfect school?

quince

1.3 Present tense of **ser**

Subject pronouns

	Singular		Plural	
FIRST PERSON	yo	*I*	nosotros nosotras	*we (masculine)* *we (feminine)*
SECOND PERSON	tú usted (Ud.)	*you (familiar)* *you (formal)*	vosotros vosotras ustedes (Uds.)	*you (masc., fam.)* *you (fem., fam.)* *you (form.)*
THIRD PERSON	él ella	*he* *she*	ellos ellas	*they (masc.)* *they (fem.)*

▶ In order to use verbs, you will need to learn about subject pronouns. A subject pronoun replaces the name or title of a person or thing and acts as the subject of a verb.

> Carlos es estudiante. → Él es estudiante.

▶ Spanish has four subject pronouns that mean *you*. Use **tú** when talking to a friend, a family member, or a child. Use **usted** when talking to someone with whom you have a more formal relationship, such as an employer or a professor, or to someone who is older than you. In Latin America, **ustedes** is used as the plural of both **tú** and **usted**. In Spain, **vosotros/as** is used as the plural of **tú**.

▶ **Usted** and **ustedes** are abbreviated **Ud.** and **Uds.**

▶ **Nosotros**, **vosotros**, and **ellos** refer to a group of males or to a group of males and females. **Nosotras**, **vosotras**, and **ellas** refer only to groups of females.

nosotros, vosotros, ellos nosotros, vosotros, ellos nosotras, vosotras, ellas

▶ There is no Spanish equivalent of the English subject pronoun *it*.

—¿Qué es?
What is it?

—Es una computadora.
It's a computer.

Práctica

1 **¿Qué es?** Ask your partner what each object is and to whom it belongs.

modelo
Estudiante 1: ¿Qué es?
Estudiante 2: Es una grabadora.
Estudiante 1: ¿De quién es?
Estudiante 2: Es del profesor.

1.   2.

3.   4.

2 **¿Quién es?** With a partner, take turns asking who these people are and where they are from.

modelo   Jennifer López y Marc Anthony / Nueva York

Estudiante 1: ¿Quiénes son?
Estudiante 2: Son Jennifer López y Marc Anthony.
Estudiante 1: ¿De dónde son?
Estudiante 2: (Ellos) son de Nueva York.

1. Charlie Sheen y Emilio Estevez / Nueva York   2. Manny Ramírez / república dominicana

3. Gloria Estefan / Cuba   4. Salma Hayek / México

5. Shakira / Colombia   6. Penélope Cruz y Antonio Banderas / España

Conversación

3 **En el dormitorio** Using the items in the word bank, ask your partner questions about Susana's dorm room.

¿Quién?	¿De dónde?	¿Cuántos?
¿Qué?	¿De quién?	¿Cuántas?

4 **Personas famosas** Pretend to be a person from Spain, Mexico, Puerto Rico, Cuba, Canada, or the United States who is famous in one of these professions. Your classmates will try to guess who you are.

actor	actor
actriz	actress
deportista	athlete
escritor(a)	writer
cantante	singer
músico/a	musician

modelo

Estudiante 3: ¿Eres de Cuba?
Estudiante 1: Sí.
Estudiante 2: ¿Eres mujer?
Estudiante 1: No. Soy hombre.
Estudiante 3: ¿Eres músico?
Estudiante 1: No. Soy actor.
Estudiante 2: ¿Eres Andy García?
Estudiante 1: ¡Sí! ¡Sí!

Andy García

The present tense of ser

ser (to be)		
Singular forms		**Plural forms**
yo	soy (*I am*)	nosotros/as	somos (*we are*)
tú	eres (*you are*)	vosotros/as	sois (*you are*)
Ud./él/ella	es (*you are; he/she is*)	Uds./ellos/ellas	son (*you/they are*)

▶ Use **ser** to identify people and things.

—¿Quién **es** ella?
Who is she?

—**Es** Inés Ayala Loor.
She's Inés Ayala Loor.

—¿Qué **es**?
What is it?

—**Es** un mapa.
It's a map.

▶ Use **ser** to express possession, with the preposition **de**. **De** combines with **el** to form the contraction **del**.[1] Note that Spanish doesn't use [*apostrophe*]+ *s* to indicate possession.

—¿**De** quién **es** el diario?
Whose diary is this?

—**Es** el diario **de** Maite.
It's Maite's diary.

—¿**De** quiénes **son** los lápices?
Whose pencils are these?

—**Son** los lápices **del** chico.
They are the boy's pencils.

▶ Use **ser** to express origin, along with **de**.

—¿**De** dónde **es** Inés?
Where is Inés from?

—**Es del** Ecuador.
She's from Ecuador.

▶ Use **ser** to talk about someone's occupation.[2]

Don Francisco **es** conductor.
Don Francisco is a driver.

Isabel **es** profesora.
Isabel is a teacher.

---

[1] **De** does not form contractions with **la, los,** or **las.**

[2] Spanish does not use **un** or **una** after **ser** when mentioning a person's occupation, unless the occupation is accompanied by an adjective.

¡Manos a la obra!

 Provide the correct subject pronouns, and the present forms of **ser**. The first item has been done for you.

1. Gabriel	él	es
2. Juan y yo	_____	_____
3. Tú	_____	_____
4. Adriana	_____	_____
5. las turistas	_____	_____
6. el chico	_____	_____
7. Yo	_____	_____
8. el señor y la señora Ruiz	_____	_____

1.4 Telling time

▶ Use numbers with the verb **ser** to tell time. To ask what time it is, use **¿Qué hora es?** To say what time it is, use **es la** with **una** and **son las** with other hours.

Es la una.

Son las cuatro.

▶ Express time from the hour to the half hour by adding minutes.

Son las dos **y diez**.

Son las ocho **y veinte**.

▶ Use **y cuarto** or **y quince** to say that it's fifteen minutes past the hour. Use **y media** or **y treinta** to say that it's thirty minutes past the hour.

Son las cuatro **y cuarto**.

Son las nueve **y media**.

Práctica

1 **Emparejar** Match each watch with the correct statement.

_____ _____ _____

_____ _____ _____

1. Son las ocho menos veinticinco de la mañana.
2. Es la una menos diez de la mañana.
3. Son las tres y cinco de la mañana.
4. Son las dos menos cuarto de la tarde.
5. Son las seis y media de la mañana.
6. Son las once y veinte de la noche.

2 **¿Qué hora es?** With a partner, take turns asking and answering the questions. Use the clocks as a guide.

modelo

Estudiante 1: Son las siete de la noche en Los Ángeles. ¿Qué hora es en San Antonio?
Estudiante 2: Son las nueve de la noche en San Antonio.

Miami **San Antonio** **Denver** **Los Ángeles**

1. Son las cinco en punto de la tarde en Los Ángeles. ¿Qué hora es en Miami? _____
2. Son las seis de la tarde en San Antonio. ¿Qué hora es en Denver? _____
3. Son las siete de la noche en Denver. ¿Qué hora es en Los Ángeles? _____
4. Son las dos y media de la tarde en Los Ángeles. ¿Qué hora es en Miami? _____
5. Son las once menos cuarto en San Antonio. ¿Qué hora es en Los Ángeles? _____
6. Es la una de la tarde en Los Ángeles. ¿Qué hora es en San Antonio? _____

Conversación

3 **En la televisión** With a partner, take turns asking and answering questions about these television listings.

modelo

Estudiante 1: ¿A qué hora es el programa
Las computadoras?
Estudiante 2: Es a las *ocho de la noche.*

TV Hoy
Programación

11:00 am Película: *El cóndor* (drama)
1:00 pm Telenovela: *Dos mujeres y dos hombres*
3:00 pm Programa juvenil: *Fiesta*
3:30 pm Telenovela: *¡Sí, sí, sí!*
4:00 pm Telenovela: *El diario de la Sra. González*
5:00 pm Telenovela: *Tres mujeres*
5:45 pm Clip de noticias
6:00 pm Especial musical: *Música folklórica de México*
7:00 pm La naturaleza: *Jardín secreto*
7:30 pm Noticiero: *Veinticuatro horas*
8:00 pm Documental: *Las computadoras*
9:00 pm Telecomedia: *Don Paco y doña Tere*
10:00 pm Película: *Pedro Páramo*

4 **Entrevista** Use the following questions to interview a classmate.

1. ¿Qué hora es?
2. ¿A qué hora es la clase de español?
3. ¿A qué hora es el programa *60 Minutes*?
4. ¿A qué hora es el programa *Today Show*?
5. ¿Hay una fiesta el sábado (*on Saturday*)? ¿A qué hora es?
6. ¿Hay un concierto (*concert*) el sábado? ¿A qué hora es?

5 **¿Qué hora es?** Your instructor will give you and your partner handouts so that you may complete this information gap activity.

▶ To express time from the half-hour to the hour in Spanish, subtract minutes or a portion of an hour from the next hour.

 Son las dos **menos cuarto**.

 Es la una **menos cuarto**.

 Son las nueve **menos diez**.

 Son las ocho **menos cinco**.

Time-related expressions

▶ Here are some useful expressions related to telling time.

—**¿Qué hora es?**
What time is it?

—**Son las nueve de la mañana.**
It's 9 a.m. (in the morning).

—Son las cuatro **de la tarde.**
It's 4 p.m. (in the afternoon).

—**Es el mediodía.**
It's noon.

—Son las diez **de la noche.**
It's 10 p.m. (at night).

—**Es la medianoche.**
It's midnight.

▶ To ask or state at what time a particular event takes place, use the constructions **¿A qué hora (...)?** and **a la(s)** + *time.*

—**¿A qué hora es** la clase?
(At) what time is the class?

—La clase es **a las dos.**
The class is at two o'clock.

—La clase es **a la una.**
The class is at one o'clock.

—La clase es **a las ocho en punto.**
The class is at 8 o'clock on the dot (sharp).

¡Manos a la obra!

Complete these sentences. The first item has been done for you.

1. (1:00 a.m.) Es la ____una____ de la mañana.
2. (2:50 a.m.) Son las tres _____ diez de la mañana.
3. (4:15 p.m.) Son las cuatro y _____ de la tarde.
4. (8:30 p.m.) Son las ocho y _____ de la noche.
5. (6:00 a.m.) Son las seis de la _____.
6. (4:05 p.m.) Son las cuatro y cinco de la _____.
7. (12:00 a.m.) Es la _____.
8. (9:55 p.m.) Son las _____ menos cinco de la noche.

Repaso

SUPERSITE

For more practice, go to
aventuras.vhlcentral.com.

1.1 Nouns and adjectives

1 Combinar Combine the articles and the nouns. There are at least two correct answers for each noun.

un	chicas
una	país
unos	profesoras
unas	videos
el	conductora
la	cuaderno
los	estudiantes
las	lápiz
	conversación
	nacionalidades

2 Una prueba (A test) Make a list of at least six singular or plural nouns and the corresponding definite and indefinite articles. Then work with a partner. One person says a noun and the other responds by saying the correct articles and the noun.

modelo

Estudiante 1: autobuses
Estudiante 2: los autobuses, unos autobuses

1.2 Numbers 0–30

3 Bingo With a partner, take turns announcing these bingo squares.

B 10 G 17 I 23
N 8 N 14 O 22
O 19 B 27 I 4 G 30

4 ¿Cuánto cuesta? Using the cues provided, tell how much each item costs.

modelo

cuaderno / $3.00
Un cuaderno cuesta (costs) tres dólares.

1. grabadora / $25.00 _____
2. mapa del país / $6.00 _____
3. diccionario / $11.00 _____
4. mochila / $28.00 _____
5. video / $20.00 _____
6. diario / $9.00 _____

1.3 Present tense of ser

5 ¿Tú, usted o ustedes? Write which subject pronoun (**tú, usted, ustedes**) you would use when speaking directly to these people.

1	2	3	4	5	6
DOCTORA MÁRQUEZ	ÁLEX Y JAVIER	INÉS	UN POLICÍA	MANUEL	DON FRANCISCO Y SEÑORA RAMOS

1. Doctora Márquez _____
2. Alex y Javier _____
3. Ines _____
4. un policía _____
5. Manuel _____
6. Don Francisco y señora Ramos _____

6 Completar In pairs, complete the conversation with the correct forms of the verb **ser.**

DAVID ¡Hola! Tú (1) _____ Teresa, ¿verdad?

TERESA Sí, yo (2) _____ Teresa y ésta (3) _____ Elena. ¿Y quiénes (4) _____ ustedes?

DAVID (5) _____ David y él (6) _____ Roberto. ¿De dónde (7) _____ ustedes?

TERESA (8) _____ de México, de la capital. ¿Y tú?

DAVID Yo (9) _____ de Los Ángeles, pero (but) Roberto (10) _____ de San Francisco.

TERESA (11) _____ un gusto en conocerte, David.

DAVID ¡El gusto (12) _____ mío!

1.4 Telling time

7 **¿Qué hora es?** Say what time it is.

1. 5:30 PM

2. 8:50 AM

3. 12:00 PM

4. 4:13 PM

5. 5:45 AM

6. 1:00 AM

8 **En el aeropuerto** With a partner, take turns asking and answering questions about the departure times of these flights.

modelo

Estudiante 1: ¿A qué hora es el vuelo (*flight*) para Caracas?
Estudiante 2: Es a las once y dos de la mañana.

Destino (Destination)	Hora
Bogotá	10:00 a.m.
Cancún	2:10 p.m.
Caracas	11:02 a.m.
La Habana	12:30 p.m.
Lima	4:40 p.m.
Montreal	1:27 p.m.
Quito	11:59 a.m.
San Juan	8:15 a.m.

Síntesis

9 **Una excursión** You are going on one of Ecuatur's tours. This is the first day, and you want to get to know some of the people. With a classmate, act out this situation. Use the cue in brackets to answer the last question.

• Greet someone, tell the person who you are, and find out his or her name.
• Find out where the person is from.
• Ask if he/she is a professor.
• Find out how many people are taking the tour (**hacen la excursión**). [21 people]

SUPERSITE

Videoclip

1 **Preparación** Think about three favorite activities you like to do with your family and friends. Do you have to pay for them? How much do they cost?

2 **El clip** Watch the ad for **MasterCard** from Argentina.

Vocabulario

aperitivo *appetizer*	no tiene precio *priceless*
plato principal *main course*	un domingo en familia *Sunday with the family*

Postre°...
copa de helado: $6

Un domingo en familia...
un domingo en familia: no tiene precio

Postre *Dessert*

3 **Emparejar** Match each item with its price according to the ad. ¡Ojo! (Careful!) One of the responses will not be used.

___ **1.** aperitivo   **a.** quince dólares

___ **2.** plato principal   **b.** ocho dólares

___ **3.** postre   **c.** treinta dólares

     d. seis dólares

4 **Tener un precio** With a partner, brainstorm and write a TV ad about something you consider priceless. Use this MasterCard ad as a model. Then, read it to the class.

SUPERSITE

CONEXIÓN INTERNET

Go to aventuras.vhlcentral.com to watch the television clip featured in this section.

Ampliación

1 Escuchar

 A Listen to the conversation between Srta. Martínez and a traveler. Then fill in the missing information on the form.

⭐ **TIP** **Listen for words you know.** You can get the gist of a conversation by listening for words and phrases you already know.

Aero Tur

Número de pasajeros

1. ☐

Nombre *(first name)* del pasajero

2. ☐

Apellido *(last name)* del pasajero

3. ☐

Destino

4. ☐

Número de maletas

5. ☐

B When does this conversation take place, before or after the trip? How do you know?

2 Conversar

With two classmates, act out an interview between school newspaper reporters and a visiting **profesor de literatura.** After introducing themselves, the reporters should find out the following information.

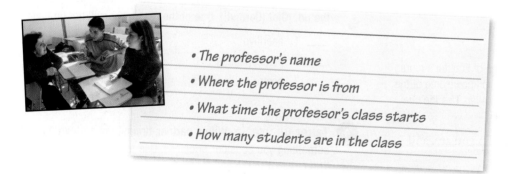

- The professor's name
- Where the professor is from
- What time the professor's class starts
- How many students are in the class

recursos

| WB pp. 3–8 | LM pp. 3–8 | aventuras.vhlcentral.com Lección 1 |

Ampliación

③ Escribir

Write a list of names, numbers, addresses, and websites that will help you in your study of Spanish. Use the plan below to guide you in your writing.

 TIP Write in Spanish. Use grammar and vocabulary that you know. Also, look at your textbook for examples of style, format, and expressions in Spanish.

Organízalo	Make a list of campus resources and contact information. Then explore web resources and jot down a few addresses.
Escríbelo	Using the material you have compiled, write the first draft of your list.
Corrígelo	Exchange papers with a classmate and comment on the organization, style, and grammatical accuracy of each other's work. Then revise your first draft, keeping your classmate's comments in mind.
Compártelo	Share your list with two new classmates. If they found resources you didn't mention, add them to your list. Store your list with your other study aids.

④ Un paso más

Prepare a presentation about how Hispanic cultures have influenced an American city. Include the following in your presentation:

- An introduction of yourself in Spanish
- A general description of the city
- Examples of how Hispanic cultures have influenced the city
- Photos, drawings, and charts to make your presentation more interesting

SAN ANTONIO

 CONEXIÓN INTERNET

Investiga estos temas en el sitio aventuras.vhlcentral.com.

- Ciudad de Nueva York
- Ciudad de Miami
- Ciudad de Los Ángeles

Antes de leer

Cognates are words that share similar meanings and spellings in two or more languages. The Spanish words **computadora**, **problema**, and **programa** are examples of cognates.

When you read in Spanish, look for cognates and use them to get the general meaning of what you're reading. Watch out for false cognates such as **librería**, which means *bookstore*, not *library*.

Laura, a university student, made a list of important names and numbers she needed to remember. Look for cognates while you read her list.

Read the phone numbers as pairs of numbers. The period (.) is called **punto** and the "at" symbol (@) is called **arroba.**

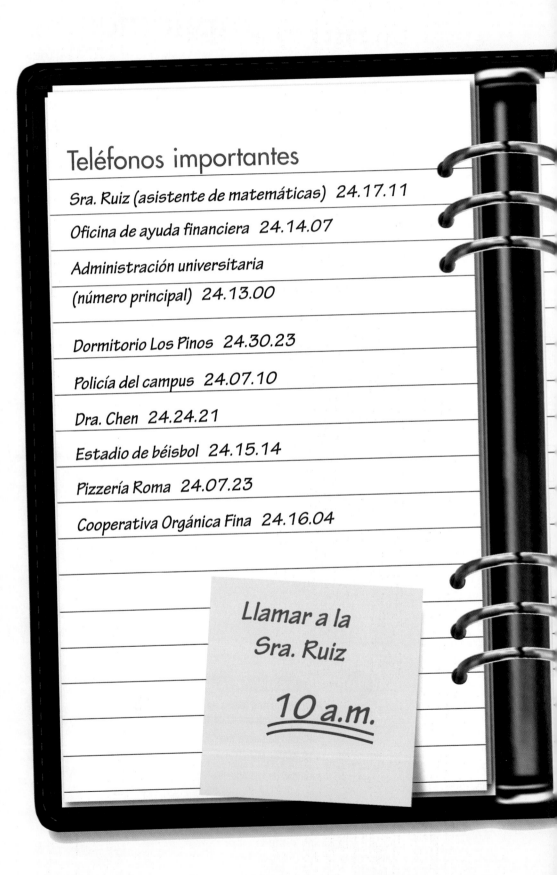

Teléfonos importantes

Sra. Ruiz (asistente de matemáticas) 24.17.11

Oficina de ayuda financiera 24.14.07

Administración universitaria
(número principal) 24.13.00

Dormitorio Los Pinos 24.30.23

Policía del campus 24.07.10

Dra. Chen 24.24.21

Estadio de béisbol 24.15.14

Pizzería Roma 24.07.23

Cooperativa Orgánica Fina 24.16.04

Llamar a la
Sra. Ruiz

10 a.m.

Direcciones electrónicas

Oficina de matemáticas
ofna@matematicas.unimetro.edu.pe

Profesora González
a.gonzalez@matematicas.unimetro.edu.pe

Farmacia
rx@farmaciagomez.com.pe

Gimnasio
informacion@gimnasio.unimetro.edu.pe

Después de leer

¿Comprendiste?

Indicate whether each statement is **cierto** (*true*) or **falso** (*false*).

Cierto	Falso	
____	____	1. Professor González works in the math department.
____	____	2. If Laura wanted to get a student loan, she would call 74.83.00.
____	____	3. Laura never eats pizza.
____	____	4. If Laura needed to report a crime, she would call 24.07.10.
____	____	5. To find out the price of organic apples, Laura would call 24.16.04.
____	____	6. Laura would call 24.75.44 to get a baseball ticket.

Coméntalo

Think about the names, phone numbers, and e-mail addresses that Laura keeps in her address book. Can you think of any others she should add?

For an additional reading, go to aventuras.vhlcentral.com.

recursos

SUPERSITE

aventuras.vhlcentral.com
Lección 1

VOCABULARIO

Saludos

Hola.	Hello; hi.
Buenos días.	Good morning.
Buenas tardes.	Good afternoon.
Buenas noches.	Good evening; good night.

Despedidas

Adiós.	Goodbye.
Nos vemos.	See you.
Hasta luego.	See you later.
Hasta la vista.	See you later.
Hasta pronto.	See you soon.
Hasta mañana.	See you tomorrow.
Saludos a…	Greetings to…
Chau.	Bye.

¿Cómo está?

¿Cómo está usted?	How are you? (form.)
¿Cómo estás?	How are you? (fam.)
¿Qué hay de nuevo?	What's new?
¿Qué pasa?	What's happening?; what's going on?
¿Qué tal?	How are you?; how is it going?
(Muy) bien, gracias.	(Very) well, thanks.
Nada.	Nothing.
No muy bien.	Not very well.
Regular.	So-so; OK.

Expresiones de cortesía

De nada.	You're welcome.
Lo siento.	I'm sorry.
(Muchas) gracias.	Thank you (very much); thanks (a lot).
No hay de qué.	You're welcome.
Por favor.	Please.

Títulos

señor (Sr.)	Mr.; sir
señora (Sra.)	Mrs.; ma'am
señorita (Srta.)	Miss

Presentaciones

¿Cómo se llama usted?	What's your name? (form.)
¿Cómo te llamas (tú)?	What's your name? (fam.)
Me llamo…	My name is…
¿Y tú?	And you? (fam.)
¿Y usted?	And you? (form.)
Mucho gusto.	Pleased to meet you.
El gusto es mío.	The pleasure is mine.
Encantado/a.	Delighted; Pleased to meet you.
Igualmente.	Likewise.
Éste/Ésta es…	This is…
Le presento a…	I would like to introduce you to… (form.)
Te presento a…	I would like to introduce you to… (fam.)

Países

Ecuador	Ecuador
España	Spain
Estados Unidos (EE.UU.)	United States
México	Mexico
Puerto Rico	Puerto Rico

Verbos

ser	to be

¿De dónde es?

¿De dónde es usted?	Where are you from? (form.)
¿De dónde eres?	Where are you from? (fam.)
Soy de…	I'm from…

Expresiones adicionales

¿Cuánto(s)/a(s)?	How many?
¿De quién…?	Whose…? (sing.)
¿De quiénes…?	Whose…? (plural)
(No) Hay	There is (not); there are (not)
¿Qué es?	What is it?
¿Quién es?	Who is it?

Sustantivos

el autobús	bus
la capital	capital city
la chica	girl
el chico	boy
la computadora	computer
la comunidad	community
el/la conductor(a)	driver; chauffeur
la conversación	conversation
la cosa	thing
el cuaderno	notebook
el día	day
el diario	diary
el diccionario	dictionary
la escuela	school
el/la estudiante	student
la foto(grafía)	photograph
la grabadora	tape recorder
el hombre	man
el/la joven	youth; young person
el lápiz	pencil
la lección	lesson
la maleta	suitcase
la mano	hand
el mapa	map
la mochila	backpack
la mujer	woman
la nacionalidad	nationality
el número	number
el país	country
la palabra	word
el/la pasajero/a	passenger
el problema	problem
el/la profesor(a)	teacher
el programa	program
el/la turista	tourist
el video	video

Expresiones útiles	See page 9.
Numbers 0–30	See page 14.
Subject pronouns	See page 16.
Time-related expressions	See pages 18–19.

2 Las clases

PARA EMPEZAR

- ¿Cuántas personas hay en la foto? ¿Dos o siete?
- ¿Son profesores o estudiantes?
- ¿Dónde están?, ¿en un laboratorio o en una universidad?

LAS CLASES

el laboratorio
laboratory

LOS LUGARES

la cafetería *cafeteria*
la librería *bookstore*
la residencia estudiantil *dormitory*
la universidad *university*

el estadio
stadium

la biblioteca
library

LOS CURSOS

la química
chemistry

la administración *business administration*
  de empresas
el arte *art*
la biología *biology*
la clase *class*
la contabilidad *accounting*
los cursos *courses*
el español *Spanish*
la física *physics*
la historia *history*
el inglés *English*
las lenguas extranjeras *foreign languages*

las matemáticas *mathematics*
el periodismo *journalism*
la psicología *psychology*
la sociología *sociology*

la geografía
geography

la computación
computer science

recursos

WB pp. 9–10	LM p. 7	aventuras.vhlcentral.com Lección 2

EN LA CLASE

el reloj
clock; watch

el borrador *eraser*
el examen *test; exam*
el horario *schedule*
la mesa *table*
el papel *paper*
la pizarra *blackboard*
la pluma *pen*
la prueba *test; quiz*
la puerta *door*
el semestre *semester*
la silla *chair*
la tarea *homework*
la tiza *chalk*
el trimestre *trimester; quarter*
la ventana *window*

el mapa
map

Variación léxica
pluma ⟷ bolígrafo
pizarra ⟷ tablero (*Col.*)
tarea ⟷ asignación (*P. Rico*); deberes (*Esp., Arg.*)

el libro
book

el escritorio
desk

LAS PERSONAS

el profesor
teacher, professor

el/la compañero/a de clase *classmate*
el/la compañero/a de cuarto *roommate*
el/la estudiante *student*

LOS DÍAS DE LA SEMANA

lunes *Monday*
martes *Tuesday*
miércoles *Wednesday*
jueves *Thursday*
viernes *Friday*
sábado *Saturday*
domingo *Sunday*

el día *day*
la semana *week*

Hoy es… *Today is…*

A escuchar

1 **Escuchar** Listen to Professor Morales talk about her Spanish classroom, then check the items she mentions.

1. puerta ❏   7. sillas ❏
2. ventanas ❏   8. libros ❏
3. pizarra ❏   9. plumas ❏
4. borrador ❏   10. mochilas ❏
5. tiza ❏   11. papel ❏
6. escritorios ❏   12. reloj ❏

2 **Mis clases** Listen and fill in the calendar with María's class schedule. Then complete the sentences below.

María

Estudiante		María	Semestre N° 1	
lunes	**martes**	**miércoles**	**jueves**	**viernes**
AM				
PM				

1. Éste es el primer (*first*) _____ de María en la universidad.
2. Este semestre María toma cuatro _____.
3. La clase de _____ es el lunes a las diez y media de la mañana.
4. La clase de _____ es el martes a las dos y quince de la tarde.
5. La clase de periodismo es el _____ a las once de la mañana.
6. La clase de _____ es el jueves a las tres y media de la tarde.
7. María estudia (*studies*) en la _____ los viernes.

A practicar

3 **Clasificar** Indicate to which category each word belongs: **Persona**, **Objeto**, **Curso**, or **Lugar** (*place*).

	Persona	Objeto	Curso	Lugar
1. el periodismo	____	____	____	____
2. la residencia estudiantil	____	____	____	____
3. la estudiante	____	____	____	____
4. el estadio	____	____	____	____
5. la tiza	____	____	____	____
6. la contabilidad	____	____	____	____
7. la pluma	____	____	____	____
8. la compañera de clase	____	____	____	____

4 **Analogías** Use these words to complete the analogies. Five words will not be used.

1. dos ←→ cuatro ⊜ martes ←→ _____
2. hoy ←→ mañana ⊜ viernes ←→ _____
3. EE.UU. ←→ mapa ⊜ hora ←→ _____
4. inglés ←→ lengua ⊜ miércoles ←→ _____
5. maleta ←→ pasajero/a ⊜ mochila ←→ _____
6. pluma ←→ papel ⊜ tiza ←→ _____
7. papel ←→ cuaderno ⊜ libro ←→ _____

biblioteca	pizarra	profesor(a)
jueves	semana	miércoles
estudiante	día	reloj
sábado	borrador	domingo

5 **Cursos** What is the subject matter of each class?

> **modelo**
> la cultura de España, los verbos
> **Es la *clase de español*.**

1. los microbios, los animales

   _____

2. George Washington, Martin Luther King, Jr.

   _____

3. la geometría, la trigonometría

   _____

4. Frida Kahlo, Leonardo da Vinci

   _____

5. África, el río Amazonas

   _____

6. Freud, Jung

   _____

Frida Kahlo, famosa pintora (*painter*) mexicana.

El río Amazonas, en América del Sur.

A conversar

6 **Horario** Create your own class schedule like the one below. Then discuss it with a classmate.

Manuel Domínguez

Estudiante	Manuel Domínguez		Semestre N° 1	
lunes	martes	miércoles	jueves	viernes
8:30 biología Profesora Morales		8:30 biología		8:30 biología
10:15 inglés Profesor Herrera	9:45 historia Profesora Cortés	10:15 inglés	9:45 historia	10:15 inglés
	12:45 psicología Profesor Blanco	1:15 arte Profesor Pérez	12:45 psicología	1:15 arte
3:30 laboratorio (biología)				
4:30 discusión (historia) biblioteca				

modelo

Estudiante 1: ¿Cuándo tomas (*when do you take*) biología?
Estudiante 2: Los lunes, miércoles y viernes tomo (*I take*)
biología a las ocho y media de la mañana.
Estudiante 1: ¿Quién es el profesor?
Estudiante 2: Es la profesora Morales.

7 **Entrevistas** Use these questions to interview two classmates.

1. ¿Cómo te llamas?
2. ¿Cómo estás hoy?
3. ¿De dónde eres?
4. ¿Cuántas clases tomas?
5. ¿Cuándo tomas…?
6. ¿A qué hora es la clase de…?
7. ¿Quién es el/la profesor(a)?
8. ¿Cuál (*Which*) es tu clase favorita?

8 **Nuevos amigos** You meet a new student in the cafeteria. Have a conversation, using these guidelines.

- Greet your new acquaintance.
- Find out how he or she is doing.
- Ask where he or she is from.
- Compare class schedules.
- Say goodbye.

🎧 Pronunciación ⬤SUPERSITE

Spanish vowels

a   **e**   **i**   **o**   **u**

Spanish vowels are never silent; they are always pronounced in a short, crisp way without the glide sounds used in English.

Álex	**clase**	**nada**	**encantada**

The letter **a** is pronounced like the *a* in *father,* but shorter.

el	**ene**	**mesa**	**elefante**

The letter **e** is pronounced like the *e* in *they*, but shorter.

Inés	**chica**	**tiza**	**señorita**

The letter **i** sounds like the *ee* in *beet,* but shorter.

hola	**con**	**libro**	**don Francisco**

The letter **o** is pronounced like the *o* in *tone*, but shorter.

uno	**regular**	**saludos**	**gusto**

The letter **u** sounds like the *oo* in *room,* but shorter.

 Práctica Practice the vowels by saying the names of these places in Spain.

1. Madrid   3. Tenerife   5. Barcelona   7. Burgos

2. Alicante   4. Toledo   6. Granada   8. La Coruña

 Oraciones Read the sentences aloud, focusing on the vowels.

1. Hola. Me llamo Ramiro Morgado.

2. Estudio arte en la Universidad de Salamanca.

3. Tomo también (*also*) literatura y contabilidad.

4. Ay, tengo clase en cinco minutos. ¡Nos vemos!

 Refranes Practice the vowels by reading these sayings aloud.

Cada loco con su tema.[2]

Del dicho al hecho hay un gran trecho.[1]

recursos

LM p. 8

aventuras.vhlcentral.com
Lección 2

1 *Easier said than done.*
2 *To each his own.*

📹 ¿Qué clases tomas?

Maite, Inés, Javier y Álex hablan de las clases.

PERSONAJES

JAVIER

INÉS

ÁLEX

MAITE

ÁLEX Hola Ricardo… Aquí estamos en la Mitad del Mundo. ¿Qué tal las clases en la UNAM?

MAITE Es exactamente como las fotos en los libros de geografía.
INÉS ¡Sí! ¿También tomas tú geografía?
MAITE Yo no. Yo tomo inglés y literatura. También tomo una clase de periodismo.

MAITE Muy buenos días. María Teresa Fuentes, de Radio Andina FM 93. Hoy estoy con estudiantes de la Universidad San Francisco de Quito. ¡A ver! La señorita que está cerca de la ventana… ¿Cómo te llamas y de dónde eres?

MAITE ¿En qué clase hay más chicos?
INÉS Bueno, eh… en la clase de historia.
MAITE ¿Y más chicas?
INÉS En la de sociología hay más chicas, casi un ochenta y cinco por ciento.

MAITE Y tú, joven, ¿cómo te llamas y de dónde eres?
JAVIER Me llamo Javier Gómez y soy de San Juan, Puerto Rico.
MAITE ¿Tomas muchas clases este semestre?
JAVIER Sí, tomo tres: historia y arte los lunes, miércoles y viernes, y computación los martes y jueves.

MAITE ¿Te gustan las computadoras, Javier?
JAVIER No me gustan nada. Me gusta mucho más el arte… y, sobre todo, me gusta dibujar.
ÁLEX ¿Cómo que no? ¿No te gustan las computadoras?

ACTIVIDADES

1 **¿Quién?** Indicate to whom each statement refers.
1. _____ es estudiante de periodismo.
2. _____ toma sociología, geografía, inglés, historia y arte.
3. _____ toma periodismo, inglés y literatura en la universidad.
4. _____ toma tres clases este semestre.
5. _____ estudia mucho.
6. _____ toma historia y arte los lunes, miércoles y viernes.

2 **Completar** These sentences are similar to things said in the **Aventuras** episode. Complete each sentence with the correct word(s).
1. Maite, Javier, Inés y yo estamos en _____.
2. Hay fotos de Ecuador en los libros de _____.
3. Me llamo Maite. Estoy con estudiantes de _____.
4. Hay muchos chicos en _____.
5. No me gustan las computadoras. Me gusta más _____.

Para recordar Before watching this episode of the **Fotonovela**, review the previous one. What do you remember?

1. ¿Quiénes son Maite, Inés, Javier y Álex?
2. ¿Cómo se llama el conductor?
3. ¿Quiénes son del Ecuador?
4. ¿De dónde es Maite? ¿Y Álex? ¿Y Javier?

Expresiones útiles

Talking about classes

¿Qué tal las clases en la UNAM?
How are classes going at UNAM?
Tomas muchas clases, ¿no?
You're taking lots of classes, aren't you?
Pues sí.
Well, yes.
¿En qué clase hay más chicos?
In which class are there more guys?
En la clase de historia.
In history class.

Talking about likes/dislikes

¿Te gusta estudiar?
Do you like to study?
Sí, me gusta mucho. Pero también me gusta mirar la televisión.
Yes, I like it a lot. But I also like to watch television.
¿Te gustan las computadoras?
Do you like computers?
Sí, me gustan muchísimo.
Yes, I like them very much.
No, no me gustan nada.
No, I don't like them at all.

Talking about location

Aquí estamos en...
Here we are at/in...
¿Dónde está la señorita?
Where is the young woman?
Está cerca de la ventana.
She's near the window.

Expressing hesitation

A ver...   **Bueno...**
Let's see...   *Well...*

INÉS Hola. Me llamo Inés Ayala Loor y soy del Ecuador, de Portoviejo.
MAITE Encantada. ¿Qué clases tomas en la universidad?
INÉS Tomo geografía, inglés, historia, sociología y arte.

MAITE Tomas muchas clases, ¿no?
INÉS Pues sí, me gusta estudiar mucho.

ÁLEX Pero si son muy interesantes, hombre.

JAVIER Sí, ¡muy interesantes!

3 **Entrevista** Imagine that Maite is interviewing Álex. Answer these questions as if you were Álex.

1. ¿Dónde estudias, en la UNAM o en la Universidad San Francisco de Quito?
2. ¿Qué clases tomas?
3. ¿Cuál (*Which*) es tu clase favorita?
4. ¿Te gusta estudiar?
5. ¿Te gustan las computadoras?

4 **Conversar** In pairs, use these guidelines to have a conversation.

- Greet each other.
- Ask each other where you are from.
- Find out what each of you likes to study.
- Find out which classes each of you likes and dislikes.
- Say goodbye.

recursos

VM
pp. 171-172

SUPERSITE
aventuras.vhlcentral.com
Lección 2

BAJO LA LUPA

SUPERSITE

La elección de una
carrera universitaria

Since higher education in the Spanish-speaking world is heavily state-subsidized, tuition is almost free; as a result, public universities see large enrollments. Spanish and Latin American students generally choose their **carrera universitaria** (major) when they're eighteen—which is the year they enter the university or the year before. In order to enroll, all students must complete a high school degree, known as the **bachillerato**. In countries like Bolivia, Mexico, and Peru, the last year of high school (**colegio***) tends to be specialized in an area of study, such as the arts or natural sciences.

Students then choose their major according to their area of specialization. Similarly, university-bound students in Argentina follow the **polimodal** track during the last three years of high school. **Polimodal** refers to exposure to various disciplines, such as business, social sciences, or design; based on this coursework, Argentine students choose their **carrera**. Finally, in Spain, students choose their major according to the score they receive on the **prueba de aptitud** (skills test or entrance exam).

Universidad Central de Venezuela en Caracas

University graduates receive a **licenciatura**, or bachelor's degree. In Argentina or Chile, a **licenciatura** takes four to six years to complete, and may be considered equivalent to a master's degree. In Peru and Venezuela, a bachelor's degree is a five-year process. Spanish and Colombian **licenciaturas** take four to five years, although some fields, such as medicine, require six or more.

Estudiantes hispanos en los EE.UU.

In the 2004–05 academic year, over 13,000 Mexican students (2.3% of all international students) studied at U.S. universities. Colombians were the second largest Spanish-speaking group, with over 7,000 students.

* ¡Ojo! El **colegio** is a false cognate. In most countries, it means *high school*, but in some regions it refers to an elementary school. All undergraduate study takes place at **la universidad**.

---

1 **¿Cierto o falso?** Indicate whether these statements are **cierto** or **falso**. Correct the false statements.

1. Students in Spanish-speaking countries must pay large amounts of money toward their college tuition.
2. **Carrera** refers to any undergraduate and/or graduate program students enroll in order to obtain a professional degree.
3. After studying at a **colegio**, students receive their **bachillerato**.
4. Undergraduates study at a **colegio** or an **universidad**.

5. In Latin America and Spain, students usually choose their majors in their second year at the university.
6. The **polimodal** system helps students choose their university major.
7. In Mexico, the **bachillerato** involves specialized study.
8. In Spain, majors depend on entrance exam scores.
9. Venezuelans complete a **licenciatura** in five years.
10. According to statistics, Colombians constitute the third largest Latin American group studying at the US universities.

ASÍ SE DICE

Clases y exámenes

aprobar	*to pass*
la asignatura (Esp.)	la clase, el curso
la clase anual	*year-long course*
el examen parcial	*midterm exam*
la facultad	*department, school*
la investigación	*research*
reprobar; suspender (Esp.)	*to fail*
sacar buenas/ malas notas	*to get good/ bad grades*
tomar apuntes	*to take notes*

Los estudios

1 **Preparación** What is the name of your school or university? What degree program are you in? What classes are you taking this semester?

2 **El video** Watch this **Flash Cultura** episode.

Vocabulario

¿Qué estudias? *What do you study?*
¿Cuál es tu materia favorita? *What is your favorite subject?*
carrera (de medicina) *(medical) degree program, major*
derecho *law*

CONEXIÓN INTERNET

What do **UNAM** and **Universidad Virtual** have in common? Go to **aventuras.vhlcentral.com** to find out and to access these components.

- the **Flash Cultura** video
- more activities
- additional reading: **Universidad Virtual**

Estudio derecho en la UNAM.

¿Conoces algún° profesor famoso que dé clases... en la UNAM?

¿Conoces algún...? *Do you know any...?*

2 **Saludos** In pairs, research a Spanish or Latin American university online and find five statistics about that institution. Using this information, create a dialogue between a prospective student and a university representative.

3 **Emparejar** Match the phrases in column A to each sentence in column B.

1. Los estudiantes de la UNAM no viven (*live*)
2. México, D.F. es
3. La UNAM es
4. La UNAM ofrece

a. una universidad muy grande.
b. 74 carreras de estudio.
c. en residencias estudiantiles.
d. la ciudad más grande (*biggest*) de Latinoamérica.

recursos

VM pp. 229–230	aventuras.vhlcentral.com Lección 2

2.1 The present tense of regular –ar verbs

▶ To create the forms of regular verbs, drop the infinitive endings (**–ar, –er, –ir**). Then add the endings of the different subject pronouns. The chart below demonstrates how to conjugate regular **–ar** verbs.

estudiar (*to study*)

yo	estudio	*I study*
tú	estudias	*you (fam.) study*
Ud./él/ella	estudia	*you (form.) study; he/she studies*
nosotros/as	estudiamos	*we study*
vosotros/as	estudiáis	*you (pl.) study*
Uds./ellos/ellas	estudian	*you (pl.)/they study*

¿Tomas muchas clases este semestre?

Sí, tomo tres.

Common –ar verbs

bailar	*to dance*	explicar	*to explain*
buscar	*to look for*	hablar	*to talk; to speak*
caminar	*to walk*	llegar	*to arrive*
cantar	*to sing*	llevar	*to carry*
comprar	*to buy*	mirar	*to look (at); to watch*
contestar	*to answer*	necesitar	*to need*
conversar	*to talk*	practicar	*to practice*
descansar	*to rest*	preguntar	*to ask (a question)*
desear	*to want; to wish*	preparar	*to prepare*
dibujar	*to draw*	regresar	*to return*
enseñar	*to teach*	terminar	*to end; to finish*
escuchar	*to listen*	tomar	*to take; to drink*
esperar	*to wait (for); to hope*	trabajar	*to work*
estudiar	*to study*	viajar	*to travel*

▶ The Spanish present tense has several meanings in English. Note the following examples.

Ana **trabaja** en la cafetería.
Ana works in the cafeteria.
Ana is working in the cafeteria.
Ana does work in the cafeteria.

Paco **viaja** a Madrid mañana.
Paco travels to Madrid tomorrow.
Paco is traveling to Madrid tomorrow.
Paco does travel to Madrid tomorrow.

Práctica

1 **Completar** Complete the conversation with the appropriate forms of the verbs.

Juan

Linda

JUAN ¡Hola, Linda! ¿Qué tal las clases?

LINDA Bien. (1) _____ [tomar] tres clases: química, biología y computación. Y tú, ¿cuántas clases (2) _____ [tomar]?

JUAN (3) _____ [tomar] cuatro: sociología, biología, arte y literatura. Yo (4) _____ [tomar] biología a las cuatro. ¿Y tú?

LINDA Lily, Alberto y yo (5) _____ [tomar] biología a las diez.

JUAN ¿ (6) _____ [estudiar] ustedes mucho?

LINDA Sí, porque (*because*) hay muchos exámenes. Alberto y yo (7) _____ [estudiar] dos horas juntos todos los días (*together every day*).

JUAN ¿Lily no (8) _____ [estudiar] con ustedes?

LINDA No, ella (9) _____ [estudiar] con su novio (*boyfriend*), Arturo.

2 **¿Te gusta... ?** Get together with a classmate and take turns asking each other if you like these activities.

¿Te gusta... ?	Sí, me gusta.../No, no me gusta...
Do you like... ?	*Yes, I like.../No, I don't like...*

modelo

Estudiante 1: ¿Te gusta dibujar?
Estudiante 2: Sí, me gusta dibujar. /
No, no me gusta dibujar.

	Sí	No
la universidad	____	____
cantar	____	____
la historia	____	____
la computación	____	____
los exámenes	____	____
trabajar	____	____
las lenguas extranjeras	____	____

Conversación

3 **Describir** With a partner, describe what the people in the photos are doing.

Manuela

modelo

Manuela baila.

Héctor

Ernesto

1. _____

2. _____

Mariana y Tina

Mario y Celia

3. _____

4. _____

4 **Entrevista** Use these questions to interview a classmate.

1. ¿Qué clases tomas?
2. ¿Caminas a tus clases?
3. ¿A qué hora termina la clase de español?
4. ¿Cuántas lenguas hablas?
5. ¿Dónde estudias?
6. ¿Necesitas estudiar hoy para un examen?
7. ¿Miras mucho la televisión? ¿Qué programas te gustan?
8. ¿Te gusta viajar? ¿Deseas viajar a Sudamérica?
9. ¿Te gusta bailar? ¿Bailas salsa?
10. ¿Te gusta conversar con tus amigos? ¿Conversan ustedes en español?

Using verbs in Spanish

▶ When two verbs are used together with no change of subject, the second verb is generally in the infinitive.

Deseo hablar con Maite.
I want to speak with Maite.

Necesito comprar lápices.
I need to buy pencils.

▶ To make a sentence negative, use **no** before the conjugated verb.

Yo **no** miro la televisión.
I don't watch television.

Ella **no** desea bailar.
She doesn't want to dance.

▶ Pronouns are often omitted, the verb endings indicate who the subject is. They may, however, be used for clarification or for emphasis.

—¿Qué enseñan?
What do they teach?

—**Él** enseña arte y **ella** enseña química.
He teaches art and she teaches chemistry.

—¿Quién desea trabajar hoy?
Who wants to work today?

—**Yo** no deseo trabajar.
I don't want to work.

The verb **gustar**

▶ The verb **gustar**, which is used to express likes and dislikes, is used differently from other –ar verbs. The most commonly used forms are **gusta** and **gustan**.

Me gusta el francés.
I like French.

Me gustan las matemáticas.
I like math.

▶ To say what you like or to ask what someone likes, use **me** or **te** with **gusta** or **gustan**. A singular noun or an infinitive follows **gusta**; a plural noun follows **gustan**. To say what you don't like, insert **no** before **me** or **te**.

¿**Te gusta** bailar salsa?
Do you like to dance salsa?

Sí, **me gusta** bailar salsa.
Yes, I like to dance salsa.

¿**Te gusta** la biología?
Do you like biology?

No, no **me gusta** la biología.
No, I don't like biology.

¿**Te gustan** las clases este semestre?
Do you like your classes this semester?

Sí, **me gustan** las clases este semestre.
Yes, I like my classes this semester.

¡Manos a la obra!

Provide the present-tense forms of the verbs.

1. ¿A qué hora __regresan__ [regresar] ustedes?
2. Yo _____ [hablar] español.
3. Elena y yo _____ [estudiar] mucho.
4. Me _____ [gustar] bailar música electrónica.
5. Tú no _____ [trabajar] en la cafetería.
6. Ellos _____ [cantar] muy bien.

2.2 Forming questions in Spanish

▶ You can form a question by raising the pitch of your voice at the end of a sentence. Be sure to use an upside-down question mark (¿) at the beginning of a question and a regular question mark (?) at the end.

¿Dibujas mucho?

Las computadoras son muy interesantes, ¿no?

Statement	Question
Ustedes trabajan los sábados. *You work on Saturdays.*	¿Ustedes trabajan los sábados? *Do you work on Saturdays?*
Miguel busca un mapa. *Miguel is looking for a map.*	¿Miguel busca un mapa? *Is Miguel looking for a map?*

▶ You can also form a question by putting the subject after the verb. The subject may even be placed at the end of the sentence.

Statement	Question
SUBJECT VERB **Ustedes trabajan** los sábados. *You work on Saturdays.*	VERB SUBJECT ¿**Trabajan ustedes** los sábados? *Do you work on Saturdays?*
SUBJECT VERB **Carlota regresa** a las seis. *Carlota returns at six.*	VERB SUBJECT ¿**Regresa** a las seis **Carlota?** *Does Carlota return at six?*
SUBJECT VERB **La clase termina** a las cinco. *The class ends at five.*	VERB SUBJECT ¿**Termina** a las cinco **la clase?** *Does the class end at five?*

▶ Questions can also be formed by adding ¿no? or ¿verdad? at the end of a statement. With negative statements, you may only add ¿verdad?

Statement	Question
Ustedes trabajan los sábados. *You work on Saturdays.*	Ustedes trabajan los sábados, ¿no? *You work on Saturdays, don't you?*
Carlota regresa a las seis. *Carlota returns at six.*	Carlota regresa a las seis, ¿verdad? *Carlota returns at six, right?*
Tú **no** tomas biología. *You don't take biology.*	Tú **no** tomas biología ¿verdad? *You don't take biology, right?*

Práctica

1 Una conversación Irene and Manolo are chatting (quietly!) in the library. Complete their conversation with the appropriate questions.

IRENE (1) _____
MANOLO Bien, gracias. (2) _____
IRENE Muy bien. (3) _____
MANOLO Son las nueve.
IRENE (4) _____
MANOLO Estudio historia.
IRENE (5) _____
MANOLO Porque hay un examen mañana.
IRENE (6) _____
MANOLO Sí, me gusta mucho la clase.
IRENE (7) _____
MANOLO El profesor Padilla enseña la clase.
IRENE (8) _____
MANOLO No, no tomo psicología este semestre.

2 En el centro estudiantil Use the cues to ask questions about what's going on at the student center.

modelo

Ernesto / estudiar español
¿Estudia Ernesto español? /
¿Estudia español Ernesto?

1. Sandra / hablar con su compañera de cuarto
_____
_____

2. La profesora Soto / buscar unos libros
_____
_____

3. Tú / preparar la tarea
_____
_____

4. Ustedes / trabajar en la cafetería
_____
_____

5. Los chicos / escuchar música por la radio
_____
_____

Conversación

3 Encuesta Change the phrases in the first column into questions and use them to survey two or three classmates. Then report the results of your survey to the class.

Actividades	Nombres
1. Estudiar contabilidad	_____
2. Tomar una clase de sociología	_____
3. Dibujar bien	_____
4. Cantar bien	_____
5. Bailar rap	_____
6. Escuchar música en un *iPod*	_____
7. Necesitar comprar un reloj	_____
8. Tomar el autobús a la escuela	_____
9. Llevar una mochila a clase	_____
10. Desear viajar a España	_____

4 Entrevista Imagine that you are a reporter for the school newspaper. Use these questions and write three of your own to interview a classmate about student life.

1. ¿Dónde estudias? ¿Cuándo?
2. ¿Quién es tu profesor(a) favorito/a?
3. ¿Cuántas clases tomas?
4. ¿Necesitas estudiar más (*more*)?
5. ¿Cómo llegas a la escuela?
6. ¿Trabajas? ¿Dónde?
7. ¿Cuál es tu día favorito de la semana? ¿Por qué?
8. ¿_____?
9. ¿_____?
10. ¿_____?

Interrogative words

▶ These interrogative words are used to form questions in Spanish.

Interrogative words			
¿Cómo?	How?	¿De dónde?	From where?
¿Cuál?, ¿Cuáles?	Which?; Which one(s)?	¿Por qué?	Why?
¿Cuándo?	When?	¿Cuánto/a?	How much?
¿Qué?	What?; Which?	¿Cuántos/as?	How many?
¿Dónde?	Where?	¿Quién?	Who?
¿Adónde?	Where (to)?	¿Quiénes?	Who (plural)?

▶ Use interrogative words in questions that require more than a *yes* or *no* answer. Interrogative words always carry a written accent mark.

¿Cuándo descansan ustedes?
When do you rest?

¿Qué clases tomas?
What classes are you taking?

¿Adónde caminamos?
Where are we walking to?

¿De dónde son ellos?
Where are they from?

▶ In questions that contain interrogative words, the pitch of your voice falls at the end of the sentence.

¿Cómo llegas a la escuela?
How do you get to school?

¿Por qué necesitas estudiar?
Why do you need to study?

¡Manos a la obra!

Make questions out of these statements. Use intonation in column 1 and the tag ¿no? in column 2.

Statement	Intonation	¿no?
1. Hablas inglés.	¿Hablas inglés?	Hablas inglés, ¿no?
2. Trabajamos mañana.	_____	_____
3. Ustedes desean bailar.	_____	_____
4. Usted estudia mucho.	_____	_____
5. Enseño a las nueve.	_____	_____
6. Luz mira la televisión.	_____	_____
7. Los chicos descansan.	_____	_____
8. Tú preparas la prueba.	_____	_____
9. Tomamos el autobús.	_____	_____
10. Necesito una pluma.	_____	_____

2.3 The present tense of estar

▶ In Lesson 1, you learned how to conjugate and use the verb **ser** (*to be*). Spanish has a second verb which means *to be*, the verb **estar**.

▶ Although **estar** ends in **–ar**, it does not follow the pattern of regular **–ar** verbs. The **yo** form (**estoy**) is irregular. Also, all forms but the **yo** and **nosotros/as** forms have an accented **á**. As you will see, **ser** and **estar** are used in different ways.

estar (to be)

yo	estoy	*I am*
tú	estás	*you (fam.) are*
Ud./él/ella	está	*you (form.) are; he/she is*
nosotros/as	estamos	*we are*
vosotros/as	estáis	*you (pl.) are*
Uds./ellos/ellas	están	*you (pl.)/they are*

Hola, Ricardo. Aquí estamos en la Mitad del Mundo.

Hoy estoy con estudiantes de la universidad.

Uses of estar and ser

Uses of estar	Uses of ser
LOCATION	**IDENTITY**
Estoy en el Ecuador.	Hola, soy Maite.
I am in Ecuador.	*Hello, I'm Maite.*
Inés está al lado de Javier.	**OCCUPATION**
Inés is next to Javier.	Soy estudiante.
	I'm a student.
HEALTH	**ORIGINS**
Álex está enfermo hoy.	¿Eres de España?
Álex is sick today.	*Are you from Spain?*
	Sí, soy de España.
WELL-BEING	*Yes, I'm from Spain.*
¿Cómo estás, Maite?	**TELLING TIME**
How are you, Maite?	Son las cuatro.
Estoy muy bien, gracias.	*It's four o'clock.*
I'm very well, thank you.	

Práctica

1 Completar Complete this phone conversation between Daniela and her mother with the correct forms of **ser** or **estar**.

MAMÁ Hola, Daniela. ¿Cómo (1) _____?

DANIELA Hola, mamá. (2) _____ bien. ¿Dónde (3) _____ papá? ¡Ya (*already*) (4) _____ las ocho de la noche!

MAMÁ No (5) _____ aquí. (6) _____ en la oficina.

DANIELA Y Andrés y Margarita, ¿dónde (7) _____ ellos?

MAMÁ (8) _____ en el restaurante García con Martín.

DANIELA ¿Quién (9) _____ Martín?

MAMÁ (10) _____ un compañero de clase. (11) _____ de México.

DANIELA Y el restaurante García, ¿dónde (12) _____?

MAMÁ (13) _____ cerca de la Plaza Mayor, en San Modesto.

DANIELA Gracias, mamá. Voy (*I'm going*) al restaurante. ¡Hasta pronto!

2 En la librería Imagine that you are in the school bookstore and can't find various items. Ask the clerk (your partner) where the items in the drawing are located.

modelo
Estudiante 1: ¿Dónde están las mochilas?
Estudiante 2: Las mochilas están debajo de las computadoras.

Conversación

3 **¿Dónde estás... ?** Find out where your partner is at these times.

1. ¿Dónde estás los viernes al mediodía?

2. ¿Dónde estás los miércoles a las nueve y cuarto de la mañana?

3. ¿Dónde estás los lunes a las once y diez de la mañana?

4. ¿Dónde estás los jueves a las doce y media de la tarde?

5. ¿Dónde estás los viernes a las dos y veinticinco de la tarde?

6. ¿Dónde estás los martes a las cuatro menos diez de la tarde?

7. ¿Dónde estás los jueves a las seis menos cuarto de la tarde?

8. ¿Dónde estás los miércoles a las ocho y veinte de la noche?

4 **La ciudad universitaria** You and your partner are at the **Facultad de Bellas Artes** (*School of Fine Arts*). Take turns asking each other where other buildings on the campus map are located.

Facultad de Medicina — Facultad de Administración de Empresas — Facultad de Química — biblioteca — Colegio Mayor Cervantes — Facultad de Bellas Artes

1. ¿Está lejos la biblioteca de la Facultad (*school*) de Bellas Artes?

2. ¿Dónde está la Facultad de Medicina?

3. ¿Está la Facultad de Administración de Empresas a la derecha de la biblioteca?

4. ¿Dónde está el Colegio Mayor Cervantes?

5. ¿Está la Facultad de Administración de Empresas detrás del Colegio Mayor Cervantes?

6. ¿Dónde está la Facultad de Química?

Estar with prepositions of locations

▶ **Estar** is often used with certain prepositions to describe the location of a person or an object.

Prepositions of location

al lado de	next to; beside	delante de	in front of
a la derecha de	to the right of	detrás de	behind
a la izquierda de	to the left of	encima de	on top of
en	in; on; at	entre	between; among
cerca de	near	lejos de	far from
con	with	sobre	on; over
debajo de	below; under		

¡A ver! La señorita que está cerca de la ventana...

Aquí estoy con cuatro estudiantes de la universidad... ¡Qué aventura!

La cafetería está **al lado de** la biblioteca.
The cafeteria is beside the library.

Los libros están **encima del** escritorio.
The books are on top of the desk.

El laboratorio está **cerca de** la clase.
The lab is near the classroom.

Maribel está **delante de** José.
Maribel is in front of José.

El estadio no está **lejos de** la librería.
The stadium isn't far from the bookstore.

Estamos **entre** la puerta y la ventana..
We are between the door and the window.

Juan está **en** la biblioteca.
Juan is at the library.

El libro está **sobre** la mesa.
The book is on the table.

¡Manos a la obra!

Provide the present-tense forms of **estar**.

1. Uds. ___están___ en la clase.
2. José _____ en la biblioteca.
3. Yo _____ en el estadio.
4. Nosotras _____ en la cafetería.
5. Tú _____ en el laboratorio.
6. Elena _____ en la librería.
7. Ellas _____ en la clase.
8. Ana y yo _____ en la clase.
9. Ud. _____ en la biblioteca.
10. Javier y Maribel _____ en el estadio.
11. Nosotros _____ en la clase.
12. Yo _____ en el laboratorio.
13. Carmen y María _____ en la librería.
14. Tú _____ en la clase.

2.4 Numbers 31–100

Numbers 31–100

31 treinta y uno	37 treinta y siete	50 cincuenta
32 treinta y dos	38 treinta y ocho	60 sesenta
33 treinta y tres	39 treinta y nueve	70 setenta
34 treinta y cuatro	40 cuarenta	80 ochenta
35 treinta y cinco	41 cuarenta y uno	90 noventa
36 treinta y seis	42 cuarenta y dos	100 cien

¿En qué clase hay más chicas?

En la de sociología... casi un ochenta y cinco por ciento°.

▶ The word **y** is used in most numbers from **31** through **99**.

Hay **ochenta y cinco** exámenes.
There are eighty-five exams.

Hay **cuarenta y dos** estudiantes.
There are forty-two students.

▶ With numbers that end in **uno** (31, 41, etc.), **uno** becomes **un** before a masculine noun and **una** before a feminine noun.

Hay **treinta y un** chicos.
There are thirty-one guys.

Hay **treinta y una** chicas.
There are thirty-one girls.

▶ **Cien** is used before nouns and in counting. The words **un**, **una**, and **uno** are never used before **cien** in Spanish.

—¿Cuántos libros hay?
How many books are there?

—Hay **cien** libros.
There are one hundred books.

—¿Cuántas sillas hay?
How many chairs are there?

—Hay **cien** sillas.
There are one hundred ten chairs.

---

por ciento   *percent*

¡Manos a la obra!

Provide the word form of each number.

a. **56** _cincuenta y seis_
b. **31** _____
c. **84** _____
d. **99** _____
e. **43** _____

f. **68** _____
g. **72** _____
h. **35** _____
i. **87** _____
j. **59** _____

k. **100** _____
l. **61** _____
m. **96** _____
n. **74** _____
ñ. **42** _____

Práctica

1 **Baloncesto** Provide these basketball scores in Spanish.

1. _____

2. _____

3. _____

4. _____

5. _____

6. _____

2 **Números de teléfono** Imagine that you are a telephone operator in Spain. Take turns giving the appropriate phone numbers when callers ask for them.

modelo

Estudiante 1: ¿Cuál es el número de teléfono de José Morales Ballesteros, por favor?

Estudiante 2: Es el noventa y uno, nueve, cuarenta y cuatro, sesenta y seis, sesenta y dos.

122	MORALES – NAYA	
Morales Ballesteros, José	-Venerable Centenares, 22	(91) 944-6662
Morales Benito, Francisco	-Calle Flores, 16	(91) 773-1216
Morales Borrego, Flora	-Mayor, 51	(91) 634-3211
Morales Calvo, Emilio	-Villafuerte, 49	(91) 472-2350
Morales Campos, María Josefa	-Toledo, 35	(91) 419-7660
Morales Cid, Pedro	-Rosal, 98	(91) 773-1382
Morales Conde, Ángel	-Alameda, 67	(91) 944-3915
Morales Crespo, José Pascual	-Fernando de la Peña, 13	(91) 634-7148
Morales de la Iglesia, Juliana	-Buenavista, 80	(91) 834-5238
Morales Fraile, Rosa	-Avenida Solares, 74	(91) 834-3371

Conversación

3 **Precios** (*prices*) With a partner, take turns asking how much the items in the ad cost.

modelo

Estudiante 1: Deseo comprar papel. ¿Cuánto cuesta (*does it cost*)?
Estudiante 2: Un paquete cuesta cuatro dólares y cuarenta y un centavos.

$4,41 paquete
$5,59 caja
$36
3:30
$19,50
$4,98
$5,31 caja
$87

4 **Entrevista** Find out the telephone numbers and e-mail addresses of four classmates.

modelo

Estudiante 1: ¿Cuál es tu (*your*) número de teléfono?
Estudiante 2: Es el 6-35-19-51.
Estudiante 1: ¿Y tu dirección de correo electrónico (*e-mail address*)?
Estudiante 2: Es jota-Smith-arroba (*at*)-pe-ele-punto-e-de-u. (*jsmith@pl.edu*).

5 **¿A qué distancia...?** Your instructor will give you and your partner handouts so that you may complete this information gap activity.

Español en vivo

Below is the table of contents from a Latin American magazine.

CONTENIDO

59 Cuestionario
¿Dónde buscas amor?

62 Encuesta
Entrevistamos a 100 estudiantes de la universidad para preguntarles cuáles son los cursos más importantes para su futuro profesional.

74 Rock en Español
Conversamos con la cantante mexicana Paulina Rubio sobre su nuevo álbum.

Identificar

Identify in Spanish the numbers used in the above document.

Preguntas

1. ¿En qué página está la información sobre la familia?
2. ¿Con quién conversan en la página 74?
3. ¿En qué página buscas información sobre (*about*) tu futuro?

Repaso

 For more practice, go to aventuras.vhlcentral.com.

2.1 The present tense of regular –ar verbs

1 Completar Complete the sentences with the appropriate forms of these verbs. Use each verb only once; there are two that you won't use.

buscar	mirar	terminar	trabajar
cantar	regresar	tomar	viajar

1. Ustedes _____ la clase de arte, ¿no?
2. El examen _____ a las diez.
3. ¿ _____ (tú) la televisión todos los días?
4. Yo _____ un libro en la biblioteca.
5. Nosotros _____ mañana a Madrid.
6. Ellos _____ una canción (song) de Shakira.

2 Combinar Combine words from the columns to create sentences about yourself and these people.

modelo
El profesor no necesita explicar el examen.

Yo	(no) desear	caminar	más
Mi (My) compañero/a	(no) necesitar	comprar	español
El/La profesor(a)		contestar	el examen
La clase		explicar	los libros
Nosotros		hablar	la lección 2
Los estudiantes		llegar	la tarea
		enseñar	en la clase
		practicar	¿?

2.2 Forming questions in Spanish

3 Preguntas Write questions for these answers using interrogative words.

1. —¿ _____ Patricia?
   —Patricia es de Ecuador.
2. —¿ _____ él?
   —Él es mi amigo (*friend*).
3. —¿ _____ (tú)?
   —Hablo dos lenguas extranjeras.
4. —¿ _____ (ustedes)?
   —Deseamos tomar dos cafés.

4 ¿Qué pasa? Write at least five questions about this photo using interrogative words. Then, with a partner, take turns asking and answering each other's questions.

1. _____
2. _____
3. _____
4. _____
5. _____

2.3 The present tense of estar

5 Oraciones Form sentences using the appropriate forms of **ser** or **estar** and the cues provided.

1. ¿De dónde / ustedes?
2. Nosotros / de Barcelona
3. ¿Por qué / ustedes / en El Escorial?
4. Nosotros / profesores / historia
5. Yo / doctor Ochoa / y él / profesor Mendoza
6. Nosotros / aquí para visitar / biblioteca
7. La biblioteca / izquierda, / ¿verdad?

6 Entrevista Use these questions to interview a classmate.

1. ¿Cómo estás hoy?
2. ¿Cómo está tu (*your*) compañero/a de cuarto?
3. ¿Dónde está tu compañero/a de cuarto ahora?
4. ¿Quién(es) no está(n) en la clase hoy?
5. ¿Cuándo es la prueba de la lección 2?
6. ¿Dónde están tus amigos (*friends*) ahora?
7. ¿Dónde está la cafetería? ¿Y la librería?
8. ¿Eres de los Estados Unidos?

2.4 Numbers 31–100

7 **Matemáticas** Solve these math problems.

> + más   – menos   = son

> 30 + 42 = **Treinta más cuarenta y dos son setenta y dos.**

1. **20 + 32 =** _____
2. **65 + 18 =** _____
3. **46 + 51 =** _____
4. **76 + 13 =** _____
5. **93 – 45 =** _____
6. **81 – 34 =** _____
7. **77 – 66 =** _____
8. **90 – 55 =** _____

8 **El clima** With a partner, take turns asking what the high and low temperatures are in these cities today.

> **modelo**
>
> **Estudiante 1:** ¿Cuál es la temperatura máxima en Managua?
> **Estudiante 2:** Es ochenta y siete grados (degrees).
> **Estudiante 1:** ¿Y cuál es la temperatura mínima?
> **Estudiante 2:** Es sesenta y cuatro grados.

Ciudad	Máx. / Mín.	Ciudad	Máx. / Mín.
Santiago de Chile	37/24	San Salvador	78/62
Buenos Aires	73/51	Montevideo	55/41
La Paz	48/35	Managua	87/64
Ciudad de México	58/42	Bogotá	72/46
San José	80/69	Quito	63/50

Síntesis

9 **El Cuerpo de Paz (The Peace Corps)** In pairs, imagine that one of you is a supervisor in the Peace Corps and the other is a volunteer in Peru who wants to start an elementary school in a rural area. The supervisor wants some information about the project. Act out this situation, using these guidelines.

- Find out how many students there are. [31 students]
- Find out who the teacher is. [Sra. Ana Pelayo]
- Ask what furniture (*muebles*) and things she needs.
- Find out what courses she wants to teach.
- Find out if the school is located far from the town (*el pueblo*).

Videoclip

1 **Preparación** Think about occasions when you normally receive gifts. How do you let your family and friends know what you want? Do you usually get what you want?

2 **El clip** Watch the ad for **Jumbo** from Chile.

> **Vocabulario**
>
> | | |
> |---|---|
> | ahorrar *to save* | quería pedirte *I wanted to ask you for* |
> | Navidad *Christmas* | te preocupa *it worries you* |

Quería pedirte...

¿Cómo se escribe *mountain bike?*

3 **¿Qué hay?** For each item, write **sí** if it appears in the TV clip or **no** if it does not.

_____ 1. papelera   _____ 5. diccionario
_____ 2. lápiz   _____ 6. cuaderno
_____ 3. mesa   _____ 7. tiza
_____ 4. computadora _____ 8. ventana

4 **¿Qué quieres?** Write a list of things that you want for your next birthday. Then read it to the class so they know what to get you. Use as much Spanish as you can.

 CONEXIÓN INTERNET

Go to aventuras.vhlcentral.com to watch the television clip featured in this section.

Ampliación

1 Escuchar

 A Listen to Armando and Julia's conversation. Then list the classes each person is taking.

 TIP **Listen for cognates.** Cognates are words that have similar spellings and meanings in two or more languages. Listening for cognates will help you increase your comprehension.

Julia

1. _____
2. _____
3. _____
4. _____

Armando

1. _____
2. _____
3. _____
4. _____
5. _____

B ¿Cuántas clases toman Armando y Julia? ¿Cuántas clases tomas tú? ¿Qué clases te gustan y qué clases no te gustan?

2 Conversar

Greet a classmate, find out how he or she is, and get to know your classmate better by asking these questions.

- ¿Cómo te llamas?
- ¿De dónde eres?
- ¿Qué clases tomas?
- ¿Cuántas horas estudias cada día (each day) y dónde?
- ¿Cuál es tu número de teléfono?

Ampliación

¡Hola! Me llamo Alicia Roberts. Estudio matemáticas en la Universidad de Nueva York...

③ Escribir

Write a description of yourself to post on a website in order to meet Spanish-speaking people.

⭐ **TIP** **Brainstorm.** Spend ten to fifteen minutes jotting down ideas about the topic you are going to write about. The more ideas you write down, the more you'll have to choose from later when you start to organize your thoughts.

Organízalo	Make a list of things you would like people to know about you, including your name, your major, where you go to school, what you're studying, where you work, and your likes and dislikes.
Escríbelo	Using the material you have compiled, write the first draft of your description.
Corrígelo	Exchange papers with a classmate and comment on the organization, style, and grammatical correctness of each other's work. Then revise your first draft, keeping your classmate's comments in mind.
Compártelo	Read your descriptions aloud in small groups. Point out the three best features of each description.

④ Un paso más

Create a poster that will encourage students to study in a university in a Spanish-speaking country. The poster might include these elements:

- A title
- Photos of university locations
- A campus map
- A short summary of the university's programs
- Photos of the town where the university is located

 SUPERSITE **CONEXIÓN INTERNET**

Investiga estos temas en el sitio aventuras.vhlcentral.com.

- Las universidades en España
- Las universidades en América Latina y en el Caribe

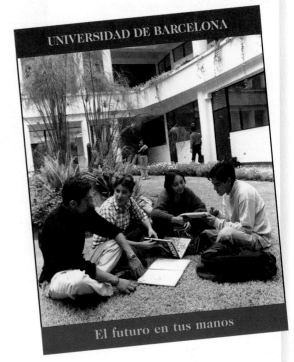

UNIVERSIDAD DE BARCELONA

El futuro en tus manos

Antes de leer

Examina el texto

Recognizing the format of a document can help you to predict its content. For instance, invitations and classified ads follow an easily identifiable format, which usually gives you a general idea of the information they contain. Glance at the document on this page and identify it based on its format.

Cognados

With a classmate, make a list of cognates in the text and guess their English meanings. What do the cognates reveal about the content of the document?

Piénsalo

If you guessed that this text is a brochure from a university, you are correct. You can now infer that the document contains information on departments, courses, and the university campus.

UAM

LA MEJOR° UNIVERSIDAD DE EUROPA
Universidad Autónoma de Madrid

En el campus de la UAM hay ocho facultades:

- Ciencias
- Derecho°
- Medicina
- Psicología

- Filosofía y Letras
- Ciencias Económicas y Empresariales
- Escuela Técnica Superior de Computación
- Facultad° de Formación de Profesorado y Educación

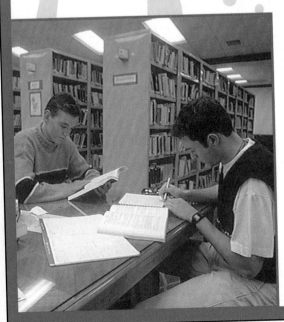

Toma cursos de:

- Antropología Aplicada° •
Microbiología • Contabilidad
• Derecho Privado • Ecología
• Economía General •
Filosofía Antigua° • Física
General • Geografía •
Historia Contemporánea •
Computación • Literatura
Española • Matemáticas •
Psicología Social • Química •
Sociología

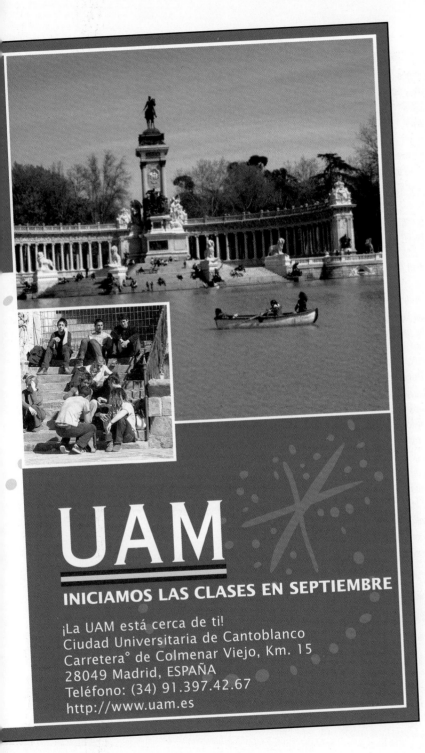

UAM

INICIAMOS LAS CLASES EN SEPTIEMBRE

¡La UAM está cerca de ti!
Ciudad Universitaria de Cantoblanco
Carretera° de Colmenar Viejo, Km. 15
28049 Madrid, ESPAÑA
Teléfono: (34) 91.397.42.67
http://www.uam.es

Después de leer

¿Comprendiste? ✎S

Indicate whether each statement is **cierto** (*true*) or **falso** (*false*).

Cierto	Falso	
_____	_____	1. La Universidad Autónoma de Madrid está en Europa.
_____	_____	2. En la UAM hay diez facultades.
_____	_____	3. Filosofía y Letras es un curso.
_____	_____	4. Hay cursos de literatura china en la UAM.
_____	_____	5. Hay una facultad de psicología en la UAM.
_____	_____	6. La UAM está en la carretera de Cantoblanco.

Preguntas ✎S

Answer these questions using complete sentences.

1. ¿Hay clases de contabilidad en la UAM?
_____

2. ¿Es posible estudiar medicina en la UAM?
_____

3. ¿En qué facultad hay clases de economía general?
_____

4. ¿En qué facultad hay clases de microbiología?
_____

5. ¿En qué facultad hay clases de literatura española?
_____

Coméntalo

Look at the brochure of the **Universidad Autónoma de Madrid** and identify the courses taught there. Does your university offer the same courses? Are you taking any of those courses? Would you be interested in studying at the UAM? Why?

mejor	*best*
derecho	*law*
facultad	*school*
aplicada	*applied*
antigua	*ancient*
carretera	*highway*

For an additional reading, go to **aventuras.vhlcentral.com.**

recursos

SUPERSITE

aventuras.vhlcentral.com
Lección 2

cincuenta y uno

2 VOCABULARIO

La clase y la universidad

el borrador	eraser
la clase	class
el/la compañero/a de clase	classmate
de cuarto	roommate
el escritorio	desk
el/la estudiante	student
el libro	book
el mapa	map
la mesa	table
el papel	paper
la pizarra	blackboard
la pluma	pen
el/la profesor(a)	teacher; professor
la puerta	door
el reloj	clock; watch
la silla	chair
la tiza	chalk
la ventana	window
la biblioteca	library
la cafetería	cafeteria
el estadio	stadium
el laboratorio	laboratory
la librería	bookstore
la residencia estudiantil	dormitory
la universidad	university
el curso	course
el examen	test; exam
el horario	schedule
la prueba	test; quiz
el semestre	semester
la tarea	homework
el trimestre	trimester; quarter

Verbos

bailar	to dance
buscar	to look for
caminar	to walk
cantar	to sing
comprar	to buy
contestar	to answer
conversar	to talk; to chat
descansar	to rest
desear	to want; to wish
dibujar	to draw
enseñar	to teach
escuchar	to listen
esperar	to wait (for); to hope
estar	to be
estudiar	to study
explicar	to explain
gustar	to be pleasing to; to like
hablar	to talk; to speak
llegar	to arrive
llevar	to carry
mirar	to look (at); to watch
necesitar	to need
practicar	to practice
preguntar	to ask (a question)
preparar	to prepare
regresar	to return
terminar	to end; to finish
tomar	to take; to drink
trabajar	to work
viajar	to travel

Palabras adicionales

porque	because

Los cursos

la administración de empresas	business administration
el arte	art
la biología	biology
la computación	computer science
la contabilidad	accounting
el español	Spanish
la física	physics
la geografía	geography
la historia	history
el inglés	English
las lenguas extranjeras	foreign languages
las matemáticas	mathematics
el periodismo	journalism
la psicología	psychology
la química	chemistry
la sociología	sociology

Los días de la semana	See page 29.
Expresiones útiles	See page 35.
Interrogative words	See page 41.
Prepositions of location	See page 43.
Numbers 31-100	See page 44.

AVENTURAS EN LOS PAÍSES HISPANOS

Todos los años *(Every year)*, en el mes de junio, Nueva York organiza un gran desfile *(great parade)* en honor a los puertorriqueños.

ESTADOS UNIDOS Y CANADÁ

Estados Unidos

Población de EE.UU.: 302.000.000
Población de origen hispano: 43.000.000
País de origen de hispanos en los EE.UU.:

19,8% **otros**
3,5% **Cuba**
9,6% **Puerto Rico**
8,6% **Centroamérica y Suramérica**
58,5% **México**

Estados con mayor población hispana:
California, Texas, Florida y Nueva York

SOURCE: U.S. Census Bureau

Canadá

Población de Canadá: 33.000.000
Población de origen hispano: 300.000
País de origen de hispanos en Canadá:

12,4% **México**
11,6% **Chile**
67% **otros**
9% **El Salvador**

Ciudades con mayor población hispana:
Montreal, Toronto y Vancouver

SOURCE: Statistics Canada

SUPERSITE

Lugares

La Pequeña Habana

La Pequeña Habana (*Little Havana*) es un barrio (*neighborhood*) de Miami, Florida, donde viven (*live*) muchos cubanoamericanos. Es un lugar donde se encuentran (*are found*) las costumbres (*customs*) de la cultura cubana, los aromas y sabores (*flavors*) de su (*their*) comida y la música salsa. La Pequeña Habana es una parte de Cuba en los Estados Unidos.

Personalidades

Latinos famosos

Los estadounidenses de origen hispanoamericano contribuyen (*contribute*) en todos los niveles (*at all levels*) a la cultura y a la economía de los Estados Unidos.

CANADÁ

Vancouver ● ● Calgary

EE.UU.

● San Francisco

● Las Vegas

Los Ángeles ●

● San Diego

MÉXICO

América Ferrera, actriz, de origen hondureño

Ellen Ochoa, astronauta, de origen mexicano

Geraldo Rivera, periodista, de origen puertorriqueño

Bill Richardson, político, de origen mexicano

Comida

La comida mexicana

La comida (*food*) mexicana es muy popular en los Estados Unidos. Los tacos, las enchiladas y las quesadillas son platos (*dishes*) mexicanos que frecuentemente forman parte de las comidas (*meals*) de muchos norteamericanos. También (*Also*) son populares las variaciones de la comida mexicana en los Estados Unidos... el tex-mex y el cali-mex.

Ottawa

Toronto

Chicago

Ciudad de Nueva York

Washington D.C.

Océano Atlántico

Miami

Golfo de México

Mar Caribe

Comunidad

Hispanos en Canadá

La población hispana en Canadá crece (*grows*) cada año (*year*). Casi (*Almost*) el 50% de los hispanos está en Toronto y en Montreal. La mayoría de ellos tiene (*have*) estudios universitarios y habla una de las lenguas oficiales: inglés o francés (*French*). Esto les permite (*This allows them*) participar activamente en la vida cotidiana (*daily life*) y profesional.

Familia colombiana en Mississauga, Ontario

recursos

WB pp. 19–20

VM pp. 199–200

aventuras.vhlcentral.com
Lección 2

¿Qué aprendiste?

1 ¿Cierto o falso? Indicate whether these statements are **cierto** or **falso**, based on what you have learned about Hispanics in the USA and Canada.

Cierto	Falso	
_____	_____	1. Los mexicanos son el grupo hispano más grande *(biggest)* de los EE.UU.
_____	_____	2. En Florida no hay muchas personas de origen hispano.
_____	_____	3. En Texas hay muchos hispanos.
_____	_____	4. La Pequeña Habana está en la isla de Cuba.
_____	_____	5. América Ferrera es de origen mexicano.
_____	_____	6. Geraldo Rivera es de origen hispano.
_____	_____	7. Los tacos y las quesadillas son los platos más populares en los restaurantes hispanos de los Estados Unidos.
_____	_____	8. A los estadounidenses, no les gustan los tacos.
_____	_____	9. Los chilenos son el grupo hispano más grande de Canadá.
_____	_____	10. Muchos hispanos en Canadá tienen estudios universitarios.

2 Preguntas Answer these questions in complete sentences.

1. ¿Quién es Ellen Ochoa?
2. ¿En qué estados de los Estados Unidos hay más habitantes hispanos?
3. ¿En qué ciudades de Canadá hay muchos hispanos?
4. ¿Cuál es el origen de los hispanos en Canadá?
5. ¿Hay muchos hispanos en tu *(your)* comunidad? ¿De dónde son?
6. ¿Te gustan los restaurantes mexicanos? ¿Por qué?

 CONEXIÓN INTERNET

Busca más información sobre estos temas en el sitio aventuras.vhlcentral.com. **Presenta la información a tus compañeros/as de clase.**

- El desfile de los puertorriqueños
- La Pequeña Habana
- América Ferrera
- Geraldo Rivera
- Bill Richardson

3 La familia

Communicative Goals
You will learn how to:
• talk about your family and friends
• describe people and things
• express ownership

PARA EMPEZAR
• ¿Cuántas personas hay en la fotografía?
• ¿Son compañeros de clase o son una familia?
• ¿Cuántos años tiene el chico: doce, veinte o treinta y cuatro?
• ¿Ellos conversan, descansan o bailan?

LA FAMILIA

LA FAMILIA

el/la esposo/a *husband/wife*

el/la hermanastro/a *stepbrother/stepsister*

el/la hermano/a *brother/sister*

el/la hijastro/a *stepson/stepdaughter*

la madrastra *stepmother*

el/la medio/a hermano/a *half-brother/half-sister*

el padrastro *stepfather*

los padres *parents*

Variación léxica

madre ⟷ mamá, mami (*colloquial*)
padre ⟷ papá, papi (*colloquial*)
padres ⟷ papás, papis (*colloquial*)

el abuelo
grandfather

la abuela
grandmother

el padre
father

la madre
mother

los hijos
sons; children

la hija
daughter

LA FAMILIA EXTENDIDA

el/la cuñado/a *brother-in-law/sister-in-law*

el/la nieto/a *grandson/granddaughter*

la nuera *daughter-in-law*

los parientes *relatives*

el/la primo/a *cousin*

el/la sobrino/a *nephew/niece*

el/la suegro/a *father-in-law/mother-in-law*

el/la tío/a *uncle/aunt*

el yerno *son-in-law*

recursos

WB pp. 21–22

LM p. 13

aventuras.vhlcentral.com
Lección 3

LAS PROFESIONES

el/la ingeniero/a *engineer*
el/la médico/a *doctor*
el/la periodista *journalist*
el/la programador(a) *computer programmer*

el artista
artist

la doctora
doctor

OTRAS PALABRAS

el/la amigo/a *friend*
el/la gato/a *cat*
la gente *people*
el/la muchacho/a *boy/girl*
la persona *person*
el/la perro/a *dog*

mi *my (sing.)*
mis *my (pl.)*

el niño
boy; child

el novio
boyfriend

la novia
girlfriend

la niña
girl

cincuenta y nueve

A escuchar

 1 **Escuchar** Find Luisa Moya Sánchez on the family tree. Then listen to her statements and indicate whether they are **cierto** (*true*) or **falso** (*false*), based on her family tree.

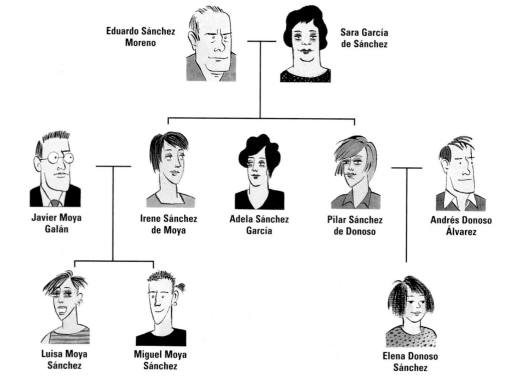

Eduardo Sánchez
Moreno

Sara García
de Sánchez

Javier Moya
Galán

Irene Sánchez
de Moya

Adela Sánchez
García

Pilar Sánchez
de Donoso

Andrés Donoso
Álvarez

Luisa Moya
Sánchez

Miguel Moya
Sánchez

Elena Donoso
Sánchez

	Cierto	Falso			Cierto	Falso
1.	_____	_____		6.	_____	_____
2.	_____	_____		7.	_____	_____
3.	_____	_____		8.	_____	_____
4.	_____	_____		9.	_____	_____
5.	_____	_____		10.	_____	_____

 2 **Emparejar** You will hear some definitions of vocabulary words. Provide the letter of the phrase that matches each definition.

1. a. Son mis padres. b. Son mis abuelos. c. Son mis suegros.

2. a. Es mi yerno. b. Es mi sobrino. c. Es mi cuñado.

3. a. Es un ingeniero. b. Es una programadora. c. Es una artista.

4. a. Es mi prima. b. Es mi sobrina. c. Es mi abuela.

5. a. Son mis perros. b. Son mis primos. c. Son mis abuelos.

6. a. Es mi nieto. b. Es mi tío. c. Es mi gato.

A practicar

3 Completar Complete these sentences with the correct words.

1. Mi madre y mi padre son mis _____.
2. El padre de mi madre es mi _____.
3. Yo soy el _____ del hijo de mi hermana.
4. La esposa de mi hijo es mi _____.
5. Yo soy el _____ de los padres de mi esposa.
6. La hija de mi hermana es mi _____.
7. El segundo esposo de mi madre es mi _____.
8. La hija de mi padre y de mi madrastra es mi _____.

4 Profesiones Complete the description of each photo.

1. Juanita Fuertes es

_____.

2. Héctor Ibarra es

_____.

3. Alberto Díaz es

_____.

4. Elena Vargas Soto es

_____.

5. Carlota López es

_____.

6. Irene González es

_____.

A conversar

5 **La familia Vargas** With a classmate, identify the members in the family tree by asking questions about how each family member is related to Graciela Vargas García.

modelo
Estudiante 1: ¿Quién es Beatriz Pardo de Vargas?
Estudiante 2: Es la abuela de Graciela.

David Vargas Olmedo — de Quito
Beatriz Pardo de Vargas — de Ibarra
Carlos Antonio López Ríos — de Cuenca
Lupe Vargas de López — de Quito
Juan Vargas Pardo — de Quito
María Susana García de Vargas — de Guayaquil
Ernesto López Vargas — de Loja
Ramón Vargas García — de Machala
Graciela Vargas García — de Machala

Now take turns asking each other these questions.

1. ¿Cómo se llama la tía de Ernesto?
2. ¿De dónde es María Susana?
3. ¿Cómo se llama la hermana de Juan?
4. ¿De dónde es el yerno de David y Beatriz?
5. ¿Cómo se llama el sobrino de Lupe?
6. ¿De dónde es la abuela de Ernesto?

6 **¿Y tú?** With a classmate, take turns asking each other these questions.

1. ¿Cuántas personas hay en tu familia?
2. ¿Cómo se llaman tus padres? ¿De dónde son?
3. ¿Cuántos hermanos tienes? ¿Cómo se llaman?
4. ¿Cuántos primos tienes? ¿Cuántos son niños y cuántos son adultos?
5. ¿Eres tío/a? ¿Cómo se llaman tus sobrinos/as? ¿Dónde estudian o trabajan?
6. ¿Tienes novio/a? ¿Tienes esposo/a? ¿Cómo se llama?

tengo *I have*	**tu** *your (sing.)*
tienes *you have*	**tus** *your (pl.)*

🎧 Pronunciación SUPERSITE

Diphthongs and linking

hermano **niña** **cuñado**

In Spanish, **a**, **e**, and **o** are considered strong vowels. The weak vowels are **i** and **u**.

ruido **parientes** **periodista**

A diphthong is a combination of two weak vowels or of a strong vowel and a weak vowel. Diphthongs are pronounced as a single syllable.

la abuela **mi hijo** **una clase excelente**

Two identical vowel sounds that appear together are pronounced like one long vowel.

con Natalia **sus sobrinos** **las sillas**

Two identical consonants together sound like a single consonant.

es ingeniera **mis abuelos** **sus hijos**

A consonant at the end of a word is linked with the vowel at the beginning of the next word.

mi hermano **su esposa** **nuestro amigo**

A vowel at the end of a word is linked with the vowel at the beginning of the next word.

Práctica Say these words aloud, focusing on the diphthongs.

1. historia
2. nieto
3. parientes
4. novia
5. residencia
6. prueba
7. puerta
8. ciencias
9. lenguas
10. estudiar
11. izquierda
12. ecuatoriano

Oraciones Read these sentences aloud to practice diphthongs and linking words.

1. Hola. Me llamo Anita Amaral. Soy del Ecuador.
2. Somos seis en mi familia.
3. Tengo dos hermanos y una hermana.
4. Mi papá es del Ecuador y mi mamá es de España.

Refranes Read these sayings aloud to practice diphthongs and linking sounds.

Hablando del rey de Roma, por la puerta se asoma.[2]

Cuando una puerta se cierra, otra se abre.[1]

1 When one door closes, another opens. 2 Speak of the devil and he will appear.

recursos

LM p. 14

aventuras.vhlcentral.com Lección 3

¿Es grande tu familia?

Los viajeros hablan de sus familias en el autobús.

SUPERSITE

PERSONAJES

DON FRANCISCO

JAVIER

INÉS

ÁLEX

MAITE

MAITE Inés, ¿tienes una familia grande?
INÉS Pues, sí… mis papás, mis abuelos, cuatro hermanas y muchos tíos y primos.

INÉS Sólo tengo un hermano mayor, Pablo. Su esposa, Francesca, es médica. No es ecuatoriana, es italiana. Sus papás viven en Roma, creo. Vienen de visita cada año. Ah… y Pablo es periodista.
MAITE ¡Qué interesante!

INÉS ¿Y tú, Javier? ¿Tienes hermanos?
JAVIER No, pero aquí tengo unas fotos de mi familia.
INÉS ¡Ah! ¡Qué bien! ¡A ver!

INÉS ¿Y cómo es él?
JAVIER Es muy simpático. Él es viejo, pero es un hombre muy trabajador.

MAITE Oye, Javier, ¿qué dibujas?
JAVIER ¿Eh? ¿Quién? ¿Yo? ¡Nada!
MAITE ¡Venga! ¡No seas tonto!

MAITE Jaaavieeer… Oye, pero ¡qué bien dibujas!
JAVIER Este… pues…¡Sí! ¡Gracias!

ACTIVIDADES

1 ¿Cierto o falso? Indicate whether each sentence is **cierto** or **falso**. Correct the false statements.
1. Maite habla sobre su familia.
2. Inés tiene una familia grande.
3. Pablo, el hermano de Inés, es médico.
4. La cuñada de Inés es italiana.
5. Javier no tiene hermanos.
6. El padre de Javier es muy trabajador.
7. Javier habla del padre de su padre.
8. Javier dibuja a Inés.
9. A Maite no le gusta cómo dibuja Javier.
10. Inés tiene cinco hermanos y muchos tíos y primos.
11. La cuñada de Inés es periodista.
12. Álex tiene unas fotos de su familia.

Para recordar Before watching this episode of *Fotonovela*, review the previous one. What do you remember?

1. ¿Quién estudia periodismo?
2. ¿Quién estudia mucho?
3. ¿Dónde estudian los chicos?
4. ¿Qué le gusta a Álex?

Expresiones útiles

Talking about your family

¿Tienes una familia grande?
Do you have a large family?

Sí… mis papás, mis abuelos, cuatro hermanas y muchos tíos.
Yes, my parents, my grandparents, four sisters, and many (aunts and) uncles.

Sólo tengo un hermano mayor/menor.
I only have one older/younger brother.

—¿Tienes hermanos? —No, soy hijo único.
—Do you have siblings?
—No, I'm an only (male) child.

Su esposa, Francesca, es médica.
His wife, Francesca, is a doctor.

No es ecuatoriana, es italiana.
She's not Ecuadorian, she's Italian.

Pablo es periodista.
Pablo is a journalist.

Es el padre de mi mamá.
He is my mother's father.

Describing people

¡Qué alto es tu papá! Y tu mamá, ¡qué bonita!
Your father is so tall! And your mother, how pretty!

¿Cómo es tu abuelo?
What is your grandfather like?

Es simpático./Es viejo.
He's nice./He's old.

Es un hombre muy trabajador.
He's a very hard-working man.

Saying how old people are

¿Cuántos años tienes/tiene?
How old are you (fam./form.)?

Noventa y dos.
Ninety-two.

JAVIER ¡Aquí están!
INÉS ¡Qué alto es tu papá! Y tu mamá, ¡qué bonita!

JAVIER Mira, aquí estoy yo. Y éste es mi abuelo. Es el padre de mi mamá.
INÉS ¿Cuántos años tiene tu abuelo?
JAVIER Noventa y dos.

MAITE Álex, mira, ¿te gusta?
ÁLEX Sí, mucho. ¡Es muy bonito!

DON FRANCISCO Epa, ¿qué pasa con Inés y Javier?

2 Adivinar Read these sentences and guess which character is being described: **Javier**, **Inés** or **Maite**.

1. Tiene cuatro hermanas y muchos tíos y primos.
2. Su abuelo tiene noventa y dos años, pero es muy trabajador.
3. Ella dice que (*says that*) Javier dibuja muy bien.
4. Ella hace (*does*) muchas preguntas a sus amigos.
5. Su mamá es muy bonita.
6. Su cuñada es médica.

3 Tu familia Write a description of your family, including members of your extended family. Be sure to identify their names, place of origin, and your relationship to them. Conclude by saying who your favorite relative is.

recursos

VM
pp. 173–174

aventuras.vhlcentral.com
Lección 3

BAJO LA LUPA

¿Cómo te llamas?

In the Spanish-speaking world, it is common to have two last names: one paternal and one maternal. In some cases, the conjunctions **de** or **y** are used to connect the two. For example, in the name **Juan Martínez de Velasco,** *Martínez* is the paternal surname (**el apellido paterno**), and *Velasco* is the maternal surname (**el apellido materno**); **de** simply links the two. This convention of using two last names (**doble apellido**) is a European tradition that Spaniards brought to the Americas. It continues to be practiced in many countries, including Chile, Colombia, Mexico, Peru, and Venezuela. There are exceptions, however; in Argentina, the prevailing custom is for children to inherit only the father's last name.

When a woman marries in a country where two last names are used, legally she retains her two maiden surnames. However, socially she may take her husband's paternal surname in place of her inherited

Gabriel García Márquez   Mercedes Barcha Pardo

Rodrigo García Barcha

maternal surname. For example, **Mercedes Barcha Pardo,** wife of Colombian writer **Gabriel García Márquez,** might use the names **Mercedes Barcha García** or **Mercedes Barcha de García** in social situations (although officially her name remains **Mercedes Barcha Pardo**). Adopting a husband's last name for social purposes, though widespread, is only legally recognized in Ecuador and Peru.

Most parents do not break tradition upon naming their children; regardless of the surnames the mother uses, they use the father's first surname followed by the mother's first surname, as in the name **Rodrigo García Barcha.** However, one should note that both surnames come from the grandfathers, and therefore all **apellidos** are effectively paternal.

Hijos en la casa

In Spanish-speaking countries, family and society place very little pressure on young adults to live on their own (**independizarse**), and children often live with their parents well into their thirties. For example, about 60% of Spaniards under 34 years of age live at home with their parents. This delay in moving out is both cultural and economic—lack of job security or low wages coupled with a high cost of living may make it impractical for young adults to live independently before they marry.

1 **¿Cierto o falso?** Indicate whether these statements are **cierto** or **falso.** Correct the false statements.

1. Most Spanish-speaking people have three last names.
2. Hispanic last names generally consist of the paternal last name followed by the maternal last name.
3. It is common to see **de** or **y** used in a Hispanic last name.
4. Someone from Argentina would most likely have two last names.

5. Generally, married women legally retain two maiden surnames.
6. In social situations, a married woman often uses her husband's last name in place of her inherited paternal surname.
7. Adopting a husband's surname is only legally recognized in Peru and Ecuador.
8. Hispanic last names are effectively a combination of the maternal surnames from the previous generation.

ASÍ SE DICE

Familia y amigos

el/la bisnieto/a	great-grandson/daughter
el/la chamaco/a (Méx.); el/la chamo/a (Ven.); el/la chaval(a) (Esp.)	el/la muchacho/a
mi cuate (Méx.); mi llave (Col.); mi pana (Ven., P. Rico, Rep. Dom.)	my pal; my buddy
la madrina; el padrino	godmother; godfather
el/la tatarabuelo/a	great-great-grandfather/ great-great-grandmother

CONEXIÓN INTERNET

What do a family in Ecuador and **El último emperador Inca** have in common? Go to **aventuras.vhlcentral.com** to find out and to access these components.

- the **Flash Cultura** video
- more activities
- additional reading: **El último emperador Inca**

2 **Una familia famosa** Create a genealogical tree of a famous family, using photos or drawings labeled with names and origins. Present the family tree to a classmate and explain who the people are and their relationships to each other.

recursos

VM pp. 231–232

aventuras.vhlcentral.com
Lección 3

La familia

1 **Preparación** What is a "typical family" like where you live? Is there such a thing? What members of a family usually live together?

2 **El video** Watch this **Flash Cultura** episode.

Vocabulario	
familia grande y feliz	a big, happy family
familia numerosa	a large family
hacer (algo) juntos	to do (something) together
reuniones familiares	family gatherings, reunions

¡Qué familia tan° grande tiene°!

Te presento a la familia Bolaños.

tan *so* **tiene** *have*

3 **Completar** Complete this paragraph with the correct options.

Los Valdivieso y los Bolaños son dos ejemplos de familias en Ecuador. Los Valdivieso son una familia (1) _____ (difícil/numerosa). Viven *(They live)* en una casa (2) _____ (grande/buena). En el patio, hacen *(they do)* muchas reuniones (3) _____ (familiares/con amigos). Los Bolaños son una familia pequeña *(small)*. Ellos comen *(eat)* (4) _____ (separados/juntos) y preparan canelazo, una bebida *(drink)* típica ecuatoriana.

3.1 Descriptive adjectives SUPERSITE

▶ Descriptive adjectives describe nouns. In Spanish, most adjectives agree in gender and number with the nouns or pronouns they describe.

▶ Adjectives that end in **–o** and **–or** have four forms.

Masculine	Feminine
el chico alto	la chica alta
los chicos altos	las chicas altas
el hombre trabajador	la mujer trabajadora
los hombres trabajadores	las mujeres trabajadoras

▶ Adjectives that end in **–e** or a consonant have the same masculine and feminine forms.

Masculine	Feminine
el chico inteligente	la chica inteligente
los chicos inteligentes	las chicas inteligentes
el profesor difícil	la profesora difícil
los profesores difíciles	las profesoras difíciles

▶ Adjectives describing different genders use the masculine plural form.

¿Cómo son Paco y Ana? Paco es alto. Ana es alta. → Paco y Ana son altos.

Common adjectives

alto/a	tall	gordo/a	fat	moreno/a	dark-haired
antipático/a	unpleasant	grande	big, large;	mucho/a	much; many;
bajo/a	short (in height)		great		a lot of
bonito/a	pretty	guapo/a	handsome;	pelirrojo/a	red-haired
bueno/a	good		good-looking	pequeño/a	small
delgado/a	thin; slender	importante	important	rubio/a	blond(e)
difícil	hard, difficult	inteligente	intelligent	simpático/a	nice; likeable
fácil	easy	interesante	interesting	tonto/a	silly; foolish
feo/a	ugly	joven	young	trabajador(a)	hard-working
		malo/a	bad	viejo/a	old
		mismo/a	same		

¡ojo! Note that **joven** takes an accent in the plural: **joven / jóvenes**. Also, note that **mayor** is the polite way to refer to a person's age.

Adjectives of nationality

▶ Adjectives of nationality are formed like other adjectives. Adjectives of nationality that end in a consonant add **–a** to form the feminine.

Masculine	Feminine
Toño es mexicano.	Gloria es mexicana.
Ellos son mexicanos.	Ellas son mexicanas.
Héctor es español.	Sara es española.
Ellos son españoles.	Ellas son españolas.

Práctica

1 **Emparejar** Read the descriptions and match them with the photos.

1. __ Mateo es moreno.
2. __ Hideki es japonés.
3. __ Luisa es rubia.
4. __ Andrés se hace (*acts*) el tonto.
5. __ César es muy pequeño.
6. __ Raquel es pelirroja.

2 **Completar** Look at the portrait of Amanda's family and imagine their personalities. Complete the sentences with appropriate adjectives.

1. Mi familia es _____.
2. Mis abuelos son _____. Mi abuelo es _____ y mi abuela es _____.
3. Mi padre se llama Julio. Él es _____.
4. Mi madre se llama Victoria. Ella es _____.
5. Mi hermana se llama Rosa. Ella es _____.
6. Y mi hermano Tomás es muy _____.

Conversación

3 **Describir** With a partner, take turns describing each photo. Tell your partner whether you agree (**Estoy de acuerdo**) or disagree (**No estoy de acuerdo**) with the descriptions.

modelo

Estudiante 1: Los Ángeles es muy bonita.

Estudiante 2: Estoy de acuerdo. ¡Es muy interesante!/ No estoy de acuerdo. Es muy fea.

Los Ángeles

1.
Príncipe y Princesa de España

2.
La Torre (*Tower*) Sears

3.
Plácido Domingo

4.
Enrique Iglesias

5.
Santa Fe, Nuevo México

6.
Nelly Furtado

4 **Anuncio personal** Write a personal ad that describes yourself and your ideal boyfriend, girlfriend, or mate. Compare your ad with a classmate's.

SOY ALTA, morena y bonita. Soy estadounidense, de Texas. Estudio arte en la universidad. Busco un chico similar a mí (*to me*). Mi novio ideal es alto, moreno, inteligente y muy simpático.

5 **Diferencias** Your instructor will give you and your partner handouts so that you may complete this information gap activity.

Some adjectives of nationality

alemán, alemana	German	francés, francesa	French
canadiense	Canadian	japonés, japonesa	Japanese
ecuatoriano/a	Ecuadorian	inglés, inglesa	English
español(a)	Spanish	mexicano/a	Mexican
estadounidense	from the United States	norteamericano/a	(North) American
		puertorriqueño/a	Puerto Rican

The position of adjectives

▶ Adjectives generally follow the nouns they modify.

La mujer **rubia** es de España.
The blond woman is from Spain.

¿Cómo se llama la mujer **ecuatoriana**?
What is the Ecuadorian woman's name?

¡ojo! Unlike descriptive adjectives, adjectives of quantity are placed before the modified noun.

Hay **muchos** estudiantes.
There are many students.

Hablo con **dos** turistas.
I am talking with two tourists.

▶ **Bueno/a** and **malo/a** can be placed before or after a noun. Before a masculine singular noun, the forms are shortened: **bueno → buen**; **malo → mal.**

José es un **buen** amigo.
José es un amigo **bueno**.
José is a good friend.

Hoy es un **mal** día.
Hoy es un día **malo**.
Today is a bad day.

▶ When **grande** appears before a singular noun, it is shortened to **gran.**

¡ojo! The adjective **grande** also changes its definition depending on its position: **gran** = *great*, but **grande** = *big, large.*

Manuel es un **gran** hombre.
Manuel is a great man.

La familia de Inés es **grande.**
Inés' family is large.

¡Manos a la obra!

Give the appropriate forms of the adjectives provided.

1. Eres <u>simpático/a</u>.
2. Yolanda es _____.
3. Nosotros somos _____.
4. Dolores y Pilar son _____.
5. Diego es _____.
6. Tomás y yo somos <u>trabajadores</u>.
7. Ellas son _____.
8. La médica es _____.
9. Los niños son _____.
10. Él es _____.

1. Soy <u>español(a)</u>.
2. Ángela es _____.
3. Los turistas son _____.
4. Nosotros somos _____.
5. El periodista es _____.
6. Ellos son <u>norteamericanos</u>.
7. Clara y Bárbara son _____.
8. Ella es _____.
9. Rafael y yo somos _____.
10. Luis es _____.

3.2 Possessive adjectives SUPERSITE

▶ Possessive adjectives express ownership or possession.

Forms of possessive adjectives

Singular forms	Plural forms	
mi	mis	*my*
tu	tus	*your (fam.)*
su	sus	*his, her, its, your (form.)*
nuestro/a	nuestros/as	*our*
vuestro/a	vuestros/as	*your (fam.)*
su	sus	*their, its, your (form.)*

¡ojo! Spanish possessive adjectives agree in number with the nouns they modify. **Nuestro** and **vuestro** agree in gender and number.

mi primo	mis primos
nuestro tío	nuestros tíos

mi tía	mis tías
nuestra tía	nuestras tías

▶ Possessive adjectives are placed before the nouns they modify.

¡Qué alto es tu papá! Y tu mamá, ¡qué bonita!

Éste es mi abuelo. Es el padre de mi mamá.

▶ **Su** and **sus** have multiple meanings (*your, his, her, their, its*). To avoid confusion, use this construction instead: [*article*] + [*noun*] + **de** + [*subject pronoun*].

sus parientes	los parientes de él/ella	*his/her relatives*
	los parientes de Ud./Uds.	*your relatives*
	los parientes de ellos/ellas	*their relatives*

¡Manos a la obra!

 Provide the appropriate form of each possessive adjective.

1. Es ___mi___ (*my*) perro.
2. _____ (*my*) familia es ecuatoriana.
3. _____ (*your, fam.*) tío Marcelo es italiano.
4. _____ (*our*) profesor es español.
5. Es _____ (*her*) reloj.
6. Es _____ (*your, fam.*) mochila.
7. Es _____ (*your, form.*) maleta.
8. _____ (*their*) sobrina es alemana.
9. _____ (*her*) primos son franceses.
10. _____ (*our*) hermanastros son canadienses.
11. Son _____ (*their*) gatos.
12. _____ (*their*) nietos son japoneses.

Práctica

1 Completar Marta just took a photo of her family. Complete her description of the photo.

Ésta es una foto de (1) _____ familia. Aquí están (2) _____ abuelos. Son los padres de (3) _____ papá. (4) _____ casa (*home*) está en Valparaíso, Chile. ¡Es muy bonita!

Este (*This*) hombre es (5) _____ papá. Se llama David y es doctor. (6) _____ mamá se llama Rebeca; es periodista. (7) _____ hermana, (8) _____ tía Silvia, es una gran artista.

Y aquí está (9) _____ hermano Ramón. (10) _____ esposa se llama Sonia. (11) _____ hijos Javier y Laura son (12) _____ sobrinos. Son muy simpáticos.

2 ¿Dónde está? Imagine that you can't remember where you put some of your belongings (pictured below). Your partner will help you by reminding you where things are. Take turns playing each role.

modelo

Estudiante 1: ¿Dónde está mi pluma?

Estudiante 2: Tu pluma está al lado de la computadora.

1.

2.

3.

4.

5.

6.

Conversación

3 Describir With a partner, take turns describing these people and places.

> **modelo** La biblioteca de su universidad
>
> La biblioteca de nuestra universidad es muy grande. Hay muchos libros en la biblioteca. Mis amigos y yo estudiamos allí (*there*).

1. Tus padres
2. Tus abuelos
3. Tu mejor (*best*) amigo/a
4. Tu novio/a ideal
5. Su universidad
6. La librería de su universidad
7. Tu profesor(a) favorito/a
8. Su clase de español

4 Tres fotos Choose one of the three family photos and describe the family as if it were your own. Your partner will guess which photo you are describing. Then switch roles.

Familia 1

Familia 2

Familia 3

Español en vivo

Gran chisme: ¡Mi niño tiene bigote!

¡La leche es nuestra bebida favorita! A mi hijo le gusta por su excelente sabor. Su vaso de leche diario contiene vitaminas y minerales esenciales para su crecimiento. Y yo la tomo para que mis huesos sean más fuertes contra la osteoporosis.

¿Bebes leche?

Identificar

Scan the advertisement above, and identify the instances where possessive adjectives are used.

Preguntas

1. ¿Quiénes son las personas del anuncio (*advertisement*)?
2. ¿Cuál es su bebida favorita?
3. ¿Por qué la mujer toma leche?

3.3 Present tense of regular –er and –ir verbs

▶ In Lesson 2, you learned how to form the present tense of regular **–ar** verbs. The chart below contains the forms of the regular **–ar** verb **trabajar**, which is conjugated just like other **–ar** verbs you have learned. There are other regular verbs in Spanish: regular **–er** and **–ir** verbs. The chart also shows the forms of an **–er** verb and an **–ir** verb.

Inés y Javier comen.

Maite escribe.

▶ **–Ar, –er,** and **–ir** verbs have very similar endings. Study this chart to detect the patterns that make it easier for you to use them to communicate in Spanish.

Present tense of –ar, –er, and –ir verbs		
trabajar	**comer**	**escribir**
to work	*to eat*	*to write*
yo	trabajo	como	escribo
tú	trabajas	comes	escribes
Ud./él/ella	trabaja	come	escribe
nosotros/as	trabajamos	comemos	escribimos
vosotros/as	trabajáis	coméis	escribís
Uds./ellos/ellas	trabajan	comen	escriben

▶ Like **–ar** verbs, the **yo** forms of **–er** and **–ir** verbs end in **–o**.

trabajo   como   escribo

▶ The endings for **–ar** verbs begin with **–a**, except for the **yo** form.

| hablo | habla | habláis |
| hablas | hablamos | hablan |

▶ The endings for **–er** verbs begin with **–e**, except for the **yo** form.

| como | come | coméis |
| comes | comemos | comen |

▶ **–Er** and **–ir** verbs have the exact same endings, except in the **nosotros/as** and **vosotros/as** forms.

nosotros ◀ comemos / escribimos   vosotros ◀ coméis / escribís

Práctica

1 **Mi familia** Susana is describing her family. Complete each sentence with the correct verb form.

1. Mi familia y yo _____ [vivir] en la ciudad de Montevideo, Uruguay.
2. Mi hermano Alfredo es muy inteligente. Él _____ [asistir] a clases de lunes a viernes.
3. Los martes Alfredo y yo _____ [correr] en el parque.
4. Mis padres _____ [comer] mucho; son un poco gordos.
5. Yo _____ [creer] que (*that*) mis padres _____ [deber] comer menos (*less*).

2 **Completar** Juan is talking about what he and his friends do after school. Complete his sentences.

modelo

Yo _corro_ por (*for*) una hora.

1. Nosotros _____ en el restaurante.

2. Elena _____ en su diario.

3. Sofía y Eugenio _____ café.

4. Ana y Lía _____ el almuerzo (*lunch*).

5. Carlos _____ en la biblioteca.

Conversación

3 **Entrevista** Use these questions to interview a classmate. Then report the results of your interview to the class.

1. ¿Dónde vives?
2. ¿Con quién vives? ¿Compartes tu cuarto?
3. ¿Dónde comes al mediodía? ¿Comes mucho?
4. ¿Debes comer más (*more*) o menos (*less*)?
5. ¿Bebes leche (*milk*) todos los días?
6. ¿Qué días asistes a clases?
7. ¿Qué cursos debes tomar el próximo (*next*) semestre?
8. ¿Lees el periódico (*newspaper*)? ¿Qué periódico lees y cuándo?
9. ¿Recibes muchos mensajes electrónicos (*e-mails*)? ¿De quién(es)?
10. ¿Escribes poemas o cuentos (*short stories*)?

4 **Encuesta** Walk around the class and ask your classmates if they do (or should do) the things mentioned on the survey. Try to find at least two people for each item.

modelo

Estudiante 1: ¿Asistes a la clase de español siempre (*always*)?
Estudiante 2: No, no asisto a la clase de español siempre, pero (*but*) debo asistir.
Estudiante 1: ¿Asistes a la clase de español siempre?
Estudiante 3: Sí, asisto a la clase de español siempre.

Actividades	Nombres
1. Asistir a clase de español siempre (*always*)	_____
2. Correr todos los días (*every day*)	_____
3. Aprender japonés	_____
4. Ser más (*more*) trabajador(a)	_____
5. Leer mucho para (*for*) un examen	_____
6. Compartir sus cosas	_____
7. Abrir las ventanas del cuarto en invierno (*winter*)	_____
8. Escribir en un blog	_____
9. Vivir en una residencia estudiantil	_____
10. Comer en la escuela	_____

Common –er and –ir verbs

Common –er and –ir verbs			
–er verbs		**–ir verbs**	
aprender	to learn	abrir	to open
beber	to drink	asistir (a)	to attend
comer	to eat	compartir	to share
comprender	to understand	decidir	to decide
correr	to run	describir	to describe
creer (en)	to believe (in)	escribir	to write
deber (+ inf.)	should, ought to; must	recibir	to receive
leer	to read	vivir	to live

Eugenio y Lilia **corren** en el parque.

Ramón **escribe** una carta.

¡Manos a la obra!

Provide the correct forms of these verbs.

correr

1. Graciela ____corre____ en el parque.
2. Tú _____ en el campus.
3. Mi primo y yo _____.
4. Yo _____ los domingos.
5. Mis hermanos _____.
6. Ud. _____ en la plaza.
7. Uds. _____ los lunes.
8. La familia _____.
9. Marcos y yo _____.

abrir

1. Ellos ____abren____ la puerta.
2. Carolina _____ la maleta.
3. Yo _____ las ventanas.
4. Nosotras _____ los libros.
5. Ud. _____ el cuaderno.
6. Tú _____ la ventana.
7. Uds. _____ las maletas.
8. Él _____ el libro.
9. Los muchachos _____ los cuadernos.

aprender

1. Él ____aprende____ español.
2. Uds. _____ español.
3. Maribel y yo _____ inglés.
4. Tú _____ japonés.
5. Uds. _____ francés.
6. Mi hijo _____ chino.
7. Yo _____ alemán.
8. Ud. _____ inglés.
9. Nosotros _____ italiano.

3.4 Present tense of **tener** and **venir**

▶ The verbs **tener** (*to have*) and **venir** (*to come*) are frequently used. Since most of their forms are irregular, you will have to learn each one individually.

Present tense of *tener* and *venir*

	tener	venir
	to have	*to come*
yo	tengo	vengo
tú	tienes	vienes
Ud./él/ella	tiene	viene
nosotros/as	tenemos	venimos
vosotros/as	tenéis	venís
Uds./ellos/ellas	tienen	vienen

¿Tienes hermanos?

Sí, tengo cuatro hermanas y un hermano mayor.

▶ Note that the **yo** forms are irregular:

   tengo   vengo

▶ The **nosotros** and **vosotros** forms are regular:

   tenemos   venimos
   tenéis   venís

▶ In the **tú, Ud./él/ella** and **Uds./ellos/ellas** forms, the **e** of the stem changes to **ie** as shown below.

INFINITIVE	VERB STEM		VERB FORM
		tú	tienes
tener	ten-	Ud./él/ella	tiene
		Uds./ellos/ellas	tienen
		tú	vienes
venir	ven-	Ud./él/ella	viene
		Uds./ellos/ellas	vienen

Práctica

1 Completar Complete each sentence with the appropriate form of **tener** or **venir**.

1. Hoy nosotros _____ una reunión familiar.
2. Todos (*all*) mis parientes _____ , excepto mi tío Ricardo.
3. Él no _____ porque vive lejos, en Guayaquil.
4. Mi prima Inés y su novio no _____ hasta (*until*) las ocho porque ella _____ que trabajar.
5. En las fiestas, mis sobrinos siempre (*always*) _____ ganas de cantar y bailar.
6. Mi madre cree que mis sobrinos son muy simpáticos. Creo que ella _____ razón.

2 Describir Describe these people using **tener** expressions.

1. _____ 2. _____

3. _____ 4. _____

5. _____ 6. _____

Conversación

3 **¿Sí o no?** Decide if these statements apply to you. Then interview a classmate by transforming each statement into a question. Report your results to the class.

modelo

Estudiante 1: ¿Tiene tu madre cincuenta años?
Estudiante 2: No, tiene cuarenta y dos años.

	Yo	Mi amigo/a
1. Mi madre tiene cincuenta años.	Sí	No
2. Mi padre siempre (*always*) tiene razón.	___	___
3. Mis padres vienen a la universidad con frecuencia (*frequently*).	___	___
4. Vengo a clase los jueves.	___	___
5. Tengo dos pruebas hoy.	___	___
6. Mis amigos vienen a mi casa (*house*) los días de semana.	___	___
7. Hoy tengo ganas de comer en un restaurante.	___	___
8. Tengo sed.	___	___
9. Tengo miedo de comer sushi.	___	___
10. Tengo que estudiar los domingos.	___	___
11. Tengo una familia grande.	___	___

4 **Entrevista** Use these questions to interview a classmate.

1. ¿Cuántos años tienes? ¿Y tus hermanos/as?
2. ¿Cuándo vienes a la clase de español?
3. ¿Tienes que estudiar hoy? ¿Por qué?
4. ¿Tienes hambre a la medianoche con frecuencia (*frequently*)?
5. ¿Tienes sueño ahora (*now*)? ¿Por qué?
6. ¿Qué tienes ganas de hacer (*doing*) el sábado?
7. ¿De qué tienes miedo? ¿Por qué?
8. ¿Cuándo vienen tus amigos a tu casa, apartamento o residencia estudiantil?

Expressions with **tener**

▶ In certain expressions, Spanish uses the construction **tener** + [*noun*] instead of **ser** or **estar** to express the English equivalent *to be* + [*adjective*].

Expressions with *tener*

tener… años	*to be . . . years old*
tener (mucho) calor	*to be (very) hot*
tener (mucho) cuidado	*to be (very) careful*
tener (mucho) frío	*to be (very) cold*
tener (mucha) hambre	*to be (very) hungry*
tener (mucho) miedo	*to be (very) afraid/scared*
tener (mucha) prisa	*to be in a (big) hurry*
tener razón	*to be right*
no tener razón	*to be wrong*
tener (mucha) sed	*to be (very) thirsty*
tener (mucho) sueño	*to be (very) sleepy*
tener (mucha) suerte	*to be (very) lucky*

▶ To express an obligation, use **tener que** (*to have to*) + [*infinitive*].

—¿**Tienes que** estudiar hoy?
Do you have to study today?

—**Sí, tengo que** estudiar física.
Yes, I have to study physics.

▶ To ask people if they feel like doing something, use **tener ganas de** (*to feel like*) + [*infinitive*].

—¿**Tienes ganas de** comer?
Do you feel like eating?

—No, **tengo ganas de** dormir.
No, I feel like sleeping.

¡Manos a la obra!

Provide the appropriate forms of **tener** and **venir**.

tener

1. Ellos __tienen__ dos hermanos.
2. Yo _____ una hermana.
3. El artista _____ tres primos.
4. Nosotros _____ diez tíos.
5. Eva y Diana _____ un sobrino.
6. Ud. _____ cinco nietos.
7. Tú _____ dos hermanastras.
8. Uds. _____ cuatro hijos.
9. Ella _____ una hija.

venir

1. Mis padres __vienen__ de México.
2. Tú _____ de España.
3. Nosotras _____ de Cuba.
4. Pepe _____ de Italia.
5. Yo _____ de Francia.
6. Uds. _____ de Canadá.
7. Alfonso y yo _____ de Portugal.
8. Ellos _____ de Alemania.
9. Ud. _____ de Venezuela.

Repaso

For more practice, go to
aventuras.vhlcentral.com.

3.1 Descriptive adjectives

1 Corregir All of these statements are false. Change the adjectives of nationality to make them true.

1. Antonio Banderas y Penélope Cruz son norteamericanos.
2. Una persona de Ecuador es estadounidense.
3. Celine Dion y Mike Myers son franceses.
4. Salma Hayek es japonesa.
5. Los habitantes de Puerto Rico son chinos.
6. Tony Blair es alemán.

2 Oraciones Combine elements from each column to form complete sentences about yourself and the people you know.

modelo Mi familia *no es grande.*

A		B	C	
Yo	Mis hijos/as	(no) ser	alto/a	moreno/a
Mi abuelo/a	Mi padre/		bajo/a	pelirrojo/a
Mi novio/a	madre		bonito/a	rubio/a
Mi familia	Mis padres		grande	simpático/a
Mi familia y	Mis primos		inteligente	tonto/a
yo	Mis tíos		interesante	trabajador(a)
Mi hermano/a	Mi(s) ¿?		joven	¿?

3.2 Possessive adjectives

3 Una familia Complete each sentence with the correct possessive adjective. Use the subject of each sentence as a guide.

1. Me llamo Carmen. _____ hermano es Javier.
   a. nuestro   b. sus   c. mi
2. _____ madre es médica y trabaja en un hospital.
   a. Nuestra   b. Sus   c. Mis
3. _____ padre es profesor y enseña biología.
   a. Tus   b. Nuestro   c. Nuestros
4. Él admira mucho a _____ estudiantes porque trabajan mucho.
   a. mis   b. su   c. sus
5. Yo estudio en la misma universidad, pero no tomo clases con _____ padre.
   a. nuestras   b. mi   c. tus
6. Y dime (*tell me*), ¿cómo es _____ familia?
   a. tu   b. mi   c. su

4 Entrevista Get together with a classmate and take turns asking each other these questions.

1. ¿Cómo se llaman los miembros (*members*) de tu familia?
2. ¿Cómo es tu familia?
3. ¿Cómo son tus amigos/as?
4. ¿Cómo son tus profesores/as?

3.3 Present tense of regular –er and –ir verbs

5 Oraciones Form sentences using the cues provided.

1. Yo / asistir / la clase de arte
2. Miguel / abrir / su correo electrónico (*e-mail*)
3. Cristóbal y yo / comer / cafetería / universidad
4. Tomás y Luca / aprender / alemán
5. Tú / leer / biblioteca
6. Lisa y Cristina / correr / por el parque (*through the park*)

6 Describir Look at the drawing and describe what these people are doing using –er and –ir verbs.

Diego _____

Marta y Susana _____

Yo _____

Paco _____

3.4 Present tense of **tener** and **venir**

8 Completar Complete Juan's e-mail to David with the appropriate forms of **tener** or **venir**.

> Juan:
> ¿Qué (1) _____ ganas de hacer (**doing**) el sábado? Mis hermanos César y Beatriz (2) _____ a visitarme de Madrid. César (3) _____ 15 años y Beatriz (4) _____ 17 años. Yo (5) _____ suerte porque ellos son muy simpáticos y (6) _____ a visitarme a la universidad con mucha frecuencia (**frecuently**). El domingo vamos al cine y después a un restaurante puertorriqueño. ¿(7) _____ (tú) con nosotros?
>
> Bueno, hasta pronto. Ahora voy (**Now I go**) a la cafetería porque (8) _____ mucha hambre.
> David

7 Tener React to these statements logically using expressions with **tener**.

modelo
Estamos en el Polo Norte.
Tenemos frío.

1. Mi hermana come mucho.
2. Estoy en una sauna.
3. ¡Mis primos ganaron (*won*) la lotería!
4. Luisa y Marta terminan de estudiar a las dos de la mañana y están cansadas (*tired*).
5. Estás en *La casa del terror*.
6. Mi clase es en cinco minutos y todavía (*still*) estoy en mi cuarto.

Síntesis

9 Describe a tu familia In groups of three, describe your families.

- Describe your family to your classmates in several sentences. (**Mi padre es alto y moreno. Mi madre es delgada y muy inteligente. Mis hermanos son...**)
- Your classmates will work together to try to repeat your description. (**Su padre es alto y moreno. Su madre...**)
- If they forget any details, they will ask you questions. (**¿Cuántos años tiene tu abuelo?**)
- Take turns until all of you have described your families.

SUPERSITE **Videoclip**

1 Preparación Have you or anyone in your family ever experienced a situation that seemed supernatural? What happened?

2 El clip Watch the American short film **Tears and Tortillas**.

Vocabulario			
se aparece en	*appears in*	**la lágrima**	*tear*
la canción	*song*	**el milagro**	*miracle*

Ay, Carlos. Nuestra canción.

Abuelita... ¿me llamaste?°

¿me llamaste? *you called me?*

3 Preguntas Choose the correct answer for each question.

1. ¿Qué hace (*is she doing*) la abuela? (Prepara tortillas./Come tortillas.)
2. ¿Quién escucha una canción? (la abuela/el nieto)
3. ¿Quién se aparece en la tortilla? (el nieto/el abuelo)
4. ¿Qué tiene el nieto? (sed/hambre)

4 Los personajes Choose one of the characters and write a description of him or her. Use as many adjectives as you can and mention the person's likes and dislikes. Be creative! Then, in pairs, read your description to a partner.

 CONEXIÓN INTERNET
Go to aventuras.vhlcentral.com to watch the television clip featured in this section.

Ampliación

 ## 1 Escuchar

 A Listen to Cristina and Laura's conversation. Then indicate who would make each statement.

> ⭐ **TIP Ask for repetition.** During a conversation, you can ask someone to repeat by saying **¿Cómo?** (*What?*) or **¿Perdón?** (*Pardon me?*) In class, you can ask your teacher to repeat by saying **Repítalo, por favor** (*Repeat it, please*). If you don't understand a recorded activity, you can simply replay it.

	Cristina	Laura
1. Mi novio habla sólo (*only*) del fútbol y del béisbol.	☐	☐
2. Tengo un novio muy interesante y simpático.	☐	☐
3. Mi novio es alto y moreno.	☐	☐
4. Mi novio trabaja mucho.	☐	☐
5. Mi amiga no tiene buena suerte con los muchachos.	☐	☐
6. Mi novio es un poco gordo, pero guapo.	☐	☐

B ¿Cómo son Laura y Cristina? ¿Cómo son sus novios? ¿Tienes novio/a? ¿Cómo es?

 ## 2 Conversar

You are taking a friend to a reunion of your extended family. So that there will not be any surprises for your friend, you have a conversation with him or her to talk about your relatives. During the conversation, your friend should find out about the following:

- Which family members are coming, including their names and their relationship to you
- What each family member is like
- How old each person is
- Where each person is from
- Where each person lives

Ampliación

3 Escribir

One of your online friends wants to know about your family. Write an e-mail describing your family or an imaginary family.

 TIP **Use idea maps.** Idea maps help you group your information.

Organízalo   Use an idea map to help you list and organize information about your family. See the example.

Escríbelo   Using the material you have compiled, write the first draft of your e-mail. Use an appropriate greeting, such as **Querido/a** (*Dear*), and an appropriate closing, such as **Un abrazo** (*A hug*).

Corrígelo   Exchange papers with a classmate and comment on the organization, style, and grammatical accuracy of each other's work. Then revise your first draft, keeping your classmate's comments in mind.

Compártelo   Read your e-mail aloud to a small group of classmates. Discuss how your families are similar (**semejantes**) and how they are different (**distintas**).

4 Un paso más

Create an illustrated family tree for your family and share it with the class. Your family tree might include these elements:

- A simple title
- A format that clearly shows the relationships between family members
- Photos of family members and their names, following Hispanic naming conventions
- A few adjectives that describe each family member

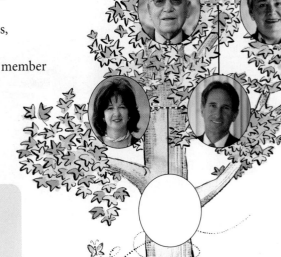

SUPERSITE   **CONEXIÓN INTERNET**

Investiga estos temas en el sitio aventuras.vhlcentral.com.

- La familia en las culturas hispanas
- La amistad (*friendship*) en las culturas hispanas

Antes de leer

You don't need to understand every word you read in Spanish. When you come across words you haven't learned, try to guess what they mean by looking at the context—the surrounding words and sentences. Look at this article about families and find a few words or phrases you don't know. Then guess what they mean, using the context as your guide.

Familias de todo tipo

◀ Hermana dedicada

Me llamo Isabel y tengo dieciocho años. Vivo con mi hermanito Daniel, mi padre Carlos y mi madre Estela. Estudio programación de computadoras en la universidad. Soy muy buena para las computadoras. Por las tardes, le ayudo a Daniel a usar la computadora para hacer sus tareas. ¡Soy una hermana muy dedicada!

Primas futbolistas ▶

Me llamo Roberto Sandoval. Mi hija se llama Mónica y es una aficionada al fútbol. Los sábados y domingos ella juega° al fútbol con su prima Carolina y juntas° ven° todos los partidos° de fútbol en la televisión. Mónica y Carolina desean jugar° en el equipo° nacional. ¡Qué honor... una hija y una sobrina en el equipo nacional!

Una madre ▶ orgullosa

Me llamo Ángela. Tengo dos hijos. Estoy muy orgullosa de ellos. La mayor se llama Lourdes y el menor José María. Lourdes tiene 18 años y José María tiene 15 años. Mis dos hijos son unos excelentes estudiantes. Lourdes toma clases de arquitectura y José María toma clases de italiano.

Después de leer

¿Comprendiste?

Look at the magazine article and see how the words and phrases in the first column are used in context. Then find their translations in the second column.

1. ayudo _____
2. aficionada _____
3. la mayor _____
4. el menor _____
5. orgullosa _____
6. único _____

a. the oldest
b. producer
c. proud
d. they watch
e. I help
f. the youngest
g. only
h. fan

Preguntas

Answer these questions using complete sentences.

1. ¿Cuántas personas hay en la familia de Isabel?
_____
2. ¿Con quién vive Luis?
_____
3. ¿Cómo se llaman los abuelos de Luis?
_____
4. ¿Quiénes desean jugar en el equipo nacional?
_____
5. ¿Mónica y Carolina son hermanas?
_____
6. ¿Cuántos hijos tiene Ángela?
_____

Coméntalo

¿Es similar tu familia a las familias del artículo? En tu opinión, ¿son ideales las familias del artículo? ¿Cómo es la familia ideal?

◄ Nieto único

Me llamo Luis y vivo con mi abuelo Artemio y mi abuela María. Soy su único nieto. No tengo hermanos ni° primos. Mis abuelos trabajan mucho. Los fines de semana comemos con mis tías Carmen y Beatriz. Mis tías son muy simpáticas.

juega	plays
juntas	together
ven	they watch
partidos	games
jugar	to play
equipo	team
ni	nor

For an additional reading, go to aventuras.vhlcentral.com.

recursos
aventuras.vhlcentral.com
Lección 3

La familia

el/la abuelo/a	grandfather/grandmother
el/la cuñado/a	brother-in-law/sister-in-law
el/la esposo/a	husband/wife; spouse
la familia	family
el/la hermanastro/a	stepbrother/stepsister
el/la hermano/a	brother/sister
el/la hijastro/a	stepson/stepdaughter
el/la hijo/a	son/daughter
los hijos	children; sons
la madrastra	stepmother
la madre	mother
el/la medio/a hermano/a	half-brother/half-sister
el/la nieto/a	grandson/granddaughter
la nuera	daughter-in-law
el padrastro	stepfather
el padre	father
los padres	parents
los parientes	relatives
el/la primo/a	cousin
el/la sobrino/a	nephew/niece
el/la suegro/a	father-in-law/mother-in-law
el/la tío/a	uncle/aunt
el yerno	son-in-law

Adjetivos

alto/a	tall
antipático/a	unpleasant
bajo/a	short (in height)
bonito/a	pretty
buen, bueno/a	good
delgado/a	thin; slender
difícil	difficult, hard
fácil	easy
feo/a	ugly
gordo/a	fat
gran, grande	big, large; great
guapo/a	handsome; good-looking
importante	important
inteligente	intelligent
interesante	interesting
joven	young
mal, malo/a	bad
mismo/a	same
moreno/a	dark-haired
mucho/a	much; many; a lot of
pelirrojo/a	red-haired
pequeño/a	small
rubio/a	blond(e)
simpático/a	nice; likeable
tonto/a	silly; foolish
trabajador(a)	hard-working
viejo/a	old

Verbos

abrir	to open
aprender	to learn
asistir (a)	to attend
beber	to drink
comer	to eat
compartir	to share
comprender	to understand
correr	to run
creer (en)	to believe (in)
deber (+ inf.)	to have to; should
decidir	to decide
describir	to describe
escribir	to write
leer	to read
recibir	to receive
tener	to have
venir	to come
vivir	to live

Expresiones con *tener*

tener… años	to be… years old
tener (mucho) calor	to be (very) hot
tener (mucho) cuidado	to be (very) careful
tener (mucho) frío	to be (very) cold
tener ganas de (+ inf.)	to feel like (doing something)
tener (mucha) hambre	to be (very) hungry
tener (mucho) miedo	to be (very) afraid/scared
tener (mucha) prisa	to be in a (big) hurry
tener que (+ inf.)	to have to (do something)
tener razón	to be right
no tener razón	to be wrong
tener (mucha) sed	to be (very) thirsty
tener (mucho) sueño	to be (very) sleepy
tener (mucha) suerte	to be (very) lucky

Otras palabras

el/la amigo/a	friend
el/la gato/a	cat
la gente	people
el/la muchacho/a	boy/girl
el/la niño/a	child; boy/girl
el/la novio/a	boyfriend/girlfriend
la persona	person
el/la perro/a	dog

Las profesiones

el/la artista	artist
el/la doctor(a)	doctor; physician
el/la ingeniero/a	engineer
el/la médico/a	doctor; physician
el/la periodista	journalist
el/la programador(a)	computer programmer

Expresiones útiles	See page 65.
Nationalities	See page 69.
Possessive adjectives	See page 70.

4 # El fin de semana

PARA EMPEZAR

- ¿Cómo son estas personas? ¿Gordas o delgadas?
- ¿Son jóvenes o viejas?
- ¿En qué tienen interés: en el fútbol o en el ciclismo?
- ¿Tienen calor o frío?

EL FIN DE SEMANA

pasear en bicicleta
to ride a bicycle

LAS ACTIVIDADES Y LAS DISTRACCIONES

escalar montañas *to climb mountains*

escribir una carta *to write a letter*

un mensaje electrónico *to write an e-mail*

esquiar *to ski*

ir de excursión (a las montañas) *to go on a hike (in the mountains)*

leer el periódico *to read the newspaper*

el correo electrónico *to read e-mail*

una revista *to read a magazine*

nadar en la piscina *to swim in the pool*

pasear por la ciudad/el pueblo *to walk around the city/town*

practicar deportes (m. pl.) *to practice sports*

ver películas *to see movies*

visitar un monumento *to visit a monument*

patinar (en línea)
to skate (in-line)

tomar el sol
to sunbathe

una (tarjeta) postal
a postcard

bucear
to scuba dive

recursos

| WB pp. 31–32 | LM p. 19 | SUPERSITE aventuras.vhlcentral.com Lección 4 |

LOS DEPORTES

el baloncesto *basketball*
el ciclismo *cycling*
el esquí (acuático) *(water) skiing*
el fútbol americano *football*
el golf *golf*
el hockey *hockey*
la natación *swimming*
el tenis *tennis*
el vóleibol *volleyball*

el equipo *team*
el/la jugador(a) *player*
el partido *game*
la pelota *ball*
ganar *to win*
ser aficionado/a (a) *to be a fan (of)*

deportivo/a *sports-related*

el/la excursionista
hiker

Variación léxica
piscina ⟷ pileta (*Arg.*), alberca (*Méx.*)
baloncesto ⟷ básquetbol (*Amér. L.*)
béisbol ⟷ pelota (*P. Rico, Rep. Dom.*)

el fútbol
soccer

el béisbol
baseball

LOS LUGARES

la casa *house*
el centro *downtown*
el cine *movie theater*
el gimnasio *gym, gymnasium*
el museo *museum*
el parque *park*
el restaurante *restaurant*

la iglesia
church

el café
café

la piscina
pool

OTRAS PALABRAS

la diversión *entertainment; fun activity*
el fin de semana *weekend*
el lugar *place*
el pasatiempo *pastime, hobby*
los ratos libres *spare time*
el tiempo libre *free time*
favorito/a *favorite*
pasar el tiempo *to spend time*

A escuchar SUPERSITE

1 Una estudiante muy activa Every day Laura does many things. Number the drawings in the order in which you hear Laura mention them.

a. _____

b. _____

c. _____

d. _____

e. _____

2 ¿Qué haces? Berta and Julio are discussing their plans for this weekend. Listen to their conversation and mark the activities that correspond to each person.

	Berta	Julio
1. El domingo voy a la piscina con mis amigas.	☐	☐
2. El sábado voy a jugar un partido de fútbol.	☐	☐
3. Voy a ver una película.	☐	☐
4. Practico el fútbol todos los días.	☐	☐
5. El sábado por la tarde trabajo en el café de mis padres.	☐	☐

A practicar

3 Los pasatiempos Indicate which word or phrase doesn't belong.

1. bucear • ir de excursión • leer una revista • esquiar
2. el baloncesto • el ciclismo • el vóleibol • el fútbol
3. la natación • el cine • el café • la iglesia
4. el golf • la aficionada • el jugador • el excursionista
5. el periódico • el pasatiempo • la revista • el correo
6. ver películas • ir al museo • practicar el hockey • leer un periódico

4 ¿Cierto o falso? Indicate whether each statement is **cierto** or **falso**.

Gustavo y Simón   **los chicos**   **José**   **don Fernando**

Maribel   **doña Leonor**

1. _____ Gustavo y Simón pasean por la ciudad en bicicleta.
2. _____ Los chicos juegan al fútbol.
3. _____ José hace una excursión a las montañas.
4. _____ Don Fernando lee el periódico en el parque.
5. _____ Maribel patina en línea.
6. _____ Doña Leonor pasea por la ciudad.

5 Dos amigos Complete the conversation with the words given.

centro	pasar	semana
cine	pasatiempos	tiempo
gimnasio	piscina	vóleibol

LUISA ¿Cómo te gusta (1) _____ los ratos libres, Manuel?

MANUEL Bueno, Luisa, no tengo mucho (2) _____ libre, pero los fines de (3) _____ me gusta ver películas. Y tú, Luisa, ¿cuáles son tus (4) _____ favoritos?

LUISA Voy al (5) _____. Nado en la (6) _____. Y los sábados juego al (7) _____.

MANUEL ¡Uf! ¿Y qué haces para descansar?

LUISA Pues… veo películas.

MANUEL ¡Excelente! Hay una buena película en un (8) _____ del (9) _____. ¿Quieres ir?

LUISA Sí, Manuel. Buena idea.

A conversar

6 **¿Y tú?** Interview your partner using these questions.

1. ¿Te gustan los deportes?
2. ¿Qué deportes practicas?
3. ¿Cuál es tu deporte favorito? ¿Por qué te gusta?
4. ¿Te gusta pasear en bicicleta? ¿Dónde paseas y con quién?
5. ¿Escribes muchos mensajes electrónicos? ¿A quién escribes los mensajes?
6. ¿Qué periódicos y revistas lees? ¿Por qué?

7 **En el campus** With a partner, describe what the people in the illustration are doing.

8 **¿Quién soy?** Using **yo** forms, write a description of a famous athlete and read it to the class, mentioning the athlete's initials (**iniciales**). The class will guess who you described.

modelo

Estudiante: Soy muy famosa. Vivo en la Florida con mi familia. Practico el tenis. Soy una jugadora profesional. Mi hermana practica el tenis también. Mis iniciales son V. W. ¿Quién soy?
Clase: ¿Eres Venus Williams?
Estudiante: ¡Sí!

🎧 Pronunciación   SUPERSITE

Word stress and accent marks

pe-lí-cu-la	**e-di-fi-cio**	**ver**	**yo**

Every Spanish syllable contains at least one vowel. When two vowels are joined in the same syllable, they form a **diphthong***. A **monosyllable** is a word formed by a single syllable.

bi-blio-te-ca	**vi-si-tar**	**par-que**	**fút-bol**

The syllable of a Spanish word that is pronounced most emphatically is the "stressed" syllable.

pe-lo-ta	**pis-ci-na**	**ra-tos**	**ha-blan**

Words that end in **n, s,** or a **vowel** are usually stressed on the next-to-last syllable.

na-ta-ción	**pa-pá**	**in-glés**	**Jo-sé**

If words that end in **n, s,** or a **vowel** are stressed on the last syllable, they must carry an accent mark on the stressed syllable.

bai-lar	**es-pa-ñol**	**u-ni-ver-si-dad**	**tra-ba-ja-dor**

Words that do **not** end in **n, s,** or a **vowel** are usually stressed on the last syllable.

béis-bol	**lá-piz**	**ár-bol**	**Gó-mez**

If words that do **not** end in **n, s,** or a **vowel** are stressed on the next-to-last syllable, they must carry an accent mark on the stressed syllable.

*The two vowels that form a diphthong are either both weak or one is weak and the other is strong.

Práctica Pronounce each word, stressing the correct syllable. Then give the word stress rule for each word.

1. profesor	4. Mazatlán	7. niños	10. México
2. Puebla	5. examen	8. Guadalajara	11. están
3. ¿Cuántos?	6. ¿Cómo?	9. programador	12. geografía

Oraciones Read the conversation aloud to practice word stress.

MARINA Hola, Carlos. ¿Qué tal?

CARLOS Bien. Oye, ¿a qué hora es el partido de fútbol?

MARINA Creo que es a las siete.

CARLOS ¿Quieres ir?

MARINA Lo siento, pero no puedo. Tengo que estudiar biología.

Refranes Read these sayings aloud to practice word stress.

En la unión está la fuerza.²

Quien ríe de último, ríe mejor.¹

1 He who laughs last laughs loudest.
2 In unity, there is strength.

recursos

LM p. 20	SUPERSITE aventuras.vhlcentral.com Lección 4

¡Vamos al parque! SUPERSITE

Los estudiantes pasean por la ciudad y hablan de sus pasatiempos.

PERSONAJES

DON FRANCISCO

JAVIER

INÉS

ÁLEX

MAITE

JOVEN

DON FRANCISCO Tienen una hora libre. Pueden explorar la ciudad, si quieren.

JAVIER Inés, ¿quieres ir a pasear por la ciudad?
INÉS Sí, vamos.

ÁLEX ¿Por qué no vamos al parque, Maite? Podemos hablar y tomar el sol.
MAITE ¡Buena idea! También quiero escribir unas postales.

ÁLEX ¡Maite!
MAITE ¡Dios mío!

JOVEN Mil perdones. Lo siento muchísimo.
MAITE ¡No es nada! Estoy bien.

ÁLEX Ya son las dos y treinta. Debemos regresar al autobús, ¿no?
MAITE Tienes razón.
ÁLEX Oye, Maite, ¿qué vas a hacer esta noche?
MAITE No tengo planes. ¿Por qué?

ACTIVIDADES

1 Ordenar Put the following events in order from 1 to 5.

_____ a. Álex y Maite van al parque.

_____ b. Álex y el muchacho juegan al fútbol.

_____ c. Maite y Álex regresan al autobús.

_____ d. Maite decide escribir unas postales.

_____ e. El muchacho tira (*throws*) la pelota a Maite sin querer (*by accident*).

2 Pasatiempos Scan **Aventuras** and indicate which pastimes the characters mention. Then indicate whether you participate in each pastime.

ÁLEX _____

_____

MAITE _____

_____

Para recordar Before watching this episode of the **Fotonovela**, review the previous one. What do you remember?

1. _____ tiene una familia grande.
2. El _____ de Javier es viejo y trabajador.
3. _____ no tiene hermanos.
4. Inés tiene _____ hermanas.

Expresiones útiles

Making invitations
¿Por qué no vamos al parque?
Why don't we go to the park?
¡Buena idea!
Good idea!
¿Por qué no jugamos al fútbol?
Why don't we play soccer?
Mmm… no quiero.
Hmm… I don't want to.
Lo siento, pero no puedo.
I'm sorry, but I can't.
¿Quieres pasear por la ciudad conmigo?
Do you want to walk around the city with me?
Sí, vamos.
Yes, let's go.

Making plans
¿Qué vas a hacer esta noche?
What are you going to do tonight?
No tengo planes.
I don't have any plans.

Talking about pastimes
¿Eres aficionado/a a los deportes?
Are you a sports fan?
Sí, me gustan todos los deportes.
Yes, I like all sports.
Sí, me gusta mucho el fútbol.
Yes, I like soccer a lot.

Apologizing
Mil perdones./Lo siento muchísimo.
I'm so sorry.

MAITE ¿Eres aficionado a los deportes, Álex?
ÁLEX Sí, me gusta mucho el fútbol. Me gusta también nadar, correr e ir de excursión a las montañas.
MAITE Yo también corro mucho.

ÁLEX Oye, Maite, ¿por qué no jugamos al fútbol con él?
MAITE Mmm… No quiero. Voy a terminar de escribir unas postales.

ÁLEX Eh, este… A veces salgo a correr por la noche. ¿Quieres venir a correr conmigo?
MAITE Sí, vamos. ¿A qué hora?
ÁLEX ¿A las seis?
MAITE Perfecto.

DON FRANCISCO Esta noche van a correr. ¡Y yo no tengo energía para pasear!

3 **Preguntas** Get together with a partner and take turns asking each other these questions.

1. ¿Por dónde pasean Inés y Javier?
2. ¿Cuáles son los deportes favoritos de Álex?
3. ¿Qué tiene ganas de hacer Maite en el parque? ¿Y Álex?
4. ¿Qué deciden hacer Álex y Maite esta noche?

4 **Conversación** In pairs, talk about pastimes and plan an activity together. Use the **Expresiones útiles** on this page.

recursos
VM pp. 175–176
aventuras.vhlcentral.com
Lección 4

Real Madrid y el Barça:
rivalidad total

Soccer in Spain is a force to be reckoned with, and no two teams draw more attention than **Real Madrid** and the **Fútbol Club Barcelona**. Whether the venue is Madrid's

Santiago Bernabéu or Barcelona's **Camp Nou**, the two cities shut down for the showdown, paralyzed by **fútbol** fever. A ticket to the actual game is always the hottest ticket in town.

The rivalry between **Real Madrid** and **Barça** is about more than soccer. As the two biggest, most powerful cities in Spain, Barcelona and Madrid are constantly compared to one another and have a natural rivalry. There is also a political component to the dynamic. Barcelona, with its distinct language and culture, has long struggled for increased autonomy from Madrid's centralized government. Under Francisco Franco's rule (1939–1975), when repression of the Catalan identity was at its height, a game between **Real Madrid** and **FC Barcelona** was wrapped up with all the symbolism of the regime versus the resistance, even though both teams suffered casualties in Spain's civil war and the subsequent Franco dictatorship.

Although the dictatorship is far behind, the momentum of all those decades of competition still transforms both cities into a frenzied, tense panic leading up to the game. Once the final score is announced, one of those cities is transformed again, this time into the best party in the country.

Rivalidades del fútbol

Argentina: Boca Juniors vs River Plate
México: Águilas del América vs Chivas del Guadalajara
Chile: Colo Colo vs Universidad de Chile
Guatemala: Comunicaciones vs Municipal
Uruguay: Peñarol vs Nacional
Colombia: Millonarios vs Independiente Santa Fe

1 ¿Cierto o falso? Indicate whether each statement is **cierto** or **falso**. Correct the false statements.

1. People from Spain don't like soccer.
2. Madrid and Barcelona are the most important cities in Spain.
3. Santiago Bernabéu is a stadium in Barcelona.
4. The rivalry between Real Madrid and FC Barcelona is not only in soccer.
5. Barcelona has resisted Madrid's centralized government.
6. Only the FC Barcelona team was affected by the civil war.
7. During Franco's regime, the Catalan culture thrived.
8. There are many famous rivalries between soccer teams in the Spanish-speaking world.
9. River Plate is a popular team from Argentina.
10. Comunicaciones and Peñarol are famous rivalries in Guatemala.

ASÍ SE DICE

Los deportes

el/la árbitro/a	referee
el/la atleta	athlete
el campeón/ la campeona	champion
la cancha (de fútbol)	soccer field
competir	to compete
empatar	to draw; to tie
entrenar	to train
el/la mejor	the best
mundial	worldwide
el torneo	tournament

CONEXIÓN INTERNET

What do soccer and dominos have in common? Go to **aventuras.vhlcentral.com** to find out and to access these components.

- the **Flash Cultura** video
- more activities
- additional reading: **El dominó: el pasatiempo favorito de los caribeños hispanos.**

2 **Comparación** Compare soccer in Spain with a popular sport where you live. What are some famous rivalries? What is the source of their rivalries? How would you describe the different sets of fans?

recursos

VM pp. 233–234	aventuras.vhlcentral.com Lección 4

¡Fútbol en España!

1 **Preparación** What is the most popular sport at your school? What teams are your rivals? How do students celebrate a win?

2 **El video** Watch this **Flash Cultura** episode.

Vocabulario		
afición *fans*		pierde *loses*
celebran *they celebrate*		rivalidad *rivalry*

(Hay mucha afición al fútbol en España.)

¿Y cuál es vuestro jugador favorito?

3 **Escoger** Select the correct answer.

1. Un partido entre el Barça y el Real Madrid es _____ (un deporte/un evento) importante en toda España.

2. Ronaldinho es el futbolista estrella (*soccer star*) del _____ (Barça/Real Madrid).

3. Los aficionados _____ (miran/celebran) las victorias de sus equipos en las calles (*streets*).

4. La rivalidad entre el Real Madrid y el Barça está relacionada con la _____ (religión/política).

4.1 The present tense of ir

ir (to go)		
Singular forms	**Plural forms**	
yo	voy	nosotros/as	vamos
tú	vas	vosotros/as	vais
Ud./él/ella	va	Uds./ellos/ellas	van

▶ The verb **ir** (*to go*) is irregular in the present tense.

▶ **Ir** is often used with the preposition **a** (*to*). When **a** is followed by the article **el,** they form the contraction **al.** There is no contraction when **a** is followed by **la, las,** and **los.**

$$a + el = al$$

Voy al cine con María.
I'm going to the movies with María.

Ellos **van a** las montañas.
They are going to the mountains.

▶ The construction **ir a** + [*infinitive*] expresses actions that are going to happen in the future. It is equivalent to the English *to be going to* + [*infinitive*].

Voy a escribir unas postales.

Álex y Maite van a volver al autobús.

▶ **Vamos a** + [*infinitive*] can also express the idea of *let's (do something).*

Vamos a pasear.
Let's take a stroll.

¡Vamos a ver!
Let's see!

¡ojo! Use **adónde** instead of **dónde** when asking a question with **ir.**

¿Adónde vas?
Where are you going?

¿Dónde estás?
Where are you?

¡Manos a la obra!

Provide the present tense forms of **ir.**

1. Ellos __van__.
2. Yo _____.
3. Tu novio _____.
4. Adela _____.
5. Mi prima y yo _____.
6. Tú _____.
7. Ustedes _____.
8. Nosotros _____.
9. Usted _____.
10. Nosotras _____.
11. Miguel _____.
12. Ellos _____.

Práctica

1 **Adivina** Roberto has gone to see Doña Imelda, a fortune teller. Using **ir a** + [*infinitive*], say what Doña Imelda predicts.

modelo

Tu hermano Gabriel ___va a___ ir a Europa.

1. Tú _____ correr en el Maratón de Boston.
2. Tú y tu familia _____ escalar el monte Everest.
3. Tu hermano Pablo _____ jugar en la Liga Nacional de Fútbol.
4. Tu hermana Tina _____ recibir una carta misteriosa.
5. Tu hermana Rosario _____ patinar en los Juegos Olímpicos.
6. Tus padres _____ tomar el sol en Acapulco.
7. Tú _____ ver las pinturas (*paintings*) de tu amiga en el Museo Nacional de Arte.
8. ¡Y yo _____ ser muy, muy rica!

2 **¿Adónde vas?** You and some friends are visiting Madrid. Work with a partner and ask each other which sites you will visit today. Use the cues provided in the map.

modelo

Estudiante 1: ¿Adónde vamos nosotros?
Estudiante 2: Nosotros vamos a la Plaza de Santo Domingo.

Conversación

3 Situaciones With a partner, say where you and your friends go in these situations.

1. Cuando deseo descansar…
2. Cuando mi novio/a tiene que estudiar…
3. Si mis amigos necesitan practicar el español…
4. Si deseo hablar con unos amigos…
5. Cuando tengo dinero (*money*)…
6. Cuando mis amigos y yo tenemos hambre…
7. Si tengo tiempo libre…
8. Cuando mis amigos desean esquiar…
9. Si estoy de vacaciones (*on vacation*)…
10. Si quiero leer…

4 Encuesta Walk around the class and ask your classmates if they are going to do these activities today. Try to find at least two people for each item and write their names on the worksheet. Report your findings to the class.

Actividades	Nombres
1. Comer en un restaurante	_____
2. Mirar la televisión	_____
3. Leer una revista	_____
4. Escribir un mensaje electrónico	_____
5. Correr	_____
6. Ver una película	_____
7. Pasear en bicicleta	_____
8. Estudiar en la biblioteca	_____

5 Entrevista Talk to two classmates to find out what they are going to do this weekend.

modelo

Estudiante 1: ¿Adónde vas este (*this*) fin de semana?
Estudiante 2: Voy a Guadalajara con mis amigos.
Estudiante 3: ¿Y qué van a hacer (*to do*) ustedes en Guadalajara?
Estudiante 2: Vamos a visitar unos monumentos y unos museos. ¿Y ustedes?

Español en vivo

Esta familia siempre va a estar unida, porque el Banco Atlantis siempre va a estar con ellos.

Luis va a trabajar lejos de su familia, pero ellos van a estar tranquilos. Luis va a depositar su sueldo en el Banco Atlantis y así, él va a ayudar a su familia.

BANCO ATLANTIS
Vamos a ganarle dinero

Identificar

Scan the advertisement above and identify the instances where the **ir a** + [*infinitive*] construction is used.

Preguntas

1. ¿Quiénes son las personas de la familia?
2. ¿Cómo va a estar la familia?
3. ¿Qué va a hacer (*to do*) el hijo?
4. ¿Por qué el hijo escoge (*does he choose*) el Banco Atlantis?

4.2 Stem-changing verbs: e → ie, o → ue

▶ In stem-changing verbs, the stressed vowel of the stem changes when the verb is conjugated.

INFINITIVE	VERB STEM	STEM CHANGE	CONJUGATED FORM
empezar	empez-	empiez-	empiezo
volver	volv-	vuelv-	vuelvo

▶ In many verbs, such as **empezar** (*to begin*), the stem vowel changes from **e** to **ie**. Note that the **nosotros/as** and **vosotros/as** forms don't have a stem change.

empezar (e:ie)

Singular forms		Plural forms	
yo	empiezo	nosotros/as	empezamos
tú	empiezas	vosotros/as	empezáis
Ud./él/ella	empieza	Uds./ellos/ellas	empiezan

Álex y Maite vuelven al autobús.

Álex empieza a enviar mensajes.

▶ In many other verbs, such as **volver** (*to return*), the stem vowel changes from **o** to **ue**. The **nosotros/as** and **vosotros/as** forms have no stem change.

volver (o:ue)

Singular forms		Plural forms	
yo	vuelvo	nosotros/as	volvemos
tú	vuelves	vosotros/as	volvéis
Ud./él/ella	vuelve	Uds./ellos/ellas	vuelven

▶ To help you identify stem-changing verbs, they will appear as follows throughout the text:

empezar (e:ie)   volver (o:ue)

Práctica

1 El día del partido Complete this pre-game conversation between two friends with the appropriate verb forms.

PABLO Óscar, voy al centro ahora.
(1) ¿_____ [querer] venir?

ÓSCAR No, yo (2) _____ [preferir] descansar un poco y ver la televisión.

PABLO ¡Qué perezoso (*how lazy*) eres!

ÓSCAR No, hombre. Es que estoy muy cansado.

PABLO Todos los días la misma cosa…

ÓSCAR Vas a ver, vas a ver… Oye, ¿a qué hora (3) _____ [pensar] regresar? El partido de fútbol (4) _____ [empezar] a las dos.

PABLO A la una. (5) _____ [querer] ver el partido también.

ÓSCAR (6) ¿_____ [pensar] que (*that*) nuestro equipo (7) _____ [poder] ganar?

PABLO No, (8) _____ [pensar] que vamos a (9) _____ [perder]. Los jugadores del Guadalajara (10) _____ [jugar] muy bien.

2 Preferencias With a partner, take turns asking and answering questions about what these people want to do.

> **modelo**
> **Guillermo:** estudiar / pasear en bicicleta
> **Estudiante 1:** ¿Quiere estudiar Guillermo?
> **Estudiante 2:** No, prefiere pasear en bicicleta.

1. **tú**: trabajar / dormir
_____

2. **ustedes**: mirar la televisión / ir al cine
_____

3. **tus amigos**: ir de excursión / descansar
_____

4. **tú**: comer en la cafetería / ir a un restaurante
_____

5. **Elisa**: ver una película / leer una revista
_____

6. **María y su prima**: tomar el sol / practicar el esquí
_____

Conversación

3 **En la televisión** Read the listing of sports events to be televised this weekend and choose the programs you want to watch. Compare your choices with a classmate and explain why you made them. Then agree on one program you will watch together on each day.

sábado

13:30 NATACIÓN
1 Copa Mundial (World Cup) de Natación
15:00 TENIS
8 Abierto (Open) Mexicano de Tenis: Cecilia Montero (México) vs. Sandra de la Paz (España) Semifinales
16:00 FÚTBOL NACIONAL
3 Chivas vs. Monterrey
16:30 FÚTBOL AMERICANO
21 Jaguares vs. Costeños
20:00 BALONCESTO PROFESIONAL
16 Knicks de Nueva York vs. Toros de Chicago

domingo

13:00 GOLF
40 Campeonato (Championship) ADT: Lorena Ochoa, Natalie Gulbis, Paula Creamer
14:30 VÓLEIBOL
1 Campeonato Nacional de México
16:00 BALONCESTO
3 Campeonato de Cimeba: Correcaminos de Tampico vs. Santos de San Luis Final
17:00 ESQUÍ ALPINO
19 Eslálom
18:30 FÚTBOL INTERNACIONAL
30 Copa América: México vs. Argentina. Ronda final
20:00 PATINAJE ARTÍSTICO
16 Exhibición mundial

4 **Turistas** You are taking two friends on a trip to your hometown. Talk about the things you want to do, then fill in the day-planner with the things you plan to do each day. Use **querer** and **pensar**.

5 **Situación** Your instructor will give you and your partner handouts so that you complete this information gap activity.

Common stem-changing verbs

e:ie		o:ue	
cerrar	to close	dormir	to sleep
comenzar	to begin	encontrar	to find
empezar	to begin	mostrar	to show
entender	to understand	poder	to be able to; can
pensar	to think	recordar	to remember
perder	to lose; to miss	volver	to return
preferir	to prefer		
querer	to want; to love		

▶ **Jugar** (to play a sport or a game) is the only Spanish verb that has a **u:ue** stem change. **Jugar** is followed by **a** + [definite article] when the name of a sport or game is mentioned.

Me gusta mucho jugar al fútbol.

Álex y el joven juegan al fútbol.

▶ **Comenzar** and **empezar** require the preposition **a** when they are followed by an infinitive.

Comienzan a jugar a las siete.
They begin playing at seven.

Ana **empieza a** escribir una postal.
Ana starts to write a postcard.

▶ **Pensar** + [infinitive] means to plan or to intend to do something. **Pensar en** means to think about someone or something.

¿Piensan ir al gimnasio?
Are you planning to go to the gym?

¿En qué **piensas?**
What are you thinking about?

¡Manos a la obra!

Provide the correct forms of the verbs.

cerrar (e:ie)

1. Ustedes _cierran_.
2. Tú _____.
3. Nosotras _____.
4. Mi hermano _____.
5. Yo _____.
6. Usted _____.
7. Los chicos _____.
8. Ella _____.

dormir (o:ue)

1. Mi abuela no _duerme_.
2. Yo no _____.
3. Tú no _____.
4. Mis hijos no _____.
5. Usted no _____.
6. Nosotros no _____.
7. Él no _____.
8. Ustedes no _____.

4.3 Stem-changing verbs: e → i

▶ In some verbs, such as **pedir** (*to ask for; to request*), the stressed vowel in the stem changes from **e** to **i**, as shown in the diagram.

INFINITIVE	VERB STEM	STEM CHANGE	CONJUGATED FORM
pedir	ped-	pid-	pido

▶ As with other stem-changing verbs you have learned, there is no stem change in the **nosotros/as** or **vosotros/as** forms in the present tense.

pedir (e:i)

Singular forms		Plural forms	
yo	pido	nosotros/as	pedimos
tú	pides	vosotros/as	pedís
Ud./él/ella	pide	Uds./ellos/ellas	piden

▶ To help you identify verbs with the **e:i** stem change, they will appear as follows throughout the text:

pedir (e:i)

▶ The following are the most common **e:i** stem-changing verbs:

conseguir	repetir	seguir
to get; to obtain	*to repeat*	*to follow; to continue; to keep (doing something)*

Le pido un favor a un amigo.
I'm asking a friend for a favor.

Repito la pregunta.
I repeat the question.

Consiguen ver buenas películas.
They get to see good movies.

Sigue esperando.
He keeps waiting.

¡ojo! The **yo** forms of **seguir** and **conseguir** have a spelling change as well as a stem change.

Sigo su plan.
I'm following their plan.

Consigo novelas en la librería.
I get novels at the bookstore.

¡Manos a la obra!

Provide the correct forms of the verbs.

repetir (e:i)
1. Arturo y Eva _repiten_.
2. Yo _____.
3. Nosotros _____.
4. Julia _____.
5. Sofía y yo _____.
6. Tú _____.

pedir (e:i)
1. Yo _pido_.
2. Él _____.
3. Tú _____.
4. Usted _____.
5. Ellas _____.
6. Nosotros _____.

seguir (e:i)
1. Yo _sigo_.
2. Nosotros _____.
3. Tú _____.
4. Los chicos _____.
5. Usted _____.
6. Anita _____.

Práctica

1 **En la clase** You're teaching Spanish at an elementary school. Fill in the blanks to describe a typical day in your class. Use stem-changing verbs (**e:ie**), (**o:ue**), and (**e:i**).

1. Yo entro en la clase y _____ [cerrar] la puerta.
2. La clase _____ [comenzar] a las nueve en punto.
3. Yo _____ [pedir] la tarea del día anterior (*previous*).
4. Los estudiantes _____ [repetir] la lista.
5. Pablo no _____ [seguir] mis instrucciones.
6. Pedro _____ [perder] su lápiz.
7. Algunos estudiantes _____ [dormir] en sus escritorios.
8. Yo _____ [volver] a casa muy cansado/a.

2 **Combinar** Combine words from the columns to create sentences about yourself and people you know.

Yo	pedir muchos favores
Mi compañero/a de cuarto	dormir hasta el mediodía
Mi mejor (*best*) amigo/a	nunca (*never*) pedir perdón
Mi familia	nunca seguir las instrucciones del profesor
Mis amigos/as	siempre seguir las instrucciones del profesor
Mis amigos/as y yo	conseguir libros en la biblioteca
Mis padres	poder hablar dos lenguas extranjeras
Mi hermano/a	repetir el vocabulario
Mi profesor(a) de español	siempre perder sus libros

Conversación

3 **¿Quién?** Talk to your classmates until you find one person who does each of these activities. Use **e:ie**, **o:ue**, and **e:i** stem-changing verbs.

modelo

Tú: ¿Pides consejos con frecuencia?
Maite: No, no pido consejos con frecuencia.
Tú: ¿Pides consejos con frecuencia?
Lucas: Sí, pido consejos con frecuencia.

Actividades	¿Quién?
1. Conseguir entradas gratis (free) para conciertos	
2. Pedir consejos (advice) con frecuencia	
3. Volver tarde a casa	Lucas
4. Preferir leer en el gimnasio	
5. Seguir las instrucciones de un manual	
6. Perder el teléfono celular (cell phone)	

4 **Las películas** Use these questions to interview a classmate.

1. ¿Dónde consigues información sobre (about) cine y televisión?

2. ¿Prefieres las películas románticas, las películas de acción o las películas de terror? ¿Por qué?

3. ¿Dónde consigues las entradas (tickets) para ver una película?

4. Para decidir qué películas vas a ver, ¿sigues las recomendaciones de los críticos de cine?

5. ¿Qué cines en tu comunidad muestran las mejores (best) películas?

6. ¿Vas a ver una película esta semana? ¿A qué hora empieza la película?

Identificar

Scan the movie poster above and identify the stem-changing verbs.

Preguntas

1. ¿Qué palabras indican que *Un mundo azul oscuro* (*Dark Blue World*) es una película dramática?

2. ¿Cuántas personas hay en el póster? ¿Cómo son? ¿Qué relación tienen?

3. ¿Cuál de los personajes "consigue lo que quiere"? ¿Cómo?

4. ¿Te gustan las películas como ésta (*this one*)? ¿Por qué?

4.4 Verbs with irregular **yo** forms

▸ In Spanish, several verbs have irregular **yo** forms in the present tense.

▸ The verbs **hacer** (*to do, to make*), **poner** (*to put, to place*), **salir** (*to leave*), **suponer** (*to suppose*), and **traer** (*to bring*) have **yo** forms that end in **–go**. The other forms are regular.

Verbs with irregular yo forms

	hacer	poner	salir	suponer	traer
yo	hago	pongo	salgo	supongo	traigo
tú	haces	pones	sales	supones	traes
Ud./él/ella	hace	pone	sale	supone	trae
nosotros/as	hacemos	ponemos	salimos	suponemos	traemos
vosotros/as	hacéis	ponéis	salís	suponéis	traéis
Uds./ellos/ellas	hacen	ponen	salen	suponen	traen

A veces salgo a correr por la noche.

Nunca salgo a correr, no hago ejercicio, pero sí tengo energía... ¡para leer el periódico y tomar un café!

▸ **Poner** can mean *to turn on* a household appliance.

Carlos **pone** la radio.
Carlos turns on the radio.

María **pone** la televisión.
María turns on the television.

▸ **Salir de** is used to indicate that someone is leaving a particular place.

Hoy **salgo del** hospital.
Today I leave the hospital.

Sale de la clase a las cuatro.
He leaves class at four.

▸ **Salir para** is used to indicate someone's destination.

Mañana **salgo para** México.
Tomorrow I leave for Mexico.

Hoy **salen para** España.
Today they leave for Spain.

▸ **Salir con** means *to leave with someone or something,* or *to date someone.*

Alberto **sale con** su amigo.
Alberto is leaving with his friend.

Margarita **sale con** Guillermo.
Margarita is going out with Guillermo.

Hoy voy a **salir con** mi hermana.
Today I'm going out with my sister.

Mi primo **sale con** una chica muy bonita.
My cousin is going out with a very pretty girl.

Práctica

1 Completar Complete this conversation with the appropriate verb forms.

ERNESTO David, ¿qué (1) _____ [hacer] hoy?

DAVID Ahora estudio biología, pero esta noche (2) _____ [salir] con Luisa. Vamos al cine. Queremos (3) _____ [ver] la nueva (*new*) película de Almodóvar.

ERNESTO ¿Y Diana? ¿Qué (4) _____ [hacer] ella?

DAVID (5) _____ [salir] a comer con sus padres.

ERNESTO ¿Qué (6) _____ [hacer] Andrés y Javier?

DAVID Tienen que (7) _____ [hacer] las maletas. (8) _____ [salir] para Monterrey mañana.

ERNESTO Pues, ¿qué (9) _____ [hacer] yo?

DAVID (10) _____ [suponer] que puedes estudiar o (11) _____ [ver] la televisión.

ERNESTO No quiero estudiar. Mejor (12) _____ [poner] la televisión.

2 Oraciones Form sentences using the cues given.

modelo
Tú / ? / los libros / debajo de / escritorio
Tú pones los libros debajo del escritorio.

1. Nosotros / ? / mucha / tarea
2. ¿Tú / ? / la radio?
3. Yo / no / ? / el problema
4. Marta / ? / una grabadora / clase
5. Los señores Marín / ? / su casa / siete
6. Yo / ? / que (*that*) / tú / ir / cine / ¿no?

3 Describir In pairs, complete sentences with the cues provided.

1. Fernán/poner

2. Yo/traer

3. Nosotras/ver

4. El estudiante/hacer

Conversación

4 **Preguntas** Get together with a classmate and ask each other these questions.

1. ¿A qué hora sales de tu residencia o de tu casa por la mañana? ¿A qué hora llegas a la universidad?
2. ¿A qué hora comienza la clase de español?
3. ¿Traes un diccionario a la clase de español? ¿Por qué? ¿Qué más traes?
4. ¿A qué hora salimos de la clase de español?
5. Cuando vuelves a casa, ¿dónde pones tus libros? ¿Siempre (*always*) pones tus cosas en su lugar?
6. ¿Oyes la radio o prefieres ver la televisión?
7. ¿Oyes la radio cuando estudias?
8. ¿Cuándo estudias? ¿Haces la tarea cada (*each*) noche o prefieres encontrarte con amigos?
9. ¿Qué vas a hacer mañana?
10. ¿Qué haces los fines de semana? ¿Sales con amigos? ¿Adónde van?

5 **Charadas** In groups, play a game of charades. Each person should think of a phrase using **hacer, poner, salir, oír, traer,** or **ver** and act out the phrase. The first person to guess correctly acts out the next charade.

6 **Situación** Ask a classmate if he or she wants to go out. He or she will accept. Then find out what activities your classmate prefers so you can decide where you want to go. Finally, negotiate the place and the time for your date with your classmate.

The verbs ver and oír

▶ The verb **ver** (*to see*) has an irregular **yo** form. The other forms of **ver** are regular but note that the **vosotros/as** forms do not carry an accent.

ver (to see)

Singular forms		Plural forms	
yo	veo	nosotros/as	vemos
tú	ves	vosotros/as	veis
Ud./él/ella	ve	Uds./ellos/ellas	ven

Oye, ¿por qué no jugamos al fútbol?

Maite ve la pelota.

▶ The verb **oír** (*to hear*) has an irregular **yo** form and a spelling change in the **tú, usted, él, ella, ustedes, ellos,** and **ellas** forms. The **nosotros/as** and **vosotros/as** forms have an accent mark.

oír (to hear)

Singular forms		Plural forms	
yo	oigo	nosotros/as	oímos
tú	oyes	vosotros/as	oís
Ud./él/ella	oye	Uds./ellos/ellas	oyen

Oigo a unas personas en la otra sala.
I hear some people in the other room.

¿**Oyes** la música latina?
Do you hear the Latin music?

¡Manos a la obra!

Provide the correct forms of the verbs.

1. **salir**   Isabel __sale__.   Nosotros __salimos__.   Yo __salgo__.
2. **ver**   Yo _____.   Ustedes _____.   Tú _____.
3. **poner**   Rita y yo _____.   Yo _____.   Los niños _____.
4. **hacer**   Yo _____.   Tú _____.   Usted _____.
5. **oír**   Él _____.   Nosotros _____.   Yo _____.
6. **traer**   Ellas _____.   Yo _____.   Tú _____.
7. **suponer**   Yo _____.   Mi amigo _____.   Nosotras _____.

Repaso

For more practice, go to
aventuras.vhlcentral.com.

4.1 The present tense of ir

1 Estoy aburrido/a (*bored*) You are bored. With a partner, take turns suggesting various places to go or things to do.

modelo

Estudiante 1: Estoy aburrido/a.
Estudiante 2: ¡Vamos al parque!
Estudiante 1: No, no deseo ir al parque ahora. Vamos...

2 Agendas para la semana Make a schedule listing your activities for this week. Write at least one or two activities for each day. Then in groups of three compare what you are going to do.

modelo

domingo: jugar al tenis, terminar la tarea
Estudiante 1: El domingo voy a jugar al tenis. ¿Van ustedes a jugar al tenis también?
Estudiante 2: No, no voy a jugar al tenis el domingo. Voy a terminar la tarea.
Estudiante 3: Sí, voy a jugar al tenis también.

4.2 Stem-changing verbs: e → ie, o → ue

3 Describir It's Saturday afternoon. Describe what this family is doing based on the cues provided.

1. papá / jugar / golf

_____

2. niños / preferir / nadar / piscina

_____

3. yo / pensar / jugar / béisbol

_____

4. mamá / querer / leer / revista

_____

5. Los gatos Fritz y Mauricio / dormir / casa

_____

6. El perro Maximiliano / encontrar / pelota

_____

4 Entrevista Use these questions to interview a classmate.

1. ¿A qué hora vuelves a casa o a la residencia hoy?
2. ¿Recuerdas la dirección de correo electrónico del/de la profesor(a)? ¿Cuál es?
3. ¿Qué piensas del/de la profesor(a) de español?
4. ¿A qué hora empiezas a estudiar por la noche?
5. ¿Duermes mucho? ¿Cuántas horas duermes?
6. ¿Pierdes tus cosas constantemente (*constantly*)?

4.3 Stem-changing verbs: e → i

5 Completar Complete these sentences with the appropriate forms of the verbs provided.

1. Tú _____ [pedir] dinero prestado (*borrowed money*) a tus padres.
2. Elena no _____ [conseguir] boletos para el partido de mañana.
3. Los estudiantes _____ [repetir] las palabras que dice el profesor.
4. Mis amigos y yo _____ [seguir] todos los partidos de béisbol de los Rockies.
5. Yo _____ [seguir] el camino (*the path*) para llegar a la cima (*summit*) de la montaña.
6. Mi hermana siempre me _____ [pedir] muchos favores.

6 Los videojuegos (*video games*) Use these questions to interview a classmate.

1. ¿Te gusta jugar videojuegos? ¿Con qué frecuencia juegas?
2. ¿Qué piensas sobre los videojuegos en línea (*online*)?
3. ¿Prefieres los videojuegos de deportes o (*or*) los de acción?
4. ¿Sigues las aventuras de Super Mario, Lara Croft o los Sims?
5. ¿Cómo consigues videojuegos?
6. Antes de (*Before*) comprar un videojuego, ¿pides recomendaciones a tus amigos?

7 Mis pasatiempos Write a brief paragraph about a pastime that you like, using at least four of the verbs provided.

empezar	pedir	querer
ir	pensar	seguir

4.4 Verbs with irregular yo forms

8 **Las diversiones** Complete Jorge's description of what he and his friends do on Saturday nights.

Me encanta mi grupo de amigos. ¡Nosotros (1) _____ [hacer] cosas divertidas todo el tiempo! Por ejemplo, los sábados por la noche, yo generalmente (2) _____ [salir] con ellos a la discoteca. A veces, también nos juntamos todos en una casa: (3) _____ [traer] algo para comer y (4) _____ [ver] una película, o yo (5) _____ [poner] música y bailamos. Y tú, ¿qué (6) _____ [hacer] con tus amigos?

9 **Situación** You are doing a market research report on lifestyles. Interview a classmate to find out when he/she goes out with the following people and what they do for entertainment.

- la familia
- los amigos
- el/la novio/a
- compañeros/as

Síntesis

10 **Situación** Imagine that you are speaking with your roommate. With a partner, prepare a conversation using these cues.

Estudiante 1

1. Ask your partner what he or she is doing.
2. Ask what he or she is watching.
3. Say no, because you are going out with friends.
4. Say what you are going to do, and ask your partner whether he or she wants to come along.

Estudiante 2

1. Say that you are watching TV.
2. Say what show you are watching. Ask if he or she wants to join you.
3. Ask what your partner and his/her friends are going to do.
4. Say no and tell your partner what you prefer to do instead.

 SUPERSITE

Videoclip

1 **Preparación** Does your family have expectations about you? What are they? Do you think you will be able to meet them? Why?

2 **El clip** Watch the ad for **Totofútbol** from Peru.

Vocabulario	
cracks *stars, aces (sports)*	**patito feo** *ugly duckling*
jugaba *used to play*	**plata** *money (S. America)*

Mi hermano mayor jugaba desde la cuna°.

Por eso esperaban que yo fuera° el mejor de todos°.

cuna *crib* esperaban que yo fuera *they expected that I be* el mejor de todos *the best of all*

3 **Comprensión** Select the option that best summarizes the ad.

- Todos los miembros (*members*) de la familia juegan al fútbol profesionalmente. El padre tiene muchos trofeos (*trophies*) de fútbol.
- El padre y los hermanos del protagonista prefieren jugar al fútbol, pero él quiere dedicarse a la música. Por eso, lo llaman patito feo.

4 **Conversación** With a partner, discuss these questions in Spanish: **¿Hay un patito feo en tu familia o entre tus amigos? ¿Quién es? ¿Qué actividades hacen tu familia o tus amigos? ¿Qué prefiere hacer él/ella?**

 SUPERSITE   **CONEXIÓN INTERNET**

Go to **aventuras.vhlcentral.com** to watch the television clip featured in this section.

Ampliación SUPERSITE

 1 Escuchar

A First you will hear José talking, then Anabela. Which person does each statement best describe?

⭐ **TIP Listen for general meaning.** When you listen for the gist, you simply try to capture the essence of what you hear without focusing on individual words. You will be surprised at how much you can understand!

Descripción	José	Anabela
1. Es muy aficionado/a a los deportes.	☐	☐
2. Usa mucho la computadora.	☐	☐
3. Va mucho al cine.	☐	☐
4. Es una persona muy activa.	☐	☐
5. Le gusta descansar por la tarde.	☐	☐
6. Es una persona estudiosa.	☐	☐
7. Su deporte favorito es el ciclismo.	☐	☐
8. A veces va a ver un partido de béisbol.	☐	☐

B ¿Tienes más cosas en común (*more in common*) con José o con Anabela? Explica tu respuesta.

 2 Conversar

You and a friend haven't seen each other in a long time and plan to get together in a new city. Role-play a phone conversation to discuss your plans. Include this information.

• When you are planning to arrive and return

• What places you want to visit

• A few activities you can do together

Ampliación

③ Escribir

Write a flyer describing the sports and recreational activities offered at your school.

 TIP Use bilingual dictionaries carefully. Use a Spanish-English dictionary to look up words you don't know, but consider each option carefully in order to find the best word for your needs.

Organízalo — List the activities you could include in the flyer. Use an idea map to organize them.

Escríbelo — Using your idea map, write the first draft of your flyer.

Corrígelo — Exchange papers with a classmate and comment on the organization, style, and grammatical correctness of each other's work. Then revise your first draft, keeping your classmate's comments in mind.

Compártelo — Exchange papers with a new partner. Note any words that are new to you, so you can look them up later. Then turn your paper in to your teacher.

④ Un paso más

Prepare a radio broadcast of weekend sports events for a major city in the Spanish-speaking world. Include this information in your broadcast:

- An introduction of yourself and your program
- A list of local sports events
- The location and time of each event
- A brief sign-off

SUPERSITE CONEXIÓN INTERNET

Investiga estos temas en el sitio aventuras.vhlcentral.com.

- Los deportes más (*most*) populares del mundo hispano
- Los pasatiempos más populares del mundo hispano

Antes de leer

The following article appeared in one of Mexico City's daily newspapers. Scan the headings and the visual elements of the article. Based on what you see, what do you think the reading is about?

Can you guess the meaning of the following cognates that appear in the article?

baladas	misticismo
concierto	naturaleza
exposición	realista
festival	recomendar
isla	romántico/a
majestuosidad	pintor
misterio	serenidad

GUÍA para el fin

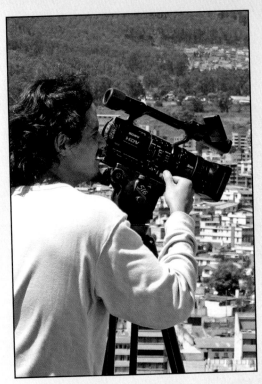

CINE
Festival de cine argentino

Para los aficionados al cine este fin de semana comienza el Festival de Cine Argentino en el cine Rex. Se muestran las últimas° películas de directores como Juan José Campanella, Fito Páez, Gabriela Tagliavini y Aníbal Di Salvo. Recomendamos especialmente *El hijo de la novia* del director Juan José Campanella. *El hijo de la novia* fue nominada para° el Óscar como mejor película extranjera°.

Fechas: 10-14 de marzo
Hora: 8:00 p.m.
Lugar: Cine Rex
Dirección: Calle del Espanto, 152

CONCIERTO
Canta Maribel Puértolas

Si quiere escuchar buena música, la cantante° Maribel Puértolas va a ofrecer° un concierto en el Café Los Amigos. De origen puertorriqueño, esta joven cantante ha conquistado° a románticos con *Verano° de amor*, su último CD de baladas. "Va a ser un concierto para recordar", dice Puértolas.

Fecha: 15 de marzo
Hora: 7:00 p.m.
Lugar: Café Los Amigos
Dirección: Avenida Bolívar, 345

de semana

EXPOSICIÓN

El pintor Tomás Sánchez

El Museo de Arte Moderno ofrece una exposición del pintor cubano Tomás Sánchez. Las obras de Sánchez son paisajes° realistas de la naturaleza de la isla de Cuba. Las pinturas expresan la serenidad y majestuosidad de la selva° tropical cubana, en una atmósfera de misterio y misticismo. Tomás Sánchez es tal vez uno de los pintores cubanos contemporáneos más conocidos.

Fechas: 12 de marzo – 8 de abril
Lugar: Museo de Arte Moderno
Dirección: Avenida Juárez, 248

Después de leer

¿Comprendiste?

Based on the reading, are these statements **cierto** or **falso**?

Cierto	Falso	
_____	_____	1. La guía presenta noticias sobre eventos deportivos.
_____	_____	2. La película *El hijo de la novia* fue nominada para un Óscar.
_____	_____	3. Maribel Puértolas es una cantante de baladas.
_____	_____	4. Las pinturas de Tomás Sánchez se exhiben en el cine Rex.
_____	_____	5. Juan José Campanella es un director de cine argentino.
	_____	6. En el café Los Amigos hay una exposición de arte.

Preguntas

Answer these questions.

1. ¿De dónde es Maribel Puértolas?
_____

2. ¿Qué clase de canciones (*songs*) canta ella?
_____

3. ¿Cómo son las pinturas de Tomás Sánchez?
_____

4. ¿Dónde está la exposición de Tomás Sánchez?
_____

5 ¿Qué películas están dirigidas por Juan José Campanella?
_____

6 ¿Dónde es el festival de cine?
_____

Coméntalo

Get together with several classmates. Discuss which of the activities in the article you would each prefer to do on a weekend and why.

últimas	latest
fue nominada para	was nominated for
extranjera	foreign
cantante	singer
ofrecer	to offer
ha conquistado	has won over
verano	summer
paisajes	landscapes
selva	jungle

For an additional reading, go to **aventuras.vhlcentral.com**.

recursos
aventuras.vhlcentral.com
Lección 4

Las actividades

bucear	to scuba dive
escalar montañas (f. pl.)	to climb mountains
escribir una carta	to write a letter
un mensaje electrónico	an e-mail message
una (tarjeta) postal	a postcard
esquiar	to ski
ganar	to win
ir de excursión (a las montañas)	to go for a hike (in the mountains)
leer el correo electrónico	to read e-mail
un periódico	a newspaper
una revista	a magazine
nadar	to swim
pasar el tiempo	to spend time
pasear en bicicleta	to ride a bicycle
pasear por la ciudad/el pueblo	to walk around the city/town
patinar (en línea)	to skate (in-line)
practicar deportes (m. pl.)	to play sports
ser aficionado/a (a)	to be a fan (of)
tomar el sol	to sunbathe
ver películas (f. pl.)	to see movies
visitar un monumento	to visit a monument
la diversión	entertainment; fun activity
el/la excursionista	hiker
el fin de semana	weekend
el pasatiempo	pastime, hobby
los ratos libres	spare time
el tiempo libre	free time

Los deportes

el baloncesto	basketball
el béisbol	baseball
el ciclismo	cycling
el equipo	team
el esquí (acuático)	(water) skiing
el fútbol	soccer
el fútbol americano	football
el golf	golf
el hockey	hockey
el/la jugador(a)	player
la natación	swimming
el partido	game
la pelota	ball
el tenis	tennis
el vóleibol	volleyball

Verbos

cerrar (e:ie)	to close
comenzar (e:ie)	to begin
conseguir (e:i)	to get; to obtain
dormir (o:ue)	to sleep
empezar (e:ie)	to begin
encontrar (o:ue)	to find
entender (e:ie)	to understand
hacer	to do, to make
ir	to go
ir a (+ inf.)	to be going to do something
jugar (u:ue)	to play
mostrar (o:ue)	to show
oír	to hear
pedir (e:i)	to ask for; to request
pensar (e:ie)	to think
pensar (+ inf.)	to intend; to plan
pensar en	to think about
perder (e:ie)	to lose; to miss
poder (o:ue)	to be able to, can
poner	to put; to place
preferir (e:ie)	to prefer
querer (e:ie)	to want; to love
recordar (o:ue)	to remember
repetir (e:i)	to repeat
salir	to leave
seguir (e:i)	to follow; to continue; to keep (doing something)
suponer	to suppose
traer	to bring
ver	to see
volver (o:ue)	to return

Adjetivos

deportivo/a	sports-related
favorito/a	favorite

Los lugares

el café	café
la casa	house
el centro	downtown
el cine	movie theater
el gimnasio	gym, gymnasium
la iglesia	church
el lugar	place
el museo	museum
el parque	park
la piscina	swimming pool
el restaurante	restaurant

Expresiones útiles	See page 91.

INSTRUCTIONAL RESOURCES Supersite: Text MP3s; IRCD/Supersite: Additional Vocabulary, Testing Program

AVENTURAS EN LOS PAÍSES HISPANOS

En Acapulco, un clavadista *(diver)* salta desde un acantilado *(cliff)* frente al océano Pacífico. El lugar se llama La Quebrada y miles de turistas lo visitan cada *(each)* día. ¿Te gustaría *(would you like)* visitarlo algún *(some)* día?

MÉXICO

MÉXICO

Área: 1.972.550 km² (761.603 millas²)
Población: 113.271.000
Capital: México, D.F. – 20.688.000
Ciudades importantes: Guadalajara, Monterrey, Ciudad Juárez, Puebla
Moneda: peso mexicano

SOURCE: Population Division, UN Secretariat

Celebraciones

La independencia de México

El 16 de septiembre los mexicanos celebran la independencia de su país. En todas las ciudades se ponen decoraciones con los colores de la bandera *(flag)* mexicana y se hacen fiestas con mariachis, comida típica y bailes *(dances)* tradicionales. A estas celebraciones se les llaman las fiestas patrias.

ESTADOS UNIDOS

Ciudad Juárez

Golfo de California

Baja California

Río Bravo

MÉXICO

Historia

Los mayas

Océano Pacífico

Puerto Vallarta Guadalajara

Los pueblos mayas habitaron *(inhabited)* el sur de México y algunos países de Centroamérica. Los mayas crearon *(created)* formidables ciudades con templos religiosos en forma de pirámide, que hoy día son visitados *(are visited)* por millones de turistas.

Pirámide de Uxmal

Diego Rivera y Frida Kahlo

Frida Kahlo y Diego Rivera son los pintores mexicanos más famosos. Se casaron *(They got married)* en 1929. Los dos se interesaron *(became interested)* en las condiciones sociales de la gente indígena y de los campesinos *(farmers)* de su país. Puedes ver algunas de sus obras *(works)* en el Museo de Arte Moderno de la Ciudad de México.

Detalle de un mural de Diego Rivera

Monterrey

Golfo de México

Península de Yucatán

ad de xico

Uxmal •

Cancún

Bahía de Campeche

bla •

Veracruz

BELICE

Istmo de Tehuantepec

ulco

GUATEMALA

Economía

La plata

México es el mayor productor de plata *(silver)* del mundo *(world)*. Estados como Zacatecas y Durango tienen ciudades fundadas cerca de los más grandes yacimientos *(deposits)* de plata del país. Estas ciudades fueron *(were)* en la época colonial unas de las más ricas e importantes. Hoy en día, aún *(still)* conservan mucho de su encanto *(charm)* y esplendor.

Río Grande

recursos

| WB pp. 41–42 | VM 201–202 | SUPERSITE aventuras.vhlcentral.com Lección 4 |

¿Qué aprendiste?

1 ¿Cierto o falso? Indicate if these statements are **cierto** or **falso.**

Cierto	Falso	
_____	_____	1. La Quebrada está en México D.F.
_____	_____	2. Frida Kahlo es una pintora.
_____	_____	3. El 16 de septiembre en México organizan una celebración religiosa.
_____	_____	4. México es el mayor productor de pinturas *(paintings)* del mundo *(world)*.
_____	_____	5. Los mexicanos celebran la independencia con las fiestas patrias.
_____	_____	6. En México no hay ciudades fundadas cerca de los yacimientos *(deposits)* de plata.
_____	_____	7. Diego Rivera fue *(was)* el esposo de Frida Kahlo.
_____	_____	8. Puebla es la capital de México.
_____	_____	9. Pocos turistas visitan los templos mayas.
_____	_____	10. La moneda mexicana es el dólar mexicano.

2 Preguntas Answer the following questions, based on what you've learned about Mexico.

1. ¿Qué aspecto cultural te interesa más *(interests you most)* de México: el arte, la historia o la economía? Explica tu respuesta.

2. ¿Cómo celebran los mexicanos la independencia de su país?

3. ¿Te gustan los cuadros de Diego Rivera y Frida Kahlo? Explica por qué.

4. ¿Por qué piensas que los mayas son importantes en la historia de México?

5. ¿Qué estados de México tienen grandes yacimientos de plata? ¿Te gustaría *(Would you like to)* visitarlos?

6. ¿Por qué Diego Rivera y Frida Kahlo decidieron pintar *(decided to paint)* gente indígena y campesinos?

SUPERSITE | **CONEXIÓN INTERNET**

Busca más información sobre estos temas en aventuras.vhlcentral.com. Presenta la información a tus compañeros/as de clase.

- El 16 de septiembre en México
- Frida Kahlo y Diego Rivera
- Los mayas
- La plata mexicana

5 Las vacaciones

Communicative Goals

You will learn how to:
- talk about vacations
- describe a hotel
- talk about seasons and the weather
- talk about how you feel

PARA EMPEZAR

- ¿Son viejas o jóvenes las personas en la foto?
- ¿Son ellos guapos o feos?
- ¿Qué hacen: nadan, bucean o toman el sol?
- ¿Dónde están ellos, en el mar o en una piscina?
- ¿Están en su casa o de vacaciones?

SUPERSITE

LAS VACACIONES

la estación del tren
train station

LAS VACACIONES Y LOS VIAJES

el aeropuerto *airport*
la agencia de viajes *travel agency*
el/la agente de viajes *travel agent*
la estación de autobuses *bus station*
del metro *subway station*
el/la inspector(a) de aduanas *customs officer*
el pasaje (de ida y vuelta) *(round-trip) ticket*
la tienda de campaña *tent*
el/la viajero/a *traveler*

el pasaporte
passport

¿QUÉ TIEMPO HACE?

¿Qué tiempo hace? *How's the weather?;
    What's the weather like?*
Está despejado. *It's clear.*
    (muy) nublado. *It's (very) cloudy.*
Hace buen/mal tiempo. *The weather
    is nice/bad.*
    (mucho) calor. *It's (very) hot.*
    fresco. *It's cool.*
    (mucho) frío. *It's (very) cold.*
    (mucho) sol. *It's (very) sunny.*
    (mucho) viento. *It's (very) windy.*
Hay (mucha) niebla. *It's (very) foggy.*

llover (o:ue) *to rain*
Llueve. *It's raining.*
nevar (e:ie) *to snow*
Nieva. *It's snowing.*

el botones
bellhop

EN EL HOTEL

el alojamiento *lodging*
el ascensor *elevator*
la cama *bed*
el/la empleado/a *employee*
el equipaje *luggage*
la habitación individual *single room*
                doble *double room*
el hotel *hotel*
el/la huésped *guest*
la pensión *boarding house*
el piso *floor (of a building)*
la planta baja *ground floor*

la llave
key

recursos

| WB pp. 45–46 | LM p. 25 | SUPERSITE aventuras.vhlcentral.com Lección 5 |

LAS ACTIVIDADES

acampar *to camp*

confirmar una reservación *to confirm a reservation*

estar de vacaciones *to be on vacation*

hacer turismo (m.) *to go sightseeing*

un viaje *to take a trip*

una excursión *to go on a hike; to go on a tour*

ir a la playa *to go to the beach*

ir de pesca *to go fishing*

de vacaciones *to go on vacation*

ir en autobús (m.) *to go by bus*

en auto(móvil) (m.) *to go by car*

en avión (m.) *to go by plane*

en barco (m.) *to go by boat*

en taxi (m.) *to go by taxi*

pasar por la aduana *to go through customs*

pescar *to fish*

Variación léxica

automóvil ⟷ coche (*Esp.*), carro (*Amér. L.*)
autobús ⟷ camión (*Méx.*), guagua (*P. Rico*)
motocicleta ⟷ moto (*colloquial*)

ir en motocicleta (f.)
to go by motorcycle

hacer las maletas
to pack (one's suitcases)

sacar fotos (f. pl.)
to take pictures

montar a caballo
to go horseback riding

LAS ESTACIONES Y LOS MESES

el invierno *winter*

la primavera *spring*

el verano *summer*

el otoño *fall, autumn*

el año *year*

la estación *season*

el mes *month*

LOS NÚMEROS ORDINALES

primer, primero/a *first*

segundo/a *second*

tercer, tercero/a *third*

cuarto/a *fourth*

quinto/a *fifth*

sexto/a *sixth*

séptimo/a *seventh*

octavo/a *eighth*

noveno/a *ninth*

décimo/a *tenth*

OTRAS PALABRAS Y EXPRESIONES

la cabaña *cabin*

el campo *countryside*

la llegada *arrival*

el mar *ocean, sea*

la salida *departure; exit*

¿Cuál es la fecha de hoy? *What is today's date?*

Hoy es el primero (dos, tres,...) de marzo. *Today is March first (second, third,...).*

enero	January
febrero	February
marzo	March
abril	April
mayo	May
junio	June
julio	July
agosto	August
septiembre	September
octubre	October
noviembre	November
diciembre	December

A escuchar

1 **Escuchar** Indicate who would probably make each statement you hear. Each answer is used twice.

El agente de viajes

La inspectora de aduanas

El empleado del hotel

El agente de viajes	La inspectora de aduanas	El empleado del hotel
1. _____	1. _____	1. _____
2. _____	2. _____	2. _____
3. _____	3. _____	3. _____
4. _____	4. _____	4. _____
5. _____	5. _____	5. _____
6. _____	6. _____	6. _____

2 **¿Cierto o falso?** Listen to each sentence and indicate whether it is **cierto** or **falso**. Correct the false statements.

Cierto	Falso	
_____	_____	1. _____
_____	_____	2. _____
_____	_____	3. _____
_____	_____	4. _____
_____	_____	5. _____
_____	_____	6. _____
_____	_____	7. _____
_____	_____	8. _____

A practicar

3 **Analogías** Complete the analogies using the words from the list.

equipaje	huésped	sacar
inspector	habitación	mar
febrero	llover	viajar
otoño	mayo	piso

1. primero → segundo ⊜ enero → _____
2. aeropuerto → viajero ⊜ hotel → _____
3. invierno → nevar ⊜ primavera → _____
4. mes → año ⊜ maleta → _____
5. hotel → botones ⊜ aduana → _____
6. pasaje → avión ⊜ llave → _____
7. acampar → campo ⊜ pescar → _____
8. agosto → verano ⊜ noviembre → _____
9. llave → abrir ⊜ pasaje → _____
10. maleta → hacer ⊜ foto → _____

4 **Describir** With a partner, take turns describing what these people are doing.

1. Enrique y Juan

2. Yo

3. Tú

4. Don Luis

5. Amalia

6. Juan y yo

A conversar

 5 **Contestar** With a classmate, take turns asking each other these questions.

> **modelo**
>
> ¿Cuál es el primer mes de la primavera?
> **Estudiante 1:** *¿Cuál es el primer mes de la primavera?*
> **Estudiante 2:** *Es marzo.*

1. ¿Cuál es la fecha de hoy?

2. ¿Qué estación es? ¿Te gusta esta (*this*) estación?

3. ¿Cuál es el segundo mes del verano?

4. ¿Cuál es el primer mes del invierno?

5. ¿Cuál es la cuarta estación del año?

6. ¿Prefieres el otoño o la primavera? ¿Por qué?

7. ¿Prefieres el mar o las montañas? ¿Por qué?

8. ¿Te gusta más el campo o la ciudad? ¿Por qué?

9. Cuando vas de vacaciones, ¿qué haces?

10. ¿Piensas ir de vacaciones este año?
    ¿Adónde quieres ir? ¿Por qué?

11. ¿Cómo prefieres viajar: en barco, en motocicleta…?

12. ¿Prefieres comprar el pasaje en una agencia de viajes
    o en Internet?

 6 **Minidrama** With two or three classmates, prepare and act out a skit about people who are on or are going on vacation. The skit should take place in one of these areas.

1. Una agencia de viajes
2. Una casa
3. Una estación del tren
4. Un aeropuerto
5. Un hotel
6. Una playa

  7 **Un viaje** Your instructor will give you and your partner handouts so that you may complete this information gap activity.

🎧 Pronunciación ⬤SUPERSITE

Spanish **b** and **v**

bueno	**vóleibol**	**bi**b**lioteca**	**vivir**

There is no difference in pronunciation between the Spanish letters **b** and **v**. However, each letter can be pronounced two different ways, depending on which letters appear next to them.

bonito	**viajar**	**también**	**investigar**

B and **v** are pronounced like the English hard *b* when they appear either as the first letter of a word, at the beginning of a phrase, or after **m** or **n**.

deb**er**	**no**v**io**	**a**b**ril**	**cer**v**eza**

In all other positions, **b** and **v** have a softer pronunciation, which has no equivalent in English. Unlike the hard **b**, which is produced by tightly closing the lips and stopping the flow of air, the soft **b** is produced by keeping the lips slightly open.

bola	**vela**	**Cari**b**e**	**decli**v**e**

In both pronunciations, there is no difference between **b** and **v**. The English *v* sound, produced by friction between the upper teeth and lower lip, does not exist in Spanish. Instead, the soft **b** comes from friction between the two lips.

Verónica y su esposo cantan boleros.

When **b** or **v** begins a word, its pronunciation depends on the previous word. At the beginning of a phrase or after a word that ends in **m** or **n**, it is pronounced as a hard **b**.

Benito es de Boquerón pero vive en Victoria.

Words that begin with **b** or **v** are pronounced with a soft **b** if they appear immediately after a word that ends in a vowel or any consonant other than **m** or **n**.

Práctica Read these words aloud to practice the **b** and the **v**.

1. hablamos	4. van	7. doble	10. cabaña
2. trabajar	5. contabilidad	8. novia	11. llave
3. botones	6. bien	9. béisbol	12. invierno

Hombre prevenido vale por dos.[2]

No hay mal que por bien no venga.[1]

Oraciones Read these sentences aloud to practice the **b** and the **v**.

1. Vamos a Guaynabo en autobús.
2. Voy de vacaciones a la Isla Culebra.
3. Tengo una habitación individual en el octavo piso.
4. Víctor y Eva van en avión al Caribe.
5. La planta baja es bonita también.

Refranes Read these sayings aloud to practice the **b** and the **v**.

1 Every cloud has a silver lining.
2 Forewarned is forearmed.

recursos	
LM p. 26	⬤SUPERSITE aventuras.vhlcentral.com Lección 5

🎥 Tenemos una reservación.

Don Francisco y los estudiantes llegan al hotel.

PERSONAJES

DON FRANCISCO

JAVIER

INÉS

ÁLEX

MAITE

EMPLEADA

BOTONES

EMPLEADA ¿En qué puedo servirles?
DON FRANCISCO Mire, yo soy Francisco Castillo Moreno y tenemos una reservación a mi nombre.
EMPLEADA Mmm… No veo su nombre aquí. No está.

DON FRANCISCO ¿Está segura, señorita? Quizás la reservación está a nombre de la agencia de viajes, Ecuatur.
EMPLEADA Pues sí, aquí está… dos habitaciones dobles y una individual.
DON FRANCISCO Gracias, señorita. Muy amable.

BOTONES Bueno, la habitación ciento dos… Por favor.

INÉS Oigan, yo estoy aburrida. ¿Quieren hacer algo?
JAVIER ¿Por qué no vamos a explorar la ciudad un poco más?
INÉS ¡Excelente idea! ¡Vamos!

MAITE No, yo no voy. Estoy cansada y quiero descansar un poco porque a las seis voy a correr con Álex.
ÁLEX Y yo quiero escribir un mensaje electrónico antes de ir a correr.

JAVIER Pues nosotros estamos listos, ¿verdad, Inés?
INÉS Sí, vamos.
MAITE Adiós.
INÉS Y JAVIER ¡Chau!

ACTIVIDADES

1 Ordenar Put these events in the correct order.
- a. Las chicas descansan en su habitación.
- b. Javier e Inés deciden ir a explorar la ciudad.
- c. Don Francisco habla con la empleada del hotel.
- d. Javier, Maite, Inés y Álex conversan en la habitación de las chicas.
- e. El botones pone las maletas en la cama.

2 Completar Complete each statement with the correct option.
1. La reservación está a nombre de _____.
2. Los estudiantes tienen dos habitaciones _____.
3. Don Francisco tiene una habitación _____.
4. Maite va a _____ porque está _____.
5. El botones lleva _____ a las habitaciones.
6. _____ de las habitaciones son cómodas.

Para recordar Before watching this episode of the **Fotonovela**, review the previous one. What do you remember?

1. ¿Qué van a hacer Inés y Javier?
2. ¿Adónde van Maite y Álex?
3. ¿Por qué no quiere Maite jugar al fútbol?
4. ¿Qué van a hacer Maite y Álex a las seis?

ÁLEX Hola, chicas. ¿Qué están haciendo?
MAITE Estamos descansando.

JAVIER Oigan, no están nada mal las cabañas, ¿verdad?
INÉS Y todo está muy limpio y ordenado.
ÁLEX Sí, es excelente.
MAITE Y las camas son tan cómodas.

ÁLEX Bueno, nos vemos a las seis.
MAITE Sí, hasta luego.
ÁLEX Adiós.

MAITE ¿Inés y Javier? Juntos otra vez.

Expresiones útiles

Talking to hotel personnel

¿En qué puedo servirles?
How can I help you?
Tenemos una reservación a mi nombre.
We have a reservation in my name.
Mmm… No veo su nombre. No está.
I don't see your name. It's not here.
Quizás/Tal vez está a nombre de Ecuatur.
Maybe it's under the name of Ecuatur.
Aquí está… dos habitaciones dobles y una individual.
Here it is, two double rooms and one single.
Gracias, señorita. Muy amable.
Thank you, miss. You're very kind.
¿Dónde pongo las maletas?
Where do I put the suitcases?
Allí, encima de la cama.
There, on the bed.

Describing a hotel

No están nada mal las cabañas.
The cabins aren't bad at all.
Todo está muy limpio y ordenado.
Everything is very clean and orderly.
Es excelente/estupendo/ fabuloso/fenomenal.
It's excellent/wonderful/ fabulous/great.
Es increíble/magnífico/maravilloso/perfecto.
It's incredible/magnificent/marvelous/perfect.
Las camas son tan cómodas.
The beds are so comfortable.

Talking about how you feel

Estoy un poco aburrido/a/cansado/a.
I'm a little bored/tired.

---

 3 **Minidrama** With two or three classmates, prepare and act out a skit containing these scenes.

Scene 1: You call your travel agent and make a hotel reservation for a specific date.

Scene 2: You go to the front desk at the hotel to check in and find out that there are problems with your reservation. Solve the problem.

Scene 3: You find a bellhop to take your bags to your room.

Scene 4: Your bellhop shows you to your room and asks you where to put your bags. You tell the bellhop where to put them and thank him or her.

recursos

VM
pp. 177–178

aventuras.vhlcentral.com
Lección 5

SUPERSITE

El Camino Inca

Early in the morning, Larry rises, packs up his campsite, fills his water bottle in a stream, eats a quick breakfast, and begins his day. By tonight, the seven miles he and his group hiked yesterday to a height of 9,700 feet will seem easy; today the hikers will cover seven miles to a height of almost 14,000 feet, all the while carrying fifty-pound backpacks.

Ruta de cuatro días

While not everyone is cut out for such a rigorous trip, Larry is on the journey of a lifetime: **el Camino Inca.** Between 1438 and 1533, when the vast and powerful **Imperio Incaico** (*Incan Empire*) was at its height, the Incas built an elaborate network of **caminos** (*trails*) that traversed the Andes Mountains and converged on the empire's capital, Cuzco. Today,

hundreds of thousands of tourists come to Peru annually to walk the surviving **caminos** and enjoy the spectacular landscapes. The most popular trail, **el Camino Inca,** leads from Cuzco to the ancient mountain city of Machu Picchu. Many trekkers opt for

Wiñay Wayna

a guided four-day itinerary, starting at a suspension bridge over the Urubamba River, and ending at **Intipunku** (*Sun Gate*), the entrance to Machu Picchu. Guides organize campsites and meals for travelers, as well as one night in a hostel en route.

To preserve **el Camino Inca,** the National Cultural Institute of Peru limits the number of hikers to five hundred per day. Those that make the trip must book in advance and should be in good physical condition in order to endure the high altitude and difficult terrain.

Sitios en el Camino Inca

Highlights of a four-day hike along the Inca Trail:

Warmiwañusqua (*Dead Woman's Pass*), at 13,800 feet, hiker's first taste of the Andes' extreme sun and wind

Sayacmarca (*Inaccessible Town*), fortress ruins set on a sheer cliff

Phuyupatamarca (*Town in the Clouds*), an ancient town with stone baths, probably used for water worship

Wiñay Wayna (*Forever Young*), a town named for the pink orchid native to the area, famous for its innovative agricultural terraces which transformed the mountainside into arable land

---

A C T I V I D A D E S

1 **¿Cierto o falso?** Indicate whether these statements are **cierto** or **falso.** Correct the false statements.

1. **El Imperio Incaico** reached its height between 1438 and 1533.

2. Lima was the capital of the Incan Empire.

3. Hikers on **el Camino Inca** must camp out every night.

4. The Incas invented a series of terraces to make the rough mountain landscape suitable for farming.

5. Along **el Camino Inca**, one can see village ruins, native orchids, and agricultural terraces.

6. High altitude is one of the challenges faced by hikers on **el Camino Inca**.

7. At Sayacmarca, hikers can see Incan pyramids set on a sheer cliff.

8. Travelers can complete **el Camino Inca** on their own at any time.

ASÍ SE DICE

Viajes y turismo

el albergue (juvenil)	(youth) hostel
alojarse	to stay
el asiento del medio, del pasillo, de la ventanilla	center, aisle, window seat
media pensión	breakfast and one meal included
el/la mochilero/a	backpacker
pensión completa	all meals included
el puente	long weekend (lit., bridge)

CONEXIÓN INTERNET

What do **Peru** and **Honduras** have in common? Go to **aventuras.vhlcentral.com** to find out and to access these components.

- the **Flash Cultura** video
- more activities
- additional reading: **El geoturismo en Honduras**

2 **De vacaciones** Spring break is coming up, and you want to hike **el Camino Inca** with some friends. In groups, decide how you will get there, where you prefer to stay and for how long, and what each of you will do during free time. Present your trip to the class.

recursos

VM
pp. 235–236

SUPERSITE
aventuras.vhlcentral.com
Lección 5

¡Vacaciones en Perú!

1 **Preparación** Have you ever visited an archeological or historic site? Where? Why did you go there?

2 **El video** Watch this **Flash Cultura** episode.

Vocabulario

ciudadela	citadel	quechua	Quechua (indigenous Peruvian)
el/la guía	guide	sector (urbano)	(urban) sector

Machu Picchu se salvó° de la invasión española […] se encuentra aislada sobre° esta montaña…

… siempre he querido° venir […] Me encantan° las civilizaciones antiguas°.

se salvó° *was saved* se encuentra aislada sobre *it is isolated on*
siempre he querido *I have always wanted* Me encantan *I love* antiguas *ancient*

3 **Completar** Complete these sentences. Make the necessary changes.

1. Las ruinas de Machu Picchu son una antigua _____ inca.
2. La ciudadela estaba (*was*) dividida en tres sectores: _____, religioso y de cultivo (*farming*).
3. Cada año los _____ reciben a cientos (*hundreds*) de turistas de diferentes países.
4. Hoy en día, la cultura _____ está presente en las comunidades andinas (*Andean*) del Perú.

5.1 Estar with conditions and emotions

▶ In Spanish, the verb **estar** is used to talk about how people feel and to say where people, places, and things are located. (See page 42.)

Estoy bien, gracias.
I'm fine, thanks.

Juan **está** en la biblioteca.
Juan is at the library.

▶ **Estar** is used with adjectives to describe the physical condition of nouns.

La puerta **está** cerrada.
The door is closed.

Todo **está** muy limpio.
Everything is very clean.

▶ Use **estar** with adjectives to describe how people feel.

Estoy aburrida.

Estoy cansada.

Adjectives that describe emotions and conditions

abierto/a	open	equivocado/a	wrong; mistaken
aburrido/a	bored; boring	feliz	happy
alegre	happy, joyful	limpio/a	clean
avergonzado/a	embarrassed	nervioso/a	nervous
cansado/a	tired	ocupado/a	busy
cerrado/a	closed	ordenado/a	orderly
cómodo/a	comfortable	preocupado/a (por)	worried (about)
contento/a	happy, content	seguro/a	sure; safe; confident
desordenado/a	disorderly; messy	sucio/a	dirty
enamorado/a (de)	in love (with)	triste	sad
enojado/a	mad, angry		

▶ Note that the plural of **feliz** is **felices**. Also, note that when referring to an object, **ser seguro** means *to be safe*.

¡Manos a la obra!

Provide the correct forms of **estar**.

1. La biblioteca __está__ cerrada los domingos por la noche.
2. Nosotros _____ muy ocupados todos los lunes.
3. Ellas _____ alegres porque tienen tiempo libre.
4. Javier _____ enamorado de Maribel.
5. La habitación del hotel _____ ordenada y limpia.
6. Ustedes _____ equivocados.

Práctica

1 Un viaje Tere is going to a trip. Say how she, her family, and her friends are feeling. In the first blank, fill in the correct form of **estar**. In the second blank, fill in the adjective that best fits the context. Make the necessary changes.

Tere

contento	nervioso	preocupado
enojado	ocupado	

1. ¡Qué bueno! Hoy yo _____ muy _____ porque mañana voy a hacer un viaje a Chicago.
2. ¡Qué nervios! También _____ un poco _____ porque voy en avión y no me gusta mucho volar (*fly*).
3. Mis papás _____ _____ porque voy sola (*alone*).
4. Mi amiga Patricia y yo _____ muy _____ porque ella no puede ir. Ella tiene que estudiar para un examen.
5. Es que Patricia _____ muy _____ porque este semestre toma muchas clases.
6. Mi novio César _____ muy _____ porque él piensa que yo voy a ir a bailar todas las noches.

2 ¿Cómo están? Describe these people and places.

La habitación de Teresa

1. _____

La habitación de César

2. _____

Yo

3. _____

El profesor Olmos

4. _____

Conversación

3 **Situaciones** With a partner, use **estar** to talk about how you feel in these situations.

1. Cuando estoy de vacaciones...

2. Cuando tomo un examen...

3. Cuando estoy con mi familia...

4. Cuando estoy en la clase de español...

5. Cuando llueve...

6. Cuando asisto a un funeral...

7. Cuando mi novio/a sale con otro/a chico/a...

8. Cuando llega el invierno...

4 **Describir** With a partner, say how these people are and explain why. Use your imagination.

1. Anabela

2. Juan y Luisa

3. Sebastián

4. Olivia y Marco

5 **Preguntas** Use these questions to interview your partner.

1. ¿Estás ocupado/a este fin de semana? ¿Qué vas a hacer?

2. ¿Estás enamorado/a? ¿De quién?

3. ¿Qué haces cuando estás preocupado por algo (*something*)?

4. ¿Qué haces cuando estás aburrido/a?

5. ¿Cómo estás cuando recibes una mala noticia (*news*)?

6. ¿Cómo estás ahora? ¿Por qué?

Español en vivo

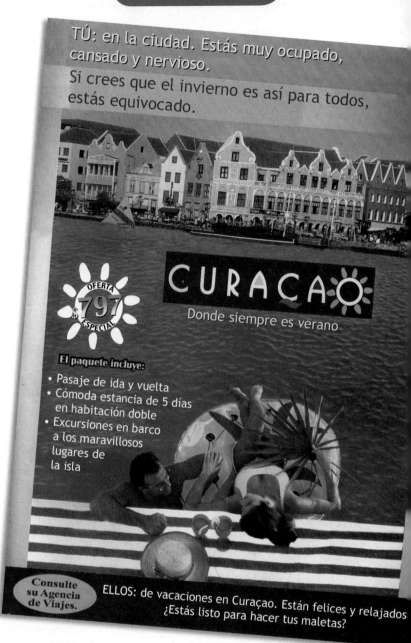

TÚ: en la ciudad. Estás muy ocupado, cansado y nervioso.
Si crees que el invierno es así para todos, estás equivocado.

CURAÇAO
Donde siempre es verano

OFERTA ESPECIAL $797

El paquete incluye:
- Pasaje de ida y vuelta
- Cómoda estancia de 5 días en habitación doble
- Excursiones en barco a los maravillosos lugares de la isla

Consulte su Agencia de Viajes.

ELLOS: de vacaciones en Curaçao. Están felices y relajados ¿Estás listo para hacer tus maletas?

Identificar

Scan the above advertisement and identify the adjectives that take the verb **estar**.

Preguntas

1. ¿Dónde están las personas del anuncio (*ad*)?

2. ¿Cómo están ellos?

3. ¿Te identificas (*do you identify*) con la descripción de la vida (*life*) en la ciudad? ¿Por qué?

5.2 The present progressive

▸ Both Spanish and English use the present progressive, which consists of the present tense of the verb *to be* and the present participle (the *-ing* form in English).

Los chicos están jugando.
The kids are playing.

Los turistas están viajando.
The tourists are traveling.

Estoy escribiendo una postal.
I am writing a postcard.

Estás mirando la televisión.
You are watching television.

¿Qué están haciendo?

Estamos descansando.

▸ Form the present progressive with the present tense of **estar** and a present participle.

ESTAR + PRESENT PARTICIPLE	ESTAR + PRESENT PARTICIPLE
Están cantando.	**Estoy comiendo.**
They are singing.	*I am eating.*
Estamos esperando.	Ella **está trabajando.**
We are waiting.	*She is working.*

▸ The present participle of regular verbs is formed as follows:

INFINITIVE	STEM	ENDING	PRESENT PARTICIPLE
hablar	habl-	-ando	hablando
comer	com-	-iendo	comiendo
escribir	escrib-	-iendo	escribiendo

▸ When the stem of an **–er** or **–ir** verb ends in a vowel, the present participle ends in **–yendo**.

INFINITIVE	STEM	ENDING	PRESENT PARTICIPLE
leer	le-	-yendo	leyendo
oír	o-	-yendo	oyendo
traer	tra-	-yendo	trayendo

Práctica

1 De vacaciones Mauricio and his family are vacationing in Mazatlán, Mexico. Complete his description of what everyone is doing right now.

1. Yo _____

2. Mi mamá _____

3. Mi hermana Elena _____ _____

4. Mis hermanos _____ _____

5. Mi papá _____ _____

6. Mi abuela _____ _____

2 Un amigo preguntón You are on summer vacation. A nosy friend calls you at all hours to see what you are doing. Look at the clocks and tell him.

modelo

Estoy descansando.

1. _____ 2. _____

3. _____ 4. _____

Conversación

3 Describir With a partner, use the present progressive to describe what is going on in this beach scene.

4 Conversar You and a classmate are each babysitting a group of children. In pairs, prepare a telephone conversation using these cues. Be creative!

Estudiante 1	Estudiante 2
1. Say hello and ask what the kids are doing.	2. Say hello and tell your partner that two of your kids are doing their homework. Then ask what the kids at his/her house are doing.
3. Tell your partner that two of your kids are running and dancing in the house.	4. Tell your partner that one of the kids is reading.
5. Tell your partner that you are tired and that two of your kids are watching TV and eating pizza.	6. Tell your partner that one of the kids is sleeping.
7. Tell your partner you have to go; the kids are playing soccer in the house.	8. Say goodbye and good luck (**¡Buena suerte!**).

5 ¿Qué están haciendo? Your instructor will give you and your partner handouts so that you may complete this information gap activity.

Irregular present participles

▶ The verbs **ir, poder,** and **venir** have irregular present participles (**yendo, pudiendo, viniendo**). Several other verbs have irregular present participles.

-ir stem-changing verbs

e:ie in the present tense	PRESENT PARTICIPLE
preferir	prefiriendo
sentir	sintiendo
e:i in the present tense	
conseguir	consiguiendo
pedir	pidiendo
seguir	siguiendo
o:ue in the present tense	
dormir	durmiendo

Using the present progressive

▶ The present progressive is used less in Spanish than in English. In Spanish, the present progressive emphasizes that an action is *in progress*.

Ella todavía **está escuchando** música.
She is still listening to music.

Javier **está dibujando** ahora mismo.
Javier is drawing right now.

▶ In English, the present progressive is used with actions that occur over time or in the future. In Spanish, the simple present tense is used.

Practican fútbol este verano.
They're playing soccer this summer.

Salgo hoy a las tres.
I'm leaving today at three.

¡Manos a la obra!

Create complete sentences using the present progressive.

1. Mis amigos / descansar en la playa _Mis amigos están descansando en la playa._
2. Nosotros / practicar deportes _____
3. Carmen / comer en casa _____
4. Nuestro equipo / ganar el partido _____
5. Yo / traer el periódico _____
6. Él / pensar en comprar una bicicleta _____
7. Ustedes / explicar la lección _____
8. José y Francisco / pedir café _____
9. Marisa / leer el correo electrónico _____
10. Yo / preparar sándwiches _____
11. Carlos / tomar fotos _____
12. ¿Tú / dormir? _____

5.3 Comparing ser and estar

▶ **Ser** and **estar** both mean *to be,* but are used for different purposes.

Uses of *ser*

Nationality and place of origin	Los Gómez son peruanos. Luisa es de Cuzco.
Profession or occupation	Adela es ingeniera. Ana y yo somos médicos.
Characteristics of people and things	Sus padres son amables. El hotel es muy grande.
Generalizations	Es necesario trabajar.
Possession	Las postales son de Maite.
What something is made of	Las llaves son de metal.
Time and date	¿Qué hora es? Son las tres. ¿Qué día es hoy? Hoy es lunes. Hoy es el dos de abril.
Where or when an event occurs	La fiesta es en mi casa. El concierto es a las ocho.

Soy Francisco Castillo Moreno. Yo soy de la agencia Ecuatur.

Su nombre no está en mi lista.

Uses of *estar*

Location or spatial relationships	El hotel no está lejos. Álex está en el cine.
Health	¿Cómo estás? Estoy enfermo.
Physical states and conditions	El conductor está cansado. Las puertas están cerradas.
Emotional states	Silvio está aburrido. Estoy contenta con el viaje.
Certain weather expressions	Está despejado. Está nublado.
On-going actions (progressive tenses)	Estamos buscando el museo. Chela está durmiendo.

Práctica

1 Completar Complete this conversation with the correct forms of **ser** and **estar**.

TINA ¡Hola, Ricardo! ¿Cómo (1) _____ ?

RICARDO Bien, gracias. Oye... ¡Qué guapa (2) _____ hoy!

TINA Gracias. (3) _____ muy amable. Oye, ¿qué (4) _____ haciendo? (5) ¿ _____ ocupado?

RICARDO No, sólo (6) _____ escribiendo un mensaje electrónico a mi amigo Sancho.

TINA ¿De dónde (7) _____ él?

RICARDO Sancho (8) _____ de Ponce, pero ahora él y su familia (9) _____ de vacaciones en Miami.

TINA Y... ¿cómo (10) _____ Sancho?

RICARDO (11) _____ moreno y un poco bajo. También (12) _____ muy listo. ¿Lo quieres conocer?

2 En el aeropuerto Use **ser** and **estar** to describe this scene at an airport in Spain. Say what these people look like, how they are feeling, and what they are doing.

modelo

Anita es una niña pequeña, delgada y morena. Ella está triste y ahora está llorando (*crying*).

Conversación

3 **Describir** With a partner, take turns describing the people in the drawing without saying their names. Use these questions to guide your descriptions. Your partner has to guess who the person is.

- ¿Quiénes son las personas?
- ¿Dónde están?
- ¿Cómo son?
- ¿Cómo están?
- ¿Qué están haciendo?
- ¿Qué estación es?
- ¿Qué tiempo hace?

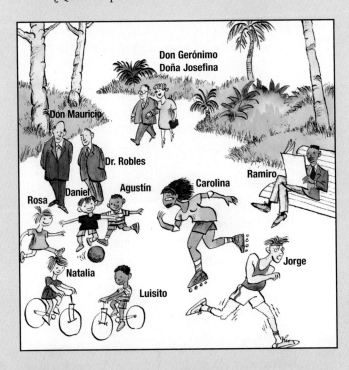

4 **Adivinar** Using these questions as a guide, describe one classmate and one celebrity to your partner. Don't mention their names. Your partner will guess whom you are describing.

- ¿Cómo es?
- ¿Cómo está?
- ¿De dónde es?
- ¿Dónde está?
- ¿Qué está haciendo?

Ser and estar with adjectives

▶ With many adjectives, both **ser** and **estar** can be used, but the meaning changes. Statements with **ser** describe inherent qualities. **Estar** describes temporary and changeable conditions.

Juan **es** nervioso.
Juan is a nervous person.

Juan **está** nervioso hoy.
Juan is nervous today.

Ana **es** elegante.
Ana is an elegant person.

Ana **está** elegante hoy.
Ana looks elegant today.

▶ Some adjectives change in meaning depending on whether they are used with **ser** or **estar**.

With *ser*	With *estar*
El chico **es listo.** *The boy is smart.*	El chico **está listo.** *The boy is ready.*
La profesora **es mala.** *The professor is bad.*	La profesora **está mala.** *The professor is sick.*
Jaime **es aburrido.** *Jaime is boring.*	Jaime **está aburrido.** *Jaime is bored.*
Las peras **son verdes.** *The pears are green.*	Las peras **están verdes.** *The pears are not ripe.*
El gato **es muy vivo.** *The cat is very lively.*	El gato **está vivo.** *The cat is alive.*
Él **es seguro.** *He's confident.*	Él no **está seguro.** *He's not sure.*

¡Manos a la obra!

Form sentences with **ser** or **estar.** Make any necessary changes.

1. Alejandra / cansado
   Alejandra está cansada.
2. Ellos / guapo hoy
3. Carmen / alto
4. Yo / la clase de español
5. Película / a las once
6. Hoy / viernes
7. Nosotras / enojado
8. Antonio / médico
9. Romeo y Julieta / enamorado
10. Libros / de Ana
11. Marisa y Juan / estudiando
12. Fiesta / gimnasio

5.4 Direct object nouns and pronouns

▶ A direct object noun receives the action of the verb directly and generally follows the verb. In the example below, the direct object noun answers the question *What is Maite writing?*

SUBJECT	VERB	DIRECT OBJECT NOUN
Maite *Maite*	está escribiendo *is writing*	unas postales. *some postcards.*

¿Dónde pongo las maletas?

Puede ponerlas encima de la cama.

Hay muchos lugares interesantes por aquí. ¿Quieren ir a verlos?

▶ When a direct object noun is a person or a pet, it is preceded by the word **a**. This is called the "personal **a**" and it has no English equivalent.

Marta busca **a** su perro Lucas.
Marta looks for her dog, Lucas.

Escucho **al** profesor.
I listen to the professor.

Direct object pronouns

Singular forms		Plural forms	
me	me	nos	us
te	you (fam.)	os	you (fam.)
lo	you (m., form.); him; it (m.)	los	you (m.); them (m.)
la	you (f., form.); her; it (f.)	las	you (f.); them (f.)

▶ Direct object pronouns replace direct object nouns. Like English, Spanish sometimes uses a direct object pronoun to avoid repetition.

DIRECT OBJECT	DIRECT OBJECT PRONOUN
Maribel hace las maletas.	Maribel las hace. *Maribel packs them.*
Felipe compra el pasaje.	Felipe lo compra. *Felipe buys it.*
Vicky tiene la llave.	Vicky la tiene. *Vicky has it.*

▶ It is common to use the direct object pronoun when the direct object noun has been mentioned before.

¿Quieres a tu madre?
Do you love your mother?

Sí, la quiero mucho.
Yes, I love her very much.

Práctica

1 Sustitución Professor Vega's class is planning a trip to Costa Rica. Describe their preparations by changing the direct object nouns to direct object pronouns.

modelo

La profesora Vega tiene su pasaporte.
La profesora Vega lo tiene.

1. Gustavo y Héctor confirman las reservaciones.
2. Nosotros leemos los folletos (*brochures*).
3. Ana María estudia el mapa.
4. Yo aprendo los nombres de los monumentos de San José.
5. Alicia escucha a la profesora.
6. Miguel escribe las instrucciones para llegar al hotel.

2 Vacaciones Ramón is going to San Juan, Puerto Rico, with his friends, Javier and Marcos. Express his thoughts more succinctly using direct object pronouns.

modelo

Quiero hacer una excursión.
Quiero hacerla./La quiero hacer.

1. Voy a hacer mi maleta.
2. Necesitamos llevar los pasaportes.
3. Marcos está pidiendo el folleto turístico.
4. Javier debe llamar a sus padres.
5. Ellos esperan visitar el Viejo San Juan.
6. Puedo llamar a Javier por la mañana.

3 ¿Qué estás haciendo? A classmate has called to find out what you are doing to prepare for your trip to Cancún. Answer your partner's questions. Follow the model.

modelo

preparar el itinerario de viaje

Estudiante 1: ¿Estás preparando el itinerario de viaje?
Estudiante 2: No, no lo estoy preparando.
Estudiante 1: ¿Cuándo lo vas a preparar?
Estudiante 2: Voy a prepararlo mañana (el lunes, a las dos, etc.).

1. preparar los documentos de viaje
2. buscar información de hoteles en Internet
3. practicar español
4. pensar en actividades para hacer
5. hacer las maletas

Conversación

4 **En un café** Get together with a partner and take turns asking each other questions about the drawing.

modelo

Estudiante 1: ¿Quién está leyendo el mapa?
Estudiante 2: El Sr. Torres está leyéndolo.

Ana
Santiago
La Sra. Torres
El Sr. Torres
Mario

5 **Entrevista** Use these questions to interview a classmate. Your partner should respond using direct object pronouns.

1. ¿Quién prepara la comida (*food*) en tu casa?
2. ¿Visitas a tus parientes con frecuencia (*frequently*)?
3. ¿Cuándo ves a tus amigos/as?
4. ¿Estudias español todos los días?
5. ¿Traes tu libro a clase? ¿Y tu cuaderno?
6. ¿Cuándo vas a hacer la tarea de la clase de español?
7. ¿Ves mucho la televisión? ¿Cuándo vas a ver tu programa favorito?
8. ¿Quieres visitar otro país? ¿Por qué?

▶ In affirmative sentences and affirmative questions, direct object pronouns generally appear before the conjugated verb. In negative sentences and negative questions, the pronoun is placed between the word **no** and the verb.

Armando me escucha.	Armando no me escucha.
Katia las tiene.	Katia no las tiene.
¿Lo quieres?	¿No lo quieres?

▶ In the present progressive and in infinitive constructions, such as **ir a** + [*infinitive*], the direct object pronoun can be placed before the conjugated form, or attached to the present participle or infinitive.

Laura las está escribiendo.	Laura está escribiéndolas.
Lo vamos a hacer.	Vamos a hacerlo.
Las va a confirmar.	Va a confirmarlas.

▶ When a pronoun is attached to the present participle, an accent mark is added to maintain the proper stress.

Te están llamando.	Están llamándote.
Los estás mirando.	Estás mirándolos.
Nos estamos durmiendo.	Estamos durmiéndonos.

¡Manos a la obra!

   Choose the correct response.

1. ¿Me puedes llevar al partido de fútbol?
   a. Sí, los puedo llevar.   b. Sí, te puedo llevar.
2. ¿Quién tiene los pasajes?
   a. Yo lo tengo.   b. Mónica los tiene.
3. ¿Vas a llevar a tu hermana a la playa?
   a. No, no voy a llevarla.   b. No, no voy a llevarte.
4. ¿Vas a hacer las maletas?
   a. Sí, voy a hacerla.   b. Sí, voy a hacerlas.
5. ¿Quién tiene la llave de nuestra habitación?
   a. Yo no la tengo.   b. Yo lo tengo.
6. ¿Quién revisa los documentos?
   a. El inspector de aduana te revisa. b. El inspector de aduana los revisa.
7. ¿Vamos a confirmar los pasajes en la agencia de viajes?
   a. Sí, la vamos a confirmar.   b. No, no los vamos a confirmar.
8. ¿Puedes ayudarme a hacer las maletas?
   a. Sí, puedo ayudarte a hacerlas.   b. No, no puedo ayudarte a hacernos.

Repaso

For more practice, go to aventuras.vhlcentral.com.

5.1 Estar with conditions and emotions

1 **Cuando...** Describe how you feel in these situations.

1. Cuando hace sol...
2. Cuando tienes mucho trabajo...
3. Cuando viajas en avión...
4. Cuando vas al partido de tu equipo favorito...
5. Cuando tu habitación está desordenada...
6. Cuando pierdes algo...

2 **Describir** In pairs, take turns describing these people. Say where they are from, what they are like, and how they are feeling.

1. tu mejor (*best*) amigo/a
2. tus padres
3. tu profesor(a) favorito/a
4. tu compañero/a de cuarto
5. tu primo/a favorito/a
6. tus abuelos

5.2 The present progressive

3 **De vacaciones** Karla and her family are on a Caribbean cruise and the ship has stopped in San Juan. Complete her e-mail with the correct forms of the present progressive.

Nora:

Por fin (*Finally*), tengo unos minutos libres.
Mateo (1) _____ [comprar] tarjetas
postales y la niña (2) _____ [dormir]
una siesta. Nuestros amigos César y Ángela
(3) _____ [comer] en el café Zaguán.
Los señores Villalobos (4) _____ [pasear]
por el centro. Nosotros (5) _____ [pensar]
hacer una excursión con ellos mañana a El Yunque
o el Viejo San Juan. Y tú, ¿cómo (6) _____
[pasar] las vacaciones?
Karla

4 **Situaciones** With a partner, describe what these people are doing in these situations. Write at least two activities for each item. Then get together with another pair and compare your ideas.

modelo

yo / en las montañas
Yo estoy acampando en las montañas. Yo estoy durmiendo en una tienda de campaña.

1. el agente de viajes / en la agencia de viajes
2. mi familia / en el parque
3. los turistas / en el hotel
4. los pasajeros / en un crucero (*cruise ship*)
5. mis padres / en la agencia de viajes
6. yo / en la playa
7. mis amigos y yo / en el campo
8. mi compañero/a de cuarto / en la habitación

5.3 Comparing ser and estar

5 **Completar** Complete each sentence with the correct form of **ser** o **estar**.

1. Carolina _____ mala. Ella no me quiere ayudar con la tarea.
2. El ascensor _____ seguro.
3. Nosotros _____ listos para ir de pesca.
4. Las bananas _____ verdes. Necesitan dos días para madurar (*to ripen*).
5. Ellos _____ aburridos porque el programa _____ aburrido.
6. Ernesto _____ muy listo. Él saca buenas notas (*grades*) en los exámenes.

6 **Combinar** Combine elements from each column to form sentences about a hotel and the people there.

modelo Mi amiga es simpática.

A	B	C
Yo	(no) ser	bonito/a
Tú	(no) estar	grande
Mi amigo/a		norteamericano/a
El hotel		ocupado/a
El botones		trabajador(a)
Nosotros/as		de vacaciones
Los huéspedes		en el tercer piso
Las habitaciones		en la habitación
El equipaje		cómodo/a
		simpático/a

5.4 Direct object nouns and pronouns

7 **Emparejar** Match the video characters with the direct object pronouns in the sentences. Then form the questions that correspond to these answers.

A	B	C	D
INÉS Y MAITE	DON FRANCISCO	INÉS Y JAVIER	SEÑORA RAMOS

1. Sí, la veo. _____
2. Sí, los vemos. _____
3. Sí, las vemos. _____
4. Sí, lo veo. _____

8 **Entrevista** Use these questions to interview a classmate. Your partner should respond using direct object pronouns.

1. ¿Te llama tu novio/a con frecuencia (*frequently*)?
2. ¿Cuándo te visitan tus padres?
3. ¿Por qué estudias español?
4. ¿Ahora mismo te están esperando tus amigos/as? ¿Dónde?
5. ¿Me estás escuchando?
6. Cuando vienes a la universidad, ¿dónde llevas los libros?
7. ¿Nos está mirando el/la profesor(a)?
8. ¿Por qué me estás mirando?
9. ¿Te vienen a visitar tus padres este fin de semana?
10. ¿Me puedes llevar al aeropuerto el sábado?

Síntesis

9 **Nuestras vacaciones** Work in groups of three. Each person will describe his or her ideal vacation at one of these places: **un centro turístico** (*resort*) **en las montañas o cerca del mar, un campamento** (*campground*) **o una ciudad.**

- Describe the location and who is with you.
- Describe the weather.
- Describe your accommodations.
- Describe what activities you are doing right now, using the present progressive. Then use **ir a** + infinitive to state what you are going to do tomorrow.

Videoclip

1 **Preparación** Some areas attract tourists because of their unusual sports and activities. Do you know of any such destinations? Where?

2 **El clip** Watch the news clip *Down Taxco* for **Univisión** from Mexico.

Vocabulario

carrera de bicicleta	*bicycle race*	descender (escaleras)	*to descend (stairs)*
competidores	*competitors*	reto, desafío	*challenge*

El reto es descender en el menor° tiempo posible...

El principal desafío es el diseño° de la ciudad...

menor *least*   diseño *layout*

3 **Preguntas** Answer these questions in complete sentences.

1. ¿Por qué viajan ciclistas (*cyclists*) a Taxco?
2. ¿Es Taxco una ciudad turística moderna o colonial?
3. ¿Hay competidores de otros (*other*) países en la carrera de bicicleta?
4. ¿Cómo está el reportero (*reporter*) después (*after*) de descender las escaleras, aburrido o cansado?

4 **Deportes extremos** In pairs, discuss these questions: **¿Cómo son las personas que hacen deportes extremos? ¿Por qué crees que los practican? ¿Viajarías (*Would you travel*) a un destino para practicarlos?**

CONEXIÓN INTERNET

Go to **aventuras.vhlcentral.com** to watch the television clip featured in this section.

Ampliación

 1 Escuchar

 A Listen to the weather report by Hernán Jiménez and indicate which of these phrases are correct.

TIP Listen for key words. Listening for key words and phrases will help you identify the subject and main ideas of what you hear, as well as some of the details.

(Santo Domingo)

___ 1. hace sol
___ 2. va a hacer frío
___ 3. una mañana de mal tiempo
___ 4. va a estar nublado
___ 5. buena tarde para tomar el sol
___ 6. buena mañana para ir a la playa

(San Francisco de Macorís)

___ 1. hace frío
___ 2. hace sol
___ 3. va a nevar
___ 4. va a llover
___ 5. hay niebla
___ 6. buen día para excursiones

B ¿Qué tiempo hace en tu ciudad?

 2 Conversar

Get together with a classmate and ask each other questions using **ser, estar**, and other verbs. Be sure to cover these topics.

- Las clases
- Las vacaciones
- La familia
- Los deportes
- Los amigos
- El tiempo
- Los pasatiempos
- Los compañeros de clase

recursos		
WB pp. 47–52	LM pp. 27–30	aventuras.vhlcentral.com Lección 5

Ampliación

Descripción del sitio (con foto)
A. Playa Grande
1. Playas seguras y limpias
2. Ideal para tomar el sol y descansar
B. El hotel
1. Abierto los 365 días del año
2. Piscina grande

3 Escribir

Write a tourist brochure for a hotel or resort.

 TIP Make an outline. Identify topics and subtopics in order to provide a framework for the information you want to present.

Organízalo	Jot down the most attractive aspects of your hotel or resort. Then, organize your ideas into an outline.
Escríbelo	Using your outline, write the first draft of your brochure.
Corrígelo	Exchange papers with a classmate and comment on the brochure's completeness, organization, grammatical accuracy, and level of interest. Then revise your first draft, keeping your classmate's comments in mind.
Compártelo	Swap brochures with a classmate. After you have read the brochure, name the three aspects of the hotel or resort that appeal to you most or least.

4 Un paso más

Create a real or simulated website to promote a travel package to a resort in a Spanish-speaking country. Include images whenever possible. Your website should include these pages:

- A home page with a general description of the tour and links to the other pages
- A page describing the means of transportation
- A page describing hotels and accommodations
- A page about the nearby sites to visit
- A page detailing activities available to travelers

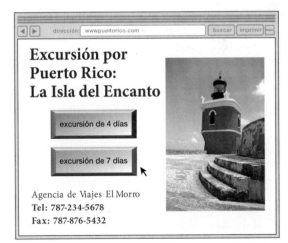

dirección: wwwpuertorico.com

buscar imprimir

Excursión por Puerto Rico: La Isla del Encanto

excursión de 4 días

excursión de 7 días

Agencia de Viajes El Morro
Tel: 787-234-5678
Fax: 787-876-5432

CONEXIÓN INTERNET

Investiga estos temas en el sitio aventuras.vhlcentral.com.

- Balnearios (*resorts*) de España
- Balnearios de América del Sur
- Balnearios de México, Centroamérica y el Caribe

Antes de leer

By scanning for specific information, you can learn a great deal about a text without reading it word for word. For example, you can scan a document to identify its format, to find cognates, or to find specific facts.

Examinar el texto

Scan the reading selection for cognates and write a few of them down.

1. _____
2. _____
3. _____
4. _____
5. _____

Based on the cognates you found, what do you think this document is about?

_____

_____

Preguntas

Read these questions. Then scan the document again to look for answers to the questions.

1. What is the format of the reading?

_____

2. What place is the document about?

_____

3. What are some of the visual cues this document provides? What do they tell you about the content of the document?

_____

_____

4. Who produced the document, and what do you think it is for?

_____

_____

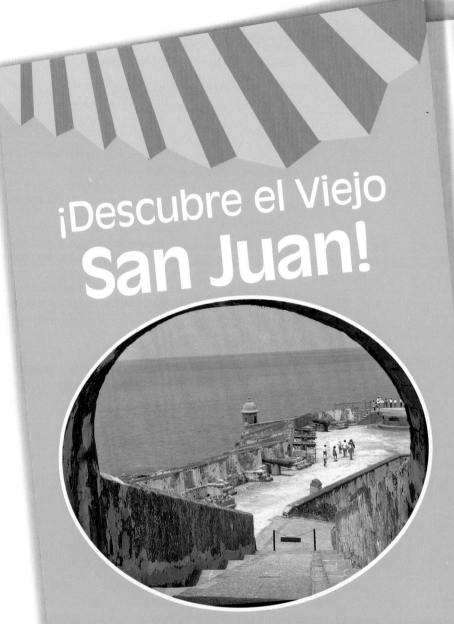

¡Descubre el Viejo San Juan!

El Morro

El Morro es una fortaleza que defendió la bahía de San Juan entre los años 1500 y 1900. La arquitectura del lugar es extraordinaria. El Morro tiene numerosos túneles secretos, oscuras mazmorras° y fantásticas vistas de la bahía. Además°, en su interior hay un museo donde se explica° la historia de la fortaleza.

La Iglesia de San José

La Iglesia de San José está en el norte de la ciudad, en la famosa plaza del mismo nombre. Esta iglesia es una construcción de 1532. De hecho°, es la iglesia más antigua° de la isla y un excelente ejemplo de la arquitectura gótica española del siglo° XVI.

El Museo Pablo Casals

Pablo Casals es un famoso violonchelista español, que vivió los últimos años de su vida, de 1956 a 1973, en la isla de Puerto Rico. El Museo Pablo Casals es un interesante edificio° del siglo XVIII. En su interior hay muchos objetos personales del músico, como su chelo, su piano y una gran cantidad de manuscritos y fotografías.

Hermosos hoteles y cafés

El Viejo San Juan ofrece unos hoteles impresionantes, con habitaciones lujosas° y vistas increíbles de la ciudad y del mar. Cerca de los hoteles hay cafés muy agradables, donde los viajeros pueden conversar y escuchar diferentes estilos de música.

Después de leer

¿Comprendiste? ◗S

Indicate whether each statement is **cierto** or **falso**.

Cierto	Falso	
_____	_____	1. El Morro es una fortaleza en la bahía de San Juan.
_____	_____	2. Las habitaciones de los hoteles en El Viejo San Juan no son buenas.
_____	_____	3. El Museo Pablo Casals tiene artículos personales del famoso violonchelista.
_____	_____	4. La Iglesia de San José tiene un museo donde se explica la historia de Puerto Rico.
_____	_____	5. El Museo Pablo Casals es un edificio del siglo XVIII.
_____	_____	6. La Iglesia de San José es la más (*most*) moderna de la isla.

Preguntas ◗S

Answer these questions.

1. ¿Dónde pasa Pablo Casals los últimos años de su vida?

_____

2. Describe la arquitectura de la Iglesia de San José.

_____

3. ¿Qué podemos hacer en los cafés del Viejo San Juan?

_____

4. ¿Qué hay en el interior de El Morro?

_____

5. ¿Dónde está la Iglesia de San José?

_____

Coméntalo

Imagina que vas de vacaciones al Viejo San Juan. ¿En qué mes del año deseas ir? ¿Por qué? ¿Cómo prefieres viajar, en avión o en barco? ¿Quieres visitar los lugares mencionados aquí? ¿Por qué?

mazmorras	*dungeons*
además	*besides*
se explica	*they explain; (something) is explained*
De hecho	*In fact*
más antigua	*oldest*
siglo	*century*
edificio	*building*
lujosas	*luxurious*

For an additional reading, go to
aventuras.vhlcentral.com.

recursos

SUPERSITE

aventuras.vhlcentral.com
Lección 5

ciento treinta y siete

Las vacaciones y los viajes

el aeropuerto	airport
la agencia de viajes	travel agency
el/la agente de viajes	travel agent
la estación de autobuses	bus station
del metro	subway station
del tren	train station
el/la inspector(a) de aduanas	customs inspector
el pasaje (de ida y vuelta)	(round-trip) ticket
el pasaporte	passport
la tienda de campaña	tent
el/la viajero/a	traveler
acampar	to camp
confirmar una reservación	to confirm a reservation
estar de vacaciones	to be on vacation
hacer las maletas	to pack (one's suitcases)
hacer turismo (m.)	to go sightseeing
hacer un viaje	to take a trip
una excursión	to go on a hike; to go on a tour
ir a la playa	to go to the beach
ir de pesca	to go fishing
ir de vacaciones	to go on vacation
ir en autobús (m.)	to go by bus
en auto(móvil) (m.)	to go by car
en avión (m.)	to go by plane
en barco (m.)	to go by boat
en motocicleta (f.)	to go by motorcycle
en taxi (m.)	to go by taxi
montar a caballo	to ride a horse
pasar por la aduana	to go through customs
pescar	to fish
sacar fotos (f. pl.)	to take pictures

En el hotel

el alojamiento	lodging
el/la botones	bellhop
la cama	bed
el/la empleado/a	employee
la habitación individual	single room
doble	double room
el hotel	hotel
el/la huésped	guest
la llave	key
la pensión	boarding house
el piso	floor (of a building)
la planta baja	ground floor

Adjetivos

abierto/a	open
aburrido/a	bored; boring
alegre	happy; joyful
amable	nice; friendly
avergonzado/a	embarrassed
cansado/a	tired
cerrado/a	closed
cómodo/a	comfortable
contento/a	happy; content
desordenado/a	disorderly; messy
enamorado/a (de)	in love (with)
enojado/a	mad, angry
equivocado/a	wrong; mistaken
feliz	happy
limpio/a	clean
listo/a	ready; smart
malo/a	bad; sick
nervioso/a	nervous
ocupado/a	busy
ordenado/a	orderly
preocupado/a (por)	worried (about)
seguro/a	sure; safe; confident
sucio/a	dirty
triste	sad
verde	green; not ripe
vivo/a	lively; alive

¿Qué tiempo hace?

¿Qué tiempo hace?	How's the weather?; What's the weather like?
Está despejado.	It's clear.
Está (muy) nublado.	It's (very) cloudy.
Hace buen/mal tiempo.	The weather is nice/bad.
(mucho) calor.	It's (very) hot.
fresco.	It's cool.
(mucho) frío.	It's (very) cold.
(mucho) sol.	It's (very) sunny.
(mucho) viento.	It's (very) windy.
Hay (mucha) niebla.	It's (very) foggy.
llover (o:ue)	to rain
Llueve.	It's raining.
nevar (e:ie)	to snow
Nieva.	It's snowing.

Palabras y expresiones adicionales

el ascensor	elevator
la cabaña	cabin
el campo	countryside
el equipaje	luggage
la llegada	arrival
el mar	ocean, sea
la salida	departure; exit
ahora mismo	right now
todavía	yet; still
¿Cuál es la fecha de hoy?	What is today's date?
Hoy es el primero (dos, tres,...) de marzo.	Today is March first (second, third,...).

Las estaciones y los meses	See page 115.
Los números ordinales	See page 115.
Expresiones útiles	See page 121.
Direct object pronouns	See page 130.

recursos

SUPERSITE

aventuras.vhlcentral.com
Lección 5

INSTRUCTIONAL RESOURCES Supersite: Text MP3s; IRCD/Supersite: Additional Vocabulary, Testing Program

6 ¡De compras!

Communicative Goals

You will learn how to:
- talk about clothing
- negotiate and pay for items
- express preferences while shopping

PARA EMPEZAR

- ¿Cómo son las dos personas de la foto?
- ¿Quién lleva bluejeans: el empleado, el cliente o los dos?
- ¿Dónde están estas personas, en un mercado o en una tienda?
- ¿Qué está haciendo el hombre de chaqueta verde, comprando o trabajando?

¡DE COMPRAS!

DE COMPRAS

el almacén *department store*
la caja *cash register*
el centro comercial *shopping mall*
el/la cliente/a *client*
el/la dependiente/a *clerk*
el mercado (al aire libre) *(open-air) market*
la rebaja *sale*
la tienda *shop, store*
el/la vendedor(a) *salesperson*

costar (o:ue) *to cost*
gastar *to spend (money)*
hacer juego (con) *to match*
ir de compras *to go shopping*
llevar *to wear; to take*
pagar (con) *to pay (with)*
regatear *to bargain*
usar *to wear; to use*
vender *to sell*

el precio (fijo)
(fixed, set) price

la tarjeta de crédito
credit card

el dinero
money

recursos

WB
pp. 53–54

LM
p. 31

SUPERSITE
aventuras.vhlcentral.com
Lección 6

LA ROPA Y LOS ACCESORIOS

la corbata
tie

Variación léxica

calcetines ←→ medias (*Amér. L.*)
cinturón ←→ correa (*Col., Venez.*)
gafas de sol ←→ lentes oscuros, lentes
negros (*Amér. L.*)
zapatos de tenis ←→ zapatillas de deporte
(*Esp.*), zapatillas (*Arg., Perú*)
bluejeans ←→ pantalones de mezclilla
(*Méx.*), vaqueros, tejanos (*Esp.*)

el abrigo *coat*
los bluejeans *jeans*
la blusa *blouse*
la bolsa *bag; purse*
las botas *boots*
los calcetines *socks*
la camisa *shirt*
la camiseta *t-shirt*
la cartera *wallet*
la chaqueta *jacket*
el cinturón *belt*
la falda *skirt*
los guantes *gloves*
el impermeable *raincoat*

las medias *pantyhose; stockings*
los pantalones *pants*
cortos *shorts*
la ropa *clothing, clothes*
interior *underwear*
las sandalias *sandals*
el sombrero *hat*
el suéter *sweater*
el traje *suit*
de baño *bathing suit*
el vestido *dress*
los zapatos de tenis *sneakers*

las gafas (de sol)
(sun)glasses

el par de zapatos
pair of shoes

LOS COLORES

amarillo/a *yellow*
anaranjado/a *orange*
blanco/a *white*
rojo/a *red*
gris *gray*
rosado/a *pink*
negro/a *black*
morado/a *purple*
café *brown*
azul *blue*
verde *green*

ADJETIVOS

barato/a *cheap*
bueno/a *good*
cada *each*
caro/a *expensive*
corto/a *short (in length)*
elegante *elegant*
hermoso/a *beautiful*
largo/a *long*
loco/a *crazy*
nuevo/a *new*
otro/a *other; another*
pobre *poor*
rico/a *rich*

A escuchar

1 **Escuchar** Listen to Juanita and Vicente talk about what they're packing for their vacations. Indicate who is packing each item. If neither is packing an item, write an **X**.

Juanita

Vicente

	Juanita	Vicente			Juanita	Vicente
1. abrigo	____	____		7. gafas de sol	____	____
2. zapatos de tenis	____	____		8. camisetas	____	____
3. impermeable	____	____		9. traje de baño	____	____
4. chaqueta	____	____		10. botas	____	____
5. sandalias	____	____		11. pantalones cortos	____	____
6. bluejeans	____	____		12. suéter	____	____

2 **¿Cierto o falso?** Look at the drawing and indicate whether each statement you hear is **cierto** or **falso**.

	Cierto	Falso
1.	____	____
2.	____	____
3.	____	____
4.	____	____
5.	____	____
6.	____	____
7.	____	____
8.	____	____

A practicar

3 **Escoger** Indicate the item in each group that does not belong.

1. bolsa • camiseta • blusa • suéter
2. medias • calcetines • sombrero • zapatos de tenis
3. chaqueta • falda • abrigo • impermeable
4. almacén • vendedora • tienda • mercado
5. regatear • gastar • llevar • costar
6. vestido • dinero • caja • tarjeta de crédito

4 **Anita la contraria** Your friend Anita always contradicts you. Indicate how she would respond to each sentence.

> **modelo**
> El suéter nuevo de Tina es muy grande.
> **No, su suéter es muy pequeño.**

1. El cinturón de Amalia es caro. _____
2. El impermeable de don José es muy feo. _____
3. La corbata del señor Garza es larga. _____
4. Los trajes de Mauricio son bonitos. _____
5. Los zapatos de tenis de Noelia son viejos. _____
6. Las sandalias de Rufino están sucias. _____

5 **Preguntas** Answer these questions with a classmate.

1. ¿De qué color es el suéter?

2. ¿De qué color es la corbata?

3. ¿De qué color es la planta?

4. ¿De qué color es la rosa de Texas?

5. ¿De qué color es la casa donde vive el presidente de EE.UU.?

6. ¿De qué color es una cebra?

A conversar

6 **Marta y el señor Vega** With a classmate, answer the questions about the drawing.

Marta **El señor Vega**

1. ¿Qué lleva Marta?

2. ¿De qué color es su vestido?

3. ¿De qué color son sus zapatos?

4. ¿De qué color son su sombrero y su bolsa?

5. ¿Qué lleva el señor Vega?

6. ¿De qué color es su camisa?

7. ¿De qué color son sus pantalones?

8. ¿Hacen juego la chaqueta, la camisa y los pantalones del señor Vega?

7 **Entrevista** Use these questions to interview a classmate. Then report your findings to the class.

1. ¿Cuál es tu artículo de ropa preferido? ¿Cuándo lo usas?

2. ¿Cuál es tu marca (*brand*) de ropa preferida? ¿Es cara o barata?

3. ¿Adónde vas para (*in order to*) comprar ropa? ¿Por qué?

4. ¿Cuánto dinero gastas en ropa cada mes? ¿Cada año?

5. Cuando vas de compras, ¿buscas rebajas? ¿Regateas?

8 **El Almacén Gigante** Your instructor will give you and your partner handouts so that you may complete this information gap activity.

Pronunciación SUPERSITE

🎧 The consonants **d** and **t**

¿Dónde?	vender	nadar	verdad

Like **b** and **v**, the Spanish **d** can also have a hard sound or a soft sound, depending on which letters appear next to it.

Don	dinero	tienda	falda

At the beginning of a phrase and after **n** or **l**, the letter **d** is pronounced with a hard sound. This sound is similar to the English *d* in *dog*, but a little softer and duller. The tongue should touch the back of the upper teeth, not the roof of the mouth.

medias	verde	vestido	huésped

In all other positions, **d** has a soft sound. It is similar to the English *th* in *there*, but a little softer.

Don Diego no tiene el diccionario.

When **d** begins a word, its pronunciation depends on the previous word. At the beginning of a phrase or after a word that ends in **n** or **l**, it is pronounced as a hard **d**.

Doña Dolores es de la capital.

Words that begin with **d** are pronounced with a soft **d** if they appear immediately after a word that ends in a vowel or any consonant other than **n** or **l**.

traje	pantalones	tarjeta	tienda

When pronouncing the Spanish **t**, the tongue should touch the back of the upper teeth, not the roof of the mouth. Unlike the English *t*, no air is expelled from the mouth.

Práctica Read these phrases aloud to practice the **d** and the **t**.

1. Hasta pronto.
2. De nada.
3. Mucho gusto.
4. Lo siento.
5. No hay de qué.
6. ¿De dónde es usted?
7. ¡Todos a bordo!
8. No puedo.
9. Es estupendo.
10. No tengo computadora.
11. ¿Cuándo vienen?
12. Son las tres y media.

Oraciones Read these sentences aloud to practice the **d** and the **t**.

1. Don Teodoro tiene una tienda en un almacén en La Habana.
2. Don Teodoro vende muchos trajes, vestidos y zapatos todos los días.
3. Un día un turista, Federico Machado, entra en la tienda para comprar un par de botas.
4. Federico regatea con don Teodoro y compra las botas y también un par de sandalias.

En la variedad está el gusto.[1]

Refranes Read these sayings aloud to practice the **d** and the **t**.

Aunque la mona se vista de seda, mona se queda.[2]

1 Variety is the spice of life.
2 You can't make a silk purse out of a sow's ear.

recursos
LM p. 32 | aventuras.vhlcentral.com Lección 6

ciento cuarenta y cinco

¡Qué ropa más bonita! SUPERSITE

Javier e Inés van de compras al mercado.

PERSONAJES

JAVIER

INÉS

EL VENDEDOR

INÉS Javier, ¡qué ropa más bonita! A mí me gusta esa camisa blanca y azul. Debe ser de algodón. ¿Te gusta?
JAVIER Yo prefiero la camisa de la izquierda, la gris con rayas rojas. Hace juego con mis botas marrones.

INÉS Está bien, Javier. Mira, necesito comprarle un regalo a mi hermana Graciela. Acaba de empezar un nuevo trabajo…
JAVIER ¿Tal vez una bolsa?

VENDEDOR Esas bolsas son típicas de las montañas. ¿Le gustan?
INÉS Sí. Quiero comprarle una a mi hermana.

VENDEDOR Buenas tardes, joven. ¿Le puedo servir en algo?
JAVIER Sí. Voy a ir de excursión a las montañas y necesito un buen suéter.
VENDEDOR ¿Qué talla usa usted?
JAVIER Uso talla grande.

VENDEDOR Éstos son de talla grande.
JAVIER ¿Qué precio tiene ése?
VENDEDOR ¿Le gusta este suéter? Le cuesta ciento cincuenta mil sucres.
JAVIER Quiero comprarlo. Pero, señor, no soy rico. ¿Ciento veinte mil sucres?

VENDEDOR Bueno, para usted… sólo ciento treinta mil sucres.
JAVIER Está bien, señor.

A C T I V I D A D E S

1 ¿Cierto o falso? Indicate whether each sentence is **cierto** or **falso**. Correct the false statements.

1. A Inés le gusta la camisa verde y amarilla.
2. Javier necesita comprarle un regalo a su hermana.
3. Las bolsas del mercado son típicas de las montañas.
4. Inés piensa que la bolsa es muy cara.
5. Javier busca un traje de baño en el mercado.
6. Javier compra el suéter para la escuela.
7. Inés compró un sombrero, un suéter y una bolsa.
8. Javier regatea con el vendedor.
9. Javier va a comprar unas postales.
10. A Javier no le gusta cómo se ve Inés con el sombrero.

Para recordar Before watching this episode of **Fotonovela**, review the previous one. What do you remember?

1. ¿A qué alojamiento van los viajeros?
2. ¿Qué piensan los chicos de las cabañas?
3. ¿Por qué quiere descansar Maite?
4. Al final, ¿qué piensa Maite de Inés y Javier?

INÉS Me gusta aquélla. ¿Cuánto cuesta?

VENDEDOR Ésa cuesta ciento sesenta mil sucres. ¡Es de muy buena calidad!
INÉS Uy, demasiado cara. Quizás otro día.

JAVIER Acabo de comprarme un suéter. Y tú, ¿qué compraste?
INÉS Compré esta bolsa para mi hermana.

INÉS También compré una camisa y un sombrero. ¿Qué tal me veo?
JAVIER ¡Guapa, muy guapa!

Expresiones útiles

Talking about clothing

¡Qué ropa más bonita! Es de muy buena calidad.
What nice clothing! It's very good quality.
Me gusta esta/esa camisa blanca de rayas.
I like this/that white shirt with stripes.
Está de moda.
It's in fashion.
Debe ser de algodón/lana/seda.
It must be cotton/wool/silk.
Me gusta este/ese suéter de cuadros/lunares.
I like this/that plaid/polka-dotted sweater.
¿Qué talla lleva/usa usted?
What size do you (form.) wear?
Llevo/Uso talla grande.
I wear a large.
¿Qué número calza usted?
What (shoe) size do you wear?
Calzo el treinta y seis.
I wear a size thirty-six.

Talking about how much things cost

¿Cuánto cuesta?
How much does it cost?
Sólo cuesta noventa mil sucres.
It only costs ninety thousand sucres.
Demasiado caro/a./Es una ganga.
Too expensive./It's a bargain.

Saying what you bought

¿Qué compró usted/él/ella?
What did you (form.)/he/she buy?
Compré esta bolsa para mi hermana.
I bought this bag for my sister.
¿Qué compraste?
What did you (fam.) buy?
Acabo de comprarme un sombrero.
I have just bought myself a hat.

2 **Contestar** Answer these questions about this episode.

1. Inés le compra un regalo a su hermana. ¿Por qué?
2. ¿Cuánto cuesta la bolsa típica de las montañas?
3. ¿Por qué necesita Javier un buen suéter?
4. ¿Cuál es el precio final del suéter que compra Javier?
5. ¿Qué compra Inés en el mercado?
6. ¿Qué talla usa Javier?

3 **Conversar** With a classmate, role-play a conversation in which the salesperson greets a customer in an open-air market and offers assistance. The customer is looking for a particular item of clothing. The salesperson and the customer discuss colors, sizes, and negotiate a price.

recursos

VM
pp. 179-180

aventuras.vhlcentral.com
Lección 6

SUPERSITE

Los mercados al aire libre

El Rastro

Mercados al aire libre are an integral part of commerce and culture in the Spanish-speaking world. Whether they take place daily or weekly, these markets are an important forum where tourists, locals, and vendors interact. People come to the marketplace to shop, socialize, taste local foods, and watch street performers. Wandering from one **puesto** (*stand*) to the next, one can browse fresh fruits and vegetables, clothing, CDs and DVDs, and **artesanías** (*crafts*). Some markets offer a mix of products, while others specialize in food, fashion, or used merchandise, such as antiques and books.

When shoppers see an item they like, they can bargain with the vendor. Friendly bargaining is an expected ritual and may result in a significantly lower price. When selling food, vendors may give the customer a little extra of what they purchase; this free addition is known as **la ñapa**.

Many open-air markets are also tourist attractions. The market in Otavalo, Ecuador, is world-famous and has taken place every Saturday since pre-Incan times. This market is well-known for the colorful textiles woven by the **otavaleños**, the indigenous people of the area. One can also find leather goods and wood carvings from nearby towns. Another popular market is **El Rastro**, held every Sunday in Madrid, Spain. Sellers set up **puestos** along the streets to display their wares, which range from local artwork and antiques to inexpensive clothing and electronics.

Mercado de Otavalo

Otros mercados famosos

Mercado	Lugar	Productos
Feria Artesanal de Recoleta	Buenos Aires, Argentina	artesanías
Mercado Central	Santiago, Chile	mariscos°, pescado°, frutas, verduras°
Tianguis Cultural del Chopo	Ciudad de México, México	ropa, música, revistas, libros, arte, artesanías
El mercado de Chichicastenango	Chichicastenango, Guatemala	frutas y verduras, flores°, cerámica, textiles

mariscos *seafood* pescado *fish* verduras *vegetables* flores *flowers*

1 **¿Cierto o falso?** Indicate whether these statements are **cierto** or **falso**. Correct the false statements.

1. In the Hispanic world, markets are vital centers of commerce and culture.
2. Generally, open-air markets specialize in one type of goods.
3. Bargaining is commonplace at outdoor markets.
4. Only new goods can be found at open-air markets.
5. A **ñapa** is a tax on open-air market goods.
6. The **otavaleños** weave colorful textiles to sell on Saturdays.
7. The market in Otavalo opened recently.
8. A Spaniard in search of antiques could search at **El Rastro**.
9. Santiago's **Mercado Central** is known for books and music.
10. If you are in Guatemala and want to buy ceramics, you can go to Chichicastenango.

ASÍ SE DICE

La ropa

la chamarra (Méx.)	la chaqueta
de manga corta/larga	*short/long-sleeved*
los mahones (P. Rico); el pantalón de mezclilla (Méx.); los tejanos (Esp.); los vaqueros (Arg., Cuba, Esp., Uru.)	los bluejeans
la marca	*brand*
la playera (Méx.); la remera (Arg.)	la camiseta
la sudadera	*sweatshirt*

CONEXIÓN INTERNET

What do fashion from **España** and from **Cuba** have in common? Go to **aventuras.vhlcentral.com** to find out and to access these components.

- the **Flash Cultura** video
- more activities
- additional reading: **La moda en Cuba**

2 **Comparación** Compare a market in the Hispanic world with a market where you live. How popular are markets? What items can you typically find there? How do customers negotiate prices?

recursos

VM
pp. 237–238

aventuras.vhlcentral.com
Lección 6

Comprar en los mercados

1 **Preparación** Have you ever been to an open-air market? What did you buy? Have you ever negotiated a price? What did you say?

2 **El video** Watch this **Flash Cultura** episode.

Vocabulario			
colones (pl.)	*currency from Costa Rica*	descuento	*discount*
¿Cuánto vale?	¿Cuánto cuesta?	el regateo	*bargaining*

...pero me hace un buen descuento.

¿Qué compran en el Mercado Central?

3 **Comprensión** Select the option that best summarizes this episode.

A. Randy Cruz va al mercado al aire libre para comprar papayas. Luego va al Mercado Central. Él les pregunta a clientes qué compran, prueba (*tastes*) platos típicos y busca la heladería.

B. Randy Cruz va al mercado al aire libre para comprar papayas y pedir un descuento. Luego va al Mercado Central para preguntarles a los clientes qué compran en los mercados.

6.1 Numbers 101 and higher

▶ Spanish uses a period, rather than a comma, to indicate thousands and millions.

Numbers 101 and higher			
101	ciento uno	1.000	mil
200	doscientos/as	1.100	mil cien
300	trescientos/as	2.000	dos mil
400	cuatrocientos/as	5.000	cinco mil
500	quinientos/as	100.000	cien mil
600	seiscientos/as	200.000	doscientos mil
700	setecientos/as	550.000	quinientos cincuenta mil
800	ochocientos/as	1.000.000	un millón (de)
900	novecientos/as	8.000.000	ocho millones (de)

Ésa cuesta
ciento sesenta mil
sucres.

Aquí está la reservación…
dos habitaciones dobles
y una individual, de la ciento
uno a la ciento tres.

▶ Use **ciento uno** if used for counting. Use **ciento un(a)** when describing quantity.

cien, ciento uno, ciento dos...   **ciento una noches**

▶ The numbers **200** through **999** agree in gender with the nouns they modify.

324 tiendas
trescien**tas** veinticuatro tiendas

605 clientes
seiscient**os** cinco clientes

873 habitaciones
ochocien**tas** setenta y tres habitaciones

990 euros
novecient**os** noventa euros

500 mujeres
quinien**tas** mujeres

257 estudiantes
doscient**os** cincuenta y siete estudiantes

▶ **Mil** can mean *a thousand* or *one thousand*. The plural form of **un millón** (*a million* or *one million*) is **millones**, which has no accent.

1.000 dólares
mil dólares

2.000.000 de pesos
dos millones de pesos

5.000 bicicletas
cinco mil bicicletas

1.000.000 de aficionados
un millón de aficionados

Práctica

1 **Completar** Complete these sequences in Spanish.

1. 100, 120, 140, … 200

   _____

   _____

2. 5.000, 10.000, 15.000, … 30.000

   _____

   _____

3. 50.000, 100.000, 150.000, … 300.000

   _____

   _____

4. 100.000.000, 200.000.000, 300.000.000, … 900.000.000

   _____

   _____

2 **Resolver** Read these math problems aloud and solve them.

modelo
$$\begin{array}{r} 300 \\ +400 \\ \hline 700 \end{array}$$

Trescientos más cuatrocientos son setecientos.

+ más – menos = es (singular)/son (plural)

1. $\begin{array}{r} 150 \\ +150 \\ \hline \end{array}$

2. $\begin{array}{r} 3.000 \\ +\ 753 \\ \hline \end{array}$

3. $\begin{array}{r} 43.000 \\ -10.000 \\ \hline \end{array}$

4. $\begin{array}{r} 200.000 \\ +350.000 \\ \hline \end{array}$

5. $\begin{array}{r} 20.000 \\ +\ \ \ 555 \\ \hline \end{array}$

6. $\begin{array}{r} 1.000.000 \\ -\ \ 75.000 \\ \hline \end{array}$

7. $\begin{array}{r} 32.000 \\ -30.000 \\ \hline \end{array}$

8. $\begin{array}{r} 800.000 \\ +\ 175.000 \\ \hline \end{array}$

Conversación

3 **¿Cuánto cuesta?** Ask your partner how much each item costs.

40.000 pesos

modelo

Estudiante 1: ¿Cuánto cuestan las gafas de sol?
Estudiante 2: Cuarenta mil pesos.

1.

210.000 pesos

2.

61.500 pesos

3.

160.150 pesos

4.

84.450 pesos

5.

48.200 pesos

6.

22.790 pesos

4 **¿En qué año?** Take turns with a classmate asking and answering these questions. Follow the model.

modelo

Estudiante 1: ¿En qué año terminaste (*did you finish*) la escuela secundaria?
Estudiante 2: En el año 2009.

1. ¿En qué año llegó (*arrived*) tu familia a los Estados Unidos?

2. ¿Cuál es el año de tu nacimiento (*birth*)?

3. ¿En qué año empezaste (*started*) a estudiar en la universidad?

4. ¿En qué año te vas a graduar?

5. ¿Cuándo te quieres jubilar (*retire*)?

6. ¿Cuál es hasta ahora (*so far*) el año en que has sido (*you have been*) más feliz?

▶ The plural forms **cientos** and **miles (de)** refer to *hundreds* or *thousands of (people or things)*.

Cientos de personas	**Miles de** dólares
Hundreds of people	*Thousands of dollars*

▶ In Spanish, years are never expressed as pairs of 2-digit numbers as they sometimes are in English (*1979, nineteen seventy-nine*).

1945	**2005**
mil novecientos cuarenta y cinco	dos mil cinco
1898	**1220**
mil ochocientos noventa y ocho	mil doscientos veinte

▶ In Spanish, street numbers follow the same pattern.

¿Cuál es tu dirección?   Mi dirección es Balcarce mil doscientos ochenta y tres.
What's your address?   *My address is Balcarce twelve hundred eighty-three.*

▶ When **millón** or **millones** are used before a noun, place **de** between the two.

1.000.000 **de** hombres = un **millón de** hombres
12.000.000 **de** aviones = doce **millones de** aviones
15.000.000 **de** personas = quince **millones de** personas

¡ojo! Note this difference between Spanish and English:

mil millones	**un billón**
a billion (1.000.000.000)	*a trillion (1.000.000.000.000)*
Hay **mil millones** de personas en China.	Hay un **billón** de planetas en el universo.
There are a billion people in China.	*There are a trillion planets in the universe.*

¡Manos a la obra!

 Give the Spanish equivalent of each number.

a. 102 _____ciento dos_____
b. 935 _____
c. 5.000.000 _____
d. 2001 _____
e. 1776 _____
f. 345 _____
g. 550.300 _____
h. 232 _____
i. 1999 _____
j. 113 _____
k. 204 _____
l. 2.108 _____
ll. 17.123 _____
m. 497 _____
n. 30.201 _____
ñ. 57.507 _____

6.2 The preterite tense of regular verbs

▶ In order to talk about events in the past, Spanish uses two simple tenses: the preterite and the imperfect. In this lesson, you will learn about the preterite tense.

▶ The preterite is used to talk about actions or states completed in the past.

Preterite of regular –ar, –er, and –ir verbs		
	comprar	vender	escribir
yo	compré I bought	vendí I sold	escribí I wrote
tú	compraste	vendiste	escribiste
Ud./él/ella	compró	vendió	escribió
nosotros/as	compramos	vendimos	escribimos
vosotros/as	comprasteis	vendisteis	escribisteis
Uds./ellos/ellas	compraron	vendieron	escribieron

▶ The preterite endings for regular –er and –ir verbs are identical. Also, note that the yo and Ud./él/ella forms of all three conjugations have written accents on the last syllable.

¿Qué compraste?

Compré esta bolsa.

▶ Note that the nosotros/as forms of regular –ar and –ir verbs in the preterite are identical to the present-tense forms. Context will help you determine which tense is being used.

En invierno **compramos** suéteres.
In the winter we buy sweaters.

Anoche **compramos** unas sandalias.
Last night we bought some sandals.

Escribimos poemas en clase.
We write poems in class.

Ya **escribimos** dos veces al presidente.
We already wrote to the president twice.

▶ –Ar and –er verbs that have a stem change in the present tense do *not* have a stem change in the preterite.

INFINITIVE	PRESENT	PRETERITE
cerrar (e:ie)	Ana cierra la puerta.	Ana cerró la puerta.
volver (o:ue)	Memo vuelve a las dos.	Memo volvió a las dos.
jugar (u:ue)	Él juega al fútbol.	Él jugó al fútbol.
pensar (e:ie)	Pienso mucho.	Pensé mucho.

Práctica

1 **Fin de semana** Complete what Isabel says about her weekend with the appropriate verb forms.

(1) _____ (Pasar) un fin de semana fantástico. El sábado (2) _____ (estudiar) por la mañana y luego (3) _____ (salir) de compras con mis amigas al nuevo centro comercial. (4) _____ (Comprar) un vestido y un suéter muy baratos porque el vendedor me hizo un buen descuento. ¡(5) _____ (Gastar) sólo 40 dólares! Más tarde, nosotras (6) _____ (comer) en un restaurante mexicano. Mi amiga Estela (7) _____ (gastar) mucho dinero porque pidió platos (*dishes*) muy caros. Por la noche, nosotras (8) _____ (salir) a bailar a una discoteca y (9) _____ (regresar) muy tarde. Hoy me levanté muy temprano porque tengo que estudiar para la clase de español. ¡Uy! ¡Qué cansada estoy!

2 **¿Qué hicieron?** Combine words from each list to talk about things you and others did.

modelo

Yo leí un buen libro la semana pasada.

¿Quién?	¿Qué?	¿Cuándo?
yo	ver la televisión	anoche
mi compañero/a de cuarto	hablar con un(a) chico/a guapo/a	anteayer
mis amigos/as y yo	estudiar español	ayer
mis padres	comprar ropa nueva	la semana pasada
mi abuelo/a	leer un buen libro	el año pasado
el/la profesor(a) de español	bailar en una discoteca latina	una vez
el presidente de los Estados Unidos	viajar a la Luna (*moon*)	dos veces
mi perro	llegar tarde a clase	
	viajar a Europa	
	escribir una carta	
	llevar ropa muy fea	
	comer siete hamburguesas	

Conversación

3 **Encuesta** Find out if your partner just did these activities today before coming to class. Report the results to the class.

modelo

tomar el desayuno (*breakfast*)
Estudiante 1: ¿Tomaste el desayuno?
Estudiante 2: Sí, acabo de tomar el desayuno./
No, no tomé el desayuno.

Actividades	Sí/No
1. Ver la televisión	_____
2. Escuchar la radio	_____
3. Hablar con un(a) compañero/a de clase	_____
4. Leer para una clase	_____
5. Comprar un café	_____
6. Recibir una buena noticia (*news*)	_____

4 **Nuestras vacaciones** Imagine that you took these photos on a vacation with friends. Use the pictures to tell your partner about the trip.

1.

2.

3.

4.

5 **¿Qué hiciste?** Get together with a partner and take turns asking each other what you did yesterday, the day before yesterday, and last week.

Verbs with spelling changes

▶ Verbs that end in **–car**, **–gar**, and **–zar** have a spelling change in the **yo** form of the preterite. All the other forms are regular.

buscar → busqué   llegar → llegué   empezar → empecé

▶ **Creer**, **leer**, and **oír** have spelling changes in the preterite.

creer — creí, creíste, creyó, creímos, creísteis, creyeron
leer — leí, leíste, leyó, leímos, leísteis, leyeron
oír — oí, oíste, oyó, oímos, oísteis, oyeron

▶ **Ver** is regular in the preterite, but none of its forms has an accent.

ver → vi, viste, vio, vimos, visteis, vieron

Words commonly used with the preterite

anoche	last night	desde... hasta...	from... until...
anteayer	the day before yesterday	pasado/a	(adj.) last; past
		la semana pasada	last week
el año pasado	last year	una vez	once; one time
ayer	yesterday	dos veces	twice; two times
de repente	suddenly	ya	already

Ayer compré una camisa.
Yesterday I bought a shirt.

Miré la televisión **anoche**.
I watched TV last night.

Useful phrases

¿Qué hiciste?	What did you (fam., sing.) do?
¿Qué hizo usted?	What did you (form., sing.) do?
¿Qué hicieron ustedes?	What did you (form., pl.) do?
¿Qué hizo él/ella?	What did he/she do?
¿Qué hicieron ellos/ellas?	What did they do?

¡ojo! Use **acabar de** + [*infinitive*] to say that something *has just occurred*. Note that **acabar** is in the present tense in this construction.

Acabo de comprar un suéter.
I just bought a sweater.

Acabas de ir de compras.
You just went shopping.

¡Manos a la obra!

Give the preterite form of each verb.

1. Elena _celebró_ [celebrar].
2. Ellos _____ [oír].
3. Emilio y yo _____ [comprar].
4. Los niños _____ [comer].
5. Usted _____ [salir].
6. Yo _____ [llegar].
7. Yo _____ [empezar].
8. Tú _____ [vender].
9. Ustedes _____ [escribir].
10. Juan _____ [ver].

Indirect object pronouns SUPERSITE

An indirect object is the noun or pronoun that answers the question to *whom* or *for whom* an action is done. In this example, the indirect object answers this question: **¿A quién le prestó Roberto cien pesos?** *To whom did Roberto loan 100 pesos?*

SUBJECT	INDIRECT OBJECT PRONOUN	VERB	DIRECT OBJECT	INDIRECT OBJECT
Roberto	le	prestó	cien pesos	a Luisa.
Roberto		*loaned*	*100 pesos*	*to Luisa.*

Indirect object pronouns

Singular forms		Plural forms	
me	(to, for) me	nos	(to, for) us
te	(to, for) you (fam.)	os	(to, for) you (fam.)
le	(to, for) you (form.);	les	(to, for) you (form.);
	(to, for) him; (to, for) her		(to, for) them

¿Le puedo servir en algo?

Sí, necesito comprarme un buen suéter.

Spanish speakers often use the object pronoun and the noun to which it refers in the same sentence to emphasize or clarify *to whom* the pronoun refers. The indirect object pronoun is often used without the direct object noun when the person for whom the action is being done is known.

Iván **le** prestó un lápiz **a Juan**.
Iván loaned a pencil to Juan.

También **le** prestó papel.
He also loaned him paper.

Sabrina **le** compró un café **a Sarah**.
Sabrina bought Sarah a coffee.

También **le** compró un sándwich.
She also bought her a sandwich.

¡ojo! Since **le** and **les** have multiple meanings, **a** + [*noun*] or + [*pronoun*] is often used to clarify to whom the pronouns refer.

Unclear	Clearer
Ella **les** vendió ropa.	Ella **les** vendió ropa **a ellos**.
She sold clothing (to them or to you all).	*She sold clothing to them.*
Yo **le** presté una camisa.	Yo **le** presté una camisa **a Luis**.
I loaned a shirt (to you or to him or to her).	*I loaned a shirt to Luis.*

Práctica

1 **Completar** Fill in the correct indirect object pronouns to complete Emilio's description of his family's holiday shopping.

1. Yo _____ compré una cartera a mi padre.
2. Mi tía _____ compró una corbata muy fea (a mí).
3. Mis dos hermanos _____ compraron a mis padres dos pares de pantalones.
4. Yo _____ compré un suéter azul a mi mamá.
5. Mi abuelo _____ compró muchos regalos a nosotros.
6. Y yo _____ compré una camiseta bonita a mi novia.

2 **Describir** Describe what happened in these photos based on the cues provided. Use indirect object pronouns and the preterite tense.

modelo

mostrar/bolsa
Inés le mostró la bolsa a Javier.

1. escribir / mensaje electrónico

2. mostrar / fotos

3. preguntar / número de las habitaciones

4. vender / suéter

Conversación

3 **Entrevista** Take turns with a classmate asking and answering questions using the cues provided.

modelo

escribir mensajes electrónicos

Estudiante 1: ¿A quién le escribes mensajes electrónicos?
Estudiante 2: Le escribo mensajes electrónicos a mi hermano.

1. Cantar canciones de amor (*love songs*)
2. Dar una fiesta
3. Decir mentiras
4. Escribir mensajes electrónicos
5. Hablar por teléfono
6. Mostrar fotos de un viaje

4 **Entrevista** Use these questions to interview a classmate.

1. Cuando vas de compras, ¿te dan tus padres su tarjeta de crédito?
2. Si tu amigo te pide dinero para ir de compras, ¿cuánto dinero le prestas?
3. ¿Pagas el dinero que les debes (*money you owe*) a tus amigos?
4. ¿A quiénes les compras regalos?
5. ¿Qué vas a darles a tus padres este año?
6. ¿Dices mentiras a tus padres o a tus amigos? ¿Cuándo?

5 **¡Somos ricos!** You and your classmates won the lottery! Now you want to spend money on your loved ones. In groups of three, discuss what each person is buying.

modelo

Estudiante 1: Quiero comprarle un vestido nuevo a mi mamá y una camiseta a mi novio.
Estudiante 2: Y yo voy a darles un auto nuevo a mis padres. A mis compañeras de cuarto les voy a comprar blusas y faldas nuevas.
Estudiante 3: Voy a comprarles una casa a mis padres, pero a mis amigos no les voy a dar nada.

6 **El fin de semana** Your instructor will give you and your partner handouts so that you may complete this information gap activity.

Using indirect object pronouns

▶ Indirect object pronouns usually precede the conjugated verb. In negative sentences, place the pronoun between **no** and the conjugated verb.

Te compré un abrigo.
I bought you a coat.

No te compré nada.
I didn't buy you anything.

▶ When an infinitive or present participle is present, there are two options for indirect object pronoun placement: before the conjugated verb, or attached to the infinitive or present participle. When a pronoun is attached to a present participle, an accent mark is added.

¿Vas a comprar**le** un regalo a Lía?
¿**Le** vas a comprar un regalo a Lía?
Are you going to buy a gift for Lía?

Estoy mostrándo**les** las fotos a ellos.
Les estoy mostrando las fotos a ellos.
I'm showing them the photos.

▶ The irregular verbs **dar** (*to give*) and **decir** (*to say; to tell*) are often used with indirect object pronouns.

Dar and decir

	dar	decir
yo	doy	digo
tú	das	dices
Ud./él/ella	da	dice
nosotros/as	damos	decimos
vosotros/as	dais	decís
Uds./ellos/ellas	dan	dicen
Present participle	dando	diciendo

Mi abuela **me da** muchos regalos.
My grandmother gives me lots of gifts.

Te digo la verdad.
I'm telling you the truth.

Voy a **darle** un beso.
I'm going to give her a kiss.

No les **estoy diciendo** mentiras a mis padres.
I am not telling lies to my parents.

▶ You will learn how to use these pronouns with direct object pronouns in Lesson 8.

¡Manos a la obra!

Use the cues in parentheses to provide the indirect object pronoun for the sentence. The first item has been done for you.

1. Martha ___le___ quiere dar un regalo. (*to Elena*)
2. Alfonso _____ prepara un café. (*for us*)
3. Guillermo y Alejandra _____ escriben desde Cuba. (*to me*)
4. Francisco y yo _____ compramos unos guantes. (*for them*)
5. Los vendedores _____ venden ropa. (*to you, fam. sing.*)

6.4 Demonstrative adjectives and pronouns

Demonstrative adjectives

▶ Demonstrative adjectives demonstrate or point out nouns. They precede the nouns they modify and agree with them in gender and number.

este vestido	**esos** zapatos	**aquella** tienda
this dress	*those shoes*	*that store (over there)*

Demonstrative adjectives

Singular forms		Plural forms		
MASCULINE	FEMININE	MASCULINE	FEMININE	
este	esta	estos	estas	*this; these*
ese	esa	esos	esas	*that; those*
aquel	aquella	aquellos	aquellas	*that; those (over there)*

▶ The demonstrative adjectives **este**, **esta**, **estos**, and **estas** are used to point out nouns that are close to the speaker and the listener.

Me gusta este vestido.

▶ The demonstrative adjectives **ese**, **esa**, **esos**, and **esas** are used to point out nouns that are not close in space and time to the speaker. They may, however, be close to the listener.

¡Pero esos zapatos son horrendos!

▶ The demonstrative adjectives **aquel**, **aquella**, **aquellos**, and **aquellas** are used to point out nouns that are far away from the speaker and the listener.

Aquella tienda es mi favorita.

Práctica

1 En un almacén Gabriel and María are shopping. Complete their conversation with the appropriate demonstrative adjectives and pronouns.

MARÍA No me gustan (1) _____ (*those*) pantalones. Voy a comprar (2) _____ (*these*).

GABRIEL Yo prefiero (3) _____ (*those over there*).

MARÍA Sí, me gustan a mí también. ¿Qué piensas de (4) _____ (*these*) cinturones?

GABRIEL (5) _____ (*These*) cuestan demasiado.

MARÍA También busco un vestido elegante. ¿Te gusta (6) _____ (*this one*)?

GABRIEL No, es muy feo. ¿Necesitas una falda nueva? (7) _____ (*This one*) es bonita.

MARÍA No, no necesito una falda. Vamos, Gabriel. Me gusta (8) _____ (*this*) almacén, pero (9) _____ (*that one over there*) es mejor (*better*).

2 Oraciones Form sentences using the words provided and the appropriate forms of the preterite. Make all the necessary changes.

modelo

Este / clientes / gastar / mucho dinero
Estos clientes gastaron mucho dinero.

1. aquel / mujer / comprar / chaqueta
2. cliente / pagar / muy caro / ese / abrigos
3. tú / salir / de compras / este / centro comercial
4. yo / buscar / aquel / sombreros / por mucho tiempo
5. empleados / vender / este / corbatas / en rebaja

Conversación

3 **¿De qué color es?** In pairs, use demonstrative adjectives and pronouns to discuss the colors of items in your classroom.

modelo

Estudiante 1: ¿Esos zapatos son azules?
Estudiante 2: No, ésos son verdes. Aquéllos son azules.
Estudiante 1: Y esa mochila, ¿es roja?
Estudiante 2: No, ésa es blanca. Aquélla es roja.

rojo/a   amarillo/a   azul   verde

anaranjado/a   blanco/a   café   negro/a

4 **En una tienda** Imagine that you and a classmate are in a small clothing store. Look at the illustration, then talk about what you see around you.

modelo

Estudiante 1: ¿Te gusta esa chaqueta de mujer que está debajo de las camisas?
Estudiante 2: No, prefiero aquélla que está al lado de los pantalones. ¿Dónde están los zapatos?
Estudiante 1: Están en el centro de la tienda.

Demonstrative pronouns

▶ Demonstrative pronouns are identical to demonstrative adjectives, except that they traditionally carry an accent mark on the stressed vowel. They agree in number and gender with the corresponding noun.

No me gusta **este** suéter.
Prefiero **ése**.
I don't like this sweater.
I prefer that one.

Ella quiere comprar **esa** bolsa,
no **aquélla**.
She wants to buy that purse,
not that one over there.

No voy a comprar **estos** zapatos.
Quiero **aquéllos**.
I'm not going to buy these shoes.
I want those ones over there.

¿Qué precio tienen **esos** pantalones?
Ésos cuestan quince dólares.
How much do those pants cost?
Those cost fifteen dollars.

Demonstrative pronouns

Singular forms		Plural forms		
MASCULINE	FEMININE	MASCULINE	FEMININE	
éste	ésta	éstos	éstas	*this one; these*
ése	ésa	ésos	ésas	*that one; those*
aquél	aquélla	aquéllos	aquéllas	*that one; those (over there)*

▶ There are three neuter forms: **esto**, **eso**, and **aquello**. These forms refer to unidentified or unspecified nouns, situations, and ideas. They do not change in gender or number and never carry an accent mark.

¿Qué es **esto**?
What's this?

Eso es interesante.
That's interesting.

Aquello es bonito.
That's pretty.

¡Manos a la obra!

 Provide the correct form of the demonstrative adjective and demonstrative pronoun for these nouns. The first item has been done for you.

1. la falda / este
   esta falda; ésta
2. los estudiantes / este
   _____
3. los países / aquel
   _____
4. la ventana / ese
   _____
5. los periodistas / ese
   _____
6. las empleadas / ese
   _____
7. el chico / aquel
   _____

8. las sandalias / este
   _____
9. el autobús / ese
   _____
10. las chicas / aquel
    _____
11. el abrigo / aquel
    _____
12. los pantalones / este
    _____
13. las medias / ese
    _____
14. la bolsa / aquel
    _____

Repaso

For more practice, go to aventuras.vhlcentral.com.

6.1 Numbers 101 and higher

1 **La tienda** In pairs, imagine that you are store employees taking inventory. Take turns asking and telling how many items there are.

modelo cinturones: 274

Estudiante 1: ¿Cuántos cinturones hay?
Estudiante 2: Hay doscientos setenta y cuatro cinturones.

1. abrigos: 190
2. chaquetas: 351
3. pares de botas: 436
4. camisas: 912
5. faldas: 685
6. vestidos: 562
7. suéteres: 829
8. corbatas: 743

2 **Estadísticas** With a partner, take turns asking each other what the populations of these countries are.

modelo Colombia: 45.600.000

Estudiante 1: ¿Cuál es la población (population) de Colombia?
Estudiante 2: Colombia tiene cuarenta y cinco millones seiscientos mil habitantes (inhabitants).

Poblaciones

1. México: 113.271.000
2. España: 43.993.000
3. Venezuela: 29.076.000
4. Cuba: 11.379.000
5. República Dominicana: 9.522.000
6. Puerto Rico: 4.060.000

6.2 The preterite tense of regular verbs

3 **Completar** Fill in each blank with the appropriate preterite form of the verb provided.

OMAR Pedro, ¿(1) _____ [asistir] al partido de fútbol anoche? Yo te (2) _____ [llamar], pero tú no (3) _____ [contestar].

PEDRO Dora y yo (4) _____ [decidir] no ir. (Nosotros) (5) _____ [mirar] un video.

OMAR Entonces, (6) ¿ _____ [oír] (tú) que (that) los Dorados (7) _____ [ganar]? (Tú) Te (8) _____ [perder] un partido fenomenal. Todos (9) _____ [jugar] muy bien y Álvarez hizo dos goles (goals). Después (After), nosotros (10) _____ [celebrar] en El Reloj hasta la medianoche.

4 **Entrevista** Interview a partner about the last time he or she went out. Then switch roles. Use **fui** to say *I went*.

- Find out when and where your partner went out, with whom, and at what time.
- Ask what he/she wore.
- Find out what your partner did and what time he/she returned home.

6.3 Indirect object pronouns

5 **Combinar** Create sentences by combining elements from each column. Add indirect object pronouns and make any necessary changes.

modelo El profesor les explicó la tarea a ellos.

Yo	(no) explicar la tarea	mí
Tú	(no) pedir ayuda (help)	ti
Mi amigo/a	(no) contestar un email	el/la novio/a
Mi hermano/a	(no) enseñar español	mi compañero/a
El/La profesor(a)	(no) buscar un libro	nosotros/as
Él/Ella	(no) explicar el problema	los padres
Nosotros	(no) vender la motocicleta	ellos/as
Mis padres	(no) prestar 20 dólares	el/la profesor(a)
Los chicos	(no) comprar un abrigo	tu primo/a

6 **Encuesta** Find out to or for whom your partner usually does these things. Use indirect object pronouns.

modelo abrir la puerta

Estudiante 1: ¿A quién le abres la puerta?
Estudiante 2: Les abro la puerta a mis abuelos.

Actividades	¿A quiénes?
1. Dar regalos	_____
2. Mostrar las compras	_____
3. Prestar ropa	_____
4. Pedir favores	_____
5. Dar un beso	_____
6. Decir mentiras	_____
7. Hablar en español	_____

6.4 Demonstrative adjectives and pronouns

7 **¿De quién es?** In pairs, imagine that you are on a tour bus and some passengers left these items behind. Take turns asking each other what belongs to whom, using the cues provided.

modelo Daniel

Estudiante 1: ¿De quién es esta chaqueta?
Estudiante 2: ¿Ésa? Es de Daniel.

1. Raquel

2. Miguel

3. Señor Romero

4. Señora Espinosa

5. yo

6. Señora Cifuentes

Síntesis

8 **Las compras en Internet** In groups of three, discuss online shopping.

- Explain why you like or don't like to shop on the Internet.
- Describe the items you bought on the Internet in the past year, for whom you bought each item, how much each item cost, and where you bought it. If you have one or more of the items with you, show it to the group as you talk about it.
- Explain how you paid for your purchases.

Videoclip

1 **Preparación** When you go clothes shopping, is quality important to you? Do you prefer trendy clothing or pieces that will last a long time?

2 **El clip** Watch the ad for **Galerías** from Spain.

Vocabulario

anchas *loose-fitting*   resiste *withstands*
lavables *washable*   tanto como *as much as*

Presentamos la moda para el próximo° curso.

Formas geométricas y colores vivos.

próximo *next*

3 **Identificar** Check off each word that you hear in the ad.

_____ 1. camisetas   _____ 4. algodón   _____ 7. lana
_____ 2. hijos   _____ 5. chaquetas   _____ 8. precio
_____ 3. zapatos   _____ 6. clientas

4 **Conversar** Work with a classmate to ask each other these questions. Use as much Spanish as you can.

1. ¿Qué ropa llevas normalmente cuando vienes a la universidad?
2. ¿Y los fines de semana?
3. ¿Tienes una prenda (*garment*) favorita? ¿Cómo es?
4. ¿Qué tipo de ropa no te gusta usar? ¿Por qué?

CONEXIÓN INTERNET
Go to **aventuras.vhlcentral.com** to watch the television clip featured in this section.

Ampliación

 1 Escuchar

 A Listen to Marisol and Alicia's conversation. Make a list of the clothing items that each person mentions, then note if she actually purchased it.

⭐ **TIP Listen for linguistic cues.** By listening for the endings of conjugated verbs, you can identify whether an event already took place, is taking place now, or will take place in the future. Verb endings also give clues about who is participating in the action.

Marisol

1. _____
2. _____
3. _____
4. _____

Alicia

1. _____
2. _____
3. _____
4. _____

B ¿Crees que la moda es importante para Alicia? ¿Y para Marisol? ¿Por qué? En tu opinión, ¿es importante estar a la moda?

 2 Conversar

With a classmate, take turns playing the roles of a shopper and a clerk in a clothing store. Use these guidelines.

- The shopper talks about the clothing he/she is looking for as a gift, mentions for whom the clothes are intended, and says what he/she bought for the same person last year
- The clerk recommends items, based on the shopper's descriptions
- The shopper asks how much items cost, and the clerk answers

recursos

WB pp. 55–62	LM pp. 33–36	aventuras.vhlcentral.com Lección 6

ciento sesenta

Ampliación

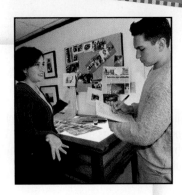

③ Escribir

Write a report for the school newspaper about an interview you conducted with a student concerning his or her opinion on the latest fashion trends at your school.

 TIP **Reporting an interview.** You may transcribe the interview verbatim, or simply summarize it with occasional quotes from the speaker. Your report should begin with an interesting title and a brief introduction, include some examples or a brief quote, and end with a conclusion.

Organízalo	Use an idea map to organize the interview questions and develop an outline for your report. Then brainstorm a title for your report.
Escríbelo	Using your outline as a guide, write the first draft of your report.
Corrígelo	Exchange papers with a classmate and comment on the report's title, introduction, organization, level of interest, grammatical accuracy, and conclusion. Then revise your first draft, with your classmate's comments in mind.
Compártelo	Exchange reports in groups of four. Give a superlative title to each report on the basis of its strongest points, for example, "best use of Spanish" or "most interesting questions."

④ Un paso más

Develop a business plan to open a store in a Spanish-speaking country.

- Choose a location for your store
- Decide which products you are going to sell and select an appealing name for your store
- Include a visual presentation of your products
- Itemize your prices and your expected profits
- Explain why you think your store will be successful **(va a tener éxito)**

SUPERSITE

CONEXIÓN INTERNET

Investiga estos temas en el sitio aventuras.vhlcentral.com.

- Tiendas y almacenes famosos
- Las monedas de los países hispanos

Antes de leer

Skimming involves quickly reading through a document to absorb its general meaning. This strategy allows you to understand the main ideas without having to read word for word.

Examinar el texto

Look at the format of the reading selection. How is it organized? What does the organization of the document tell you about its content?

Buscar cognados

Scan the reading selection to locate at least five cognates. Based on the cognates, what do you think the reading selection is about?

1. _____
2. _____
3. _____
4. _____
5. _____
6. The reading selection is about _____.

Impresiones generales

Now skim the reading selection to understand its general meaning. Jot down your impressions. What new information did you learn about the document by skimming it? Based on all the information you now have, answer these question in Spanish.

1. Who created this document?
2. What is its purpose?
3. Who is its intended audience?

El Palacio° de la

¡DONDE LA REBAJA ES LA REINA°!
¡APROVECHE° NUESTRAS OFERTAS!

Cárdigan de algodón para mujer/todas las tallas rebajados de **3.450,00** pesos a sólo **2.760,00** pesos

Hermosas blusas de seda para dama°/tallas rebajadas de **2.030,00** pesos al increíble precio de **1.450,00** pesos

Faldas largas para mujer/colores café, morado, azul y gris rebajadas de **2.468,00** pesos a sólo **1.974,00** pesos

Nuevo modelo de **zapatos** para mujer números 35 a 38 rebajados de **3.370,00** pesos a sólo **2.596,00** pesos

Ganga

Abierto de lunes a viernes de 10 a 21 horas sábado de 12 a 20 horas
Aceptamos todas las tarjetas de crédito.

Elegantes chaquetas
para caballero/colores café,
negro, azul y verde con rebaja
del **25%**, de **5.370,00** pesos
a sólo **4.027,50** pesos

Corbatas
baratas para hombre
en variados colores
con rebaja del **40%**,
de **1.384,00** pesos
a sólo **830,40** pesos

Pantalones
formales para
caballero°/colores
verde, caqui,
negro y azul con
el **30%** de rebaja,
de **5.200,00** pesos a
sólo **3.640,00** pesos

Zapatos formales
para hombre números
40 a 45 rebajados de
2.976,00 pesos
a sólo **2.315,00** pesos

Después de leer

¿Comprendiste?

Indicate whether each statement is **cierto** or **falso**. Correct the false statements.

Cierto	Falso	
_____	_____	1. Con 4.000 pesos, un cliente puede comprar un pantalón formal para hombre.
_____	_____	2. Normalmente las blusas de seda cuestan más de 2.000 pesos.
_____	_____	3. El Palacio de la Ganga abre a las diez de la mañana los domingos.
_____	_____	4. Una elegante chaqueta café cuesta 4.027,50 pesos.
_____	_____	5. Las corbatas para hombre tienen una rebaja del veinticinco por ciento.
_____	_____	6. Hay rebaja de suéteres de algodón para hombre.
_____	_____	7. El Palacio de la Ganga acepta tarjetas de crédito.
_____	_____	8. El Palacio de la Ganga está abierto los sábados.

Preguntas ✎

1. ¿Cuánto cuestan los zapatos formales de hombre?
_____

2. ¿Hay rebaja de blusas de algodón?
_____

3. ¿Hay rebaja de ropa para niños en el Palacio de la Ganga? _____

4. ¿Hay rebaja de minifaldas? _____

Coméntalo

Imagina que vas a ir al Palacio de la Ganga. ¿Qué ropa vas a comprar? ¿Hay tiendas similares al Palacio de la Ganga en tu comunidad? ¿Cómo se llaman? ¿Tienen muchas rebajas?

el palacio	palace
la reina	queen
aproveche	take advantage of
caballero	gentleman
dama	lady

recursos

aventuras.vhlcentral.com
Lección 6

La ropa y los accesorios

el abrigo	coat
los bluejeans	jeans
la blusa	blouse
la bolsa	bag; purse
las botas	boots
los calcetines	socks
la camisa	shirt
la camiseta	t-shirt
la cartera	wallet
la chaqueta	jacket
el cinturón	belt
la corbata	tie
la falda	skirt
las gafas (de sol)	(sun)glasses
los guantes	gloves
el impermeable	raincoat
las medias	pantyhose; stockings
los pantalones	pants
los pantalones cortos	shorts
el par de zapatos	pair of shoes
la ropa	clothing, clothes
la ropa interior	underwear
las sandalias	sandals
el sombrero	hat
el suéter	sweater
el traje	suit
el traje de baño	bathing suit
el vestido	dress
los zapatos de tenis	sneakers

Adjetivos

barato/a	cheap
bueno/a	good
cada	each
caro/a	expensive
corto/a	short (in length)
elegante	elegant
hermoso/a	beautiful
largo/a	long
loco/a	crazy
nuevo/a	new
otro/a	other; another
pobre	poor
rico/a	rich

De compras

el almacén	department store
la caja	cash register
el centro comercial	shopping mall
el/la cliente/a	client
el/la dependiente/a	clerk
el dinero	money
el mercado (al aire libre)	(open-air) market
el precio (fijo)	(fixed, set) price
la rebaja	sale
la tarjeta de crédito	credit card
la tienda	shop, store
el/la vendedor(a)	salesperson
costar (o:ue)	to cost
gastar	to spend (money)
hacer juego (con)	to match
ir de compras	to go shopping
llevar	to wear; to take
pagar (con)	to pay (with)
regatear	to bargain
usar	to wear; to use
vender	to sell

Palabras y expresiones

anoche	last night
anteayer	the day before yesterday
el año pasado	last year
ayer	yesterday
de repente	suddenly
desde	from
hasta	until
pasado/a	(adj.) last; past
la semana pasada	last week
una vez	once; one time
dos veces	twice; two times
ya	already
el beso	kiss
la mentira	lie
el regalo	gift
la verdad	truth
¿Qué hiciste?	What did you (fam., sing.) do?
¿Qué hizo usted?	What did you (form., sing.) do?
¿Qué hizo él/ella?	What did he/she do?
¿Qué hicieron ustedes?	What did you (form., pl.) do?
¿Qué hicieron ellos/ellas?	What did they do?
acabar de (+ inf.)	to have just done something
dar	to give
decir	to say; to tell
prestar	to loan

Los colores	See page 141.
Expresiones útiles	See page 147.
Numbers 101 and higher	See page 150.
Indirect object pronouns	See page 154.
Demonstrative adjectives and pronouns	See pages 156–157.

INSTRUCTIONAL RESOURCES Supersite: Text MP3s; IRCD/Supersite: Additional Vocabulary, Testing Program

AVENTURAS EN LOS PAÍSES HISPANOS

Cada año miles de personas de todo el mundo *(world)* llegan al Caribe para disfrutar *(to enjoy)* de sus encantos. De aguas cálidas *(warm)* y transparentes, el mar caribeño rodea *(surrounds)* las costas *(coasts)* de Cuba, Puerto Rico y la República Dominicana. Además de sus increíbles playas, el Caribe goza de *(enjoys)* un clima tropical todo el año y posee una enorme variedad de plantas y animales exóticos. ¿Te gustaría *(Would you like)* ir al Caribe algún *(some)* día?

EL CARIBE

Puerto Rico

Área: 8.959 km^2 (3.459 millas^2)
Población: 4.060.000
Capital: San Juan – 2.758.000
Ciudades principales: Caguas, Mayagüez, Ponce
Moneda: dólar estadounidense

SOURCE: Population Division, UN Secretariat

Cuba

Área: 110.860 km^2 (42.803 millas^2)
Población: 11.379.000
Capital: La Habana – 2.159.000
Ciudades principales: Santiago de Cuba, Camagüey, Holguín, Guantánamo
Moneda: peso cubano

SOURCE: Population Division, UN Secretariat

República Dominicana

Área: 48.730 km^2 (18.815 millas^2)
Población: 9.522.000
Capital: Santo Domingo – 2.240.000
Ciudades principales: Santiago de los Caballeros, La Vega
Moneda: peso dominicano

SOURCE: Population Division, UN Secretariat

SUPERSITE

Lugares

La Habana Vieja

La Habana Vieja es uno de los lugares más maravillosos de Cuba. Este distrito fue declarado *(was declared)* Patrimonio *(Heritage)* Cultural de la Humanidad por la UNESCO en 1982. En la Plaza de Armas, se puede visitar el majestuoso Palacio de Capitanes Generales, que ahora es un museo. En la calle *(street)* Obispo, frecuentada por el escritor Ernest Hemingway, hay hermosos cafés, clubes nocturnos y tiendas elegantes.

Plaza de la Catedral en La Habana

Estrecho de la Florida

ISLAS BAHAMAS

★ La Habana

Cordillera de los Órganos

Isla de la Juventud

CUBA

Deportes

El béisbol

Para algunos latinoamericanos, el béisbol es más que un deporte. Los primeros países hispanos en tener una liga fueron Cuba y México, donde se empezó a jugar al béisbol en el siglo *(century)* XIX. Hoy día este deporte es una afición nacional en la República Dominicana. Pedro Martínez y David Ortiz son sólo dos de los muchísimos beisbolistas dominicanos que han alcanzado *(have reached)* gran éxito e inmensa popularidad entre los aficionados.

Mar de las Antillas

Camagüey ●

Holguín ●

Sierra Maestra

Santiago de Cuba ●

Guantánamo

JAMAICA

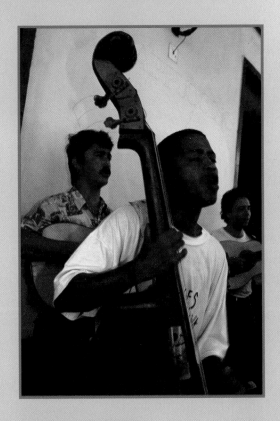

Océano
Atlántico

La salsa y el merengue

Hoy día Puerto Rico es el centro internacional de la salsa. El Gran Combo de Puerto Rico, por ejemplo, es una de las orquestas de salsa más famosas del mundo *(world)*. Sin embargo *(Nevertheless)*, este género musical, que comúnmente *(commonly)* se asocia con el Caribe, nació *(was born)* en barrios latinos de Nueva York como resultado de una mezcla *(mix)* de influencias puertorriqueñas, cubanas, africanas, españolas y de Estados Unidos.

El merengue, un ritmo de la República Dominicana, tiene sus raíces *(roots)* en el campo. Tradicionalmente las canciones hablaban de los problemas sociales de los campesinos *(farmers)*. Entre 1930 y 1960, el merengue se popularizó en las ciudades y adoptó un tono más urbano. Uno de los cantantes y compositores de merengue más famosos es Juan Luis Guerra.

Monumentos

El Morro

El Morro, el gran tesoro *(treasure)* de Puerto Rico, es un fuerte *(fort)* que está en la bahía *(bay)* de San Juan. Lo construyeron *(built)* los españoles en el siglo *(century)* XVI para defenderse de los piratas. Desde mil novecientos sesenta y uno, El Morro es un museo que atrae *(attracts)* a miles de turistas. También es el sitio más fotografiado de Puerto Rico. La arquitectura del fuerte es impresionante: Tiene túneles misteriosos, mazmorras *(dungeons)* y vistas *(views)* fabulosas de la bahía.

Puerto Plata

Santiago

Río Yuna

HAITÍ

LA REPÚBLICA DOMINICANA

San
Juan

Arecibo

Fajardo

Sierra de Neiba

San Pedro
de Macorís

Isla
Culebra

Sierra de Baoruco

**Santo
Domingo**

Mayagüez

Ponce

Isla de Vieques

PUERTO RICO

¿Qué aprendiste?

1 ¿Cierto o falso? Indica si estas oraciones son **ciertas** o **falsas**.

	Cierto	Falso
1. El mar Caribe está al oeste de América Central.	_____	_____
2. El área de Cuba es mayor que el área de Puerto Rico.	_____	_____
3. San Juan es la capital de Puerto Rico.	_____	_____
4. La Habana Vieja es Patrimonio Cultural de la Humanidad.	_____	_____
5. La Habana Vieja es la parte nueva de la capital de Cuba.	_____	_____
6. Los primeros países hispanos en tener una liga de béisbol fueron Cuba y Puerto Rico.	_____	_____
7. El béisbol es el deporte nacional de la República Dominicana.	_____	_____
8. La salsa nació en Nueva York.	_____	_____
9. El merengue tiene sus raíces en la ciudad.	_____	_____
10. Juan Luis Guerra es un cantante de merengue.	_____	_____
11. El Morro fue construido (*was built*) por piratas en el siglo XVI.	_____	_____
12. El Morro es actualmente un museo.	_____	_____

2 Preguntas Contesta estas preguntas con oraciones completas.

1. ¿Cuál de los países del Caribe te parece interesante visitar? ¿Por qué?
2. ¿Por qué crees que la Habana Vieja fue declarada Patrimonio Cultural de la Humanidad?
3. ¿En qué países del Caribe es popular el béisbol? ¿En qué otros países es popular?
4. ¿Te gusta la salsa y el merengue? ¿Conoces (*Do you know*) bandas o artistas famosos de estos géneros musicales?
5. ¿Qué país del Caribe quieres visitar en tus próximas vacaciones? ¿Por qué?

SUPERSITE

CONEXIÓN INTERNET

Investiga estos temas en el sitio
aventuras.vhlcentral.com. **Presenta**
la información a tus compañeros/as
de clase.

- El Morro
- La Habana Vieja
- El béisbol
- La salsa y el merengue

PARA EMPEZAR

- ¿Dónde está ella: en su cuarto o en el baño?
- ¿Crees que es de día o de noche? ¿Por qué?
- ¿Va a salir o acaba de llegar?
- ¿Crees que a ella le gusta estar a la moda? ¿Por qué?

LA VIDA DIARIA

LA HIGIENE PERSONAL

cepillarse el pelo *to brush one's hair*
ducharse *to shower*
lavarse la cara *to wash one's face*
las manos *to wash one's hands*
maquillarse *to put on makeup*
peinarse *to comb one's hair*

el baño *bathroom*
el champú *shampoo*
la crema de afeitar *shaving cream*
el maquillaje *makeup*
la toalla *towel*

el espejo
mirror

el despertador
alarm clock

cepillarse los dientes
to brush one's teeth

el jabón
soap

afeitarse
to shave

bañarse
to bathe; to take a bath

recursos

WB pp. 65–66 | LM p. 37 | aventuras.vhlcentral.com Lección 7

ciento setenta

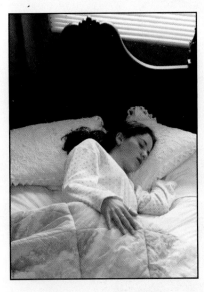

POR LA MAÑANA Y POR LA NOCHE

la rutina diaria *daily routine*

acostarse (o:ue) *to lie down; to go to bed*
despertarse (e:ie) *to wake up*
vestirse (e:i) *to get dressed*

Variación léxica
afeitarse ⟷ rasurarse (*Méx., Amér. C.*)
ducha ⟷ regadera (*Col., Méx., Venez.*)
ducharse ⟷ bañarse (*Amér. L.*)

dormirse (o:ue)
to go to sleep; to fall asleep

levantarse
to get up

OTRAS PALABRAS Y EXPRESIONES

Se acuesta. *He/she goes to bed; you (form.) go to bed.*
Se afeita. *He/she shaves; you shave.*
Se cepilla los dientes. *He/she brushes his/her teeth;*
you brush your teeth.
Se despierta. *He/she wakes up; you wake up.*
Se peina. *He/she combs his/her hair; you comb your hair.*
Se viste. *He/she gets dressed; you get dressed.*

ADVERBIOS Y PREPOSICIONES DE TIEMPO

antes (de) *before*
después *afterwards; then*
después de *after*
durante *during*
entonces *then*
luego *afterwards; then*
más tarde *later (on)*
por la mañana *in the morning*
por la noche *at night*
por la tarde *in the afternoon;*
in the (early) evening
por último *finally*

Se lava las manos.
She washes her hands.

Se ducha.
He takes a shower.

A escuchar

 1 **¿Cierto o falso?** Escucha las frases, mira las fotos e indica si cada frase es **cierta** o **falsa**.

	Cierto	Falso
1.	_____	_____
2.	_____	_____
3.	_____	_____
4.	_____	_____
5.	_____	_____
6.	_____	_____
7.	_____	_____
8.	_____	_____

1.

2.

3.

4.

5.

6.

7.

8.

 2 **Escuchar** Escucha las frases e indica si cada frase es **lógica** o **ilógica**.

	Lógico	Ilógico
1.	_____	_____
2.	_____	_____
3.	_____	_____
4.	_____	_____
5.	_____	_____
6.	_____	_____

A practicar

3 Ordenar Ordena la rutina de Fabio de manera lógica.

_____ a. Después de afeitarse, cepillarse los dientes y vestirse, sale para las clases.

_____ b. Por último, se acuesta a las once y media de la noche.

_____ c. Se ducha y luego se afeita.

_____ d. Por la noche come un poco. Luego estudia antes de acostarse.

_____ e. Asiste a todas sus clases y vuelve a casa por la tarde.

_____ f. Por la mañana, Fabio se despierta a las seis y media.

4 Identificar Con un(a) compañero/a, indica qué necesitan estas personas para realizar (*to perform*) estas acciones.

modelo

Manuel / vestirse
Estudiante 1: ¿Qué necesita Manuel para (*in order to*) vestirse?
Estudiante 2: Necesita una camiseta y unos pantalones.

1. **Daniel / acostarse**   2. **Raúl / despertarse**   3. **Mercedes / lavarse la cara**

4. **Leonardo / afeitarse**   5. **Sofía / lavarse el pelo**   6. **Yolanda / maquillarse**

A conversar

5 **La rutina diaria** Con un(a) compañero/a, mira las fotos y describe qué hace cada persona.

modelo

Estudiante 1: ¿Qué hace Armando?
Estudiante 2: Se afeita.

Armando

1.
Rocío

2.
Noelia

3.
Carlos

4.
Juana

5.
Marisela

6.
Néstor

6 **Describir** Trabajen en parejas (*pairs*) para describir la rutina diaria de dos o tres de estas personas. Usen las palabras de la lista.

1. mi mejor (*best*) amigo/a
2. nuestro/a profesor(a) de español
3. mi padre/madre
4. mi compañero/a de cuarto

primero	durante el día	después
luego	antes	después de
entonces	antes de	por último

7 **Diferencias** Su profesor(a) les va a dar a ti y a tu compañero/a la información necesaria para completar esta actividad.

🎧 Pronunciación SUPERSITE

The consonant r

. . . .

| **ropa** | **rutina** | **rico** | **Ramón** |

In Spanish, **r** has a strong trilled sound at the beginning of a word. No English words have a trill, but English speakers often produce a trill when they imitate the sound of a motor.

. . . .

| **gustar** | **durante** | **primero** | **crema** |

In any other position, **r** has a weak sound similar to the English *tt* in *better* or the English *dd* in *ladder*.
In contrast to English, the tongue touches the roof of the mouth behind the teeth.

. . . .

| **pizarra** | **corro** | **marrón** | **aburrido** |

The letter combination **rr**, which only appears between vowels, always has a strong trilled sound.

| **caro** | **carro** | **pero** | **perro** |

Between vowels, the difference between the strong trilled **rr** and the weak **r** is very important, as a mispronunciation could lead to confusion between two different words.

. . . .

Práctica Lee las palabras en voz alta, prestando (*paying*) atención a la pronunciación de la **r** y la **rr**.

1. Perú
2. Rosa
3. borrador
4. madre
5. comprar
6. favor
7. rubio
8. reloj
9. Arequipa
10. tarde
11. cerrar
12. despertador

Oraciones Lee las oraciones en voz alta, prestando atención a la pronunciación de la **r** y la **rr**.

1. Ramón Robles Ruiz es programador. Su esposa Rosaura es artista.
2. A Rosaura Robles le encanta regatear en el mercado.
3. Ramón nunca regatea… le aburre regatear.
4. Rosaura siempre compra cosas baratas.
5. Ramón no es rico, pero prefiere comprar cosas muy caras.
6. ¡El martes Ramón compró un carro nuevo!

Refranes Lee en voz alta los refranes, prestando atención a la **r** y a la **rr**.

No se ganó Zamora en una hora.[2]

Perro que ladra no muerde.[1]

1 The dog's bark is worse than its bite.
2 Rome wasn't built in a day.

recursos

LM p. 38

aventuras.vhlcentral.com
Lección 7

¡Jamás me levanto temprano!

Álex y Javier hablan de sus rutinas diarias.

PERSONAJES

DON FRANCISCO

ÁLEX

JAVIER

1

JAVIER Hola, Álex. ¿Qué estás haciendo?
ÁLEX Nada… Sólo estoy leyendo mi correo electrónico. ¿Adónde fueron?

2

JAVIER Inés y yo fuimos a un mercado. Fue muy divertido. Mira, compré este suéter. Me encanta. No fue barato, pero es chévere, ¿no?
ÁLEX Sí, es ideal para las montañas.

3

JAVIER ¡Qué interesantes son los mercados al aire libre! Me gustaría volver, pero ya es tarde. Oye, Álex, sabes que mañana tenemos que levantarnos temprano.
ÁLEX Ningún problema.

6

JAVIER ¡Increíble! ¡Álex, el superhombre!
ÁLEX Oye, Javier, ¿por qué no puedes levantarte temprano?
JAVIER Es que por la noche no quiero dormir, sino dibujar y escuchar música. Por eso es difícil despertarme por la mañana.

7

JAVIER El autobús no sale hasta las ocho y media. ¿Vas a levantarte mañana a las seis también?
ÁLEX No, pero tengo que levantarme a las siete menos cuarto porque voy a correr.

8

JAVIER Ah, ya… ¿Puedes despertarme después de correr?
ÁLEX Éste es el plan para mañana. Me levanto a las siete menos cuarto y corro por treinta minutos. Vuelvo, me ducho, me visto y a las siete y media te despierto. ¿De acuerdo?
JAVIER ¡Absolutamente ninguna objeción!

ACTIVIDADES

1 **¿Cierto o falso?** Indica si las frases son **ciertas** o **falsas**. Corrige (*correct*) las falsas.

1. Álex siempre se despierta a las seis cuando está en casa.

2. Álex está mirando la televisión.

3. El suéter que Javier acaba de comprar es caro, pero es muy bonito.

4. A Javier le gusta mucho dibujar y escuchar música por la noche.

5. Javier cree que los mercados al aire libre son aburridos.

6. El autobús va a salir hoy a las siete y media en punto.

7. Álex va a nadar por la mañana.

8. Álex se va a duchar por la mañana.

9. Javier siempre oye el despertador cuando está en casa.

10. Álex va a despertar a Javier por la mañana después de salir a correr.

Para recordar   Antes de mirar este episodio repasa el anterior.

1. ¿Para quién busca un regalo Inés?

2. ¿Qué necesita Javier para su excursión?

3. ¿Por qué le da el vendedor un buen precio a Javier?

4. ¿Qué compra Inés?

Expresiones útiles

Telling where you went

¿Adónde fuiste/fue usted?
Where did you go?
Fui a un mercado.
I went to a market.
¿Adónde fueron ustedes?
Where did you go?
Fuimos a un mercado. Fue muy divertido.
We went to a market. It was a lot of fun.

Talking about morning routines

(Jamás) me levanto temprano/tarde.
I (never) get up early/late.
Nunca oigo el despertador.
I never hear the alarm clock.
Es difícil/fácil despertarme.
It's hard/easy for me to wake up.
Cuando estoy en casa, siempre me despierto a las seis en punto.
When I'm at home, I always wake up at six on the dot.
Me ducho y luego me cepillo los dientes.
I take a shower and then I brush my teeth.
Después me afeito y me visto.
Afterwards, I shave and get dressed.

Reassuring someone

Ningún problema.
No problem.
No te preocupes. / No se preocupe.
Don't worry.

Additional vocabulary

sino
but (rather)
Es chévere.
It's cool.

JAVIER ¿Seguro? Pues yo jamás me levanto temprano. Nunca oigo el despertador cuando estoy en casa y mi mamá se enoja mucho.
ÁLEX Tranquilo, Javier. Yo tengo una solución.

ÁLEX Cuando estoy en casa en la Ciudad de México, siempre me despierto a las seis en punto. Me ducho en cinco minutos y luego me cepillo los dientes. Después me afeito, me visto y ¡listo! ¡Me voy!

DON FRANCISCO Hola, chicos. Mañana salimos temprano, a las ocho y media… ni un minuto antes ni un minuto después.
ÁLEX No se preocupe, don Francisco. Todo está bajo control.
DON FRANCISCO Bueno, pues, hasta mañana.

DON FRANCISCO ¡Ay, los estudiantes! Siempre se acuestan tarde. ¡Qué vida!

2 **Los planes de Álex** Ordena los planes de Álex para mañana. Indica con una **X** lo que no corresponde.

_____ a. Voy a correr por media hora.

_____ b. Voy a acostarme temprano.

_____ c. Voy a despertar a mi amigo a las siete y media.

_____ d. Voy a levantarme a las siete menos cuarto.

_____ e. Voy a ducharme y luego vestirme.

3 **Conversación** En parejas, conversen sobre la rutina de los domingos. Cada uno debe hacer cinco preguntas a su compañero/a y debe anotar las tres respuestas más interesantes.

VM pp. 181–182

Lección 7

La siesta

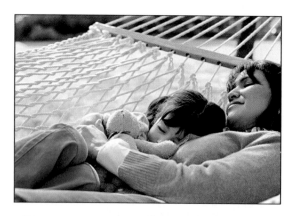

¿Sientes cansancio° después de comer?
¿Te cuesta° volver al trabajo° o a clase después del almuerzo? Estas sensaciones son normales. A muchas personas les gusta relajarse° después de almorzar. Este momento de descanso es **la siesta**. La siesta es popular en los países hispanos y viene de una antigua costumbre° del área del Mediterráneo. La palabra *siesta* viene del latín, es una forma corta de decir "sexta hora". La sexta hora del día es después del mediodía, el momento de más calor. Debido al° calor y al cansancio, los habitantes de España, Italia, Grecia e incluso Portugal, tienen la costumbre de dormir la siesta desde hace° más de° dos mil años. Los españoles y los portugueses llevaron la costumbre a los países americanos.

Aunque hoy día esta costumbre está desapareciendo en las grandes ciudades, la siesta todavía es importante en la cultura hispana. En pueblos pequeños, por ejemplo, muchas oficinas° y tiendas tienen la costumbre de cerrar por dos o tres horas después del mediodía. Los empleados van a su casa, almuerzan con sus familias, duermen la siesta o hacen actividades, como ir al gimnasio, y luego regresan al trabajo entre las 2:30 y las 4:30 de la tarde.

Los estudios científicos explican que una siesta corta después de almorzar ayuda° a trabajar más y mejor° durante la tarde. Pero ¡cuidado! Esta siesta debe durar° sólo entre veinte y cuarenta minutos. Si dormimos más, entramos en la fase de sueño profundo y es difícil despertarse.

Hoy, algunas empresas° de los EE.UU., Canadá, Japón, Inglaterra y Alemania tienen salas° especiales donde los empleados pueden dormir la siesta.

¿Dónde duermen la siesta?

En los lugares donde la siesta es una costumbre antigua, las personas la duermen en su casa. En los países donde la siesta es una costumbre nueva, la gente duerme en sus lugares de trabajo o en centros de siesta.

■ Costumbre antigua
■ Costumbre nueva

Sientes cansancio *Do you feel tired* Te cuesta *Is it hard for you* trabajo *work* relajarse *to relax* antigua costumbre *old custom* Debido al *Because (of)* desde hace *for* más de *more than* aunque *although* está desapareciendo *is disappearing* oficinas *offices* ayuda *helps* mejor *better* durar *last* algunas empresas *some businesses* salas *rooms*

ACTIVIDADES

1 **¿Cierto o falso?** Indica si lo que dicen las oraciones es **cierto** o **falso**. Corrige la información falsa.

1. La costumbre de la siesta empezó en Asia.
2. La palabra *siesta* está relacionada con la sexta hora del día.
3. Los españoles y los portugueses llevaron la costumbre de la siesta a Latinoamérica.
4. La siesta ayuda a trabajar más y mejor durante la tarde.
5. Los horarios de trabajo de las grandes ciudades hispanas son los mismos que los pueblos pequeños.
6. Una siesta larga siempre es mejor que una siesta corta.
7. En los Estados Unidos, los empleados de algunas empresas pueden dormir la siesta en el trabajo.
8. Es fácil despertar de un sueño profundo.

El cuidado personal

el acondicionador; la crema de enjuage	conditioner
el aseo; el excusado; el servicio; el váter (Esp.)	el baño
la crema humectante	moisturizer
el cortaúñas	nail clippers
el desodorante	deodorant
el enjuague bucal	mouthwash
el hilo dental; la seda dental	dental floss
la máquina de afeitar; de rasurar (Méx.)	electric razor

CONEXIÓN INTERNET

What do **la siesta** and **el café** have in common? Go to aventuras.vhlcentral.com to find out and to access these components:

• the **Flash Cultura** video
• more activities
• additional reading: **La hora del café en el mundo hispano**

2 **Una nueva costumbre** En parejas, imaginen que las tiendas y comercios en donde viven deciden adoptar la costumbre de la hora de la siesta. ¿Es una buena idea? ¿Cómo va a afectar esta nueva costumbre a su vida diaria? ¿Qué deben hacer ustedes para adaptarse?

recursos

VM
pp. 239–240

aventuras.vhlcentral.com
Lección 7

Tapas para todos los días

1 **Preparación** En el área donde vives, ¿qué hacen las personas normalmente después del trabajo (*work*)? ¿Van a sus casas? ¿Salen con amigos? ¿Comen?

2 **El video** Mira el episodio de **Flash Cultura**.

Vocabulario

económicas *inexpensive*
montaditos *bread slices with assorted toppings*
pagar propinas *to tip*
tapar el hambre *to take the edge off*
(*lit. putting the lid on one's hunger*)

– ¿Cuándo sueles° venir a tomar tapas?
– Generalmente después del trabajo.

– Estos son los montaditos, o también llamados pinchos. ¿Te gustan?

°**sueles** *do you tend*

3 **Ordenar** Ordena estos eventos de manera lógica.

_____ 1. El empleado cuenta los palillos (*counts the toothpicks*) de los montaditos que Mari Carmen comió.

_____ 2. Mari Carmen va al barrio de la Ribera.

_____ 3. Un hombre en un bar explica cuándo sale a tomar tapas.

_____ 4. Un hombre explica la tradición de los montaditos o pinchos.

_____ 5. Carmen le pregunta a la chica si los montaditos son buenos para la salud.

GRAMÁTICA

7.1 Reflexive verbs

▶ A reflexive verb is used to indicate that the subject does something to or for himself or herself. Reflexive verbs always use reflexive pronouns.

SUBJECT	REFLEXIVE VERB
Carlos	**se afeita** todos los días.

Reflexive verbs

lavarse
to wash oneself

yo	me lavo	*I wash (myself)*
tú	te lavas	*you wash (yourself)*
Ud.	se lava	*you wash (yourself)*
él/ella	se lava	*he/she washes (himself/herself)*
nosotros/as	nos lavamos	*we wash (ourselves)*
vosotros/as	os laváis	*you wash (yourselves)*
Uds.	se lavan	*you wash (yourselves)*
ellos/ellas	se lavan	*they wash (themselves)*

▶ The pronoun **se** attached to an infinitive identifies the verb as reflexive, as in **lavarse**. When a reflexive verb is conjugated, the reflexive pronoun agrees with the subject: **Me peino**.

> Me ducho, me cepillo los dientes, me visto y ¡listo!

> ¡Ay, los estudiantes! Siempre se acuestan tarde.

▶ Reflexive pronouns follow the same rules for placement as object pronouns. They are placed before the conjugated verb, or attached to the infinitive or present participle. When a pronoun is attached to the participle, an accent mark is added.

José **se** levanta temprano.	José **se** va a levantar temprano.
José gets up early.	José va a levantar**se** temprano.
	José is going to get up early.
Carlos **se** afeita.	Carlos está afeitándo**se**.
Carlos shaves.	Carlos **se** está afeitando.
	Carlos is shaving.

¡ojo! Unlike English, Spanish uses the definite article, not a possessive adjective, when referring to clothing or parts of the body.

La niña se quitó **los** zapatos.	Me cepillé **los** dientes.

ciento ochenta

Práctica

1 **Conversaciones** Completa las conversaciones.

MARIO Tú (1) _____ [lavar / lavarse] los platos ayer, ¿no?

TOMÁS Sí, los (2) _____ [lavar / lavarse] después de las clases.

• • •

BEATRIZ ¿Normalmente (tú) (3) _____ [duchar / ducharse] antes de ir a clase?

DAVID Sí, (4) _____ [duchar / ducharse] por la mañana después de despertarme.

• • •

MAMÁ Niños, ¿a qué hora (5) _____ [acostar / acostarse] ustedes anoche?

PACO Daniela (6) _____ [acostar / acostarse] a las nueve, pero nosotros (7) _____ [acostar / acostarse] a las ocho.

• • •

ANA Yo (8) _____ [sentir / sentirse] nerviosa hoy.

PATRICIA Bueno… tú siempre (9) _____ [sentir / sentirse] nerviosa antes de un examen.

2 **Emparejar** Empareja cada foto con la oración correspondiente. Luego, indica qué oraciones tienen verbos reflexivos.

1.   2.
3.   4.
5.   6.

¿Reflexivo?

_____ a. Julia se enoja.   _____

_____ b. Juan y Enrique se despiden.   _____

_____ c. Manuela baña a su hija.   _____

_____ d. Estela se pone los calcetines.   _____

_____ e. El abuelo despierta a sus nietas.   _____

_____ f. Ramón se cepilla los dientes.

Conversación

3 **Preguntas** En parejas, túrnense para hacerse estas preguntas.

1. ¿Cuándo te enojas?
2. ¿Cuándo te sientes feliz?
3. ¿A qué hora te despertaste ayer?
4. ¿A qué hora te levantaste hoy?
5. ¿Te cepillaste los dientes esta mañana?
6. ¿Te lavas las manos antes de comer?
7. ¿Te duermes antes o después de la medianoche?
8. ¿A qué hora te vas a acostar esta noche?

4 **Charadas** En grupos, jueguen a las charadas. Cada persona debe pensar en dos frases con verbos reflexivos. La primera persona que adivina la charada dramatiza la siguiente (*next one*).

5 **Entrevista** Primero, prepara una lista con las actividades que hiciste (*you did*) anoche. Luego, compara con un(a) compañero/a las actividades y toma apuntes (*notes*) de lo que hizo él/ella (*what he/she did*). Sigue el modelo para el primer paso (*step*).

6:00 p.m.	En el Centro Comercial. Me probé un vestido.
7:30 p.m.	Cine con Javier. Muy aburrido. Casi (*Almost*) me dormí.
9:00 p.m.	En el restaurante Cangrejo. Me enojé con Ana.
11:00 p.m.	Fiesta en casa de Antonio. Me acosté tarde.

6 **La familia ocupada** Su profesor(a) les va a dar a ti y a tu compañero/a la información necesaria para completar esta actividad.

Common reflexive verbs

Common reflexive verbs			
acordarse (de) (o:ue)	to remember	levantarse	to get up
acostarse (o:ue)	to go to bed	llamarse	to be called; to be named
afeitarse	to shave		
bañarse	to bathe; to take a bath	maquillarse	to put on makeup
		peinarse	to comb one's hair
cepillarse	to brush	ponerse	to put on
despedirse (de) (e:i)	to say goodbye (to)	ponerse (+ adj.)	to become (+ adj.)
despertarse (e:ie)	to wake up	preocuparse (por)	to worry (about)
dormirse (o:ue)	to go to sleep	probarse (o:ue)	to try on
ducharse	to shower	quedarse	to stay; to remain
enojarse (con)	to get angry (with)	quitarse	to take off
irse	to go away; to leave	sentarse (e:ie)	to sit down
		sentirse (e:ie)	to feel
lavarse	to wash oneself	vestirse (e:i)	to get dressed

▶ Many Spanish verbs can be reflexive. If the verb acts upon the subject, use the reflexive form. If the verb acts upon something else, use the non-reflexive form.

Lola **lava** los platos.

Lola **se lava** la cara.

¡ojo! Reflexive verbs and their non-reflexive counterparts sometimes have different meanings.

acordar *to agree*   **acordarse** *to remember*
levantar *to lift*   **levantarse** *to get up*

¡Manos a la obra!

Indica el presente de estos verbos reflexivos.

despertarse

1. Ellos _se despiertan_ tarde.
2. Tú _____ tarde.
3. Nosotros _____ tarde.
4. Benito _____ tarde.
5. Yo _____ tarde.
6. Ustedes _____ tarde.

ponerse

1. Ella _se pone_ los pantalones.
2. Yo _____ los pantalones.
3. Usted _____ los pantalones.
4. Nosotros _____ los pantalones.
5. Las niñas _____ los pantalones.
6. Tú _____ los pantalones.

7.2 Indefinite and negative words

▶ Indefinite words, such as *someone* or *something*, refer to people and things that are not specific. Negative words, like *no one* or *nothing*, deny the existence of people and things or contradict statements.

Indefinite and negative words

Indefinite words		Negative words	
algo	*something; anything*	nada	*nothing; not anything*
alguien	*someone; somebody; anyone*	nadie	*no one; nobody; not anyone*
alguno/a(s), algún	*some; any*	ninguno/a, ningún	*no; none; not any*
o... o	*either... or*	ni... ni	*neither... nor*
siempre	*always*	nunca, jamás	*never, not ever*
también	*also; too*	tampoco	*neither; not either*

▶ There are two ways to form negative sentences in Spanish. You can place the negative word before the verb, or you can place **no** before the verb and the negative word after the verb.

Nadie está en casa.
No está **nadie** en casa.
Nobody is home.

Ellos **nunca** se enojan.
Ellos **no** se enojan **nunca**.
They never get angry.

Ninguno me gusta.
No me gusta **ninguno**.
I don't like any.

Nada me despierta.
No me despierta **nada**.
Nothing wakes me.

Yo siempre me despierto a las seis.

Yo jamás me levanto temprano. Nunca oigo el despertador.

▶ In Spanish, sentences frequently contain two or more negative words. Once a sentence is negative, all indefinite ideas must be expressed in the negative.

Ella **no** tiene **ninguna** idea.
She doesn't have any idea.

Nunca te pido **nada**.
I never ask you for anything.

Jamás me preocupo por **nada**.
I never worry about anything.

Tampoco me despido de **nadie**.
I don't say goodbye to anyone either.

Práctica

1 La familia de Claudia Completa las frases con **pero** o **sino**.

modelo

Mi abuela es aburrida, ___pero___ amable.

1. No me ducho por la mañana, _____ por la noche.
2. A mí no me gusta nadar, _____ correr.
3. Mi hermana María Luisa es alta, _____ delgada.
4. Mi hermano Emilio no es moreno, _____ rubio.
5. Mis padres no se acuestan temprano, _____ tarde.
6. Mi primo Manuel es inteligente, _____ no es interesante.
7. Mi madre y yo siempre nos despertamos temprano, _____ nunca estamos cansadas.
8. Mi amiga Mariana es pequeña, _____ fuerte.

2 Completar Completa esta conversación con oraciones que tengan (*have*) palabras negativas.

AURELIO Ana María, ¿encontraste algún regalo para Eliana?
ANA MARÍA (1) No, no encontré ningún regalo/nada para Eliana.

AURELIO ¿Viste a alguna amiga en el centro comercial?
ANA MARÍA (2) _____

AURELIO Ana María, ¿quieres ir al teatro o al cine esta noche?
ANA MARÍA (3) _____

AURELIO ¿Quieres salir a comer?
ANA MARÍA (4) _____

AURELIO ¿Hay algo interesante en la televisión esta noche?
ANA MARÍA (5) _____

AURELIO ¿Tienes algún problema?
ANA MARÍA (6) _____

AURELIO ¿Eres siempre antipática?
ANA MARÍA (7) _____

Conversación

3 **Quejas** Con un(a) compañero/a, prepara una lista de cinco quejas (*complaints*) comunes que tienen los estudiantes universitarios. Usen expresiones negativas.

modelo
Nadie me entiende.
¡Jamás puedo levantarme tarde!

Ahora preparen una lista de cinco quejas que los padres tienen de sus hijos.

modelo
Nunca limpian sus habitaciones.
¡No se lavan las manos tampoco!

4 **Anuncios** En parejas, lean el anuncio (*ad*) y preparen otro anuncio similar, sobre algún producto de higiene personal, usando expresiones afirmativas y negativas.

¿Buscas algún producto especial?

¡No vas a poder resistirte jamás a las ofertas de las tiendas García!

Using indefinite words

▶ **Alguien** and **nadie** are often used with the personal **a**. The personal **a** is also used before **alguno/a**, **algunos/as**, and **ninguno/a** when these words refer to people and are the direct object of a verb.

—Carlos, ¿ves **a alguien** allí?
—No, no veo **a nadie**.

—¿Oyes **a alguno** de los chicos?
—No, no oigo **a ninguno**.

¡ojo! Before a masculine singular noun, **alguno** and **ninguno** are shortened to **algún** and **ningún**. Note that the personal **a** is not used with these words when they function as adjectives.

—¿Tienen ustedes **algún** amigo peruano?
—¿Visitaste **algún** museo?

—No, no tenemos **ningún** amigo peruano.
—No, no visité **ningún** museo.

Pero and sino

▶ Although **pero** and **sino** both mean *but*, they are not interchangeable. **Sino** is used when the first part of a sentence is negative and the second part contradicts it. In this context, **sino** means *but rather* or *on the contrary*. In all other cases, **pero** is used to mean *but*.

No se acuesta temprano, **sino** tarde.
He doesn't go to bed early, but rather late.

Canto, **pero** nunca en público.
I sing, but never in public.

No queremos irnos, **sino** quedarnos.
We don't want to leave, but rather stay.

Me desperté a las once, **pero** estoy cansada.
I woke up at eleven, but I'm tired.

¡Manos a la obra!

Cambia las frases para que sean negativas. Sigue el modelo.

1. Siempre se viste bien. _Nunca_ se viste bien.
2. Alguien se ducha. _____ se ducha _____.
3. Ellas van también. Ellas _____ van.
4. Juan también se afeita. Juan _____ se afeita.
5. Alguien se pone nervioso. _____ se pone nervioso _____.
6. Tú siempre te lavas las manos. Tú _____ te lavas las manos.
7. Voy a traer algo. _____ voy a traer _____.
8. La profesora hace algo en su escritorio. La profesora _____ hace _____ en su escritorio.
9. Mis amigos viven en una residencia o en una casa. Mis amigos _____ viven _____ en una residencia _____ en una casa.
10. Tú y yo vamos al mercado. _____ tú _____ yo vamos al mercado.
11. Tienen un espejo en su casa. _____ tienen _____ espejo en su casa.
12. Algunos niños se ponen el abrigo. _____ niño se pone el abrigo.

7.3 Preterite of ser and ir

▶ The preterite forms of **ser** (*to be*) and **ir** (*to go*) are irregular, so you will need to memorize them. None of these forms has an accent mark.

Preterite of *ser* and *ir*		
	ser	**ir**
	to be	*to go*
yo	fui	fui
tú	fuiste	fuiste
Ud./él/ella	fue	fue
nosotros/as	fuimos	fuimos
vosotros/as	fuisteis	fuisteis
Uds./ellos/ellas	fueron	fueron

▶ Since the preterite forms of **ser** and **ir** are identical, the context clarifies which verb is being used.

Lina **fue** a ver una película.
Lina went to see a film.

La película **fue** muy interesante.
The film was very interesting.

Fui a Barcelona el año pasado.
I went to Barcelona last year.

Fue un viaje maravilloso.
It was a wonderful trip.

¿Adónde fueron Uds.?

Fuimos a un mercado. Fue muy divertido.

¡Manos a la obra!

Completa las siguientes frases usando el pretérito de **ir** y **ser**.

ir

1. Los viajeros __fueron__ a Perú.
2. Patricia _____ a Cuzco.
3. Tú _____ a Iquitos.
4. Gregorio y yo _____ a Lima.
5. Yo _____ a Trujillo.
6. Ustedes _____ a Arequipa.
7. Mi padre _____ a Lima.
8. Nosotras _____ a Cuzco.

ser

1. Usted __fue__ muy amable.
2. Yo _____ muy cordial.
3. Ellos _____ muy buenos.
4. Nosotros _____ muy impacientes.
5. Ella _____ muy antipática.
6. Tú _____ muy listo.
7. Ustedes _____ muy cordiales.
8. La gente _____ muy paciente.

Práctica

1 Conversación Completa esta conversación con la forma correcta del pretérito de **ser** o **ir**.

ANDRÉS Cristina y Vicente (1) _____ novios, ¿no?

LAURA Sí, pero ahora Cristina sale con Luis. Anoche ella (2) _____ a comer con él y la semana pasada ellos (3) _____ al partido de fútbol.

ANDRÉS ¿Ah, sí? Mercedes y yo (4) _____ al partido y no los vimos.

LAURA ¿(5) _____ tú con Mercedes? Y, ¿cómo (6) _____ el partido?

ANDRÉS (7) _____ muy divertido. ¡Lo pasamos genial! Pero... ¡qué extraño! Nosotros (8) _____ al café Paraíso y vimos a Vicente con la hermana de Cristina.

LAURA ¿Él (9) _____ al café Paraíso con su hermana? ¡Qué horror!

2 Frases Forma frases con los siguientes elementos. Usa el pretérito.

Sujetos	Verbos	Actividades
yo	(no) ir	a un restaurante
tú	(no) ser	en autobús a Nueva York
mis amigos/as		estudiante(s)
nosotros/as		a una discoteca en Buenos Aires
ustedes		muy amable
Antonio Banderas		a casa muy tarde
Gloria Estefan		a la playa con su novio/a
		dependiente/a en una tienda

Conversación

3 **Preguntas** En parejas, túrnense para hacerse las siguientes preguntas.

1. ¿Adónde fuiste de vacaciones el año pasado?
2. ¿Con quién fuiste?
3. ¿Cómo fueron tus vacaciones?
4. ¿Fuiste de compras esta semana? ¿Qué compraste?
5. ¿Cómo se llama la última película que viste?
6. ¿Cuándo fuiste a ver la película?
7. ¿Cómo fue la película?
8. ¿Adónde fuiste durante el fin de semana? ¿Por qué?

4 **El fin de semana pasado** En parejas, hablen de lo que hicieron (*what you did*) ustedes el fin de semana pasado por la mañana, por la tarde y por la noche. Luego compartan la información con la clase.

	Yo	Mi compañero/a
Por la mañana	_____	_____
	_____	_____
	_____	_____
Por la tarde	_____	_____
	_____	_____
	_____	_____
Por la noche	_____	_____
	_____	_____
	_____	_____

5 **20 preguntas** En grupos pequeños, jueguen a las veinte preguntas. Una persona elige un personaje famoso. El resto del grupo hace preguntas hasta adivinar quién es. Los estudiantes deben hacer preguntas afirmativas o negativas con los verbos en el pretérito que conocen.

- Barack Obama
- Oprah Winfrey
- Donald Trump
- Jennifer Aniston
- Álex Rodríguez

Español en vivo

Fue una experienci[a] increíble.

caldea
SIEMPRE TE ESTAMOS ESPERA[NDO]

Cuando fui a Caldea, me olvidé de todo. Fui para despedirme de todas mis preocupaciones y descubrir los efectos calmantes del agua de las lagunas. Después de bañarme en las aguas termales, se me fueron el cansancio y el estrés. Fueron unas vacaciones extraordinarias.

Identificar

Lee el anuncio (*advertisement*) y busca ejemplos del pretérito de los verbos **ser** e **ir**.

Preguntas

1. ¿Cómo se siente el hombre del anuncio?
2. ¿Por qué fue a Caldea? ¿Cómo fue su visita?
3. En tu opinión, ¿se acuerda este hombre de sus responsabilidades diarias mientras (*while*) está en Caldea?
4. En tu opinión, ¿va a volver a Caldea este hombre? ¿Por qué?

7.4 Gustar and verbs like gustar

▶ **Me gusta(n)** and **te gusta(n)** express the concepts of *I like* and *you* (fam.) *like*. The literal meaning of **gustar** is *to be pleasing to* (*someone*).

Me gusta ese champú.
That shampoo is pleasing to me.
I like that shampoo.

¿**Te gustan** los deportes?
Are sports pleasing to you?
Do you like sports?

▶ **Me gusta(n)** and similar constructions require an indirect object pronoun. In Spanish, the object or thing being liked (**el champú**) is the subject of the sentence. The person who likes the object is an indirect object that answers the question *to whom is the object pleasing?*

I.O. PRONOUN	SUBJECT	SUBJECT	DIRECT OBJECT
Me gusta	ese champú.	I like	that shampoo.

Me gusta el suéter que compraste.

Me gustan el arte y la música.

▶ **Gustar** and similar verbs are usually used in the third-person singular and plural. When the object or person liked is singular, the form **gusta** is used. When two or more objects or persons are liked, **gustan** is used.

Me gustan el mar y la montaña.
I like the ocean and the mountains.

¿**Les gusta** la ciudad?
Do they like the city?

SINGULAR	me, te, le	gusta / gustó	la película / el concierto
PLURAL	nos, os, les	gustan / gustaron	las computadoras / los libros

▶ To express what someone likes or does not like to do, the singular form **gusta** is used, followed by one or more infinitives.

Me gusta levantarme tarde.
I like to get up late.

Me gusta comer y **dormir.**
I like to eat and sleep.

▶ To express the English equivalent of *would like* (*something* or *to do something*), use the construction [*i.o. pronoun*] + **gustaría(n)**.

¿**Te gustaría** ver esa película?
Would you like to see that movie?

Me gustarían unos días sin clases.
I would like a few days without class.

Práctica

1 Completar Completa estas oraciones con los elementos necesarios.

1. _____ Adela _____ [encantar] las canciones (*songs*) de Enrique Iglesias.
2. A _____ me _____ [gustar] más la música de Ricky Martin.
3. A mis amigos _____ [molestar] la música de Gloria Estefan.
4. _____ Juan y _____ Rafael les _____ [fascinar] la música de Shakira.
5. _____ nosotros _____ [importar] los grupos de pop latino.
6. Creo que al señor Gómez _____ [interesar] más la música clásica.
7. A _____ me _____ [aburrir] la música clásica.
8. ¿A _____ te _____ [faltar] dinero para el concierto de Carlos Santana?
9. Sí. Sólo _____ [quedar] cinco dólares.
10. ¿Cuánto dinero te _____ [quedar] a _____?

2 Describir Describe los dibujos con uno de los siguientes verbos.

aburrir	interesar
encantar	molestar
faltar	quedar

1. A Mauricio / libros
_____

2. A Lorena / despertador
_____

3. A nosotros / bailar
_____

4. A ti / camisa
_____

Conversación

3 **Preguntas** En parejas, túrnense para hacer y contestar estas preguntas.

1. ¿Te gusta levantarte temprano o tarde? ¿Por qué?

2. ¿Te molesta cuando tu compañero/a de cuarto se levanta muy temprano?

3. ¿Te gustaría poder dormir la siesta todos los días? ¿Por qué?

4. ¿Te gusta ducharte por la mañana o por la noche?

5. ¿Te gustaría ir de tapas todos los días después de las clases?

6. ¿Te aburren los fines de semana que no sales con amigos?

7. ¿Qué te gusta de esta universidad? ¿Qué te molesta? ¿Hay algo que le falta a esta universidad?

8. ¿Te interesan más las ciencias o las humanidades? ¿Por qué?

4 **Conversar** En parejas, representen una conversación entre un(a) cliente/a y un(a) dependiente/a en una tienda de ropa. Sigan las instrucciones.

Dependiente/a	Cliente/a
1. Saluda al/a la cliente/a y pregúntale en qué le puedes servir.	2. Saluda al/a la dependiente/a y dile (*tell him/her*) qué quieres comprar.
3. Pregúntale qué estilos le interesan y empieza a mostrarle la ropa.	4. Explícale que te interesan los estilos modernos. Escoge las cosas que te interesan.
5. Habla de las preferencias de la temporada (*trends*).	6. Habla de la ropa (me queda(n) bien/mal, me encanta(n)…).
7. Da opiniones favorables al/a la cliente/a (las botas te quedan fantásticas…).	8. Decide qué cosas te gustan y qué vas a comprar.

Using the verb **gustar**

▶ The construction **a** + [*personal pronoun*] (**a mí, a ti, a usted, a él, a ella, a nosotros/as, a vosotros/as, a ellos, a ellas, a ustedes**) clarifies or emphasizes the people who are pleased. **A** + [*noun*] can also be used.

A mí me gusta levantarme temprano. ¿Y **a ti**?
I like to get up early. How about you?

Al profesor le gustó el libro.
The teacher liked the book.

▶ Here is a list of common verbs used in the same way as **gustar**.

Verbs like *gustar*

aburrir	to bore	importar	to be important to; to matter
encantar	to like very much; to love (objects)		
		interesar	to be interesting to; to interest
faltar	to lack; to need		
fascinar	to fascinate; to like very much	molestar	to bother; to annoy
		quedar	to be left over; to fit (clothing)

▶ **Faltar** expresses what is lacking or missing. **Quedar** expresses how much of something is left. Also, **quedar** is used to talk about how clothing fits or looks on someone.

Le falta dinero.
He/she is short of money.

Me faltan dos pesos.
I need two pesos.

Nos quedan cinco libros.
We have five books left.

La falda **te queda** bien.
The skirt looks good on you.

¡Manos a la obra!

 Indica el pronombre de objeto indirecto y la forma del tiempo presente adecuados en cada frase.

gustar

1. A él _le gusta_ la música pop.
2. A mí _____ bailar.
3. A nosotras _____ cantar.
4. A ustedes _____ el dibujo.
5. A ti _____ correr, ¿no?
6. A Elena _____ bucear.
7. A mis padres _____ los chocolates.
8. A usted _____ jugar al tenis.
9. A mi esposo y a mí _____ las novelas de terror.
10. A Pinto _____ estudiar.
11. A nosotros _____ la clase.
12. A Pili no _____ los exámenes.

aburrir

1. A ellos _les aburren_ los deportes.
2. A ti _____ las películas, ¿no?
3. A usted _____ los viajes.
4. A mí _____ las revistas de celebridades de Hollywood.
5. A ellas _____ los deportes.
6. A nosotros _____ las clases.
7. A ustedes _____ las fiestas.
8. A Marcela _____ leer y correr.
9. A ellos _____ los museos.
10. A ella _____ la televisión.
11. A Pedro _____ ir de compras.
12. A ti y a mí _____ bailar.

Repaso

For more practice, go to aventuras.vhlcentral.com.

7.1 Reflexive verbs

1 **De vacaciones** Imagina que estás de vacaciones con tus amigos en la playa. Forma oraciones en tiempo presente con estos elementos.

1. Martín y Mónica / sentarse / en la cafetería del hotel
   _____

2. yo / ponerse / bloqueador (sun block) / antes de tomar el sol _____

3. ustedes / quedarse / en el cuarto del hotel / durante la noche _____

4. Josefina y yo / probarse / trajes de baño / en la tienda
   _____

5. tú / ducharse / después / nadar en el mar

6. Lucía / quitarse / las sandalias / antes / entrar en la piscina _____

2 **Una pareja singular** Angélica y Mauricio son una pareja muy estructurada (methodical) que siempre sigue la misma rutina antes de ir al trabajo. Lee el horario de cada uno y contesta las preguntas.

modelo
¿Qué hace Mauricio a las seis de la mañana?
Mauricio se afeita a las seis de la mañana.

Hora	Angélica	Mauricio
5:50 a.m.	levantarse	levantarse
6:00 a.m.	bañarse	afeitarse
6:30 a.m.	peinarse	ducharse
7:00 a.m.	maquillarse	peinarse
7:30 a.m.	vestirse	vestirse
8:00 a.m.	irse al trabajo	irse al trabajo

1. ¿A qué hora se levantan Angélica y Mauricio?

2. ¿Qué hace Mauricio después de levantarse?

3. ¿Qué hace Angélica antes de maquillarse?

4. ¿Qué hacen Angélica y Mauricio a las siete de la mañana?

5. ¿Qué hace Mauricio después de afeitarse?

6. ¿Qué hace Angélica antes de peinarse?

7. ¿Qué hacen Mauricio y Angélica a las siete y media?

8. ¿Qué hacen Angélica y Mauricio a las ocho de la mañana?

7.2 Indefinite and negative words

3 **La rutina diaria** Cambia las oraciones para que sean negativas.

modelo
Algunas personas se duchan por la noche.
Ninguna persona se ducha por la noche.

1. Siempre nos acostamos a las diez en punto.
   _____

2. Mis padres se levantan a las seis o a las seis y media.
   _____

3. Alguien se baña antes de ir a la escuela.
   _____

4. Yo también trabajo por la tarde.
   _____

5. Ustedes comen algo. _____

6. Tú te lavas el pelo con algún champú caro.
   _____

4 **Tu novio/a ideal** En parejas, describan a su novio/a ideal usando expresiones afirmativas.

modelo
Es alguien que siempre dice la verdad.

7.3 Preterite of ser and ir

5 **Un mensaje** Completa el mensaje con el pretérito de **ser** o **ir**.

✉

Hola, Lulú:

Perdón porque no te escribí antes pero ayer (1)_____ un día con muchas cosas. Mi hermano y yo nos levantamos muy temprano y (2)_____ a correr al parque. Después me duché y (3)_____ a trabajar. Por la tarde, mis primos (4)_____ a buscarme al trabajo (work) para ir a tomar unas tapas. Quiero decirte que tú (5)_____ muy amable en contestar mi mensaje rápidamente y que tu familia y tú (6)_____ muy cordiales conmigo cuando los visité en Chile.

A propósito, ¿cuándo vienes a España?
Esteban

6 **Ayer** En parejas, describan las actividades que hicieron (you did) ayer, usando el pretérito de **ir** y **ser**.

modelo
Por la mañana, yo fui a hacer ejercicio.

1. Por la mañana, . . .
2. Por la tarde, . . .
3. Por la noche, . . .
4. Antes de acostarme, . . .

7.4 Gustar and verbs like gustar

7 Combinar Combina elementos de cada columna para formar oraciones lógicas.

A	B	C
Al empleado del hotel	aburrir	ducharse con agua fría
A mí	encantar	despertarse temprano
A nosotros	faltar	el gel fijador (*hair gel*) para pelo
A Elena y a ti	fascinar	la pasta de dientes con sabor a chocolate
A ti	importar	la ropa de marca (*brand-name*)
A los estudiantes	molestar	mirarse al espejo con mucha frecuencia

8 Encuesta Pregúntales a dos o tres compañeros/as qué cosas o actividades les encantan, les aburren o les molestan.

Nombre	Le encanta(n)	Le aburre(n)	Le molesta(n)
______	______	______	______
______	______	______	______
______	______	______	______
______	______	______	______
______	______	______	______
______	______	______	______
______	______	______	______
______	______	______	______

Síntesis

9 Un día típico En parejas, describan la rutina diaria de dos o tres de estas personas. Usen como mínimo tres verbos reflexivos, una expresión afirmativa y una negativa y dos expresiones con verbos como **gustar**.

- Shakira
- Álex Rodríguez
- El presidente de los Estados Unidos
- Dos de tus profesores
- Oprah Winfrey

SUPERSITE

Videoclip

1 Preparación Nombra un lugar insólito (*unusual*) para conocer (*to meet*) a alguien. Comparte anécdotas personales o de tus amigos/as con la clase.

2 El clip Mira el anuncio (*ad*) de **Sedal** de Argentina.

Vocabulario

rehacé *redo (in voseo)*	**¿Salís? ¿Sales?** *(in voseo)*
romper *to break*	**volvete** *become (in voseo)*

Acá hay que romper°…

—Soledad
—Mariano

°Acá hay que romper *We need to break it here*

3 Escoger Escoge la opción correcta para cada oración.

1. El plomero (*plumber*) va a romper el __________ (cepillo/espejo) del chico.
2. El chico y la chica __________ (bailan/se peinan) la primera vez que se ven.
3. Al chico le __________ (interesa/aburre) conocer a la chica.
4. Al final __________ (la chica/el chico) rompe el espejo.

4 La cita En parejas, imaginen que los chicos del anuncio tienen una primera cita (*date*). Escriban una conversación entre ellos donde hablen sobre lo que les encanta y lo que les molesta. Dramatícenla para la clase y entre todos decidan si son compatibles o no.

SUPERSITE **CONEXIÓN INTERNET**

Go to **aventuras.vhlcentral.com** to watch the television clip featured in this section.

Ampliación

 1 Escuchar

 A Escucha la entrevista entre Carolina y Julián, teniendo en cuenta (*taking into account*) lo que ya sabes sobre este tipo de situación. Elige la opción que completa correctamente cada oración.

> ⭐ **TIP Use background information.** Use what you already know about a topic to help you guess the meaning of unknown words or linguistic structures.

1. Julián es...
   a. político.   b. deportista profesional.
   c. artista de cine.

2. El público (*audience*) de Julián quiere saber de...
   a. sus películas.   b. su vida (*life*).
   c. su novia.

3. Julián habla de...
   a. sus viajes y sus rutinas.   b. sus parientes y amigos.
   c. sus comidas (*foods*) favoritas.

4. Julián...
   a. se levanta y se acuesta a horas diferentes todos los días.
   b. tiene una rutina diaria.   c. no quiere hablar de su vida.

B ¿Crees que Julián siempre fue rico? ¿Por qué? ¿Qué piensas de Julián como persona?

 2 Conversar

En parejas, túrnense para hacerse estas preguntas.

- ¿A qué hora te levantaste ayer? ¿Usaste un despertador?
- ¿Cuántas veces te cepillaste los dientes ayer?
- ¿Adónde fuiste ayer después de las clases?
- ¿Te gusta mirar la televisión antes de acostarte?
- ¿A qué hora te acostaste anoche?

Ampliación

 Escribir

Escribe una composición en la que describes tu rutina diaria en algún lugar interesante (una isla desierta, el Polo Norte, el desierto, etc.). Considera cómo pueden cambiar los elementos básicos de tu rutina: ¿Dónde te acuestas? ¿Cómo te bañas?

> **TIP Use adverbs to sequence events.** You can use adverbs and adverbial phrases as transitions between the introduction, the body, and the conclusion of a narrative.

Organízalo	Utiliza estos adverbios para organizar la secuencia de tu composición: **primero, después, luego, más tarde** y **al final.** Anota ideas que respondan a estas preguntas: **¿qué?, ¿quién?, ¿cuándo?, ¿dónde?, ¿cómo?** y **¿por qué?**
Escríbelo	Utiliza tus notas para escribir el primer borrador (*draft*) de la composición.
Corrígelo	Intercambia tu composición con un(a) compañero/a. Comenta sobre la introducción, la secuencia de eventos, el nivel (*level*) de interés y los errores de gramática o de ortografía. Revisa el primer borrador según las indicaciones de tu compañero/a.
Compártelo	Intercambia tu composición con otro/a compañero/a. Lee su trabajo y comparte con la clase tres ideas que te gustaron (*you liked*) de su composición.

Un paso más

Planea un viaje a un lugar famoso del mundo hispano. Haz un folleto (*brochure*) con elementos visuales y esta información:

• Presenta el itinerario de cada día del viaje e indica la hora para cada actividad.

• Describe el país, la historia del lugar y también las actividades programadas para el viaje.

• Comenta sobre los restaurantes, el transporte y los hoteles.

• Describe la rutina diaria de un viajero típico.

 CONEXIÓN INTERNET

Investiga estos temas en el sitio
aventuras.vhlcentral.com.
• Lugares de interés en España y América del Sur
• Lugares de interés en México, Centroamérica y el Caribe

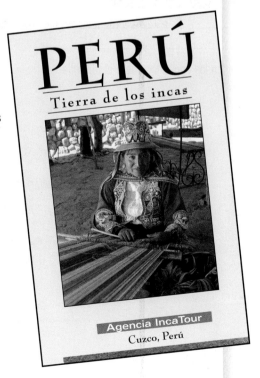

PERÚ
Tierra de los incas

Agencia IncaTour
Cuzco, Perú

Antes de leer

Predicting content from the title will help you increase your reading comprehension in Spanish. We can usually predict the content of a newspaper article in English from its headline, for example.

Examinar el texto

Lee el título de la lectura y haz tres predicciones sobre el contenido. Escribe tus predicciones en una hoja de papel.

Compartir

Comparte tus ideas con un(a) compañero/a.

Cognados

Escribe una lista de cuatro cognados que encuentres en la lectura.

1. _____
2. _____
3. _____
4. _____

¿Qué te dicen los cognados sobre el tema de la lectura?

15 de octubre

¡Una mañana desastrosa!

—Me levanté de la cama a las seis y media.

Esta mañana me levanté de la cama a las seis y media y corrí a despertar a mis dos hijas. —Yolanda, Dolores, van a perder el autobús de la escuela, —les grité°. Pero ellas no se despertaron. Jamás se despiertan temprano. Siempre se sientan a ver la televisión por la noche y se acuestan muy tarde.

—Corrimos para llegar a la parada del autobús.

Yolanda y Dolores salieron de la casa sin° cepillarse los dientes, pero eso no importa. Por lo menos se acordaron de ponerse las botas y el abrigo antes de irse. Corrimos para llegar a la parada° del autobús de la escuela, que pasa a las siete de la mañana.

—Nunca llegó el autobús.

Esperamos media hora, pero nunca llegó el autobús. Regresamos a casa. Llamamos por teléfono° a la escuela, pero nadie contestó. Tomamos el automóvil y salimos de casa.

—¡Por fin se despertaron mis hijas!

¡Por fin se despertaron! Medio dormidas y medio enojadas°, ellas entraron al baño para lavarse la cara y peinarse. Luego volvieron a su habitación para vestirse. Yo fui a la cocina para prepararles el desayuno°. A mis hijas les encanta comer un buen desayuno, pero hoy les di° cereales y les preparé dos sándwiches para el almuerzo°.

—¡Hoy es sábado!

Llegamos a la escuela antes de las ocho y entonces me di cuenta de que° hoy es sábado. ¡Y los sábados no hay clases!

Después de leer

¿Comprendiste? ✎◗

Selecciona la respuesta correcta.

1. ¿Quién es el/la narrador(a)?
   a. el padre de las chicas   b. Yolanda
   c. Dolores

2. ¿A qué hora se despertó el papá?
   a. a las seis de la mañana   b. a las seis y media
   c. a las siete y media

3. ¿Qué comieron las chicas antes de salir de la casa?
   a. un sándwich   b. cereales
   c. dos sándwiches

4. ¿Cómo fueron las chicas a la escuela?
   a. Corrieron.   b. Fueron en autobús.
   c. Fueron en automóvil.

Preguntas ✎◗

Responde a estas preguntas con oraciones completas.

1. ¿Por qué nunca se despiertan temprano las chicas?
   _____

2. ¿Se bañaron las chicas esta mañana?
   _____

3. ¿A qué hora llega generalmente el autobús?
   _____

4. ¿A qué hora llegó el autobús hoy?
   _____

5. ¿Por qué no contestó nadie cuando llamaron a la escuela?
   _____

Coméntalo

¿Qué crees que le dicen Yolanda y Dolores a su papá después de volver de la escuela? Imagina que eres el papá, ¿cómo responderías (*would you respond*) a lo que te dicen las chicas?

grité	*I shouted*
medio dormidas y	*half asleep and*
medio enojadas	*half mad*
desayuno	*breakfast*
almuerzo	*lunch*
di	*I gave*
sin	*without*
parada	*stop*
llamamos por teléfono	*we called on the phone*
me di cuenta de que	*I realized that*

For an additional reading, go to **aventuras.vhlcentral.com**.

recursos

aventuras.vhlcentral.com
Lección 7

VOCABULARIO

Los verbos reflexivos

acordarse (de) (o:ue)	to remember
acostarse (o:ue)	to lie down; to go to bed
afeitarse	to shave
bañarse	to bathe; to take a bath
cepillarse el pelo	to brush one's hair
cepillarse los dientes	to brush one's teeth
despedirse (de) (e:i)	to say goodbye (to)
despertarse (e:ie)	to wake up
dormirse (o:ue)	to go to sleep; to fall asleep
ducharse	to shower, to take a shower
enojarse (con)	to get angry (with)
irse	to go away; to leave
lavarse la cara	to wash one's face
lavarse las manos	to wash one's hands
levantarse	to get up
llamarse	to be called; to be named
maquillarse	to put on makeup
peinarse	to comb one's hair
ponerse	to put on
ponerse (+ adj.)	to become (+ adj.)
preocuparse (por)	to worry (about)
probarse (o:ue)	to try on
quedarse	to stay, to remain
quitarse	to take off
sentarse (e:ie)	to sit down
sentirse (e:ie)	to feel
vestirse (e:i)	to get dressed

En el baño

el baño	bathroom
el champú	shampoo
la crema de afeitar	shaving cream
el espejo	mirror
el jabón	soap
el maquillaje	makeup
la toalla	towel

Adverbios y preposiciones de tiempo

antes (de)	before
después	afterwards; then
después de	after
durante	during
entonces	then
luego	afterwards; then
más tarde	later (on)
por último	finally

Verbos como *gustar*

aburrir	to bore
encantar	to like very much; to love (inanimate objects)
faltar	to lack; to need
fascinar	to fascinate; to like very much
gustar	to be pleasing to; to like
importar	to be important to; to matter
interesar	to be interesting to; to interest
me gustaría(n)…	I would like…
molestar	to bother; to annoy
quedar	to be left over; to fit (clothing)

Otras palabras y expresiones

el despertador	alarm clock
la rutina diaria	daily routine
por la mañana	in the morning
por la noche	at night
por la tarde	in the afternoon; in the evening

Expresiones útiles	See page 177.
Indefinite and negative words	See page 182.

recursos
SUPERSITE
aventuras.vhlcentral.com
Lección 7

ciento noventa y cuatro

8 ¡A comer!

Communicative Goals

You will learn how to:
- talk about food
- order at a restaurant
- discuss familiar people and places

PARA EMPEZAR

- ¿Dónde están los muchachos?
- ¿De qué colores son las frutas?
- ¿Qué compra el cliente: bananas o tomates?
- ¿Crees que el cliente está contento?

SUPERSITE

¡A COMER!

EN UN RESTAURANTE

el plato (principal) *(main) dish*
la sección de (no) fumadores *(non)smoking section*
el almuerzo *lunch*
la cena *dinner*
la comida *food; meal*
el desayuno *breakfast*

el camarero
waiter

almorzar (o:ue) *to have lunch*
cenar *to have dinner*
desayunar *to have breakfast*
pedir (e:i) *to order (food)*
probar (o:ue) *to taste; to try*
recomendar (e:ie) *to recommend*
servir (e:i) *to serve*

el menú
menu

los entremeses
hors d'oeuvres

LAS CARNES, LOS PESCADOS Y LOS MARISCOS

el atún *tuna*
los camarones *shrimp*
la carne *meat*
la carne de res *beef*
la chuleta de cerdo *pork chop*
la hamburguesa *hamburger*
el jamón *ham*
la langosta *lobster*
el pavo *turkey*
el pescado *fish*
la salchicha *sausage*
el salmón *salmon*

el bistec
steak

LOS SABORES

agrio/a *sour*
delicioso/a *delicious*
dulce *sweet*
picante *hot, spicy*
rico/a *tasty; delicious*
sabroso/a *tasty; delicious*
salado/a *salty*

el pollo (asado)
(roast) chicken

los mariscos
seafood

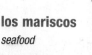

LAS FRUTAS

la banana *banana*
el limón *lemon*
la manzana *apple*
la naranja *orange*
las uvas *grapes*

Variación léxica

camarones ⟷ gambas (*Esp.*)
refresco ⟷ gaseosa (*Amér. L.*)
sándwich ⟷ bocadillo (*Esp.*), torta (*Méx.*)
arveja ⟷ guisante (*Esp.*), chícharo (*Méx.*)
papa ⟷ patata (*Esp.*)

las frutas
fruit

LOS GRANOS Y LAS VERDURAS

el ajo *garlic*
el arroz *rice*
las arvejas *peas*
la cebolla *onion*
los cereales *cereal; grain*
los frijoles *beans*
la lechuga *lettuce*
el maíz *corn*
la papa/patata *potato*
el tomate *tomato*
las verduras *vegetables*
la zanahoria *carrot*

los champiñones
mushrooms

la ensalada
salad

LOS CONDIMENTOS Y OTRAS COMIDAS

el aceite *oil*
el azúcar *sugar*
el huevo *egg*
la mantequilla *butter*
la margarina *margarine*
la mayonesa *mayonnaise*
el pan (tostado) *(toasted) bread*
las papas/patatas fritas *French fries*
el queso *cheese*
la sal *salt*
la sopa *soup*
el vinagre *vinegar*

la pimienta
pepper

LAS BEBIDAS

la bebida *drink*
la cerveza *beer*
el jugo (de fruta) *(fruit) juice*
la leche *milk*
el refresco *soft drink*
el té (helado) *(iced) tea*
el vino (blanco/tinto) *(white/red) wine*

el sándwich
sandwich

el agua (f.) (mineral)
(mineral) water

el café
coffee

A escuchar

🎧 **1** **¿Lógico o ilógico?** Escucha las frases e indica si son **lógicas** o **ilógicas**.

	Lógico	Ilógico
1.	_____	_____
2.	_____	_____
3.	_____	_____
4.	_____	_____
5.	_____	_____
6.	_____	_____
7.	_____	_____
8.	_____	_____

🎧 **2** **¿Qué pide Nora?** Escucha la conversación entre Nora y el camarero en un restaurante. Luego indica las comidas y las bebidas que Nora pide.

Restaurante Las Fuentes

Avenida Las Lomas, 22

ENTREMESES
___ papas fritas
___ cóctel de frutas con queso
___ sopa de verduras
___ sopa de pollo
___ pan con mantequilla

PLATOS PRINCIPALES
___ sándwich de jamón y queso
___ pollo asado
___ hamburguesa
___ hamburguesa con queso
___ enchiladas de res
___ enchiladas de queso

BEBIDAS
___ agua mineral
___ té helado
___ leche
___ café
___ jugo de naranja

A practicar

3 **La comida** Indica la palabra que no está relacionada.

1. sabroso • manzana • banana • naranja
2. salmón • cereales • camarones • mariscos
3. frijoles • champiñón • naranja • cebolla
4. mantequilla • salchicha • carne de res • jamón
5. arvejas • lechuga • zanahoria • dulce
6. refresco • sopa • agua mineral • leche

4 **Completar** Completa las frases con las palabras correctas.

1. La persona que sirve la comida en un restaurante es el _____.
2. Camarero, ¿puedo ver el _____, por favor?
3. El bistec y el jamón son dos tipos de_____.
4. El té helado, el café y los refrescos son _____.
5. Algo de color blanco que pongo en el café es el _____.
6. Las tres comidas principales del día son el _____, el almuerzo y la cena.

5 **¿Qué es?** Describe cada uno de estos alimentos con alguna característica. Puedes decir de qué color es, qué sabor tiene o cuándo lo comes o lo tomas.

modelo

El limón es una fruta de color amarillo./Es una fruta agria./Le pongo limón a la ensalada.

1. _____

2. _____

3. _____

4. _____

5. _____

6. _____

7. _____

8. _____

A conversar

6 **¿Te gusta?** Lee la lista e indica si te gusta o no cada comida o bebida.

¿Te gusta(n)?	Me gusta(n)	No me gusta(n)
1. el vino tinto	_____	_____
2. la hamburguesa	_____	_____
3. el queso	_____	_____
4. los camarones	_____	_____
5. el tomate	_____	_____
6. los champiñones	_____	_____
7. los huevos	_____	_____
8. los limones	_____	_____

Ahora compara tus opiniones con las de un(a) compañero/a.

modelo

la carne de res
Estudiante 1: A mí me gusta mucho la carne de res.
Estudiante 2: A mí no. Prefiero el pollo./A mí me encanta la carne de res.

7 **Conversación** En grupos, contesten las preguntas.

1. ¿Desayunas? ¿Qué comes y bebes por la mañana?
2. ¿Qué comes generalmente a la hora del almuerzo?
3. ¿Qué comidas prefieres para la cena?
4. ¿Qué tipos de comidas te gustan más: las dulces o las saladas?
5. ¿Te gustan las comidas picantes?¿Cuáles?
6. ¿Te importa pagar más dinero por comer alimentos orgánicos?
7. ¿Te gusta cocinar (to cook)? ¿Qué comidas preparas para tus amigos? ¿Y para tu familia?
8. ¿Qué comida les recomiendas a tus amigos? ¿Por qué?
9. ¿Qué comidas te gustaría probar?
10. ¿Eres vegetariano/a? ¿Crees que ser vegetariano/a es una buena idea? ¿Por qué?

8 **Crucigrama** Su profesor(a) va a darles a ti y a tu compañero/a la información necesaria para completar esta actividad.

🎧 Pronunciación ⬤SUPERSITE

ll, ñ, c, and z

pollo	**llave**	**ella**	**cebolla**

Most Spanish speakers pronounce the letter **ll** like the *y* in *yes*.

mañana	**señor**	**baño**	**niña**

The letter **ñ** is pronounced much like the *ny* in *canyon*.

café	**colombiano**	**cuando**	**rico**

Before **a**, **o**, or **u**, the Spanish **c** is pronounced like the *c* in *car*.

cereales	**delicioso**	**conducir**	**conocer**

Before **e** or **i**, the Spanish **c** is pronounced like the *s* in *sit*. (In parts of Spain, **c** before **e** or **i** is pronounced like the *th* in *think*.)

zeta	**zanahoria**	**almuerzo**	**cerveza**

The Spanish **z** is pronounced like the *s* in *sit*. (In parts of Spain, **z** is pronounced like the *th* in *think*.)

Práctica Lee las palabras en voz alta.

1. mantequilla
2. cuñado
3. aceite
4. manzana
5. español
6. cepillo
7. zapato
8. azúcar
9. quince
10. compañera
11. almorzar
12. calle

Oraciones Lee las oraciones en voz alta.

1. Mi compañero de cuarto se llama Toño Núñez. Su familia es de la Ciudad de Guatemala y de Quetzaltenango.
2. Dice que la comida de su mamá es deliciosa, especialmente su pollo al champiñón y sus tortillas de maíz.
3. Creo que Toño tiene razón porque hoy cené en su casa y quiero volver mañana para cenar allí otra vez.

Refranes Lee los refranes en voz alta.

Panza llena, corazón contento.[2]

Las apariencias engañan.[1]

1 *Looks can be deceiving.*
2 *The way to a man's heart is through his stomach.*

recursos

LM
p. 44

aventuras.vhlcentral.com
Lección 8

📹 ¿Qué tal la comida? ⬤SUPERSITE

Don Francisco y los estudiantes van al Restaurante El Cráter.

PERSONAJES

DON FRANCISCO

JAVIER

INÉS

ÁLEX

MAITE

DOÑA RITA

CAMARERO

JAVIER ¿Sabes dónde estamos?
INÉS Mmm, no sé. Oiga, don Francisco, ¿sabe usted dónde estamos?
DON FRANCISCO Estamos cerca de Cotacachi.

ÁLEX ¿Dónde vamos a almorzar, don Francisco? ¿Conoce un buen restaurante en Cotacachi?
DON FRANCISCO Pues, conozco a doña Rita Perales, la dueña del mejor restaurante de la ciudad, el restaurante El Cráter.

DOÑA RITA Hombre, don Paco, ¿usted por aquí?
DON FRANCISCO Sí, doña Rita… y hoy le traigo clientes. Le presento a Maite, Inés, Álex y Javier. Los llevo a las montañas para ir de excursión.

MAITE Voy a tomar un caldo de patas y un lomo a la plancha.
JAVIER Para mí las tortillas de maíz y el ceviche de camarón.
ÁLEX Yo también quisiera las tortillas de maíz y el ceviche de camarón.
INÉS Voy a pedir caldo de patas y lomo a la plancha.

DON FRANCISCO Yo quiero tortillas de maíz y una fuente de fritada, por favor.
DOÑA RITA Y de tomar, les recomiendo el jugo de piña, frutilla y mora. ¿Se lo traigo a todos?
TODOS Sí, perfecto.

CAMARERO ¿Qué plato pidió usted?
MAITE Un caldo de patas y lomo a la plancha.

ACTIVIDADES

1 **En el restaurante** Escoge la respuesta (*answer*) que completa cada oración.

1. Don Francisco lleva a los estudiantes a (cenar / almorzar).
2. Doña Rita es (la dueña / una camarera).
3. Doña Rita les recomienda a los viajeros (el caldo de patas y el lomo a la plancha / las verduras y el té helado).
4. Inés va a pedir (las tortillas de maíz y la fuente de fritada (*mixed grill*) / el caldo de patas y el lomo a la plancha).

2 **Preguntas** Contesta las preguntas.

1. ¿Por qué doña Rita dice que los viajeros deben comer bien?
2. ¿Cuál es la especialidad del restaurante?
3. ¿Qué pidió Maite?
4. ¿Qué pidió Álex?
5. ¿Qué tomaron todos?
6. ¿Cuándo es el cumpleaños (*birthday*) de Maite?

ASÍ SE DICE

La comida

el banano (Col.), el cambur (Ven.), el guineo (Nic.), el plátano (Amér. L., Esp.)	la banana
el choclo (Amér. S.), el elote (Méx.), el jojoto (Ven.), la mazorca (Esp.)	*corncob*
las caraotas (Ven.), los porotos (Amér. S.), las habichuelas	los frijoles
el jitomate (Méx.)	el tomate

CONEXIÓN INTERNET

What do foods in the US and Latin America have in common? Go to **aventuras.vhlcentral.com** to find out, and to access these components:

- the **Flash Cultura** video
- more activities
- additional reading: **Frutas exóticas de Latinoamérica: la pitahaya, la lúcuma y el membrillo**

2 **¿Qué te gusta?** Describe tres de tus comidas favoritas que tengan como ingredientes alguna fruta o verdura de América. ¿Qué ingredientes tiene? ¿Cuándo la comes? ¿Cómo se sirve?

recursos

VM pp. 241–242 | aventuras.vhlcentral.com Lección 8

La comida latina

1 **Preparación** ¿Probaste alguna vez comida latina? ¿Qué plato? ¿La compraste en un supermercado o fuiste a un restaurante? ¿Te gustó?

2 **El video** Mira el episodio de **Flash Cultura**.

Vocabulario

cocinar *to cook*	**el plato** *dish (in a meal)*
¿Está lista para ordenar? *Are you ready to order?*	**pruébala** *try it, taste it*

Marta nos mostrará° algunos de los platos de la comida mexicana.

… hay más lugares donde podemos comprar productos hispanos.

°**mostrará** *will show*

3 **¿Cierto o falso?** Indica si las oraciones son **ciertas** o **falsas**.

1. En Los Ángeles hay comida de países latinoamericanos y de España.
2. Leticia explica que la tortilla del taco americano es blanda *(soft)* y la del taco mexicano es dura *(hard)*.
3. Las ventas *(sales)* de salsa son bajas en los Estados Unidos.
4. Leticia fue a un restaurante ecuatoriano.
5. Leticia probó Inca Kola en un supermercado.

8.1 Preterite of stem-changing verbs

▶ As you know, **–ar** and **–er** stem-changing verbs have no stem change in the preterite. **–Ir** stem-changing verbs, however, do have a stem change.

Preterite of –ir stem-changing verbs

	servir (e→i)	morir (to die) (o→u)
yo	serví / served	morí / died
tú	serviste	moriste
Ud./él/ella	sirvió	murió
nosotros/as	servimos	morimos
vosotros/as	servisteis	moristeis
Uds./ellos/ellas	sirvieron	murieron

▶ In the preterite, stem-changing **–ir** verbs have an **e** to **i** or **o** to **u** stem change in the **Ud./él/ella** and **Uds./ellos/ellas** forms.

INFINITIVE	VERB STEM	STEM CHANGE	PRETERITE
pedir	ped-	pid-	pidió, pidieron
dormir	dor-	dur-	durmió, durmieron

...rdón, ¿quiénes ...eron las tortillas de maíz?

¿Y qué plato pidió usted?

¡Manos a la obra!

Cambia los infinitivos al pretérito.

1. yo [servir, dormir, pedir, preferir, repetir, seguir]
   serví, dormí, pedí, preferí, repetí, seguí
   _____

2. usted [morir, conseguir, pedir, sentirse, despedirse, vestirse]
   _____

3. tú [conseguir, servir, morir, pedir, dormir, repetir]
   _____

4. ellas [repetir, dormir, seguir, preferir, morir, servir]
   _____

5. nosotros [seguir, preferir, servir, vestirse, despedirse, dormirse]
   _____

6. ustedes [sentirse, vestirse, conseguir, pedir, despedirse, dormirse]
   _____

Práctica

1 **¡Pobre señor Suárez!** Completa las frases.

1. Los señores Suárez llegaron al restaurante a las ocho y _____ [seguir] al camarero a una mesa.

2. El señor Suárez _____ [pedir] una chuleta de cerdo. La señora Suárez decidió probar los camarones.

3. Para tomar, los dos _____ [pedir] vino.

4. El camarero _____ [repetir] el pedido (the order) para confirmarlo.

5. La comida tardó mucho (took a long time) en llegar y los señores Suárez casi (almost) _____ [dormirse] esperándola.

6. A las nueve, el camarero les _____ [servir] la comida.

7. Después de comer la chuleta de cerdo, el señor Suárez _____ [sentirse] muy mal.

8. ¡Pobre señor Suárez! ¿Por qué no _____ [pedir] los camarones?

2 **El camarero distraído** Indica lo que los clientes pidieron y lo que un camarero distraído les sirvió.

modelo

Claudia / hamburguesa

Claudia pidió una hamburguesa, pero el camarero le sirvió zanahorias.

1. Juan y Rafael / té helado
_____

2. Laura / arroz
_____

3. Nosotros / papas fritas
_____

4. Tú / salmón
_____

Conversación

3 **Preguntas** Averigua *(find out)* si tu compañero/a
hizo estas actividades la semana pasada. Comparte
los resultados con la clase.

> ¿ Pediste una pizza con salame?

> No, pedí una pizza con carne.

Actividades	Respuestas
1. pedir una pizza con salame	_____
2. dormir más de diez horas	_____
3. quedarse dormido en clase	_____
4. pedir un plato muy caro en un restaurante elegante	_____
5. preferir quedarse en casa en lugar de *(instead of)* salir con amigos	_____
6. ir a una fiesta y vestirse con ropa muy formal	_____

4 **Una cena romántica** En grupos, describan la cena
de Eduardo y Rosa. Usen la foto y las preguntas como
guía *(as a guide)*.

- ¿Adónde salieron a cenar?
- ¿Qué pidieron?
- ¿Les sirvieron la comida rápidamente *(quickly)*?
- ¿Les gustó la comida?
- ¿Cuánto costó? ¿Quién pagó?
- ¿Van a volver a ese restaurante en el futuro? ¿Van a salir juntos otra vez? ¿Por qué?

Español en vivo

Buenos días, Mamá y Papá: ¿Durmieron bien? Me levanté temprano y les preparé el desayuno, como me pidieron. Lo dejé en el horno. Un gran beso, Camilo

007mundo.com piensa en todo lo que necesitas para estar en Internet. Explora ese mundo ideal.

007mundo.com

Identificar

Lee el anuncio *(advertisement)* e identifica los verbos que tienen cambios en la raíz *(stem)* en el pretérito.

Preguntas

1. ¿Quién escribió la nota del anuncio?
2. ¿Qué les preguntó Camilo a sus padres?
3. ¿Cómo se sintieron los padres cuando se despertaron?

8.2 Double object pronouns

▶ You have already learned that direct and indirect object pronouns replace nouns. You'll now learn how to use these pronouns together.

INDIRECT OBJECT PRONOUNS

me   te   le (se)   nos   os   les (se)

+

DIRECT OBJECT PRONOUNS

lo   la   los   las

▶ When object pronouns are used together, the indirect object pronoun precedes the direct object pronoun.

I.O.	D.O.	DOUBLE OBJECT PRONOUNS
El camarero me muestra el menú. *The waiter shows me the menu.*		**El camarero me lo muestra.** *The waiter shows it to me.*
Nos sirven los platos. *They serve us the dishes.*		**Nos los sirven.** *They serve them to us.*
Maribel te pidió una hamburguesa. *Maribel ordered a hamburger for you.*		**Maribel te la pidió.** *Maribel ordered it for you.*

Les recomiendo el jugo de piña... ¿Se lo traigo a todos?

Sí, perfecto.

▶ The indirect object pronouns **le** and **les** always change to **se** when they are used with **lo, los, la,** and **las.**

I.O.	D.O.	DOUBLE OBJECT PRONOUNS
Le escribí la carta. *I wrote him/her the letter.*		**Se la escribí.** *I wrote it to him/her.*
Les sirvió los entremeses. *He served them the hors d'oeuvres.*		**Se los sirvió.** *He served them to them.*
Le pedimos un café. *We ordered him/her a coffee.*		**Se lo pedimos.** *We ordered it for him/her.*

Práctica

1 **¿Quién?** Cambia los sustantivos subrayados (*underlined nouns*) por pronombres de objeto directo.

modelo
¿Quién va a traerme <u>la carne</u> del supermercado? [Mi esposo]
Mi *esposo* va a traérmela./Mi *esposo* me la va a traer.

1. ¿Quién les mandó <u>las invitaciones</u> a los invitados (*guests*)? [Mi hija] _____

2. ¿Quién me puede comprar <u>el pan</u>? [Mi hijo] _____

3. ¿Quién puede prestarme <u>los platos</u> que necesito? [Mi mamá] _____

4. Nos falta mantequilla. ¿Quién nos trae <u>la mantequilla</u>? [Mi cuñada] _____

5. ¡Los postres (*desserts*)! ¿Quién está preparándonos <u>los postres</u>? [Silvia y Renata] _____

6. ¿Quién puede pedirle <u>el azúcar</u> a Mónica? [Mi hijo] _____

2 **En un restaurante** En parejas, representen las conversaciones entre un(a) camarero/a y los clientes.

modelo

señora Guzmán

señora Guzmán: Una hamburguesa, por favor.
camarero/a: Enseguida (*right away*) se la traigo.

1. tus compañeros/as de cuarto
2. tus padres

3. tu profesor(a) de español
4. señorita Salas

5. tú
6. doctor Cifuentes

Conversación

3 **Contestar** En parejas, háganse preguntas usando las palabras interrogativas **¿Quién?** o **¿Cuándo?**

modelo

nos enseña español
Estudiante 1: ¿Quién nos enseña español?
Estudiante 2: La profesora Castro nos lo enseña.

Preguntas	Respuestas
1. te escribe mensajes electrónicos	_____
2. me vas a prestar tu computadora	_____
3. les vende los libros de texto a los estudiantes	_____
4. le enseñó español al/a la profesor(a)	_____
5. te compró esa camiseta	_____
6. me va a mostrar tu casa o apartamento	_____

4 **Preguntas** En parejas, háganse estas preguntas. Usen pronombres de objeto directo e indirecto en cada respuesta.

modelo

Estudiante 1: ¿Quién te va a preparar el desayuno esta mañana?
Estudiante 2: Yo me lo voy a preparar.

1. ¿Me prestas tu coche (car)? ¿Ya le prestaste tu coche a otro amigo?
2. ¿Me puedes comprar un auto nuevo?
3. ¿Quién te presta dinero cuando lo necesitas?
4. ¿Les prestas dinero a tus amigos? ¿Por qué?
5. ¿Les prestas tu casa o apartamento a tus amigos? ¿Por qué?
6. ¿Nos compras el almuerzo a mí y a los otros compañeros de clase?
7. ¿Me describes tu casa?
8. ¿Quién te va a preparar la cena esta noche?

5 **Regalos de Navidad** Su profesor(a) va a darles a ti y a tu compañero/a la información necesaria para completar esta actividad.

▶ Because **se** has multiple meanings, you can clarify to whom the pronoun refers by adding **a Ud., a él, a ella, a Uds., a ellos,** or **a ellas.**

¿El sombrero? Carlos **se** lo vendió **a ella.**	¿Las llaves? Ya **se** las di **a ella.**
The hat? Carlos sold it to her.	*The keys? I gave them to her.*

▶ Double object pronouns are placed before a conjugated verb. With infinitives and present participles, double object pronouns may be placed before the conjugated verb or attached to the end of the infinitive or present participle.

▶ When double object pronouns are attached to an infinitive or a present participle, an accent mark is added to maintain the original stress.

DOUBLE OBJECT PRONOUNS	**DOUBLE OBJECT PRONOUNS**
Te lo voy a mostrar.	Voy a mostrártelo.
Nos las están sirviendo.	Están sirviéndonoslas.

Me lo estoy poniendo	**Se la** van a traer.
Estoy poniéndo**melo.**	Van a traér**sela.**
I am putting it on.	*They are going to bring it to you.*

Qué tal la comida, ¿rica?

Sí, ¡y nos la sirvieron tan rápidamente!

¡Manos a la obra!

Escribe el pronombre que falta en cada frase.

Objeto directo

1. ¿La ensalada? El camarero nos __la__ sirvió.
2. ¿El salmón? La dueña me _____ recomienda.
3. ¿La comida? Voy a preparárte_____.
4. ¿Las bebidas? Estamos pidiéndose_____.
5. ¿Los refrescos? Te _____ puedo traer ahora.
6. ¿Los platos de arroz? Van a servírnos_____ después.

Objeto indirecto

1. ¿Puedes traerme tu plato? No, no _te_ lo puedo traer.
2. ¿Quieres mostrarle la carta? Sí, voy a mostrár_____la ahora.
3. ¿Les serviste la carne? No, no _____ la serví.
4. ¿Vas a leerle el menú? No, no _____ lo voy a leer.
5. ¿Me recomiendas la langosta? Sí, _____ la recomiendo.
6. ¿Cuándo vas a prepararnos la cena? _____ la voy a preparar en una hora.

8.3 Saber and conocer

▶ Spanish has two verbs that mean *to know*, **saber** and **conocer**, but they are used differently. Note that only the **yo** forms of **saber** and **conocer** are irregular in the present tense.

Saber and conocer		
	saber	**conocer**
yo	sé	conozco
tú	sabes	conoces
Ud./él/ella	sabe	conoce
nosotros/as	sabemos	conocemos
vosotros/as	sabéis	conocéis
Uds./ellos/ellas	saben	conocen

▶ **Saber** means *to know a fact or piece(s) of information* or *to know how to do something.*

No **sé** tu número de teléfono.
I don't know your telephone number.

Mi hermana **sabe** hablar francés.
My sister knows how to speak French.

▶ **Conocer** means *to know or be familiar/acquainted with a person, place, or thing.*

¿**Conoces** la ciudad de Nueva York?
Do you know New York City?

No **conozco** a tu amigo Esteban.
I don't know your friend Esteban.

▶ As you learned in 5.4, when the direct object of **conocer** is a person or pet, the personal **a** is used. Compare these sentences.

¿**Conoces** a Rigoberta Menchú?　　　¿**Conoces** ese restaurante?

¡ojo! These verbs are conjugated like **conocer** in the **yo** form in the present. You will learn how to use **saber**, **conocer**, and related verbs in the preterite in Lesson 9.

ofrecer (*to offer*)	ofrezco, ofreces, ofrece, etc.
parecer (*to seem*)	parezco, pareces, parece, etc.
conducir (*to drive*)	conduzco, conduces, conduce, conducimos, conducís, conducen.
traducir (*to translate*)	traduzco, traduces, traduce, traducimos, traducís, traducen.

¡ojo! **Conducir** and **traducir** have slightly different **nosotros/as** and **vosotros/as** forms.

¡Manos a la obra!

Escribe las formas apropiadas de **saber** y **conocer**.

saber
1. José no _____sabe_____ la hora.
2. Mis padres _____ hablar japonés.
3. ¿Por qué no _____ tú estos verbos?
4. Yo _____ qué hora es.

conocer
5. Usted y yo _____ bien Miami.
6. Nadie me _____ bien.
7. ¿_____ tú a la tía de Eduardo?
8. ¿_____ usted a Sara?

Práctica

1 Completar Completa las frases con la forma apropiada de **saber** o **conocer**.

1. —Nosotros no _____ Guatemala.
   —Ah, ¿no? Pues yo _____ bien las ciudades de Escuintla, Quetzaltenango y Antigua.

2. —¿_____ ustedes dónde vive Pilar?
   —No, nosotras no _____.

3. Mi amiga Carla _____ conducir, pero yo no _____.

4. —¿_____ tú a Mateo, mi hermano mayor?
   —No, no lo _____.

5. —Yo todavía no _____ a tu novio.
   —Sí, ya lo _____.

6. Tú _____ esquiar, pero Tino y Luis son pequeños y no _____.

7. Roberto _____ bien el *Popol Vuh*, el libro sagrado de los mayas; también _____ leer los jeroglíficos de los templos mayas.

2 Oraciones Combina las palabras de las tres columnas para formar oraciones.

modelo

No conozco a Celine Dion. Yo conozco a Angelina Jolie.

Sujetos	Verbos	Objetos directos
Katie Couric		Cameron Díaz
Celine Dion		Angelina Jolie
Ozzy Osbourne		cantar
Brad Pitt		la ciudad de Montreal en Canadá
Enrique Iglesias	(no) conocer	hablar dos lenguas extranjeras
Manny Ramírez	(no) saber	hacer reír (*laugh*) a la gente
yo		actuar (*perform*) muy bien
tú		escribir novelas de terror
tu compañero/a		programar computadoras
tu profesor(a)		muchas personas importantes

Conversación

3 **Deportes** Pregúntale a un(a) compañero/a qué deportes practica y por qué. Usen los verbos **saber** y **conocer**.

modelo

Estudiante 1: ¿Sabes esquiar?
Estudiante 2: Sí, sé esquiar./
    No, no sé esquiar.
Estudiante 1: ¿Por qué?
Estudiante 2: Porque conozco a
    muchas personas que esquian./
    Porque no me gusta el invierno.

1.   2.   3.

4.   5.   6.

4 **Preguntas** Con un(a) compañero/a, contesten las siguientes preguntas.

1. ¿Qué restaurantes buenos conoces? ¿Cenas en los restaurantes frecuentemente (*frequently*)?

2. En tu familia, ¿quién sabe cocinar mejor (*best*)? ¿Por qué?

3. ¿Conoces algún mercado cerca que tenga productos orgánicos? ¿Vas allí con frecuencia?

4. ¿Sabes recetas de comidas latinas? ¿Cuáles?

5. ¿Conoces a algún/alguna chef famoso/a? ¿Qué tipo de comida prepara?

6. ¿Sabes preparar algún plato especial? ¿Cuál es?

7. ¿Sabes que el ajo es bueno para la salud (*health*)? ¿Qué otras comidas o condimentos saludables conoces?

8. ¿Conoces a alguna persona que coma solamente hamburguesas y papas fritas?

Español en vivo

Él sabe dónde comer
lo que más le gusta

Él sabe cómo jugar
cuatro horas seguidas

Él sabe dónde
está su regalo
de cumpleaños

Él sabe dónde divertirse

... y usted sabe dónde puede
encontrar un poco de todo.
¿Conoce algún otro lugar como éste?

Oviedo
Centro Comercial

Sabe lo que te gusta.

Identificar

Lee el anuncio (*advertisement*) y busca ejemplos de los verbos **saber** y **conocer**.

Preguntas

1. Después de leer el anuncio, ¿qué sabes del Centro Comercial Oviedo?

2. ¿Qué puedes hacer en el Centro Comercial Oviedo?

3. ¿A quién está dirigido el anuncio?

4. ¿Conoces un centro comercial como éste? ¿Cómo se llama? ¿En qué ciudad está?

8.4 Comparatives and superlatives

Comparisons of inequality

▶ Comparisons of inequality are formed by placing **más** (*more*) or **menos** (*less*) before adjectives, adverbs, and nouns and **que** (*than*) after them. When the comparison involves a numerical expression, use **de** before the number.

> Tengo más hambre que un elefante.

> El lomo a la plancha es un poquito más caro que el caldo.

El té es **más caro que** el jugo.
Tea is more expensive than juice.

Luis se despierta **más temprano que** yo.
Luis gets up earlier than you (do).

Susana es **menos generosa que** su prima.
Susana is less generous than her cousin.

Hay **más de cincuenta** naranjas.
There are more than fifty oranges.

▶ With verbs, use this construction to make comparisons of inequality:
[*verb*] + **más/menos que**.

Mis hermanos **comen más que** yo.
My brothers eat more than I (do).

Arturo **duerme menos que** su padre.
Arturo sleeps less than his father (does).

Antonio **viaja más que** tú.
Antonio travels more than you (do).

Ana **habla menos que** yo.
Ana talks less than I (do).

Comparisons of equality

▶ The constructions **tan** + [*adverb, adjective*] + **como** and **tanto/a(s)** + [*singular noun, plural noun*] + **como** are used to make comparisons of equality.

Este plato es **tan delicioso como** aquél.
This dish is as delicious as that one.

Tu amigo es **tan simpático como** tú.
Your friend is as nice as you (are).

Yo comí **tanta comida como** tú.
I ate as much food as you (did).

Ustedes probaron **tantos platos como** ellos.
You tried as many dishes as they (did).

▶ Comparisons of equality with verbs are formed by placing **tanto como** after the verb. Note that **tanto** does not change in number or gender.

No **duermo tanto como** mi tía.
I don't sleep as much as my aunt (does).

Estudiamos tanto como ustedes.
We study as much as you (do).

Práctica

1 Lucila y Tita Escoge (*choose*) la palabra correcta para comparar a dos hermanas muy diferentes.

Lucila   Tita

1. Lucila es más alta y más atractiva _____ [de, más, menos, que] Tita.

2. Tita es más delgada porque practica _____ [de, más, menos, que] deportes que su hermana.

3. Lucila es _____ [más, menos de, más que] simpática que Tita porque es alegre.

4. A Tita le gusta quedarse en casa. Va a _____ [de, más, menos, que] fiestas que su hermana.

5. Tita estudia más que Lucila. Ahora está tomando _____ [más de, más, menos, que] cinco clases.

6. Lucila se preocupa _____ [de, más, menos, que] que Tita por estudiar. ¡Son _____ [como, tan, tanto] diferentes!

2 Mario y Luis Completa las oraciones para formar comparaciones de igualdad sobre Mario y Luis, los novios de Lucila y Tita.

| tan |
| tanto(s) |
| tanta(s) |

Mario   Luis

1. Mario es _____ interesante como Luis.

2. Mario viaja _____ como Luis.

3. Luis habla _____ lenguas extranjeras como Mario.

4. Luis cocina carnes _____ bien como Mario.

5. Mario tiene _____ amigos como Luis.

6. ¡Qué casualidad (*coincidence*)! Mario y Luis también son hermanos, pero no hay _____ diferencia entre ellos como entre Lucila y Tita.

Conversación

3 **La familia García** En grupos, túrnense (*take turns*) para hacer comparaciones entre Rafael, Eva, Esteban y Lourdes García.

Rafael · Lourdes · Esteban · Eva

modelo

Estudiante 1: Esteban es el más activo de la familia.
Estudiante 2: Pues yo creo que Rafael es tan activo como Esteban.
Estudiante 1: Mmm, pero Esteban es mucho más delgado.

4 **Comparaciones** En parejas, conversen sobre estos temas y luego compartan tres datos interesantes con la clase.

modelo artistas de moda

Estudiante 1: Creo que Amy Winehouse es la mejor artista de estos tiempos.
Estudiante 2: ¡Pero qué dices! Esa artista es malísima. Missy Elliot y Snoop son los mejores. Además, Winehouse no se viste tan bien como Missy Elliot.
Estudiante 1: Estás loco. Winehouse siempre está a la moda. Además, te repito que es la mejor. Por ejemplo, ya tiene más de dos millones de copias vendidas (*sold copies*).

cafés y restaurantes	personas famosas
comidas favoritas	los profesores
los cursos que toman	música de moda
libros favoritos	revistas favoritas
periódicos	tiendas en tu comunidad

Superlatives

▸ Form superlative with this construction. Note that the noun is preceded by a definite article. **De** is equivalent to the English *in* or *of*.

> el/la/los/las + [*noun*] + más/menos + [*adjective*] + de

Es **el café más rico del** país.
It's the most delicious coffee in the country.

Son **las tiendas menos caras de** la ciudad.
They are the least expensive stores in the city.

▸ The noun in a superlative construction can be omitted if it is clear to whom or what the superlative refers.

¿El restaurante El Cráter?
Es **el más elegante de** la ciudad.
The El Cráter restaurant?
It's the most elegant (one) in the city.

Recomiendo la ensalada de papa.
Es **la más sabrosa del** menú.
I recommend the potato salad.
It's the most delicious item on the menu.

¡ojo! The absolute superlative, which ends in **–ísimo/a(s)**, is equivalent to the English *extremely/very* + [*adjective/adverb*]. For example: **muchísimo/a(s)** (*very much*), **malísimo/a(s)** (*very bad*), **facilísimo/a(s)** (*extremely easy*).

▸ Note these spelling changes.

rico → ri**qu**ísimo
joven → jove**nc**ísimo
largo → lar**gu**ísimo
trabajador → trabajado**rc**ísimo
fácil → fa**c**ilísimo
feliz → feli**c**ísimo

Irregular comparatives and superlatives

Irregular comparative and superlative forms					
Adjective		**Comparative form**		**Superlative form**	
bueno/a	good	mejor	better	el/la mejor	(the) best
malo/a	bad	peor	worse	el/la peor	(the) worst
grande	big	mayor	bigger	el/la mayor	(the) biggest
pequeño/a	small	menor	smaller	el/la menor	(the) smallest
joven	young	menor	younger	el/la menor	(the) youngest
viejo/a	old	mayor	older	el/la mayor	(the) oldest

▸ When **grande** and **pequeño/a** refer to age, use the irregular comparative and superlative forms, **mayor/menor**. However, when **grande** and **pequeño/a** refer to size, use the regular forms, **más grande/más pequeño/a**.

Isabel es **la mayor**.
Isabel is the eldest.

Tu ensalada es **más grande que** ésa.
Your salad is bigger than that one.

▸ **Bien** and **mal** have the same comparative forms as **bueno/a** and **malo/a**.

Julio nada **mejor que** los otros chicos.
Julio swims better than the other boys.

Ellas cantan **peor que** las otras chicas.
They sing worse than the other girls.

Repaso

For more practice, go to aventuras.vhlcentral.com.

8.1 Preterite of stem-changing verbs

1 **Manuel y sus tíos** Manuel y sus tíos fueron a cenar a un restaurante. Indica las diferencias entre las acciones de Manuel y las de sus tíos. Sigue el modelo.

modelo
vestirse con ropa informal / ropa elegante

Manuel se vistió con ropa informal. Sus tíos se vistieron con ropa elegante.

1. pedir dos refrescos / vino tinto

2. preferir la carne de res con papas / el pescado con ajo

3. servirse entremeses picantes / ensalada de verduras

4. (no) despedirse del camarero / (sí) del camarero

5. sentirse mal en la noche / bien en la noche

6. dormirse tarde / temprano

2 **¿Qué desayunaron?** En parejas, describan el desayuno de las personas de los dibujos. Usen el pretérito de los verbos **pedir, servir, sentirse** y **despedirse**.

1. Elisa y Ana   2. Memo y Olga

8.2 Double object pronouns

3 **En la cafetería** Cambia los sustantivos (nouns) por pronombres de objeto directo e indirecto. Sigue el modelo.

modelo
Me están sirviendo café.
Me lo están sirviendo. Están sirviéndomelo.

1. Nos van a dar las patatas fritas.

2. Te van a servir los refrescos.

3. Le están preparando la ensalada.

4. Les voy a recomendar unos postres.

5. Te están pidiendo las bebidas.

6. Me voy a comer los champiñones.

4 **Camareros** Genaro y Úrsula son camareros en un restaurante. Completa la conversación que tienen con su jefe usando pronombres.

JEFE Úrsula, ¿le ofreciste agua fría al cliente de la mesa 22?

ÚRSULA Sí, (1) _____ de inmediato.

JEFE Genaro, ¿los clientes de la mesa 5 te pidieron ensaladas?

GENARO Sí, (2) _____.

JEFE Úrsula, ¿le llevaste el pan a la señora de la mesa 10?

ÚRSULA Sí, (3) _____ hace cinco minutos.

ÚRSULA Genaro, ¿recuerdas si ya me mostraste los vinos nuevos?

GENARO Sí, ya (4) _____.

JEFE Genaro, ¿van a pagarte la cuenta (bill) los clientes de la mesa 5?

GENARO Sí, (5) _____ ahora mismo.

JEFE ¿Les pagaron los clientes buenas propinas?

ÚRSULA Sí, (6) _____. ¡Estamos muy contentos!

8.3 Saber and conocer

5 **Completar** Completa las oraciones con la forma correcta de los verbos.

1. Mis amigos y yo vamos a ir a Perú porque no _____ (conocer) ese país.

2. En Lima, tengo un amigo que _____ (conducir) un taxi y él nos _____ (ofrecer) llevarnos a pasear por toda la ciudad.

3. Antonio y yo no _____ (saber) dónde vive nuestro amigo taxista Carlos.

4. Mis amigos _____ preocupados porque no hablan bien español.

5. Yo no estoy preocupado porque yo sí _____ hablar español.

6 **¿Quién soy?** Imagina que eres una persona famosa. Escribe tres oraciones con los verbos **saber** y **conocer** para dar pistas (cues) sobre quién eres. Luego, en grupos de tres, cada persona lee sus oraciones y los demás miembros del grupo adivinan (guess) quién es.

modelo
Estudiante 1: Sé cantar canciones románticas en inglés y en español. Sé bailar muy bien. Conozco a Julio Iglesias porque es mi padre.
Estudiante 2: ¡Enrique Iglesias!

8.4 Comparatives and superlatives

7 **En el restaurante del señor Chávez** Cambia las oraciones omitiendo *(omitting)* el sujeto y usando los superlativos.

> **modelo**
> Jorge es mal camarero. (el restaurante)
> Es *el peor camarero del restaurante.*

1. La leche es nutritiva. (las bebidas)
2. El restaurante del señor Chávez no es elegante. (la ciudad)
3. Esta taquería es muy cara. (las taquerías)
4. El arroz con pollo es un buen plato. (el menú)
5. Juliana es una camarera muy joven. (las camareras)
6. El arroz con leche es sabroso. (los postres)

8 **El almuerzo familiar** La familia Solís está almorzando. En parejas, escriban comparaciones usando las formas superlativas y comparativas.

> **modelo**
> El sándwich de Sandra es grandísimo. La abuela Beatriz es la mayor de la familia.

Síntesis

9 **¡Su restaurante es malísimo!** Fueron a comer a un restaurante y la comida resultó ser muy mala. En parejas, escriban una carta al dueño del restaurante. Sigan la guía.

- Mencionen lo que ustedes pidieron y lo que les sirvieron.
- Expliquen que ustedes saben cocinar muy bien y que la comida fue muy mala.
- Digan que conocen otros restaurantes mejores.
- Comparen el restaurante con otros restaurantes.
- Despídanse.

Videoclip

1 **Preparación** Si te gustan los dulces, ¿qué postres no puedes resistir? Y si en cambio *(instead)* te gustan muchísimo las comidas saladas, ¿cuáles no puedes resistir? Haz una lista y compárala con la de un compañero/a.

2 **El clip** Mira el anuncio *(ad)* de **Sopas Roa** de Colombia.

Vocabulario	
resistirse *to resist*	nutritivas *nutricious*
está servida *it is served*	hacer lo que yo quiera *do whatever I want to do*

¡Me voy de esta casa!

¡Ya está servida la sopa de arroz Roa…!

3 **¿Cierto o falso?** Indica si las oraciones son **ciertas** o **falsas**.

1. El niño decidió irse de la casa porque estaba alegre.
2. La madre sirvió la sopa a la hora de la cena.
3. El niño no sabía cuál *(didn't know which)* era la comida para el almuerzo.
4. El niño puede resistirse a la comida que prepara su madre.

4 **Una cena especial** En parejas, dramaticen una conversación en la que uno/a de ustedes está enojado/a con su compañero/a porque éste/a hizo algo malo. Esta persona decide preparar una cena especial para convencer al/a la otro/a de que lo/la perdone *(forgive him/her)*.

CONEXIÓN INTERNET
Go to aventuras.vhlcentral.com to watch the television clip featured in this section.

Ampliación

 ## ① Escuchar

 A Rosa y Roberto están en un restaurante. Escucha la conversación entre ellos y la camarera y toma nota de cuáles son los especiales del día.

> ⭐ **TIP** **Jot down notes as you listen.** Jotting down notes while you listen can help you keep track of the important points or details. Focus actively on comprehension rather than on remembering what you have heard.

Los especiales del día

_____ _____ _____

B Usa tus notas para completar las oraciones con la opción correcta.

1. La camarera les dio información sobre _____ (dos / tres / cuatro) especiales del día.

2. Rosa pidió _____ (el arroz con pollo / bistec a la criolla / cerdo con salsa de champiñones y papas).

3. Roberto pidió _____ (los entremeses / bistec a la criolla / cerdo con salsa de champiñones y papas).

4. Roberto va a comer _____ (más platos que / menos platos que / tantos platos como) Rosa.

 ## ② Conversar

En parejas, túrnense (*take turns*) para contestar estas preguntas. Luego compartan las respuestas con la clase.

- ¿Con quién comiste la semana pasada?
- ¿A qué restaurante fueron?
- ¿Qué pidieron? ¿Les gustó la comida?
- ¿Se la sirvieron rápidamente (*quickly*)?
- ¿Fue mejor o peor que la comida que comes en casa? ¿Fue muy cara?
- ¿Van a volver a ese restaurante en el futuro?

Ampliación

③ Escribir

Escribe una crítica sobre un restaurante local.

 TIP Expressing and supporting opinions Use details, facts, examples, and other forms of evidence to convince your readers to take your opinions seriously.

Organízalo	Usa un mapa de ideas para organizar comentarios sobre la comida, el servicio, el ambiente (*atmosphere*) y otros datos sobre el restaurante.
Escríbelo	Utiliza tus notas para escribir el primer borrador de la crítica.
Corrígelo	Intercambia (*exchange*) tu composición con la de un(a) compañero/a. Comenta sobre el título, la organización, los detalles específicos y los errores de gramática o de ortografía.
Compártelo	Revisa el primer borrador teniendo en cuenta los comentarios de tu compañero/a. Incorpora nuevas ideas o más información para reforzar (*support*) tu opinión. Luego entrégale (*hand in*) la crítica a tu profesor(a).

④ Un paso más

Diseña el menú de un nuevo restaurante en la capital de un país hispano.

- Decide en qué país y ciudad vas a abrir el restaurante.
- Investiga cuáles son las comidas típicas y los platos más populares del país.
- Elige el nombre del restaurante.
- Diseña el menú, incluyendo entremeses, platos principales, ensaladas, postres (*desserts*) y bebidas.
- Indica los precios de los platos en la moneda del país.
- Intercambia tu menú con los de tres o cuatro compañeros/as y comparen los platos que escogieron.

El Tamalito

Especialidades guatemaltecas

5a calle (Los Próceres)
Zona 4, Guatemala
Tel: (502) 345 89 76
Fax: (502) 243 56 34

SUPERSITE **CONEXIÓN INTERNET**

Investiga estos temas en el sitio
aventuras.vhlcentral.com.
- Capitales de los países hispanos
- Comidas del mundo hispano

Antes de leer

Reading for the main idea is a useful strategy. Locate the topic sentences of each paragraph to determine the author's purpose for writing. In particular, the first sentence in each paragraph usually provides clues about its content, as well as impressions of how the entire reading selection is organized.

Examinar el texto

Aquí se presentan dos textos distintos. ¿Qué estrategias puedes usar para leer la crítica? ¿Cuáles son las apropiadas para familiarizarte con el menú? Utiliza las estrategias más eficaces para cada texto. Luego, identifica las estrategias similares que se aplican en los dos textos.

Identificar la idea principal

Lee la primera oración de cada párrafo de la crítica del restaurante **El Palmito**. Apunta el tema principal de cada párrafo. Luego lee el primer párrafo. ¿Crees que el restaurante le gustó a la autora? ¿Por qué? Ahora lee la crítica entera. En tu opinión, ¿cuál es la idea principal de la crítica? ¿Por qué la escribió la autora? Compara tus opiniones con las de un(a) compañero/a.

El Tiempo de Guatemala

Restaurantes

Domingo 9 de mayo, Boston, Massachusetts

37E

Cinco estrellas para El Palmito

Margarita Galán, crítica de restaurantes

El viernes pasado me sorprendí° cuando encontré un restaurante fantástico en el barrio donde vivo. Cené en el restaurante **El Palmito**, donde se mezclan° de una manera extraordinaria la comida tradicional de Centroamérica y la belleza arquitectónica de nuestra ciudad. Su propietario, Héctor Suárez, es uno de los chefs más respetados de Guatemala.

El exterior del restaurante refleja el estilo colonial de Nueva Inglaterra. Por dentro°, la decoración rústica crea un ambiente cálido°. Hay que° mencionar también el hermoso patio, lleno° de plantas y flores, donde muchas personas se reúnen para tomar un café en un ambiente° relajado° y cordial.

Uno no se puede quejar° del servicio de **El Palmito**. El personal del restaurante es muy amable y atento, desde los cocineros que preparan la comida hasta los camareros que la sirven.

La comida del restaurante es exquisita. Las tortillas, que se sirven con ajiaceite, son deliciosas. La sopa de pollo y huevo es excelente, y los frijoles enchilados, ricos. También recomiendo el tomaticán, cocinado con una gran variedad de verduras muy ricas. De postre°, don Héctor me preparó su especialidad, un rico pastel de yogur.

Les recomiendo que visiten **El Palmito** cuando tengan ocasión°.

El Palmito, Boston
de lunes a sábado 10:00a.m.-11:00p.m.
domingo 11:00a.m.-10:00p.m.

Comida *****
Servicio *****
Ambiente *****
Precio ****

MENÚ

Entremeses

Pan tostado con
• Queso frito • Huevos revueltos°

Tortillas con
• Ajicomino (chile, comino°) • Ajiaceite (chile, aceite)

Sopas

• Cebolla • Verduras • Pollo y huevo • Mariscos

Platos Principales

Chilaquil
(tortilla de maíz, queso y chile)

Tomaticán
(tomate, papas, maíz, chile, arvejas y zanahorias)

Tamales
(maíz, azúcar, ajo, cebolla)

Frijoles enchilados
(frijoles negros, carne de cerdo o de res, arroz, chile)

Postres

• Helado° de limón • Plátanos° caribeños
• Uvate (uvas, azúcar y ron°) • Pastel de yogur

Bebidas

• Té helado • Vino tinto
• Vino blanco • Agua mineral • Jugos
• Chilate (maíz, chile y cacao)

Después de leer

¿Comprendiste?

Completa cada oración con la opción correcta.

1. La arquitectura del restaurante es _____ [moderna, colonial, fea].

2. A muchos clientes les gusta tomar el café en _____ [las mesas, el bar, el patio].

3. El dueño del restaurante es uno de los_____ [peores, menores, mejores] chefs de Guatemala.

4. La comida en este restaurante, según la autora, es_____ [muy buena, mala, regular].

5. La crítica _____ [no da información, habla bien, se queja] del restaurante.

Preguntas

Responde a estas preguntas con oraciones completas.

1. ¿Cómo se llama el dueño del restaurante?
_____

2. ¿Qué tipo de comida se sirve en El Palmito?
_____

3. ¿Cómo es el ambiente del restaurante?
_____

4. ¿Quién escribió este artículo?
_____

5. ¿Cuál es la profesión de la autora del artículo?
_____

6. ¿Cuántos platos probó la autora del artículo?
_____

Coméntalo

¿Te interesan las comidas y bebidas que sirven en El Palmito? ¿Cuáles te parecen más interesantes? ¿Por qué? ¿Se sirven platos y bebidas similares a éstos en donde vives?

sorprendí	*was surprised*	cuando tengan ocasión	*when you have the opportunity*
mezclan	*mix*		
por dentro	*inside*	huevos revueltos	*scrambled eggs*
cálido	*warm*	comino	*cumin*
hay que	*one must*	helado	*ice cream*
lleno	*full*	plátanos	*plantains*
ambiente	*atmosphere*	ron	*rum*
relajado	*relaxed*		
uno no se puede quejar	*one can't complain*		
postres	*desserts*		

recursos

SUPERSITE

aventuras.vhlcentral.com
Lección 8

For an additional reading, go to aventuras.vhlcentral.com.

Las comidas

el/la camarero/a	waiter
el/la dueño/a	owner
el menú	menu
la sección de (no) fumadores	(non)smoking section
el almuerzo	lunch
la cena	dinner
la comida	food; meal
el desayuno	breakfast
los entremeses	hors d'oeuvres
el plato (principal)	(main) dish
agrio/a	sour
delicioso/a	delicious
dulce	sweet
picante	hot, spicy
rico/a	tasty; delicious
sabroso/a	tasty; delicious
salado/a	salty
almorzar (o:ue)	to have lunch
cenar	to have dinner
desayunar	to have breakfast
pedir (e:i)	to order (food)
probar (o:ue)	to taste; to try
recomendar (e:ie)	to recommend
servir (e:i)	to serve

Las bebidas

el agua (f.) (mineral)	(mineral) water
la bebida	drink
el café	coffee
la cerveza	beer
el jugo (de fruta)	(fruit) juice
la leche	milk
el refresco	soft drink
el té (helado)	(iced) tea
el vino (blanco/tinto)	(white/red) wine

Los granos y las verduras

el ajo	garlic
el arroz	rice
las arvejas	peas
la cebolla	onion
los cereales	cereals; grains
el champiñón	mushroom
la ensalada	salad
los frijoles	beans
la lechuga	lettuce
el maíz	corn
la papa/patata	potato
el tomate	tomato
las verduras	vegetables
la zanahoria	carrot

Las carnes, los pescados y los mariscos

el atún	tuna
el bistec	steak
los camarones	shrimp
la carne	meat
la carne de res	beef
la chuleta de cerdo	pork chop
la hamburguesa	hamburger
el jamón	ham
la langosta	lobster
los mariscos	seafood
el pavo	turkey
el pescado	fish
el pollo (asado)	(roast) chicken
la salchicha	sausage
el salmón	salmon

Las frutas

la banana	banana
las frutas	fruit
el limón	lemon
la manzana	apple
la naranja	orange
las uvas	grapes

Los condimentos y otras comidas

el aceite	oil
el azúcar	sugar
el huevo	egg
la mantequilla	butter
la margarina	margarine
la mayonesa	mayonnaise
el pan (tostado)	(toasted) bread
las papas/ patatas fritas	French fries
la pimienta	pepper
el queso	cheese
la sal	salt
el sándwich	sandwich
la sopa	soup
el vinagre	vinegar

Verbos

conocer	to know; to be acquainted with
conducir	to drive
morir (o:ue)	to die
ofrecer	to offer
parecer	to seem
saber	to know; to know how
servir (e:i)	to serve
traducir	to translate

Expresiones útiles	See page 203.
Comparatives and superlatives	See pages 212–213.

AVENTURAS EN LOS PAÍSES HISPANOS

El Amazonas es el río más caudaloso *(the most vast)* del mundo. Por ser muy profundo *(deep)* y ancho *(wide)*, tiene otro nombre: "río océano". Desde barcos muy grandes hasta barcos pequeños, como la canoa que vemos en la foto, navegan en él. Alrededor *(around)* del río Amazonas hay una gran selva *(jungle)* y muy poca gente vive allí.

SURAMÉRICA I

Venezuela

Área: 912.050 km^2 (352.144 millas^2)

Población: 29.076.000

Capital: Caracas–2.988.000

Ciudades principales: Maracaibo, Valencia, Maracay, Barquisimeto

Moneda: bolívar

SOURCE: Population Division, UN Secretariat

Colombia

Área: 1.138.910 km^2 (439.734 millas^2)

Población: 48.930.000

Capital: Bogotá–8.416.000

Ciudades principales: Cali, Medellín, Barranquilla, Cartagena

Moneda: peso colombiano

SOURCE: Population Division, UN Secretariat

Ecuador

Área: 283.560 km^2 (109.483 millas^2)

Población: 14.192.000

Capital: Quito–1.680.000

Ciudades principales: Guayaquil, Cuenca, Machala, Portoviejo

Moneda: dólar estadounidense

SOURCE: Population Division, UN Secretariat

Perú

Área: 1.285.220 km^2 (496.224 millas^2)

Población: 30.063.000

Capital: Lima–7.590.000

Ciudades principales: Arequipa, Trujillo, Chiclayo, Iquitos

Moneda: nuevo sol

SOURCE: Population Division, UN Secretariat

Gente

Indígenas de Ecuador

Ecuador tiene una gran población indígena (native). La lengua oficial de Ecuador es el español, pero hoy día también se hablan (are spoken) otras lenguas. Aproximadamente unos 4.000.000 de ecuatorianos hablan lenguas indígenas; la mayoría de ellos habla quechua. Las comunidades indígenas de Ecuador son excelentes tejedores (weavers); sus tejidos son famosos en todo el mundo por sus colores vivos y sus hermosos diseños (designs). En el mercado de Otavalo se venden mantas (blankets), ropas tradicionales y tapices (tapestries) hechos por estas comunidades.

Lugares

El Salto Ángel

El Salto Ángel, en el sureste de Venezuela, es la catarata (waterfall) más alta del mundo. Tiene 979 m (3.212 pies) de altura (height). Es diecisiete veces más alta que las cataratas del Niágara. James C. Angel descubrió esta catarata en 1937 y por eso lleva su nombre. Está en el Parque Nacional Canaima y los indígenas lo llaman *Churún Merú*, que significa catarata.

Mar Caribe

Barranquilla

Maracaibo

Medellín

Bogotá

Cali

R. Magdalena

COLOMBIA

Pasto

Quito

ECUADOR

Guayaquil

Iquitos

Cordillera de los Andes

PERÚ

Lima

Cuzco

Océano Pacífico

Lago Titicaca

Arequipa

Puerto España
TRINIDAD

Caracas

VENEZUELA

R. Orinoco

GUAYANA

BRASIL

PARAGUAY

recursos

WB
pp. 85–86

VM
pp. 207–210

SUPERSITE
aventuras.vhlcentral.com
Lección 8

Gabriel García Márquez

Gabriel García Márquez es uno de los escritores contemporáneos más importantes del mundo. Publicó su primer cuento *(short story)* en 1947, cuando era estudiante universitario. Su libro más conocido, *Cien años de soledad*, está escrito en el estilo *(style)* literario llamado "realismo mágico", un estilo que mezcla *(mixes)* la realidad con lo irreal y lo mítico *(mythical)*. García Márquez recibió el Premio Nobel de Literatura en 1982.

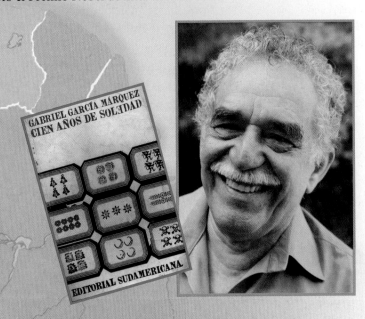

Economía

Las alpacas del Perú

La alpaca es un animal sudamericano de la familia de la llama y la vicuña. Vive en rebaños *(herds)* en los Andes del Perú. Es un animal muy importante para la economía del país, ya que da una lana muy buena que los peruanos utilizan para hacer ropa, mantas y bolsas de alta calidad *(quality)*. Pero cuidado: ¡Las alpacas escupen *(spit)* para defenderse!

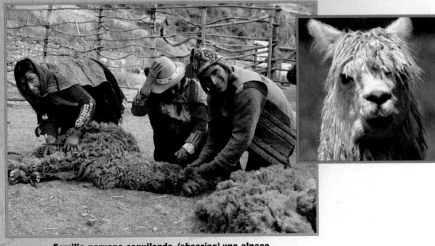

Familia peruana esquilando *(shearing)* una alpaca.

¿Qué aprendiste?

1 ¿Cierto o falso? Indica si las oraciones son **ciertas** o **falsas**.

	Cierto	Falso
1. El río Amazonas es el más caudaloso del mundo.	_____	_____
2. Alrededor del río Amazonas hay una gran playa.	_____	_____
3. La moneda de Ecuador es el dólar estadounidense.	_____	_____
4. Arequipa es una de las ciudades principales de Venezuela.	_____	_____
5. La lengua oficial de Ecuador es el quechua.	_____	_____
6. Los tejidos de Ecuador son famosos en todo el mundo.	_____	_____
7. Las cataratas del Niágara son más altas que el Salto Ángel.	_____	_____
8. Los indígenas llaman *Churún Merú* al Salto Ángel.	_____	_____
9. García Márquez ganó el Premio Nobel en 1982.	_____	_____
10. García Márquez publicó su primer cuento en 1999.	_____	_____
11. La alpaca es de la familia de la llama y la vicuña.	_____	_____
12. La alpaca escupe para defenderse.	_____	_____

2 Preguntas Contesta las siguientes preguntas.

1. ¿Qué otro nombre tiene el río Amazonas? ¿Por qué?

2. ¿Qué se vende en el mercado de Otavalo? ¿Qué te gustaría comprar allí?

3. ¿Conoces alguna catarata similar a la de Salto Ángel? ¿Dónde está? ¿Cómo es comparada con la de Salto Ángel?

4. ¿Leíste alguna obra de García Márquez? ¿Cuál? Si no, ¿crees que te gustaría leer algo de él?

5. ¿Qué haces si ves una alpaca? ¿Te acercas o te alejas? ¿Por qué?

SUPERSITE · CONEXIÓN INTERNET

Busca más información sobre estos temas en aventuras.vhlcentral.com. Presenta la información a tus compañeros/as de clase.

- Indígenas de Ecuador
- El Salto Ángel
- Gabriel García Márquez
- Las alpacas del Perú

9 Las celebraciones

PARA EMPEZAR

- ¿Cómo se sienten estas personas, alegres o tristes?
- ¿Celebran un matrimonio o un divorcio?
- ¿Crees que los jóvenes hicieron una fiesta?

PREPARACIÓN

LAS CELEBRACIONES

la boda
wedding

LAS FIESTAS

el aniversario (de bodas) *(wedding) anniversary*
el día de fiesta *holiday*
la fiesta *party*
el/la invitado/a *guest*
la Navidad *Christmas*
la quinceañera *young woman celebrating her fifteenth birthday*
la sorpresa *surprise*

celebrar *to celebrate*
cumplir años *to have a birthday*
dejar una propina *to leave a tip*
divertirse (e:ie) *to have fun*
invitar *to invite; to treat*
pagar la cuenta *to pay the bill*
pasarlo bien/mal *to have a good/bad time*

el cumpleaños
birthday

graduarse (de)
to graduate (from)

regalar *to give (a gift)*
reírse (e:i) *to laugh*
relajarse *to relax*
sonreír (e:i) *to smile*
sorprender *to surprise*

brindar
to toast

LOS POSTRES Y OTRAS COMIDAS

el champán
champagne

la botella de vino *bottle of wine*
los dulces *sweets; candy*
el helado *ice cream*
el pastel *cake*
  de cumpleaños *birthday cake*
los postres *desserts*

el flan
baked custard

las galletas
cookies

recursos		
WB pp. 89–90	LM p. 49	aventuras.vhlcentral.com Lección 9

LAS ETAPAS DE LA VIDA

la etapa *stage*
la juventud *youth*
el nacimiento *birth*
la vida *life*

jubilarse *to retire (from work)*
nacer *to be born*

la niñez
childhood

la adolescencia
adolescence

Variación léxica
comprometerse ←→ prometerse (*Esp.*)
pastel ←→ torta (*Arg., Venez.*), queque (*C. Rica*)

LAS RELACIONES PERSONALES

la alegría *happiness*
la amistad *friendship*
el amor *love*
el divorcio *divorce*
el estado civil *marital status*
el matrimonio *marriage; married couple*
la pareja *couple; partner*
el/la recién casado/a *newlywed*

casado/a *married*
divorciado/a *divorced*
juntos/as *together*
separado/a *separated*
soltero/a *single*
viudo/a *widowed*

la madurez
maturity; middle age

la vejez
old age

cambiar (de) *to change*
casarse (con) *to get married (to)*
comprometerse (con) *to get engaged (to)*
divorciarse (de) *to get divorced (from)*
enamorarse (de) *to fall in love (with)*
llevarse bien/mal (con) *to get along well/badly (with)*
odiar *to hate*
romper (con) *to break up (with)*
salir (con) *to go out (with); to date*
separarse (de) *to separate (from)*
tener una cita *to have a date; to have an appointment*

OTRAS PALABRAS

el apellido *last name*
el consejo *advice*
la respuesta *answer*

la muerte
death

A escuchar

1 **¿Lógico o ilógico?** Escucha las oraciones e indica si son **lógicas** o **ilógicas**.

	Lógico	Ilógico
1.	_____	_____
2.	_____	_____
3.	_____	_____
4.	_____	_____
5.	_____	_____
6.	_____	_____

2 **¡Feliz cumpleaños!** Los amigos de Silvia están preparándole una fiesta de cumpleaños. Escucha la conversación y contesta las preguntas.

1. ¿Sabe Silvia que sus amigos le van a dar una fiesta? _____

2. ¿Qué van a comer los amigos en la fiesta? _____

3. ¿A Silvia le gusta el chocolate? _____

4. ¿Dónde compraron el helado? _____

5. ¿Por qué no quieren comer el helado de la cafetería? _____

6. ¿Cuántos años cumple Silvia? _____

7. ¿Con qué brindan los amigos? _____

8. ¿Silvia es mayor o menor que sus amigos? _____

A practicar

3 Completar Completa las oraciones.

dejó una propina	se jubiló
nació	se llevan bien
nos divertimos	sonrió
lo pasaron mal	tenemos una cita
se casaron	pagó la cuenta

1. Nelson y Mildred _____ el septiembre pasado. La boda fue maravillosa.

2. Mi tía le _____ muy grande al camarero.

3. Mi padrastro _____ hace un año.

4. A Alejandra le gustan las galletas. Ella se puso contenta y _____ después de comérselas todas.

5. Luis y yo _____ en la fiesta. Bailamos y comimos mucho.

6. ¡Tengo una nueva sobrina! Ella _____ ayer por la mañana y se llama Sofía.

7. Irene y su esposo _____. Ellos casi nunca se pelean y disfrutan haciendo actividades juntos.

8. Isabel y yo _____ esta noche. Vamos a ir a un restaurante muy elegante.

4 La fiesta de Susana Completa las oraciones de manera lógica.

1. Susana siempre _____ su cumpleaños con su familia y sus amigos.

2. Su mamá invitó a mucha gente; todos los _____ llegaron tarde.

3. Su papá contó chistes (*told jokes*) y todos _____ porque eran (*were*) muy graciosos.

4. A Susana le _____ muchos regalos.

5. Su amiga Anabela trajo una botella de _____ para brindar después de comer el pastel.

6. El hermano de Susana comió muchos trozos (*pieces*) de_____ de chocolate.

7. Susana está un poco triste porque ayer _____ su novio y él no vino a su fiesta de cumpleaños ni la llamó por teléfono.

8. Pero Susana _____ el próximo viernes con su amigo Jorge.

5 Cambiar En parejas, túrnense para decir que las afirmaciones son falsas y corríjanlas (*correct them*) cambiando las expresiones subrayadas.

> **modelo**
>
> Nuestros amigos lo pasaron mal en la playa.
> **Estudiante 1:** Nuestros amigos lo pasaron mal en la playa.
> **Estudiante 2:** No, te equivocas (*you're wrong*). Ellos lo pasaron bien.

1. El nacimiento es el fin de la vida.

2. A los sesenta y cinco años muchas personas comienzan a trabajar.

3. Francisco y Gloria se divorcian mañana.

4. Pancho se comprometió con Yolanda.

5. Marcela lo pasa bien con Ramón.

6. El abuelo murió, por eso, la abuela es separada.

A conversar

6 **Planes para una fiesta** Trabaja con dos compañeros/as para planear una fiesta. Recuerda incluir la siguiente información.

1. ¿Qué tipo de fiesta es?

2. ¿Dónde va a ser? ¿Cuándo va a ser?

3. ¿A quiénes van a invitar?

4. ¿Qué van a comer? ¿Quiénes van a llevar o a preparar la comida?

5. ¿Qué van a beber? ¿Quiénes van a traer las bebidas?

6. ¿Cómo planean entretener a los invitados? ¿Van a bailar o a jugar algún juego?

7. Después de la fiesta, ¿Quiénes van a limpiar?

7 **Encuesta** Entrevista a dos o tres compañeros/as para saber qué actitudes (*attitudes*) tienen en sus relaciones personales. Comparte los resultados con la clase.

Preguntas	Nombres	Actitudes
1. ¿Te importa la amistad? ¿Por qué?	_____	_____
2. ¿Es mejor tener un(a) buen(a) amigo/a o muchos amigos?	_____	_____
3. ¿Cuáles son las características que buscas en tus amigos/as?	_____	_____
4. ¿Tienes novio/a? ¿A qué edad (*age*) es posible enamorarse?	_____	_____
5. ¿Deben las parejas hacer todo juntos?	_____	_____
6. ¿Deben las parejas compartir las mismas opiniones? ¿Por qué?	_____	_____

8 **Una fiesta inolvidable** Cuéntale a un(a) compañero/a cómo fue la fiesta más divertida que tuviste (*had*). Usa estas preguntas como guía.

• ¿Qué? • ¿Cómo? • ¿Por qué? • ¿Quién(es)?

• ¿Cuándo? • ¿Cuántos? • ¿Dónde? • ¿A qué hora?

9 **La historia de Ana** Su profesor(a) va a darles a ti y a tu compañero/a la información necesaria para completar esta actividad.

🎧 Pronunciación

The letters **h**, **j**, and **g**

helado	**hombre**	**hola**	**hermosa**

The Spanish **h** is always silent.

José	**jubilarse**	**dejar**	**pareja**

The letter **j** is pronounced much like the English *h* in *his*.

agencia	**general**	**Gil**	**Gisela**

The letter **g** can be pronounced three different ways. Before **e** or **i**, the letter **g** is pronounced much like the English *h*.

Gustavo, gracias por llamar el domingo.

At the beginning of a phrase or after the letter **n**, the Spanish **g** is pronounced like the English *g* in *girl*.

Me gradué en agosto.

In any other position, the Spanish **g** has a somewhat softer sound.

Guerra	**conseguir**	**guantes**	**agua**

In the combinations **gue** and **gui**, the **g** has a hard sound and the **u** is silent. In the combination **gua**, the **g** has a hard sound and the **u** is pronounced like the English *w*.

Práctica Lee las palabras en voz alta, prestando atención a la **h**, la **j** y la **g**.

1. hamburguesa	5. geografía	9. seguir	13. Jorge
2. jugar	6. magnífico	10. gracias	14. tengo
3. oreja	7. espejo	11. hijo	15. ahora
4. guapa	8. hago	12. galleta	16. guantes

Oraciones Lee las oraciones en voz alta, prestando atención a la **h**, la **j** y la **g**.

1. Hola. Me llamo Gustavo Hinojosa Lugones y vivo en Santiago de Chile.
2. Tengo una familia grande; somos tres hermanos y tres hermanas.
3. Voy a graduarme en mayo.
4. Para celebrar mi graduación mis padres van a regalarme un viaje a Egipto.
5. ¡Qué generosos son!

> **A la larga, lo más dulce amarga.**[1]

Refranes Lee los refranes en voz alta, prestando atención a la **h**, la **j** y la **g**.

> **El hábito no hace al monje.**[2]

1 *Too much of a good thing.*
2 *The clothes don't make the man.*

recursos

| LM p. 50 | aventuras.vhlcentral.com Lección 9 |

¡Feliz cumpleaños, Maite!

Don Francisco y los estudiantes celebran el cumpleaños de Maite en el Restaurante El Cráter.

PERSONAJES

DON FRANCISCO

JAVIER

INÉS

ÁLEX

MAITE

DOÑA RITA

CAMARERO

INÉS A mí me encantan los dulces. Maite, ¿tú qué vas a pedir?
MAITE Ay, no sé. Todo parece tan delicioso. Quizás el pastel de chocolate.

JAVIER Para mí el pastel de chocolate con helado. Me encanta el chocolate. Y tú, Álex, ¿qué vas a pedir?
ÁLEX Generalmente prefiero la fruta, pero hoy creo que voy a probar el pastel de chocolate.
DON FRANCISCO Yo siempre tomo un flan y un café.

DOÑA RITA ¡Feliz cumpleaños, Maite!
INÉS ¿Hoy es tu cumpleaños, Maite?
MAITE Sí, el 22 de junio. Y parece que vamos a celebrarlo.
TODOS MENOS MAITE ¡Felicidades!

ÁLEX Yo también acabo de cumplir los veintitrés años.
MAITE ¿Cuándo?
ÁLEX El cuatro de mayo.

DOÑA RITA Aquí tienen un flan, pastel de chocolate con helado… y una botella de vino para dar alegría.
MAITE ¡Qué sorpresa! ¡No sé qué decir! Muchísimas gracias.

DON FRANCISCO El conductor no puede tomar vino. Doña Rita, gracias por todo. ¿Puede traernos la cuenta?
DOÑA RITA Enseguida, Paco.

ACTIVIDADES

1 Preguntas Contesta estas preguntas.

1. ¿Por qué Maite no sabe que le van a celebrar su cumpleaños?
2. ¿Qué postre pide siempre don Francisco?
3. ¿Qué le encanta a Javier?
4. ¿Cuántos años cumplió Álex? ¿Cuándo?
5. ¿Cuál postre va a pedir Álex?
6. ¿Por qué don Francisco no puede tomar vino?

2 Identificar Identifica quién puede decir estas oraciones.

1. Gracias, doña Rita, pero no puedo tomar vino.
2. ¡Qué simpática es doña Rita! Fue tan amable conmigo.
3. A mí me gustan mucho los postres de chocolate.
4. Mi amigo acaba de informarme que hoy es el cumpleaños de Maite.
5. ¿Tienen algún postre de fruta? Los postres de fruta son los mejores.
6. Me parece una buena idea dejarle una buena propina a la dueña. ¿Qué piensan ustedes?

Para recordar Antes de mirar este episodio, repasa el anterior.

1. ¿Quién es doña Rita Perales?
2. ¿Qué platos sirven en El Cráter?
3. ¿Les gusta a los estudiantes la comida?
4. ¿Cuál es la ocasión especial ese día?

Expresiones útiles

Celebrating a birthday party

¡Feliz cumpleaños!
Happy birthday!

¡Felicidades!/¡Felicitaciones!
Congratulations!

¿Quién le dijo que es mi cumpleaños?
Who told you (form.) that it's my birthday?

Lo supe por don Francisco.
I found out from Don Francisco.

¿Cuántos años cumples/cumple usted?
How old are you now?

Veintitrés.
Twenty-three.

Asking for the bill

¿Puede traernos la cuenta?
Can you bring us the bill?

La cuenta, por favor.
The bill, please.

Enseguida, señor/señora/señorita.
Right away, sir/ma'am/miss.

Expressing gratitude

¡(Muchas) gracias!
Thank you (very much)!

Muchísimas gracias.
Thank you very, very much.

Gracias por todo./Gracias una vez más.
Thanks for everything./Thanks once again.

Leaving a tip

Creo que debemos dejar una buena propina.
¿Qué les parece?
I think we should leave a good tip. What do you guys think?

Sí, vamos a darle una buena propina.
Yes, let's give him/her a good tip.

MAITE ¡Gracias! Pero, ¿quién le dijo que es mi cumpleaños?
DOÑA RITA Lo supe por don Francisco.

ÁLEX Ayer te lo pregunté, ¡y no quisiste decírmelo! ¿Eh? ¡Qué mala eres!
JAVIER ¿Cuántos años cumples?
MAITE Veintitrés.

INÉS Creo que debemos dejar una buena propina. ¿Qué les parece?
MAITE Sí, vamos a darle una buena propina a la señora Perales. Es simpatiquísima.

DON FRANCISCO Gracias una vez más. Siempre lo paso muy bien aquí.
MAITE Muchísimas gracias, señora Perales. Por la comida, por la sorpresa y por ser tan amable con nosotros.

 3 **Un cumpleaños** En grupos, imaginen que celebran el cumpleaños de un(a) amigo/a en un restaurante. Usen la guía para representar la situación.

- Todos le desean feliz cumpleaños a la persona que cumple años y uno le pregunta cuántos años cumple.
- Cada uno le pide al/a la camarero/a un postre y algo de beber.
- Después una persona pide la cuenta.

- Otra persona habla de dejar una propina.
- Los amigos dicen que quieren pagar la cuenta.
- El/La que cumple años les da las gracias por todo.

recursos

VM
pp. 185–186

aventuras.vhlcentral.com
Lección 9

BAJO LA LUPA

Semana Santa:
vacaciones y tradición

¿Te imaginas pasar veinticuatro horas tocando un tambor° entre miles de personas? Así es como mucha gente celebra el Viernes Santo° en el pequeño pueblo de **Calanda,** España. De todas las celebraciones hispanas, la **Semana Santa°** es una de las más espectaculares y únicas.

Semana Santa es la semana antes de Pascua°, una celebración religiosa que conmemora la Pasión de Jesucristo. Generalmente, la gente tiene unos días de vacaciones en esta semana. Algunas personas aprovechan° estos días para viajar, pero otras prefieren participar en las tradicionales celebraciones religiosas en las calles. En **Antigua,** Guatemala, hacen alfombras° de flores° y altares; también organizan Vía Crucis° y danzas. En las famosas procesiones y desfiles° religiosos de **Sevilla,** España, los fieles° sacan a las calles imágenes religiosas. Las imágenes van encima de plataformas ricamente decoradas con abundantes flores y velas°. En la procesión, los penitentes

Procesión en Sevilla, España

llevan túnicas y unos sombreros cónicos que les cubren° la cara°. En sus manos llevan faroles° o velas encendidas.

Si visitas algún país hispano durante la Semana Santa, debes asistir a un desfile. Las playas y las discotecas pueden esperar hasta la semana siguiente.

Alfombra de flores en Antigua, Guatemala

Otras celebraciones famosas

Ayacucho, Perú: Además de alfombras de flores y procesiones, aquí hay una antigua tradición llamada "quema de la chamiza"°.

Iztapalapa, Ciudad de México: Es famoso el Vía Crucis del cerro° de la Estrella. Es una representación del recorrido° de Jesucristo con la cruz°.

Popayán, Colombia: En las procesiones "chiquitas" los niños llevan imágenes que son copias pequeñas de las que llevan los mayores.

tocando un tambor *playing a drum* Viernes Santo *Good Friday* Semana Santa *Holy Week* Pascua *Easter Sunday* aprovechan *take advantage of* alfombras *carpets* flores *flowers* Vía Crucis *Stations of the Cross* desfiles *parades* fieles *faithful* velas *candles* cubren *cover* cara *face* faroles *lamps* quema de la chamiza *burning of brushwood* cerro *hill* recorrido *route* cruz *cross*

1 **¿Cierto o falso?** Indica si lo que dicen las oraciones sobre Semana Santa en países hispanos es **cierto** o **falso.** Corrige las falsas.

1. La Semana Santa se celebra después de Pascua.
2. Las personas tienen días libres durante la Semana Santa.
3. Todas las personas asisten a las celebraciones religiosas.
4. En los países hispanos, las celebraciones se hacen en las calles.

5. En Antigua y en Ayacucho es típico hacer alfombras de flores.
6. En Sevilla, sacan imágenes religiosas a las calles.
7. En Sevilla, las túnicas cubren la cara.
8. En la procesión en Sevilla algunas personas llevan flores en sus manos.
9. El Vía Crucis de Iztapalapa es en el interior de una iglesia.
10. Las procesiones "chiquitas" son famosas en Sevilla, España.

Las fiestas

Fiestas y celebraciones

la despedida de soltero/a	*bachelor(ette) party*
el día feriado/festivo	el día de fiesta
disfrutar	*to enjoy*
festejar	celebrar
los fuegos artificiales	*fireworks*
pasarlo en grande	divertirse mucho
salir de parranda, rumbear (Ven.), farandulear (Col.)	*to go out and have fun*
la vela	*candle*

CONEXIÓN INTERNET

What do **Semana Santa** and **la Fiesta de San Fermín** have in common? Go to **aventuras.vhlcentral.com** to find out and to access these components:

- the **Flash Cultura** video
- more activities
- additional reading: **Una celebración única**

1 **Preparación** ¿Se celebra la Navidad en tu país? ¿Qué otras fiestas importantes se celebran? En cada caso, ¿cuánto tiempo dura? ¿Cuáles son las tradiciones y actividades típicas?

2 **El video** Mira el episodio de **Flash Cultura**.

Vocabulario

los cabezudos	*carnival figures with large heads*
los carteles	*posters*
fiesta de pueblo	*local celebration*
santos de palo	*wooden saints*

Los cabezudos son una tradición […] de España.

Es una fiesta de pueblo… una tradición. Vengo todos los años.

2 **Comparación** Compara una celebración del mundo hispano con una celebración importante de tu país. ¿Cómo celebra la gente? ¿Cuáles son actividades típicas? ¿En qué se parecen? ¿En qué se diferencian? Comparte tus ideas con la clase.

recursos

VM
pp. 243–244

SUPERSITE
aventuras.vhlcentral.com
Lección 9

3 **Elegir** Indica cuál de las dos opciones resume mejor este episodio.

- Las Navidades puertorriqueñas son las más largas y terminan después de las fiestas de la calle San Sebastián. Esta fiesta de pueblo se celebra con baile, música y distintas expresiones artísticas típicas.

- En la celebración de las Navidades puertorriqueñas, los cabezudos son una tradición de España y son el elemento más importante de la fiesta. A la gente le gusta bailar y hacer procesiones por la noche.

GRAMÁTICA

9.1 Irregular preterites

▸ You already know that **ir** and **ser** are irregular in the preterite. Here are some other verbs that are irregular in the preterite.

Preterite of *tener*, *venir*, and *decir*

	tener (u-stem)	venir (i-stem)	decir (j-stem)
yo	tuve	vine	dije
tú	tuviste	viniste	dijiste
Ud./él/ella	tuvo	vino	dijo
nosotros/as	tuvimos	vinimos	dijimos
vosotros/as	tuvisteis	vinisteis	dijisteis
Uds./ellos/ellas	tuvieron	vinieron	dijeron

▸ Observe the stem changes in the chart: the **e** in **tener** changes to **u**, and the **e** in **venir** and **decir** changes to **i**. Note also that the **c** in **decir** changes to **j**. None of these verbs have written accents in the **yo** or **Ud./él/ella** forms.

▸ These verbs have similar stem changes to **tener**, **venir**, and **decir**.

INFINITIVE	U-STEM	PRETERITE FORMS
poder	pud-	pude, pudiste, pudo, pudimos, pudisteis, pudieron
poner	pus-	puse, pusiste, puso, pusimos, pusisteis, pusieron
saber	sup-	supe, supiste, supo, supimos, supisteis, supieron
estar	estuv-	estuve, estuviste, estuvo, estuvimos, estuvisteis, estuvieron

INFINITIVE	I-STEM	PRETERITE FORMS
querer	quis-	quise, quisiste, quiso, quisimos, quisisteis, quisieron
hacer	hic-	hice, hiciste, hizo, hicimos, hicisteis, hicieron

INFINITIVE	J-STEM	PRETERITE FORMS
traer	traj-	traje, trajiste, trajo, trajimos, trajisteis, trajeron
conducir	conduj-	conduje, condujiste, condujo, condujimos, condujisteis, condujeron
traducir	traduj-	traduje, tradujiste, tradujo, tradujimos, tradujisteis, tradujeron

¡ojo! Verbs with **j**-stems omit the letter **i** in the **Uds./ellos/ellas** endings. For example, **tener → tuvieron**, but **decir → dijeron**.

▸ Most verbs that end in **–cir** are **j**-stem verbs in the preterite. For example, **producir → produje, produjiste**, etc.

¿Dijiste larga distancia?
Compra Orbitel, la tarjeta que te da más minutos para hablar.

Práctica

1 Una fiesta sorpresa Completa estas frases con el pretérito de los verbos indicados.

1. El sábado _____ [haber] una fiesta sorpresa para Elsa en mi casa.
2. Sofía _____ [hacer] un pastel para la fiesta y Miguel _____ [traer] un flan.
3. Los amigos y parientes de Elsa _____ [venir] y _____ [traer] regalos.
4. El hermano de Elsa no _____ [venir] porque _____ [tener] que trabajar.
5. Su tía María tampoco _____ [poder] venir.
6. Cuando Elsa abrió la puerta, todos gritaron (*shouted*): "¡Feliz cumpleaños!" y su esposo le _____ [dar] un beso.
7. Al final de la fiesta, todos _____ [decir] que se divirtieron mucho.
8. La fiesta le _____ [dar] a Elsa tanta alegría que no _____ [poder] dormir esa noche.

2 ¿Qué hicieron? Usa los verbos de la lista para describir lo que hicieron estas personas.

dar	poner	traer
estar	tener	venir

1. El señor López/dinero

2. Nosotros/fiesta

3. Norma/pavo

4. Roberto y Elena/regalo

Conversación

3 Preguntas En parejas, túrnense para contestar estas preguntas.

1. ¿Qué hiciste anoche?
2. ¿Quiénes no estuvieron en clase la semana pasada?
3. ¿Qué trajiste a clase ayer?
4. ¿Qué trajiste a clase hoy?
5. ¿Hiciste la tarea para esta clase?
6. ¿Cuándo hiciste la tarea? ¿Se la diste al/a la profesor(a)?
7. ¿Hubo una fiesta en tu casa o residencia el sábado pasado?
8. ¿Alguien dio una fiesta por tu cumpleaños el año pasado? ¿Quién?
9. ¿Cuándo fue la última (*last*) vez que tus parientes vinieron a visitarte? ¿Te trajeron algo? ¿Qué te trajeron?
10. ¿Les diste a tus padres un regalo para su aniversario de bodas? ¿Qué les regalaste?

4 Encuesta Averigua (*Find out*) quién de tus compañeros/as hizo cada una de estas actividades. Luego, comparte los resultados con la clase.

modelo

Fue a una fiesta la semana pasada

Estudiante 1: ¿Fuiste a una fiesta la semana pasada?
Estudiante 2: No, no fui a ninguna fiesta.
Estudiante 1: ¿Fuiste a una fiesta la semana pasada?
Estudiante 3: Sí, fui a una fiesta muy buena.

Descripciones	Nombres
1. Tuvo un examen ayer.	_____
2. Trajo dulces a clase.	_____
3. Condujo su auto a clase.	_____
4. Estuvo en la biblioteca ayer.	_____
5. Le dio consejos a alguien ayer.	_____
6. Tuvo que levantarse temprano ayer.	_____
7. Hizo un viaje por más de dos semanas el verano pasado.	_____
8. Tuvo una cita anoche.	_____
9. Dijo una mentira ayer.	_____
10. Tuvo que trabajar el sábado pasado.	_____

The preterite of dar

	The preterite of *dar*		
yo	di	nosotros/as	dimos
tú	diste	vosotros/as	disteis
Ud./él/ella	dio	Uds./ellos/ellas	dieron

▶ The endings for **dar** are the same as the regular preterite endings for **–er** and **–ir** verbs, but there are no written accent marks.

La camarera me **dio** el menú.
The waitress gave me the menu.

Los invitados le **dieron** un regalo.
The guests gave him/her a gift.

Le **di** a Juan algunos consejos.
I gave Juan some advice.

Nosotros **dimos** una gran fiesta.
We gave a great party.

▶ The preterite of **hay** (*inf.* **haber**) is **hubo** (*there was/were*).

Hubo una fiesta el sábado pasado.
There was a party last Saturday.

Hubo una sorpresa especial para mi hermana.
There was a special surprise for my sister.

Hubo muchos invitados.
There were a lot of guests.

También **hubo** muchos regalos y champán.
There were also a lot of gifts and champagne.

Doña Rita les dio una botella de vino a los viajeros.

Hubo una fiesta en el restaurante El Cráter.

¡Manos a la obra!

 Escribe la forma correcta del pretérito de cada verbo.

1. Tú ___quisiste___ [querer].
2. Usted _____ [decir].
3. Nosotras _____ [hacer].
4. Yo _____ [traer].
5. Ellas _____ [conducir].
6. Ella _____ [estar].
7. Tú _____ [tener].
8. Ella y yo _____ [dar].
9. Yo _____ [traducir].
10. Ayer _____ [haber].
11. Usted _____ [saber].
12. Ellos _____ [poner].
13. Yo _____ [venir].
14. Tú _____ [poder].
15. Ustedes _____ [querer].
16. Nosotras _____ [estar].
17. Tú _____ [decir].
18. Ellos _____ [saber].
19. Él _____ [hacer].
20. Yo _____ [poner].
21. Nosotras _____ [traer].
22. Yo _____ [tener].
23. Tú _____ [dar].
24. Ustedes _____ [poder].

9.2 Verbs that change meaning in the preterite

▶ **Conocer, saber, poder,** and **querer** change meanings in the preterite.

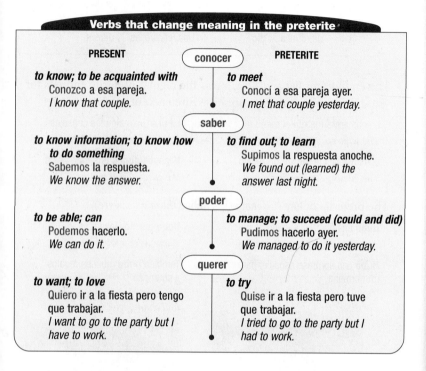

Verbs that change meaning in the preterite

PRESENT		PRETERITE
conocer		
to know; to be acquainted with		*to meet*
Conozco a esa pareja.		Conocí a esa pareja ayer.
I know that couple.		*I met that couple yesterday.*
saber		
to know information; to know how to do something		*to find out; to learn*
Sabemos la respuesta.		Supimos la respuesta anoche.
We know the answer.		*We found out (learned) the answer last night.*
poder		
to be able; can		*to manage; to succeed (could and did)*
Podemos hacerlo.		Pudimos hacerlo ayer.
We can do it.		*We managed to do it yesterday.*
querer		
to want; to love		*to try*
Quiero ir a la fiesta pero tengo que trabajar.		Quise ir a la fiesta pero tuve que trabajar.
I want to go to the party but I have to work.		*I tried to go to the party but I had to work.*

▶ In the preterite, **poder** and **querer** have different meanings, depending on whether they are used in affirmative or negative sentences.

Affirmative		**Negative**	
pude	*I was able (to)/succeeded*	no pude	*I failed (to)*
quise	*I tried (to)*	no quise	*I refused (to)*

¡Manos a la obra!

Cambia los verbos del presente al pretérito.

1. No quiero hacerlo. No _____quise_____ hacerlo.
2. ¿Sabes la respuesta? ¿ _____ la respuesta?
3. Las chicas pueden divertirse. Las chicas _____ divertirse.
4. ¿Conoces a los recién casados? ¿ _____ a los recién casados?
5. No puedo encontrar a Patricia. No _____ encontrar a Patricia.
6. Josefina quiere descansar. Josefina _____ descansar.
7. Conocemos a Julio. _____ a Julio el año pasado.
8. Ella no puede venir a la fiesta. Ella no _____ venir a la fiesta.
9. Queremos pasarlo bien. _____ pasarlo bien.
10. Ustedes saben del problema, ¿verdad? Ustedes _____ del problema, ¿verdad?
11. No queremos ir a la fiesta. No _____ ir a la fiesta.
12. Puedes venir conmigo. _____ venir conmigo.

Práctica

1 Oraciones Forma oraciones con estos elementos. Usa el pretérito.

modelo

Mis padres / no querer / venir / fiesta
Mis padres no quisieron venir a la fiesta.

1. Anoche / nosotros / saber / que / Carlos y Eva / divorciarse _____

2. Tú / conocer / Nora / clase / historia / ¿no? _____

3. ¿Poder / ustedes / visitar / la Isla de Pascua? _____

4. Ayer / yo / saber / que / Paco / querer / romper / Olivia _____

5. El señor Navarro / querer / jubilarse / pero / no poder _____

6. Gustavo y Elena / conocer / mi esposo / fiesta de Ana _____

7. Yolanda / no poder / dormir / anoche _____

8. Irma / saber / que / nosotros / traer / galletas _____

9. Ayer / yo / no poder / llamar / tú _____

10. Nosotros / querer / pagar la cuenta _____

2 Completar Completa estas frases de manera lógica.

1. La semana pasada yo supe…
2. Ayer mi compañero/a de cuarto supo…
3. Esta mañana no pude…
4. El fin de semana pasado mis amigos y yo no pudimos…
5. Conocí a mi mejor amigo/a en…
6. Mis padres no quisieron…
7. Mi mejor amigo/a no pudo…
8. Mi novio/a y yo nos conocimos en…
9. La semana pasada supe…
10. Ayer mis amigos quisieron…
11. Mis abuelos pudieron…

Conversación

3 **El fin de semana** Prepara dos listas: una con las actividades que hiciste el fin de semana pasado y la otra lista con las actividades que quisiste hacer, pero no pudiste hacer. Luego, compara tu lista con la de un(a) compañero/a, y expliquen por qué no pudieron hacer esas cosas.

Cosas que hice	Cosas que quise hacer
1. _____	1. _____
2. _____	2. _____
3. _____	3. _____
4. _____	4. _____
5. _____	5. _____
6. _____	6. _____
7. _____	7. _____
8. _____	8. _____
9. _____	9. _____
10. _____	10. _____

4 **Telenovela** En grupos de tres, escriban el guión (*script*) de una escena amorosa entre los tres personajes de la telenovela (*soap opera*) llamada **La mujer doble**. Usen el pretérito de **conocer, poder, querer** y **saber**. ¡Sean creativos!

Daniel

Mirta

Raúl

PASIÓN · AVENTURA
HECHICERÍA · VENGANZA
LA MUJER DOBLE

Hubo un día en el que la humanidad quiso ir más allá de sus límites. Pudo conocer un mundo increíble. Supo asegurar su futuro.

Ahora todos lo pueden hacer.

BANCO DAVIVIENDA

Identificar

Lee el anuncio e identifica los verbos en el pretérito.

Preguntas

1. ¿Qué quiso hacer la humanidad? ¿Qué pudo conocer?
2. ¿Cuándo llegó el hombre a la Luna (*Moon*)?
3. ¿Qué tipo de compañía es la del anuncio?
4. ¿Es eficaz (*effective*) la conexión entre el viaje a la Luna y los servicios bancarios?

9.3 Relative pronouns

▶ Relative pronouns are used to combine two sentences or clauses that share a common element, such as a noun or pronoun. Study these diagrams.

> Éste es el flan.
> *This is the flan.*

> Manuela preparó el flan.
> *Manuela made the flan.*

> Éste es el flan que Manuela preparó.
> *This is the flan that Manuela made.*

> Lourdes es muy inteligente.
> *Lourdes is very intelligent.*

> Lourdes estudia español.
> *Lourdes studies Spanish.*

> Lourdes, quien estudia español, es muy inteligente.
> *Lourdes, who studies Spanish, is very intelligent.*

La comida que pidieron fue muy sabrosa.

Doña Rita, quien les sirve el vino, es la dueña del restaurante.

▶ Spanish has three commonly used relative pronouns. Note that relative pronouns never carry an accent, unlike interrogative words (**qué, quién,** etc.).

> **Common relative pronouns**
>
> | | |
> |---|---|
> | que | *that; which; who* |
> | quien(es) | *who; whom; that* |
> | lo que | *that which; what* |

▶ **Que**, the most frequently used relative pronoun, can refer to things or to people. Unlike the English *that*, **que** is never omitted.

¿Dónde está el pastel **que** pedí?
Where is the cake (that) I ordered?

El hombre **que** sirve la comida se llama Diego.
The man who serves the food is named Diego.

Práctica

1 **Una fiesta de aniversario** Amparo está hablando de la fiesta de aniversario de sus abuelos. Completa las oraciones con las expresiones de la lista.

a quien conozco muy bien	que se graduó
de quienes te hablé	quien es la novia
que saqué	quien se jubiló

1. El sábado fui a la fiesta de aniversario de mis abuelos, _____ la semana pasada.
2. Éstas son las fotos _____ durante la fiesta.
3. Éste es Ramón, mi primo. Es el chico _____ de la universidad en junio.
4. Éste es mi abuelo, _____ el año pasado.
5. Esta mujer, _____, se llama Ana.
6. Y ésta es Lucita, _____ de Ramón.

2 **Una fiesta de cumpleaños** Describe la fiesta sorpresa que van a dar Jaime y Tina, usando los pronombres relativos **que, quien, quienes** y **lo que**.

1. Manuela, _____ cumple veintiún años mañana, no sabe que sus amigos están planeando una fiesta.
2. Jaime y Tina son los amigos _____ planean la fiesta.
3. Éstas son las personas _____ van a invitar.
4. Juan y Luz, _____ son los hermanos de Manuela, van a venir.
5. Marco, _____ es el novio de Manuela, va a venir también.
6. _____ Jaime y Tina van a servir de postre es un pastel.
7. Todos van a bailar salsa y rock hasta la una de la mañana, _____ va a ser muy divertido.

Conversación

3 **Entrevista** En parejas, túrnense para hacerse las siguientes preguntas.

1. ¿Qué es lo que más te gusta de las fiestas familiares? ¿Por qué?
2. ¿Qué es lo que menos te gusta de las fiestas familiares? ¿Por qué?
3. ¿Quiénes son las personas con quienes celebras tu cumpleaños?
4. ¿Quién es el/la pariente o amigo/a a quien más le gustan los cumpleaños? ¿Por qué le gustan tanto?
5. ¿Dónde compras los regalos que le regalas a tu mejor amigo/a?
6. ¿Tienes hermanos/as o amigos/as que están casados/as? ¿Dónde viven?
7. ¿Quién es la persona que más te importa?
8. ¿Quiénes son las personas con quienes te diviertes más? ¿Por qué lo pasas bien con ellos/ellas?

4 **Definiciones** En parejas, túrnense para definir estas palabras, usando **que, quien(es)** y **lo que.** Luego compartan sus definiciones con la clase.

modelo

un pastel de cumpleaños

Estudiante 1: ¿Qué es un pastel de cumpleaños?
Estudiante 2: Es un postre que comes en tu cumpleaños./Es lo que comes en tu cumpleaños.

1. el helado
2. el champán
3. una propina
4. una boda
5. un invitado
6. la Navidad
7. una recién casada
8. los dulces
9. la camarera
10. la leche
11. una viuda
12. una fiesta de quince años

Uses of **quien(es)** and **lo que**

▶ **Quien** (singular) and **quienes** (plural) refer only to people and are often used after a preposition or the personal **a.**

Eva, **a quien** vi anoche, cumple veinticinco años hoy.
Eva, whom I saw last night, turns twenty-five today.

¿Son ésas las chicas **de quienes** me hablaste la semana pasada?
Are those the girls you told me about last week?

▶ **Quien(es)** is occasionally used instead of **que** in clauses set off by commas.

Lola, **quien** es cubana, es médica.
Lola, who is Cuban, is a doctor.

Su tía, **que** es alemana, ya llegó.
Her aunt, who is German, already arrived.

Mi hermana, **quien** vive en Madrid, me llamó por teléfono.
My sister, who lives in Madrid, called me on the phone.

Juan, **que** estuvo muy contento, brindó conmigo.
Juan, who was very happy, toasted with me.

▶ **Lo que** refers to an idea, a situation, or a past event and means *what* or *the thing that.*

Juana tiene todo **lo que** necesitamos.
Juana has everything we need.

Lo que me molesta es el calor.
The thing that bothers me is the heat.

Lo que quiero es verte.
What I want is to see you.

Lo que más te gusta es divertirte.
What you like most is to have fun.

Maite, a quien le compramos un pastel, cumple años hoy.

Lo que le gusta a Inés son los dulces.

¡Manos a la obra!

Completa las siguientes oraciones con pronombres relativos.

1. La chica ____que____ me invitó a la fiesta se llama Anabel.
2. Ese mercado tiene todo _____ necesitamos.
3. Úrsula, _____ es la dueña del restaurante, es de Uruguay.
4. Donaldo, a _____ viste en la fiesta, es chileno.
5. A Cecilia no le gusta el regalo _____ le compré.
6. No me gusta hablar con personas a _____ no conozco.
7. Rosana es la chica de _____ te hablé.
8. El chico _____ está a la izquierda es mi primo.
9. Ana, con _____ voy a la fiesta, es muy simpática.
10. _____ me sorprendió fue ver a tantos invitados.

9.4 ¿Qué? and ¿cuál?

▶ As you know, **¿qué?** and **¿cuál?** or **¿cuáles?** mean *what?* or *which?* However, they are not interchangeable.

▶ **¿Qué?** is used to ask for a definition or explanation.

¿Qué es el flan?
What is flan?

¿Qué estudias?
What do you study?

▶ **¿Cuál(es)?** is used when there is a choice among several possibilities.

¿Cuáles quieres, éstos o ésos?

Which (ones) do you want, these ones or those ones?

¿Cuál es tu apellido, Martínez o Vilanova?

What is your last name, Martínez or Vilanova?

▶ **¿Cuál(es)?** cannot be used before a noun; **¿qué?** is used instead.

¿Cuál es tu color favorito?
What is your favorite color?

¿Qué colores te gustan?
What colors do you like?

▶ **¿Qué?** used before a noun has the same meaning as **¿cuál?**

Qué + noun	Cuál + verb
¿Qué regalo te gusta?	**¿Cuál** te gusta?
¿Qué dulces quieren ustedes?	**¿Cuáles** quieren ustedes?

Review of interrogative words and phrases

¿a qué hora?	at what time?	¿cuántos/as?	how many?
¿adónde?	(to) where?	¿de dónde?	from where?
¿cómo?	how?	¿dónde?	where?
¿cuál(es)?	what?; which?	¿por qué?	why?
¿cuándo?	when?	¿qué?	what?; which?
¿cuánto/a?	how much?	¿quién(es)?	who?

¡Manos a la obra!

Completa las preguntas con **¿qué?** o **¿cuál(es)?**, según el contexto.

1. ¿ _Cuál_ te gusta más?
2. ¿_____ es tu teléfono?
3. ¿_____ tipo de pastel pediste?
4. ¿_____ es una boda?
5. ¿_____ haces ahora?
6. ¿_____ son tus platos favoritos?
7. ¿_____ bebidas te gustan más?
8. ¿_____ es esto?
9. ¿_____ es el mejor?
10. ¿_____ es tu opinión?
11. ¿_____ fiestas celebras tú?
12. ¿_____ vino prefieres?
13. ¿_____ es tu clase favorita?
14. ¿_____ pones en la mesa?
15. ¿_____ restaurante prefieres?
16. ¿_____ es tu dirección?
17. ¿_____ quieres comer ahora?
18. ¿_____ es la tarea para mañana?
19. ¿_____ color prefieres?
20. ¿_____ opinas?

Práctica

1 Minidiálogos Completa los minidiálogos con las palabras interrogativas correctas.

SORAYA ¿ (1) _____ es la fiesta de aniversario de tus padres?
ERNESTO El sábado por la noche.

. . .

MICAELA ¿ (2) _____ va a ser la fiesta de cumpleaños?
TIMOTEO En casa de mi primo.

. . .

MARCIA ¿ (3) _____ es tu clase favorita?
CARLOS La clase de arte es mi favorita.

. . .

TOMÁS ¿ (4) _____ dinero te van a dar tus abuelos para tu graduación de la universidad?
MERCEDES Dicen que van a darme dos mil dólares.

. . .

LIDIA ¿ (5) _____ compraste para tu sobrino?
MARTA Una raqueta de tenis.

. . .

BLAS ¿ (6) _____ vas después de la boda?
GIL Mi novia y yo vamos al cine. ¿Quieres venir?

2 Completar Completa estas preguntas con una palabra interrogativa. En algunos casos se puede usar más de una palabra interrogativa.

1. ¿En _____ país nacieron tus padres?
2. ¿_____ es la fecha de tu cumpleaños?
3. ¿_____ naciste?
4. ¿_____ es tu estado civil?
5. ¿_____ te relajas?
6. ¿_____ son tus programas de televisión favoritos?
7. ¿_____ es tu mejor amigo?
8. ¿_____ van tus amigos para divertirse?
9. ¿_____ postres te gustan? ¿_____ te gusta más?
10. ¿_____ problemas tuviste el primer día de clase?
11. ¿_____ primos tienes?

Conversación

3 **Una invitación** En parejas, lean esta invitación. Luego, cada estudiante debe pensar en tres preguntas sobre el texto que su compañero/a debe responder.

modelo

Estudiante 1: ¿Quiénes se casan?
Estudiante 2: María Luisa y José Antonio

FERNANDO SANDOVAL VALERA   LORENZO VÁSQUEZ AMARAL

ISABEL ARZIPE DE SANDOVAL   ELENA SOTO DE VÁSQUEZ

TIENEN EL AGRADO DE INVITARLOS
A LA BODA DE SUS HIJOS

MARÍA LUISA Y JOSÉ ANTONIO

LA CEREMONIA RELIGIOSA TENDRÁ LUGAR
EL SÁBADO 10 DE JUNIO A LAS DOS DE LA TARDE
EN EL TEMPLO DE SANTO DOMINGO
(CALLE SANTO DOMINGO, 961).

DESPUÉS DE LA CEREMONIA, SÍRVANSE PASAR A LA RECEPCIÓN EN EL SALÓN
DE BAILE DEL HOTEL METRÓPOLI (SOTERO DEL RÍO, 465).

4 **Fotos** En parejas, túrnense para hacerse preguntas sobre estas personas.

modelo

Estudiante 1: ¿Quién es esta mujer?
Estudiante 2: Es una estudiante.
Estudiante 1: ¿Dónde está?
Estudiante 2: Está en la biblioteca.
Estudiante 1: ¿Qué está haciendo?
Estudiante 2: Está estudiando para un examen.

1.

2.

3.

4.

5 **Quinceañera** Su profesor(a) va a darles a ti y a tu compañero/a la información necesaria para completar esta actividad.

Español en vivo

¿Con quién quieres compartir momentos mágicos?
¿Cuáles son tus prioridades en la vida?
¿Qué es para ti la libertad?
Tú eliges cómo vivir.

BMW

¿Te gusta conducir?

Identificar

Lee el anuncio e identifica las palabras interrogativas.

Preguntas

1. ¿Qué puedes hacer con un auto como éste?
2. ¿Te gustaría (*Would you like*) comprar un auto como éste? ¿Por qué?
3. ¿Te gusta este anuncio? ¿Por qué?

Repaso

For more practice, go to aventuras.vhlcentral.com.

9.1 Irregular preterites

1 **La graduación** Imagina que el fin de semana pasado fue tu fiesta de graduación y tus parientes de Colombia vinieron a la celebración. Usa las frases de la lista para describir qué pasó en la fiesta.

conducir el automóvil	traducir del inglés
decir el discurso (*speech*)	traer un regalo
producir un video	venir desde Colombia

2 **Una fiesta importante** En parejas, túrnense para describir una fiesta importante que celebraron el año pasado. Comenten qué regalos dieron y qué regalos les dieron. También comenten qué hubo de cenar, de beber y de postre.

modelo

Estudiante 1: ¿Cuál fue la fiesta más importante para ti el año pasado?
Estudiante 2: Para mí, fue la Navidad. Celebré esta fiesta con toda mi familia. Mis padres me dieron una computadora. De beber, hubo vino tinto, champán y refrescos...

9.2 Verbs that change meaning in the preterite

3 **¡Qué mala suerte!** Completa el párrafo del diario (*journal*) de Romeo con el pretérito de los verbos **conocer, saber, poder** y **querer.**

Querido diario:

Julieta y yo nos (1) _____ en una fiesta el año pasado. Al día siguiente, yo (2) _____ invitarla a salir. La llamé por teléfono, pero no (3) _____ encontrarla. Julieta (4) _____ que yo la llamé. Ella (5) _____ escribirme un mensaje electrónico, ¡pero yo no tengo correo electrónico! Julieta y yo nunca (6) _____ tener una cita. ¡Qué mala suerte (*luck*)!

Romeo

4 **De joven...** En grupos de tres, imaginen que tienen ochenta años de edad. Escriban un párrafo diciendo las cosas que quisieron hacer de jóvenes, las cosas que no quisieron hacer, las actividades que pudieron hacer y las que no pudieron hacer.

modelo De joven, siempre quise tener una cita con una actriz de cine, pero no pude conocer a ninguna.

9.3 Relative pronouns

5 **Combinar** Combina los oraciones para formar una sola oración con los pronombres relativos **que, quien(es)** y **lo que.**

modelo Mi hermano y mi novia se llevan bien. Ellos planearon una fiesta sorpresa para mí.
Mi hermano y mi novia, quienes se llevan bien, planearon una fiesta sorpresa para mí.

1. La fiesta fue en un restaurante peruano. Mi novia lo eligió (*chose*).
2. Mi amigo Hernán es colombiano. Él vino desde Bogotá.
3. Los camareros trajeron un pastel de cumpleaños. El pastel fue de chocolate.
4. Mis tíos fueron a la fiesta. La situación fue incómoda (*uncomfortable*) porque están separados.
5. Mis hermanos son mayores que yo. Ellos le dejaron una propina al camarero.
6. Los invitados bailaron mucho. Fue bueno porque se divirtieron.

6 **Anuncio** En parejas, escriban un anuncio de un salón para celebrar bodas. Usen pronombres relativos y los verbos **creer, pensar, decir** y **suponer.**

modelo ¡Creemos que este salón es perfecto para su boda! Suponemos que usted quiere una boda divertidísima.

9.4 ¿Qué? and ¿cuál?

7 Las etapas de la vida Completa las preguntas con **qué** o **cuáles**. Después responde a las preguntas.

1. ¿_____ etapa de la vida ocurre después de la niñez?

2. ¿_____ es la etapa en la que nos jubilamos?

3. ¿_____ son las mejores etapas de la vida?

4. ¿_____ son las etapas que ocurren antes de la vejez?

5. ¿_____ es la etapa de la vida después de la madurez?

6. ¿_____ celebraciones son las favoritas de los niños?

8 La quinceañera En parejas, escriban preguntas para entrevistar a Ana, quien celebró su fiesta de quince años. Usen todas las palabras interrogativas. Después, túrnense para hacer y responder a las preguntas.

Síntesis

9 Conversar Tu amigo y tú están conversando sobre la vida de artistas famosos. En parejas, escriban una conversación donde comenten los últimos chismes (*pieces of gossip*) de estas celebridades.

modelo

Estudiante 1: ¿Supiste que Brad Pitt rompió con Angelina Jolie?
Estudiante 2: Sí, lo supe. Creo que ella se enamoró de otro actor de cine.
Estudiante 1: ¿Quién te dijo eso?
Estudiante 2: Lo dijeron en el programa de entrevistas de las seis de la tarde. ¿No lo viste?
Estudiante 1: No. Quise mirar la televisión, pero no pude porque tuve que ir a la biblioteca.

Videoclip

1 Preparación ¿Conoces alguna fiesta donde se celebre la muerte? ¿Cuál(es)? ¿Qué opinas de esta celebración?

2 El clip Mira el reportaje sobre **el Día de los Muertos** de Estados Unidos.

Vocabulario

altares *altars*	homenaje *homage*
espíritus *spirits*	ofrenda *offering*

... para celebrar el Día de los Muertos...

Cada veladora° que es prendida representa un alma°...

veladora *candle* alma *soul*

3 Ordenar Ordena las oraciones según aparecen en el video.

_____ a. Algunas tribus creían que la muerte era la continuación de la vida.
_____ b. Tradicionalmente, los altares son conformados por fotos de seres queridos y sus recuerdos.
_____ c. Para ellos, la vida era solamente un sueño y sólo en la muerte estarían verdaderamente despiertos.
_____ d. Los animales no se quedan atrás, ya que también son recordados.
_____ e. Comida y fruta es proveída para que los espíritus se regocijen.
_____ f. La flor de cempasúchil atrae a los espíritus hacia las ofrendas.

4 Comparar En parejas, escriban un párrafo donde comparen la celebración del Día de los Muertos y la de Halloween. Luego compartan sus ideas con la clase.

Ampliación

1 Escuchar

 A Escucha la conversación entre Josefina y Rosa. Cuando oigas una de las palabras de la **columna A**, usa el contexto para identificar un sinónimo en la **columna B**.

⭐ **TIP Guess the meaning of the words through context.** Listen to the words and phrases around an unfamiliar word to guess its meaning.

A	B
_____ 1. festejar	a. conmemoración religiosa de una muerte
_____ 2. te divertiste	b. tolera
_____ 3. dicha	c. suerte
_____ 4. bien parecido	d. celebrar
_____ 5. finge (fingir)	e. lo pasaste bien
_____ 6. soporta (soportar)	f. horror
	g. pretende ser algo que no es
	h. guapo

B ¿Son solteras Rosa y Josefina? ¿Cómo lo sabes?

Margarita Robles de García
y Roberto García Olmos

Piden su presencia en la celebración
del segundo aniversario de bodas
el día 13 de marzo de 2010
con una misa en la Iglesia Virgen del Coromoto
a las 6:30 p.m.

❧

Seguida por cena y baile
en el restaurante El Campanero,
Calle Principal, Las Mercedes
a las 8:30 p.m.

2 Conversar

En parejas, comparen cómo celebraron ustedes el Día de Acción de Gracias (*Thanksgiving*) el año pasado. Incluyan esta información.

- *¿Dónde celebraron el día de fiesta? ¿Lo pasaron bien?*
- *¿Cuál fue el menú? ¿Quiénes hicieron la comida?*
- *¿Trajeron ustedes algo? ¿Qué trajeron?*
- *¿Quiénes vinieron a comer? ¿Conocieron a alguien?*

Ampliación

3 Escribir

En una composición, compara dos celebraciones a las que tú asististe recientemente.

 TIP Use Venn diagrams. Use Venn diagrams to organize your ideas visually before comparing and contrasting people, places, objects, events, or issues. Differences are listed in the outer rings of the two circles; similarities appear where the circles overlap.

Boda de Silvia Reyes y Carlos Espinoza

Diferencias:
1. Primero hay una celebración religiosa.
2. Se celebra el matrimonio de dos personas.

Similitudes:
1. Las dos fiestas se celebran por la noche.
2. Hay música y baile.

Fiesta de quince años de Ana Ester Larenas Vera

Diferencias:
1. Se celebra en un club.
2. Vienen invitados especiales.

Organízalo	Utiliza un diagrama de Venn para anotar las similitudes y las diferencias entre las dos celebraciones.
Escríbelo	Utiliza tus notas para escribir el primer borrador de la composición.
Corrígelo	Intercambia tu composición con la de un(a) compañero/a. Dale sugerencias para mejorar su borrador y si ves errores gramaticales u ortográficos, coméntaselos.
Compártelo	Revisa el primer borrador según las indicaciones de tu compañero/a. Incorpora nuevas ideas o más información para ampliar la comparación. Luego comparte tu composición con otro/a compañero/a.

4 Un paso más

Imagina que eres periodista en un país hispano. Escribe un artículo sobre un día de fiesta o una celebración que viste.

- Investiga las fiestas, las celebraciones y los festivales de ese país. Elige (*Choose*) la celebración que más te interese.
- Explica el nombre de la celebración, cuándo fue y cómo la celebraron.
- Incluye información sobre la ropa especial que llevaron, la comida, la música y el baile.
- Indica qué hiciste tú durante la celebración.
- Presenta el artículo a la clase. Es importante explicar los detalles y mostrar fotos.

SUPERSITE   CONEXIÓN INTERNET

Investiga estos temas en el sitio aventuras.vhlcentral.com.
- Festivales nacionales del mundo hispano
- Fiestas religiosas del mundo hispano

Antes de leer

Recognizing root words and word families can help you guess the meaning of words in context, ensuring better comprehension of a reading selection. Using this strategy will enrich your Spanish vocabulary as well.

Look through the reading selection and find words related to these terms. Give the meanings of both sets of words, based on context and on your knowledge of these words or similar words.

Related word	Root word	Meaning
_____	1. amar	_____
_____	2. éxito	_____
_____	3. invitar	_____
_____	4. diversión	_____
_____	5. sabroso	_____
_____	6. oficial	_____

SOCIEDAD

Fiesta de cumpleaños
Marisa Castillo Solís

Marisa Castillo Solís cumplió 21 años el martes pasado. Para celebrarlo, sus amigos Cristina Montes Vallejo y Tomás Méndez Esquivel le organizaron una fiesta sorpresa en casa de Cristina. Marisa estudia periodismo en la Universidad de Buenos Aires y es una gran amante del cine°.

A la fiesta acudió° un grupo de amigos de Marisa y su hermano mayor Martín, que viajó desde Mendoza para traerle un regalo muy especial: una colección de las mejores películas argentinas de las últimas° décadas. La fiesta fue un gran éxito°. Todos los invitados disfrutaron de° la comida y se divirtieron bailando al son° de diferentes ritmos musicales. De postre, Tomás preparó un delicioso pastel. ¡Felicidades, Marisa!

Aniversario
Lola Navarro de Ibáñez y Bernardo Ibáñez Narváez

Lola Navarro de Ibáñez y Bernardo Ibáñez Narváez celebraron sus cincuenta años de matrimonio en compañía de sus hijos y nietos. La celebración tuvo lugar en el restaurante El Tulipán, donde los invitados saborearon° un delicioso banquete. Después de la cena, la Orquesta Armonía animó° la fiesta con canciones para todas las edades. Como regalo de aniversario de bodas, los hijos de Lola y Bernardo les organizaron un

viaje a Cádiz, ciudad de la costa andaluza española donde se conocieron de niños.

Boda

José Luis Pastor Gómez y Elena Limón Ávila

El pasado 10 de agosto, a las 19 horas, se celebró la boda entre José Luis y Elena en Buenos Aires. La ceremonia fue muy emotiva al ser oficiada por un amigo de la pareja. Tras la breve e íntima ceremonia religiosa, los novios se reunieron con sus invitados en la casa de los padres de José Luis. Allí tuvo lugar° el banquete nupcial, que comenzó a las 22:15 de la noche y terminó la mañana siguiente.

Después de leer

¿Comprendiste?

Indica si lo que se dice en cada oración es **cierto** o **falso**. Corrige las oraciones falsas.

Cierto	Falso	
_____	_____	1. Martín no pudo asistir a la fiesta de cumpleaños de su hermana.
_____	_____	2. A Marisa le encantan las películas.
_____	_____	3. Bernardo Ibáñez Narváez y Lola Navarro de Ibáñez tuvieron una fiesta en su casa para celebrar su aniversario de bodas.
_____	_____	4. José Luis Pastor Gómez y Elena Limón Ávila se casaron en una ceremonia religiosa.
_____	_____	5. Después de la boda de José Luis Pastor Gómez y Elena Limón Ávila, los invitados no comieron nada.

Preguntas

Responde a estas preguntas con oraciones completas.

1. ¿Qué les regalaron a Bernardo y Lola sus hijos?

_____

2. ¿Cuántos años cumplió Marisa?

_____

3. ¿Dónde tuvo lugar el banquete después de la boda?

_____

4. ¿Qué le regaló Martín a su hermana Marisa?

_____

5. ¿Cuántos años de matrimonio celebran Lola y Bernardo?

_____

Coméntalo

¿Hay una sección de notas sociales en el periódico de tu universidad, comunidad o región? ¿Qué tipo de información encuentras en la sección de notas sociales? ¿La lees normalmente? ¿Por qué?

amante del cine	*film lover*
acudió	*attended*
últimas	*last few*
éxito	*success*
disfrutaron de	*enjoyed*
son	*sound*
saborearon	*enjoyed (with respect to food)*
animó	*livened up*
tuvo lugar	*took place*

For an additional reading, go to **aventuras.vhlcentral.com.**

recursos

SUPERSITE

aventuras.vhlcentral.com
Lección 9

Las celebraciones

el aniversario (de bodas)	(wedding) anniversary
la boda	wedding
el cumpleaños	birthday
el día de fiesta	holiday
la fiesta	party
el/la invitado/a	guest
la Navidad	Christmas
la quinceañera	young woman celebrating her fifteenth birthday
la sorpresa	surprise
brindar	to toast (drink)
celebrar	to celebrate
cumplir años	to have a birthday
dejar una propina	to leave a tip
divertirse (e:ie)	to have fun
graduarse (de)	to graduate (from)
invitar	to invite
pagar la cuenta	to pay the bill
pasarlo bien/mal	to have a good/bad time
regalar	to give (a gift)
reírse (e:i)	to laugh
relajarse	to relax
sonreír (e:i)	to smile
sorprender	to surprise

Los postres y otras comidas

la botella de vino	bottle of wine
el champán	champagne
los dulces	sweets; candy
el flan	baked custard
las galletas	cookies
el helado	ice cream
el pastel	cake
el pastel de cumpleaños	birthday cake
los postres	desserts

Las relaciones personales

la alegría	happiness
la amistad	friendship
el amor	love
el divorcio	divorce
el estado civil	marital status
el matrimonio	marriage; married couple
la pareja	couple; partner
el/la recién casado/a	newlywed
casado/a	married
divorciado/a	divorced
juntos/as	together
separado/a	separated
soltero/a	single
viudo/a	widowed
cambiar (de)	to change
casarse (con)	to get married (to)
comprometerse (con)	to get engaged (to)
divorciarse (de)	to get divorced (from)
enamorarse (de)	to fall in love (with)
llevarse bien/mal (con)	to get along well/badly (with)
odiar	to hate
romper (con)	to break up (with)
salir (con)	to go out (with); to date
separarse (de)	to separate (from)
tener una cita	to have a date; to have an appointment

Palabras adicionales

el apellido	last name
el consejo	advice
la respuesta	answer

Las etapas de la vida

la adolescencia	adolescence
la etapa	stage
la juventud	youth
la madurez	maturity; middle age
la muerte	death
el nacimiento	birth
la niñez	childhood
la vejez	old age
la vida	life
jubilarse	to retire (from work)
nacer	to be born

Expresiones útiles	See page 233.
Relative pronouns	See page 240.
Interrogative words and phrases	See page 242.

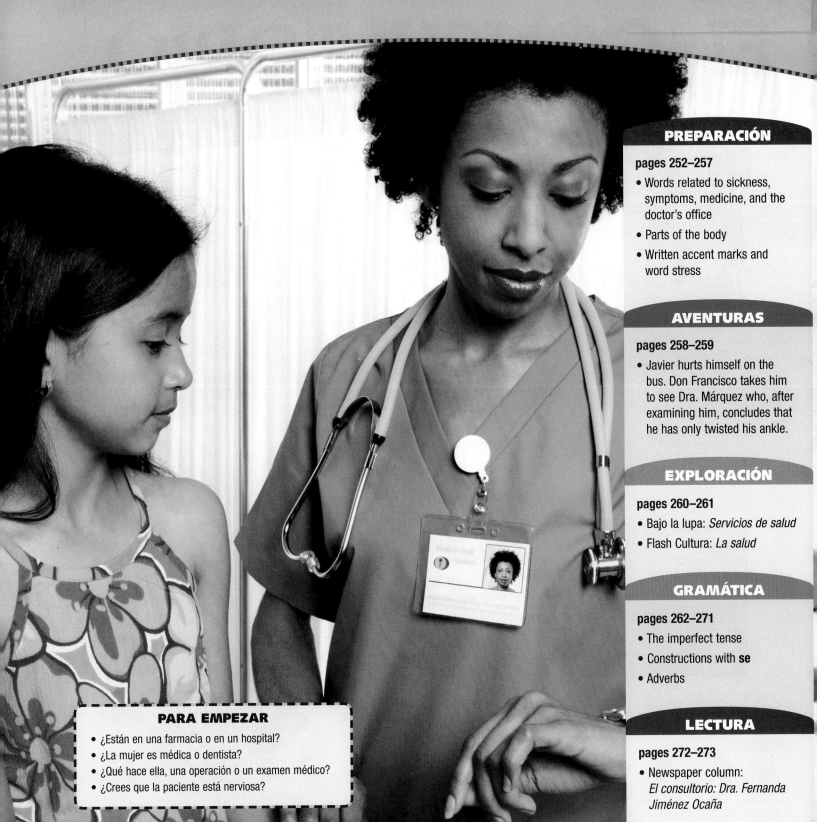

10 En el consultorio

Communicative Goals

You will learn how to:
- discuss medical conditions
- talk about parts of the body
- talk about health and medical conditions

PARA EMPEZAR

- ¿Están en una farmacia o en un hospital?
- ¿La mujer es médica o dentista?
- ¿Qué hace ella, una operación o un examen médico?
- ¿Crees que la paciente está nerviosa?

EN EL CONSULTORIO

EL CUERPO

el corazón *heart*
el cuerpo *body*
el estómago *stomach*
el hueso *bone*
la rodilla *knee*
el tobillo *ankle*

el pie *foot*   la pierna *leg*

el ojo *eye*

la nariz *nose*

la boca *mouth*

la oreja *(outer) ear*

la cabeza *head*

el cuello *neck*

la garganta *throat*

el brazo *arm*

el dedo *finger*

LA SALUD

el accidente *accident*
la clínica *clinic*
el consultorio *doctor's office*
el/la doctor(a) *doctor*
el/la enfermero/a *nurse*
el examen médico *physical exam*
el hospital *hospital*
el/la paciente *patient*
la operación *operation*
la radiografía *X-ray*
la sala de emergencia(s) *emergency room*
la salud *health*

la farmacia *pharmacy*

el dentista *dentist*

recursos | WB pp. 99–100 | LM p. 55 | aventuras.vhlcentral.com Lección 10

tomar(le) la temperatura (a alguien)
to take (someone's) temperature

VERBOS

caerse *to fall (down)*
doler (o:ue) *to hurt*
enfermarse *to get sick*
estar enfermo/a *to be sick*
lastimarse (el pie) *to injure (one's foot)*
poner una inyección *to give an injection*
recetar *to prescribe*
romperse (la pierna) *to break (one's leg)*
sacar(se) una muela *to have a tooth pulled*
ser alérgico/a (a) *to be allergic (to)*
tener fiebre (f.) *to have a fever*
torcerse (el tobillo) *to sprain (one's ankle)*
toser *to cough*

Variación léxica
resfriado ←→ resfrío (*Cono Sur*), catarro (*Méx.*)
sala de emergencia(s) ←→ sala de urgencias (*Amér. L.*)
romperse ←→ quebrarse (*Amér. L.*)

LAS ENFERMEDADES Y LOS SÍNTOMAS

el dolor (de cabeza) *(head)ache; pain*
la enfermedad *illness; sickness*
la gripe *flu*
la infección *infection*
el resfriado *cold*
el síntoma *symptom*
la tos *cough*

congestionado/a *congested; stuffed-up*
mareado/a *dizzy; nauseated*

estornudar
to sneeze

LOS MEDICAMENTOS

el antibiótico *antibiotic*
el medicamento *medication*
la medicina *medicine*
las pastillas *pills; tablets*
la receta *prescription*

ASPIRINA
ÁCIDO ACETILSALICÍLICO
¡Alivia el dolor de cabeza!
ADULTOS

la aspirina
aspirin

ADJETIVOS

embarazada *pregnant*
grave *grave; serious*
médico/a *medical*
saludable *healthy*
sano/a *healthy*

A escuchar

1 **Escuchar** Escucha las preguntas y selecciona la respuesta más adecuada.

1. _____
2. _____
3. _____
4. _____
5. _____
6. _____
7. _____
8. _____

a. Tengo dolor de cabeza y fiebre.
b. No fui a la clase porque estaba (*I was*) enfermo.
c. Me caí ayer jugando al tenis.
d. Debes ir a la farmacia.
e. Porque tengo gripe.
f. Sí, tengo mucha tos por las noches.
g. Lo llevaron directamente a la sala de emergencia.
h. No sé. Todavía tienen que tomarme la temperatura.

2 **Me duele** Escucha la conversación entre Virginia Cubillos y el doctor Dávila. Luego indica las frases que resumen (*sum up*) la conversación.

_____ 1. Virginia le dice a la enfermera que le duelen las rodillas.
_____ 2. Virginia dice que tomó una aspirina anoche.
_____ 3. El médico le pregunta a Virginia si se cayó o tuvo un accidente.
_____ 4. Virginia dice que ayer corrió cinco kilómetros con un amigo.
_____ 5. El doctor Dávila le receta un antibiótico a Virginia.
_____ 6. El médico le dice a Virginia que puede correr mañana si se toma las pastillas.
_____ 7. El médico le recomienda tomar dos pastillas al día.
_____ 8. El doctor Dávila le dice a Virginia que no debe correr por siete días.

A practicar

 3 **Actividades** En parejas, identifiquen las partes del cuerpo que asocian con estas actividades.

 modelo nadar
Estudiante 1: Usamos los brazos para nadar.
Estudiante 2: También usamos las piernas.

1. conducir
2. caminar
3. toser
4. comer arroz con pollo
5. comprar un perfume
6. ver una película
7. hablar por teléfono
8. correr en el parque
9. tocar el piano
10. escuchar música
11. levantar pesas
12. tomar unas pastillas

 4 **Cuestionario** Selecciona las respuestas que mejor reflejen tu estado de salud. Suma (*add*) los puntos de cada respuesta y anota el resultado. Después, compara los resultados con el resto de la clase.

¿Tienes buena salud?

27-30 puntos — Salud y hábitos excelentes
23-26 puntos — Salud y hábitos buenos
22 puntos o menos — Salud y hábitos problemáticos

1. ¿Con qué frecuencia te enfermas (resfriados, gripe, etc.)?
 • Cuatro veces por año o más. (1 punto)
 • Dos o tres veces por año. (2 puntos)
 • Casi nunca. (3 puntos)

2. ¿Con qué frecuencia tienes dolor de estómago o problemas digestivos?
 • Con mucha frecuencia. (1 punto)
 • A veces. (2 puntos)
 • Casi nunca. (3 puntos)

3. ¿Con qué frecuencia tienes dolor de cabeza?
 • Frecuentemente. (1 punto)
 • A veces. (2 puntos)
 • Casi nunca. (3 puntos)

4. ¿Comes verduras y frutas?
 • No, casi nunca. (1 punto)
 • Sí, a veces. (2 puntos)
 • Sí, todos los días. (3 puntos)

5. ¿Eres alérgico/a a algo?
 • Sí, a muchas cosas. (1 punto)
 • Sí, a algunas cosas. (2 puntos)
 • No. (3 puntos)

6. ¿Haces ejercicios aeróbicos?
 • No, casi nunca hago ejercicios aeróbicos. (1 punto)
 • Sí, a veces. (2 puntos)
 • Sí, con frecuencia. (3 puntos)

7. ¿Con qué frecuencia te haces un examen médico?
 • Nunca o casi nunca. (1 punto)
 • Cada dos años. (2 puntos)
 • Cada año o antes de practicar un deporte. (3 puntos)

8. ¿Con qué frecuencia vas al dentista?
 • Nunca voy al dentista. (1 punto)
 • Sólo cuando me duele una muela. (2 puntos)
 • Por lo menos una vez por año. (3 puntos)

9. ¿Qué desayunas normalmente por la mañana?
 • No como nada. (1 punto)
 • Tomo una bebida dietética. (2 puntos)
 • Como cereales y fruta. (3 puntos)

10. ¿Con qué frecuencia te sientes mareado/a?
 • Frecuentemente. (1 punto)
 • A veces. (2 puntos)
 • Casi nunca. (3 puntos)

A conversar

5 **¿Qué le pasó?** En un grupo de dos o tres, hablen de lo que les pasó y de cómo se sienten estas personas.

1. Víctor

2. La señora Naranjo

3. Gabriela

4. El señor Ayala

6 **¿Cuáles son sus síntomas?** En parejas, túrnense para representar los papeles (*roles*) de un(a) médico/a y su paciente.

> **modelo**
> **Estudiante 1:** ¿Cuáles son sus síntomas?
> **Estudiante 2:** Me duele la garganta y toso.
> **Estudiante 1:** Creo que usted tiene una infección de la garganta. Voy a recetarle un antibiótico.

7 **Un accidente** En grupos, conversen sobre un accidente que ustedes, un(a) amigo/a o un miembro de la familia tuvo. Usen estas preguntas de guía.

- ¿Qué ocurrió?
- ¿Cómo ocurrió?
- ¿Dónde y cuándo ocurrió?
- ¿Quién te ayudó y cómo?

8 **Crucigrama** Tu profesor(a) va a darles a ti y a tu compañero/a la información necesaria para completar esta actividad.

Ortografía

El acento y las sílabas fuertes

In Spanish, written accent marks are used on many words. Here is a review of some of the principles governing word stress and the use of written accents.

as-pi-ri-na　　**gri-pe**　　　**to-man**　　　**an-tes**

In Spanish, when a word ends in a vowel, **-n**, or **-s**, the spoken stress usually falls on the next-to-last syllable. Words of this type are very common and do not need a written accent.

a-sí　　　　**in-glés**　　　**in-fec-ción**　　**hé-ro-e**

When a word ends in a vowel, **-n**, or **-s**, and the spoken stress does *not* fall on the next-to-last syllable, then a written accent is needed.

hos-pi-tal　　**na-riz**　　　**re-ce-tar**　　　**to-ser**

When a word ends in any consonant *other* than **-n** or **-s**, the spoken stress usually falls on the last syllable. Words of this type are very common and do not need a written accent.

lá-piz　　　**fút-bol**　　　**hués-ped**　　　**sué-ter**

When a word ends in any consonant *other* than **-n** or **-s,** and the spoken stress does *not* fall on the last syllable, then a written accent is needed.

far-ma-cia　　**bio-lo-gí-a**　　**su-cio**　　**frí-o**

Diphthongs (two weak vowels or a strong and weak vowel together) are normally pronounced as a single syllable. A written accent is needed when a diphthong is broken into two syllables.

sol　　　　**pan**　　　　**mar**　　　　**tos**

Spanish words of only one syllable do not usually carry a written accent.

Práctica Busca las palabras que necesitan acento y escribe su forma correcta.

1. sal-mon
2. ins-pec-tor
3. nu-me-ro
4. fa-cil
5. ju-go
6. a-bri-go
7. ra-pi-do
8. sa-ba-do
9. vez
10. me-nu
11. o-pe-ra-cion
12. im-per-me-a-ble
13. a-de-mas
14. re-ga-te-ar
15. an-ti-pa-ti-co
16. far-ma-cia
17. es-qui
18. pen-sion
19. pa-is
20. per-don

El ahorcado Juega al ahorcado (*hangman*) para adivinar las palabras.

1. __ l __ __ __ __ __ a　　Vas allí cuando estás enfermo.
2. __ __ __ __ e __ c __ __ n　Se usa para poner una vacuna (*vaccination*).
3. __ __ d __ o __ __ __ __ __ a　Se usa para ver los huesos.
4. __ __ __ i __ o　　Trabaja en un hospital.
5. a __ __ __ b __ __ __ __ __ __　Es una medicina.

recursos
LM p. 56
aventuras.vhlcentral.com
Lección 10

¡Uf! ¡Qué dolor!

Don Francisco y Javier van a la clínica de la doctora Márquez.

PERSONAJES

DON FRANCISCO

JAVIER

INÉS

DRA. MÁRQUEZ

1
JAVIER Estoy aburrido… tengo ganas de dibujar. Con permiso.

2
INÉS ¡Javier! ¿Qué te pasó?
JAVIER ¡Ay! ¡Uf! ¡Qué dolor! ¡Creo que me rompí el tobillo!

3
DON FRANCISCO No te preocupes, Javier. Estamos cerca de la clínica donde trabaja la doctora Márquez, mi amiga.

6
DRA. MÁRQUEZ ¿Cuánto tiempo hace que se cayó?
JAVIER Ya se me olvidó… déjeme ver… este… eran más o menos las dos o dos y media cuando me caí… o sea, hace más de una hora. ¡Me duele mucho!
DRA. MÁRQUEZ Bueno, vamos a sacarle una radiografía. Queremos ver si se rompió uno de los huesos del pie.

7
DON FRANCISCO Sabes, Javier, cuando era chico, yo les tenía mucho miedo a los médicos. Visitaba mucho al doctor porque me enfermaba con mucha frecuencia… Tenía muchas infecciones de la garganta. No me gustaban las inyecciones ni las pastillas. Una vez me rompí la pierna jugando al fútbol…

8
JAVIER ¡Doctora! ¿Qué dice? ¿Está roto el tobillo?
DRA. MÁRQUEZ Tranquilo, le tengo buenas noticias, Javier. No está roto el tobillo. Apenas está torcido.

ACTIVIDADES

1 **¿Cierto o falso?** Decide si estas oraciones son **ciertas** o **falsas**. Corrige las falsas.

1. Javier está aburrido y tiene ganas de hacer algo creativo.

2. Javier cree que se rompió la rodilla.

3. Se lastimó cuando se cayó en el autobús.

4. Es alérgico a dos medicamentos.

5. Hace menos de una hora que se cayó.

6. No está mareado pero sí tiene un poco de fiebre.

7. La doctora Márquez le sacó una radiografía.

8. Javier tiene el tobillo roto.

9. La doctora Márquez le receta penicilina.

10. Don Francisco se rompió la pierna una vez.

Para recordar Antes de mirar este episodio de la **Fotonovela**, repasa el anterior. ¿Qué puedes recordar?

1. ¿De quién fue el cumpleaños?
2. ¿Dónde lo celebraron?
3. ¿Qué trajo doña Rita de postre?
4. ¿Quién no tomó vino?

Expresiones útiles

Discussing medical conditions

¿Cómo se lastimó el pie?
How did you hurt your foot?

¿Te duele el tobillo?/¿Le duele el tobillo?
Does your ankle hurt? (fam./form.)

Sí, (me duele) mucho.
Yes, (it hurts) a lot.

¿Es usted alérgico/a a algún medicamento?
Are you allergic to any medication?

Sí, soy alérgico/a a la penicilina.
Yes, I'm allergic to penicillin.

¿Está roto el tobillo?
Is my ankle broken?

No está roto. Apenas está torcido.
It's not broken. It's just twisted.

¿Te enfermabas frecuentemente?
Did you use to get sick frequently? (fam.)

Sí, me enfermaba frecuentemente.
Yes, I used to get sick frequently.

Tenía muchas infecciones.
I used to get a lot of infections.

Other expressions

hace + [*period of time*] + **que** + [*present tense*]:
¿Cuánto tiempo hace que te duele?
How long has it been hurting?

Hace una hora que me duele.
It's been hurting for an hour.

hace + [*period of time*] + **que** + [*preterite*]:
¿Cuánto tiempo hace que se cayó?
How long ago did you fall?

Me caí hace más de una hora./Hace más de una hora que me caí.
I fell more than an hour ago.

JAVIER ¿Tengo dolor? Sí, mucho. ¿Dónde? En el tobillo. ¿Tengo fiebre? No lo creo. ¿Estoy mareado? Un poco. ¿Soy alérgico a algún medicamento? No. ¿Embarazada? Definitivamente NO.

DRA. MÁRQUEZ ¿Cómo se lastimó el pie?
JAVIER Me caí cuando estaba en el autobús.

JAVIER Pero, ¿voy a poder ir de excursión con mis amigos?
DRA. MÁRQUEZ Creo que sí. Pero debe descansar y no caminar mucho durante un par de días. Le receto unas pastillas para el dolor.

DRA. MÁRQUEZ Adiós, Francisco. Adiós, Javier. ¡Cuidado! ¡Buena suerte en las montañas!

---

2 **Ordenar** Pon estos eventos en el orden correcto.

_____ a. La doctora le saca una radiografía.

_____ b. La doctora le receta unas pastillas para el dolor.

_____ c. Javier se lastima el tobillo en el autobús.

_____ d. Don Francisco le habla a Javier de cuando era chico.

_____ e. Javier quiere dibujar un rato (*a while*).

_____ f. Don Francisco lo lleva a una clínica.

3 **En el consultorio** En parejas, preparen una conversación entre un(a) médico/a y su paciente. Sigan la guía.

- El/La paciente se cayó en su casa y piensa que se rompió un dedo.
- El/La médico/a le pregunta al/a la paciente si le duele y cuánto tiempo hace que se cayó.
- El/La paciente describe el dolor.
- El/la médico/a le recomienda un tratamiento (*treatment*).

recursos

VM
pp. 187–188

aventuras.vhlcentral.com
Lección 10

Servicios de salud

¿Sabías que en los países hispanos no necesitas pagar por los servicios de salud?
Ésta es una de las diferencias que hay entre países como los Estados Unidos y los países hispanos.

En la mayor parte de estos países, el gobierno ofrece servicios médicos muy baratos o gratuitos° a sus ciudadanos°. Los turistas y extranjeros también pueden tener acceso a los servicios médicos a bajo° costo. La Seguridad Social y organizaciones similares son las responsables de gestionar° estos servicios.

Naturalmente, esto no funciona igual° en todos los países. En Ecuador, México y Perú, la situación varía según las regiones. Los habitantes de las ciudades y pueblos grandes tienen acceso a más servicios médicos, mientras que quienes viven en pueblos remotos sólo cuentan con° pequeñas clínicas.

Por su parte, Costa Rica, Colombia, Cuba y España tienen sistemas de salud muy desarrollados°. En España, por ejemplo, todas las personas tienen

Cruz verde de farmacia en Madrid, España

acceso a ellos y en muchos casos son completamente gratuitos. Según un informe de la Organización Mundial de la Salud, el sistema de salud español ocupa el séptimo° lugar del mundo. Esto se debe no sólo al buen funcionamiento° del sistema, sino también al nivel de salud general de la población. Impresionante, ¿no?

Consulta médica en la República Dominicana

Las farmacias

Farmacia de guardia: Las farmacias generalmente tienen un horario comercial. Sin embargo°, en cada barrio° hay una farmacia de guardia que abre las veinticuatro horas del día.

Productos farmacéuticos: Todavía hay muchas farmacias tradicionales que están más especializadas en medicinas y productos farmacéuticos. No venden productos de otro tipo.

Recetas: Muchos medicamentos se venden sin receta. Los farmacéuticos aconsejan° a las personas sobre problemas de salud y les dan las medicinas.

Cruz° verde: En muchos países, las farmacias tienen el signo de una cruz verde. Cuando la cruz verde está encendida°, la farmacia está abierta.

gratuitos *free (of charge)* ciudadanos *citizens* bajo *low* gestionar *to manage*
igual *in the same way* cuentan con *have* desarrollados *developed* séptimo *seventh*
funcionamiento *operation* Sin embargo *However* barrio *neighborhood*
aconsejan *advise* Cruz *Cross* encendida *lit (up)*

A C T I V I D A D E S

1 **¿Cierto o falso?** Indica si lo que dicen las oraciones es **cierto** o **falso**. Corrige la información falsa.

1. En los países hispanos los gobiernos ofrecen servicios de salud accesibles a sus ciudadanos.

2. En los países hispanos los extranjeros tienen que pagar mucho dinero por los servicios médicos.

3. El sistema de salud español es uno de los mejores del mundo.

4. Las farmacias de guardia abren sólo los sábados y domingos.

5. En los países hispanos las farmacias venden una gran variedad de productos.

6. Los farmacéuticos de los países hispanos aconsejan a los enfermos y venden algunas medicinas sin necesidad de receta.

7. En México y otros países, los pueblos remotos cuentan con grandes centros médicos.

8. Muchas farmacias usan una cruz verde como símbolo.

ASÍ SE DICE

La salud

la ambulancia	*ambulance*
el chequeo (Esp., Méx.)	**el examen médico**
la cirugía	*surgery*
la droguería (Col.)	**la farmacia**
la herida	*injury; wound*
el jarabe para la tos	*cough syrup*
los primeros auxilios	*first aid*
la sala de espera	*waiting room*
la sangre	*blood*

CONEXIÓN INTERNET

What do health care systems in Cuba and in Spain have in common? Go to **aventuras.vhlcentral.com** to find out and to access these components:

- the **Flash Cultura** video
- more activities
- additional reading: **Una contribución importante a la medicina**

2 Comparación En parejas, comparen el sistema de salud de los países hispanos con el de su país. ¿En qué se parecen? ¿En qué se diferencian? ¿Cuál prefieren ustedes? ¿Por qué?

recursos

VM pp. 245–246

SUPERSITE
aventuras.vhlcentral.com
Lección 10

La salud

1 Preparación ¿Qué haces si tienes un pequeño accidente o quieres hacer una consulta? ¿Visitas a tu médico general o vas al hospital? ¿Debes pedir un turno (*appointment*)?

2 El video Mira el episodio de **Flash Cultura**.

Vocabulario

la cita previa *previous appointment*	**Me di un golpe.** *I got bumped.*
la guardia *emergency room*	**la práctica** *rotation (hands-on medical experience)*

¿Le podría° pedir que me explique qué es la guardia?

Nuestro hospital público es gratuito para todas las personas.

podría *could*

3 ¿Cierto o falso? Indica si las oraciones son **ciertas** o **falsas**.

1. Silvina tuvo un accidente en su automóvil.
2. Silvina fue a la guardia del hospital.
3. La guardia del hospital está abierta sólo durante el día y es necesario tener cita previa.
4. Los entrevistados (*interviewees*) tienen enfermedades graves.
5. En Argentina, los médicos reciben la certificación cuando terminan la práctica.

GRAMÁTICA

10.1 The imperfect tense

▶ In Lessons 6–9, you learned the preterite tense. Now you will learn the imperfect tense, which describes past activities in a different way.

The imperfect of regular verbs

	cantar	beber	escribir
yo	cantaba	bebía	escribía
tú	cantabas	bebías	escribías
Ud./él/ella	cantaba	bebía	escribía
nosotros/as	cantábamos	bebíamos	escribíamos
vosotros/as	cantabais	bebíais	escribíais
Uds./ellos/ellas	cantaban	bebían	escribían

¡ojo! The imperfect endings of **–er** and **–ir** verbs are the same. The **nosotros** form of **–ar** verbs has an accent on the first **a** of the ending. **–Er** and **–ir** verb forms carry an accent on the first **i** of the ending.

Cuando era chico, yo les tenía mucho miedo a los médicos.

Tenía que ir mucho a una clínica. ¡No me gustaban nada las inyecciones!

▶ There are no stem changes in the imperfect tense.

Me **duelen** los pies.
My feet hurt.

Me **dolían** los pies.
My feet were hurting.

▶ The imperfect form of **hay** is **había** (*there was/were/used to be*).

Había sólo un médico.
There was only one doctor.

Había dos pacientes allí.
There were two patients there.

¡ojo! **Ir, ser,** and **ver** are the only irregular verbs in the imperfect.

Irregular verbs in the imperfect

	ir	ser	ver
yo	iba	era	veía
tú	ibas	eras	veías
Ud./él/ella	iba	era	veía
nosotros/as	íbamos	éramos	veíamos
vosotros/as	ibais	erais	veíais
Uds./ellos/ellas	iban	eran	veían

Práctica

1 **La salud** Completa las frases con el imperfecto. Algunos verbos se repiten. Hay dos verbos que no vas a usar.

caerse	esperar	mirar	sentirse
doler	estar	poder	tener
enfermarse	estornudar	querer	toser

1. Después de correr, a Dora le _____ los pies.
2. Ana _____ el termómetro; con tanta fiebre no _____ leerlo.
3. El paciente _____, porque la enfermera _____ muy ocupada atendiendo a otros pacientes.
4. Lorenzo _____ dolor de muelas, pero no _____ ir al dentista porque tenía miedo.
5. Paco y Luis _____ dolor de estómago y _____ unas pastillas para el dolor.
6. Le _____ la cabeza y _____ mareado.
7. Luisa _____ porque es alérgica al polen.
8. Antes de la operación, le _____ todo el cuerpo y se sentía muy débil (*weak*).
9. De niño, nunca _____ estudiar por muchas horas porque me daba dolor de cabeza.
10. Juan Carlos siempre _____ de la bicicleta.

2 **¡Pobre Miguelito!** Completa las frases con el imperfecto. Luego, pon las oraciones en un orden lógico.

_____ a. Finalmente, Miguelito no _____ [ir] a jugar más. Ahora quería ir a casa a descansar.

_____ b. El doctor dijo que no _____ [ser] nada grave.

_____ c. El niño le dijo a la enfermera que _____ [dolerle] la nariz.

_____ d. _____ [ser] las dos de la tarde y los niños _____ [jugar] en el patio.

_____ e. Su mamá _____ [estar] dibujando cuando Miguelito entró llorando.

_____ f. Miguelito _____ [tener] mucho dolor. Fueron a la sala de emergencias.

_____ g. El doctor _____ [querer] examinar la nariz del niño.

Conversación

3 **Entrevista** En parejas, un(a) estudiante debe entrevistar a su compañero/a. Luego compartan los resultados con la clase.

1. ¿Cuántos años tenías en 1998? ¿Y en 2007?

2. ¿Veías mucha televisión cuando eras niño/a?

3. Cuando eras niño/a, ¿qué hacías durante las vacaciones?

4. Cuando eras estudiante de primaria, ¿te gustaban tus maestros/as?

5. Cuando tenías diez años, ¿cuál era tu programa de televisión favorito?

6. Cuando tenías quince años, ¿cuál era tu grupo musical favorito?

7. Cuando eras estudiante de secundaria, ¿qué hacías con tus amigos/as después de la escuela?

8. Antes de tomar esta clase, ¿sabías hablar español?

4 **Describir** En parejas, túrnense para describir lo que hacían de niños. Elijan una de estas preguntas guía y compartan la anécdota con su compañero/a.

modelo

De niña, mi familia y yo siempre íbamos a Tortuguero. Tomábamos un barco desde Limón, y por las noches mirábamos las tortugas (*turtles*) en la playa. Algunas veces teníamos suerte, porque las tortugas venían a poner (*lay*) huevos. Otras veces, volvíamos al hotel sin ver ninguna tortuga.

- ¿Qué hacías durante las vacaciones cuando eras niño/a?
- ¿Qué hacían en ocasiones especiales?
- ¿Cómo eran las celebraciones con tus amigos/as o familia?
- ¿Cómo era tu escuela? ¿Te gustaban tus maestros/as y compañeros/as?
- ¿Cómo eran tus amigos/as? ¿A qué jugabas con ellos/as?

5 **En el consultorio** Tu profesor(a) va a darles a ti y a tu compañero/a la información necesaria para completar esta actividad.

Uses of the imperfect

▶ The imperfect is used to describe past events in a different way than the preterite. Generally, the imperfect describes actions which are seen by the speaker as incomplete or continuing, while the preterite describes actions which have been completed. The imperfect expresses what was happening at a certain time or how things used to be.

—¿Qué te **pasó**?
What happened to you?

—Me **torcí** el tobillo.
I sprained my ankle.

—¿Dónde **vivías** de niño?
Where did you live as a child?

—**Vivía** en San José.
I lived in San José.

▶ Use these expressions with the imperfect to express habitual or repeated actions: **de niño/a** (*as a child*), **todos los días** (*every day*), **mientras** (*while*).

Uses of the imperfect

Habitual or repeated actions	Íbamos al parque los domingos. *We used to go to the park on Sundays.*
Events or actions that were in progress	Yo leía mientras él estudiaba. *I was reading while he was studying.*
Telling time	Eran las tres y media. *It was 3:30.*
Age	Los niños tenían seis años. *The children were six years old.*
Physical characteristics	Era alto y guapo. *He was tall and handsome.*
Mental or emotional states	Quería mucho a su familia. *He loved his family very much.*

¡Manos a la obra!

 Indica la forma correcta de cada verbo en el imperfecto.

1. Yo [hablar, bailar, descansar, correr, comer, decidir, vivir]
hablaba, bailaba, *descansaba, corría, comía, decidía, vivía*

2. Tú [nadar, encontrar, comprender, venir, ir, ser, ver]
_____

3. Usted [hacer, regatear, asistir, ser, pasear, poder, ir]
_____

4. Nosotras [ser, tomar, ir, poner, seguir, ver, pensar]
_____

5. Ellos [salir, viajar, ir, querer, ser, pedir, empezar]
_____

6. Yo [ver, estornudar, sufrir, ir, dar, ser, toser]
_____

10.2 Constructions with **se**

Impersonal constructions with **se**

▶ As you know, **se** can be used as a reflexive pronoun (**Él se despierta.**). **Se** is also used in other ways.

▶ Non-reflexive verbs can be used with **se** to form impersonal constructions. In impersonal constructions, the person performing the action is not defined. In English, the passive voice or indefinite subjects (*you, they, one*) are used.

Se habla español en Costa Rica.
Spanish is spoken in Costa Rica.

Se puede leer en la sala de espera.
You can read in the waiting room.

¡ojo! The third person singular verb form is used with singular nouns and the third person plural form is used with plural nouns.

Se vende ropa.

Se venden camisas.

▶ You often see the impersonal **se** in signs and advertisements.

SE PROHÍBE NADAR

Se necesitan programadores
GRUPO TECNO
Tel. 778-34-34

ENTRADA
Se entra por la izquierda

Se for unplanned events

▶ **Se** can also be used to de-emphasize the person who performs an action, implying that the accident or event is not his or her direct responsibility. Use this construction:

se	+	INDIRECT OBJECT PRONOUN	+	VERB	+	SUBJECT
Se		me		cayó		la pluma.

I dropped the pen.

▶ In this construction, what would normally be the direct object of the sentence becomes the subject and agrees with the verb.

I.O. PRONOUN	VERB	SUBJECT
Se me te le nos os les	perdieron cayó dañó rompieron olvidaron	las llaves. la taza. el radio. las botellas. las pastillas.

Práctica

1 **¿Cierto o falso?** Lee estas oraciones sobre la vida en 1901. Indica si lo que dice cada oración es **cierto** o **falso**. Luego corrige las oraciones falsas.

Cierto   Falso

_____ _____ 1. Se veía mucha televisión.

_____ _____ 2. Se escribían muchos libros.

_____ _____ 3. Se viajaba mucho en tren.

_____ _____ 4. Se montaba a caballo.

_____ _____ 5. Se mandaban correos electrónicos.

_____ _____ 6. Se preparaban comidas en casa.

_____ _____ 7. Se llevaban minifaldas.

_____ _____ 8. Se pasaba mucho tiempo con la familia.

2 **Letreros** Traduce estos letreros (*signs*) al español con el **se** impersonal.

ENGINEERS NEEDED

NO TALKING

1. _____   2. _____

EATING AND DRINKING PROHIBITED

TEACHER NEEDED

3. _____   4. _____

PROGRAMMERS SOUGHT

WE SELL BOOKS

5. _____   6. _____

WE SPEAK ENGLISH

DO NOT ENTER

7. _____   8. _____

WE SELL COMPUTERS

SPANISH SPOKEN

9. _____   10. _____

Conversación

 3 Preguntas Trabajen en parejas y usen estas preguntas para entrevistarse.

1. ¿Qué comidas se sirven en tu restaurante favorito?
2. ¿Se te olvidó invitar a alguien a tu última fiesta o cena? ¿A quién?
3. ¿A qué hora se abre la cafetería de tu universidad?
4. ¿Alguna vez se te quedó algo importante en casa?
5. ¿Alguna vez se te perdió algo importante durante un viaje? ¿Qué?
6. ¿Qué se vende en la librería de la universidad?
7. ¿Sabes si en la librería se aceptan cheques?
8. ¿Alguna vez se te rompió un plato o un vaso (*glass*)? ¿Dónde?

4 Minidiálogos En parejas, preparen estos minidiálogos. Luego preséntenlos a la clase.

1. Un(a) profesor(a) de español le pide a un(a) estudiante su cuaderno de práctica (*workbook*). El/La estudiante le explica porqué él/ella no lo tiene.
2. Un(a) turista le pregunta al/a la botones dónde se sirve la mejor comida en la ciudad. El/La botones hace varias sugerencias.
3. Un(a) paciente le dice al/a la doctor(a) que él/ella no puede caminar. El/La doctor(a) examina al/a la paciente y le explica el problema.
4. Un padre le pregunta a su hijo/a qué le pasó al plato que está roto (*broken*) en el piso. El/La hijo/a se disculpa y le explica lo que sucedió.

 5 Anuncios En grupos, preparen dos anuncios (*ads*) de televisión para presentar a la clase. Deben usar el imperfecto y dos construcciones con **se**.

modelo

Se me cayeron unos libros sobre el pie y me dolía mucho. Pero ahora no, gracias a Superaspirina 500. ¡Tomé dos pastillas y se me fue el dolor! Se puede comprar Superaspirina 500 en todas las farmacias Recetamax.

▶ These verbs are often used with **se** to describe unplanned events.

caer	to fall; to drop	perder (e:ie)	to lose
dañar	to damage; to break down	quedar	to be left behind
		romper	to break
olvidar	to forget		

¡ojo! **Dejar caer** (*to let fall*) is often used to mean *to drop*.

Elena **dejó caer** el libro.
Elena dropped the book.

El médico **dejó caer** la aspirina.
The doctor dropped the aspirin.

▶ **A** + [*noun*] or **a** + [*prepositional pronoun*] is frequently used to clarify or emphasize who is involved in the action.

Al estudiante se le perdió la tarea.
The student lost his homework.

A mí se me olvidó ir a clase ayer.
I forgot to go to class yesterday.

¡Manos a la obra!

 Completa las frases de la primera columna con **se** impersonal y los verbos en presente. Completa las frases de la segunda columna con **se** para sucesos imprevistos (*unplanned events*) y los verbos en pretérito.

Presente

1. _Se enseñan_ [enseñar] cinco lenguas en esta universidad.
2. _____ [comer] muy bien en El Cráter.
3. _____ [vender] muchas camisetas allí.
4. _____ [servir] platos exquisitos cada noche.
5. _____ [necesitar] mucho dinero.
6. _____ [buscar] secretaria.

Pretérito

1. _Se me rompieron_ [*I broke*] las gafas.
2. _____ [*you* (fam.) *dropped*] las pastillas.
3. _____ [*they lost*] la receta.
4. _____ [*you* (form.) *left*] aquí la radiografía.
5. _____ [*we forgot*] pagar la medicina.
6. _____ [*they left*] los cuadernos en casa.

10.3 Adverbs

▶ Adverbs describe how, when, and where actions take place. They modify verbs, adjectives, and even other adverbs. The list below contains some adverbs you have already learned.

bien	nunca	temprano
mal	hoy	ayer
muy	siempre	aquí

▶ Most adverbs end in **–mente**. These are equivalent to the English adverbs which end in *-ly*.

lentamente	*slowly*	**generalmente**	*generally*
verdaderamente	*truly, really*	**simplemente**	*simply*

▶ To form adverbs which end in **–mente**, add **–mente** to the feminine form of the adjective. If the adjective does not have a feminine form, just add **–mente** to the standard form.

ADJECTIVE	FEMININE FORM	SUFFIX	ADVERB
lento	lenta	-mente	lentamente
fabuloso	fabulosa	-mente	fabulosamente
enorme		-mente	enormemente
feliz		-mente	felizmente

▶ Adverbs that end in **–mente** generally follow the verb, while adverbs that modify an adjective or another adverb precede the word they modify.

Javier dibuja **maravillosamente**.	Inés está **casi siempre** ocupada.
Javier draws wonderfully.	*Inés is almost always busy.*

Common adverbs and adverbial expressions

a menudo	*often*	así	*like this; so*	menos	*less*
a tiempo	*on time*	bastante	*enough; quite*	muchas veces	*a lot; many times*
a veces	*sometimes*	casi	*almost*		
además (de)	*furthermore; besides*	con frecuencia	*frequently*	poco	*little*
				por lo menos	*at least*
apenas	*hardly; scarcely*	de vez en cuando	*from time to time*	pronto	*soon*

¡Manos a la obra!

 Transforma los adjetivos en adverbios.

1. alegre alegremente
2. constante _____
3. gradual _____
4. perfecto _____
5. real _____
6. frecuente _____

7. tranquilo _____
8. regular _____
9. maravilloso _____
10. normal _____
11. básico _____
12. afortunado _____

Práctica

1 En la clínica Completa las oraciones con los adverbios adecuados.

1. La cita era a las nueve, pero llegamos _____ [aquí, nunca, tarde].

2. El problema fue que _____ [aquí, ayer, así] se nos rompió el despertador.

3. La recepcionista no se enojó porque sabía que normalmente llegamos _____ [a veces, a tiempo, poco].

4. _____ [Por lo menos, Muchas veces, Poco] el doctor estaba listo.

5. _____ [Lentamente, Además, Apenas] tuvimos que esperar cinco minutos.

6. El doctor dijo que nuestra hija Irene necesitaba una operación _____ [temprano, menos, inmediatamente].

7. Cuando Irene salió de la operación, le preguntamos _____ [con frecuencia, nerviosamente, muchas veces] al doctor cómo estaba nuestra hija.

8. _____ [Bastante, Afortunadamente, A menudo] el médico nos contestó que Irene estaba bien.

2 Oraciones Combina palabras de las tres columnas para formar oraciones completas.

modelo

Mi mejor amigo se enferma frecuentemente.

Sujetos	Verbos	Adverbios
mi mejor amigo/a	caerse	bien
mi(s) padre(s)	casarse	fabulosamente
el/la profesor(a) de español	conducir	felizmente
	divertirse	mal
yo	enfermarse	frecuentemente
los jóvenes	estornudar	muchas veces
Tiger Woods	ir	poco
Jennifer López	levantarse	rápidamente
las celebridades	llevarse	pronto
todos nosotros	vestirse	tarde
		temprano
		tranquilamente

Conversación

 3 Preguntas Usa estas preguntas para entrevistar a un(a) compañero/a.

1. ¿Qué sabes hacer muy bien?
2. ¿Qué estudias además de español?
3. ¿Hay compañeros/as de clase a quienes apenas conoces?
4. ¿Qué gustos (*treats*) te das de vez en cuando?
5. ¿Cenas bastante en restaurantes?
6. ¿Te enfermas a menudo?
7. ¿Con qué frecuencia vas al doctor?
8. ¿Qué haces si te sientes congestionado/a y estornudas muchas veces?

4 ¿Con qué frecuencia? Averigua (*Find out*) con qué frecuencia tus compañeros/as hacen estas actividades. Comparte los resultados con la clase.

modelo   pasear en bicicleta

Estudiante 1: ¿Paseas en bicicleta con mucha frecuencia?
Estudiante 2: Sí, paseo en bicicleta con mucha frecuencia./No, casi nunca paseo en bicicleta.

Actividades	con mucha frecuencia	de vez en cuando	casi nunca	nunca
1. Nadar	_____	_____	_____	_____
2. Jugar al tenis	_____	_____	_____	_____
3. Hacer la tarea	_____	_____	_____	_____
4. Salir a bailar	_____	_____	_____	_____
5. Mirar la televisión	_____	_____	_____	_____
6. Dormir en clase	_____	_____	_____	_____
7. Perder las gafas	_____	_____	_____	_____
8. Tomar medicina	_____	_____	_____	_____
9. Ir al dentista	_____	_____	_____	_____

Español en vivo

No hay tiempo p[ara] el dolor de cabez[a]

Si tienes prisa simplemente si quie[res] que tu dolor de cabeza vaya muy pronto, piensa [en] Bayer. Se asimila mejor [y] actúa rápidamente. Ya [no] se puede perder tiemp[o] por un dolor de cabeza.

ASPIRINA   ASPIRINA

Bayer
Siempre a tu lado.

Identificar

Lee el anuncio e identifica los adverbios.

Preguntas

1. ¿Cuáles son las ventajas (*advantages*) de este tipo de aspirina?
2. ¿Qué tan a menudo te duele la cabeza? ¿Tomas aspirina cuando te duele la cabeza?
3. ¿Necesitas una receta del médico para comprar aspirina?

Repaso

For more practice, go to
aventuras.vhlcentral.com.

10.1 The imperfect tense

1 **Cuando éramos niños...** Usa estas frases para contar los sucesos que le ocurrían a ti y a tus amigos cuando eran niños. Sigue el modelo.

> **modelo**
> Rosalinda (estar enferma) / su mamá (llevarla al doctor)
> Cuando Rosalinda estaba enferma, su mamá la llevaba al doctor.

1. Rosalinda (ir a la clínica) / ella (llorar (*cry*) mucho)
2. Gustavito (tener dolor de cabeza) / su abuela (no darle una aspirina)
3. Gustavito (tener temperatura alta) / él (sentirse mareado)
4. la enfermera (ponerle una inyección a Rosalinda) / ella (sentir mucho dolor)
5. Rosalinda y Gustavito (no tomarse las medicinas) / sus padres (enojarse)
6. nosotros (no hacer la tarea) / nuestros padres (no dejarnos ver la televisión)

2 **El doctor Rodríguez** Completa el párrafo con el imperfecto de los verbos **ir**, **ver** y **ser**.

Cuando nosotros (1) _____ niños, mi hermano y yo (2) _____ al doctor Rodríguez. Nosotros (3) _____ a su consultorio después de las clases. Mi madre (4) _____ con nosotros. El doctor Rodríguez (5) _____ muy simpático. El doctor y la enfermera (6) _____ muy amables con nosotros. ¿Ustedes (7) _____ al consultorio del doctor Rodríguez?

3 **El dentista** En parejas, describan sus visitas al dentista cuando eran niños, usando el imperfecto.

> **modelo**
> Iba al dentista cuando me dolía alguna muela. Siempre había muchos pacientes en el consultorio del dentista.

10.2 Constructions with se

4 **Oraciones** Forma oraciones con estos elementos. Usa **se** para sucesos imprevistos (*unplanned events*) y los verbos en pretérito.

> **modelo**
> A Cecilia / olvidar / la medicina en la farmacia.
> A Cecilia se le olvidó la medicina en la farmacia.

1. A ti / romper / el brazo y la pierna
2. A los enfermeros / dañar / las radiografías
3. Al paciente / perder / los antibióticos
4. A mí / quedar / la receta en el consultorio
5. A Hugo y a ti / caer / la bicicleta en los pies
6. A nosotros / olvidar / el teléfono del doctor Gómez

5 **El enfermero** La doctora Suárez tiene un enfermero nuevo. Escribe las preguntas que el enfermero le hace. Usa **se** y **cómo**, **dónde**, **cuándo**.

> **modelo**
> Vamos a tomar la temperatura del paciente.
> ¿Cómo se toma la temperatura del paciente?

1. Vamos a poner una inyección.
   _____
2. Vamos a llevar a un enfermo a la sala de emergencia.
   _____
3. Vamos a sacar las radiografías.
   _____
4. Vamos a recetar dos medicamentos.
   _____
5. Vamos a hacer un examen médico.
   _____
6. Vamos a buscar un antibiótico nuevo.
   _____

6 **¿Qué se debe hacer?** En parejas, escriban qué se debe hacer en estas situaciones. Después compartan sus respuestas con la clase.

> **modelo**
> Para estar sanos
> Se debe hacer ejercicio. No se debe fumar.

1. Para curarse de un resfriado
2. Para estar delgado/a
3. Para curarse de la gripe
4. Para tener dientes sanos
5. Para no estar estresado/a (*stressed*)
6. Para ser médico/a

10.3 Adverbs

7 **¡Tristemente!** Usando los adverbios necesarios, escribe seis oraciones describiendo lo que le pasó a Héctor.

> **modelo**
> Héctor paseaba felizmente en su bicicleta.

1.

2.

3.

8 **Consejos** Tu amiga Elsa está embarazada y no sabe cómo cuidarse (*to take care of herself*). En grupos de tres, escriban consejos para Elsa usando los adverbios adecuados.

además (de)	a veces	poco
a menudo	con frecuencia	por lo menos
así	muchas veces	pronto

> **modelo**
> Debes caminar por lo menos durante media hora cada día.
> Si te sientes mal, debes ir pronto al doctor.

Síntesis

9 **La primera vez** En grupos, cuéntense cómo fue la primera vez que les pusieron una inyección, se rompieron un hueso, pasaron la noche en un hospital, estuvieron mareados/as, etc. Incluyan estos puntos en su conversación.

- una descripción del tiempo que hacía
- sus edades
- qué pasó
- cómo se sentían

SUPERSITE

Videoclip

1 **Preparación** ¿Conoces alguna persona temeraria (*reckless*) a quien le gusten las situaciones de riesgo (*risky*)? Comparte alguna de sus anécdotas con la clase.

2 **El clip** Mira el anuncio de **Anaflex** de Argentina.

Vocabulario			
el bondi	*bus (Arg.)*	se hace el duro	*to act tough*
los hinchas	*sports fans (usually soccer; Arg.)*	trepar	*to climb*

Voy a treparme a arreglar la antena. ¡Sí, Miguel!

Cualquiera se hace el duro cuando tiene con qué.

3 **¿Cierto o falso?** Indica si las oraciones son **ciertas** o **falsas**. Corrige las falsas.

1. Bailaba en la bañadera y se cayó.

2. Se cayó del techo (*roof*) cuando quiso arreglar una ventana.

3. Se bajó del (*got off of*) tren en movimiento.

4. Se hizo el duro y saltó del escenario temerariamente.

4 **Un chico travieso** Sin duda, Miguel era un niño muy travieso (*mischievous*). En parejas, imaginen cómo fue su niñez: describan lo que hacía en su casa, en la escuela y con sus amigos. Usen el imperfecto.

SUPERSITE **CONEXIÓN INTERNET**

Go to aventuras.vhlcentral.com to watch the television clip featured in this section.

Ampliación

1 Escuchar

 A Escucha la conversación de la señorita Méndez y Carlos Peña. Marca las frases donde se mencionan los síntomas de Carlos.

 TIP Listen for specific information. Identify the subject of a conversation and use your background knowledge to predict what kinds of information you might hear. For example, what would you expect to hear in a conversation between a sick person and a doctor's receptionist?

_____ 1. Tiene infección en los ojos.

_____ 2. Se lastimó el dedo.

_____ 3. Tiene tos.

_____ 4. Está congestionado.

_____ 5. Está mareado.

_____ 6. Le duele la cabeza.

_____ 7. Le duele el estómago.

_____ 8. No puede dormir.

_____ 9. Es alérgico a la aspirina.

_____ 10. Le duele la garganta.

_____ 11. Tiene frío.

_____ 12. Se rompió la pierna.

_____ 13. Le duele la rodilla.

_____ 14. Siente dolor en los huesos.

B En tu opinión, ¿qué tiene Carlos? ¿Gripe? ¿Un resfriado? ¿Alergia? Explica tu opinión.

2 Conversar

En parejas, preparen una conversación entre un(a) estudiante hipocondríaco/a y un(a) enfermero/a. Presenten la conversación a la clase.

- Decidan qué síntomas tiene el/la estudiante y con qué frecuencia los tiene.
- Decidan qué preguntas le va a hacer el/la enfermero/a. Por ejemplo: ¿Cuánto tiempo hace que comenzaron los síntomas? ¿Tenía el mismo problema cuando era niño/a? ¿Lo tenía la semana pasada?
- Decidan qué consejos le va a dar el/la enfermero/a.

Ampliación

3 Escribir

Imagina que eres enfermero/a en la sala de emergencias de un hospital. Tienes que escribir cada día un parte (*report*) médico para tu supervisor(a).

 TIP **Avoid redundancies.** To avoid repetition of verbs and nouns, consult a Spanish-language thesaurus. You can also use direct object pronouns, possessive adjectives, demonstrative adjectives and pronouns, and prepositional pronouns to streamline your writing.

Organízalo	Utiliza un mapa de ideas para organizar tu parte médico. Incluye información sobre los pacientes, sus síntomas y el resultado de los tratamientos.
Escríbelo	Utiliza tus apuntes para escribir el primer borrador del parte médico.
Corrígelo	Intercambia tu composición con un(a) compañero/a. Lee su borrador y anota los aspectos mejor escritos (*written*). Ofrécele sugerencias para evitar (*avoid*) redundancias, y si ves algunos errores gramaticales u ortográficos, coméntaselos.
Compártelo	Revisa el primer borrador según las indicaciones de tu compañero/a. Incorpora nuevas ideas o más información si es necesario antes de escribir la versión final del parte médico.

Susana se lastim[ó] la rodilla ayer. Susana Ella estaba corriendo por el parque cuando se cayó y se ˡᵃ lastimó la rodilla.

4 Un paso más

Prepara una presentación sobre el sistema de servicios médicos de un país hispano. Tu presentación debe contestar estas preguntas.

- ¿Qué servicios médicos públicos hay en el país?
- ¿Cuál es el papel (*role*) de las clínicas y los hospitales privados?
- ¿Cómo son los servicios médicos en las ciudades y en las áreas rurales?
- ¿Son populares los tratamientos alternativos?
- ¿Hay personas reconocidas por sus contribuciones a la medicina?

 SUPERSITE **CONEXIÓN INTERNET**

Investiga estos temas en el sitio aventuras.vhlcentral.com.
- Hospitales en el mundo hispano
- Clínicas en el mundo hispano
- Médicos famosos del mundo hispano

Antes de leer

SUPERSITE

Using what you already know about a particular subject will often help you better understand a reading selection. For example, if you read an article about a recent medical discovery, you might think about what you already know about health in order to understand unfamiliar words or concepts.

A primera vista, ¿cuál es el tema de esta lectura?

_____

_____

¿Qué tipo de documento es? ¿Cómo lo sabes?

_____

_____

Basándote en documentos similares que conoces, ¿qué tipo de información esperas encontrar en esta lectura?

_____

_____

El consultorio

Dra. Fernanda Jiménez Ocaña

P: Soy una madre española y le escribo para hacerle una consulta sobre mi hijo. Tiene ocho años y hace una semana que ni come ni duerme bien. Además, desde hace cuatro días° tose constantemente. Al no tomar la cantidad de alimentos° necesarios ni dormir lo suficiente, mi hijo no tiene energía para realizar sus actividades diarias. Estoy un poco preocupada porque es la primera vez que el niño presenta este tipo de síntomas. Todavía no hemos ido° al médico porque me interesa conocer primero su punto de vista°. Muchísimas gracias por su ayuda.

R: Querida° madre española: Gracias por escribir a mi columna. Cuando un niño de la edad de su hijo presenta este tipo de síntomas, puede ser señal° de que tiene una pequeña infección en las vías° respiratorias, producida por una bacteria o por un virus. Creo que debe llevar pronto a su hijo al consultorio de su médico, para evitar° la aparición de una enfermedad crónica como la bronquitis. Si tiene alguna pregunta más o si desea contarme cómo evoluciona su hijo, ya sabe que puede escribirme otra vez.

P: Hola, doctora. Soy un ciclista profesional de Colombia. Hace dos semanas tuve un accidente con mi bicicleta y me lastimé la rodilla. Fui a la sala de emergencias y el médico me hizo una radiografía para ver si tenía un hueso roto. Afortunadamente, los resultados de la radiografía fueron muy buenos y sólo me recetaron unas pastillas y mucho reposo. Le escribo porque, después de este tiempo, sigo sintiendo dolor en la zona de la rodilla. ¿Qué puedo hacer?

R: Querido amigo ciclista: Creo que, en su caso, necesita tener más paciencia. Hay que° comprender que algunas veces el cuerpo requiere más tiempo para recuperarse. Creo que tiene que esperar dos semanas más para ver si el dolor va desapareciendo o no. Si sigue las indicaciones de su médico y no nota ningún cambio, debe volver al hospital. En mi opinión, no debe hacer ningún movimiento con la pierna y debe seguir tomándose las pastillas que le recetaron.

P: Le escribo desde Puerto Rico para pedirle su opinión. Durante este mes y el anterior°, tengo los síntomas de un resfriado que no desaparece nunca. Toso, estoy congestionado y tengo la garganta y los ojos irritados. Mi novia opina que puedo ser alérgico a algo. ¿Cree usted que eso es posible?

R: Estimado° amigo puertorriqueño: Debe empezar por observar dónde y cuándo aparecen sus síntomas. El otoño y la primavera son las épocas del año en que suele haber° más reacciones alérgicas del tipo que usted presenta. Creo que debe ir al médico y esperar los resultados de las pruebas. Si le diagnostican un tipo de alergia, no debe preocuparse. En la actualidad, existen tratamientos excelentes, incluyendo antihistaminas e inyecciones, que calman los efectos de las reacciones alérgicas y lo ayudan a llevar una vida normal.

¡Salud! *Dra. Fernanda Jiménez Ocaña*

Después de leer

¿Comprendiste? 🔊

Indica si cada oración es **cierta** o **falsa**. Corrige las oraciones falsas.

Cierto	Falso	
_____	_____	1. La madre española no come bien.
_____	_____	2. La doctora piensa que el hijo de la española puede tener una infección.
_____	_____	3. La doctora piensa que el ciclista debe practicar más el ciclismo.
_____	_____	4. La radiografía indica que el ciclista colombiano tiene algunos huesos rotos.
_____	_____	5. La doctora cree que el chico puertorriqueño puede tener alergias.
_____	_____	6. Hace dos meses que el puertorriqueño tiene los síntomas de un resfriado.

Preguntas 🔊

Responde a estas preguntas con oraciones completas.

1. ¿Con qué frecuencia tose el hijo de la madre española?
2. ¿Cuánto tiempo hace que el colombiano se lastimó la rodilla?
3. ¿Qué debe hacer la madre española?
4. ¿Qué hizo el médico cuando el ciclista fue a la sala de emergencias?
5. ¿Por qué debe ser paciente el ciclista?
6. Según (*According to*) la doctora, ¿cuándo ocurren más frecuentemente las reacciones alérgicas?

Coméntalo

¿Hay una columna de consejos médicos en el periódico de tu ciudad? ¿La lees frecuentemente? ¿Por qué sí o por qué no? Imagina que tú escribes las respuestas de esta columna. ¿Qué deben hacer las tres personas que pidieron consejos?

desde hace cuatro días	*for four days*	vías	*passages*
alimentos	*foods*	evitar	*avoid*
hemos ido	*have been*	Hay que	*It is necessary to*
punto de vista	*point of view*	el anterior	*the previous one*
Querido/a	*Dear*	Estimado/a	*Dear*
señal	*sign*	suele haber	*there are customarily*

recursos
SUPERSITE

For an additional reading, go to aventuras.vhlcentral.com.

aventuras.vhlcentral.com
Lección 10

El cuerpo

la boca	mouth
el brazo	arm
la cabeza	head
el corazón	heart
el cuello	neck
el cuerpo	body
el dedo	finger
el estómago	stomach
la garganta	throat
el hueso	bone
la nariz	nose
el ojo	eye
la oreja	(outer) ear
el pie	foot
la pierna	leg
la rodilla	knee
el tobillo	ankle

Verbos

caer	to fall, to drop
caerse	to fall (down)
dañar	to damage; to break down
doler (o:ue)	to hurt
enfermarse	to get sick
estar enfermo/a	to be sick
estornudar	to sneeze
lastimarse (el pie)	to injure (one's foot)
olvidar	to forget
poner una inyección	to give an injection
prohibir	to prohibit
quedar	to be left behind
recetar	to prescribe
romper	to break
romperse (la pierna)	to break (one's leg)
sacar(se) una muela	to have a tooth pulled
ser alérgico/a (a)	to be allergic (to)
tener fiebre (f.)	to have a fever
tomar(le) la temperatura (a alguien)	to take (someone's) temperature
torcerse (el tobillo)	to sprain (one's ankle)
toser	to cough

La salud

el accidente	accident
el antibiótico	antibiotic
la aspirina	aspirin
la clínica	clinic
el consultorio	doctor's office
el/la dentista	dentist
el/la doctor(a)	doctor
el dolor (de cabeza)	(head)ache; pain
la enfermedad	illness; sickness
el/la enfermero/a	nurse
el examen médico	physical exam
la farmacia	pharmacy
la gripe	flu
el hospital	hospital
la infección	infection
el medicamento	medication
la medicina	medicine
la operación	operation
el/la paciente	patient
las pastillas	pills; tablets
la radiografía	X-ray
la receta	prescription
el resfriado	cold
la sala de emergencia(s)	emergency room
la salud	health
el síntoma	symptom
la tos	cough

Adjetivos

congestionado/a	congested; stuffed-up
embarazada	pregnant
grave	grave; serious
mareado/a	dizzy; nauseated
médico/a	medical
saludable	healthy
sano/a	healthy

Otras palabras y expresiones

Hace + [time] + que + [present]	to have been doing something for a period of time
Hace + [time] + que + [preterite]	to have done something in the past (ago)
de niño/a	as a child
mientras	while
todos los días	every day

Expresiones útiles	See page 259.
Adverbs	See page 266.

recursos

SUPERSITE

aventuras.vhlcentral.com
Lección 10

AVENTURAS EN LOS PAÍSES HISPANOS

Un *snowboarder* salta *(jumps)* en el centro de esquí Portillo, uno de los más famosos y antiguos *(old)* de Chile. El esquí y el *snowboard* se pueden practicar en las montañas nevadas *(snow-capped)* de la Cordillera de los Andes, que se extiende por todo el país. Gente de todo el mundo va a Chile a practicar los deportes de invierno. ¿Te gustaría esquiar en Chile?

SURAMÉRICA II

Argentina

Área: 2.780.400 km^2
(1.074.000 millas^2)

Población: 40.738.000

Capital: Buenos Aires –
13.067.000

Ciudades principales: Córdoba, Rosario, Mendoza

Moneda: peso argentino

SOURCE: Population Division, UN Secretariat

Chile

Área: 756.950 km^2
(292.259 millas^2)

Población: 17.134.000

Capital: Santiago de Chile –
5.982.000

Ciudades principales: Concepción, Viña del Mar, Valparaíso, Temuco

Moneda: peso chileno

SOURCE: Population Division, UN Secretariat

Uruguay

Área: 176.220 km^2
(68.039 millas^2)

Población: 3.575.000

Capital: Montevideo – 1.260.000

Ciudades principales: Salto, Paysandú, Las Piedras, Rivera

Moneda: peso uruguayo

SOURCE: Population Division, UN Secretariat

Paraguay

Área: 406.750 km^2
(157.046 millas^2)

Población: 6.882.000

Capital: Asunción – 2.264.000

Ciudades principales: Ciudad del Este, San Lorenzo, Lambaré, Fernando de la Mora

Moneda: guaraní

SOURCE: Population Division, UN Secretariat

Bolivia

Área: 1.098.580 km^2
(424.171 millas^2)

Población: 10.031.000

Capital: La Paz, sede del gobierno *(seat of government)*, capital administrativa – 1.692.000; **Sucre,** capital constitucional y judicial

Ciudades principales: Santa Cruz de la Sierra, Cochabamba, Oruro, Potosí

Moneda: peso boliviano

SOURCE: Population Division, UN Secretariat

Artes

El tango argentino

El tango es un símbolo cultural muy importante de Argentina. Este género *(genre)* musical es una mezcla de ritmos de origen africano, italiano y español, y surgió a finales del siglo XIX entre los porteños *(people of Buenos Aires)*. Poco después se hizo popular entre el resto de los argentinos y su fama llegó hasta París. Como baile, el tango en un principio *(at first)* era provocativo y violento, pero se hizo más romántico durante los años 30. Hoy día, este estilo musical es popular en muchas partes del mundo *(world)*.

Lugares

El lago Titicaca

Situado en los Andes de Bolivia y Perú, éste es el lago navegable más alto del mundo, a una altitud de 3.815 metros (12.500 pies). Con un área de más de 8.000 kilómetros² (3.000 millas²), también es el segundo lago más grande de Suramérica, después del lago de Maracaibo. La mitología inca cuenta que los hijos del dios *(god)* Sol emergieron de las profundas aguas del lago Titicaca para fundar su imperio *(empire)*.

PERÚ

BOLIVIA

Océano Pacífico

★ La Paz

Arica

Sucre ★

Iquique

Antofagasta

Salta

CHILE

ARGENTINA

Córdoba

Valparaíso

Mendoza

★

Santiago

Concepción

Bahía Blanca

Cordillera de los Andes

Puerto Montt

Estrecho de Magallanes

Punta Arenas

Tierra del Fuego

BRASIL

PARAGUAY

⭐ Asunción

• Rosario **URUGUAY**

⭐ Montevideo

⭐

Buenos Aires

Islas
Malvinas

Costumbres

La carne y el mate

En Chile, Uruguay y Argentina, la carne de res es un elemento esencial de la dieta diaria. Los platos más representativos de estas naciones son el asado *(barbecue)*, la parrillada *(grilled meat)* y el chivito *(goat)*.

El mate, una infusión similar al té, también es típico de la región. Esta bebida de origen indígena se bebe a diario y reemplaza al café. Tradicionalmente se toma en una calabaza *(gourd)* con una bombilla *(straw)* de metal.

Naturaleza

Los ríos Paraguay y Paraná

Los ríos Paraguay y Paraná sirven de frontera *(border)* natural entre Argentina y Paraguay, y son las principales rutas de transporte de este último *(last)* país. El río Paraguay divide el Gran Chaco de la meseta *(plateau)* Paraná, donde vive la mayoría de los paraguayos. El Paraná tiene unos 3.200 kilómetros navegables, y por esta ruta pasan barcos de más de 5.000 toneladas, los cuales viajan desde el estuario *(estuary)* del Río de la Plata hasta la ciudad de Asunción. El río Paraná confluye *(meets)* con el río Iguazú en la frontera entre Brasil, Argentina y Paraguay. Allí forman las cataratas *(waterfalls)* del Iguazú, uno de los sitios turísticos más visitados en Suramérica. Estas extensas cataratas miden unos 70 metros (230 pies) de altura *(height)*.

¿Qué aprendiste?

1 ¿Cierto o falso? Decide si lo que dicen las siguientes oraciones es **cierto** o **falso**.

	Cierto	Falso
1. Portillo es un centro de esquí en Argentina.	_____	_____
2. Viña del Mar y Concepción son dos de las ciudades principales de Chile.	_____	_____
3. Asunción es la capital de Uruguay.	_____	_____
4. En un principio, el tango era un baile tranquilo.	_____	_____
5. El tango es uno de los símbolos culturales más importantes de Argentina.	_____	_____
6. El lago Titicaca es el más bajo del mundo.	_____	_____
7. El lago Titicaca es el lago más grande de Suramérica después del lago de Maracaibo.	_____	_____
8. La carne de res forma parte de la dieta diaria de Argentina y Uruguay.	_____	_____
9. El mate es una bebida similar al té.	_____	_____
10. El río Paraguay pasa entre Argentina y Chile.	_____	_____
11. En la meseta Paraná vive muy poca gente.	_____	_____
12. Las cataratas del Iguazú están en la frontera entre Brasil, Paraguay y Argentina.	_____	_____

2 Preguntas Contesta las siguientes preguntas.

1. ¿Qué país de Suramérica crees que es bueno para practicar los deportes de invierno?
2. ¿Viste gente bailando tango alguna vez? Si es así, ¿dónde la viste?
3. ¿Comiste asado alguna vez? Si no, ¿crees que te gustaría?
4. ¿Crees que sería fácil hacer ejercicio en el área del lago Titicaca? ¿Por qué sí o por qué no?
5. ¿Te gustaría visitar el lago Titicaca? ¿Por qué?
6. ¿Por qué crees que las cataratas del Iguazú es uno de los sitios turísticos más visitados de Suramérica?

SUPERSITE ┃ **CONEXIÓN INTERNET**

Busca más información sobre estos temas en aventuras.vhlcentral.com. Presenta la información a tus compañeros/as de clase.

- El tango argentino
- El lago Titicaca
- La carne y el mate
- Los ríos Paraguay y Paraná

11 El carro y la tecnología

PARA EMPEZAR

- ¿Qué hacen: navegan en Internet o miran televisión por cable?
- ¿Dónde están: en un laboratorio o en la biblioteca?
- ¿Crees que se divierten? ¿Por qué?
- ¿Crees que los jóvenes de hoy son adictos a la tecnología? ¿Por qué?

EL CARRO Y LA TECNOLOGÍA

EN LA CALLE

la calle *street*

el camino *route*

el garaje *garage; (mechanic's) repair shop*

la gasolina *gasoline*

la gasolinera *gas station*

el kilómetro *kilometer*

el/la mecánico/a *mechanic*

la milla *mile*

la multa *fine; ticket*

el policía/la mujer policía *police officer*

la policía *police (force)*

el taller (mecánico) *(mechanic's) repair shop*

el tráfico *traffic*

la velocidad máxima *speed limit*

arrancar *to start*

arreglar *to fix; to arrange*

bajar *to go down*

bajar(se) de *to get off of/out of (a vehicle)*

chocar (con) *to run into; to crash into*

conducir *to drive*

estacionar *to park*

manejar *to drive*

parar *to stop*

revisar (el aceite) *to check (the oil)*

subir *to go up*

subir(se) a *to get on/into (a vehicle)*

el semáforo
traffic light

LAS PARTES DEL CARRO

el carro *car*

el coche *car*

los frenos *brakes*

el capó
hood

el parabrisas
windshield

el volante
steering wheel

el baúl
trunk

el motor
motor

la llanta
tire

la licencia de conducir
driver's license

llenar (el tanque)
to fill up (the tank)

recursos

| WB pp. 109–110 | LM p. 61 | SUPERSITE aventuras.vhlcentral.com Lección 11 |

el televisor
television set

LA TECNOLOGÍA

la cámara digital *digital camera*
la contestadora *answering machine*
el control remoto *remote control*
el disco compacto *compact disc*
el estéreo *stereo*
el fax *fax (machine)*
el mensaje de texto *text message*
el navegador GPS *GPS*
el radio *radio (set)*
el reproductor de CD *CD player*
de DVD *DVD player*
de MP3 *MP3 player*
el teléfono celular *cellular phone*
la televisión por cable *cable television*
el videocasete *videocassette*
la videocasetera *VCR*

apagar *to turn off*
funcionar *to work*
llamar *to call*
poner *to turn on*
prender *to turn on*
sonar (o:ue) *to ring*

la cámara (de video)
(video) camera

Variación léxica
baúl ⟷ cajuela (*Méx.*), maletera (*Perú*)
computadora ⟷ ordenador (*Esp.*)
gasolinera ⟷ bencinera (*Chile*)

ADJETIVOS

descompuesto/a *not working;
out of order*
lento/a *slow*
lleno/a *full*

la calculadora
calculator

INTERNET Y LA COMPUTADORA

el archivo *file*
la computadora portátil *laptop*
el disco *disk*
Internet *Internet*
el módem *modem*
la página principal *home page*
la pantalla *screen*
el programa de computación *software*
la red *network; Web*
el sitio web *website*

guardar *to save*
imprimir *to print*
navegar en Internet *to surf the Internet*

la computadora
computer

el monitor
monitor

el ratón
mouse

la impresora
printer

el teclado
keyboard

A escuchar

1 **¿Qué necesitas?** Identifica oralmente los dibujos. Luego escucha las frases e indica el objeto que necesitas para cada actividad.

1. _____

2. _____

3. _____

4. _____

5. _____

2 **En una gasolinera** Escucha la conversación entre un joven y el empleado de una gasolinera. Después completa las oraciones.

1. El empleado de la gasolinera llena el tanque, revisa el aceite y
   a. estaciona el carro.　　b. limpia el parabrisas.　　c. usa el navegador.

2. La próxima semana el joven tiene que
   a. manejar hasta Córdoba.　　b. llenar el tanque.　　c. revisar las llantas.

3. El joven va a volver mañana porque el empleado
   a. va a llenar el tanque.　　b. va a revisar los frenos.　　c. va a darle una multa.

4. Para revisar los frenos, el empleado necesita
   a. un par de minutos.　　b. un par de días.　　c. un par de horas.

5. Hoy el joven va
   a. a Córdoba.　　b. a las montañas.　　c. a la playa.

6. La gasolina cuesta
   a. 22 pesos.　　b. 32 pesos.　　c. 24 pesos.

A practicar

3 **Problemas con la computadora** Completa la conversación con las palabras de la lista.

arreglar	la impresora	la pantalla
descompuesto	imprimir	prendiste
el disco	llamar	el ratón
funciona	navegar	el teléfono celular

JUAN CARLOS Mariana, la computadora no (1) _____. No veo nada en (2) _____.

MARIANA Pues, ¿la (3) _____?

JUAN CARLOS Ah sí, tienes razón; no estaba prendida. Mariana, ahora no puedo conectarme a Internet. Parece que el módem está (4) _____. ¿Sabes cómo lo puedo (5) _____?

MARIANA ¡Ay, mi amor! No es eso. Es que estoy hablando por teléfono con Sara. Si quieres, la puedo (6) _____ por (7) _____.

JUAN CARLOS Sí, gracias… Bueno, ahora sí estoy conectado. Voy a (8) _____ en Internet un rato y después voy a (9) _____ el trabajo para mi clase de historia… Pero... ¡Mariana! ¿dónde está (10) _____?

MARIANA Lo siento, ésa sí que está descompuesta. Pablo la está arreglando. No sé cómo vas a imprimir tu trabajo ahora.

JUAN CARLOS No te preocupes. Puedo llevar (11) _____ a la universidad e imprimirlo allá.

MARIANA ¡Qué buena idea!

4 **Oraciones** Escribe oraciones usando los siguientes elementos. Usa el pretérito y añade (*add*) las palabras necesarias.

1. Jaime / comprar / reproductor de DVD / nuevo

_____

2. Yo / apagar / radio / diez / noche

_____

3. teléfono / sonar / pero / yo / no contestar

_____

4. Sara y yo / ir / gasolinera / para / llenar / tanque

_____

5. Sandra / perder / disco compacto

_____

6. Marisa / poner / su / maletas / baúl

_____

A conversar

5 Preguntas Trabajen en grupos para contestar las siguientes preguntas. Después compartan sus respuestas con la clase.

1. ¿Tienes carro? ¿Cómo es? ¿Para qué lo usas?

2. ¿Siempre paras cuando ves la luz amarilla del semáforo? ¿Manejas rápidamente? ¿A veces excedes la velocidad máxima?

3. ¿Cuáles de estas actividades haces tú normalmente: llenar el tanque, limpiar el parabrisas, lavar el coche, revisar el aceite, cambiar el aceite, revisar las llantas?

4. ¿Te pierdes con frecuencia cuando conduces? ¿Usas el navegador o los mapas interactivos en Internet?

5. ¿Cómo escuchas música: por radio, reproductor de MP3 o en Internet?

6. ¿Qué utilizas más: el teléfono celular, el correo electrónico o el *chat*? ¿Cuáles son las ventajas (*advantages*) y desventajas de los diferentes modos de comunicación?

7. ¿Cómo usas la tecnología para divertirte? ¿Y para comunicarte? ¿Y para trabajar?

6 En el taller En parejas, preparen una conversación entre un(a) mecánico/a y un(a) cliente/a cuyo (*whose*) coche se dañó en un accidente. El/La cliente/a le dice al/a la mecánico/a qué ocurrió en el accidente y los dos hablan de las partes dañadas.

7 Situación Con un(a) compañero/a de clase, elige un(a) cliente/a de la lista y prepara una conversación entre el/la director(a) de ventas (*sales*) de una tienda de computadoras y esta persona. El/La director(a) de ventas pregunta lo que el/la cliente/a desea hacer con la computadora y le muestra la computadora que éste/a necesita.

- El padre o la madre de un niño de seis años
- Una jubilada (retired woman) que quiere aprender a navegar en Internet
- Una mujer que va a crear una nueva empresa (business) en su casa
- Un estudiante que no sabe nada de computadoras
- Un hombre de negocios (businessman) que viaja mucho

8 Las rebajas Tu profesor(a) va a darles a ti y a tu compañero/a la información necesaria para completar esta actividad.

Ortografía

La acentuación de palabras similares

Although accent marks usually indicate which syllable in a word is stressed, they are also used to distinguish between words that have the same or similar spellings.

Él maneja el coche.   **Sí, voy si quieres.**

Although one-syllable words do not usually carry written accents, some *do* have accent marks to distinguish them from words that have the same spelling but different meanings.

Sé cocinar.   **Se baña.**   **¿Tomas té?**   **Te duermes.**

Sé (*I know*) and **té** (*tea*) have accent marks to distinguish them from the pronouns **se** and **te**.

para mí   **mi cámara**   **Tú lees.**   **tu estéreo**

Mí (*me*) and **tú** (*you*) have accent marks to distinguish them from the possessive pronouns **mi** and **tu**.

¿Por qué vas?   **Voy porque quiero.**

Several words of more than one syllable also have accent marks to distinguish them from words that have the same or similar spellings.

Éste es rápido.   **Este módem es rápido.**

Demonstrative pronouns have accent marks to distinguish them from demonstrative adjectives.

¿Cuándo fuiste?   **Fui cuando me llamó.**

¿Dónde trabajas?   **Voy al taller donde trabajo.**

Adverbs have accent marks when they are used to convey a question.

 Práctica Marca los acentos en las palabras que los necesitan.

ANA Hola, soy Ana. ¿Que tal?
JUAN Hola, pero… ¿por que me llamas tan tarde?
ANA Porque mañana tienes que llevarme a la universidad. Mi auto esta dañado.
JUAN ¿Como se daño?
ANA Se daño el sabado. Un vecino (*neighbor*) choco con el.

 Crucigrama Utiliza las siguientes pistas (*clues*) para completar el crucigrama. ¡Ojo con los acentos!

Horizontales
1. Él _____ levanta.
4. No voy _____ no puedo.
7. Tú _____ acuestas.
9. ¿_____ es el examen?
10. Quiero este video y _____.

Verticales
2. ¿Cómo _____ usted?
3. Eres _____ mi hermano.
5. ¿_____ tal?
6. Me gusta _____ suéter.
8. Navego _____ la red.

recursos — LM p. 62 — aventuras.vhlcentral.com — Lección 11

🎥 Tecnohombre, ¡mi héroe!

El autobús se daña.

PERSONAJES

DON FRANCISCO

JAVIER

INÉS

ÁLEX

MAITE

SR. FONSECA

ÁLEX ¿Bueno?... Con él habla... Ah, ¿cómo estás?... Aquí, yo muy bien. Vamos para Ibarra. ¿Sabes lo que pasó? Esta tarde íbamos para Ibarra cuando Javier tuvo un accidente en el autobús. Se cayó y tuvimos que llevarlo a una clínica.

JAVIER Episodio veintiuno: Tecnohombre y los superamigos suyos salvan el mundo una vez más.
INÉS Oh, Tecnohombre, ¡mi héroe!
MAITE ¡Qué cómicos! Un día de éstos, ya van a ver...

ÁLEX Van a ver quién es realmente Tecnohombre. Mis superamigos y yo nos hablamos todos los días por el teléfono Internet, trabajando para salvar el mundo. Pero ahora, con su permiso, quiero escribirle un mensaje electrónico a mi mamá y navegar en la red un ratito.

INÉS Pues... no sé... creo que es el alternador. A ver... sí... Mire, don Francisco... está quemado el alternador.
DON FRANCISCO Ah, sí. Pero aquí no podemos arreglarlo. Conozco a un mecánico, pero está en Ibarra, a veinte kilómetros de aquí.

ÁLEX ¡Tecnohombre, a sus órdenes!
DON FRANCISCO ¡Eres la salvación, Álex! Llama al señor Fonseca al cinco, treinta y dos, cuarenta y siete, noventa y uno. Nos conocemos muy bien. Seguro que nos ayuda.

ÁLEX Buenas tardes. ¿Con el señor Fonseca por favor?... Soy Álex Morales, cliente de Ecuatur. Le hablo de parte del señor Francisco Castillo... Es que íbamos para Ibarra y se nos dañó el autobús... Pensamos que es el... el alternador... Estamos a veinte kilómetros de la ciudad...

ACTIVIDADES

1 Seleccionar Selecciona la opción correcta para completar cada oración.

1. Álex quiere
   a. escuchar música.
   b. escribirle a su mamá y navegar en la red.
   c. hablar por el teléfono con amigos.

2. Se les dañó el autobús. Inés dice que
   a. el alternador está quemado.
   b. se pinchó una llanta.
   c. el taller está quemado.

3. Álex llama al mecánico, el señor
   a. Castillo.
   b. Ibarra.
   c. Fonseca.

4. Maite llama a Inés la "Mujer Mecánica" porque antes
   a. trabajaba en el taller de su tío.
   b. arreglaba computadoras.
   c. conocía a muchos mecánicos.

5. El grupo está a _____ de la ciudad.
   a. veinte millas
   b. veinte grados centígrados
   c. veinte kilómetros

Para recordar Antes de mirar este episodio de la **Fotonovela**, repasa el anterior. ¿Qué puedes recordar?

1. ¿Quién se lastimó el tobillo?

2. ¿Adónde llevó don Francisco a Javier?

3. ¿Qué mostró la radiografía?

4. ¿Qué le recetó la doctora a Javier?

Expresiones útiles

Talking on the telephone

¿Aló?/¿Bueno?/¿Diga?
Hello?

¿Quién habla?
Who is speaking?

¿De parte de quién?
Who is calling?

Con él/ella habla.
This is he/she.

Le hablo de parte de Francisco Castillo.
I'm speaking to you on behalf of Francisco Castillo.

¿Puedo dejar un recado?
May I leave a message?

Está bien. Llamo más tarde.
That's fine. I'll call later.

Talking about bus or car problems

—**¿Qué pasó?** —**Se nos dañó el autobús.**
—*What happened?* —*The bus broke down.*

Se nos pinchó una llanta.
We got a flat tire.

Está quemado el alternador.
The alternator is burned out.

Saying how far away things are

Está a veinte kilómetros de aquí.
It's twenty kilometers from here.

Estamos a veinte kilómetros de la ciudad.
We're twenty kilometers from the city.

Expressing surprise

¡No me diga! (form.)/¡No me digas! (fam.)
You don't say!

Offering assistance

A sus órdenes. *At your service.*

Additional vocabulary

aquí mismo *right here*

4

DON FRANCISCO Chicos, creo que tenemos un problema con el autobús. ¿Por qué no se bajan?

5

DON FRANCISCO Mmm, no veo el problema.
INÉS Cuando estaba en la escuela secundaria, trabajé en el taller de mi tío. Me enseñó mucho sobre mecánica. Por suerte, arreglé unos autobuses como éste.
DON FRANCISCO ¡No me digas! Bueno, ¿qué piensas?

9

SR. FONSECA Creo que va a ser mejor arreglar el autobús allí mismo. Tranquilo, enseguida salgo.

10

ÁLEX Buenas noticias. El señor Fonseca viene enseguida. Piensa que puede arreglar el autobús aquí mismo.
MAITE ¡La Mujer Mecánica y Tecnohombre, mis héroes!
DON FRANCISCO ¡Y los míos también!

---

2 ¿Quién? Identifica a quién se refiere cada acción.

1. tiene un teléfono en el autobús

2. conoce a un mecánico en la ciudad

3. diagnostica el problema del autobús

4. llama al mecánico

5. dice que puede arreglar el autobús

6. dice que Inés y Álex son sus héroes

3 Situación En parejas, representen una conversación entre un(a) mecánico/a y un(a) cliente/a. Sigan la guía.

- El/La cliente/a llama al taller y explica el problema del carro.

- El/La mecánico/a le pregunta dónde está en relación con el taller.

- El cliente le pregunta cuánto dinero cuesta el servicio mecánico y si acepta tarjeta de crédito.

- El/La mecánico/a le dice que puede ir enseguida.

recursos

VM pp. 189–190

aventuras.vhlcentral.com
Lección 11

BAJO LA LUPA

SUPERSITE

Los cibercafés

¿Estás pensando pasar un semestre en Latinoamérica y no quieres llevar tu computadora portátil? ¡No te preocupes! En casi cualquier ciudad latinoamericana, grande o pequeña, te puedes encontrar con **el cibercafé**. Pagando una tarifa° muy barata (¡a veces menos de un dólar por hora!), uno puede disfrutar de° un refresco o un café mientras navega en Internet, escribe correo electrónico o chatea° en múltiples foros virtuales.

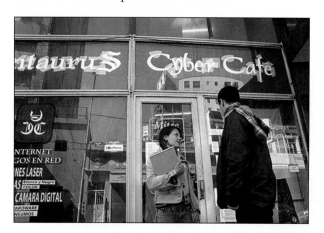

De hecho°, el negocio° del cibercafé está mucho más desarrollado° en Latinoamérica que en los Estados Unidos. En las grandes ciudades hispanas, es común ver varios cibercafés en una misma cuadra°. Muchos extranjeros piensan que no puede haber suficientes clientes para todos, pero los cibercafés ofrecen servicios especializados que permiten su coexistencia. Por ejemplo, algunos

cibercafés informales atraen° a adolescentes y jóvenes con videojuegos en línea° o servicio de chat con cámara. Otros centros de Internet, como los centros telefónicos, atraen a estudiantes o profesionales, ya que generalmente son más tranquilos para hacer las tareas de la escuela o del trabajo.

Sin embargo, para los fanáticos que no se pueden despegar° de las computadoras portátiles, también hay bares, restaurantes y librerías que ofrecen el servicio inalámbrico de Internet como lo hace

Starbucks en los Estados Unidos y en Canadá. Como ves, Internet está en cada esquina°. ¿Qué esperas para hacer tus maletas y salir para Latinoamérica?

Mensajes de texto en español

Al igual que otros idiomas, el chateo está cambiando la forma en que la gente escribe el español. Ésta es una lista de expresiones comunes en el chat.

¿K TL?	¿Qué tal?	CONT, XFA	Contesta, por favor.
Toy cansada	Estoy cansada.	TB	también
TQ MXO.	Te quiero mucho.	1 BSO	Un beso.
A2	Adiós.	¿Q TE PARECE?	¿Qué te parece?
¿XQ?	¿Por qué?	T MANDO 1	Te mando un
GNL	genial	MSG DSPS	mensaje después.

tarifa *fee* disfrutar de *enjoy* chatea *chat (from the English verb to chat)* De hecho *In fact* negocio *business* desarrollado *developed* cuadra *(city) block* atraen *attract* en línea *online* despegar *detach* esquina *corner*

1 **¿Cierto o falso?** Indica si estas oraciones son **ciertas** o **falsas**. Corrige las falsas.

1. Los cibercafés son más populares en las ciudades grandes que en las pequeñas.

2. El servicio de Internet es caro en los cibercafés.

3. Hay más cibercafés en Latinoamérica que en los Estados Unidos.

4. Todos los cibercafés ofrecen servicios similares.

5. Muchos turistas se quejan de que no hay suficientes cibercafés.

6. Hay cibercafés con videojuegos en línea.

7. Si eres estudiante, puedes hacer tus tareas en los centros de Internet.

8. En los países hispanos, no hay servicio inalámbrico de Internet.

9. La primera palabra de la expresión **Toy cansada** viene del verbo **ser**.

10. **TB** significa "también".

ASÍ SE DICE

La tecnología

los audífonos (Méx., Col.), los auriculares (Arg.), los cascos (Esp.)	headset; earphones
el móvil (Esp.)	el celular
el (teléfono) deslizable	slider (phone)
inalámbrico/a	cordless; wireless
el manos libres (Amér. S.)	hands-free system
el (teléfono) plegable	flip (phone)

CONEXIÓN INTERNET

What do technology in Argentina and in Peru have in common? Go to **aventuras.vhlcentral.com** to find out and to access these components:
- the **Flash Cultura** video
- more activities
- additional reading: **Los automóviles clásicos de Uruguay y Argentina**

2 **¿Cómo te comunicas?** Escribe un párrafo breve en donde expliques qué utilizas para comunicarte con tus amigos/as (correo electrónico, teléfono, chat, etc.) y de qué hablan cuando se comunican por chat.

recursos

VM pp. 247–248

aventuras.vhlcentral.com Lección 11

Maravillas de la tecnología

1 **Preparación** ¿Con qué frecuencia navegas en Internet? ¿Dónde lo haces, en tu casa o en un lugar público?

2 **El video** Mira el episodio de **Flash Cultura.**

Vocabulario

chateando	chatting	inalámbrica	wireless
comunidad indígena		usuarios	users
indigenous community			

... los cibercafés se conocen comúnmente como "cabinas de Internet" y están localizados° por todo el país.

... el primer *hotspot* de Cuzco, que permite a los usuarios navegar de manera inalámbrica...

localizados *located*

3 **Elegir** Indica cuál de las dos opciones resume mejor este episodio.

- En Cuzco, Internet es un elemento importante para las comunidades indígenas que quieren vender sus productos en otros países. Con Internet inalámbrica, estas comunidades chatean con clientes en otros países.
- En Cuzco, la comunidad y los turistas usan la tecnología de los celulares e Internet para comunicarse con sus familias o vender productos. Para navegar en Internet, se pueden visitar las cabinas de Internet o ir a la Plaza de Armas con una computadora portátil.

11.1 The preterite and the imperfect

▶ The preterite and the imperfect are not interchangeable. The choice between these two tenses depends on the context and on the point of view of the speaker.

> Por suerte, arreglé unos autobuses como éste.

> Íbamos para Ibarra y se nos dañó el autobús.

Uses of the preterite

To express actions that are viewed by the speaker as completed	Don Francisco estacionó el autobús. *Don Francisco parked the bus.*
	Fueron a Valparaíso ayer. *They went to Valparaíso yesterday.*
To express the beginning or end of a past action	La película empezó a las nueve. *The movie began at nine o'clock.*
	Ayer terminé el proyecto. *Yesterday I finished the project.*
To narrate a series of past actions or events	Don Francisco paró el autobús, abrió la ventanilla y saludó a doña Rita. *Don Francisco stopped the bus, opened the window, and greeted Doña Rita.*

Uses of the imperfect

To describe an ongoing past action with no reference to its beginning or end	Maite conducía muy rápido en Madrid. *Maite was driving very fast in Madrid.*
	Javier esperaba en el garaje. *Javier was waiting in the garage.*
To express habitual past actions and events	Cuando era joven, jugaba al tenis. *When I was young, I used to play tennis.*
	Álex siempre revisaba su correo electrónico a las tres. *Álex always checked his e-mail messages at three o'clock.*
To describe physical and emotional states or characteristics	La chica quería descansar. Se sentía mal y tenía dolor de cabeza. *The girl wanted to rest. She felt ill and had a headache.*
	Ellos eran altos y tenían ojos verdes. *They were tall and had green eyes.*
	Estábamos felices de ver a la familia. *We were happy to see the family.*

Práctica

1 Un accidente Completa este artículo de periódico con las formas correctas del pretérito o del imperfecto.

Un trágico accidente

Ayer temprano por la mañana (1) _____ [haber] un trágico accidente en el centro de Lima, cuando un autobús (2) _____ [chocar] con un carro. La mujer que (3) _____ [manejar] el carro (4) _____ [morir] al instante. Los paramédicos llevaron al conductor del autobús al hospital porque (5) _____ [tener] varias fracturas. Su estado de salud es todavía muy grave. El conductor del autobús (6) _____ [decir] que no (7) _____ [ver] el carro hasta el último momento porque (8) _____ [haber] mucha niebla y (9) _____ [llover]. Él (10) _____ [intentar] (*to attempt*) dar un viraje brusco (*to swerve*), pero (11) _____ [perder] el control del autobús y no (12) _____ [poder] evitar (*to avoid*) el accidente. Según nos informaron, no (13) _____ [lastimarse] ningún pasajero que (14) _____ [viajar] en el autobús.

2 Combinar Combina elementos de las tres columnas para hablar de lo que hicieron y lo que hacían las personas de la primera columna.

Sujetos	Verbos	Adverbios
el mecánico	arreglar	ayer
Manny Ramírez	caerse	bien
la mujer policía	chocar	con frecuencia
Bill Gates	conducir	de vez en cuando
mis padres	decir	fácilmente
mis amigos y yo	enamorarse	lentamente
Jennifer López	lastimarse	por aquí
yo	llamar	por fin
	navegar (en)	todos los días
	olvidar	una vez

Conversación

3 Frases En parejas, completen las frases usando el pretérito o el imperfecto. Luego comparen sus respuestas.

modelo De niño/a, yo...

Estudiante 1: De niña, yo vivía con mis abuelos en un apartamento cerca de la escuela.

Estudiante 2: Pues mi mamá, mis hermanos y yo vivíamos en una casita con un jardín.

Estudiante 1: De niña, me lastimé una vez la rodilla. Mientras corría, me caí.

Estudiante 2: En cambio, yo nunca me lastimé la rodilla, pero me torcía constantemente el tobillo.

1. El verano pasado…
2. Yo manejaba el coche mientras…
3. Anoche mi novio/a…
4. Ayer el/la profesor(a)…
5. La semana pasada un(a) amigo/a…
6. A menudo mi madre…
7. Esta mañana en la cafetería…
8. Navegábamos en la red cuando…

4 Tu primer(a) novio/a Entrevista a un(a) compañero/a acerca de su primer(a) novio/a. Si quieres, puedes añadir (add) otras preguntas.

1. ¿Quién fue tu primer(a) novio/a?
2. ¿Cuántos años tenías cuando lo/la conociste?
3. ¿Cómo era él/ella?
4. ¿Qué le gustaba hacer? ¿Tenían ustedes los mismos pasatiempos?
5. ¿Por cuánto tiempo salieron ustedes?
6. ¿Adónde iban ustedes cuando salían?
7. ¿Pensaban casarse?
8. ¿Cuándo y por qué rompieron ustedes?

5 Un robo misterioso Anoche alguien robó (stole) el examen de la Lección 11 de la oficina de tu profesor(a) y tú tienes que averiguar (to find out) quién lo hizo. Pregúntales a varios compañeros dónde estaban, con quién estaban y qué hicieron entre las ocho y las doce de la noche. Luego decide quién robó el examen.

▶ When the preterite and the imperfect appear in the same sentence, the imperfect describes what was happening, while the preterite describes the action that "interrupted" the ongoing activity.

Navegaba en la red cuando **sonó** el teléfono.
I was surfing the Web when the phone rang.

Maite **leía** el periódico cuando **llegó** Álex.
Maite was reading the newspaper when Álex arrived.

▶ You will see the preterite and the imperfect together in narratives such as fiction, news, and retelling of events. The imperfect provides background information, such as time, weather, and location. The preterite indicates the specific events that occurred.

Eran las dos de la mañana y el detective ya no **podía** mantenerse despierto. **Se bajó** lentamente del coche, **estiró** las piernas y **levantó** los brazos hacia el cielo oscuro.
It was two in the morning, and the detective could no longer stay awake. He slowly stepped out of the car, stretched his legs, and raised his arms toward the dark sky.

La luna **estaba** llena y no **había** en el cielo ni una sola nube. De repente, el detective **escuchó** un grito espeluznante proveniente del parque.
The moon was full and there wasn't a single cloud in the sky. Suddenly, the detective heard a piercing scream coming from the park.

NASA • La sonda se estrelló antes de orbitar

Mars cayó en Marte

La agencia espacial estadounidense perdió la comunicación con la sonda *Mars Climate Orbiter*, justo en el momento en que se ponía en órbita alrededor de Marte. La nave se estrelló por un error de navegación importante. Se habían invertido 25 millones de dólares e iba a ser la primera estación meteorológica interplanetaria. PASE A LA A6

¡Manos a la obra!

Escribe la forma correcta de los verbos.

Pretérito

1. Tomás y yo ___fuimos___ [ir] al parque ayer.
2. _____ [nadar] por la tarde.
3. Después _____ [tomar] el sol.
4. _____ [regresar] a casa a las cinco.
5. Tomás preparó la cena. Yo _____ [leer] el periódico.
6. Mientras Tomás veía una película, yo _____ [dormirse].

Imperfecto

1. ___Eran___ [ser] las doce.
2. _____ [haber] mucha gente en la calle.
3. Los novios _____ [estar] en el café.
4. Todos los días ellos _____ [almorzar] juntos.
5. El camarero siempre les _____ [servir] ensaladas.
6. Cuando los novios salieron del café, _____ [llover].

11.2 Por and para

▶ Both **por** and **para** mean *for*, but they are not interchangeable. Study their uses in the charts.

Es para usted.
Es un cliente de
don Paco.

Álex habla
por teléfono.

Uses of *por*

Motion or a general location (around, through, along, by)	La excursión nos llevó por el centro. *The tour took us through downtown.* Pasamos por el parque y por el río. *We passed by the park and along the river.*
Duration of an action (for, during, in)	Estuve en Montevideo por un mes. *I was in Montevideo for a month.* Miguel estudió por la noche. *Miguel studied during the night.*
Object of a search (for, in search of)	Vengo por ti a las ocho. *I'm coming for you at eight.* Maite fue por su cámara. *Maite went in search of her camera.*
Means by which something is done (by, by way of, by means of)	Ellos viajan por la autopista. *They travel by (by way of) the highway.* ¿Hablaste con la policía por teléfono? *Did you talk to the police by (on the) phone?*
Exchange or substitution (for, in exchange for)	Le di dinero por la videocasetera. *I gave him money for the VCR.* Cambiamos este carro por uno nuevo. *We exchanged this car for a new one.*
Unit of measure (per, by)	José manejaba a 120 kilómetros por hora. *José was driving 120 kilometers per hour.*

▶ **Por** is used in several idiomatic expressions.

por aquí	around here	**por eso**	that's why; therefore
por ejemplo	for example	**por fin**	finally

¡ojo! When giving an exact time, **de** is used instead of **por** before **la mañana, la tarde,** and **la noche.**

Llegué a las diez **de la noche.**
I arrived at ten p.m.

Me gusta estudiar **por la noche.**
I like to study at night.

Práctica

1 **Un viaje a Buenos Aires** Completa este párrafo con las preposiciones **por** o **para**.

El mes pasado, mi esposo y yo hicimos un viaje a Buenos Aires y sólo pagamos dos mil dólares (1) _____ los pasajes. Estuvimos en Buenos Aires (2) _____ una semana y exploramos toda la ciudad. Durante el día caminamos (3) _____ la plaza San Martín, el microcentro y el barrio de La Boca, donde viven muchos artistas. (4) _____ la noche fuimos a una tanguería, que es un tipo de teatro, (5) _____ ver a la gente bailar tango. Dos días después decidimos hacer una excursión (6) _____ las Pampas (7) _____ ver el paisaje y un rodeo con gauchos. (8) _____ eso, alquilamos (*we rented*) un carro y pasamos unos días muy agradables. El último día fuimos a Galerías Pacífico (9) _____ comprar recuerdos (*souvenirs*) (10) _____ nuestros hijos y nietos. Compramos tantos regalos que, al regresar, tuvimos que pagar impuestos (*duties*) cuando pasamos (11) _____ la aduana.

2 **¿Qué pasa aquí?** Usa **por** o **para** y el tiempo presente para describir estos dibujos.

1. _____ 2. _____

3. _____ 4. _____

5. _____ 6. _____

Conversación

3 **Encuesta** Averigua (*Find out*) a cuáles de tus compañeros/as corresponde cada descripción. Luego presenta los resultados a la clase.

> **modelo**

Estudiante 1: ¿Tienes televisión por cable?
Estudiante 2: No, no tengo televisión por cable.
Estudiante 1: ¿Tienes televisión por cable?
Estudiante 3: Sí, tengo televisión por cable.

	Nombres
1. En casa, tiene televisión por cable.	_____
2. Anoche durmió por ocho horas.	_____
3. Viajó por Europa.	_____
4. Hoy pasó por la gasolinera.	_____
5. Se preocupa por sus amigos.	_____
6. Habla por teléfono celular.	_____
7. Quiere estudiar para médico/a.	_____
8. Las clases son fáciles para él/ella.	_____

4 **Completar** Habla con un(a) compañero/a para completar estas frases sobre él/ella. Usa **por** y **para** en las respuestas.

1. El año pasado compró un regalo…
2. Ayer fue al taller…
3. Necesita hacer la tarea…
4. En casa, habla con sus amigos/as…
5. Los miércoles tiene clases…
6. A veces va a la biblioteca…
7. Necesita… dólares…
8. Su mejor amigo/a estudia…

5 **Una subasta** En grupos, dramaticen una subasta (*auction*). Cada estudiante debe traer a la clase un objeto o una foto del objeto para vender. Luego, un(a) estudiante es el/la vendedor(a) y los otros son los postores (*bidders*).

> **modelo**

Vendedor(a): Aquí tengo una cámara de video. ¿Quién ofrece $400,00 por ella?
Postor(a) 1: Te doy $175,00.

Uses of *para*

Destination (*toward, in the direction of*)	Salimos para Mérida el sábado. *We are leaving for Mérida on Saturday.* Voy para el banco. *I'm going to the bank.*
Deadline or a specific time in the future (*by, for*)	Él va a arreglar el carro para el viernes. *He will fix the car by Friday.*
Purpose or goal + [*infinitive*] (*in order to*)	Juan estudia para (ser) mecánico. *Juan is studying to be a mechanic.*
Purpose + [*noun/verb*] (*for, used for*)	Es una llanta para el carro. *It's a tire for the car.* Un módem sirve para conectarse a la red. *A modem is used to connect to the Web.*
The recipient of something (*for*)	Compré una calculadora para mi hijo. *I bought a calculator for my son.*
Comparisons or opinions (*for, considering*)	Para ser joven, es demasiado serio. *For a young person, he is too serious.* Para mí, esta lección no es difícil. *For me, this lesson isn't difficult.*
Employment (*for*)	Sara trabaja para Telecom. *Sara works for Telecom.*

▶ Often, either **por** or **para** can be used in a sentence. The meaning of the sentence changes, depending on which one is used.

Caminé **por** el parque.
I walked through the park.

Caminé **para** el parque.
I walked to (toward) the park.

Trabajó **por** su padre.
He worked for (in place of) his father.

Trabajó **para** su padre.
He worked for his father('s business).

Se exhibió **por** todo el pueblo.
It was shown throughout (around) the whole town.

Se exhibió **para** todo el pueblo.
It was shown for the whole town.

¡Manos a la obra!

 Completa las frases con **por** o **para**.

1. Dormimos __por__ la mañana.
2. Necesitas un módem _____ navegar en la red.
3. Entraron _____ la puerta.
4. Es un pasaje _____ Buenos Aires.
5. _____ arrancar el carro, necesito la llave.
6. Arreglé el televisor _____ ti.
7. Estuvieron nerviosos _____ el examen.
8. ¿Hay una gasolinera _____ aquí?
9. Esta computadora es _____ usted.
10. Juan está enfermo. Tengo que trabajar _____ él.
11. Estuvimos en Cancún _____ dos meses.
12. _____ mí, el español es difícil.
13. Tengo que estudiar la lección _____ el lunes.
14. Voy a ir _____ ese camino.
15. Compré dulces _____ mi novia.
16. Lo compró _____ un buen precio.

11.3 Stressed possessive adjectives and pronouns

▶ Spanish has two types of possessive adjectives: the unstressed (short) forms you learned in Lesson 3 and the stressed (long) forms. The stressed possessive adjectives are used for emphasis or to express *(of) mine, (of) yours, (of) his,* and so on.

Stressed possessive adjectives

Singular forms		Plural forms		
MASCULINE	**FEMININE**	**MASCULINE**	**FEMININE**	
mío	mía	míos	mías	*my; (of) mine*
tuyo	tuya	tuyos	tuyas	*your; (of) yours (fam.)*
suyo	suya	suyos	suyas	*your; (of) yours (form.); his; (of) his; her; (of) hers; its*
nuestro	nuestra	nuestros	nuestras	*our; (of) ours*
vuestro	vuestra	vuestros	vuestras	*your; (of) yours*
suyo	suya	suyos	suyas	*your; (of) yours their; (of) theirs*

▶ Stressed possessive adjectives must agree in gender and number with the nouns they modify.

mi **impresora**	la **impresora** mía
my printer	*my printer*
nuestros **televisores**	los **televisores** nuestros
our television sets	*our television sets*

▶ Stressed possessive adjectives are placed after the nouns they modify. Unstressed possessive adjectives are placed before the noun.

Son **mis** llaves.	Son las llaves **mías.**
They are my keys.	*They are my keys.*

▶ A definite article, an indefinite article, or a demonstrative adjective usually precedes a noun modified by a stressed possessive adjective.

Alberto tenía
- **unos** discos **tuyos.** — *Alberto had some disks of yours.*
- **los** discos **tuyos.** — *Alberto had your disks.*
- **estos** discos **tuyos.** — *Alberto had these disks of yours.*

▶ Since **suyo, suya, suyos,** and **suyas** have more than one meaning, you can avoid confusion by using the construction: [*article*] + [*noun*] + **de** + [*subject pronoun* or *noun*].

el teclado **suyo**
- el teclado **de él/ella** — *his/her keyboard*
- el teclado **de Ud./Uds.** — *your keyboard*
- el teclado **de ellos/ellas** — *their keyboard*
- el teclado **de Ramón** — *Ramón's keyboard*

▶ **El** and **la** are usually omitted when a stressed possessive adjective follows the verb **ser.**

¿**Es suya** esta cámara?   No, no **es mía.**

Práctica

1 **Oraciones** Forma oraciones con estos elementos. Usa el presente y haz todos los cambios necesarios.

1. yo / necesitar / usar / impresora / de Miguel / porque / mío / no / funcionar

2. pero / él / no poder / ayudarme / porque / suyo / tampoco / funcionar

3. me gustaría / pedirle / a Juana / su ratón, / pero / suyo / estar / descompuesto

4. yo / no poder / usar / teclado / de Conchita / porque / suyo / estar descompuesto / también

5. y si / yo / pedirte / computadora, / estar / seguro/a de que / ir / decirme / que / no poder / usar / tuyo

2 **¿Es suyo?** Un policía ha capturado (*has captured*) al hombre que robó (*robbed*) en tu casa. Ahora quiere saber qué cosas son tuyas. Túrnate con un(a) compañero/a para hacer el papel del policía y usa las pistas (*clues*) para contestar las preguntas.

modelo

No / pequeño
Policía: Esta computadora, ¿es suya?
Estudiante: No, no es mía. La mía es más pequeña.

1. Sí

2. No / viejo

3. Sí

4. Sí

5. No / nuevo

6. No / caro

Conversación

3 **Identificar** Trabajen en grupos. Cada estudiante trae tres objetos. Pongan todos los objetos juntos. Luego, un(a) estudiante escoge uno o dos objetos y le pregunta a otro/a si esos objetos son suyos. Usen adjetivos posesivos.

modelo

Estudiante 1: José Luis, ¿son tuyos estos ratones?
Estudiante 2: Sí, son míos. / No, no son míos. Son los ratones de Felipe.

4 **Anuncios** Lee este anuncio con un(a) compañero/a. Luego, preparen su propio (*own*) anuncio usando adjetivos o pronombres posesivos. Después, conviértanlo en un anuncio de televisión y preséntenlo a la clase.

Esta computadora y esta impresora pueden ser suyas por sólo

$699

Características de la computadora

- Procesador: Intel Dual Core a 3000 Mhz
- 3GB DDR2 de memoria
- Disco duro de 250 Gb
- Sistema operativo: Linux

Impresora

- Impresora, fotocopiadora y escáner
- Velocidad: 40 páginas por minuto a color

El precio incluye un año de servicio de Internet gratis. Para más información, llame al 3 62 19 90 o visite nuestro sitio web www.tecnolibre.com

5 **¿De quién es?** Tu profesor(a) va a darles a ti y a tu compañero/a la información necesaria para completar esta actividad.

Possessive pronouns

▸ Possessive pronouns are used to replace [*noun*] + [*possessive adjective*]. In Spanish, possessive pronouns have the same forms as stressed possessive adjectives, and they are preceded by a definite article.

la calculadora nuestra	la nuestra
el fax tuyo	el tuyo
los archivos suyos	los suyos

Episodio veintiuno: Tecnohombre y los superamigos suyos salvan el mundo una vez más.

La Mujer Mecánica y Tecnohombre, ¡mis héroes!

¡Y los míos también!

▸ Possessive pronouns agree in number and gender with the nouns they replace.

—Aquí está **mi coche.** ¿Dónde está **el tuyo**?
Here's my car. Where is yours?

—**El mío** está en el taller de mi hermano Armando.
Mine is at my brother Armando's garage.

—¿Tienes **los archivos** de Carlos?
Do you have Carlos's files?

—No, pero tengo **los nuestros**.
No, but I have ours.

¡Manos a la obra!

Indica las formas tónicas *(stressed)* de estos adjetivos posesivos y los pronombres posesivos correspondientes.

	adjetivos	pronombres
1. su videocasetera	la videocasetera suya	la suya
2. mi televisor	_____	_____
3. nuestros discos	_____	_____
4. tus teléfonos	_____	_____
5. su módem	_____	_____
6. mis videos	_____	_____
7. nuestra impresora	_____	_____
8. tu estéreo	_____	_____
9. nuestro carro	_____	_____
10. mi computadora	_____	_____

Repaso

For more practice, go to aventuras.vhlcentral.com.

11.1 The preterite and the imperfect

1 Seleccionar Utiliza el tiempo verbal adecuado, según el contexto.

1. La semana pasada, Manolo y Aurora _____ (querer) dar una fiesta. _____ (Decidir) invitar a seis amigos y servirles mucha comida.

2. Manolo y Aurora _____ (estar) preparando la comida cuando Elena _____ (llamar). Como siempre, _____ (tener) que estudiar para un examen.

3. A las seis, _____ (volver) a sonar el teléfono. Su amigo Francisco tampoco _____ (poder) ir a la fiesta, porque _____ (tener) fiebre. Manolo y Aurora _____ (sentirse) muy tristes.

4. Después de otros quince minutos _____ (sonar) el teléfono. Sus amigos, los señores Vega, _____ (estar) en camino (*en route*) al hospital: a su hijo le _____ (doler) mucho el estómago. Sólo dos de los amigos _____ (poder) ir a la cena.

5. Por supuesto, _____ (ir) a tener demasiada comida. Finalmente, cinco minutos antes de las ocho, _____ (llamar) Ramón y Javier. Ellos _____ (pensar) que la fiesta _____ (ser) la próxima semana.

6. Tristes, Manolo y Aurora _____ (sentarse) a comer solos. Mientras _____ (comer), pronto _____ (llegar) a la conclusión de que _____ (ser) mejor estar solos. ¡La comida _____ (estar) malísima!

2 La sala de emergencia En parejas, miren la lista e inventen qué les pasó a estas personas que están en la sala de emergencia.

modelo

Eran las tres de la tarde. Como todos los días, Pablo jugaba al fútbol con sus amigos. Estaba muy contento. De repente, se cayó y se rompió el brazo. Después fue a la sala de emergencia.

Paciente	Edad	Hora	Condición
1. Pablo	9 años	15:20	hueso roto (el brazo)
2. Estela	45 años	15:25	tobillo torcido
3. Lupe	29 años	15:37	embarazada, dolores
4. Marta	3 años	16:00	temperatura muy alta
5. Roberto	32 años	16:06	dolor de muelas
6. Ana	66 años	16:29	reacción alérgica

3 La multa Sergio Reyes tuvo un accidente y le dieron esta multa. En parejas, escriban un párrafo explicando cómo sucedió el accidente, usando el pretérito y el imperfecto.

Multa

Fecha: 05/05/09	**Conductor:** Sergio Reyes
Hora: 8:25 p.m.	**Nº de licencia:** 483 699
Lugar: Calle Paz #12	

Infracciones
- Pasar el semáforo en rojo
- Exceder la velocidad máxima
- Chocar con un carro estacionado

Multa: $120.00 pesos

11.2 Por and para

4 Para arreglar computadoras Gerardo está hablando de su trabajo. Completa las oraciones con las expresiones de la lista.

de la mañana	para mañana	por aquí	por eso
de la noche	para mi padre	por ejemplo	por la tarde

Yo trabajo (1) _____. Él tiene un taller para arreglar computadoras. ¡Trabajamos mucho! (2) _____, entro a las siete (3) _____ y salgo a las ocho (4) _____. (5) _____, tomo un descanso (*break*) de una hora. (6) _____ no hay muchos talleres para arreglar computadoras. ¡(7) _____ tenemos tanto trabajo!

5 Oraciones Crea oraciones originales con los elementos de las columnas. Une los elementos usando **por** y **para**.

modelo

Fuimos a Mar del Plata por razones de salud para visitar a una especialista en alergias.

(No) fuimos a la tienda	por/para	comprar un iPhone	por/para	¿?
(No) fuimos a las montañas	por/para	tres días	por/para	¿?
(No) fuiste a Medellín	por/para	razones de trabajo	por/para	¿?
(No) fueron a Buenos Aires	por/para	tomar el sol	por/para	¿?

6 Lista de regalos Imagina que es Navidad y quieres regalarles a tus amigos aparatos electrónicos. En parejas, escriban los nombres de cinco amigos y decidan qué regalo es el mejor para cada uno. Expliquen sus razones usando **por** y **para**.

modelo

El mejor regalo para Olga es una videocasetera. Puede usarla por las noches para grabar sus programas favoritos.

11.3 Stressed possessive adjectives and pronouns

7 **Computación** Completa estas conversaciones con las formas adecuadas de los pronombres posesivos.

1.—Éste es mi sitio web. ¿Cómo es el de ustedes?
   — _____ tiene música y fotografías.
2.—Tu módem no funciona. ¿Necesitas uno nuevo?
   —Sí, mi papá me va a prestar _____.
3.—Grabé mis archivos en estos discos. Y tú, ¿dónde grabaste _____ ?
   — _____ los grabé en un disco compacto.
4.—¿Cómo es la pantalla de tu computadora?
   — _____ es pequeña y plana (*flat*).
5.—Las computadoras de nuestra escuela son lentísimas. ¿Y las de tu escuela?
   — _____ son muy rápidas.

8 **No es así** Contesta cada oración diciendo que las cosas no son como te dicen. Sigue el modelo.

 modelo
Mi impresora es lenta. (yo, rápida)
La impresora mía no es así.
La mía es rápida.

1. El reproductor de DVD de Julián es viejo. (tú, nuevo)
2. Nuestras cámaras son caras. (ellas, baratas)
3. Su contestadora está descompuesta. (yo, no descompuesta)
4. Tu control remoto es grande. (ustedes, pequeño)
5. Sus discos compactos son de música clásica. (Ana, música moderna)
6. El videocasete de Antonio es de ejercicios fáciles. (nosotros, ejercicios difíciles)

Síntesis

9 **¡No puedo imprimir!** Tu impresora está descompuesta. Vas a hablarle por teléfono a tu hermano para pedirle ayuda. En parejas, escriban la conversación.

- Expliquen qué pasaba con su impresora.
- Expliquen cuántas veces rompió alguna hoja (*sheet*) o cuántas veces dejó de funcionar.
- Expliquen para qué clase es el trabajo que tienen que imprimir.
- Indiquen adónde puede llevar la impresora a arreglar, dónde puede imprimir el trabajo y cómo puede llegar a esos lugares.

 SUPERSITE

Videoclip

1 **Preparación** ¿Alguna vez le pediste a alguien que hiciera algo y te malinterpretó (*misunderstood*) o se lo pediste a la persona equivocada?

2 **El clip** Mira el anuncio de **Davivienda** de Colombia.

Vocabulario	
cuénteme *tell me*	**¿Cómo quedó?** *How does it look?*
la llama *flame; llama*	**veamos** *let's see*

Cuénteme. ¿Cómo quedó mi carro?

Quedó espectacular [...] Llamas por arriba, por los lados...

3 **Ordenar** Ordena cronológicamente estas oraciones.

a. El dueño del taller malinterpretó el pedido.
b. El cliente se sorprendió cuando lo vio y se le cayó el casco (*helmet*).
c. Pensó que el cliente no se refería (*didn't refer to*) a las llamas de fuego sino a los animales.
d. El cliente pidió que pintaran (*painted*) su carro con llamas.
e. El dueño estaba muy orgulloso (*proud*) cuando le mostró al cliente cómo quedó el carro.

4 **¿Cómo terminó?** En parejas, imaginen el fin de la historia. ¿Cómo se sentían el cliente y el dueño del taller? ¿Qué ocurrió después? ¿Encontraron una solución? Usen el pretérito y el imperfecto.

 SUPERSITE **CONEXIÓN INTERNET**
Go to aventuras.vhlcentral.com to watch the television clip featured in this section.

Ampliación

1 Escuchar

 A Escucha a Ricardo Moreno y luego contesta las preguntas.

 TIP **Recognize the genre of spoken discourse.** Identifying the genre (for example: political speech, radio interview, news broadcast) of what you hear can help you figure out what kinds of things you are likely to hear. It will also help you identify the speaker's motives and intentions.

1. ¿Qué tipo de género es?
   a. las noticias (*news*) por radio o televisión   b. un anuncio comercial
   c. una reseña (*review*) de una película
2. ¿De qué habla?
   a. de su vida   b. de un producto o servicio
   c. de algo que oyó o vio
3. ¿Cuál es el propósito?
   a. relacionarse con alguien   b. informar
   c. vender

B ¿Qué pistas (*clues*) te ayudaron a identificar el género de la grabación (*recording*)?

2 Conversar

Con un(a) compañero/a, prepara una conversación sobre la primera vez que manejaste un carro o el día en que fuiste al Departamento de Tráfico para conseguir tu licencia de conducir.

modelo

Estudiante 1: Conseguí la licencia de conducir cuando tenía dieciséis años. Hacía sol y mi mamá me acompañó al Departamento de Tráfico. ¿Tú también conseguiste la tuya a los dieciséis años?

Estudiante 2: No, todavía no tengo la mía. En mi estado no podemos conseguir una licencia de conducir hasta los dieciocho años. ¿Cómo fue la primera vez que manejaste?

Estudiante 1: Estaba despejado y hacía sol. Eran las tres y media de la tarde, después de clases. Tenía un poco de miedo, pero quería hacerlo. Después de conducir, me sentí muy bien.

Ampliación

3 Escribir

Escribe una historia acerca de una experiencia tuya con una máquina electrónica o con un carro.

 TIP Master the simple past tenses. To write about events that occurred in the past, you will need to know when to use the preterite and the imperfect. The box on this page contains a summary of their uses.

Preterite
• Past actions viewed as completed
• Beginning or end of past actions
• Series of past actions
Imperfect
• Ongoing past actions
• Habitual past actions
• Physical and emotional states in the past

Organízalo — Prepara una lista de todos los detalles que quieres narrar (*narrate*). Identifica qué acciones fueron completadas (pretérito) y cuáles están incompletas o cuáles describen (imperfecto).

Escríbelo — Utiliza tu lista para escribir el primer borrador de tu historia.

Corrígelo — Intercambia tu historia con un(a) compañero/a. Lee su borrador y reflexiona sobre las partes mejor escritas. Da sugerencias sobre los detalles, la lógica de la secuencia de eventos y el uso del pretérito y del imperfecto.

Compártelo — Revisa el primer borrador según las indicaciones de tu compañero/a. Incorpora las nuevas ideas y prepara la versión final. Luego, comparte la historia con la clase.

4 Un paso más

Busca información sobre los cibercafés en los países hispanos e inventa un cibercafé nuevo. Crea un anuncio de revista para promocionarlo. El anuncio debe incluir estos elementos:

- Una descripción del lugar donde está ubicado (*located*) el cibercafé
- Una descripción de la tecnología y de los servicios que se ofrecen a los clientes
- Fotos o dibujos
- Por qué este cibercafé es mejor que otros
- Los precios

CONEXIÓN INTERNET

Investiga estos temas en el sitio aventuras.vhlcentral.com.

- Cibercafés en el mundo hispano
- Internet en el mundo hispano
- La tecnología en el mundo hispano

Antes de leer

One way languages grow is by borrowing words from each other. English words that relate to technology are often borrowed by Spanish and other languages throughout the world. Sometimes the words are modified slightly to fit the sounds of the languages that borrow them. When reading in Spanish, you can often increase your understanding by looking for words borrowed from English or other languages you know.

Examinar el texto

Observa la tira cómica (*comic strip*). ¿De qué trata (*is it about*)? ¿Cómo lo sabes?

Buscar

Esta lectura contiene una palabra tomada (*taken*) del inglés. Trabaja con un(a) compañero/a para encontrarla.

_____

Repasa (*Review*) las nuevas palabras relacionadas con la tecnología que aprendiste en **Preparación** y expande la lista de palabras tomadas del inglés.

_____   _____
_____   _____
_____   _____

Juan Matías Loiseau (1974). Más conocido como *Tute*, este artista nació en Buenos Aires, Argentina. Estudió diseño gráfico, humorismo y cine. Sus tiras cómicas se publican en Estados Unidos, Francia y toda Latinoamérica.

Después de leer

¿Comprendiste? 🔊

Indica si las frases son **ciertas** o **falsas**. Corrige las falsas.

Cierto	Falso	
_____	_____	1. Hay tres personajes en la tira cómica: un usuario de teléfono, un amigo y un empleado de la empresa (*company*) telefónica.
_____	_____	2. El nuevo servicio de teléfono incluye las llamadas telefónicas únicamente.
_____	_____	3. El empleado duerme en su casa.
_____	_____	4. El contrato de teléfono dura (*lasts*) un año.
_____	_____	5. El usuario y el amigo están trabajando (*working*).

Preguntas 🔊

Responde a estas preguntas con oraciones completas. Usa el pretérito y el imperfecto.

1. ¿Al usuario le gustaba usar el teléfono celular todo el tiempo?
   _____

2. ¿Por qué el usuario decidió tirar el teléfono al mar?
   _____

3. Según el amigo, ¿para qué tenía el usuario que tirar el teléfono celular al mar?
   _____

4. ¿Qué ocurrió cuando el usuario tiró el teléfono?
   _____

5. ¿Qué le dijo el empleado al usuario cuando salió del mar?
   _____

Coméntalo

¿Cuáles son los aspectos positivos y los negativos de tener teléfono celular? ¿Te sientes identificado/a con el usuario del teléfono? ¿Por qué?

te viene	*comes with*
tipo	*guy, dude*
te avisa	*alerts you*
escuchás	*hear (Arg.)*
distraídos	*careless*
piso	*floor*
bolsa de dormir	*sleeping bag*
darle de baja	*to cancel*
harto	*fed up*
revolear	*throw it away with energy (S. America)*
bien hecho	*well done*
llamada perdida	*missed call*

For an additional reading, go to **aventuras.vhlcentral.com**.

recursos

SUPERSITE

aventuras.vhlcentral.com
Lección 11

VOCABULARIO

El carro

el baúl	trunk
la calle	street
el camino	route
el capó	(car) hood
el carro	car
el coche	car
los frenos	brakes
el garaje	garage; (mechanic's) repair shop
la gasolina	gasoline
la gasolinera	gas station
el kilómetro	kilometer
la licencia de conducir	driver's license
la llanta	tire
el/la mecánico/a	mechanic
la milla	mile
el motor	motor
la multa	fine; ticket
el parabrisas	windshield
el policía/la mujer policía	police officer
la policía	police (force)
el semáforo	traffic light
el taller (mecánico)	(mechanic's) repair shop
el tráfico	traffic
la velocidad máxima	speed limit
el volante	steering wheel
arrancar	to start
arreglar	to fix; to arrange
bajar	to go down
bajar(se) de	to get off of/out of (a vehicle)
chocar (con)	to run into; to crash
conducir	to drive
estacionar	to park
llenar (el tanque)	to fill up (the tank)
manejar	to drive
parar	to stop
revisar (el aceite)	to check (the oil)
subir	to go up
subir(se) a	to get on/into (a vehicle)

La tecnología

la calculadora	calculator
la cámara (de video)	(video) camera
digital	digital camera
la contestadora	answering machine
el control remoto	remote control
el disco compacto	compact disc
el estéreo	stereo
el fax	fax (machine)
el mensaje de texto	text message
el navegador GPS	GPS
el radio	radio (set)
el reproductor de CD	CD player
de DVD	DVD player
de MP3	MP3 player
el teléfono celular	cellular telephone
la televisión por cable	cable television
el televisor	television set
el videocasete	videocassette
la videocasetera	VCR
apagar	to turn off
funcionar	to work
llamar	to call
poner	to turn on
prender	to turn on
sonar (o:ue)	to ring
descompuesto/a	not working; out of order
lento/a	slow
lleno/a	full

Internet y la computadora

el archivo	file
la computadora	computer
la computadora portátil	laptop
el disco	disk
la impresora	printer
Internet	Internet
el módem	modem
el monitor	monitor
la página principal	home page
la pantalla	screen
el programa de computación	software
el ratón	mouse
la red	network, Web
el sitio web	website
el teclado	keyboard
guardar	to save
imprimir	to print
navegar en Internet	to surf the Internet

Otras palabras y expresiones

para	toward; in the direction of; by; for; in order to; used for; considering
por	around; through; along; by; for; during; in; in search of; by the way of; by means of; in exchange for; per
por aquí	around here
por ejemplo	for example
por eso	that's why; therefore
por fin	finally

Expresiones útiles	See page 287.
Stressed possessive adjectives and pronouns	See pages 294–295.

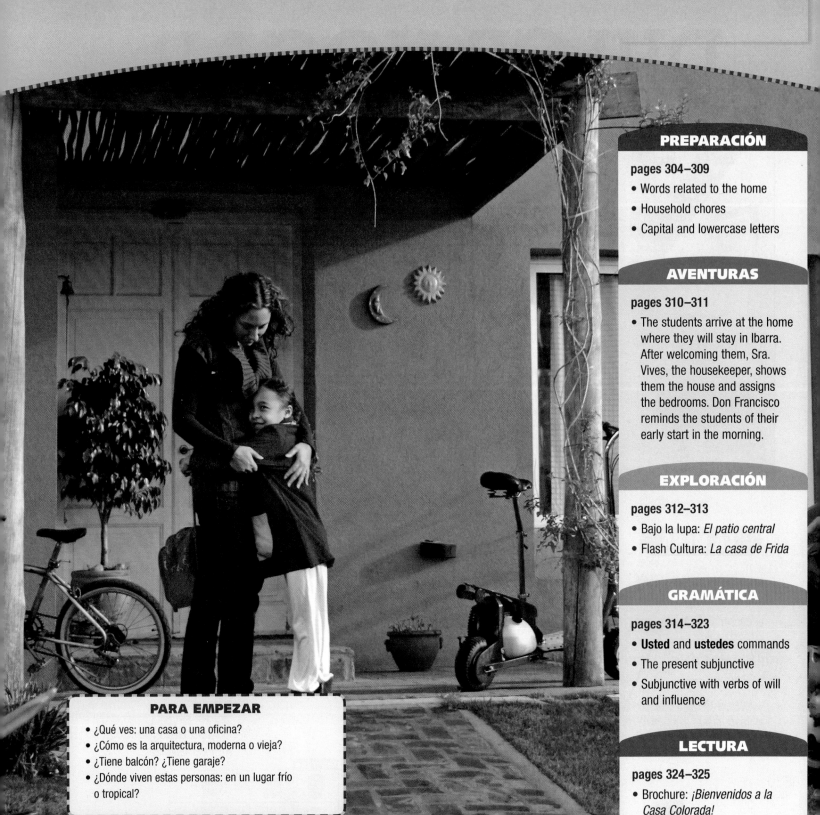

12 Hogar, dulce hogar

PARA EMPEZAR
- ¿Qué ves: una casa o una oficina?
- ¿Cómo es la arquitectura, moderna o vieja?
- ¿Tiene balcón? ¿Tiene garaje?
- ¿Dónde viven estas personas: en un lugar frío o tropical?

HOGAR, DULCE HOGAR

LA CASA Y SUS CUARTOS

la alcoba *bedroom*
el altillo *attic*
el balcón *balcony*
la cocina *kitchen*
el comedor *dining room*
la entrada *entrance*
el garaje *garage*
la oficina *office*
el pasillo *hallway*
el patio *patio; yard*
la sala *living room*
el sótano *basement; cellar*

la escalera
stairs; stairway

el jardín
garden; yard

LA MESA

la copa *wineglass; goblet*
la cuchara *spoon*
el cuchillo *knife*
el plato *plate*
la servilleta *napkin*
la taza *cup; mug*
el tenedor *fork*
el vaso *glass*

LOS ELECTRODOMÉSTICOS

la estufa *stove*
el horno (de microondas) *(microwave) oven*
la lavadora *washing machine*
el lavaplatos *dishwasher*
el refrigerador *refrigerator*
la secadora *clothes dryer*

los electrodomésticos
electrical appliances

recursos		
WB pp. 119–120	LM p. 67	aventuras.vhlcentral.com Lección 12

LOS QUEHACERES DOMÉSTICOS

planchar la ropa *to iron clothes*

arreglar *to neaten; to straighten up*
cocinar *to cook*
hacer los quehaceres domésticos *to do household chores*
lavar (el suelo, los platos) *to wash (the floor, the dishes)*
limpiar la casa *to clean the house*
pasar la aspiradora *to vacuum*
poner la mesa *to set the table*
quitar la mesa *to clear the table*
sacar la basura *to take out the trash*
sacudir los muebles *to dust the furniture*

barrer el suelo
to sweep the floor

hacer la cama
to make the bed

LOS MUEBLES Y OTRAS COSAS

la alfombra *carpet; rug*
la almohada *pillow*
el armario *closet*
la cómoda *chest of drawers*
las cortinas *curtains*
el cuadro *picture*
el estante *bookcase; bookshelf*
la lámpara *lamp*
la luz *light; electricity*
la manta *blanket*
la mesita *end table*
la mesita de noche *nightstand*
la pared *wall*
la pintura *painting; picture*
el sillón *armchair*
el sofá *couch; sofa*

los muebles
furniture

Variación léxica

alcoba ←→ aposento (*Rep. Dom.*), recámara (*Méx.*),
habitación, dormitorio (*Esp.*), cuarto (*Amér. L.*), pieza (*Col., Arg.*)
apartamento ←→ departamento (*Amér. L.*), piso (*Esp.*)
lavar los platos ←→ fregar los trastes (*Amér. C.*)

OTRAS PALABRAS

las afueras *suburbs; outskirts*
la agencia de bienes raíces *real estate agency*
el alquiler *rent (payment)*
el ama (m., f.) de casa *homemaker; housekeeper*
el barrio *neighborhood*
el edificio de apartamentos *apartment building*
el hogar *home*
el/la vecino/a *neighbor*
la vivienda *housing*

alquilar *to rent*
ensuciar *to get (something) dirty*
mudarse *to move (residences)*

A escuchar

1 Escoger Escucha las preguntas e indica la respuesta correcta.

1. ____ Al pasillo.
____ Al balcón.

2. ____ En el lavaplatos.
____ En la mesita de noche.

3. ____ Al edificio.
____ A las afueras.

4. ____ En la secadora.
____ En la basura.

5. ____ El balcón.
____ Las escaleras.

6. ____ En las paredes.
____ En el horno.

7. ____ La estufa.
____ La aspiradora.

8. ____ En la alfombra.
____ En la alcoba.

2 Escuchar Escucha la conversación y completa las frases.

1. Paula va a comenzar por _____.
2. Pedro va a limpiar _____ primero.
3. Pedro también va a limpiar _____.
4. Pedro le dice a Paula que debe _____ en la alcoba de huéspedes.
5. Pedro va a _____ en el sótano.
6. Ellos están limpiando la casa porque _____ va a visitarlos.

A practicar

3 **Emparejar** Empareja cada dibujo con su descripción. Luego, nombra los dibujos.

_____ 1. Lo usas para tomar agua.

_____ 2. Lo necesitas para comer un bistec.

_____ 3. Necesitas este objeto para la sopa.

_____ 4. La necesitas para tomar café.

_____ 5. La necesitas para tomar vino.

_____ 6. Necesitas este objeto para limpiarte la boca después de comer.

a._____ b._____ c._____

d._____ e._____ f._____

4 **Definiciones** En parejas, túrnense para identificar cada elemento que se describe. Luego, cada uno/a debe agregar dos descripciones propias de palabras y expresiones de **Preparación**.

modelo

Si vives en un apartamento, lo tienes que pagar cada mes.
Estudiante 1: _Si vives en un apartamento, lo tienes que pagar cada mes._
Estudiante 2: _el alquiler_
Estudiante 1: _Es el lugar donde estacionas el carro. Es donde pones..._

1. Es donde pones la cabeza cuando duermes.

2. Es el quehacer doméstico que haces después de comer.

3. Cubren (_they cover_) las ventanas y decoran la sala a la vez (_at the same time_).

4. Algunos ejemplos son las cómodas, las mesitas y los sillones.

5. Son las personas que viven en tu barrio.

5 **Los quehaceres domésticos** Trabajen en grupos para indicar quién hace los siguientes quehaceres domésticos en sus casas. Luego contesten las preguntas.

barrer el suelo	lavar la ropa	planchar la ropa
cocinar	lavar los platos	sacar la basura
hacer las camas	pasar la aspiradora	sacudir los muebles

• ¿Quién es la persona de mi grupo que hace más quehaceres?

• ¿Cúales son los quehaceres que más te molestan y los que más te gustan? ¿Por qué?

• ¿Piensas que debes hacer más quehaceres? ¿Por qué?

A conversar

6 **Dos habitaciones** En parejas, describan las habitaciones que ven en las fotos. Identifiquen y describan cuatro muebles o adornos (*decorative items*) de cada foto y luego indiquen tres quehaceres que se pueden hacer en cada habitación.

1.

2.

7 **¿Una casa o un apartamento?** En parejas, comparen las ventajas y desventajas de vivir en una casa o en un apartamento. Consideren el espacio, la comodidad, el precio del alquiler (*rent*), las reglas para las visitas, organizar fiestas, etc.

8 **Un(a) agente de bienes raíces** Trabajen en grupos para representar a un(a) agente de bienes raíces y a sus clientes. El/La agente tiene varias casas para vender; debe mostrarlas y hablar de los muebles y del barrio que más les convienen (*suit*) a estos clientes.

- Una pareja que está esperando su segundo hijo
- Una pareja de jubilados (retirees) que quiere tranquilidad
- Un grupo de estudiantes universitarios que quiere vivir fuera del campus (off-campus)
- Una familia con cinco niños

9 **¡Corre, corre!** Tu profesor(a) va a darles a ti y a tu compañero/a la información necesaria para completar esta actividad.

Ortografía

Las mayúsculas y las minúsculas

Here are some of the rules that govern the use of capital letters (**mayúsculas**) and lowercase
letters (**minúsculas**) in Spanish.

. . . .

Los estudiantes llegaron al aeropuerto a las dos. Luego fueron al hotel.

In both Spanish and English, the first letter of every sentence is capitalized.

. . . .

| **Rubén Blades** | **Panamá** | **Colón** | **los Andes** |

The first letter of all proper nouns (names of people, countries, cities, geographical features, etc.) is capitalized.

. . . .

| *Cien años de soledad* | *Don Quijote de la Mancha* | *El País* | *Muy Interesante* |

The first letter of the first word in titles of books, films, and works of art is generally capitalized,
as well as the first letter of any proper names. In newspaper and magazine titles, as well as
other short titles, the initial letter of each word is often capitalized.

. . . .

| **la señora Ramos** | **don Francisco** | **el presidente** | **Sra. Vives** |

Titles associated with people are *not* capitalized unless they appear as the first word in a sentence. Note,
however, that the first letter of an abbreviated title is capitalized.

. . . .

| **Último** | **Álex** | **MENÚ** | **PERDÓN** |

Accent marks should be retained on capital letters. In practice, however, this rule is often ignored.

. . . .

| **lunes** | **viernes** | **marzo** | **primavera** |

The first letter of days, months, and seasons is *not* capitalized.

. . . .

| **español** | **estadounidense** | **japonés** | **panameños** |

The first letter of nationalities and languages is *not* capitalized.

. . . .

Práctica Corrige las mayúsculas y minúsculas incorrectas.

1. soy lourdes romero. Soy Colombiana.
2. éste Es mi Hermano álex.
3. somos De panamá.
4. ¿es ud. La sra. benavides?
5. ud. Llegó el Lunes, ¿no?

Oraciones Lee el diálogo de las serpientes. Ordena las letras para saber de qué palabras se trata.
Después escribe las letras indicadas para descubrir por qué llora Pepito.

> **Profesor Herrera,
> ¿es cierto que somos
> venenosas°?**

> **Sí, Pepito.
> ¿Por qué lloras?**

m n a a P á ⬜⬜⬜⬜⬜⬜ y a U r u g u ⬜⬜⬜⬜⬜⬜
s t e m r a ⬜⬜⬜⬜⬜⬜ r o ñ e s a ⬜⬜⬜⬜⬜⬜
i g s l é n ⬜⬜⬜⬜⬜⬜

¡ ⬜orque ⬜e acabo de morder° la ⬜ en ⬜u ⬜!

venenosas *venomous*
morder *to bite*

¡Porque me acabo de morder la lengua!
Uruguay, señora.
1 Respuestas: Panamá, martes, inglés,

recursos

LM
p. 26

aventuras.vhlcentral.com
Lección 12

¡Les va a encantar la casa! (SUPERSITE)

Don Francisco y los estudiantes llegan a Ibarra.

PERSONAJES

DON FRANCISCO

JAVIER

INÉS

ÁLEX

MAITE

SRA. VIVES

SRA. VIVES ¡Hola, bienvenidos!
DON FRANCISCO Sra. Vives, le presento a los chicos. Chicos, ésta es la Sra. Vives, el ama de casa.

SRA. VIVES Encantada. Síganme, que quiero mostrarles la casa. ¡Les va a encantar!

SRA. VIVES Esta alcoba es para los chicos. Tienen dos camas, una mesita de noche, una cómoda… En el armario hay más mantas y almohadas por si las necesitan.

SRA. VIVES Ésta es la sala. El sofá y los sillones son muy cómodos. Pero, por favor, ¡no los ensucien!

SRA. VIVES Allí están la cocina y el comedor. Al fondo del pasillo hay un baño.

DON FRANCISCO Chicos, a ver… ¡atención! La Sra. Vives les va a preparar las comidas. Pero quiero que ustedes la ayuden con los quehaceres domésticos. Quiero que arreglen sus alcobas, que hagan las camas, que pongan la mesa… ¿entendido?
JAVIER No se preocupe… La vamos a ayudar en todo lo posible.

ACTIVIDADES

1 **¿Cierto o falso?** Indica si lo que dicen estas oraciones es **cierto** o **falso**. Corrige las falsas.

1. La señora Vives es el ama de casa.

2. Los chicos le muestran la casa a la señora Vives.

3. La alcoba de los chicos tiene dos camas, dos mesitas de noche y una cómoda.

4. La señora Vives no quiere que Javier ponga las maletas en la cama.

5. El sofá y los sillones están en la sala.

6. A la señora Vives le gusta tener toda la casa muy limpia y ordenada.

7. Los estudiantes tienen que sacudir los muebles y sacar la basura.

8. Los estudiantes van a preparar las comidas.

Para recordar Antes de mirar este episodio, repasa el anterior.

1. ¿Qué hace Álex con sus amigos todos los días?
2. ¿Por qué sabe Inés mucho de mecánica?
3. ¿Qué problema tiene el autobús?
4. ¿Quién es tecnohombre? ¿Por qué?

SRA. VIVES Javier, no ponga las maletas en la cama. Póngalas en el piso, por favor.

SRA. VIVES Tomen ustedes esta alcoba, chicas.

INÉS Insistimos en que nos deje ayudarla a preparar la comida.
SRA. VIVES No, chicos, no es para tanto, pero gracias por la oferta. Descansen un rato que seguramente están cansados.
ÁLEX Gracias. A mí me gustaría pasear por la ciudad.

INÉS Perdone, don Francisco, ¿a qué hora viene el guía mañana?
DON FRANCISCO ¿Martín? Viene temprano, a las siete de la mañana. Les aconsejo que se acuesten temprano esta noche. ¡Nada de televisión ni de conversaciones largas!
ESTUDIANTES ¡Ay, don Francisco!

2 En la casa de Ibarra Contesta las preguntas.
1. ¿Quién les muestra la casa a los estudiantes?
2. Si Álex y Javier necesitan mantas y almohadas, ¿dónde deben buscarlas?
3. ¿Quién les dice a los estudiantes que deben ayudar a la señora Vives?
4. ¿Quién dice que los estudiantes quieren ayudar a preparar la comida?
5. ¿A qué hora va a llegar el guía mañana?

3 La casa Describe la casa de una celebridad o de alguien que conoces bien. Luego, comparte la descripción con la clase.

modelo La mansión de 50 Cent es espectacular. Tiene una sala muy grande con muebles muy originales. En la cocina hay un estereo donde él escucha su música. Su mansión tiene 19 alcobas y 35 baños.

recursos
VM pp. 191–192
aventuras.vhlcentral.com Lección 12

El patio central

En las tardes cálidas° de Oaxaca, México; Córdoba, España, o Popayán, Colombia, es un placer sentarse en **el patio central** de una casa y tomar un refresco disfrutando de° una buena conversación. De influencia árabe, esta característica arquitectónica° fue traída° a las Américas por los españoles. En la época° colonial, se construyeron casas, palacios, monasterios, hospitales y escuelas con patio central. Éste es un espacio privado e íntimo en donde se puede disfrutar del sol y de la brisa° estando aislado° de la calle.

El centro del patio es un espacio abierto. Alrededor de° él, separado por columnas, hay un pasillo cubierto°. Así, en el patio hay zonas de sol y de sombra°. El patio es una parte importante de la vivienda familiar y su decoración se cuida° mucho. En el centro del patio muchas veces hay una fuente°, plantas e incluso árboles°. El agua es un elemento muy importante en la ideología islámica porque

simboliza la purificación del cuerpo y del alma°. Por esta razón y para disminuir° la temperatura, el agua en estas construcciones es muy importante. El agua y la vegetación ayudan a mantener la temperatura fresca y el patio proporciona° luz y ventilación a todas las habitaciones.

La distribución

Las casas con patio central eran usualmente las viviendas de familias adineradas°. Son casas de dos o tres pisos. Los cuartos de la planta baja son las áreas comunes: cocina, comedor, sala, etc., y tienen puertas al patio. En los pisos superiores están las habitaciones privadas de la familia.

cálidas *hot* disfrutando de *enjoying* arquitectónica *architectural* traída *brought* época *era* brisa *breeze* aislado *isolated* Alrededor de *Surrounding* cubierto *covered* sombra *shade* se cuida *is looked after* fuente *fountain* árboles *trees* alma *soul* disminuir *lower* proporciona *provides* adineradas *wealthy*

1 **¿Cierto o falso?** Indica si lo que dicen las oraciones es **cierto** o **falso**. Corrige las falsas.

1. Los patios centrales de Latinoamérica tienen su origen en la tradición indígena.

2. Los españoles llevaron a América el concepto del patio.

3. En la época colonial las casas eran las únicas construcciones con patio central.

4. El patio es una parte importante en estas construcciones, y es por ello que se le presta atención a su decoración.

5. El patio central es un lugar de descanso que da luz y ventilación a las habitaciones.

6. Las fuentes en los patios tienen importancia por razones ideológicas y porque bajan la temperatura.

7. En la ideología española el agua simboliza salud y bienestar del cuerpo y del alma.

8. Las casas con patio central eran para personas adineradas.

9. Los cuartos de la planta baja son privados.

10. Las alcobas están en los pisos superiores.

ACTIVIDADES

ASÍ SE DICE

La vivienda

el ático, el desván	el altillo
la cobija (Méx.), la frazada (Arg., Cuba, Ven.)	la manta
el escaparate (Cuba, Ven.), el ropero (Méx.)	el armario
el fregadero	*kitchen sink*
el frigidaire (Perú), el frigorífico (Esp.), la nevera	el refrigerador
el lavavajillas (Arg., Esp., Méx.)	el lavaplatos

CONEXIÓN INTERNET

What do Frida Kahlo's and Pablo Neruda's houses have in common? Go to **aventuras.vhlcentral.com** to find out, and to access these components:

- the **Flash Cultura** video
- more activities
- additional reading: **Las casas de Pablo Neruda**

2 **Viviendas tradicionales** Escribe cuatro oraciones sobre una vivienda tradicional que conoces. Explica su origen, en qué lugar se encuentra, qué materiales tiene y cómo es.

recursos

| VM pp. 249–250 | aventuras.vhlcentral.com Lección 12 |

La casa de Frida

1 **Preparación** Imagina que eres un(a) artista, ¿cómo sería (*would be*) tu casa? ¿Sería muy diferente de la casa en donde vives ahora?

2 **El video** Mira el episodio de **Flash Cultura**.

Vocabulario

jardinero *gardener*	la silla de ruedas *wheelchair*
muros *walls*	las valiosas obras *valuable works*

El hogar en que nació la pintora Frida Kahlo en 1907 se caracteriza por su arquitectura típicamente mexicana…

Uno de los espacios más atractivos de esta casa es este estudio que Diego instaló…

3 **¿Cierto o falso?** Indica si lo que dicen estas oraciones es cierto o falso.

1. La casa de Frida Kahlo está en el centro de México, D.F.
2. La casa de Frida se transformó en un museo en los años 50.
3. Frida Kahlo vivió sola en su casa.
4. Entre las obras que se exhiben está el cuadro (*painting*) de *Las dos Fridas*.
5. El jardinero actual (*current*) jamás conoció ni a Frida ni a Diego.
6. En el museo se exhiben la silla de ruedas y los aparatos ortopédicos de Frida.

GRAMÁTICA

12.1 Usted and ustedes commands

Command forms are used to give orders or advice. **Usted** and **ustedes** can be used to refer to a group of people or in formal situations.

Hable con ellos, don Francisco.
Talk to them, Don Francisco.

Laven los platos ahora mismo.
Wash the dishes right now.

Coma frutas y verduras.
Eat fruits and vegetables.

Beban menos té y café.
Drink less tea and coffee.

The **usted** and **ustedes** commands (**mandatos**) are formed by dropping the final **–o** of the **yo** form of the present tense. For **–ar** verbs, add **–e** or **–en**. For **–er** and **–ir** verbs, add **–a** or **–an**.

Formal commands (Ud. and Uds.)

Infinitive	Present tense *yo* form	Ud. command	Uds. command
limpiar	limpio	limpie	limpien
barrer	barro	barra	barran
sacudir	sacudo	sacuda	sacudan
decir (e:i)	digo	diga	digan
pensar (e:ie)	pienso	piense	piensen
volver (o:ue)	vuelvo	vuelva	vuelvan
servir (e:i)	sirvo	sirva	sirvan

No se preocupe... La vamos a ayudar en todo lo posible.

Sí, cuente con nosotros.

Verbs with irregular **yo** forms have the same irregularity in their formal commands. These verbs include **conducir, conocer, decir, hacer, ofrecer, oír, poner, salir, tener, traducir, traer, venir,** and **ver**.

Oiga, don Francisco…
Listen, Don Francisco…

Pongan la mesa, por favor.
Set the table, please.

¡Salga inmediatamente!
Leave immediately!

Hagan la cama antes de salir.
Make the bed before leaving.

Stem-changing verbs maintain their stem changes in **usted** and **ustedes** commands.

e:ie
No **pierda** la llave.
Cierren la puerta.

o:ue
Vuelva temprano, joven.
Duerman bien, chicos.

e:i
Sirva la sopa, por favor.
Repitan las frases.

Práctica

1 **¡A mudarse!** La señora González quiere mudarse. Ayúdala a organizarse, indicando el mandato (*command*) formal de cada verbo.

1. _____ [leer] los anuncios (*ads*) del periódico y _____ [guardarlos].

2. _____ [ir] personalmente y _____ [ver] las casas usted misma.

3. Decida qué casa quiere y _____ [llamar] al agente. _____ [pedirle] un contrato de alquiler.

4. _____ [alquilar] un camión (*truck*) para el día de la mudanza (*moving day*) y _____ [preguntarles] a los empleados la hora exacta de llegada.

5. _____ [decirles] a todos en casa que tienen que ayudar. No _____ [decirles] que usted va a hacerlo todo.

6. _____ [tomarse] su tiempo para hacer las maletas tranquilamente. _____ [sacar] toda la ropa que no use y _____ [dar] a alguien que la necesite.

7. El día de la mudanza no _____ [estar] nerviosa.

8. No _____ [preocuparse]. _____ [saber] que todo va a salir bien.

2 **¿Qué dicen?** Mira los dibujos y escribe un mandato lógico para cada uno.

modelo

Arreglen estas cosas, por favor.

1. _____

2. _____

3. _____

4. _____

Conversación

3 **Consejos** En parejas, túrnense para representar a un(a) estudiante y a un(a) profesor(a). El/La estudiante cuenta sus problemas y el/la profesor(a) le da órdenes. Sigan el modelo.

> Me torcí el tobillo jugando al tenis.
> Es la tercera vez.
> **Estudiante 1:** Me torcí el tobillo jugando al tenis. Es la tercera vez.
> **Estudiante 2:** No juegue más al tenis. / Vaya a ver a un médico.

1. Me enfermé después de volver de las vacaciones.
2. Mi compañero/a de cuarto y yo siempre llegamos tarde a la clase.
3. Nuestro cuarto es demasiado ruidoso para estudiar.
4. Me duele la cabeza y no puedo hacer la presentación para la clase hoy.
5. ¡Se me olvidó estudiar para el examen!

4 **Un programa de consejos** En parejas, túrnense para representar los papeles de una persona que da consejos en la radio y los radioyentes (*radio listeners*) que la llaman con estos problemas.

- problemas sentimentales o familiares
- problemas académicos
- problemas con los amigos
- problemas financieros
- problemas médicos
- problemas con la casa o el apartamento
- problemas con el coche

5 **Un anuncio de televisión** En grupos, presenten un anuncio de televisión a la clase. Debe tratar de (*be about*) un detergente, un electrodoméstico o una agencia de bienes raíces. Usen mandatos, los pronombres relativos (**que, quien(es)** o **lo que**) y el **se** impersonal.

modelo

> *Compre el lavaplatos Cristal. Tiene todo lo que usted desea. Es el lavaplatos que mejor funciona. Venga a verlo ahora mismo... No pierda ni un minuto más. Se aceptan tarjetas de crédito.*

6 **Investigación** Tu profesor(a) va a darles a ti y a tu compañero/a la información necesaria para completar esta actividad.

Irregular commands

▶ Verbs ending in **-car**, **-gar**, and **-zar** have a spelling change in the command forms.

sacar	c	qu	saque, saquen
jugar	g	gu	juegue, jueguen
almorzar	z	c	almuerce, almuercen

▶ These verbs have irregular formal commands.

INFINITIVE	Ud. COMMAND	Uds. COMMAND
dar	dé	den
estar	esté	estén
ir	vaya	vayan
saber	sepa	sepan
ser	sea	sean

▶ To make a command negative, place **no** before the verb.

No ponga las maletas en la cama.
Don't put the suitcases on the bed.

No ensucien los sillones.
Don't get the armchairs dirty.

▶ In affirmative commands, reflexive and object pronouns are always attached to the end of the verb. Note that when a pronoun is attached to a verb that has two or more syllables, an accent mark is added.

Siénten**se**, por favor.
Díga**melo**.

Acuésten**se** ahora.
Póngan**las** en el suelo, por favor.

▶ In negative commands, the pronouns precede the verb.

No **se** preocupe.
No **me lo** dé.

No **los** ensucien.
No **nos las** traigan.

▶ **Usted** and **ustedes** can be used after command forms for a more formal, polite tone.

Muéstrele usted la foto a su amigo.
Show the photo to your friend.

Tomen ustedes esta alcoba.
Take this bedroom.

¡Manos a la obra!

Indica los mandatos (*commands*) afirmativos y negativos.

	Afirmativo	Negativo
1. escucharlo (Ud.)	Escúchelo	No lo escuche
2. decírmelo (Uds.)	_____.	_____.
3. salir (Ud.)	_____.	_____.
4. servírnoslo (Uds.)	_____.	_____.
5. barrerla (Ud.)	_____.	_____.
6. hacerlo (Ud.)	_____.	_____.
7. ir (Uds.)	_____.	_____.
8. sentarse (Uds.)	_____.	_____.

12.2 The present subjunctive

▸ The subjunctive mood expresses the speaker's attitude toward events, actions, or states that the speaker views as uncertain or hypothetical.

Es bueno **que estudies** más.	Es necesario **que no lleguemos** tarde.
It is good that you study more.	*It is necessary that we don't arrive late.*

▸ The subjunctive is mainly used to express: 1) will and influence; 2) emotion; 3) doubt, disbelief, and denial; and 4) indefiniteness and nonexistence.

▸ The subjunctive is most often used in sentences that consist of a main clause and a subordinate clause. The main clause contains a verb or expression that triggers the use of the subjunctive in the subordinate clause. The word **que** connects the subordinate clause to the main clause.

▸ Some expressions are always followed by clauses in the subjunctive. These include:

Es bueno (malo, mejor) que...	**Es importante (necesario, urgente) que...**
It's good (bad, better) that...	*It's important (necessary, urgent) that...*
Es mejor que vayas con él.	**Es urgente que sepa** la verdad.
It's better that you go with him.	*It's urgent that she know the truth.*

▸ Note the following endings for the subjunctive.

Present subjunctive of regular verbs

	hablar	comer	escribir
yo	hable	coma	escriba
tú	hables	comas	escribas
Ud./él/ella	hable	coma	escriba
nosotros/as	hablemos	comamos	escribamos
vosotros/as	habléis	comáis	escribáis
Uds./ellos/ellas	hablen	coman	escriban

▸ To form the present subjunctive of regular verbs, drop the **–o** ending from the **yo** form of the indicative, and replace it with the subjunctive endings.

INFINITIVE	PRESENT INDICATIVE	PRESENT SUBJUNCTIVE
hablar	hablo	hable
comer	como	coma
escribir	escribo	escriba

▸ Verbs ending in **-car, -gar,** and **-zar** have a spelling change in all forms.

sacar	saque, saques, saque, saquemos, saquéis, saquen
jugar	juegue, juegues, juegue, juguemos, juguéis, jueguen
almorzar	almuerce, almuerces, almuerce, almorcemos, almorcéis, almuercen

Práctica

1 Emparejar Completa las oraciones con el subjuntivo de los verbos. Luego empareja las oraciones del grupo **A** con las del grupo **B**.

A

1. Es mejor que _____ [nosotros, cenar] en casa.
2. Es importante que _____ [yo, tomar] algo para el dolor de cabeza.
3. Señora, es urgente que le _____ [yo, sacar] la muela. Parece que tiene una infección.
4. Es malo que Ana les _____ [dar] tantos dulces a los niños.
5. Es necesario que _____ [Uds., llegar] a la una de la tarde.
6. Es importante que _____ [nosotros, acostarse] temprano.

B

a. Es importante que _____ [ellos, comer] más verduras.
b. No, es mejor que _____ [nosotros, salir] a comer a un restaurante.
c. Y yo creo que es urgente que _____ [tú, llamar] al médico.
d. En mi opinión, no es necesario que _____ [nosotros, dormir] tanto.
e. ¿Ah, sí? ¿Es necesario que me _____ [yo, tomar] un antibiótico también?
f. Para llegar a tiempo, es necesario que _____ [nosotros, almorzar] temprano.

2 Oraciones Combina los elementos de las tres columnas para formar oraciones. Usa el subjuntivo.

Expresiones	Sujetos	Actividades
Es bueno que	yo	hacer la cama
Es mejor que	mi hermano	levantarse
Es malo que	los padres	sacar la basura
Es importante que	Oprah Winfrey	mudarse
Es necesario que	mis amigos/as	lavar los platos
Es urgente que	Jennifer López	cocinar
	el/la profesor(a)	barrer el suelo
		despertarse
		ensuciar la casa
		comer

Conversación

3 **Minidiálogos** En parejas, completen los minidiálogos de
una manera lógica usando el subjuntivo.

modelo

Miguelito: Mamá, no quiero arreglar mi cuarto.
Sra. Casas: *Es necesario que lo arregles.*
Y es importante que sacudas los
muebles también.

MIGUELITO Mamá, no quiero estudiar. Quiero salir a
jugar con mis amigos.
SRA. CASAS (1) _____.

• • •

MIGUELITO Mamá, es que no me gustan las
verduras. Prefiero comer pasteles.
SRA. CASAS (2) _____.

• • •

MIGUELITO ¿Tengo que poner la mesa, mamá?
SRA. CASAS (3) _____.

• • •

MIGUELITO No me siento bien, mamá. Me duele
todo el cuerpo y tengo fiebre.
SRA. CASAS (4) _____.

4 **Entrevista** En parejas, usen estas preguntas para
entrevistarse. Expliquen sus respuestas.

1. ¿Es importante que los niños ayuden con los
quehaceres domésticos?

2. ¿Es urgente que los norteamericanos aprendan
otras lenguas?

3. Si un(a) norteamericano/a quiere aprender francés,
¿es mejor que lo aprenda en Francia?

4. En tu universidad, ¿es necesario que los estudiantes
vivan en residencias estudiantiles?

5. ¿Es bueno que todos los estudiantes practiquen
algún deporte?

6. ¿Es importante que los estudiantes asistan a
las clases?

▶ **-Ar** and **-er** stem-changing verbs have the same stem changes in the
subjunctive as they do in the present indicative.

pensar (e:ie)	piense, pienses, piense, pensemos, penséis, piensen
mostrar (o:ue)	muestre, muestres, muestre, mostremos, mostréis, muestren
entender (e:ie)	entienda, entiendas, entienda, entendamos, entendáis, entiendan
volver (o:ue)	vuelva, vuelvas, vuelva, volvamos, volváis, vuelvan

▶ **–Ir** stem-changing verbs have the same stem changes in the subjunctive
as in the present indicative. In addition, the **nosotros/as** and **vosotros/as**
forms also undergo a stem change. The unstressed **e** changes to **i** and
the unstressed **o** changes to **u**.

pedir (e:i)	pida, pidas, pida, pidamos, pidáis, pidan
sentir (e:ie)	sienta, sientas, sienta, sintamos, sintáis, sientan
dormir (o:ue)	duerma, duermas, duerma, durmamos, durmáis, duerman

▶ Verbs with irregular **yo** forms in the present indicative tense have the
same irregularity in the present subjunctive.

INFINITIVE	PRESENT INDICATIVE	PRESENT SUBJUNCTIVE
conducir	conduzco	conduzca
conocer	conozco	conozca
decir	digo	diga
hacer	hago	haga
ofrecer	ofrezco	ofrezca
oír	oigo	oiga
parecer	parezco	parezca
poner	pongo	ponga
tener	tengo	tenga
traducir	traduzco	traduzca
traer	traigo	traiga
venir	vengo	venga
ver	veo	vea

▶ These five verbs are irregular in the present subjunctive.

Irregular verbs in the present subjunctive

	dar	estar	ir	saber	ser
yo	dé	esté	vaya	sepa	sea
tú	des	estés	vayas	sepas	seas
Ud./él/ella	dé	esté	vaya	sepa	sea
nosotros/as	demos	estemos	vayamos	sepamos	seamos
vosotros/as	deis	estéis	vayáis	sepáis	seáis
Uds./ellos/ellas	den	estén	vayan	sepan	sean

¡ojo! The subjunctive form of **hay** (*there is, there are*) is **haya**.

12.3 Subjunctive with verbs of will and influence

▶ The subjunctive is used with verbs and expressions of will and influence.

Quiero que tengas dientes más blancos.

▶ Verbs of will and influence are often used when someone wants to affect the actions or behavior of other people.

Enrique **quiere** que **salgamos** a cenar.
Enrique wants us to go out for dinner.

Paola **prefiere** que **cenemos** en casa.
Paola prefers that we have dinner at home.

Ana **insiste** en que la **llamemos.**
Ana insists that we call her.

Mi madre nos **ruega** que **vayamos** a verla.
My mother begs us to come see her.

▶ Here are some verbs of will and influence.

Verbs of will and influence			
aconsejar	to advise	pedir (e:i)	to ask (for)
desear	to wish; to desire	preferir (e:ie)	to prefer
importar	to be important; to matter	prohibir	to prohibit
		querer (e:ie)	to want
insistir (en)	to insist (on)	recomendar (e:ie)	to recommend
mandar	to order	rogar (o:ue)	to beg; to plead
necesitar	to need	sugerir (e:ie)	to suggest

▶ Some impersonal expressions convey will or influence, such as **es necesario que, es importante que, es mejor que,** and **es urgente que.**

Es importante que duermas bien.
It's important that you sleep well.

Es urgente que él lo **haga** hoy.
It's urgent that he do it today.

▶ When the main clause contains an expression of will or influence and the subordinate clause has a different subject, the subjunctive is required.

Main clause	Connector	Subordinate clause
VERB OF WILL		SUBJUNCTIVE
Mi mamá prefiere	**que**	**yo saque la basura.**

Práctica

1 Entre amigas Completa el diálogo con las palabras de la lista.

cocina	mires	quiere	sea
diga	ponga	saber	ser
haga	prohíbe	sé	vaya

IRENE Tengo problemas con Vilma. ¿Qué me recomiendas que le (1) _____?

JULIA Necesito (2) _____ más para aconsejarte.

IRENE Me (3) _____ que mire televisión cuando llego de la escuela.

JULIA Tiene razón. Es mejor que tú no (4) _____ tanta televisión.

IRENE Quiero que (5) _____ más flexible, pero insiste en que yo (6) _____ todo en la casa.

JULIA No es verdad. Yo (7) _____ que Vilma (8) _____ y hace los quehaceres todos los días.

IRENE Sí, pero siempre me pide que (9) _____ los cubiertos en la mesa y que (10) _____ al sótano por las servilletas.

JULIA ¡Vilma sólo (11) _____ que ayudes en la casa!

2 Unos consejos Lee lo que dice cada persona. Luego da consejos lógicos usando verbos como **aconsejar, recomendar** y **prohibir.** Sigue el modelo.

modelo

El presidente: Quiero comprar la Casa Blanca.
Le aconsejo que compre otra casa.

1. **Tu mamá:** Pienso poner la secadora en la entrada de la casa.
2. **Martha Stewart:** Voy a ir a la gasolinera para comprar unas elegantes copas de cristal.
3. **Tu profesor(a):** No voy a corregir los exámenes.
4. **Enrique Iglesias:** Pienso llevar todos mis muebles nuevos al altillo.
5. **Shakira:** Hay una fiesta en mi casa esta noche, pero no quiero arreglar la casa.
6. **Tu papá:** Hoy no tengo ganas de hacer las camas.

Conversación

3 Preguntas En parejas, túrnense para contestar las preguntas. Usen el subjuntivo.

1. ¿Te dan consejos tus amigos/as? ¿Qué te aconsejan? ¿Aceptas sus consejos? ¿Por qué?

2. ¿Qué te sugieren tus profesores que hagas antes de terminar los cursos que tomas?

3. ¿Insisten tus amigos/as en que salgas mucho con ellos/as?

4. ¿Qué quieres que te regalen tu familia y tus amigos/as para tu cumpleaños?

5. ¿Qué le recomiendas tú a un(a) amigo/a que no quiere salir los sábados con su novio/a?

6. ¿Qué les aconsejas a los nuevos estudiantes de tu universidad?

4 Recomendaciones En parejas, preparen una lista de seis personas famosas. Un(a) estudiante da el nombre de una persona famosa y el/la otro/a le da un consejo.

> **modelo**
>
> **Estudiante 1:** Judge Judy.
> **Estudiante 2:** Le recomiendo que sea más simpática con la gente.
> **Estudiante 1:** Leonardo DiCaprio.
> **Estudiante 2:** Le aconsejo que haga más películas.

5 El apartamento de Luisa En parejas, miren la ilustración. Denle consejos a Luisa sobre cómo arreglar su apartamento. Usen expresiones impersonales y verbos como **aconsejar, sugerir** y **recomendar**.

> **modelo**
>
> Es mejor que arregles el apartamento más a menudo. Te aconsejo que guardes la tabla de planchar (*ironing board*).

Quiero que arreglen sus alcobas, que hagan las camas, que pongan la mesa...

...y les aconsejo que se acuesten temprano esta noche.

▶ Indirect object pronouns are often used with the verbs **aconsejar, mandar, pedir, recomendar, rogar,** and **sugerir.**

Te aconsejo que estudies.	**Les recomiendo** que barran el suelo.
I advise you to study.	*I recommend that you sweep the floor.*
Le sugiero que vaya a casa.	**Les ruego** que no vengan.
I suggest that he go home.	*I beg you not to come.*

▶ Note that all the forms of **prohibir** in the present tense carry a written accent, except for the **nosotros/as** form: **prohíbo, prohíbes, prohíbe, prohibimos, prohibís, prohíben.**

Ella les **prohíbe** que miren la televisión.	Nos **prohíben** que nademos en la piscina.
She prohibits them from watching television.	*They prohibit us from swimming in the pool.*

▶ The infinitive is used with expressions of will and influence if there is no change of subject.

No quiero **sacudir** los muebles.	Es importante **sacar** la basura.
I don't want to dust the furniture.	*It's important to take out the trash.*
Paco prefiere **descansar.**	No es necesario **quitar** la mesa.
Paco prefers to rest.	*It's not necessary to clear the table.*

¡Manos a la obra!

 Completa cada oración con la forma correcta del verbo indicado.

1. Te sugiero que ___vayas___ [ir] con ella al supermercado.
2. Él necesita que yo le _____ [prestar] dinero.
3. No queremos que tú _____ [hacer] nada especial para nosotros.
4. Mis papás quieren que yo _____ [limpiar] mi cuarto.
5. Nos piden que la _____ [ayudar] a preparar la comida.
6. Quieren que tú _____ [sacar] la basura todos los días.
7. Quiero _____ [descansar] esta noche.
8. Es importante que ustedes _____ [limpiar] la casa.
9. Su tía les manda que _____ [poner] la mesa.
10. Te aconsejo que no _____ [salir] con él.
11. Mi tío insiste en que mi prima _____ [hacer] la cama.
12. Prefiero _____ [ir] al cine.
13. Es necesario _____ [estudiar].
14. Recomiendo que ustedes _____ [pasar] la aspiradora.

Repaso

For more practice, go to
aventuras.vhlcentral.com.

12.1 Usted and ustedes commands

1 **Los consejos de la abuela** La abuela les da muchos consejos a sus nietos. Completa los consejos con los mandatos de los verbos entre paréntesis.

modelo

___Planchen___ su ropa. (planchar)

1. No _____ el volumen del estéreo muy alto. (poner)
2. _____ sus camas después de levantarse. (hacer)
3. _____ su ropa del piso. (recoger)
4. _____ sus platos después de cenar. (lavar)
5. _____ la tarea antes de salir a la calle. (terminar)
6. No _____ la televisión hasta la medianoche. (ver)

2 **Órdenes** Don José se va de viaje y deja su casa al cuidado de su vecina, doña Lupe. Lee lo que dice doña Lupe y contesta dándole órdenes como si fueras (*as if you were*) don José. Usa la información entre paréntesis.

modelo

DOÑA LUPE Voy a descansar.
DON JOSÉ (comenzar a preparar la cena)
   No descanse. Comience a preparar la cena.

DOÑA LUPE Voy a apagar la luz del garaje.
DON JOSÉ (Dejarla así) (1) _____

DOÑA LUPE Voy a barrer el suelo de toda la casa.
DON JOSÉ (Barrer sólo el suelo de la cocina)
   (2) _____

DOÑA LUPE Voy a lavar y secar los platos.
DON JOSÉ (Ponerlos en el lavaplatos) (3) _____

DOÑA LUPE Voy a pasear el perro por la calle.
DON JOSÉ (Dejarlo adentro de la casa) (4) _____

DOÑA LUPE Voy a sacar la basura por la noche.
DON JOSÉ (Sacarla por la mañana) (5) _____

DOÑA LUPE Voy a quitar los libros del estante.
DON JOSÉ (No ser desordenada) (6) _____

3 **Josefina** Josefina se va de viaje y les deja una lista a sus hijos de lo que (no) tienen que hacer. En parejas, escriban cinco mandatos formales con los verbos **dar, estar, ir, saber** y **ser**.

modelo

   Miren solamente una hora de televisión por día.

12.2 The present subjunctive

4 **Es importante que...** Forma oraciones con **es importante que...** y estos elementos.

modelo

   tú / ir / pagar / el alquiler
   Es importante que tú vayas a pagar el alquiler.

1. nosotros / dormir / siesta / por la tarde
2. los adolescentes / saber / hacer / quehaceres domésticos
3. ustedes / conocer / vecinos
4. yo / ser / ordenado / la cocina
5. siempre / haber / comida / refrigerador
6. el vecino / estar / su apartamento / noche

5 **El apartamento ideal** En parejas, describan el apartamento ideal. Expliquen el número de habitaciones y los muebles que desean tener en cada habitación. Usen el subjuntivo con expresiones impersonales.

modelo

   Es necesario que mi apartamento tenga tres alcobas y una oficina. Es importante que... También es necesario que...

12.3 Subjunctive with verbs of will and influence

6 **Los quehaceres domésticos** Di lo que estas personas quieren que se haga.

modelo

   Los vecinos (pedir) / tú (barrer el patio)
   Los vecinos piden que tú barras el patio. / Los vecinos te piden que barras el patio.

1. El ama de casa (mandar) / los chicos (sacudir los estantes)
2. Yo (recomendar) / nosotros (usar el lavaplatos)
3. Raúl (insistir) / yo (apagar la luz del pasillo)
4. Tú (sugerir) / Sandra (cocinar la cena)
5. Nosotros (necesitar) / José y tú (poner las copas en la mesa)
6. Ustedes (rogar) / Esteban (planchar la ropa)

7 **¿Dónde quieres que lo ponga?** Te estás mudando de casa y tus amigos deciden ayudarte. En parejas, túrnense para preguntarse dónde deben poner las cosas en la nueva casa. Usen el subjuntivo y los verbos **desear, preferir** y **querer** con los verbos **poner, colocar** (*to put*), **dejar** y **llevar**.

modelo

Estudiante 1: ¿Dónde deseas que pongamos estas pinturas?
Estudiante 2: Deseo que pongan las pinturas en el sótano. / Deseo que las pongan en el sótano.

- alfombras
- cortinas
- mantas
- platos
- mesa
- sillón
- vasos
- cuadro
- cómoda
- almohadas
- lámparas
- mesita

8 **¡Por favor!** Tus padres van a visitar tu apartamento, por lo que necesitas ayuda para limpiarlo. En parejas, escriban qué les vas a pedir a tus compañeros/as de apartamento. Usen el subjuntivo y los verbos **necesitar, pedir** y **rogar**.

modelo

Por favor, necesito que hagan sus camas y arreglen sus cuartos.

Síntesis

9 **Una fiesta en la cuadra** En parejas, imaginen que son vecinos/as y están organizando una fiesta en su cuadra (*street block*). Preparen una conversación sobre los preparativos (*arrangements*) que tienen que hacer. Usen los mandatos formales y el subjuntivo.

modelo

Estudiante 1: Para la fiesta del domingo, necesito que usted arregle las mesas en la calle.
Estudiante 2: Así lo voy a hacer. Compre usted la comida y vaya por el pastel.

 ## Videoclip

1 **Preparación** ¿Lavas tu ropa, cocinas, barres? ¿Te piden que hagas algunos quehaceres domésticos en casa?

2 **El clip** Mira el anuncio de **Comfort** de Argentina.

Vocabulario		
bajo precio *low price*	un poco asustado *a bit scared*	
mascota *pet*	suavizante *(fabric) softener*	

¡Hola! ¡Soy *Softy* y me encanta la ropa suave!

Si usted quiere a su mascota, debe usar Comfort.

3 **Preguntas** Contesta estas preguntas.
1. ¿Qué le encanta al osito (*little bear*) *Softy*?
2. ¿Por qué se lastimó cuando se cayó sobre las toallas?
3. ¿Qué es lo que un suavizante de bajo precio no puede hacer?
4. ¿Cómo se siente *Softy* ahora: tranquilo o asustado?
5. ¿Qué le recomienda el médico que haga?

4 **Consejos** Cuando la mujer visita a *Softy* en el hospital, el médico le da consejos y órdenes sobre cómo tratar a su mascota. En parejas, preparen una lista de los consejos y órdenes que el médico le da. Usen el subjuntivo y el imperativo.

 CONEXIÓN INTERNET

Go to aventuras.vhlcentral.com to watch the television clip featured in this section.

Ampliación

 1 Escuchar

 A Mira los anuncios en esta página y escucha la conversación entre el señor Núñez, Adriana y Felipe. Luego indica si cada descripción se refiere a la casa del anuncio o al apartamento del anuncio.

> ⭐ **TIP Use visual cues.** Visual cues, like illustrations and headings, provide useful clues about what you will hear.

18G

Bienes raíces

Se vende.
4 alcobas, 3 baños,
cocina moderna, jardín
con árboles frutales.
B/. 225.000

Se alquila.
2 alcobas, 1 baño.
Balcón. Urbanización
Las Brisas. 525

Descripciones	La casa del anuncio	El apartamento del anuncio
1. Es barato.	☐	☐
2. Tiene cuatro alcobas.	☐	☐
3. Tiene oficina.	☐	☐
4. Tiene balcón.	☐	☐
5. Tiene una cocina moderna.	☐	☐
6. Tiene un jardín muy grande.	☐	☐
7. Tiene patio.	☐	☐

B Vuelve a escuchar la conversación e indica cómo es la casa ideal de Adriana y Felipe.

 2 Conversar

En parejas, preparen una conversación entre un(a) psicólogo/a y un(a) paciente que lo/la consulta sobre un problema personal (la familia, el/la novio/a, etc.). Luego presenten la conversación a la clase.

modelo

Doctora: Buenos días, Ana. ¿Cómo está usted hoy?

Paciente: Buenos días, doctora Rosas. La verdad es que no estoy muy bien. Tengo un problema con mi madre: Ella no quiere que yo vaya a ver a mis amigas. No le importa que me aburra. Me prohíbe conducir por la noche...

recursos

WB pp. 121–126	LM pp. 69–71	aventuras.vhlcentral.com Lección 12

Ampliación

3 Escribir

Eres el/la administrador(a) de un edificio de apartamentos. Prepara un contrato de arrendamiento (*lease*) para los nuevos inquilinos (*tenants*).

 TIP **Use linking words.** To make your writing more cohesive, use linking words to connect simple sentences or ideas. Some common linking words are: **cuando, mientras, o, pero, porque, pues, que, quien(es), sino,** and **y.**

Organízalo	Utiliza un mapa de ideas para organizar la información sobre las fechas del contrato, el precio del alquiler y otros aspectos importantes.
Escríbelo	Escribe el primer borrador de tu contrato de arrendamiento.
Corrígelo	Intercambia el contrato con un(a) compañero/a. Anota los mejores aspectos, especialmente el uso de las palabras de enlace (*linking words*). Dale sugerencias y, si ves algunos errores, coméntaselos.
Compártelo	Revisa el primer borrador según las indicaciones de tu compañero/a. Incorpora nuevas ideas o más información si es necesario, antes de escribir la versión final.

Here are some technical terms that might help you in writing your contract:

el/la arrendatario/a *tenant*
el/la arrendador(a) *landlord*
el/la propietario/a *owner*
las estipulaciones *stipulations*
la parte *party*
de anticipación, de antelación *in advance*

4 Un paso más

Imagina que quieres construir (*to build*) una casa de vacaciones en un país hispano. Prepara una presentación sobre la casa. Considera estas preguntas.

- ¿Dónde quieres construir la casa? ¿Prefieres que esté en la selva (*jungle*), en una isla, en una montaña o en un lugar con vista al mar?
- ¿Cómo va a ser la casa? ¿Quieres que sea grande? ¿Cuántos pisos y cuántos cuartos va a tener?
- ¿Qué muebles quieres poner en cada cuarto?
- ¿Qué efectos visuales puedes usar para hacer más interesante la presentación? ¿Tienes mapas, fotos o planos (*blueprints*) de la casa?

 CONEXIÓN INTERNET

Investiga estos temas en el sitio
aventuras.vhlcentral.com.
- Lugares turísticos del mundo hispano
- Agencias de bienes raíces en el mundo hispano
- Mueblerías (*furniture stores*) en el mundo hispano

Antes de leer

SUPERSITE

Did you know that a text written in Spanish is often longer than the same text written in English? Because the Spanish language often uses more words to express ideas, you will often encounter long sentences when reading in Spanish. Of course, sentence length varies with genre and with authors' individual styles. To help you understand long sentences, identify the main parts of the sentence before trying to read it in its entirety. First, locate the main verb of the sentence, along with its subject, ignoring any words or phrases set off by commas. Then re-read the sentence, adding details like direct and indirect objects, transitional words, and prepositional phrases. Practice this strategy on a few sentences from this reading selection.

For example, locate the main subject and verb in the first sentence of this reading: _____

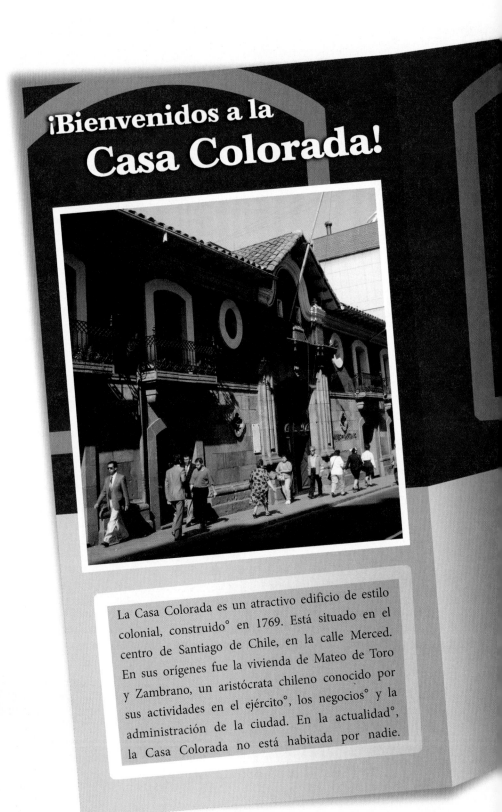

¡Bienvenidos a la
Casa Colorada!

La Casa Colorada es un atractivo edificio de estilo colonial, construido° en 1769. Está situado en el centro de Santiago de Chile, en la calle Merced. En sus orígenes fue la vivienda de Mateo de Toro y Zambrano, un aristócrata chileno conocido por sus actividades en el ejército°, los negocios° y la administración de la ciudad. En la actualidad°, la Casa Colorada no está habitada por nadie.

El edificio se convirtió en un espacio público en el siglo° XX y en su interior están el Museo de Santiago, la Oficina de Turismo y la Fundación de Vicente Huidobro, donde se encuentra abundante información sobre la vida y la obra° de este escritor chileno. El Museo de Santiago ofrece una exhibición permanente sobre la historia de la ciudad, desde la época precolombina hasta nuestros días.

La Casa Colorada es una obra del arquitecto portugués Joseph de la Vega. Los materiales fundamentales que se utilizaron en su construcción fueron el adobe, la madera° y la cal°. Desde el primer momento, esta casa se convirtió en el centro de atención de la sociedad santiaguina° por la elegancia de su diseño°. Además, una característica que la diferenciaba de otras viviendas del mismo estilo arquitectónico es que su fachada estaba recubierta de piedra° hasta el primer piso. El edificio empezó a llamarse Casa Colorada en 1888, año en que pintaron su fachada° de color rojo.

La composición exterior del edificio es simétrica. En el centro de la fachada hay una gran puerta que sirve de acceso principal a la vivienda; a los lados se ven unos arcos que forman puertas adicionales en el primer piso y ventanas con balcones de hierro forjado° en el segundo. Otra característica interesante del exterior de la casa es la elevación triangular del tejado° sobre la puerta principal.

Después de leer

¿Comprendiste?

Completa las frases con las palabras adecuadas.

1. En el siglo XVIII, Mateo de Toro y Zambrano, un aristócrata de _____, vivió en la Casa Colorada.
2. Ahora _____ vive en la Casa Colorada.
3. El exterior de la casa es de color _____.
4. La _____ principal está en el centro de la fachada.
5. Los materiales que se utilizaron en su construcción fueron _____, la madera y la cal.
6. En el Museo de Santiago hay una exhibición sobre la _____ de la ciudad.

Preguntas

Responde a estas preguntas con oraciones completas.

1. ¿Cuándo se construyó la Casa Colorada?
2. ¿Cuándo se convirtió en lugar público?
3. ¿Dónde están el Museo de Santiago, la Oficina de Turismo y la Fundación de Vicente Huidobro?
4. ¿Cómo se llamaba el arquitecto de la Casa Colorada?
5. ¿Por qué la Casa Colorada se diferenciaba de otras viviendas del mismo estilo arquitectónico?
6. ¿Por qué este edificio se llama la Casa Colorada?

Coméntalo

¿Te gustaría visitar la Casa Colorada? ¿Por qué? ¿Te gustaría vivir en una casa similar a ésta? Explica tu respuesta. ¿Hay edificios históricos en tu ciudad o comunidad? Descríbelos.

construido	built
ejército	army
negocios	business
En la actualidad	At the present time
siglo	century
obra	work
madera	wood
cal	lime
santiaguina	of Santiago
diseño	design
recubierta de piedra	covered with stone
fachada	façade
hierro forjado	wrought iron
tejado	roof

recursos
SUPERSITE
aventuras.vhlcentral.con
Lección 12

For an additional reading, go to aventuras.vhlcentral.com.

VOCABULARIO

La casa y sus cuartos

la alcoba	bedroom
el altillo	attic
el balcón	balcony
la cocina	kitchen
el comedor	dining room
la entrada	entrance
la escalera	stairs; stairway
el garaje	garage
el jardín	garden; yard
la oficina	office
el pasillo	hallway
el patio	patio; yard
la sala	living room
el sótano	basement; cellar

Los muebles y otras cosas

la alfombra	carpet; rug
la almohada	pillow
el armario	closet
la cómoda	chest of drawers
las cortinas	curtains
el cuadro	picture
el estante	bookcase; bookshelf
la lámpara	lamp
la luz	light; electricity
la manta	blanket
la mesita	end table
la mesita de noche	nightstand
los muebles	furniture
la pared	wall
la pintura	painting; picture
el sillón	armchair
el sofá	sofa; couch

Los quehaceres domésticos

arreglar	to neaten; to straighten up
barrer el suelo	to sweep the floor
cocinar	to cook
hacer la cama	to make the bed
hacer los quehaceres domésticos	to do household chores
lavar (el suelo, los platos)	to wash (the floor, the dishes)
limpiar la casa	to clean the house
pasar la aspiradora	to vacuum
planchar la ropa	to iron clothes
poner la mesa	to set the table
quitar la mesa	to clear the table
sacar la basura	to take out the trash
sacudir los muebles	to dust the furniture

Los electrodomésticos

la estufa	stove
el electrodoméstico	electrical appliance
el horno (de microondas)	(microwave) oven
la lavadora	washing machine
el lavaplatos	dishwasher
el refrigerador	refrigerator
la secadora	clothes dryer

La mesa

la copa	wineglass; goblet
la cuchara	spoon
el cuchillo	knife
el plato	plate
la servilleta	napkin
la taza	cup; mug
el tenedor	fork
el vaso	glass

Otras palabras

las afueras	suburbs; outskirts
la agencia de bienes raíces	real estate agency
el alquiler	rent (payment)
el ama (m., f.) de casa	homemaker; housekeeper
el barrio	neighborhood
el edificio de apartamentos	apartment building
el hogar	home
el/la vecino/a	neighbor
la vivienda	housing
alquilar	to rent
ensuciar	to get (something) dirty
mudarse	to move (residences)

Expresiones útiles	See page 311.
Verbs and expressions of will and influence	See page 318.

AVENTURAS EN LOS PAÍSES HISPANOS

La ropa tradicional de los guatemaltecos se llama *huipil* y en ella se puede observar el amor de la cultura maya por la naturaleza *(nature)*. El diseño *(design)* y los colores de cada *huipil* indican el pueblo de origen y a veces también el sexo y la edad *(age)* de la persona que lo lleva.

AMÉRICA CENTRAL I

Guatemala

Área: 108.890 km^2 (42.042 millas^2)
Población: 14.213.000
Capital: Ciudad de Guatemala – 1.103.000
Ciudades principales: Quetzaltenango, Escuintla, Mazatenango, Puerto Barrios
Moneda: quetzal

SOURCE: Population Division, UN Secretariat

Honduras

Área: 112.492 km^2 (43.870 millas^2)
Población: 7.997.000
Capital: Tegucigalpa – 1.075.000
Ciudades principales: San Pedro Sula, El Progreso
Moneda: lempira

SOURCE: Population Division, UN Secretariat

El Salvador

Área: 21.040 km^2 (8.124 millas^2)
Población: 7.461.000
Capital: San Salvador – 1.662.000
Ciudades principales: Soyapango, Santa Ana, San Miguel
Moneda: dólar estadounidense

SOURCE: Population Division, UN Secretariat

Deportes

El surfing

El Salvador es uno de los destinos favoritos en Latinoamérica para la práctica del surfing. Cuenta con 300 kilómetros de costa a lo largo del océano Pacífico y sus olas *(waves)* altas son ideales para quienes practican este deporte. De sus playas, La Libertad es la más visitada por surfistas de todo el mundo, gracias a que está muy cerca de la capital salvadoreña.

Ciudades

Antigua Guatemala

Antigua Guatemala fue fundada en 1543. Fue una capital de gran importancia hasta 1773, cuando un terremoto *(earthquake)* la destruyó. Hoy día, conserva el carácter original de su arquitectura y es un gran centro turístico. Su celebración de la Semana Santa es, para muchas personas, la más importante del hemisferio.

MÉXICO

Lago Petén Itza

BELICE

Río de la Pasión

Golfo de Honduras

Lago de Izabal

Puerto Barrios

La Ceiba

GUATEMALA

San Pedro Sula

Río Motagua

El Progreso

Sierra Espíritu Santo

Sierra Rijol

Lago de Atitlán

Ciudad de Guatemala

Sierra Grita

Quetzaltenango

Lago de Yojoa

Lago de Guija

Tegucigalpa

Mazatenango

Antigua Guatemala

Río Lempa

Río de la Paz

Escuintla

Santa Ana

San Salvador

Río Lempa

San Miguel

Río Choluteca

La Libertad

La Unión

EL SALVADOR

Océano Pacífico

Mar Caribe

Islas de la Bahía

HONDURAS

Laguna de
Caratasca

Sierra de Payas

Río Patuca

Montañas de Colón

Río Coco

NICARAGUA

COSTA RICA

Copán

Copán es una zona arqueológica muy importante de Honduras. Fue construida por los mayas y se calcula que en el año 400 d.C. era una ciudad con más de 150 edificios y una gran cantidad de plazas, patios, templos y canchas *(courts)* para el juego de pelota *(ceremonial ball game)*. Las ruinas más famosas del lugar son los edificios adornados con esculturas pintadas a mano, los cetros *(scepters)* ceremoniales de piedra y el templo Rosalila. Una de las actividades más importantes de Copán era la astronomía. ¡Hasta se hacían congresos *(conventions)* de astrónomos!

Naturaleza

El Parque Nacional Montecristo

El Parque Nacional Montecristo se encuentra en la región norte de El Salvador. Se le conoce también como El Trifinio porque se ubica *(it is located)* en el punto donde se unen las fronteras de Guatemala, Honduras y El Salvador. Este bosque reúne muchas especies vegetales y animales, como orquídeas, monos araña *(spider monkeys)*, pumas, quetzales y tucanes. En este hermoso bosque, las copas de sus enormes árboles forman una bóveda que impide *(blocks)* el paso de la luz solar.

recursos

WB
pp. 127–128

VM
pp. 217–220

SUPERSITE
aventuras.vhlcentral.com
Lección 12

¿Qué aprendiste?

1 ¿Cierto o falso? Indica si lo que dicen estas oraciones es **cierto** o **falso**.

	Cierto	Falso
1. La ropa tradicional de los guatemaltecos se llama Quetzaltenango.	_____	_____
2. Los diseños del *huipil* indican el origen de la persona que lo lleva.	_____	_____
3. Tegucigalpa es la capital de Honduras.	_____	_____
4. La lempira es la moneda de Guatemala.	_____	_____
5. En Copán se hacían congresos de geografía.	_____	_____
6. Los mayas eran muy buenos astrónomos.	_____	_____
7. Antigua Guatemala es la capital de Guatemala.	_____	_____
8. Antigua Guatemala es muy famosa por su celebración de la Semana Santa.	_____	_____
9. El Parque Nacional Montecristo está en El Salvador, en el límite con Honduras y Guatemala.	_____	_____
10. La vegetación baja del bosque del Parque Nacional Montecristo recibe mucho sol.	_____	_____

2 Preguntas Contesta estas preguntas.

1. ¿Qué muestra el *huipil*? ¿Qué indican sus diseños?
2. ¿Crees que la civilización maya era avanzada? ¿Por qué?
3. ¿Por qué crees que Antigua Guatemala es un importante centro turístico?
4. ¿Qué plantas y animales se encuentran en el Parque Nacional Montecristo? ¿Te gustaría conocerlo? ¿Por qué?
5. ¿Cuál de estos tres países te gustaría *(would you like)* visitar? ¿Por qué?

CONEXIÓN INTERNET

Investiga estos temas en el sitio aventuras.vhlcentral.com. Presenta la información a tus compañeros/as de clase.

- Copán
- Antigua Guatemala
- El Parque Nacional Montecristo

13 La naturaleza

Communicative Goals

You will learn how to:
- talk about nature
- discuss environmental conditions
- express wishes, desires, and doubts

PARA EMPEZAR

- ¿Dónde están estas personas?
- ¿Qué hacen?
- ¿Qué ropa y objetos llevan? ¿Por qué?
- ¿Crees que a ellos les importa la naturaleza?

PREPARACIÓN

LA NATURALEZA

el volcán
volcano

EL MEDIO AMBIENTE

la caza *hunting*

el calentamiento global *global warming*

la conservación *conservation*

la contaminación (del aire; del agua) *(air; water) pollution*

la ecología *ecology*

el ecoturismo *ecotourism*

la energía (nuclear; solar) *(nuclear; solar) energy*

la extinción *extinction*

la fábrica *factory*

el gobierno *government*

la ley *law*

el medio ambiente *environment*

el peligro *danger*

la población *population*

el reciclaje *recycling*

el recurso natural *natural resource*

la solución *solution*

ecologista *ecological; ecologist*

renovable *renewable*

Variación léxica
césped/hierba ⟷ pasto (*Perú*), grama (*Venez.*), zacate (*Méx.*)

LA NATURALEZA

el árbol *tree*

el bosque (tropical) *(tropical; rain) forest*

el césped *grass*

el cielo *sky*

el cráter *crater*

el desierto *desert*

la estrella *star*

la hierba *grass*

el lago *lake*

la luna *moon*

el mundo *world*

la naturaleza *nature*

la nube *cloud*

el océano *ocean*

el paisaje *landscape*

la piedra *rock; stone*

la planta *plant*

la región *region; area*

el río *river*

la selva *jungle*

el sendero *trail*

el sol *sun*

la tierra *land; soil*

el valle *valley*

la flor
flower

la energía nuclear
nuclear energy

la deforestación
deforestation

recursos		
WB pp. 131–132	LM p. 73	aventuras.vhlcentral.com Lección 13

la tortuga marina
sea turtle

LOS ANIMALES

el animal   *animal*
la ballena   *whale*
el pez   *fish*

el mono
monkey

el pájaro
bird

VERBOS

conservar   *to conserve*
contaminar   *to pollute*
controlar   *to control*
cuidar   *to take care of*
dejar de (+ *inf.*)   *to stop (doing something)*
desarrollar   *to develop*
descubrir   *to discover*
destruir   *to destroy*
estar afectado/a (por)   *to be affected (by)*
evitar   *to avoid*
mejorar   *to improve*
proteger   *to protect*
reciclar   *to recycle*
recoger   *to pick up*
reducir   *to reduce*
resolver (o:ue)   *to resolve; to solve*
respirar   *to breathe*

OTRAS PALABRAS Y EXPRESIONES

el envase de plástico   *plastic container*
puro/a   *pure*

la botella de vidrio
glass bottle

la lata de aluminio
aluminum can

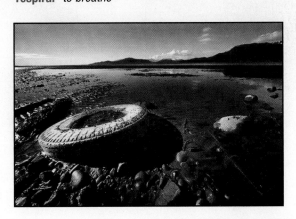

estar contaminado/a
to be polluted

A escuchar

1 **Escuchar** Escucha estas oraciones y anota los sustantivos (*nouns*) que se refieren a **las plantas**, **los animales**, **la tierra** y **el cielo**.

Plantas	Animales	Tierra	Cielo
_____	_____	_____	_____
_____	_____	_____	_____
_____	_____	_____	_____

2 **Seleccionar** Escucha las descripciones y escribe el número de la descripción que corresponda a cada foto.

a. _____

b. _____

c. _____

d. _____

A practicar

3 La naturaleza Selecciona la palabra que no pertenece al grupo.

1. sol • desierto • luna • estrella
2. océano • lluvia • sendero • río
3. naturaleza • paisaje • ecoturismo • mono
4. piedra • pájaro • pez • perro
5. volcán • ballena • cráter • piedra
6. recurso natural • caza • contaminación • deforestación
7. nube • aire • cielo • lago
8. solución • selva • bosque • desierto
9. lluvia • nube • peligro • cielo
10. tortuga • árbol • hierba • flor

4 Completar Completa las oraciones.

contaminar	destruyen	reciclamos
controlan	están afectadas	recoger
cuidan	mejoramos	resolver
descubrir	proteger	se desarrollaron

1. Si vemos basura en las calles, la debemos _____.
2. Los científicos trabajan para _____ nuevas soluciones.
3. Es necesario que todos trabajemos juntos para _____ los problemas del medio ambiente.
4. Debemos _____ el medio ambiente porque está en peligro.
5. Muchas leyes nuevas _____ el número de árboles que se pueden cortar (*cut down*).
6. Las primeras civilizaciones _____ cerca de los ríos, los lagos y los océanos.
7. Todas las personas del mundo _____ por la contaminación.
8. Los turistas deben tener cuidado de no _____ las regiones que visitan.
9. Podemos conservar los recursos si _____ el aluminio, el vidrio y el plástico.
10. La lluvia ácida, la contaminación y la deforestación _____ el medio ambiente.

5 Definir En parejas, definan cada palabra.

¿Qué es el calentamiento global?

El calentamiento global significa que la temperatura de la Tierra sube.

1. la población
2. una ballena
3. la lluvia
4. la naturaleza
5. un desierto
6. la caza
7. la ecología
8. un mono

A conversar

6 **¿Es importante?** Lee este párrafo y, en parejas, contesta las preguntas.

Los problemas del medio ambiente

importantísimo
muy importante
importante
poco importante
no es importante

la deforestación · los animales en peligro de extinción · la contaminación del aire · la contaminación del agua · la basura en las ciudades

Para celebrar El día de la tierra, una estación de radio colombiana hizo una encuesta entre estudiantes universitarios sobre el medio ambiente. Se les preguntó cuáles creían que eran los cinco problemas más importantes del medio ambiente. Se les pidió decidir el orden de importancia de estos problemas, del uno al cinco. Los resultados probaron (*proved*) que la mayoría de los estudiantes están preocupados por la contaminación del aire. Muchos mencionaron que no hay aire puro en las ciudades. El problema número dos para los estudiantes es que los ríos y los lagos están afectados por la contaminación. La deforestación quedó como el problema número tres, la basura en las ciudades como el número cuatro y los animales en peligro de extinción como el número cinco.

1. Según la encuesta, ¿qué problema consideran más grave? ¿Y menos grave?

2. ¿Cómo creen que se puede evitar o resolver el problema más importante?

3. ¿Consideran ustedes que existen los mismos problemas en su comunidad? Den algunos ejemplos.

7 **Un póster** En parejas, conversen sobre cuál es el problema ambiental de la actividad anterior que a ustedes les parece más importante y realicen un póster para presentar a la clase. Describan el problema, expliquen por qué es grave e indiquen qué es necesario hacer. Usen al menos ocho palabras de **Preparación**.

8 **Situaciones** En grupos pequeños, representen estas situaciones.

• Un(a) ecologista habla con un grupo de familias sobre qué se puede hacer en la casa para proteger el medio ambiente.
• Un(a) representante de la universidad habla con un grupo de nuevos estudiantes sobre la campaña (*campaign*) ambiental de la universidad.

9 **Crucigrama** Tu profesor(a) va a darles a ti y a tu compañero/a la información necesaria para completar esta actividad.

Ortografía

Los signos de puntuación

In Spanish, as in English, punctuation marks are important because they help you express your ideas in a clear, organized way.

No podía ver las llaves. Las buscó por los estantes, las mesas, las sillas, el suelo; minutos después, decidió mirar por la ventana. Allí estaban…

The **punto y coma (;)**, the **puntos suspensivos (…)**, and the **punto (.)** are used in very similar ways in Spanish and English.

Argentina, Brasil, Paraguay y Uruguay son miembros del Mercosur.

In Spanish, the **coma (,)** is not used in a series before **y** or **o**.

13,5%   29,2°   3.000.000 $2.999,99

In numbers, Spanish uses a **coma** where English uses a decimal point and a **punto** where English uses a comma.

¿Cómo te llamas?   ¿Dónde está?   ¡Ven aquí!   ¡Hola!

Questions in Spanish are preceded and followed by **signos de interrogación (¿ ?)**, and exclamations are preceded and followed by **signos de exclamación (¡ !)**.

Práctica Lee el párrafo e indica los signos de puntuación necesarios. Recuerda que la primera letra de una oración siempre debe estar en mayúscula.

Ayer recibí la invitación de boda de Marta mi amiga colombiana inmediatamente empecé a pensar en un posible regalo fui al almacén donde Marta y su novio tenían una lista de regalos había un montón de cosas para regalar finalmente decidí regalarles un perro ya sé que es un regalo extraño pero espero que les guste a los dos

¿Palabras de amor? El siguiente diálogo tiene diferentes significados (*meanings*), dependiendo de los signos de puntuación que utilizas y el lugar donde los pones. Intenta encontrar los diferentes significados.

JULIÁN	me quieres
MARISOL	no puedo vivir sin ti
JULIÁN	me quieres dejar
MARISOL	no me parece mala idea
JULIÁN	no eres feliz conmigo
MARISOL	no soy feliz

AVENTURAS

¡Qué paisaje más hermoso!

Martín y los estudiantes visitan el sendero en las montañas.

PERSONAJES

DON FRANCISCO

JAVIER

INÉS

ÁLEX

MAITE

MARTÍN

DON FRANCISCO Chicos, les presento a Martín Dávalos, el guía de la excursión. Martín, nuestros pasajeros: Maite, Javier, Inés y Álex.

MARTÍN Mucho gusto. Voy a llevarlos al área donde vamos a ir de excursión mañana. ¿Qué les parece?
ESTUDIANTES ¡Sí! ¡Vamos!

MAITE ¡Qué paisaje más hermoso!
INÉS No creo que haya lugares más bonitos en el mundo.

JAVIER Entiendo que mañana vamos a cruzar un río. ¿Está contaminado?
MARTÍN En las montañas el río no parece estar afectado por la contaminación. Cerca de las ciudades, sin embargo, el río tiene bastante contaminación.

ÁLEX ¡Qué aire tan puro se respira aquí! No es como en la Ciudad de México... Tenemos un problema gravísimo de contaminación.
MARTÍN A menos que resuelvan ese problema, los habitantes van a sufrir muchas enfermedades en el futuro.

INÉS Creo que todos debemos hacer algo para proteger el medio ambiente.
MAITE Yo creo que todos los países deben establecer leyes que controlen el uso de automóviles.

ACTIVIDADES

1 Seleccionar Selecciona la respuesta correcta.

1. Martín va a llevar a los estudiantes al lugar donde van a
   a. contaminar el río.   b. ver tortugas.
   c. ir de excursión.

2. El río está más afectado por la contaminación
   a. cerca de los bosques.   b. en las ciudades.
   c. en las montañas.

3. Martín quiere que los estudiantes
   a. recojan la basura de los senderos.   b. descubran nuevos senderos.
   c. no usen sus autos.

4. La contaminación del aire puede producir
   a. problemas de estómago.   b. enfermedades respiratorias.
   c. enfermedades mentales.

Para recordar Antes de mirar este episodio, repasa el anterior.

1. ¿Quién es la señora Vives?
2. ¿Qué muebles tiene la alcoba de los chicos?
3. ¿Qué quiere don Francisco que hagan los chicos?
4. ¿A qué hora va a llegar Martín, el guía?

Expresiones útiles

Talking about the environment

No creo que haya lugares más bonitos en el mundo.
I don't think there are any prettier places in the world.

¿Hay problemas de contaminación en esta región?
Are there problems with pollution in this region/area?

Es un problema en todo el mundo.
It's a problem throughout the world.

El río no parece estar afectado por la contaminación.
The river does not seem to be affected by pollution.

El río tiene bastante contaminación.
The river is quite polluted.

Es necesario que cuiden la naturaleza.
It's necessary that you take care of nature.

Puedes tomar fotos, con tal de que no toques las plantas.
You can take pictures, provided that you don't touch the plants.

Tenemos un problema gravísimo de contaminación.
We have an extremely serious problem with pollution.

A menos que resuelvan el problema, los habitantes van a sufrir muchas enfermedades.
Unless they solve the problem, the inhabitants are going to suffer a lot of illnesses.

Si ves botellas, papeles o latas, recógelos.
If you see bottles, papers, or cans, pick them up.

MARTÍN Esperamos que Uds. se diviertan mucho, pero es necesario que cuiden la naturaleza.
JAVIER Se pueden tomar fotos, ¿verdad?
MARTÍN Sí, con tal de que no toques las flores o las plantas.

ÁLEX ¿Hay problemas de contaminación en esta región?
MARTÍN La contaminación es un problema en todo el mundo. Pero aquí tenemos un programa de reciclaje. Si ves por el sendero botellas, papeles o latas, recógelos.

JAVIER Pero Maite, ¿tú vas a dejar de usar tu carro en Madrid?
MAITE Pues, voy a tener que usar el Metro… Pero tú sabes que mi coche es tan pequeñito… casi no contamina nada.

INÉS ¡Ven, Javier!
JAVIER ¡¡Ya voy!!

2 Preguntas Contesta estas preguntas.

1. Según Martín, ¿qué es necesario que hagan los estudiantes? ¿Qué no pueden hacer?
2. ¿Cuáles son los problemas del medio ambiente que mencionan Martín y los estudiantes?
3. ¿Qué cree Maite que deben hacer los países?
4. ¿Qué cosas se pueden reciclar en el programa que menciona Martín?
5. Si Maite no puede usar su carro en Madrid, ¿qué medio de transporte va a usar?

3 Situación En grupos de tres o cuatro, imaginen que un(a) estudiante es un(a) guía y el resto son turistas que van a hacer una excursión a las montañas. Los/Las turistas preguntan al/a la guía lo que van a ver y lo que deben o no hacer durante la excursión. Usen las **Expresiones útiles**.

recursos

VM pp. 193–194

aventuras.vhlcentral.com
Lección 13

¡Los Andes se mueven!

Los Andes, la cadena° de montañas más extensa de América, son conocidos como "la espina dorsal° de Suramérica". Sus 7.240 kilómetros (4.500 millas) van desde el norte° de la región entre Venezuela y Colombia, hasta el extremo sur°, entre Argentina y Chile, y pasan por casi todos los países suramericanos. La cordillera° de los Andes, formada hace 27 millones de años, es la segunda más alta del mundo, después de la del Himalaya (aunque° esta última es mucho más "joven", ya que se formó hace apenas cinco millones de años).

Para poder atravesar° de un lado a otro de los Andes, existen varios pasos o puertos° de montaña. Situados a grandes alturas°, son generalmente estrechos° y peligrosos.

En algunos de ellos hay, también, vías ferroviarias°.

De acuerdo con° varias instituciones científicas, la cordillera de los Andes se eleva° y se hace más angosta° cada año. La capital de Chile se acerca° a la capital de Argentina a un ritmo° de 19,4 milímetros por año. Si ese ritmo se mantiene°, Santiago y Buenos Aires podrían unirse° en unos… 63 millones de años, ¡casi el mismo tiempo que ha transcurrido° desde la extinción de los dinosaurios!

cadena *range* espina dorsal *spine* norte *north* sur *south* cordillera *mountain range* aunque *although* atravesar *to cross* puertos *passes* alturas *heights* estrechos *narrow* vías ferroviarias *railroad tracks* De acuerdo con *According to* se eleva *rises* angosta *narrow* se acerca *gets closer* ritmo *rate* se mantiene *keeps going* podrían unirse *could join together* ha transcurrido *has gone by* A.C. *Before Christ* desarrollo *development* pico *peak*

Arequipa, Perú

Los Andes en números

3 Cordilleras que forman los Andes: Las cordilleras Central, Occidental y Oriental

900 (A.C.°) Año aproximado en que empezó el desarrollo° de la cultura chavín, en los Andes peruanos

600 Número aproximado de volcanes que hay en los Andes

6.960 Metros (22.835 pies) de altura del Aconcagua (Argentina), el pico° más alto de los Andes

ACTIVIDADES

1 Escoger Escoge la opción que completa mejor cada oración.

1. Los Andes es la cadena montañosa más extensa del…
   a. mundo.   b. continente americano.   c. hemisferio norte.

2. "La espina dorsal de Suramérica" es…
   a. los Andes.   b. el Himalaya.   c. el Aconcagua.

3. La cordillera de los Andes se extiende…
   a. de este a oeste.   b. de sur a oeste.   c. de norte a sur.

4. El Himalaya y los Andes tienen…
   a. diferente altura.   b. la misma altura.   c. el mismo color.

5. Es posible atravesar los Andes por medio de…
   a. montañas   b. puertos   c. aviones

6. En algunos de los puertos de montaña de los Andes hay…
   a. puertas.   b. vías ferroviarias.   c. cordilleras.

7. En 63 millones de años, Buenos Aires y Santiago podrían…
   a. separarse.   b. desarrollarse.   c. unirse.

8. El Aconcagua es…
   a. una montaña.   b. un grupo indígena.   c. un volcán.

ASÍ SE DICE

La naturaleza

el arco iris	*rainbow*
la cascada; la catarata	*waterfall*
el cerro; la colina; la loma	*hill, hillock*
la cima; la cumbre; el tope (Col.)	*summit; mountain top*
la maleza; los rastrojos (Col.); la yerba mala (Cuba); los hierbajos (Méx.); los yuyos (Arg.)	*weeds*
la niebla	*fog*

CONEXIÓN INTERNET

Do you know anything about birds in Peru? Go to **aventuras.vhlcentral.com** to find out, and to access these components:

- the **Flash Cultura** video
- more activities
- additional reading: **Un paraíso para los observadores de pájaros**

2 **Maravillas de la naturaleza** Escribe un párrafo breve donde describas alguna maravilla de la naturaleza que has (*you have*) visitado y que te impresionó. Puede ser cualquier (*any*) sitio natural: un río, una montaña, una selva, etc.

recursos

VM pp. 251–252	aventuras.vhlcentral.com Lección 13

Naturaleza en Costa Rica

1 **Preparación** ¿Qué sabes de los volcanes de Costa Rica? ¿Y de sus aguas termales? Si no sabes nada, escribe tres predicciones sobre cada tema.

2 **El video** Mira el episodio de **Flash Cultura**.

Vocabulario

aguas termales *hot springs*	los poderes curativos *healing powers*
hace erupción *erupts*	rocas incandescentes *incandescent rocks*

Aquí existen más de cien volcanes. Hoy visitaremos el Parque Nacional Volcán Arenal.

1

En los alrededores del volcán […] nacen aguas termales de origen volcánico…

2

3 **¿Cierto o falso?** Indica si estas oraciones son **ciertas** o **falsas**.

1. Centroamérica es una zona de pocos volcanes.
2. El volcán Arenal está en un parque nacional.
3. El volcán Arenal hace erupción pocas veces.
4. Las aguas termales cerca del volcán vienen del mar.
5. Cuando Alberto sale del agua, tiene calor.
6. Se pueden ver las rocas incandescentes desde algunos hoteles.

13.1 The subjunctive with verbs of emotion

Main clause	Connector	Subordinate clause
Marta espera	que	yo vaya al lago este fin de semana.

▶ When the main clause of a sentence expresses an emotion or feeling, use the subjunctive in the subordinate clause.

Nos alegramos de que te **gusten** las flores.
We are happy that you like the flowers.

Siento que tú no **vengas** mañana.
I'm sorry that you're not coming tomorrow.

Temo que Ana no **pueda** ir mañana con nosotros.
I'm concerned that Ana won't be able to go with us tomorrow.

Le **sorprende** que Juan **sea** tan joven.
It surprises him that Juan is so young.

> Esperamos que ustedes se diviertan mucho en la excursión.

> Es triste que tengamos un problema grave de contaminación en la Ciudad de México.

Common verbs and expressions of emotion

alegrarse (de)	to be happy	tener miedo (de)	to be afraid (of)
esperar	to hope; to wish	es extraño	it's strange
gustar	to be pleasing; to like	es una lástima	it's a shame
		es ridículo	it's ridiculous
molestar	to bother	es terrible	it's terrible
sentir (e:ie)	to be sorry; to regret	es triste	it's sad
sorprender	to surprise	ojalá (que)	I hope (that); I wish (that)
temer	to be worried, concerned		

Me molesta que la gente no **recicle** el plástico.
It bothers me that people don't recycle plastic.

Es terrible que no **respiremos** aire puro.
It's terrible that we don't breathe clean air.

Es una lástima que no **controlemos** la deforestación.
It's a shame that we don't control deforestation.

Espera que el gobierno **proteja** el medio ambiente.
He hopes that the government protects the environment.

Práctica

1 **Olga y Sara** Completa esta conversación.

alegro	molesta	temer
conozcan	ojalá	tengo miedo de
estén	puedan	vayan
lleguen	sorprender	visitar

OLGA Me alegro de que Adriana y Raquel (1) _____ a Colombia.

SARA Sí... Es una lástima que (2) _____ cuando ya comenzaron las clases. Ojalá que la universidad las ayude a buscar casa. (3) _____ que no consigan dónde vivir.

OLGA Me (4) _____ que seas tan pesimista. Yo espero que (5) _____ gente simpática.

SARA ¿Sabías que ellas van a estudiar la deforestación en las costas? Es triste que en tantos países los recursos naturales (6) _____ en peligro.

OLGA Me (7) _____ de que no se queden en la capital por la contaminación, pero (8) _____ tengan tiempo de viajar por el país.

SARA Sí, espero que (9) _____ ir al Museo del Oro. Sé que también esperan (10) _____ la Catedral de Sal de Zipaquirá.

2 **Oraciones** Combina elementos de las tres columnas para formar oraciones.

> **modelo**
> Es triste que algunas personas no cuiden la naturaleza.

Expresiones	Sujetos	Actividades
Me alegro de que	yo	desarrollar programas de reciclaje
Espero que	tú	proteger las ballenas
Es extraño que	el gobierno	destruir los bosques
Me gusta que	el/la profesor(a)	contaminar el aire
Tengo miedo de que	la universidad	poner en peligro las tortugas marinas
Es triste que	las fábricas	cuidar la naturaleza
Ojalá que	algunas personas	
	los centros comerciales	
	mis amigos y yo	

Conversación

 3 Diálogo Usa los siguientes elementos para crear una conversación entre Juan y la madre de su novia. Añade palabras si es necesario. Luego, con un(a) compañero/a, preséntala a la clase.

1. Juan, / esperar / (tú) llamarle / Raquel. / Ser / tu / novia. / Ojalá / no / sentirse / sola

2. molestarme / (usted) decirme / lo que / tener / hacer. / Ahora / mismo / estarle / llamando

3. alegrarme / oírte / decir / eso. / Ser / terrible / estar / lejos / cuando / nadie / recordarte

4. señora, / ¡yo / tener / miedo / (ella) no recordarme / mí! / Ser / triste / estar / sin / novia

5. ser / ridículo / (tú) sentirte / así. / Tú / saber / ella / querer / casarse / contigo

6. ridículo / o / no, / sorprenderme / todos preocuparse / ella / y / (nadie) acordarse / mí

 4 Comentar En parejas, compartan sus opiniones sobre las clases que más les gustan y las que menos les gustan. Usen expresiones como **me alegro de que**, **temo que** y **es extraño que**.

modelo

Estudiante 1: Mi clase favorita es español. Me alegra que mi profesor nos ayude con la tarea.
Estudiante 2: Yo, en cambio, odio las matemáticas. Temo que mi profesor piense darnos más tarea.

 5 Problemas Prepara una lista de tres o cuatro problemas ambientales en tu escuela. Luego, escribe una oración expresando tu reacción con el subjuntivo. Comparte la información con la clase.

 modelo

la basura de la cafetería
Temo que la basura de la cafetería no se pueda reducir.

 6 No te preocupes Tu profesor(a) va a darles a ti y a tu compañero/a la información necesaria para completar esta actividad.

Using the subjunctive

▶ Use the infinitive after an expression of emotion when there is no change of subject.

Temo **llegar** tarde.
I'm concerned I'll arrive late.

Temo que mi novio **llegue** tarde.
I'm afraid my boyfriend will arrive late.

Me molesta **ver** el bosque tropical en peligro.
It bothers me to see the rain forest in danger.

Me alegro de que algunas fábricas **se preocupen** por el medio ambiente.
I'm happy that some factories worry about the environment.

▶ The expression **ojalá (que)** is always followed by the subjunctive. The use of **que** is optional.

Ojalá (que) se conserven nuestros recursos naturales.
I hope (that) our natural resources will be conserved.

Ojalá (que) recojan la basura muy pronto.
I hope (that) they collect the garbage soon.

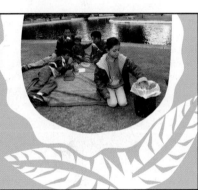

Esperamos
que nuestros hijos vean el cielo azul y que naden en aguas limpias…
Tenemos que enseñarles a conservar y reciclar.

¡Manos a la obra!

 Completa las oraciones con el subjuntivo o el infinitivo.

1. Ojalá que ellos ___descubran___ [descubrir] nuevas formas de energía.
2. Temo que la energía nuclear _____ [ser] uno de los grandes peligros del futuro.
3. Es una lástima que la gente no _____ [reciclar] la basura orgánica.
4. Esperamos _____ [proteger] el aire de nuestra comunidad.
5. Me alegro de que mis amigos _____ [querer] hacer ecoturismo en el Amazonas.
6. A mis padres les gusta que nosotros _____ [participar] en programas de conservación.
7. Ojalá los animales en peligro de extinción _____ [poder] salvarse.
8. El gobierno siente no _____ [poder] hacer nada para encontrar una solución.
9. Siento que nuestras ciudades _____ [estar] afectadas por la contaminación.
10. Ojalá que yo _____ [poder] hacer algo para reducir la contaminación.

13.2 The subjunctive with doubt, disbelief, and denial

▶ The subjunctive is used with expressions of doubt, disbelief, and denial.

Main clause	Connector	Subordinate clause
Dudan	**que**	**su hijo les diga la verdad.**

▶ The subjunctive is used in a subordinate clause when there is a change of subject and the main clause implies negation or uncertainty.

¡No creo que haya lugares más bonitos en el mundo!

Dudo que el río esté contaminado aquí en las montañas.

Expressions of doubt, disbelief, or denial

dudar	to doubt	no es seguro	it's not certain
negar (e:ie)	to deny	no es verdad	it's not true
no creer	not to believe	es imposible	it's impossible
no estar seguro/a (de)	not to be sure (of)	es improbable	it's improbable
no es cierto	it's not true; it's not certain	(no) es posible	it's (not) possible
		(no) es probable	it's (not) probable

El gobierno **niega** que el agua **esté** contaminada.
The government denies that the water is polluted.

Dudo que el gobierno **resuelva** el problema.
I doubt that the government will solve the problem.

▶ In English, the expression *it is probable/possible* indicates a fairly high degree of certainty. In Spanish, however, **es probable/posible** implies inherent uncertainty and therefore triggers the subjunctive in the subordinate clause.

Es posible que **haya** menos bosques y selvas en el futuro.
It's possible that there will be fewer forests and jungles in the future.

Es muy probable que **contaminemos** el medio ambiente.
It's very probable that we're polluting the environment.

▶ Use the infinitive after an expression of uncertainty, doubt, disbelief, or denial when there is no change of subject.

Dudo **llegar** temprano.
I doubt I will arrive early.

Él duda **llegar** temprano.
He doubts he will arrive early.

Práctica

1 **Conversación** Completa el diálogo. Luego dramatízalo con un(a) compañero/a.

RAÚL Ustedes dudan que yo (1) _____ [estudio/estudie]. No niego que a veces me (2) _____ [divierto/divierta], pero no cabe duda de que (3) _____ [tomo/tome] mis estudios en serio. Creo que no (4) _____ [tienen/tengan] razón.

PAPÁ Es posible que tu mamá y yo no (5) _____ [tenemos/tengamos] razón. Es cierto que a veces (6) _____ [dudamos/dudemos] de ti. Pero no hay duda de que te (7) _____ [pasas/pases] toda la noche en Internet y escuchando música. No es seguro que (8) _____ [estás/estés] estudiando.

RAÚL Es verdad que (9) _____ [uso/use] mucho Internet, pero ¿no es posible que (10) _____ [es/sea] para buscar información para mis clases? ¡No hay duda de que Internet (11) _____ [es/sea] el mejor recurso del mundo! Es obvio que ustedes (12) _____ [piensan/piensen] que no hago nada.

PAPÁ Dudo que esta conversación nos (13) _____ [va/vaya] a ayudar. Pero tal vez (14) _____ [puedes/puedas] estudiar sin música.

2 **Dudas** Carolina siempre miente. Expresa tus dudas sobre lo que Carolina dice.

> **modelo**
> El próximo año mi familia y yo vamos a ir de vacaciones por diez meses. [dudar]
> ¡Ja! Dudo que vayan a ir de vacaciones por diez meses.

1. Estoy escribiendo una novela en español. [no creer]

2. Mi tía es la directora del Sierra Club. [no ser verdad]

3. Dos profesores míos juegan para los Osos (*Bears*) de Chicago. [ser imposible]

4. Mi mejor amiga conoce al chef Emeril. [no ser cierto]

5. Mi padre es dueño del Rockefeller Center. [no ser posible]

6. Yo ya tengo un doctorado en lenguas. [ser improbable]

Conversación

3 **Hablando con un(a) burócrata** En parejas, preparen una conversación entre un(a) activista ambiental y un(a) funcionario/a público/a (*government official*). Usen el subjuntivo. Luego presenten la conversación a la clase.

modelo

Activista: Queremos reducir la contaminación del aire, pero dudo que el gobierno nos ayude.

Funcionario: No es cierto. ¡Lea las noticias del periódico! Es obvio que el gobierno está haciendo muchas cosas para reducir la contaminación del aire.

4 **Adivinar** Escribe cinco oraciones sobre tu vida presente y futura. Cuatro deben ser falsas y sólo una debe ser cierta. Preséntalas al grupo. El grupo adivina (*guesses*) cuál es la oración cierta y expresa sus dudas sobre las falsas.

modelo

Estudiante 1: Quiero irme un año a trabajar en la selva.
Estudiante 2: Dudo que te guste vivir en la selva.
Estudiante 3: En cinco años voy a ser presidente de los Estados Unidos.
Estudiante 2: No creo que vayas a ser presidente de los Estados Unidos en cinco años. ¡Tal vez en treinta! Algún día pienso enseñar arte a los niños.
Estudiante 1: No dudo que vas a ser profesor. Te gustan mucho los niños.

5 **Debate** En parejas, conversen sobre sus dudas y miedos para cuando se gradúen de la universidad.

modelo

Estudiante 1: Es improbable que me case inmediatamente.
Estudiante 2: Dudo que nosotros podamos comprarnos una casa después de terminar la universidad.

▶ **Quizás** and **tal vez** imply an uncertain possibility and are usually followed by the subjunctive.

Quizás haga sol mañana.
Perhaps it will be sunny tomorrow.

Tal vez veamos la luna esta noche.
Perhaps we will see the moon tonight.

▶ Use the indicative in a subordinate clause when the main clause expresses certainty.

Expressions of certainty

no dudar	*not to doubt*	estar seguro/a (de)	*to be sure (of)*
no cabe duda de	*there is no doubt*	es cierto	*it's true; it's certain*
no hay duda de	*there is no doubt*	es seguro	*it's certain*
no negar (e:ie)	*not to deny*	es verdad	*it's true*
		es obvio	*it's obvious*

No negamos que **hay** demasiados carros en las carreteras.
We don't deny that there are too many cars on the highways.

No hay duda de que el Amazonas **es** uno de los ríos más largos del mundo.
There is no doubt that the Amazon is one of the longest rivers in the world.

Es verdad que Colombia **es** un país bonito.
It's true that Colombia is a beautiful country.

Es cierto que los tigres **están** en peligro de extinción.
It's certain that tigers are in danger of extinction.

▶ The verb **creer** expresses belief or certainty, so it is followed by the indicative. **No creer** implies doubt and is followed by the subjunctive.

No creo que **haya** vida en el planeta Marte.
I don't believe that there is life on the planet Mars.

Creo que **debemos** usar exclusivamente la energía solar.
I believe we should exclusively use solar energy.

¡Manos a la obra!

Completa estas oraciones con la forma correcta de los verbos.

1. Dudo que ellos __trabajen__ [trabajar].
2. Es cierto que él _____ [comer] mucho.
3. Es imposible que ellos _____ [salir].
4. Es probable que ustedes _____ [ganar].
5. No creo que ella _____ [volver].
6. Es posible que nosotros _____ [ir].
7. Dudamos que tú _____ [reciclar].
8. Creo que ellos _____ [jugar] al fútbol.
9. No niego que ustedes _____ [estudiar].
10. Es probable que ellos _____ [dormir].
11. Es posible que Marta _____ [llamar].
12. Tal vez Juan no nos _____ [oír].

3.3 The subjunctive with conjunctions

> Se pueden tomar fotos, ¿verdad?

> Sí, con tal de que no toques ni las flores ni las plantas.

> A menos que resuelvan el problema, los habitantes van a sufrir muchas enfermedades.

Conjunctions are words or phrases that connect clauses in sentences. Certain conjunctions introduce adverbial clauses, which describe *how, why, when,* and *where* an action takes place. These conjunctions always require the subjunctive.

Conjunctions that require the subjunctive

a menos que	*unless*	en caso (de) que	*in case (that)*
antes (de) que	*before*	para que	*so that*
con tal (de) que	*provided that*	sin que	*without*

Voy a dejar un recado **en caso de que** Gustavo me **llame**.
I'm going to leave a message in case Gustavo calls me.

Algunos animales van a morir **a menos que haya** leyes para protegerlos.
Some animals are going to die unless there are laws to protect them.

Voy al supermercado **para que tengas** algo de comer.
I'm going to the supermarket so that you'll have something to eat.

Voy a tomar esa clase **con tal de que** tú la **tomes** también.
I'm going to take that class provided that you take it too.

¡ojo! Use the infinitive after the prepositions **antes de, para,** and **sin** when there is no change of subject. Compare these sentences.

Te llamamos el viernes **antes de salir** de la casa.
We will call you on Friday before leaving the house.

Te llamamos mañana **antes de que salgas.**
We will call you tomorrow before you leave.

Tus padres trabajan muchísimo **para vivir** bien.
Your parents work very hard in order to live well.

Tus padres trabajan mucho **para que tú puedas** vivir bien.
Your parents work a lot so that you are able to live well.

Práctica

1 **Una excursión** Completa las oraciones.

1. Voy a llevar a mis hijos al parque para que _____ [hacer] actividades al aire libre.

2. Vamos a pasar todo el día allí con tal de que ellos no _____ [cansarse].

3. Vamos a alquilar bicicletas en cuanto _____ [llegar] al parque.

4. En bicicleta, podemos explorar el parque sin _____ [caminar] demasiado.

5. Siempre llevamos al perro cuando _____ [ir] al parque.

6. En caso de que _____ [llover], vamos a regresar temprano a la casa.

7. Queremos almorzar a la orilla (*shore*) del río cuando _____ [tener] hambre.

8. Mis hijos van a ver muchas cosas interesantes antes de _____ [salir] del parque.

2 **Oraciones** Completa las siguientes oraciones.

1. No podemos controlar la contaminación del aire a menos que…

2. Voy a reciclar los productos de papel en cuanto…

3. Protegemos los animales en peligro de extinción para que…

4. Mis amigos y yo vamos a recoger la basura de la universidad después de que…

5. Todos podemos conservar energía cuando…

6. No podemos desarrollar nuevas fuentes (*sources*) de energía sin…

7. Debemos comprar coches eléctricos tan pronto como…

8. Hay que eliminar la contaminación del agua para…

9. No podemos proteger los monos de Sudamérica sin que…

10. Los gobiernos deben alertar a la población de que las tortugas marinas están en peligro de extinción, tan pronto como…

Conversación

 3 **¿Yo, ambientalista?** En parejas, túrnense para hacerse preguntas sobre sus conductas (*behavior*) ambientales. Usen el subjuntivo para las acciones que todavía no han hecho y el indicativo para las acciones que hacen habitualmente.

modelo

reciclar la basura

Estudiante 1: ¿Reciclas la basura?
Estudiante 2: Sí, siempre reciclo la basura después de comer./ No, no voy a reciclar la basura a menos que tenga recipientes para reciclar.

1. Venir en bicicleta a la universidad
2. Comer alimentos orgánicos
3. Usar excesiva calefacción en invierno
4. Comprar productos ecológicos
5. Interesarse por los animales en peligro de extinción
6. Tomar conciencia del calentamiento global

 4 **Instrucciones** Antes de salir de viaje, Javier le deja una lista de instrucciones a su compañero de cuarto. En parejas, túrnense para escribir las instrucciones con el subjuntivo y las conjunciones de la lista.

modelo

No dejes las luces prendidas cuando salgas de la casa.

a menos que
cuando
en caso de que
en cuanto
tan pronto como

Instrucciones
- Darles de comer a los peces
- Comprar productos ecológicos
- Reciclar la basura orgánica
- Usar sólo papel reciclado
- Llamarme por cualquier problema

5 **Tres en línea** Formen dos equipos. En la pizarra, una persona comienza a escribir una frase y otra persona de su equipo la termina, usando palabras de la gráfica. El primer equipo que forme tres oraciones seguidas (*in a row*) gana.

modelo

Estudiante 1: Dudo que podamos eliminar la deforestación...
Estudiante 2: ...sin que nos ayude el gobierno.

cuando	con tal de que	para que
antes de que	para	sin que
hasta que	en caso de que	antes de

Conjunctions with subjunctive or indicative

> Cuando veo basura, la recojo.

> Voy a formar un club de ecología tan pronto como empiecen las clases.

Conjunctions used with subjunctive or indicative

cuando	*when*	hasta que	*until*
después (de) que	*after*	tan pronto como	*as soon as*
en cuanto	*as soon as*		

▶ With the conjunctions above, use the subjunctive in the subordinate clause if the main clause expresses a future action or command.

Vamos a resolver el problema **cuando desarrollemos** nuevas tecnologías.
We are going to solve the problem when we develop new technology.

Después de que ustedes **tomen** sus refrescos, reciclen las botellas.
After you drink your soft drinks, recycle the bottles.

▶ Use the indicative if the verb in the main clause expresses an action that habitually happens or that happened in the past.

Contaminan los ríos **cuando construyen** nuevos edificios.
They pollute the rivers when they build new buildings.

Contaminaron el río **cuando construyeron** ese edificio.
They polluted the river when they built that building.

Siempre vamos de excursión **tan pronto como llega** Rafael.
We always go hiking as soon as Rafael arrives.

Salimos **tan pronto como llegó** Rafael.
We left as soon as Rafael arrived.

¡Manos a la obra!

 Completa las oraciones con las formas correctas de los verbos.

1. Voy a estudiar ecología cuando __vuelva__ [volver] a la universidad.
2. No podemos evitar la lluvia ácida a menos que todos _____ [trabajar] juntos.
3. No podemos conducir sin _____ [contaminar] el aire.
4. Siempre recogemos mucha basura cuando _____ [ir] al parque.
5. Elisa habló con el presidente del club de ecología después de que _____ [terminar] la reunión.
6. Vamos de excursión para _____ [observar] los animales y las plantas.
7. La contaminación va a ser un problema muy grave hasta que _____ [cambiar] nuestros sistemas de producción y transporte.
8. El gobierno debe crear más parques nacionales antes de que los bosques y ríos _____ [estar] completamente contaminados.
9. La gente quiere reciclar con tal de que no _____ [ser] difícil.

Repaso

For more practice, go to aventuras.vhlcentral.com.

13.1 The subjunctive with verbs of emotion

1 Agua contaminada Completa estos comentarios sobre agua contaminada con el infinitivo o el subjuntivo.

1. Siento mucho que mi ciudad _____ (tener) un problema de contaminación del agua.

2. Me molesta _____ (ver) las fábricas contaminando ríos.

3. Es triste que muchísimos peces _____ (morir) cada día.

4. Temo _____ (enfermarse) por beber agua.

5. Ojalá que el gobierno _____ (resolver) esto pronto.

2 ¿Qué piensas? En parejas, túrnense para expresar sus reacciones a estos problemas. Escriban tres oraciones y compártanlas con la clase.

> **modelo**
> En mi ciudad nadie recicla envases.
> **Es terrible que nadie recicle envases.**
> **Es necesario que aprendamos a reciclar.**
> **Es importante que yo ponga el ejemplo.**

1. Nadie protege a los animales en los bosques tropicales.

2. Millones de personas respiran aire contaminado.

3. Pocas leyes controlan la deforestación en las selvas.

4. Hay un aumento de la caza ilegal de ballenas.

3 ¡Es terrible! En parejas, miren el dibujo y digan qué piensan sobre el comportamiento (*behavior*) de esta familia. Usen el subjuntivo y expresiones como **es una lástima que, es ridículo que** y **es terrible que**.

13.2 The subjunctive with doubt, disbelief, and denial

4 Opuestos Escribe lo opuesto (*the opposite*) de cada frase. Sigue el modelo.

> **modelo**
> No es seguro que esta familia recicle las latas de aluminio.
> **Es seguro que esta familia recicla las latas de aluminio.**

1. Luisa y tú dudan que la deforestación dañe a los animales.
   _____

2. Algunos científicos están seguros de que el calentamiento global existe.
   _____

3. Es verdad que las plantas están en peligro de extinción.
   _____

4. Negamos que nuestros océanos estén contaminados.
   _____

5. Es cierto que las leyes protegen a los animales.
   _____

6. Creo que la población cuida de los recursos naturales.
   _____

5 Carta En parejas, escriban una carta al/a la presidente/a de una compañía de su comunidad, pidiéndole su apoyo (*support*) para resolver un problema ambiental. Usen el subjuntivo o el indicativo y las expresiones de la lista. Después compartan su carta con la clase.

Creemos	Es probable
Es obvio	No creemos
Estar seguros/as (de)	Quizás
No hay duda de	Tal vez

6 Entrevista En parejas, túrnense para hacerse estas preguntas. Usen las pistas para responder.

1. ¿Es mejor la energía nuclear que la energía solar? (dudar)

2. ¿Es posible reducir la contaminación de los ríos? (ser improbable)

3. ¿Se deben reciclar todos los envases de plástico? (ser obvio)

4. ¿Están las vacas en peligro de extinción? (no ser cierto)

5. ¿Están los pájaros afectados por la contaminación del agua? (creer)

6. ¿Son las piedras un recurso natural? (ser verdad)

13.3 The subjunctive with conjunctions

7 **Planes para el futuro** ¿Cuáles son tus planes para el futuro? Escríbelos usando las conjunciones **a menos que, antes (de) que, con tal (de) que, en caso (de) que, para que** y **sin que**. Incluye a tu familia y amigos en tus planes.

> **modelo**
>
> Voy a aprender a nadar en caso de que vaya de vacaciones a la playa.

8 **Oraciones** En parejas, escriban una oración con el subjuntivo y una oración con el indicativo, con cada una de las siguientes conjunciones: **cuando, después (de) que, en cuanto, hasta que** y **tan pronto como**. Después, intercambien sus oraciones con otra pareja para que identifiquen el tiempo verbal usado en cada caso.

> **modelo**
>
> Vamos a respirar aire contaminado hasta que el gobierno controle el número de automóviles en la ciudad. (subjuntivo)
> Los camiones pasaban por la ciudad hasta que construyeron la nueva carretera. (indicativo)

Síntesis

9 **¡Participa!** En parejas, imaginen que son dos celebridades que deciden organizar una campaña (campaign) para proteger una especie animal en peligro de extinción. Preparen un anuncio publicitario de 30 segundos y preséntenlo a la clase.

> **modelo**
>
> Soy Bono y para mí es muy importante cuidar el medio ambiente. Hoy te quiero invitar a que participes en esta campaña para salvar el puma en Chile. Tan pronto como tú dones (donate) dinero, se podrá salvar de la extinción. ¡Ayúdalo antes de que sea demasiado tarde!

Videoclip

1 **Preparación** ¿Conoces alguien a quien le ocurrió algo que parecía sobrenatural (supernatural)? Explica qué ocurrió (what happened), si es posible…

2 **El clip** Mira el anuncio de **Edenor** de Argentina.

Vocabulario	
derrochando wasting	**el más allá** the afterlife
energía eléctrica electric energy	**una luz blanca** a white light

Tenemos información de que usted fue al más allá y volvió. ¿Es correcto?

¿Qué me está pidiendo?

3 **Preguntas** Contesta estas preguntas con oraciones completas.
1. ¿Qué vio Víctor Sueiro cuando fue al más allá?
2. ¿Qué le piden que haga? ¿Por qué?
3. ¿Por qué es importante que apague la luz?
4. ¿Qué hace Víctor Sueiro cuando despierta?

4 **Creencias** Víctor Sueiro estuvo clínicamente muerto por 40 segundos. Luego escribió un libro que decía que no debíamos tener miedo del más allá porque hay una luz hermosa al final. ¿Qué opinas de su historia? Usa el subjuntivo en tus repuestas.

> **modelo**
>
> Dudo que estuviera muerto. No creo que recuerde lo que vio.

 SUPERSITE **CONEXIÓN INTERNET**
Go to aventuras.vhlcentral.com to watch the television clip featured in this section.

Ampliación

1 Escuchar

A Soledad Morales es una activista preocupada por el medio ambiente. Observa el dibujo y escribe tres predicciones sobre lo que piensas que va a decir.

> ⭐ **TIP Use your background knowledge. / Guess meaning from context.** Your background knowledge helps you anticipate the content. If you hear words or expressions you do not understand, you can often guess their meanings based on the surrounding words.

B Escucha lo que Soledad dice e indica si estas oraciones son **ciertas** o **falsas**.

¡Protejamos la Tierra!

	Cierto	Falso
1. Soledad conversa con unos compañeros de trabajo.	_____	_____
2. Soledad teme que el futuro del medio ambiente no sea bueno.	_____	_____
3. Soledad cree que las distintas formas de vida —la naturaleza, los animales y los humanos— están relacionadas.	_____	_____
4. Soledad dice que la caza ilegal de animales es un problema grave.	_____	_____
5. La contaminación del río afecta la ecología de las playas de Barranquilla.	_____	_____
6. Soledad dice que la comunidad debe dejar de cazar animales en peligro de extinción.	_____	_____

C Compara tus predicciones con las respuestas correctas. ¿Fueron tus predicciones correctas? ¿Qué elementos te ayudaron a anticipar el discurso de Soledad?

2 Conversar

Conversa con un(a) compañero/a sobre cómo evitar la extinción de animales. Esta es una lista de expresiones útiles.

> **las áreas protegidas**
> **la biodiversidad**
> **el/la cazador(a)**
> **controlar la caza de animales**
> **investigar las causas (que provocan)**
> **provocar alteraciones en el ecosistema**

En América, el Puma del Este o de Montaña está en peligro de extinción debido a la caza excesiva y falta de hábitat.

Ampliación

- Are you going to comment on one topic or several?
- Do you intend to register a complaint or to inform others?
- Are you hoping to persuade others to adopt your point of view or to take specific action

3 Escribir

Escribe una carta a un periódico sobre una situación importante que afecta el medio ambiente en tu comunidad.

 TIP Consider your audience and purpose. Once you have defined both your audience and your purpose, you will be able to decide which tone, vocabulary, and grammatical structures will best serve your needs.

Organízalo	Decide cuál es el propósito de tu carta y planéala.
Escríbelo	Utiliza tus apuntes para escribir el primer borrador de la carta.
Corrígelo	Intercambia tu carta con un(a) compañero/a. Lee su carta y anota los mejores aspectos. Dale sugerencias para mejorarla. Si ves algunos errores, coméntaselos.
Compártelo	Revisa el primer borrador teniendo en cuenta las indicaciones de tu compañero/a. Si es necesario, incorpora nuevas ideas y/o más información.

4 Un paso más

Escribe una carta al/a la presidente/a de un país hispano para hablarle de tus dudas, deseos y preocupaciones sobre el futuro de una de las atracciones naturales del país.

**Las tortugas marinas están
en grave peligro de extinción.**

- Investiga algunas de las atracciones naturales del mundo hispano.
- Escoge una y piensa en lo que se puede hacer para protegerla.
- Explica lo que temes de los problemas ambientales, lo que esperas y tus dudas sobre el futuro.
- Presenta recomendaciones para proteger este lugar en el futuro.

 CONEXIÓN INTERNET

**Investiga estos temas en el sitio
aventuras.vhlcentral.com.**

- Atracciones naturales de España
- Atracciones naturales de América del Sur
- Atracciones de México, América Central y el Caribe

LECTURA

Antes de leer

Identifying the purpose of a text will help you anticipate the content of a reading selection. For example, if you are reading an advice column in a newspaper, you know to expect questions about people's problems and suggestions from the columnist. The reading selection for this lesson consists of two fables: "El perro y el cocodrilo" by Félix María Samaniego and "El pato y la serpiente" by Tomás de Iriarte. What's a fable? In general, what do the writers of fables attempt to accomplish? What kinds of characters do you expect to read about in fables? How do fables typically end?

_____

_____

_____

_____

Sobre los autores

Félix María Samaniego (1745–1801), nacido en España, escribió las *Fábulas morales*, que ilustran de manera humorística el carácter humano. Los protagonistas de muchas de sus fábulas son animales que hablan.

Tomás de Iriarte (1750–91), nacido en las Islas Canarias, tuvo gran éxito (*success*) con su libro *Fábulas literarias*. Su tendencia a representar la lógica a través de símbolos de la naturaleza fue de gran influencia para muchos autores de su época.

El perro y el cocodrilo

Bebiendo un perro en el Nilo°,
al mismo tiempo corría.
"Bebe quieto°", le decía
un taimado° cocodrilo.

Díjole° el perro prudente:
"Dañoso° es beber y andar°;
pero ¿es sano el aguardar
a que me claves el diente?°"

¡Oh qué docto° perro viejo!
Yo venero° su sentir°
en esto de no seguir
del enemigo el consejo.

Nilo	*Nile*
quieto	*in peace*
taimado	*sly*
Díjole	*Said to him*
Dañoso	*Harmful*
andar	*to walk*

¿es sano… diente?	*is it good for me to wait for you to sink your teeth into me?*
docto	*learned; wise*
venero	*revere*
sentir	*wisdom*

El pato y la serpiente

A orillas° de un estanque°,

diciendo estaba un pato°:

"¿A qué animal dio el cielo°

los dones que me ha dado°?

"Soy de agua, tierra y aire:

cuando de andar me canso°,

si se me antoja, vuelo°;

si se me antoja, nado".

Una serpiente astuta

que le estaba escuchando,

le llamó con un silbo°,

y le dijo "¡Seo° guapo!

"No hay que echar tantas plantas°;

pues ni anda como el gamo°,

ni vuela como el sacre°,

ni nada como el barbo°;

"y así tenga sabido

que lo importante y raro°

no es entender de todo,

sino ser diestro° en algo".

Después de leer

¿Comprendiste? 🔊S

Escoge la mejor opción para completar cada oración.

1. El cocodrilo _____ perro.
   a. está preocupado por el   b. quiere comerse al
   c. tiene miedo del

2. El perro _____ cocodrilo.
   a. tiene miedo del   b. es amigo del
   c. quiere quedarse con el

3. El pato cree que es un animal _____.
   a. muy famoso   b. muy hermoso
   c. de muchos talentos

4. La serpiente cree que el pato es _____.
   a. muy inteligente   b. muy tonto
   c. muy feo

Preguntas 🔊S

1. ¿Qué representa el cocodrilo?
   _____

2. ¿Qué representa el pato?
   _____

3. ¿Cuál es la moraleja (*moral*) de "El perro y el cocodrilo"?
   _____

4. ¿Cuál es la moraleja de "El pato y la serpiente"?
   _____

Coméntalo

¿Estás de acuerdo (*do you agree*) con las moralejas de estas fábulas? ¿Por qué? ¿Cuál de estas fábulas te gusta más? ¿Por qué? ¿Conoces otras fábulas? ¿Cuál es su propósito (*purpose*)?

orillas	banks	Seo	Señor
estanque	pond	No hay que… plantas	There's no reason to boast
pato	duck	gamo	deer
cielo	heaven	sacre	falcon
los dones… dado	the gifts that it has given me	barbo	barbel (a type of fish)
me canso	I get tired	lo… raro	the important and rare thing
si se me antoja, vuelo	If I feel like it, I fly	diestro	skillful
silbo	hiss		

recursos

SUPERSITE

aventuras.vhlcentral.com
Lección 13

La naturaleza

el árbol	tree
el bosque (tropical)	(tropical; rain) forest
el cielo	sky
el cráter	crater
el desierto	desert
la estrella	star
la flor	flower
la hierba	grass
el lago	lake
la luna	moon
el mundo	world
la naturaleza	nature
la nube	cloud
el océano	ocean
el paisaje	landscape
la piedra	rock; stone
la planta	plant
la región	region; area
el río	river
la selva	jungle
el sendero	trail
el sol	sun
la tierra	land; soil
el valle	valley
el volcán	volcano

Conjunciones

a menos que	unless
antes (de) que	before
con tal (de) que	provided that
después (de) que	after
en caso (de) que	in case (that)
en cuanto	as soon as
hasta que	until
para que	so that
sin que	without
tan pronto como	as soon as

El medio ambiente

la caza	hunting
el calentamiento global	global warming
la conservación	conservation
la contaminación (del aire; del agua)	(air; water) pollution
la deforestación	deforestation
la ecología	ecology
el ecoturismo	ecotourism
la energía (nuclear; solar)	(nuclear; solar) energy
la extinción	extinction
la fábrica	factory
el gobierno	government
la ley	law
el medio ambiente	environment
el peligro	danger
la población	population
el reciclaje	recycling
el recurso natural	natural resource
la solución	solution
conservar	to conserve
contaminar	to pollute
controlar	to control
cuidar	to take care of
dejar de (+ inf.)	to stop (doing something)
desarrollar	to develop
descubrir	to discover
destruir	to destroy
estar afectado/a (por)	to be affected (by)
estar contaminado/a	to be polluted
evitar	to avoid
mejorar	to improve
proteger	to protect
reciclar	to recycle
recoger	to pick up
reducir	to reduce
resolver (o:ue)	to resolve; to solve
respirar	to breathe
la botella de vidrio	glass bottle
el envase de plástico	plastic container
la lata de aluminio	aluminum can
ecologista	ecologist
puro	pure
renovable	renewable

Las emociones

alegrarse (de)	to be happy
esperar	to hope; to wish
sentir (e:ie)	to be sorry; to regret
temer	to be afraid/ concerned; to fear
es extraño	it's strange
es una lástima	it's a shame
es ridículo	it's ridiculous
es terrible	it's terrible
es triste	it's sad
ojalá (que)	I hope (that); I wish (that)

Las dudas y las certezas

(no) creer	(not) to believe
(no) dudar	(not) to doubt
(no) estar seguro/a (de)	(not) to be sure (of)
(no) negar (e:ie)	(not) to deny
es imposible	it's impossible
es improbable	it's improbable
es obvio	it's obvious
no cabe duda de	there is no doubt
no hay duda de	there is no doubt
(no) es posible	it's (not) possible
(no) es probable	it's (not) probable
(no) es cierto	it's (not) true; it's (not) certain
(no) es verdad	it's (not) true
(no) es seguro	it's (not) certain

Los animales

el animal	animal
la ballena	whale
el mono	monkey
el pájaro	bird
el pez	fish
la tortuga marina	marine turtle
la vaca	cow

Expresiones útiles	See page 339.

14 En la ciudad

Communicative Goals

You will learn how to:
- talk about errands
- ask for and give directions
- give advice

PARA EMPEZAR

- ¿Dónde están ellos, en una calle o en un sendero?
- ¿Qué tienen en sus manos? ¿Por qué?
- ¿Cómo son las viviendas, grandes o pequeñas?
- ¿Cómo crees que es la vida en esta ciudad?

PREPARACIÓN

4

EN LA CIUDAD

EN LA CIUDAD

la pescadería
fish market

el banco *bank*

la carnicería *butcher shop*

el correo *post office*

la heladería *ice cream shop*

la joyería *jewelry store*

la lavandería *laundromat*

la panadería *bakery*

la pastelería *pastry shop*

la peluquería *hairdressing salon*

el salón de belleza *beauty salon*

el supermercado *supermarket*

la zapatería *shoe store*

hacer cola *to stand in line*

hacer diligencias *to run errands*

la frutería
fruit shop

EN EL CORREO

el cartero
mail carrier

el correo *mail*

el paquete *package*

los sellos *stamps*

el sobre *envelope*

echar (una carta) al buzón *to put (a letter) in the mailbox; to mail (a letter)*

enviar *to send*

mandar *to send*

las estampillas
stamps

recursos

WB pp. 139–140	LM p. 79	aventuras.vhlcentral.com Lección 14

EN EL BANCO

el cheque de viajero *traveler's check*

la cuenta corriente *checking account*

la cuenta de ahorros *savings account*

ahorrar *to save (money)*

cobrar *to cash (a check); to charge
(for a product or service)*

depositar *to deposit*

llenar (un formulario) *to fill out (a form)*

pagar al contado *to pay in cash*

pagar a plazos *to pay in installments*

pedir prestado *to borrow*

pedir un préstamo *to apply for a loan*

ser gratis *to be free of charge*

el cheque
check

SERIE KY   5296221
Diamante 787
Valparaíso

0-744679-00-5
JUAN FLORES GARCÍA

$ 2387.00

044-0365
011

8 de noviembre de 2009

Páguese a
la orden de *María Eugenia Castaño*

o, al portador

la suma de *dos mil trescientos ochenta y siete con* 00/100

pesos m/l

Juan Flores García
Firma autorizada

BANCO ATLANTIS
:54892332·A 0440900657008· 01

firmar
to sign

el cajero automático
automatic teller machine, ATM

el letrero
sign

PARE

CÓMO LLEGAR

la cuadra *(city) block*

la dirección *address*

la esquina *corner*

cruzar *to cross*

doblar *to turn*

estar perdido/a *to be lost*

quedar *to be located*

(al) este *(to the) east*

(al) oeste *(to the) west*

(al) norte *(to the) north*

(al) sur *(to the) south*

derecho *straight (ahead)*

enfrente de *opposite; facing*

hacia *toward*

indicar cómo llegar
to give directions

Variación léxica

cheque de viajero ←→ cheque de viaje (*Esp.*)

cuadra ←→ manzana (*Esp.*)

doblar ←→ girar (*Esp.*), virar, voltear (*Amér. L.*)

hacer diligencias ←→ hacer mandados (*Amér. L.*)

A escuchar

1 **¿Lógico o ilógico?** Escucha las frases e indica si cada frase es **lógica** o **ilógica**.

	Lógico	Ilógico
1.	_____	_____
2.	_____	_____
3.	_____	_____
4.	_____	_____
5.	_____	_____
6.	_____	_____
7.	_____	_____
8.	_____	_____

2 **¿Adónde fue?** Óscar está hablándote de las diligencias que hizo ayer. Indica adónde fue.

1. _____

2. _____

3. _____

4. _____

5. _____

6. _____

A practicar

3 **Emparejar** Indica la actividad que se puede hacer en cada lugar.

Lugares	Actividades
1. carnicería _____	a. comprar galletas
2. pastelería _____	b. conseguir manzanas
3. frutería _____	c. comprar un collar (*necklace*)
4. joyería _____	d. cortarse (*to cut*) el pelo
5. lavandería _____	e. lavar la ropa
6. pescadería _____	f. comprar pescado
7. salón de belleza _____	g. comprar pollo
8. zapatería _____	h. probrarse unas sandalias

4 **Completar** Completa las oraciones con las palabras de la lista.

1. El banco me regaló un reloj. Lo conseguí _____.
2. Me gusta _____ dinero, pero no me molesta gastarlo.
3. Tengo que _____ el cheque en el dorso (*on the back*) para cobrarlo.
4. Para pagar con un cheque, necesito tener dinero en mi _____.
5. Mi madre va a un _____ para obtener dinero.
6. Julio lleva su cheque al banco y lo _____ para tener dinero en efectivo.
7. Ana lleva su cheque al banco y lo _____ en su cuenta de ahorros.
8. Anoche en el restaurante, Marcos _____ en vez de usar una tarjeta de crédito.
9. Cuando viajas, es buena idea llevar cheques _____.
10. Para pedir un préstamo, Miguel y Susana tuvieron que _____ cuatro formularios.

ahorrar	de viajero
cajero automático	firmar
cobra	gratis
cuenta corriente	llenar
deposita	pagó al contado

5 **Conversación** Completa esta conversación entre Juanita y el cartero.

CARTERO Buenas tardes, ¿es usted la señorita Ramírez? Le traigo un (1) _____.

JUANITA Sí, soy yo. ¿Quién lo envía?

CARTERO La señora Ortega. Y también tiene usted dos (2) _____.

JUANITA Ay, pero ¡ninguna es de mi novio! ¿No llegó nada de Manuel Fuentes?

CARTERO Sí, pero él echó la carta al (3) _____ sin poner un (4) _____ en el sobre.

JUANITA Entonces, ¿qué recomienda usted que haga?

CARTERO Sugiero que vaya al (5) _____. Si usted paga el costo del sello, se le puede dar la carta.

A conversar

6 Situaciones En parejas, representen una conversación entre un(a) empleado/a de banco y uno/a de estos/as clientes/as.

• un(a) estudiante universitario/a que quiere abrir una cuenta corriente

• una persona que quiere pedir un préstamo para comprar una casa

• una persona que quiere información de los servicios que ofrece el banco

7 El Hatillo En parejas, representen una conversación entre un(a) turista que está perdido/a en El Hatillo, Venezuela, y un(a) residente de la ciudad que quiere ayudarlo/la.

modelo

Plaza Sucre, Café Primavera
Estudiante 1: Perdón, ¿por dónde queda la Plaza Sucre?
Estudiante 2: Del Café Primavera, camine derecho por la calle Sucre hasta llegar a la calle Comercio. Doble a la izquierda y camine una cuadra. Allí está la plaza.

1. Plaza Bolívar, farmacia

2. Casa de la Cultura, Plaza Sucre

3. banco, terminal

4. estacionamiento (este), escuela

5. Plaza Sucre, estacionamiento (oeste)

6. joyería, banco

7. farmacia, joyería

8. zapatería, iglesia

8 ¿Dónde está? En grupos, escriban un minidrama en el que unos/as turistas piden ayuda para llegar a tres diferentes sitios de la comunidad en la que viven ustedes. Luego preséntenlo a la clase.

9 Diferencias Tu profesor(a) va a darles a ti y a tu compañero/a la información necesaria para completar esta actividad.

Ortografía

Las abreviaturas

In Spanish, as in English, abbreviations are often used in order to save space and time while writing. Here are some of the most commonly used abbreviations in Spanish.

usted → Ud.		ustedes → Uds.	

As you have already learned, the subject pronouns **usted** and **ustedes** are often abbreviated.

don → D.	doña → Dña.	doctor(a) → Dr(a).
señor → Sr.	señora → Sra.	señorita → Srta.

These titles are frequently abbreviated.

centímetro → cm	metro → m	kilómetro → km
litro → l	gramo → g; gr	kilogramo → kg

The abbreviations for these units of measurement are often used, but without periods.

por ejemplo → p. ej.	página(s) → pág(s).

These abbreviations are often seen in books.

derecha → dcha.	izquierda → izq. (izqda.)
código postal → C.P.	número → n.º

These abbreviations are often used in mailing addresses.

Banco → Bco.	Compañía → Cía.
cuenta corriente → c/c.	Sociedad Anónima (*Inc.*) → S.A.

These abbreviations are frequently used in the business world.

 Práctica Escribe otra vez la siguiente información usando las abreviaturas adecuadas.

1. doña María
2. señora Pérez
3. Compañía Mexicana de Inversiones
4. usted

5. Banco de Santander
6. doctor Medina
7. Código Postal 03697
8. cuenta corriente número 20-453

Emparejar En la tabla hay nueve abreviaturas. Empareja los cuadros necesarios para formarlas.

S.	c.	C.	c	co.	U
B	c/	Sr	A.	D	dc
ta.	P.	ña.	ha.	m	d.

recursos

LM
p. 80

aventuras.vhlcentral.com
Lección 14

Estamos perdidos.

Maite y Álex hacen diligencias en el centro.

PERSONAJES

DON FRANCISCO

JAVIER

INÉS

ÁLEX

MAITE

MARTÍN

JOVEN

MARTÍN Y DON FRANCISCO Buenas tardes.
JAVIER Hola. ¿Qué tal? Estamos conversando sobre la excursión de mañana.

DON FRANCISCO ¿Y ya tienen todo lo que necesitan? A todos los excursionistas yo siempre les recomiendo llevar zapatos cómodos, una mochila, gafas oscuras y un suéter por si hace frío.
JAVIER Todo listo, don Francisco.

MARTÍN Les aconsejo que traigan algo de comer.
ÁLEX Mmm… no pensamos en eso.
MAITE ¡Deja de preocuparte tanto, Álex! Podemos comprar algo en el supermercado ahora mismo. ¿Vamos?

JOVEN ¡Hola! ¿Puedo ayudarte en algo?
MAITE Sí, estamos perdidos. ¿Hay un banco por aquí con cajero automático?
JOVEN Mmm… no hay ningún banco en esta calle que tenga cajero automático.

JOVEN Pero conozco uno en la calle Pedro Moncayo que sí tiene cajero automático. Cruzas esta calle y luego doblas a la izquierda. Sigues todo derecho y antes de que lleguen a la Joyería Crespo van a ver un letrero grande del Banco del Pacífico.

MAITE También buscamos un supermercado.
JOVEN Pues, allí mismo enfrente del banco hay un supermercado pequeño. Fácil, ¿no?
MAITE Creo que sí. Muchas gracias por su ayuda.

A C T I V I D A D E S

1 **¿Cierto o falso?** Decide si estas oraciones son **ciertas** o **falsas**. Corrige las falsas.

1. Don Francisco les ordena a los chicos llevar una cámara.

2. Inés necesita unas estampillas.

3. El joven dice que hay un banco con cajero automático en esa calle.

4. Enfrente del banco hay una heladería.

5. Maite piensa que el joven que conoció en la calle es guapo.

2 **Ordenar** Pon los eventos en el orden correcto.

_____ a. Álex y Maite toman un helado.

_____ b. Un joven ayuda a Álex y a Maite a encontrar el banco porque están perdidos.

_____ c. Álex termina su café.

_____ d. Inés les da unas postales a Maite y a Álex para echar al buzón.

_____ e. Maite y Álex van al supermercado y compran comida.

_____ f. Maite y Álex van al banco y al correo.

Expresiones útiles

Giving advice

Les recomiendo/Hay que llevar zapatos cómodos.
I recommend that you/It's necessary to wear comfortable shoes.

Les aconsejo que traigan algo de comer.
I advise you to bring something to eat.

Trae gafas oscuras.
Bring sunglasses. (fam., sing.)

Talking about errands

Necesito pasar por el banco.
I need to go by the bank.

Te acompaño.
I'll go with you.

Getting directions

¿Hay un banco por aquí?
Is there a bank around here?

Dobla a la izquierda/derecha.
Turn to the left/right. (fam., sing.)

Sigue todo derecho.
Go straight ahead.(fam., sing.)

Van a ver un letrero grande.
You're going to see a big sign.

¿Por dónde queda… ?
Where is…?

Está a dos cuadras de aquí.
It's two blocks from here.

Allí mismo, enfrente del banco, hay un supermercado.
Right in front of the bank there is a supermarket.

ÁLEX ¡Excelente idea! En cuanto termine mi café te acompaño.
MAITE Necesito pasar por el banco y por el correo para mandar unas cartas.
ÁLEX Está bien.

ÁLEX ¿Necesitan algo del centro?
INÉS ¡Sí! Cuando vayan al correo, ¿pueden echar estas postales al buzón? Además necesito unas estampillas.
ÁLEX Por supuesto.

MAITE Ten, guapa, tus sellos.
INÉS Gracias, Maite. ¿Qué tal les fue en el centro?
MAITE ¡Súper bien! Fuimos al banco y al correo. Luego en el supermercado compramos comida para la excursión. Y antes de regresar, paramos en una heladería.

MAITE ¡Ah! Y otra cosa. Cuando llegamos al centro conocimos a un joven muy simpático que nos dio direcciones. Era muy amable... ¡y muy guapo!

 3 **En la ciudad** En parejas, piensen en las personalidades de Álex e Inés, y preparen una lista de tres lugares favoritos en la ciudad para cada uno. Expliquen por qué a cada uno le gusta ese lugar con ejemplos de capítulos anteriores de la **Fotonovela**.

 4 **Conversación** En parejas, preparen una conversación entre dos vecinos/as. Uno/a de ustedes acaba de mudarse y necesita ayuda para desplazarse por la ciudad. Usen las **Expresiones útiles**.

- un banco
- una lavandería
- un supermercado
- una heladería
- una panadería

recursos

VM
pp. 195–196

aventuras.vhlcentral.com
Lección 14

Paseando en metro

Hoy es el primer día de Teresa en la Ciudad de México. Debe tomar el metro para ir del centro de la ciudad a Coyoacán, en el sur. Llega a la estación Zócalo y compra un pasaje por el equivalente a dieciocho centavos° de dólar, ¡qué ganga! Con este pasaje puede ir a cualquier° parte de la ciudad o del área metropolitana.

No sólo en México, sino también en ciudades de Venezuela, Chile, Argentina y España, hay sistemas de transporte público eficientes y muy económicos. También suele haber° varios tipos de transporte: autobús, metro, tranvía°, microbús y tren. Generalmente se pueden comprar abonos° de uno o varios días para un determinado tipo de transporte. En algunas ciudades también existen abonos de transporte combinados que permiten usar, por ejemplo, el metro y el autobús o el autobús y el tren. En estas ciudades, los metros, autobuses y trenes pasan con mucha frecuencia. Las paradas° y estaciones están bien señalizadas°.

Vaya°, Teresa ya está llegando a Coyoacán. Con lo que ahorró en el pasaje del metro, puede comprarse un helado de mango y unos esquites° en el jardín Centenario.

El metro

El primer metro de Suramérica que se abrió al público fue el de Buenos Aires, Argentina (1° de diciembre de 1913); el último, el de Valparaíso, Chile (23 de noviembre de 2005).

Ciudad	Pasajeros/Día (aprox.)
México D.F., México	4.406.300
Madrid, España	2.400.000
Buenos Aires, Argentina	1.500.000
Santiago, Chile	1.500.000
Caracas, Venezuela	1.400.000
Medellín, Colombia	350.000
Guadalajara, México	161.910

centavos *cents* cualquier *any* suele haber *there usually are* tranvía *streetcar* abonos *passes* paradas *stops* señalizadas *labeled* Vaya *Well* esquites *toasted corn kernels*

ACTIVIDADES

1 **¿Cierto o falso?** Indica si lo que dice cada oración es **cierto** o **falso**. Corrige la información falsa.

1. En la Ciudad de México, el pasaje de metro cuesta 18 dólares.
2. En México, un pasaje se puede usar sólo para ir al centro de la ciudad.
3. En Chile hay varios tipos de transporte público.
4. En ningún caso los abonos de transporte sirven para más de un tipo de transporte.
5. Los trenes, autobuses y metros pasan con mucha frecuencia.
6. Hay pocos letreros en las paradas y estaciones.
7. Los servicios de metro de México y España son los que mayor cantidad de viajeros transporta cada día.
8. La ciudad de Buenos Aires tiene el sistema de metro más viejo de Latinoamérica.
9. El metro que lleva menos tiempo en servicio es el de la ciudad de Medellín, Colombia.

ASÍ SE DICE

En la ciudad

el aparcamiento (Esp.); el parqueadero (Col., Pan.); el parqueo (Bol., Cuba, Amér. C.)	el estacionamiento
dar un aventón (Méx.); dar botella (Cuba); dar un chance (Col.)	*to give (someone) a ride*
el subterráneo, el subte (Arg.)	el metro

SUPERSITE

CONEXIÓN INTERNET

What do you know about **México, D.F.** and **Bogotá** in Colombia? Go to **aventuras.vhlcentral.com** to find out and to access these components:

• the **Flash Cultura** video
• more activities
• additional reading: **La transformación de una ciudad**

2 **Comparación** Compara el servicio de metro en México con el servicio de un transporte público en el área donde vives. Da información de la frecuencia, el precio del pasaje, cuántas personas lo usan y cuál prefieres tú.

recursos

| VM pp. 253–254 | aventuras.vhlcentral.com Lección 14 |

El Metro del D.F.

1 **Preparación** Imagina que estás en México, D.F., una de las ciudades más grandes del mundo. ¿Qué transporte usas para ir de un lugar a otro? ¿Por qué?

2 **El video** Mira el episodio de **Flash Cultura**.

Vocabulario			
concurrido	*busy, crowded*	transbordo	*transfer, change*
se esconde	*is hidden*	tranvía	*streetcar*

Viajando en el Metro… puedes conocer más acerca de la cultura de este país.

Para la gente… mayor de 60 años, es el transporte totalmente gratuito.

3 **Seleccionar** Selecciona la respuesta correcta.

1. El Bosque de Chapultepec es uno de los lugares más _____ (solitarios/concurridos) de la ciudad.
2. En las estaciones _____ (de transbordo/subterráneas) los pasajeros pueden cambiar de trenes para llegar fácilmente a su destino.
3. Algunas líneas del Metro no son subterráneas, sino superficiales, es decir, _____ (paran/circulan) al nivel de la calle.
4. Dentro de algunas estaciones hay _____ (danzas indígenas/ exposiciones de arte).

14.1 The subjunctive in adjective clauses

▶ Adjective clauses modify nouns or pronouns. The subjunctive can be used in adjective clauses to indicate that the existence of someone or something is uncertain or indefinite.

¿Hay un banco por aquí que tenga cajero automático?

No hay ningún banco en esta calle que tenga cajero automático.

▶ The subjunctive is used in an adjective clause that refers to a person, place, thing, or idea that either does not exist or whose existence is uncertain or indefinite.

Busco **un profesor** que **enseñe japonés**.
I'm looking for a professor who teaches Japanese.

¿Conoces **un buen restaurante** que **esté** cerca de mi casa?
Do you know a good restaurant that is near my house?

▶ The indicative is used when the adjective clause refers to a person, place, thing, or idea that is clearly known, certain, or definite.

Quiero ir **al restaurante** que **está** enfrente de la biblioteca.
I want to go to the restaurant that's in front of the library.

Conozco a **alguien** que **va** a esa peluquería.
I know someone who goes to that beauty salon.

Adjective clauses

Indicative	Subjunctive
Necesito el libro que tiene información sobre Venezuela.	Necesito un libro que tenga información sobre Venezuela.
I need the book that has information about Venezuela.	*I need a book that has information about Venezuela.*
Quiero vivir en esta casa que tiene jardín.	Quiero vivir en una casa que tenga jardín.
I want to live in this house that has a garden.	*I want to live in a house that has a garden.*
En mi barrio, hay una heladería que vende helado de mango.	En mi barrio, no hay ninguna heladería que venda helado de mango.
In my neighborhood, there's an ice cream shop that sells mango ice cream.	*In my neighborhood, there is no ice cream shop that sells mango ice cream.*

Práctica

1 Minidiálogos Completa los minidiálogos con la forma correcta de los verbos indicados.

MARCIA Buscamos un hotel que (1) _____ [tener] piscina.

MARTÍN Hay tres o cuatro hoteles por aquí que (2) _____ [tener] piscina.

• • •

EDUARDO ¿Hay algún buzón por aquí donde yo (3) _____ [poder] echar una carta?

SUSANA Sí, hay uno en la esquina donde (4) _____ [poder] echar una carta.

• • •

ANA Queremos encontrar un restaurante que (5) _____ [servir] comida venezolana.

BENITO Creo que el restaurante en esta cuadra (6) _____ [servir] comida venezolana.

• • •

VICENTE Necesitas al empleado que (7) _____ [entender] este nuevo programa de computación.

MARISOL No hay nadie que (8) _____ [entender] este programa.

2 Completar Completa estas oraciones de manera lógica. Luego, compara tus respuestas con las de un(a) compañero/a.

1. Tengo un(a) amigo/a que…
2. Algún día espero tener un apartamento o una casa que…
3. Quiero visitar un país que…
4. No tengo ningún/ninguna profesor(a) que…
5. Es importante conocer a alguien que…
6. Mi compañero/a de cuarto busca una lavandería que…
7. Un(a) consejero/a (*advisor*) debe ser una persona que…
8. Mi novio/a desea un perro que…
9. En esta clase no hay nadie que…
10. Mis padres buscan un carro que…

Conversación

3 Encuesta Averigua (*Find out*) quién de tus compañeros/as conoce a alguien que haga estas actividades. Si responden que sí, pregunta quién es y anota sus respuestas. Comparte los resultados con la clase.

Actividades	Nombres	Respuestas
1. Conocer muy bien su ciudad		
2. Hablar japonés		
3. Comprender el subjuntivo		
4. Odiar ir de compras		
5. Ser venezolano/a		
6. Trabajar en una zapatería		
7. No tener tarjeta de crédito		
8. Graduarse este año		

4 Anuncios clasificados En parejas, lean estos anuncios y describan el tipo de persona u objeto que se busca. Usen el subjuntivo.

CLASIFICADOS

CLASES DE INGLÉS Profesor de Inglaterra con diez años de experiencia ofrece clases para grupos o instrucción privada para individuos. Llamar al 933-4110 de 16:30 a 18:30.

SE BUSCA CONDOMINIO Se busca condominio en Sabana Grande con 3 alcobas, 2 baños, sala, comedor y aire acondicionado. Tel: 977-2018.

EJECUTIVO DE CUENTAS Se requiere joven profesional con al menos dos años de experiencia en el sector financiero. Se ofrecen beneficios excelentes. Enviar currículum vitae al Banco Unión, Avda. Urdaneta 263, Caracas.

VENDEDOR(A) Se necesita persona dinámica y responsable con buena presencia. Experiencia mínima de un año. Horario de trabajo flexible. Llamar a Joyería Aurora de 10 a 13h y de 16 a 18h. Tel: 263-7553.

PELUQUERÍA UNISEX Se busca persona con experiencia en peluquería y maquillaje para trabajar tiempo completo. Llamar de 9 a 13h. Tel: 261-3548.

COMPARTIR APARTAMENTO Se necesita compañera para compartir apartamento de 2 alcobas en el Chaco. Alquiler 300.000 bolívares por mes. No fumar. Llamar al 951-3642 entre 19 y 22h.

5 Busca los cuatro Tu profesor(a) va a darles a ti y a tu compañero/a la información necesaria para completar esta actividad.

▶ The personal **a** is not used with direct objects that are hypothetical people. However, **alguien** and **nadie** are always preceded by the personal **a** when they function as direct objects.

Necesitamos **un empleado** que **sepa** usar computadoras.
We need an employee who knows how to use computers.

Necesitamos **al empleado** que **sabe** usar computadoras.
We need the employee who knows how to use computers.

Buscamos **a alguien** que **pueda** cocinar.
We're looking for someone who can cook.

No conocemos **a nadie** que **pueda** cocinar.
We don't know anyone who can cook.

▶ The subjunctive is commonly used in questions when the speaker is uncertain. However, if the person who responds to the question knows the information, the indicative is used.

—¿Hay un parque que **esté** cerca de nuestro hotel?
Is there a park that's close to our hotel?

—Sí, hay un parque que **está** muy cerca del hotel.
Yes, there's a park that's very close to the hotel.

SECCIÓN AMARILLA
Busque cualquier información que necesite.

¡Manos a la obra!

Completa cada oración con el subjuntivo o el indicativo.

1. Necesito una persona que ___*pueda*___ [puede/pueda] cantar bien.
2. Buscamos a alguien que _____ [tiene/tenga] paciencia.
3. ¿Hay restaurantes aquí que _____ [sirven/sirvan] comida japonesa?
4. Tengo una amiga que _____ [saca/saque] fotografías muy bonitas.
5. Hay una carnicería que _____ [está/esté] cerca de aquí.
6. No vemos ningún apartamento que nos _____ [interesa/interese].
7. Conozco a un estudiante que _____ [come/coma] hamburguesas todos los días.
8. ¿Hay alguien que _____ [dice/diga] la verdad?

14.2 Familiar (tú) commands

▶ Use familiar (**tú**) commands when you want to give an order or advice to someone you normally address with **tú**.

Trae algo de comer.

No te preocupes, el supermercado está cerca.

▶ Affirmative **tú** commands usually have the same form as the **usted/él/ella** of the present indicative. The pronoun **tú** is used only for emphasis.

Paga al contado.
Pay in cash.

Pide un préstamo.
Ask for a loan.

Affirmative *tú* commands

Infinitive	Present indicative	Affirmative *tú* command
cuidar	Ud./él/ella cuida	cuida (tú)
tocar	Ud./él/ella toca	toca (tú)
temer	Ud./él/ella teme	teme (tú)
volver	Ud./él/ella vuelve	vuelve (tú)
insistir	Ud./él/ella insiste	insiste (tú)
pedir	Ud./él/ella pide	pide (tú)

▶ Negative **tú** commands have the same form as the **tú** form of the present subjunctive.

Carlos, **no eches** eso al buzón.
Carlos, don't put that in the mailbox.

Julia, **no cruces** la calle.
Julia, don't cross the street.

Negative *tú* commands

Infinitive	Present subjunctive	Negative *tú* command
cuidar	que tú cuides	no cuides (tú)
tocar	que tú toques	no toques (tú)
temer	que tú temas	no temas (tú)
volver	que tú vuelvas	no vuelvas (tú)
insistir	que tú insistas	no insistas (tú)
pedir	que tú pidas	no pidas (tú)

▶ The negative familiar commands keep the same stem changes as the indicative.

No **pierdas** el mapa.
Don't lose the map.

No **vuelvas** a esa gasolinera.
Don't go back to that gas station.

Práctica

1 **Unas diligencias** Completa los pedidos que la señora Pujol le hace a su esposo. Usa las formas correctas de los mandatos informales.

1. Enrique, _____ [ir] al banco, por favor.

2. Cuando llegues al banco, _____ [depositar] este cheque en nuestra cuenta corriente.

3. No _____ [depositarlo] en la cuenta de ahorros y, por favor, no _____ [pedir] un préstamo.

4. Luego _____ [pasar] por la zapatería y _____ [recoger] mis zapatos.

5. No _____ [pagar] al contado, sino con un cheque.

6. Luego _____ [comprar] un pastel en la pastelería. Por favor, no _____ [comprar] un pastel de chocolate. Mi tío Felipe viene a cenar y es alérgico al chocolate.

2 **Quehaceres** Pedro y Marina no se ponen de acuerdo (*agree*) cuando le dan órdenes a su hijo Miguel. Lee los quehaceres que Pedro le da a Miguel. Después, usa la información entre paréntesis para formar las contraórdenes que, a su vez, le da Marina. Sigue el modelo.

> **modelo**
> Recoge los libros. (poner la mesa)
> **No los recojas, Miguel. Pon la mesa.**

1. Barre el suelo. (pasar la aspiradora)

2. Plancha la ropa. (hacer las camas)

3. Saca la basura. (quitar la mesa)

4. Ve a la joyería. (ir a la frutería)

5. Dale los libros a Katia. (dárselos a Juan)

6. Prepara la cena. (limpiar el carro)

7. Echa las cartas al buzón. (dárselas al cartero)

8. Corta el césped. (bañar al gato)

3 **Oraciones** Forma los mandatos que la señora Morales les da a su esposo y a sus hijos.

> **modelo**
> Pilar / sacar / basura
> **Pilar, saca la basura.**

1. Gloria / poner / sello / este / sobre

2. Manolo / ir / banco / cobrar / este / cheques

3. Lidia / no poner / televisión

4. Esteban / hacer / camas

5. Gloria / no lavar / platos

6. Manolo / firmar / este / formularios

Conversación

4 Estoy perdido/a Con un(a) compañero/a, prepara una conversación breve entre un(a) estudiante nuevo/a en la universidad y otro/a estudiante que le indica cómo llegar a varios lugares.

modelo

Estudiante 1: Quiero ir al laboratorio de Ciencias, pero estoy perdido. ¿Me puedes ayudar?

Estudiante 2: Sí. Sigue derecho hasta llegar a la Facultad de Negocios. Dobla a la izquierda...

5 ¡Te lo ordeno! En parejas, preparen una conversación entre dos compañeros/as de cuarto quienes tenían que estar en una fiesta y todavía se están arreglando. Usen mandatos afirmativos y negativos. Luego presenten el diálogo a la clase.

modelo

Luisa: ¡Te lo ordeno! ¡Sal del baño ya!

Ramón: ¡No me des órdenes!

Luisa: Pero tengo que maquillarme.

Ramón: Y yo tengo que ducharme. Oye, ¿qué hora es?

Luisa: Son las siete menos veinte.

Ramón: ¡Ay! ¡Tráeme una toalla!

6 Órdenes En grupos, intercambien tres órdenes con cada uno. Luego, cada uno debe seguir las órdenes que el resto del grupo le da o reaccionar apropiadamente.

modelo

Estudiante 1: Dame todo tu dinero.

Estudiante 2: No, no quiero dártelo. Muéstrame tu cuaderno.

Estudiante 1: Aquí está.

Estudiante 3: Ve a la pizarra y escribe tu nombre.

Estudiante 4: No quiero. Hazlo tú.

Irregular tú commands

▶ There are eight irregular affirmative **tú** commands.

decir	di	salir	sal
hacer	haz	ser	sé
ir	ve	tener	ten
poner	pon	venir	ven

¡Ten cuidado con el perro!
Be careful with the dog!

Pon la estampilla en el sobre.
Put the stamp on the envelope.

¡Sal de aquí ahora mismo!
Leave here at once!

Haz los ejercicios.
Do the exercises.

▶ **Ir** and **ver** have the same **tú** command. Context will determine the meaning.

Ve al supermercado con José.
Go to the supermarket with José.

Ve al banco esta tarde.
Go to the bank this afternoon.

Ve ese programa… es muy interesante.
See that program… it's very interesting.

Ve esa película con tu hermano.
See that movie with your brother.

▶ The placement of reflexive and object pronouns in **tú** commands follows the same rules as in formal commands. When a pronoun is attached to a command of more than two syllables, a written accent is used.

Informal	Formal
¡Alégra**te!** *Be happy!*	¡Alégren**se!** *Be happy!*
No **te** sientas triste. *Don't feel sad.*	No **se** sientan tristes. *Don't feel sad.*
Dime. *Tell me.*	Díga**me.** *Tell me.*
No **me lo** digas. *Don't tell me (it).*	No **me lo** diga. *Don't tell me (it).*

¡Manos a la obra!

 Indica los mandatos familiares de estos verbos.

	Mandato afirmativo	Mandato negativo
1. cambiar	_Cambia_ el aceite.	No _cambies_ el aceite.
2. correr	_____ más rápido.	No _____ más rápido.
3. salir	_____ ahora.	No _____ ahora.
4. tocar	_____ las flores.	No _____ las flores.
5. venir	_____ aquí.	No _____ aquí.
6. levantarse	_____ temprano.	No _____ temprano.
7. volver	_____ pronto.	No _____ pronto.
8. hacerlo	_____ ya.	No _____ ahora.

14.3 Nosotros/as commands

▶ **Nosotros/as** commands, which correspond to the English *let's* + [*verb*], are used to give orders or suggestions that include yourself and other people.

Crucemos la calle.
Let's cross the street.

No crucemos la calle.
Let's not cross the street.

▶ Both affirmative and negative **nosotros/as** commands are generally formed by using the first-person plural form of the present subjunctive.

▶ The affirmative *let's* + [*verb*] may also be expressed with **vamos a** + [*infinitive*]. Remember, however, that **vamos a** + [*infinitive*] can also mean *we are going to (do something)*. Context and tone will determine which meaning is being expressed.

Vamos a cruzar la calle.
Let's cross the street.

Vamos a trabajar mucho.
We're going to work a lot.

¿Quieres ir al supermercado?

¡Excelente idea! ¡Vamos!

▶ To express *let's go*, the present indicative form of **ir** (**vamos**) is used, not the subjunctive. For the negative command, however, the subjunctive is used.

Affirmative	Negative
Vamos a la pescadería.	**No vayamos** a la pescadería.
Let's go to the fish market.	*Let's not go to the fish market.*
Vamos a tomar un café.	**No vayamos** a tomar un café.
Let's go have a coffee.	*Let's not go have a coffee.*

¡Pidamos un préstamo!

¡Hagamos un viaje!

¡Compremos un caballo!

BANCOSUR. LLÁMANOS.

Práctica

1 **Conversación** Completa esta conversación con los mandatos de **nosotros/as**.

MARÍA Sergio, ¿quieres hacer diligencias ahora o por la tarde?

SERGIO No (1) _____ [dejarlas] para más tarde. (2) _____ [Hacerlas] ahora.

MARÍA Necesito comprar sellos.

SERGIO Yo también. (3) _____ [Ir] al correo.

MARÍA Pues, antes de ir al correo, necesito sacar dinero de mi cuenta corriente.

SERGIO Bueno, (4) _____ [buscar] un cajero automático.

MARÍA ¿Tienes hambre?

SERGIO Sí. (5) _____ [Cruzar] la calle y (6) _____ [comer] algo en ese café.

MARÍA Buena idea.

SERGIO ¿Nos sentamos aquí?

MARÍA No, no (7) _____ [sentarse] aquí; (8) _____ [sentarse] enfrente de la ventana.

SERGIO ¿Qué pedimos?

MARÍA (9) _____ [Pedir] café y pan dulce.

2 **Hagámoslo** Responde a cada oración; sigue el modelo.

 modelo
Vamos a vender el carro. (Sí)
Sí, *vendámoslo*.

1. Vamos a levantarnos a las seis. (Sí)

2. Vamos a enviar los paquetes. (No)

3. Vamos al supermercado. (No)

4. Vamos a mandar esta tarjeta postal a nuestros amigos. (No)

5. Vamos a limpiar la habitación. (Sí)

6. Vamos a mirar la televisión. (No)

7. Vamos a bailar. (Sí)

8. Vamos a arreglar la sala. (No)

9. Vamos a comprar estampillas. (Sí)

Conversación

3 Decisiones Imagina que estás con un(a) amigo/a. Túrnense para hacerse estas preguntas. Usen los mandatos de **nosotros/as** en sus respuestas.

1. ¿Cruzamos la calle aquí o caminamos una cuadra más?
2. ¿Vamos a casa o comemos en un restaurante?
3. ¿Salimos para el cine a las seis o a las seis y media?
4. ¿Pagamos la cuenta al contado o con tarjeta de crédito?

4 Preguntar Tú y tu compañero/a están de vacaciones y se hacen sugerencias para resolver las situaciones. Usen los mandatos de **nosotros/as**.

> **modelo**
> Se nos olvidaron las tarjetas de crédito.
> **Paguemos en efectivo. /No compremos más regalos.**

A
1. El museo está a sólo una cuadra de aquí.
2. Tenemos hambre.
3. Hay mucha cola en el cine.

B
1. Tenemos muchos cheques de viajero.
2. Tenemos prisa para llegar al cine.
3. Estamos cansados y queremos dormir.

5 Turistas En grupos pequeños, imaginen que están en Caracas. Lean esta guía turística y decidan qué van a hacer hoy por la mañana, por la tarde y por la noche. Usen mandatos de **nosotros/as**.

> **modelo**
> Visitemos el Museo de Arte Contemporáneo Sofía Imber esta mañana. Quiero ver las esculturas de Jesús Rafael Soto.

Guía de Caracas

MUSEOS
- **Museo de Arte Colonial** Avenida Panteón
- **Museo de Arte Contemporáneo Sofía Imber** Parque Central. Esculturas de Jesús Rafael Soto y pinturas de Miró, Chagall y Picasso.
- **Galería de Arte Nacional** Parque Central. Colección de más de 4.000 obras de arte venezolano.

SITIOS DE INTERÉS
- **Plaza Bolívar**
- **Jardín Botánico** Avenida Interna UCV. De 8:00 a 5:00.
- **Parque del Este** Avenida Francisco de Miranda. Parque más grande de la ciudad con serpentarium.
- **Casa Natal de Simón Bolívar** Esquinas San Jacinto y Traposos. Casa colonial donde nació Simón Bolívar.

RESTAURANTES
- **El Barquero** Avenida Luis Roche
- **Restaurante El Coyuco** Avenida Urdaneta
- **Restaurante Sorrento** Avenida Francisco Solano
- **Café Tonino** Avenida Andrés Bello

Nosotros commands and object pronouns

▶ Object pronouns are attached to affirmative **nosotros/as** commands. A written accent is added to maintain the original stress.

Firmemos el cheque.	**Firmémoslo.**
Let's sign the check.	*Let's sign it.*
Escribamos a Ana y a Raúl.	**Escribámosles.**
Let's write to Ana and Raúl.	*Let's write to them.*

▶ Object pronouns are placed in front of negative **nosotros/as** commands.

No **les paguemos** el préstamo.	No **se lo digamos** a ellos.
Let's not pay them the loan.	*Let's not tell them.*
No **lo compremos.**	No **se la presentemos.**
Let's not buy it.	*Let's not introduce her.*

▶ When **nos** or **se** is attached to an affirmative **nosotros/as** command, the final **–s** is dropped.

Démoselo a ella.	**Mandémoselo** a ellos.
Let's give it to her.	*Let's send it to them.*
Sentémonos allí.	**Levantémonos** temprano.
Let's sit down there.	*Let's get up early.*

▶ The **nosotros/as** command form of **irse** (*to go away*) is **vámonos.** Its negati[ve] form is **no nos vayamos.**

¡**Vámonos** de vacaciones!	No **nos vayamos** de aquí.
Let's go away on vacation!	*Let's not go away from here.*

¡Manos a la obra!

Indica los mandatos afirmativos y negativos de la primera persona del plural (**nosotros/as**) de estos verbos.

	Afirmativo	Negativo
1. estudiar	estudiemos	no estudiemos
2. cenar	_____	_____
3. leer	_____	_____
4. decidir	_____	_____
5. perder	_____	_____
6. seguir	_____	_____
7. practicar	_____	_____
8. conocer	_____	_____
9. decir	_____	_____
10. cerrar	_____	_____
11. levantarse	_____	_____
12. irse	_____	_____
13. dormir	_____	_____
14. escribirle	_____	_____
15. comprarlo	_____	_____
16. pedírselo	_____	_____

eccción 14

Repaso

For more practice, go to aventuras.vhlcentral.com.

14.1 The subjunctive in adjective clauses

1 Un barrio nuevo Acabas de mudarte y quieres saber qué puedes encontrar en tu barrio nuevo. En parejas, túrnense para hacerse las preguntas y contestarlas.

modelo algún / banco / estar / abierto / domingos / (no)

Estudiante 1: ¿Hay algún banco que esté abierto los domingos?
Estudiante 2: No, no hay ningún banco que esté abierto los domingos.

1. alguna / frutería / vender / frutas frescas / (sí)
2. alguna / peluquería / no / ser / cara / (sí)
3. alguna / joyería / vender / a plazos / (no)
4. alguna / zapatería / aceptar / cheques / (no)
5. alguna / lavandería / cerrar / diez de la noche / (sí)
6. alguien / poder / llevar / este paquete / correo / (no)

2 ¡Queremos vivir ahí! En grupos de tres, describan qué características buscan en una ciudad para vivir. Después compartan sus respuestas con la clase.

modelo Queremos vivir en un lugar que tenga restaurantes de todo tipo.

14.2 Familiar (tú) commands

3 En la ciudad Tu amigo/a y tú tienen que hacer muchas diligencias, pero ninguno de los dos quiere hacer nada. Túrnense para dar mandatos familiares. Sigan el modelo.

modelo enviar los paquetes
Estudiante 1: Envía los paquetes.
Estudiante 2: ¡Envíalos tú!

1. pagar la renta
2. comprar los sellos
3. hacer la comida
4. firmar el cheque
5. pedir un préstamo
6. llenar estos formularios

4 Consejos Tienes un sobrino que es un desastre. Dale por lo menos ocho consejos usando los mandatos familiares de los verbos **decir, hacer, ir, poner, salir, ser, tener** y **venir**.

modelo No digas mentiras. Di la verdad.

_____
_____
_____
_____
_____
_____
_____

5 ¡Un día muy ocupado! Tere hizo una lista de sus diligencias y de cuánto tiempo se tarda en (*it takes her*) hacerlas. En parejas, escriban el horario ideal para Tere. Usen mandatos familiares.

modelo Tere, ve al banco a las nueve de la mañana y deposita tus cheques. A las nueve y media...

Diligencias	Tiempo	Lugares	Horarios
Cortarme el pelo	1 hr.	salón de belleza	12:00 p.m.–1:00 p.m.
Comprar un pastel para Eva	30 min.	pastelería	10:00 a.m.–2:00 p.m.
Visitar a Eva en el hospital	1 hr.	hospital	4:00 p.m.–5:00 p.m.
Depositar cheques	30 min.	banco	9:00 a.m.–12:00 p.m.
Lavar ropa	2 hrs.	lavandería	12:00 p.m.–2:00 p.m.
Enviar cartas	30 min.	correo	9:00 a.m.–1:00 p.m.

14.3 Nosotros/as commands

6 Planes En parejas, escriban las cosas que pueden hacer para realizar estos planes. Usen mandatos de **nosotros/as**.

modelo Divertirnos este fin de semana
Vamos al cine con nuestros amigos.
No nos quedemos en casa.

1. Graduarse con honores
2. Vivir hasta los cien años
3. Divertirse este fin de semana
4. Estar en forma (*in shape*)
5. Conseguir una licencia de conducir
6. Pedir un préstamo en el banco

7 **Aniversario** Es el aniversario de bodas de tus abuelos. Escribe lo que les dices a tus familiares, usando mandatos de **nosotros/as**.

modelo

hacerles una fiesta sorpresa /
no decirles nuestros planes
Hagámosles una fiesta sorpresa.
No les digamos nuestros planes.

1. sorprenderlos / preparar sus platos favoritos
2. no alquilar un salón de fiestas / celebrar en casa
3. invitar a sus amigos / llamarles por teléfono
4. comprarles flores / no darles chocolates
5. bailar toda la noche / no quedarse sentados
6. llevar la cámara / tomarles muchas fotografías

8 **¿Cómo llegamos?** En parejas, dibujen un mapa de una ciudad imaginaria. Escriban los nombres de las calles y marquen los lugares de la lista. No olviden marcar el norte, el sur, el este y el oeste. Después, túrnense para preguntarse cómo llegar de un lugar a otro.

| banco | correo | lavandería | salón de belleza |
| carnicería | heladería | pescadería | supermercado |

modelo

Estudiante 1: ¿Cómo llegamos del banco a la heladería?
Estudiante 2: Caminemos hacia el este y lleguemos a la esquina de Colón y Morelos. Sigamos derecho por Morelos. Crucemos la calle...

Síntesis

9 **Una tienda** Conversa con un(a) compañero/a sobre abrir una tienda (una lavandería, una zapatería, etc.) en tu ciudad. Decidan dónde va a estar, qué cosas harán juntos/as y qué cosas hará cada uno/a por separado. Usen mandatos de **tú** y de **nosotros/as**.

modelo

Estudiante 1: En nuestra ciudad no hay un supermercado que venda productos latinos. ¡Vamos a abrir uno!
Estudiante 2: ¡Excelente! Busquemos un lugar que esté cerca del centro de la ciudad. Hagamos una lista de los productos que vamos a vender. ¿Qué más necesitamos?
Estudiante 1: Tú piensa en un nombre para el supermercado. Yo voy a averiguar cuánto dinero necesitamos. Y vamos a pedir un préstamo en el banco.

Videoclip

1 **Preparación** Imagina que vas a cruzar la avenida más ancha del mundo. ¿Qué instrucciones se necesitan?

2 **El clip** Mira el cortometraje **Cruzar 9 de Julio** de Argentina.

Vocabulario

detenerse *to stop*	**peatón** *pedestrian*
hombrecito blanco/rojo *little white/red man*	**semáforos** *traffic lights*

El hombrecito blanco significa: Vé tranquilo caminante°.

¡Debemos detenernos!

caminante *walker*

3 **Ordenar** Ordena los pasos (*steps*) para cruzar la avenida.

a. Avancemos cuando el hombrecito blanco nos protege.
b. Primero, detengámonos. Miremos las señales y los semáforos.
c. Dejemos pasar a los autos.
d. Detengámonos en el medio cuando el hombrecito blanco nos abandona.
e. Ya llegamos, ¡corramos felices!

4 **Instrucciones** En parejas, describan los pasos para hacer una de estas cuatro tareas. Utilicen mandatos con **tú**.

a. Preparar una ensalada
b. Ver una película en el cine
c. Dormirse
d. Llegar a la escuela

CONEXIÓN INTERNET
Go to aventuras.vhlcentral.com to watch the television clip featured in this section.

Ampliación

1 Escuchar

 A Lee estas frases y luego escucha la conversación entre Alberto y Eduardo. Indica si cada verbo se refiere a algo en el pasado, en el presente o en el futuro.

 TIP Listen for specific information and linguistic cues. You can often get the facts you need by listening for specific pieces of information. You should also be aware of the linguistic structures you hear. By listening for verb endings, you can figure out whether the verbs describe past, present, or future actions. Verb endings also indicate who is performing the action.

1. Demetrio / comprar en Macro _____
2. Alberto / comprar en Macro _____
3. Alberto / estudiar psicología _____
4. carro / tener frenos malos _____
5. Eduardo / comprar un anillo (*ring*) para Rebeca _____
6. Eduardo / estudiar _____

B ¿Crees que Alberto y Eduardo viven en una ciudad grande o en un pueblo? ¿Cómo lo sabes?

2 Conversar

Imagina que tú y tu compañero/a de cuarto tienen problemas económicos. Preparen una conversación en la que hablan de cuatro problemas y proponen soluciones para cada uno. Usen los mandatos de **nosotros**.

modelo

Estudiante 1: No sé qué hacer. Casi no tengo el dinero para el alquiler.

Estudiante 2: Debes ahorrar más dinero... y yo también. No comamos en restaurantes. Prepararemos comida en casa.

Estudiante 1: Tal vez necesitemos mudarnos. Necesitamos un apartamento que sea más barato.

Estudiante 2: ¡Uy! No quiero mudarme. Pídele un préstamo a tu papá, mejor.

Estudiante 1: No lo puedo hacer cada mes. Pero tienes razón, podemos ahorrar dinero comiendo en casa.

Estudiante 2: Y no usemos más los cajeros automáticos. Paguemos todo de la cuenta corriente para saber mejor adónde va el dinero.

Ampliación

3 Escribir

Escribe una carta a un(a) amigo/a en la cual le explicas claramente cómo llegar a tu casa desde el aeropuerto. Incluye también un mapa detallado para que no se confunda.

 TIP List key words. When you give directions, you use prepositions that describe location, such as **enfrente de, al lado de**, and **detrás de**. Making a list of these expressions will help you write your directions more efficiently.

Organízalo	Planea la mejor ruta para llegar a tu casa. Apunta las expresiones útiles para dar direcciones, como los nombres de las calles y de los monumentos.
Escríbelo	Dibuja un mapa y utilízalo para escribir el primer borrador de tu carta.
Corrígelo	Intercambia tu carta con un(a) compañero/a. Anota los aspectos mejor escritos. Ofrécele sugerencias. ¿Hay suficientes detalles? ¿Está claro el mapa? Si ves algunos errores, coméntaselos.
Compártelo	Revisa el primer borrador de la carta y el mapa según las indicaciones de tu compañero/a. Incorpora nuevas ideas y prepara la versión final.

4 Un paso más

Imagina que eres miembro de un grupo que está promocionando una comunidad modelo en un país hispano. Diseña un folleto (*brochure*) informativo para dar a conocer la comunidad.

- Escoge el lugar ideal para el proyecto. Considera el acceso a las ciudades grandes, los eventos culturales y los recursos naturales.

- Incluye un mapa del país elegido que indique dónde está localizada la comunidad modelo.

- Crea un mapa de la zona que muestre las atracciones principales del centro de la comunidad.

- Explica las características de la comunidad.

 CONEXIÓN INTERNET

Investiga estos temas en el sitio aventuras.vhlcentral.com.
- Ciudades en España
- Ciudades en México, el Caribe y Centroamérica
- Ciudades en América del Sur

SUPERSITE

Antes de leer

You can understand a narrative more completely if you identify the point of view of the narrator. You can do this by simply asking yourself from whose perspective the story is being told. Some stories are narrated in the first person. That is, the narrator is a character in the story, and everything you read is filtered through that person's thoughts, emotions, and opinions. Other stories have an omniscient narrator who is not one of the story's characters, but reports the thoughts and actions of all the characters. This reading selection is a short story by Marco Denevi. Is this short story narrated in the first person or by an omniscient narrator? How can you tell?

_____

_____

Sobre el autor

Marco Denevi (1922–1998) fue un escritor y dramaturgo argentino. Estudió derecho y más tarde se convirtió en escritor. Algunas de sus obras, como *Rosaura a las diez*, han sido (*have been*) llevadas al cine. Denevi se caracteriza por su gran creatividad e ingenio que jamás dejan de sorprender al lector (*reader*).

Esquina peligrosa

Marco Denevi

El señor Epidídimus, el magnate de las finanzas°, uno de los hombres más ricos del mundo, sintió un día el vehemente deseo de visitar el barrio donde había vivido cuando era niño y trabajaba como dependiente de almacén.

Le ordenó a su chofer que lo condujese hasta aquel barrio humilde° y remoto. Pero el barrio estaba tan cambiado que el señor Epidídimus no lo reconoció. En lugar de calles de tierra había bulevares asfaltados°, y las míseras casitas de antaño° habían sido reemplazadas por torres de departamentos°.

Al doblar una esquina vio el almacén, el mismo viejo y sombrío° almacén donde él había trabajado como dependiente cuando tenía doce años.

–Deténgase aquí–le dijo al chofer. Descendió del automóvil y entró en el almacén. Todo se conservaba igual que en la época de su infancia: las estanterías, la anticuada caja registradora°, la balanza de pesas° y, alrededor, el mudo asedio° de la mercadería.

El señor Epidídimus percibió el mismo olor de sesenta años atrás: un olor picante y agridulce a jabón amarillo, a aserrín° húmedo, a vinagre, a aceitunas, a acaroína°. El recuerdo de su niñez lo puso nostálgico. Se le humedecieron los ojos. Le pareció que retrocedía en el tiempo.

Desde la penumbra del fondo° le llegó la voz ruda del patrón:

–¿Estas son horas de venir? Te quedaste dormido, como siempre.

El señor Epidídimus tomó la canasta de mimbre, fue llenándola con paquetes de azúcar, de yerba y de fideos, y salió a hacer el reparto°.

La noche anterior había llovido y las calles de tierra estaban convertidas en un lodazal°.

(1974)

❧

Después de leer

¿Comprendiste? ✍S

Indica si las oraciones son **ciertas** o **falsas**. Corrige las falsas.

Cierto	Falso	
_____	_____	1. El señor Epidídimus tiene una tienda con la que gana poco dinero.
_____	_____	2. Epidídimus vivía en un barrio humilde cuando era pequeño.
_____	_____	3. Epidídimus le ordenó al chofer que lo llevara a un barrio de gente con poco dinero.
_____	_____	4. Cuando Epidídimus entró al almacén se acordó de experiencias pasadas.
_____	_____	5. Epidídimus les dio órdenes a los empleados del almacén.

Preguntas ✍S

Responde a estas preguntas con oraciones completas.

1. ¿Es rico o pobre Epidídimus? ¿Cómo lo sabes?
_____

2. ¿Por qué Epidídimus va al almacén?
_____

3. ¿De quién es la voz "ruda" que Epidídimus escucha? ¿Qué orden crees que le dio a Epidídimus?
_____

4. ¿Qué hace Epidídimus al final?
_____

Coméntalo

¿Te sorprendió el final de este cuento? ¿Por qué? ¿Qué va a hacer Epidídimus el resto del día?

finanzas *finance*
humilde *humble, modest*
asfaltados *paved with asphalt*
antaño *yesteryear*
torres de departamentos *apartment buildings*
sombrío *somber*
anticuada caja registradora *old-fashioned cash register*
balanza de pesas *scale*
mudo asedio *silent siege*
aserrín *sawdust*
acaroína *pesticide*
penumbra del fondo *half-light from the back*
reparto *delivery*
lodazal *bog*

To hear a recording of this reading and for an additional reading, go to **aventuras.vhlcentral.com**

recursos

SUPERSITE

aventuras.vhlcentral.com
Lección 14

VOCABULARIO

En la ciudad

el banco	bank
la carnicería	butcher shop
el correo	post office
la frutería	fruit shop
la heladería	ice cream shop
la joyería	jewelry store
la lavandería	laundromat
la panadería	bakery
la pastelería	pastry shop
la peluquería	hairdressing salon
la pescadería	fish market
el salón de belleza	beauty salon
el supermercado	supermarket
la zapatería	shoe store
hacer cola	to stand in line
hacer diligencias	to run errands

En el correo

el cartero	mail carrier
el correo	mail
las estampillas	stamps
el paquete	package
los sellos	stamps
el sobre	envelope
echar (una carta) al buzón	to put (a letter) in the mailbox; to mail (a letter)
enviar	to send
mandar	to send

En el banco

el cajero automático	automatic teller machine, ATM
el cheque	check
el cheque de viajero	traveler's check
la cuenta corriente	checking account
la cuenta de ahorros	savings account
ahorrar	to save (money)
cobrar	to cash (a check); to charge (for a product or service)
depositar	to deposit
firmar	to sign
llenar (un formulario)	to fill out (a form)
pagar a plazos	to pay in installments
pagar al contado	to pay in cash
pedir prestado	to borrow
pedir un préstamo	to apply for a loan
ser gratis	to be free of charge

Las direcciones

la cuadra	(city) block
la dirección	address
la esquina	corner
el letrero	sign
cruzar	to cross
doblar	to turn
estar perdido/a	to be lost
indicar cómo llegar	to give directions
quedar	to be located
(al) este	(to the) east
(al) oeste	(to the) west
(al) norte	(to the) north
(al) sur	(to the) south
derecho	straight (ahead)
enfrente de	opposite; facing
hacia	toward

Expresiones útiles	See page 363.

recursos

SUPERSITE

aventuras.vhlcentral.com
Lección 14

AVENTURAS EN LOS PAÍSES HISPANOS

El Canal de Panamá conecta el océano Pacífico con el océano Atlántico. La construcción de este cauce *(channel)* artificial empezó en 1903 y concluyó diez años después. Es la fuente *(source)* principal de ingresos *(income)* del país, gracias al dinero que aportan los más de 12.000 buques *(ships)* que transitan anualmente por esta ruta.

AMÉRICA CENTRAL II

Nicaragua

Área: 129.494 km^2 (49.998 millas^2)

Población: 6.066.000

Capital: Managua – 1.312.000

Ciudades principales: León, Masaya, Granada

Moneda: córdoba

Costa Rica

Área: 51.100 km^2 (19.730 millas^2)

Población: 4.665.000

Capital: San José – 1.374.000

Ciudades principales: Alajuela, Cartago, Puntarenas, Heredia

Moneda: colón costarricense

Panamá

Área: 78.200 km^2 (30,193 millas^2)

Población: 3.509.000

Capital: Ciudad de Panamá – 1.379.000

Ciudades principales: Colón, David

Moneda: balboa (es equivalente al dólar estadounidense)

SUPERSITE

Sociedad

Costa Rica: una nación progresista

Costa Rica es un país progresista. Tiene un nivel de alfabetización del 96%, uno de los más altos de Latinoamérica. Además, en 1870, Costa Rica abolió la pena de muerte *(death penalty)* y, en 1948, disolvió el ejército *(army)* e hizo obligatoria y gratis la educación para todos los costarricenses.

Museo Nacional de Costa Rica, antiguo cuartel *(barracks)* del ejército *(army)*.

Indígenas

La mola

La mola es una forma de arte textil de los kunas, una tribu indígena que vive en las islas San Blas de Panamá. Las molas se hacen con fragmentos de tela *(material)* de vivos colores. Las molas tradicionales tienen diseños *(patterns)* geométricos. Antes se usaban como ropa, pero hoy día también sirven para decorar casas.

Río Coco

Cordillera Isabella

NICARAGUA

Río Tuma

Sierra Madre

Cordillera de Yolaina

• León

Lago de Managua

⭐ Managua

Masaya •

Granada •

Lago de Nicaragua

Isla Zapatera

Isla Ometepe

Río San Juan

Océano Pacífico

Cordillera de Guanacaste

Río Reventazón

Puntarenas •

San José

Limón •

⭐

COSTA RICA

Cartago •

Cordillera de Talamarca

Escritores

Ernesto Cardenal

El nicaragüense Ernesto Cardenal es poeta, escultor y sacerdote *(priest)* católico. Es uno de los escritores más famosos de América Latina. Ha escrito *(He has written)* más de treinta y cinco libros. Desde joven creyó en el poder *(power)* de la poesía para mejorar la sociedad, y trabajó por establecer la igualdad y la justicia en su país.

Política

Óscar Arias

Óscar Arias es actualmente presidente de Costa Rica por segunda vez.[1] Su primer período presidencial fue de 1986 a 1990. Arias tiene una amplia formación académica: estudió en Costa Rica, Estados Unidos e Inglaterra y fue profesor de Ciencias Políticas en la Universidad de Costa Rica. Durante su primer período como presidente, trabajó incansablemente *(tirelessly)* para establecer la paz *(peace)* en Centroamérica. Finalmente, logró *(he achieved)* un acuerdo *(agreement)* de paz con los presidentes de El Salvador, Nicaragua, Honduras y Guatemala. Por sus esfuerzos *(efforts)*, ganó el Premio Nobel de la Paz en 1987.

[1] A la fecha de publicación, Óscar Arias ejercía como presidente de Costa Rica en un período programado para terminar en 2010.

Mar Caribe

Bocas del Toro

Serranía de Tabasará

PANAMÁ

David

Isla de Coiba

Canal de Panamá

Colón

Islas San Blas

Cordillera de San Blas

Río Chepo

⭐ **Ciudad de Panamá**

Isla del Rey

Golfo de Panamá

Colombia

recursos

| WB pp. 147–148 | VM pp. 221–224 | aventuras.vhlcentral.com Lección 14 |

¿Qué aprendiste? SUPERSITE

1 ¿Cierto o falso? Indica si estas oraciones son **ciertas** o **falsas**.

	Cierto	Falso
1. El Canal de Panamá conecta los océanos Pacífico y Atlántico.	_____	_____
2. Por el Canal de Panamá pasan más de 12.000 barcos por día.	_____	_____
3. La población de Nicaragua es mayor que la de Panamá.	_____	_____
4. San José es la capital de Panamá.	_____	_____
5. En Costa Rica, la educación es gratis y obligatoria para todos los turistas.	_____	_____
6. Costa Rica disolvió el ejército en 1948.	_____	_____
7. La mola es una tribu indígena que vive en Panamá.	_____	_____
8. Las molas se usan hoy para decorar casas.	_____	_____
9. Ernesto Cardenal es uno de los escritores más famosos de América Latina.	_____	_____
10. Ernesto Cardenal escribió menos de veinte libros.	_____	_____
11. Óscar Arias fue presidente de Panamá.	_____	_____
12. Óscar Arias ganó el Premio Nobel de la Paz en 1987.	_____	_____

2 Preguntas Contesta estas preguntas.

1. ¿Crees que el Canal de Panamá es importante? ¿Por qué?
2. ¿Estás de acuerdo en que Costa Rica es uno de los países más progresistas del mundo? ¿Por qué?
3. ¿Qué tipos de artesanías en tu país son tan famosas como la mola en Panamá?
4. ¿Conoces a otros escritores o artistas famosos de Latinoamérica? ¿Te gustan?
5. ¿Crees que Óscar Arias mereció (*deserved*) recibir el Premio Nobel de la Paz?

SUPERSITE **CONEXIÓN INTERNET**

Busca más información sobre estos temas en el sitio aventuras.vhlcentral.com. **Presenta la información a tus compañeros/as de clase.**

- Costa Rica
- Las molas
- Ernesto Cardenal
- Óscar Arias

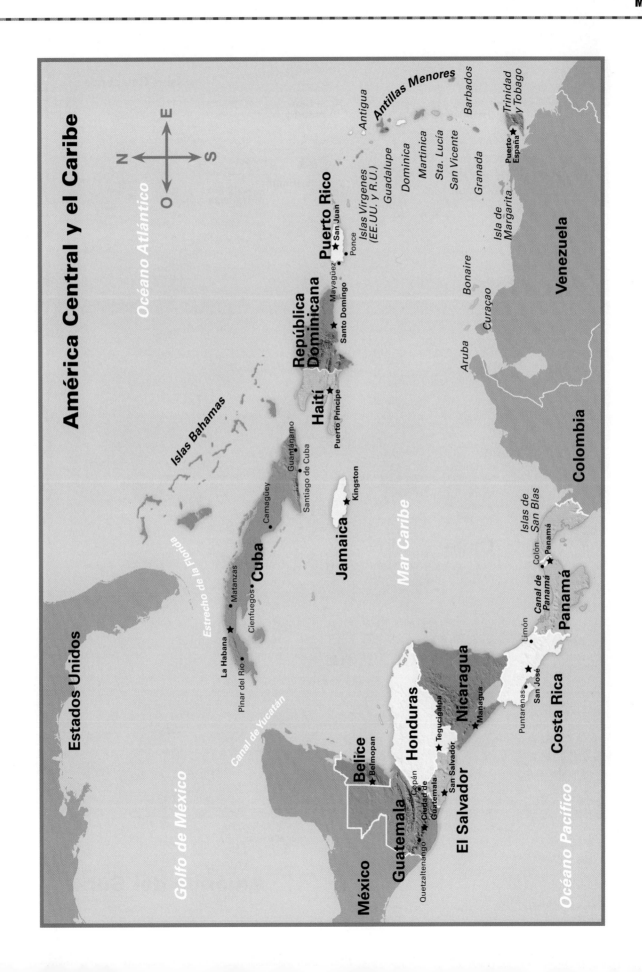

América Central y el Caribe

N
O E
S

Estados Unidos

Golfo de México

Océano Atlántico

Estrecho de la Florida

Islas Bahamas

Canal de Yucatán

★ La Habana
Pinar del Río •
• Matanzas
Cienfuegos •
• Camagüey
Cuba
Guantánamo •
• Santiago de Cuba

★ Kingston
Jamaica

Mar Caribe

Haití
★ Puerto Príncipe

República Dominicana
★ Santo Domingo

Puerto Rico
Mayagüez •
★ San Juan
• Ponce

Islas Vírgenes (EE.UU. y R.U.)

Antillas Menores

Antigua

Guadalupe

Dominica

Martinica

Sta. Lucía

San Vicente

Granada

Barbados

Trinidad y Tobago
★ Puerto España

Isla de Margarita

Bonaire
Curaçao
Aruba

México

Guatemala
Quetzaltenango •
★ Ciudad de Guatemala
Copán •

Belice
★ Belmopan

Honduras
★ Tegucigalpa

El Salvador
★ San Salvador

Nicaragua
★ Managua

Costa Rica
Puntarenas •
★ San José
• Limón

Islas de San Blas

Canal de Panamá
Colón •
• Panamá
★ Panamá
Panamá

Venezuela

Colombia

Océano Pacífico

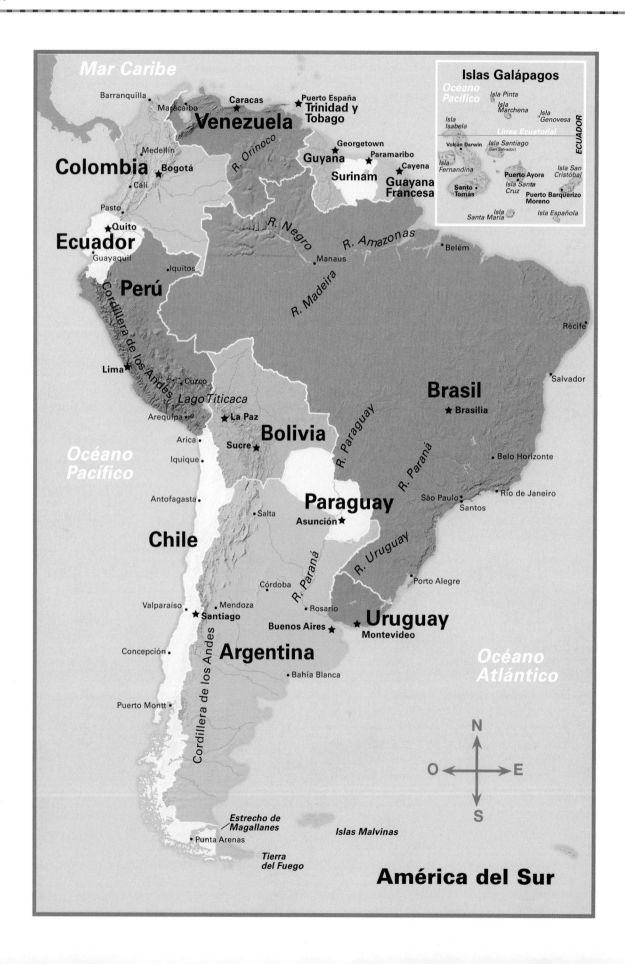

Mar Caribe

Barranquilla
Maracaibo
Caracas
Puerto España
Trinidad y Tobago
Venezuela

Islas Galápagos

Océano Pacífico
Isla Pinta
Isla Marchena
Isla Genovesa
Isla Isabela
Línea Ecuatorial
ECUADOR
Volcán Darwin
Isla Santiago (San Salvador)
Isla Fernandina
Puerto Ayora
Isla San Cristóbal
Santo Tomás
Isla Santa Cruz
Puerto Barquerizo Moreno
Isla Santa Maria
Isla Española

Medellín
Colombia
Bogotá
Cáli
Georgetown
Guyana
Paramaribo
Cayena
Surinam
Guayana Francesa

Pasto
Quito
Ecuador
Guayaquil
R. Orinoco
R. Negro
R. Amazonas
Manaus
Belém

Iquitos
Perú
R. Madeira
Recife

Cordillera de los Andes
Lima
Cuzco
Brasil
Salvador
Lago Titicaca
Brasilia

Arequipa
La Paz
Arica
Sucre
Bolivia
R. Paraguay
Belo Horizonte

Océano Pacífico
Iquique
R. Paraná
São Paulo
Río de Janeiro
Santos

Antofagasta
Paraguay
Salta
Asunción

Chile
R. Paraná
R. Uruguay
Porto Alegre

Córdoba
Valparaíso
Mendoza
Rosario
Uruguay
Santiago
Buenos Aires
Montevideo

Concepción
Argentina
Océano Atlántico
Bahía Blanca

Puerto Montt
Cordillera de los Andes

N
O
E
S

Estrecho de Magallanes
Islas Malvinas
Punta Arenas
Tierra del Fuego

América del Sur

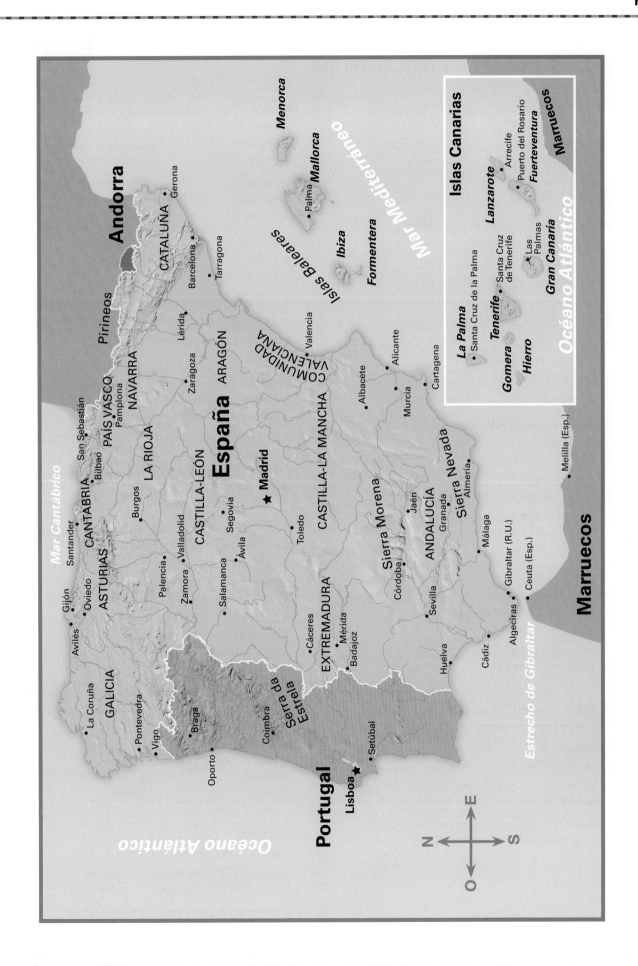

Glossary of Grammatical Terms

ADJECTIVE A word that modifies or describes a noun or pronoun.

muchos libros	un hombre **rico**
many books	*a **rich** man*

las mujeres **altas**
*the **tall** women*

Demonstrative adjective An adjective that points out a specific noun.

esta fiesta	**ese** chico
***this** party*	***that** boy*

aquellas flores
***those** flowers*

Possessive adjective An adjective that indicates ownership or possession.

mi mejor vestido	Éste es **mi** hermano.
***my** best dress*	*This is **my** brother.*

Stressed possessive adjective A possessive adjective that emphasizes the owner or possessor.

Es un libro **mío**.
*It's **my** book./It's a book **of mine**.*

Es amiga **tuya**; yo no la conozco.
*She's a friend **of yours**; I don't know her.*

ADVERB A word that modifies or describes a verb, adjective, or another adverb.

Pancho escribe **rápidamente**.
*Pancho writes **quickly**.*

Este cuadro es **muy** bonito.
*This picture is **very** pretty.*

ARTICLE A word that points out either a specific (definite) noun or a non-specific (indefinite) noun.

Definite article An article that points out a specific noun.

el libro	**la** maleta
***the** book*	***the** suitcase*
los diccionarios	**las** palabras
***the** dictionaries*	***the** words*

Indefinite article An article that points out a noun in a general, non-specific way.

un lápiz	**una** computadora
***a** pencil*	***a** computer*
unos pájaros	**unas** escuelas
***some** birds*	***some** schools*

CLAUSE A group of words that contains both a conjugated verb and a subject, either expressed or implied.

Main (or Independent) clause A clause that can stand alone as a complete sentence.

Pienso ir a cenar pronto.
I plan to go to dinner soon.

Subordinate (or Dependent) clause A clause that does not express a complete thought and therefore cannot stand alone as a sentence.

Trabajo en la cafetería **porque necesito dinero para la escuela**.
*I work in the cafeteria **because I need money for school**.*

COMPARATIVE A word or construction used with an adjective or adverb to express a comparison between two people, places, or things.

Este programa es **más interesante que** el otro.
*This program is **more interesting than** the other one.*

Tomás no es **tan alto como** Alberto.
*Tomás is not **as tall as** Alberto.*

CONJUGATION A set of the forms of a verb for a specific tense or mood or the process by which these verb forms are presented.

Preterite conjugation of **cantar**:

cant**é**	cant**amos**
cant**aste**	cant**asteis**
cant**ó**	cant**aron**

CONJUNCTION A word or phrase used to connect words, clauses, or phrases.

Susana es de Cuba **y** Pedro es de España.
*Susana is from Cuba **and** Pedro is from Spain.*

No quiero estudiar, **pero** tengo que hacerlo.
*I don't want to study, **but** I have to do it.*

CONTRACTION The joining of two words into one. The only contractions in Spanish are **al** and **del**.

Mi hermano fue **al** concierto ayer.
*My brother went **to the** concert yesterday.*

Saqué dinero **del** banco.
*I took money **from the** bank.*

DIRECT OBJECT A noun or pronoun that directly receives the action of the verb.

Tomás lee **el libro**.   **La** pagó ayer.
*Tomás reads **the book**.*   *She paid **it** yesterday.*

GENDER The grammatical categorizing of certain kinds of words, such as nouns and pronouns, as masculine, feminine, or neuter.

Masculine
articles **el**, un**o**
pronouns **él**, l**o**, mí**o**, ést**e**, és**e**
adjective simpátic**o**

Feminine
articles **la**, un**a**
pronouns ell**a**, l**a**, mí**a**, ést**a**, és**a**, aquéll**a**
adjective simpátic**a**

IMPERSONAL EXPRESSION A third-person expression with no expressed or specific subject.

Es muy importante.   **Llueve** mucho.
It's very important.   *It's raining hard*.

Aquí **se habla** español.
*Spanish **is spoken** here.*

INDIRECT OBJECT A noun or pronoun that receives the action of the verb indirectly; the object, often a living being, to or for whom an action is performed.

Eduardo **le** dio un libro **a Linda**.
*Eduardo gave a book **to Linda**.*

La profesora **me** dio una C en el examen.
*The professor gave **me** a C on the test.*

INFINITIVE The basic form of a verb. Infinitives in Spanish end in **-ar**, **-er**, or **-ir**.

hablar   **correr**   **abrir**
to speak   *to run*   *to open*

INTERROGATIVE An adjective or pronoun used to ask a question.

¿Quién habla?   **¿Cuántos** compraste?
Who is speaking?   **How many** did you buy?

¿Qué piensas hacer hoy?
What do you plan to do today?

INVERSION Changing the word order of a sentence, often to form a question.

Statement: Elena pagó la cuenta del restaurante.

Inversion: ¿Pagó Elena la cuenta del restaurante?

MOOD A grammatical distinction of verbs that indicates whether the verb is intended to make a statement or command, or to express a doubt, emotion, or condition contrary to fact.

Imperative mood Verb forms used to make commands.

Di la verdad.   **Caminen** ustedes conmigo.
Tell the truth.   **Walk** with me.

¡Comamos ahora!
Let's eat now!

Indicative mood Verb forms used to state facts, actions, and states considered to be real.

Sé que **tienes** el dinero.
I know that **you have** the money.

Subjunctive mood Verb forms used principally in subordinate (or dependent) clauses to express wishes, desires, emotions, doubts, and certain conditions, such as contrary-to-fact situations.

Prefieren que **hables** en español.
*They prefer that **you speak** in Spanish.*

Dudo que Luis **tenga** el dinero necesario.
*I doubt that Luis **has** the necessary money.*

NOUN A word that identifies people, animals, places, things, and ideas.

hombre   **gato**
man   *cat*

México   **casa**
Mexico   *house*

libertad   **libro**
freedom   *book*

NUMBER A grammatical term that refers to singular or plural. Nouns in Spanish and English have number. Other parts of a sentence, such as adjectives, articles, and verbs, can also have number.

Singular	Plural
una cosa	**unas** cosas
a thing	*some things*
el profesor	**los** profesor**es**
the professor	*the professors*

NUMBERS Words that represent amounts.

Cardinal numbers Words that show specific amounts.

cinco minutos
five minutes

el año **dos mil quince**
the year 2015

Ordinal numbers Words that indicate the order of a noun in a series.

el **cuarto** jugador   la **décima** hora
the fourth player   *the tenth hour*

PAST PARTICIPLE A past form of the verb used in compound tenses. The past participle may also be used as an adjective, but it must then agree in number and gender with the word it modifies.

Han **buscado** por todas partes.
They have searched everywhere.

Yo no había **estudiado** para el examen.
I hadn't studied for the exam.

Hay una **ventana rota** en la sala.
There is a broken window in the living room.

PERSON The form of the verb or pronoun that indicates the speaker, the one spoken to, or the one spoken about. In Spanish, as in English, there are three persons: first, second, and third.

Person	Singular	Plural
1st	**yo** *I*	**nosotros/as** *we*
2nd	**tú, Ud.** *you*	**vosotros/as, Uds.** *you*
3rd	**él, ella** *he/she*	**ellos, ellas** *they*

PREPOSITION A word that describes the relationship, most often in time or space, between two other words.

Anita es **de** California.
Anita is from California.

La chaqueta está **en** el carro.
The jacket is in the car.

¿Quieres hablar **con** ella?
Do you want to talk to her?

PRESENT PARTICIPLE In English, a verb form that ends in *-ing*. In Spanish, the present participle ends in **–ndo**, and is often used with **estar** to form a progressive tense.

Mi hermana está **hablando** por teléfono ahora mismo.
My sister is talking on the phone right now.

PRONOUN A word that takes the place of a noun or nouns.

Demonstrative pronoun A pronoun that takes the place of a specific noun.

Quiero **ésta**.
I want this one.

¿Vas a comprar **ése**?
Are you going to buy that one?

Juan prefirió **aquéllos**.
Juan preferred those (over there).

Object pronoun A pronoun that functions as a direct or indirect object of the verb.

Te digo la verdad.
I'm telling you the truth.

Me lo trajo Juan.
Juan brought it to me.

Reflexive pronoun A pronoun that indicates that the action of a verb is performed by the subject on itself. These pronouns are often expressed in English with *-self: myself, yourself,* etc.

Yo **me bañé** antes de salir.
I bathed (myself) before going out.

Elena **se acostó** a las once y media.
Elena went to bed at eleven-thirty.

Relative pronoun A pronoun that connects a subordinate clause to a main clause.

El chico **que** nos escribió viene a visitarnos mañana.
*The boy **who** wrote us is coming to visit us tomorrow.*

Ya sé **lo que** tenemos que hacer.
*I already know **what** we have to do.*

Subject pronoun A pronoun that replaces the name or title of a person or thing and acts as the subject of a verb.

Tú debes estudiar más.
***You** should study more.*

Él llegó primero.
***He** arrived first.*

SUBJECT A noun or pronoun that performs the action of a verb and is often implied by the verb.

María va al supermercado.
***María** goes to the supermarket.*

(Ellos) Trabajan mucho.
***They** work hard.*

Esos **libros** son muy caros.
*Those **books** are very expensive.*

SUPERLATIVE A word or construction used with an adjective or adverb to express the highest or lowest degree of a specific quality among three or more people, places, or things.

Entre todas mis clases, ésta es la **más interesante**.
*Among all my classes, this is the **most interesting**.*

Raúl es el **menos simpático** de los chicos.
*Raúl is the **least pleasant** of the boys.*

TENSE A set of verb forms that indicates the time of an action or state: past, present, or future.

Compound tense A two-word tense made up of an auxiliary verb and a present or past participle. In Spanish, there are two auxiliary verbs: **estar** and **haber**.

En este momento, **estoy estudiando**.
*At this time, **I am studying**.*

El paquete no **ha llegado** todavía.
*The package **has** not **arrived** yet.*

Simple tense A tense expressed by a single verb form.

María **estaba** mal anoche.
*María **was** ill last night.*

Juana **hablará** con su mamá mañana.
*Juana **will speak** with her mom tomorrow.*

VERB A word that expresses actions or states of being.

Auxiliary verb A verb used with a present or past participle to form a compound tense. **Haber** is the most commonly used auxiliary verb in Spanish.

Los chicos **han** visto los elefantes.
*The children **have** seen the elephants.*

Espero que **hayas** comido.
*I hope you **have** eaten.*

Reflexive verb A verb that describes an action performed by the subject on itself and is always used with a reflexive pronoun.

Me compré un carro nuevo.
I bought myself *a new car.*

Pedro y Adela **se levantan** muy temprano.
*Pedro and Adela **get (themselves) up** very early.*

Spelling change verb A verb that undergoes a predictable change in spelling in order to reflect its actual pronunciation in the various conjugations.

practicar	c → qu	practico	practi**qué**
dirigir	g → j	diri**j**o	dirigí
almorzar	z → c	almorzó	almor**c**é

Stem-changing verb A verb whose stem vowel undergoes one or more predictable changes in the various conjugations.

entender (e:ie)	ent**ie**ndo
pedir (e:i)	p**i**den
dormir (o:ue, u)	d**ue**rmo, d**u**rmieron

Verb Conjugation Tables

The verb lists

The list of verbs below and the model-verb tables that start on page 446 show you how to conjugate every verb taught in **AVENTURAS**. Each verb in the list is followed by a model verb conjugated according to the same pattern. The number in parentheses indicates where in the tables you can find the conjugated forms of the model verb. If you want to find out how to conjugate **divertirse**, for example, look up number 33, **sentir**, the model for verbs that follow the **e:ie** stem-change pattern.

How to use the verb tables

In the tables you will find the infinitive, present and past participles, and all the simple forms of each model verb. The formation of the compound tenses of any verb can be inferred from the table of compound tenses, pages 446–453, either by combining the past participle of the verb with a conjugated form of **haber** or combining the present participle with a conjugated form of **estar**.

abrazar (z:c) like cruzar (37)
abrir like vivir (3) *except* past participle is **abierto**
aburrir(se) like vivir (3)
acabar de like hablar (1)
acampar like hablar (1)
acompañar like hablar (1)
aconsejar like hablar (1)
acordarse (o:ue) like contar (24)
acostarse (o:ue) like contar (24)
adelgazar (z:c) like cruzar (37)
afeitarse like hablar (1)
ahorrar like hablar (1)
alegrarse like hablar (1)
aliviar like hablar (1)
almorzar (o:ue) like contar (24) *except* (z:c)
alquilar like hablar (1)
anunciar like hablar (1)
apagar (g:gu) like llegar (41)
aplaudir like vivir (3)
apreciar like hablar (1)
aprender like comer (2)
apurarse like hablar (1)
arrancar (c:qu) like tocar (43)
arreglar like hablar (1)
asistir like vivir (3)
aumentar like hablar (1)
ayudar(se) like hablar (1)

bailar like hablar (1)
bajar(se) like hablar (1)
bañarse like hablar (1)
barrer like comer (2)
beber like comer (2)
besar(se) like hablar (1)
brindar like hablar (1)
bucear like hablar (1)
buscar (c:qu) like tocar (43)
caber (4)
caer(se) (5)
calentarse (e:ie) like pensar (30)
calzar (z:c) like cruzar (37)
cambiar like hablar (1)
caminar like hablar (1)
cantar like hablar (1)
casarse like hablar (1)
celebrar like hablar (1)
cenar like hablar (1)
cepillarse like hablar (1)
cerrar (e:ie) like pensar (30)
chocar (c:qu) like tocar (43)
cobrar like hablar (1)
cocinar like hablar (1)
comenzar (e:ie) (z:c) like empezar (26)
comer (2)
compartir like vivir (3)
comprar like hablar (1)
comprender like comer (2)

comprometerse like comer (2)
comunicarse (c:qu) like tocar (43)
conducir (c:zc) (6)
confirmar like hablar (1)
conocer (c:zc) (35)
conseguir (e:i) (g:gu) like seguir (32)
conservar like hablar (1)
consumir like vivir (3)
contaminar like hablar (1)
contar (o:ue) (24)
controlar like hablar (1)
correr like comer (2)
costar (o:ue) like contar (24)
creer (y) (36)
cruzar (z:c) (37)
cubrir like vivir (3) *except* past participle is **cubierto**
cuidar like hablar (1)
cumplir like vivir (3)
dañar like hablar (1)
dar(se) (7)
deber like comer (2)
decidir like vivir (3)
decir (e:i) (8)
declarar like hablar (1)
dejar like hablar (1)
depositar like hablar (1)
desarrollar like hablar (1)
desayunar like hablar (1)
descansar like hablar (1)

describir like vivir (3) *except* past participle is **descrito**
descubrir like vivir (3) *except* past participle is **descubierto**
desear like hablar (1)
despedirse (e:i) like pedir (29)
despertarse (e:ie) like pensar (30)
destruir (y) (38)
dibujar like hablar (1)
disfrutar like hablar (1)
divertirse (e:ie) like sentir (33)
divorciarse like hablar (1)
doblar like hablar (1)
doler (o:ue) like volver (34) *except* past participle is regular
dormir(se) (o:ue, u) (25)
ducharse like hablar (1)
dudar like hablar (1)
durar like hablar (1)
echar like hablar (1)
elegir (e:i) like pedir (29) *except* (g:j)
emitir like vivir (3)
empezar (e:ie) (z:c) (26)
enamorarse like hablar (1)
encantar like hablar (1)
encontrar(se) (o:ue) like contar (24)
enfermarse like hablar (1)
enojarse like hablar (1)
enseñar like hablar (1)
ensuciar like hablar (1)

entender (e:ie) (27)

entrenarse like hablar (1)

entrevistar like hablar (1)

enviar (envío) (39)

escalar like hablar (1)

escribir like vivir (3) *except* past participle is **escrito**

escuchar like hablar (1)

esculpir like vivir (3)

esperar like hablar (1)

esquiar (esquío) like enviar (39)

establecer (c:zc) like conocer (35)

estacionar like hablar (1)

estar (9)

estornudar like hablar (1)

estudiar like hablar (1)

evitar like hablar (1)

explicar (c:qu) like tocar (43)

explorar like hablar (1)

faltar like hablar (1)

fascinar like hablar (1)

firmar like hablar (1)

fumar like hablar (1)

funcionar like hablar (1)

ganar like hablar (1)

gastar like hablar (1)

graduarse (gradúo) (40)

guardar like hablar (1)

gustar like hablar (1)

haber (hay) (10)

hablar (1)

hacer (11)

importar like hablar (1)

imprimir like vivir (3)

indicar (c:qu) like tocar (43)

informar like hablar (1)

insistir like vivir (3)

interesar like hablar (1)

invertir (e:ie) like sentir (33)

invitar like hablar (1)

ir(se) (12)

jubilarse like hablar (1)

jugar (u:ue) (g:gu) (28)

lastimarse like hablar (1)

lavar(se) like hablar (1)

leer (y) like creer (36)

levantar(se) like hablar (1)

limpiar like hablar (1)

llamar(se) like hablar (1)

llegar (g:gu) (41)

llenar like hablar (1)

llevar(se) like hablar (1)

llover (o:ue) like volver (34) *except* past participle is regular

luchar like hablar (1)

mandar like hablar (1)

manejar like hablar (1)

mantener(se) (e:ie) like tener (20)

maquillarse like hablar (1)

mejorar like hablar (1)

merendar (e:ie) like pensar (30)

mirar like hablar (1)

molestar like hablar (1)

montar like hablar (1)

morir (o:ue) like dormir (25) *except* past participle is **muerto**

mostrar (o:ue) like contar (24)

mudarse like hablar (1)

nacer (c:zc) like conocer (35)

nadar like hablar (1)

navegar (g:gu) like llegar (41)

necesitar like hablar (1)

negar (e:ie) like pensar (30) *except* (g:gu)

nevar (e:ie) like pensar (30)

obedecer (c:zc) like conocer (35)

obtener (e:ie) like tener (20)

ocurrir like vivir (3)

odiar like hablar (1)

ofrecer (c:zc) like conocer (35)

oír (13)

olvidar like hablar (1)

pagar (g:gu) like llegar (41)

parar like hablar (1)

parecer (c:zc) like conocer (35)

pasar like hablar (1)

pasear like hablar (1)

patinar like hablar (1)

pedir (e:i) (29)

peinarse like hablar (1)

pensar (e:ie) (30)

perder (e:ie) like entender (27)

pescar (c:qu) like tocar (43)

pintar like hablar (1)

planchar like hablar (1)

poder (o:ue) (14)

poner(se) (15)

practicar (c:qu) like tocar (43)

preferir (e:ie) like sentir (33)

preguntar like hablar (1)

preocuparse like hablar (1)

preparar like hablar (1)

presentar like hablar (1)

prestar like hablar (1)

probar(se) (o:ue) like contar (24)

prohibir like vivir (3)

proteger (g:j) (42)

quedar(se) like hablar (1)

querer (e:ie) (16)

quitar(se) like hablar (1)

recetar like hablar (1)

recibir like vivir (3)

reciclar like hablar (1)

recoger (g:j) like proteger (42)

recomendar (e:ie) like pensar (30)

recordar (o:ue) like contar (24)

reducir (c:zc) like conducir (6)

regalar like hablar (1)

regatear like hablar (1)

regresar like hablar (1)

reír(se) (e:i) (31)

relajarse like hablar (1)

renunciar like hablar (1)

repetir (e:i) like pedir (29)

resolver (o:ue) like volver (34)

respirar like hablar (1)

revisar like hablar (1)

rogar (o:ue) like contar (24) *except* (g:gu)

romper(se) like comer (2) *except* past participle is **roto**

saber (17)

sacar (c:qu) like tocar (43)

sacudir like vivir (3)

salir (18)

saludar(se) like hablar (1)

seguir (e:i) (32)

sentarse (e:ie) like pensar (30)

sentir(se) (e:ie) (33)

separarse like hablar (1)

ser (19)

servir (e:i) like pedir (29)

solicitar like hablar (1)

sonar (o:ue) like contar (24)

sonreír (e:i) like reír(se) (31)

sorprender like comer (2)

subir like vivir (3)

sudar like hablar (1)

sufrir like vivir (3)

sugerir (e:ie) like sentir (33)

suponer like poner (15)

temer like comer (2)

tener (e:ie) (20)

terminar like hablar (1)

tocar (c:qu) (43)

tomar like hablar (1)

torcerse (o:ue) like volver (34) *except* (c:z) and past participle is regular; e.g., **yo tuerzo**

toser like comer (2)

trabajar like hablar (1)

traducir (c:zc) like conducir (6)

traer (21)

transmitir like vivir (3)

tratar like hablar (1)

usar like hablar (1)

vender like comer (2)

venir (e:ie) (22)

ver (23)

vestirse (e:i) like pedir (29)

viajar like hablar (1)

visitar like hablar (1)

vivir (3)

volver (o:ue) (34)

votar like hablar (1)

Regular verbs: simple tenses

Infinitive	INDICATIVE					SUBJUNCTIVE		IMPERATIVE
	Present	Imperfect	Preterite	Future	Conditional	Present	Past	
1 hablar	hablo	hablaba	hablé	hablaré	hablaría	hable	hablara	
Participles:	hablas	hablabas	hablaste	hablarás	hablarías	hables	hablaras	habla tú (no hables)
hablando	habla	hablaba	habló	hablará	hablaría	hable	hablara	hable Ud.
hablado	hablamos	hablábamos	hablamos	hablaremos	hablaríamos	hablemos	habláramos	hablemos
	habláis	hablabais	hablasteis	hablaréis	hablaríais	habléis	hablarais	hablad (no habléis)
	hablan	hablaban	hablaron	hablarán	hablarían	hablen	hablaran	hablen Uds.
2 comer	como	comía	comí	comeré	comería	coma	comiera	
Participles:	comes	comías	comiste	comerás	comerías	comas	comieras	come tú (no comas)
comiendo	come	comía	comió	comerá	comería	coma	comiera	coma Ud.
comido	comemos	comíamos	comimos	comeremos	comeríamos	comamos	comiéramos	comamos
	coméis	comíais	comisteis	comeréis	comeríais	comáis	comierais	comed (no comáis)
	comen	comían	comieron	comerán	comerían	coman	comieran	coman Uds.
3 vivir	vivo	vivía	viví	viviré	viviría	viva	viviera	
Participles:	vives	vivías	viviste	vivirás	vivirías	vivas	vivieras	vive tú (no vivas)
viviendo	vive	vivía	vivió	vivirá	viviría	viva	viviera	viva Ud.
vivido	vivimos	vivíamos	vivimos	viviremos	viviríamos	vivamos	viviéramos	vivamos
	vivís	vivíais	vivisteis	viviréis	viviríais	viváis	vivierais	vivid (no viváis)
	viven	vivían	vivieron	vivirán	vivirían	vivan	vivieran	vivan Uds.

All verbs: compound tenses

PERFECT TENSES

INDICATIVE								SUBJUNCTIVE			
Present Perfect		Past Perfect		Future Perfect		Conditional Perfect		Present Perfect		Past Perfect	
he		había		habré		habría		haya		hubiera	
has	hablado	habías	hablado	habrás	hablado	habrías	hablado	hayas	hablado	hubieras	hablado
ha	comido	había	comido	habrá	comido	habría	comido	haya	comido	hubiera	comido
hemos	vivido	habíamos	vivido	habremos	vivido	habríamos	vivido	hayamos	vivido	hubiéramos	vivido
habéis		habíais		habréis		habríais		hayáis		hubierais	
han		habían		habrán		habrían		hayan		hubieran	

PROGRESSIVE TENSES

INDICATIVE				SUBJUNCTIVE	
Present Progressive	Past Progressive	Future Progressive	Conditional Progressive	Present Progressive	Past Progressive
estoy	estaba	estaré	estaría	esté	estuviera
estás	estabas	estarás	estarías	estés	estuvieras
está	estaba	estará	estaría	esté	estuviera
estamos	estábamos	estaremos	estaríamos	estemos	estuviéramos
estáis	estabais	estaréis	estaríais	estéis	estuvierais
están	estaban	estarán	estarían	estén	estuvieran

(hablando / comiendo / viviendo for all)

Irregular verbs

Infinitive	INDICATIVE					SUBJUNCTIVE		IMPERATIVE
	Present	Imperfect	Preterite	Future	Conditional	Present	Past	
4 caber	**quepo**	cabía	**cupe**	**cabré**	**cabría**	**quepa**	**cupiera**	
	cabes	cabías	**cupiste**	**cabrás**	**cabrías**	**quepas**	**cupieras**	cabe tú (no **quepas**)
	cabe	cabía	**cupo**	**cabrá**	**cabría**	**quepa**	**cupiera**	**quepa** Ud.
Participles:	cabemos	cabíamos	**cupimos**	**cabremos**	**cabríamos**	**quepamos**	**cupiéramos**	**quepamos**
cabiendo	cabéis	cabíais	**cupisteis**	**cabréis**	**cabríais**	**quepáis**	**cupierais**	cabed (no **quepáis**)
cabido	caben	cabían	**cupieron**	**cabrán**	**cabrían**	**quepan**	**cupieran**	**quepan** Uds.
5 caer(se)	**caigo**	caía	caí	caeré	caería	**caiga**	**cayera**	
	caes	caías	**caíste**	caerás	caerías	**caigas**	**cayeras**	cae tú (no **caigas**)
	cae	caía	**cayó**	caerá	caería	**caiga**	**cayera**	**caiga** Ud. (no **caiga**)
Participles:	caemos	caíamos	**caímos**	caeremos	caeríamos	**caigamos**	**cayéramos**	**caigamos**
cayendo	caéis	caíais	**caísteis**	caeréis	caeríais	**caigáis**	**cayerais**	caed (no **caigáis**)
caído	caen	caían	**cayeron**	caerán	caerían	**caigan**	**cayeran**	**caigan** Uds.
6 conducir	**conduzco**	conducía	**conduje**	conduciré	conduciría	**conduzca**	**condujera**	
(c:zc)	conduces	conducías	**condujiste**	conducirás	conducirías	**conduzcas**	**condujeras**	conduce tú (no **conduzcas**)
	conduce	conducía	**condujo**	conducirá	conduciría	**conduzca**	**condujera**	**conduzca** Ud. (no **conduzca**)
Participles:	conducimos	conducíamos	**condujimos**	conduciremos	conduciríamos	**conduzcamos**	**condujéramos**	**conduzcamos**
conduciendo	conducís	conducíais	**condujisteis**	conduciréis	conduciríais	**conduzcáis**	**condujerais**	conducid (no **conduzcáis**)
conducido	conducen	conducían	**condujeron**	conducirán	conducirían	**conduzcan**	**condujeran**	**conduzcan** Uds.

7. dar — Participles: dando, dado

	INDICATIVE					SUBJUNCTIVE		IMPERATIVE
	Present	Imperfect	Preterite	Future	Conditional	Present	Past	
	doy	daba	di	daré	daría	dé	diera	
	das	dabas	diste	darás	darías	des	dieras	da tú (no des)
	da	daba	dio	dará	daría	dé	diera	dé Ud.
	damos	dábamos	dimos	daremos	daríamos	demos	diéramos	demos
	dais	dabais	disteis	daréis	daríais	deis	dierais	dad (no deis)
	dan	daban	dieron	darán	darían	den	dieran	den Uds.

8. decir (e:i) — Participles: diciendo, dicho

	INDICATIVE					SUBJUNCTIVE		IMPERATIVE
	Present	Imperfect	Preterite	Future	Conditional	Present	Past	
	digo	decía	dije	diré	diría	diga	dijera	
	dices	decías	dijiste	dirás	dirías	digas	dijeras	di tú (no digas)
	dice	decía	dijo	dirá	diría	diga	dijera	diga Ud.
	decimos	decíamos	dijimos	diremos	diríamos	digamos	dijéramos	digamos
	decís	decíais	dijisteis	diréis	diríais	digáis	dijerais	decid (no digáis)
	dicen	decían	dijeron	dirán	dirían	digan	dijeran	digan Uds.

9. estar — Participles: estando, estado

	INDICATIVE					SUBJUNCTIVE		IMPERATIVE
	Present	Imperfect	Preterite	Future	Conditional	Present	Past	
	estoy	estaba	estuve	estaré	estaría	esté	estuviera	
	estás	estabas	estuviste	estarás	estarías	estés	estuvieras	está tú (no estés)
	está	estaba	estuvo	estará	estaría	esté	estuviera	esté Ud.
	estamos	estábamos	estuvimos	estaremos	estaríamos	estemos	estuviéramos	estemos
	estáis	estabais	estuvisteis	estaréis	estaríais	estéis	estuvierais	estad (no estéis)
	están	estaban	estuvieron	estarán	estarían	estén	estuvieran	estén Uds.

10. haber — Participles: habiendo, habido

	INDICATIVE					SUBJUNCTIVE		IMPERATIVE
	Present	Imperfect	Preterite	Future	Conditional	Present	Past	
	he	había	hube	habré	habría	haya	hubiera	
	has	habías	hubiste	habrás	habrías	hayas	hubieras	
	ha	había	hubo	habrá	habría	haya	hubiera	
	hemos	habíamos	hubimos	habremos	habríamos	hayamos	hubiéramos	
	habéis	habíais	hubisteis	habréis	habríais	hayáis	hubierais	
	han	habían	hubieron	habrán	habrían	hayan	hubieran	

11. hacer — Participles: haciendo, hecho

	INDICATIVE					SUBJUNCTIVE		IMPERATIVE
	Present	Imperfect	Preterite	Future	Conditional	Present	Past	
	hago	hacía	hice	haré	haría	haga	hiciera	
	haces	hacías	hiciste	harás	harías	hagas	hicieras	haz tú (no hagas)
	hace	hacía	hizo	hará	haría	haga	hiciera	haga Ud.
	hacemos	hacíamos	hicimos	haremos	haríamos	hagamos	hiciéramos	hagamos
	hacéis	hacíais	hicisteis	haréis	haríais	hagáis	hicierais	haced (no hagáis)
	hacen	hacían	hicieron	harán	harían	hagan	hicieran	hagan Uds.

12. ir — Participles: yendo, ido

	INDICATIVE					SUBJUNCTIVE		IMPERATIVE
	Present	Imperfect	Preterite	Future	Conditional	Present	Past	
	voy	iba	fui	iré	iría	vaya	fuera	
	vas	ibas	fuiste	irás	irías	vayas	fueras	ve tú (no vayas)
	va	iba	fue	irá	iría	vaya	fuera	vaya Ud.
	vamos	íbamos	fuimos	iremos	iríamos	vayamos	fuéramos	vamos
	vais	ibais	fuisteis	iréis	iríais	vayáis	fuerais	id (no vayáis)
	van	iban	fueron	irán	irían	vayan	fueran	vayan Uds.

13. oír (y) — Participles: oyendo, oído

	INDICATIVE					SUBJUNCTIVE		IMPERATIVE
	Present	Imperfect	Preterite	Future	Conditional	Present	Past	
	oigo	oía	oí	oiré	oiría	oiga	oyera	
	oyes	oías	oíste	oirás	oirías	oigas	oyeras	oye tú (no oigas)
	oye	oía	oyó	oirá	oiría	oiga	oyera	oiga Ud.
	oímos	oíamos	oímos	oiremos	oiríamos	oigamos	oyéramos	oigamos
	oís	oíais	oísteis	oiréis	oiríais	oigáis	oyerais	oíd (no oigáis)
	oyen	oían	oyeron	oirán	oirían	oigan	oyeran	oigan Uds.

Infinitive	INDICATIVE					SUBJUNCTIVE		IMPERATIVE
	Present	Imperfect	Preterite	Future	Conditional	Present	Past	

14 poder (o:ue)
Participles:
pudiendo
podido

	Present	Imperfect	Preterite	Future	Conditional	Present	Past	IMPERATIVE
	puedo	podía	pude	podré	podría	pueda	pudiera	
	puedes	podías	pudiste	podrás	podrías	puedas	pudieras	puede tú (no puedas)
	puede	podía	pudo	podrá	podría	pueda	pudiera	pueda Ud.
	podemos	podíamos	pudimos	podremos	podríamos	podamos	pudiéramos	podamos
	podéis	podíais	pudisteis	podréis	podríais	podáis	pudierais	poded (no podáis)
	pueden	podían	pudieron	podrán	podrían	puedan	pudieran	puedan Uds.

15 poner
Participles:
poniendo
puesto

	Present	Imperfect	Preterite	Future	Conditional	Present	Past	IMPERATIVE
	pongo	ponía	puse	pondré	pondría	ponga	pusiera	
	pones	ponías	pusiste	pondrás	pondrías	pongas	pusieras	pon tú (no pongas)
	pone	ponía	puso	pondrá	pondría	ponga	pusiera	ponga Ud.
	ponemos	poníamos	pusimos	pondremos	pondríamos	pongamos	pusiéramos	pongamos
	ponéis	poníais	pusisteis	pondréis	pondríais	pongáis	pusierais	poned (no pongáis)
	ponen	ponían	pusieron	pondrán	pondrían	pongan	pusieran	pongan Uds.

16 querer (e:ie)
Participles:
queriendo
querido

	Present	Imperfect	Preterite	Future	Conditional	Present	Past	IMPERATIVE
	quiero	quería	quise	querré	querría	quiera	quisiera	
	quieres	querías	quisiste	querrás	querrías	quieras	quisieras	quiere tú (no quieras)
	quiere	quería	quiso	querrá	querría	quiera	quisiera	quiera Ud.
	queremos	queríamos	quisimos	querremos	querríamos	queramos	quisiéramos	queramos
	queréis	queríais	quisisteis	querréis	querríais	queráis	quisierais	quered (no queráis)
	quieren	querían	quisieron	querrán	querrían	quieran	quisieran	quieran Uds.

17 saber
Participles:
sabiendo
sabido

	Present	Imperfect	Preterite	Future	Conditional	Present	Past	IMPERATIVE
	sé	sabía	supe	sabré	sabría	sepa	supiera	
	sabes	sabías	supiste	sabrás	sabrías	sepas	supieras	sabe tú (no sepas)
	sabe	sabía	supo	sabrá	sabría	sepa	supiera	sepa Ud.
	sabemos	sabíamos	supimos	sabremos	sabríamos	sepamos	supiéramos	sepamos
	sabéis	sabíais	supisteis	sabréis	sabríais	sepáis	supierais	sabed (no sepáis)
	saben	sabían	supieron	sabrán	sabrían	sepan	supieran	sepan Uds.

18 salir
Participles:
saliendo
salido

	Present	Imperfect	Preterite	Future	Conditional	Present	Past	IMPERATIVE
	salgo	salía	salí	saldré	saldría	salga	saliera	
	sales	salías	saliste	saldrás	saldrías	salgas	salieras	sal tú (no salgas)
	sale	salía	salió	saldrá	saldría	salga	saliera	salga Ud.
	salimos	salíamos	salimos	saldremos	saldríamos	salgamos	saliéramos	salgamos
	salís	salíais	salisteis	saldréis	saldríais	salgáis	salierais	salid (no salgáis)
	salen	salían	salieron	saldrán	saldrían	salgan	salieran	salgan Uds.

19 ser
Participles:
siendo
sido

	Present	Imperfect	Preterite	Future	Conditional	Present	Past	IMPERATIVE
	soy	era	fui	seré	sería	sea	fuera	
	eres	eras	fuiste	serás	serías	seas	fueras	sé tú (no seas)
	es	era	fue	será	sería	sea	fuera	sea Ud.
	somos	éramos	fuimos	seremos	seríamos	seamos	fuéramos	seamos
	sois	erais	fuisteis	seréis	seríais	seáis	fuerais	sed (no seáis)
	son	eran	fueron	serán	serían	sean	fueran	sean Uds.

20 tener (e:ie)
Participles:
teniendo
tenido

	Present	Imperfect	Preterite	Future	Conditional	Present	Past	IMPERATIVE
	tengo	tenía	tuve	tendré	tendría	tenga	tuviera	
	tienes	tenías	tuviste	tendrás	tendrías	tengas	tuvieras	ten tú (no tengas)
	tiene	tenía	tuvo	tendrá	tendría	tenga	tuviera	tenga Ud.
	tenemos	teníamos	tuvimos	tendremos	tendríamos	tengamos	tuviéramos	tengamos
	tenéis	teníais	tuvisteis	tendréis	tendríais	tengáis	tuvierais	tened (no tengáis)
	tienen	tenían	tuvieron	tendrán	tendrían	tengan	tuvieran	tengan Uds.

21 traer

Infinitive	INDICATIVE					SUBJUNCTIVE		IMPERATIVE
	Present	Imperfect	Preterite	Future	Conditional	Present	Past	
traer	traigo	traía	traje	traeré	traería	traiga	trajera	
	traes	traías	trajiste	traerás	traerías	traigas	trajeras	trae tú (no traigas)
Participles:	trae	traía	trajo	traerá	traería	traiga	trajera	traiga Ud.
trayendo	traemos	traíamos	trajimos	traeremos	traeríamos	traigamos	trajéramos	traigamos
traído	traéis	traíais	trajisteis	traeréis	traeríais	traigáis	trajerais	traed (no traigáis)
	traen	traían	trajeron	traerán	traerían	traigan	trajeran	traigan Uds.

22 venir (e:ie)

Infinitive	INDICATIVE					SUBJUNCTIVE		IMPERATIVE
	Present	Imperfect	Preterite	Future	Conditional	Present	Past	
venir (e:ie)	vengo	venía	vine	vendré	vendría	venga	viniera	
	vienes	venías	viniste	vendrás	vendrías	vengas	vinieras	ven tú (no vengas)
Participles:	viene	venía	vino	vendrá	vendría	venga	viniera	venga Ud.
viniendo	venimos	veníamos	vinimos	vendremos	vendríamos	vengamos	viniéramos	vengamos
venido	venís	veníais	vinisteis	vendréis	vendríais	vengáis	vinierais	venid (no vengáis)
	vienen	venían	vinieron	vendrán	vendrían	vengan	vinieran	vengan Uds.

23 ver

Infinitive	INDICATIVE					SUBJUNCTIVE		IMPERATIVE
	Present	Imperfect	Preterite	Future	Conditional	Present	Past	
ver	veo	veía	vi	veré	vería	vea	viera	
	ves	veías	viste	verás	verías	veas	vieras	ve tú (no veas)
Participles:	ve	veía	vio	verá	vería	vea	viera	vea Ud.
viendo	vemos	veíamos	vimos	veremos	veríamos	veamos	viéramos	veamos
visto	veis	veíais	visteis	veréis	veríais	veáis	vierais	ved (no veáis)
	ven	veían	vieron	verán	verían	vean	vieran	vean Uds.

Stem-changing verbs

24 contar (o:ue)

Infinitive	INDICATIVE					SUBJUNCTIVE		IMPERATIVE
	Present	Imperfect	Preterite	Future	Conditional	Present	Past	
contar (o:ue)	cuento	contaba	conté	contaré	contaría	cuente	contara	
	cuentas	contabas	contaste	contarás	contarías	cuentes	contaras	cuenta tú (no cuentes)
Participles:	cuenta	contaba	contó	contará	contaría	cuente	contara	cuente Ud.
contando	contamos	contábamos	contamos	contaremos	contaríamos	contemos	contáramos	contemos
contado	contáis	contabais	contasteis	contaréis	contaríais	contéis	contarais	contad (no contéis)
	cuentan	contaban	contaron	contarán	contarían	cuenten	contaran	cuenten Uds.

25 dormir (o:ue)

Infinitive	INDICATIVE					SUBJUNCTIVE		IMPERATIVE
	Present	Imperfect	Preterite	Future	Conditional	Present	Past	
dormir (o:ue)	duermo	dormía	dormí	dormiré	dormiría	duerma	durmiera	
	duermes	dormías	dormiste	dormirás	dormirías	duermas	durmieras	duerme tú (no duermas)
Participles:	duerme	dormía	durmió	dormirá	dormiría	duerma	durmiera	duerma Ud.
durmiendo	dormimos	dormíamos	dormimos	dormiremos	dormiríamos	durmamos	durmiéramos	durmamos
dormido	dormís	dormíais	dormisteis	dormiréis	dormiríais	durmáis	durmierais	dormid (no durmáis)
	duermen	dormían	durmieron	dormirán	dormirían	duerman	durmieran	duerman Uds.

26 empezar (e:ie) (z:c)

Infinitive	INDICATIVE					SUBJUNCTIVE		IMPERATIVE
	Present	Imperfect	Preterite	Future	Conditional	Present	Past	
empezar	empiezo	empezaba	empecé	empezaré	empezaría	empiece	empezara	
(e:ie) (z:c)	empiezas	empezabas	empezaste	empezarás	empezarías	empieces	empezaras	empieza tú (no empieces)
	empieza	empezaba	empezó	empezará	empezaría	empiece	empezara	empiece Ud.
Participles:	empezamos	empezábamos	empezamos	empezaremos	empezaríamos	empecemos	empezáramos	empecemos
empezando	empezáis	empezabais	empezasteis	empezaréis	empezaríais	empecéis	empezarais	empezad (no empecéis)
empezado	empiezan	empezaban	empezaron	empezarán	empezarían	empiecen	empezaran	empiecen Uds.

27 entender (e:ie)
Participles: entendiendo, entendido

	INDICATIVE					SUBJUNCTIVE		IMPERATIVE
	Present	Imperfect	Preterite	Future	Conditional	Present	Past	
	entiendo	entendía	entendí	entenderé	entendería	entienda	entendiera	
	entiendes	entendías	entendiste	entenderás	entenderías	entiendas	entendieras	entiende tú (no entiendas)
	entiende	entendía	entendió	entenderá	entendería	entienda	entendiera	entienda Ud.
	entendemos	entendíamos	entendimos	entenderemos	entenderíamos	entendamos	entendiéramos	entendamos
	entendéis	entendíais	entendisteis	entenderéis	entenderíais	entendáis	entendierais	entended (no entendáis)
	entienden	entendían	entendieron	entenderán	entenderían	entiendan	entendieran	entiendan Uds.

28 jugar (u:ue)(g:gu)
Participles: jugando, jugado

	Present	Imperfect	Preterite	Future	Conditional	Present	Past	
	juego	jugaba	jugué	jugaré	jugaría	juegue	jugara	
	juegas	jugabas	jugaste	jugarás	jugarías	juegues	jugaras	juega tú (no juegues)
	juega	jugaba	jugó	jugará	jugaría	juegue	jugara	juegue Ud.
	jugamos	jugábamos	jugamos	jugaremos	jugaríamos	juguemos	jugáramos	juguemos
	jugáis	jugabais	jugasteis	jugaréis	jugaríais	juguéis	jugarais	jugad (no juguéis)
	juegan	jugaban	jugaron	jugarán	jugarían	jueguen	jugaran	jueguen Uds.

29 pedir (e:i)
Participles: pidiendo, pedido

	Present	Imperfect	Preterite	Future	Conditional	Present	Past	
	pido	pedía	pedí	pediré	pediría	pida	pidiera	
	pides	pedías	pediste	pedirás	pedirías	pidas	pidieras	pide tú (no pidas)
	pide	pedía	pidió	pedirá	pediría	pida	pidiera	pida Ud.
	pedimos	pedíamos	pedimos	pediremos	pediríamos	pidamos	pidiéramos	pidamos
	pedís	pedíais	pedisteis	pediréis	pediríais	pidáis	pidierais	pedid (no pidáis)
	piden	pedían	pidieron	pedirán	pedirían	pidan	pidieran	pidan Uds.

30 pensar (e:ie)
Participles: pensando, pensado

	Present	Imperfect	Preterite	Future	Conditional	Present	Past	
	pienso	pensaba	pensé	pensaré	pensaría	piense	pensara	
	piensas	pensabas	pensaste	pensarás	pensarías	pienses	pensaras	piensa tú (no pienses)
	piensa	pensaba	pensó	pensará	pensaría	piense	pensara	piense Ud.
	pensamos	pensábamos	pensamos	pensaremos	pensaríamos	pensemos	pensáramos	pensemos
	pensáis	pensabais	pensasteis	pensaréis	pensaríais	penséis	pensarais	pensad (no penséis)
	piensan	pensaban	pensaron	pensarán	pensarían	piensen	pensaran	piensen Uds.

31 reír(se)(e:i)
Participles: riendo, reído

	Present	Imperfect	Preterite	Future	Conditional	Present	Past	
	río	reía	reí	reiré	reiría	ría	riera	
	ríes	reías	reíste	reirás	reirías	rías	rieras	ríe tú (no rías)
	ríe	reía	rió	reirá	reiría	ría	riera	ría Ud.
	reímos	reíamos	reímos	reiremos	reiríamos	riamos	riéramos	riamos
	reís	reíais	reísteis	reiréis	reiríais	riáis	rierais	reíd (no riáis)
	ríen	reían	rieron	reirán	reirían	rían	rieran	rían Uds.

32 seguir (e:i)(g:gu)
Participles: siguiendo, seguido

	Present	Imperfect	Preterite	Future	Conditional	Present	Past	
	sigo	seguía	seguí	seguiré	seguiría	siga	siguiera	
	sigues	seguías	seguiste	seguirás	seguirías	sigas	siguieras	sigue tú (no sigas)
	sigue	seguía	siguió	seguirá	seguiría	siga	siguiera	siga Ud.
	seguimos	seguíamos	seguimos	seguiremos	seguiríamos	sigamos	siguiéramos	sigamos
	seguís	seguíais	seguisteis	seguiréis	seguiríais	sigáis	siguierais	seguid (no sigáis)
	siguen	seguían	siguieron	seguirán	seguirían	sigan	siguieran	sigan Uds.

33 sentir (e:ie)
Participles: sintiendo, sentido

	Present	Imperfect	Preterite	Future	Conditional	Present	Past	
	siento	sentía	sentí	sentiré	sentiría	sienta	sintiera	
	sientes	sentías	sentiste	sentirás	sentirías	sientas	sintieras	siente tú (no sientas)
	siente	sentía	sintió	sentirá	sentiría	sienta	sintiera	sienta Ud.
	sentimos	sentíamos	sentimos	sentiremos	sentiríamos	sintamos	sintiéramos	sintamos
	sentís	sentíais	sentisteis	sentiréis	sentiríais	sintáis	sintierais	sentid (no sintáis)
	sienten	sentían	sintieron	sentirán	sentirían	sientan	sintieran	sientan Uds.

Table 34

Infinitive	INDICATIVE					SUBJUNCTIVE		IMPERATIVE
	Present	Imperfect	Preterite	Future	Conditional	Present	Past	
volver (o:ue)	**vuelvo**	volvía	volví	volveré	volvería	**vuelva**	volviera	
	vuelves	volvías	volviste	volverás	volverías	**vuelvas**	volvieras	**vuelve** tú (no **vuelvas**)
	vuelve	volvía	volvió	volverá	volvería	**vuelva**	volviera	**vuelva** Ud.
	volvemos	volvíamos	volvimos	volveremos	volveríamos	volvamos	volviéramos	volvamos
Participles:	volvéis	volvíais	volvisteis	volveréis	volveríais	volváis	volvierais	volved (no volváis)
volviendo	**vuelven**	volvían	volvieron	volverán	volverían	**vuelvan**	volvieran	**vuelvan** Uds.
vuelto								

Verbs with spelling changes only

Table 35–39

Infinitive	INDICATIVE					SUBJUNCTIVE		IMPERATIVE
	Present	Imperfect	Preterite	Future	Conditional	Present	Past	
conocer (c:zc)	**conozco**	conocía	conocí	conoceré	conocería	**conozca**	conociera	
	conoces	conocías	conociste	conocerás	conocerías	**conozcas**	conocieras	conoce tú (no **conozcas**)
	conoce	conocía	conoció	conocerá	conocería	**conozca**	conociera	**conozca** Ud.
	conocemos	conocíamos	conocimos	conoceremos	conoceríamos	**conozcamos**	conociéramos	**conozcamos**
Participles:	conocéis	conocíais	conocisteis	conoceréis	conoceríais	**conozcáis**	conocierais	conoced (no **conozcáis**)
conociendo	conocen	conocían	conocieron	conocerán	conocerían	**conozcan**	conocieran	**conozcan** Uds.
conocido								
creer (y)	creo	creía	**creí**	creeré	creería	crea	**creyera**	
	crees	creías	**creíste**	creerás	creerías	creas	**creyeras**	cree tú (no creas)
	cree	creía	**creyó**	creerá	creería	crea	**creyera**	crea Ud.
	creemos	creíamos	**creímos**	creeremos	creeríamos	creamos	**creyéramos**	creamos
Participles:	creéis	creíais	**creísteis**	creeréis	creeríais	creáis	**creyerais**	creed (no creáis)
creyendo	creen	creían	**creyeron**	creerán	creerían	crean	**creyeran**	crean Uds.
creído								
cruzar (z:c)	cruzo	cruzaba	**crucé**	cruzaré	cruzaría	**cruce**	cruzara	
	cruzas	cruzabas	cruzaste	cruzarás	cruzarías	**cruces**	cruzaras	cruza tú (no **cruces**)
	cruza	cruzaba	cruzó	cruzará	cruzaría	**cruce**	cruzara	**cruce** Ud.
	cruzamos	cruzábamos	cruzamos	cruzaremos	cruzaríamos	**crucemos**	cruzáramos	**crucemos**
Participles:	cruzáis	cruzabais	cruzasteis	cruzaréis	cruzaríais	**crucéis**	cruzarais	cruzad (no **crucéis**)
cruzando	cruzan	cruzaban	cruzaron	cruzarán	cruzarían	**crucen**	cruzaran	**crucen** Uds.
cruzado								
destruir (y)	**destruyo**	destruía	destruí	destruiré	destruiría	**destruya**	**destruyera**	
	destruyes	destruías	destruiste	destruirás	destruirías	**destruyas**	**destruyeras**	**destruye** tú (no **destruyas**)
	destruye	destruía	**destruyó**	destruirá	destruiría	**destruya**	**destruyera**	**destruya** Ud.
	destruimos	destruíamos	destruimos	destruiremos	destruiríamos	**destruyamos**	**destruyéramos**	**destruyamos**
Participles:	destruis	destruíais	destruisteis	destruiréis	destruiríais	**destruyáis**	**destruyerais**	destruid (no **destruyáis**)
destruyendo	**destruyen**	destruían	**destruyeron**	destruirán	destruirían	**destruyan**	**destruyeran**	**destruyan** Uds.
destruido								
enviar (envío)	**envío**	enviaba	envié	enviaré	enviaría	**envíe**	enviara	
	envías	enviabas	enviaste	enviarás	enviarías	**envíes**	enviaras	**envía** tú (no **envíes**)
	envía	enviaba	envió	enviará	enviaría	**envíe**	enviara	**envíe** Ud.
	enviamos	enviábamos	enviamos	enviaremos	enviaríamos	**enviemos**	enviáramos	enviemos
Participles:	enviáis	enviabais	enviasteis	enviaréis	enviaríais	**enviéis**	enviarais	enviad (no **enviéis**)
enviando	**envían**	enviaban	enviaron	enviarán	enviarían	**envíen**	enviaran	**envíen** Uds.
enviado								

40 graduarse (gradúo)
Participles: graduando, graduado

	INDICATIVE					SUBJUNCTIVE		IMPERATIVE
Infinitive	Present	Imperfect	Preterite	Future	Conditional	Present	Past	
graduarse (gradúo)	gradúo	graduaba	gradué	graduaré	graduaría	gradúe	graduara	
	gradúas	graduabas	graduaste	graduarás	graduarías	gradúes	graduaras	gradúa tú (no gradúes)
	gradúa	graduaba	graduó	graduará	graduaría	gradúe	graduara	gradúe Ud.
Participles:	graduamos	graduábamos	graduamos	graduaremos	graduaríamos	graduemos	graduáramos	graduemos
graduando	graduáis	graduabais	graduasteis	graduaréis	graduaríais	graduéis	graduarais	graduad (no graduéis)
graduado	gradúan	graduaban	graduaron	graduarán	graduarían	gradúen	graduaran	gradúen Uds.

41 llegar (g:gu)
Participles: llegando, llegado

	INDICATIVE					SUBJUNCTIVE		IMPERATIVE
Infinitive	Present	Imperfect	Preterite	Future	Conditional	Present	Past	
llegar (g:gu)	llego	llegaba	llegué	llegaré	llegaría	llegue	llegara	
	llegas	llegabas	llegaste	llegarás	llegarías	llegues	llegaras	llega tú (no llegues)
	llega	llegaba	llegó	llegará	llegaría	llegue	llegara	llegue Ud.
Participles:	llegamos	llegábamos	llegamos	llegaremos	llegaríamos	lleguemos	llegáramos	lleguemos
llegando	llegáis	llegabais	llegasteis	llegaréis	llegaríais	lleguéis	llegarais	llegad (no lleguéis)
llegado	llegan	llegaban	llegaron	llegarán	llegarían	lleguen	llegaran	lleguen Uds.

42 proteger (g:j)
Participles: protegiendo, protegido

	INDICATIVE					SUBJUNCTIVE		IMPERATIVE
Infinitive	Present	Imperfect	Preterite	Future	Conditional	Present	Past	
proteger (g:j)	protejo	protegía	protegí	protegeré	protegería	proteja	protegiera	
	proteges	protegías	protegiste	protegerás	protegerías	protejas	protegieras	protege tú (no protejas)
	protege	protegía	protegió	protegerá	protegería	proteja	protegiera	proteja Ud.
Participles:	protegemos	protegíamos	protegimos	protegeremos	protegeríamos	protejamos	protegiéramos	protejamos
protegiendo	protegéis	protegíais	protegisteis	protegeréis	protegeríais	protejáis	protegierais	proteged (no protejáis)
protegido	protegen	protegían	protegieron	protegerán	protegerían	protejan	protegieran	protejan Uds.

43 tocar (c:qu)
Participles: tocando, tocado

	INDICATIVE					SUBJUNCTIVE		IMPERATIVE
Infinitive	Present	Imperfect	Preterite	Future	Conditional	Present	Past	
tocar (c:qu)	toco	tocaba	toqué	tocaré	tocaría	toque	tocara	
	tocas	tocabas	tocaste	tocarás	tocarías	toques	tocaras	toca tú (no toques)
	toca	tocaba	tocó	tocará	tocaría	toque	tocara	toque Ud.
Participles:	tocamos	tocábamos	tocamos	tocaremos	tocaríamos	toquemos	tocáramos	toquemos
tocando	tocáis	tocabais	tocasteis	tocaréis	tocaríais	toquéis	tocarais	tocad (no toquéis)
tocado	tocan	tocaban	tocaron	tocarán	tocarían	toquen	tocaran	toquen Uds.

Guide to Vocabulary

Note on alphabetization

For purposes of alphabetization, **ch** and **ll** are not treated as separate letters, but **ñ** still follows **n**. Therefore, in this glossary you will find that **año**, for example, appears after **anuncio**.

Abbreviations used in this glossary

adj.	adjective	*form.*	formal	*pl.*	plural
adv.	adverb	*indef.*	indefinite	*poss.*	possessive
art.	article	*interj.*	interjection	*prep.*	preposition
conj.	conjunction	*i.o.*	indirect object	*pron.*	pronoun
def.	definite	*m.*	masculine	*ref.*	reflexive
d.o.	direct object	*n.*	noun	*sing.*	singular
f.	feminine	*obj.*	object	*sub.*	subject
fam.	familiar	*p.p.*	past participle	*v.*	verb

Spanish-English

A

a *prep.* at; to **1**
 ¿A qué hora...? At what time...? **1, 9**
 a bordo aboard **1**
 a dieta on a diet **15**
 a la derecha de to the right of **2**
 a la izquierda de to the left of **2**
 a la plancha grilled **8**
 a la(s) + *time* at + *time* **1**
 a menos que unless **13**
 a menudo often **10**
 a mi nombre in my name **5**
 a nombre de in the name of **5**
 a plazos in installments **14**
 A sus órdenes. At your service. **11**
 a tiempo on time **10**
 a veces sometimes **10**
 a ver let's see **2**
¡Abajo! *adv.* Down!
abeja *f.* bee
abierto/a *adj.* open **5**; *p.p.* opened **15**
abogado/a *m., f.* lawyer **16**
abrazar(se) *v.* to hug; to embrace (each other)
abrazo *m.* hug
abrigo *m.* coat **6**
abril *m.* April **5**
abrir *v.* to open **3**
abuelo/a *m., f.* grandfather; grandmother **3**
abuelos *pl.* grandparents **3**
aburrido/a *adj.* bored; boring **5**
aburrir *v.* to bore **7**
aburrirse *v.* to get bored
acabar de (+ *inf.*) *v.* to have just (*done something*) **6**
acampar *v.* to camp **5**

accidente *m.* accident **10**
acción *f.* action
aceite *m.* oil **8**
ácido/a *adj.* acid **13**
acompañar *v.* to go with; to accompany **14**
aconsejar *v.* to advise **12**
acontecimiento *m.* event
acordarse (de) (o:ue) *v.* to remember **7**
acostarse (o:ue) *v.* to lie down; to go to bed **7**
activo/a *adj.* active **15**
actor *m.* actor **16**
actriz *f.* actress **16**
actualidades *f., pl.* news; current events
acuático/a *adj.* aquatic **4**
adelgazar *v.* to lose weight; to slim down **15**
además (de) *adv.* furthermore; besides **10**; in addition (to)
adicional *adj.* additional
adiós *m.* goodbye **1**
adjetivo *m.* adjective
administración de empresas *f.* business administration **2**
adolescencia *f.* adolescence **9**
¿adónde? *adv.* where (to)? (*destination*) **2, 9**
aduana *f.* customs **5**
aeróbico/a *adj.* aerobic **15**
aeropuerto *m.* airport **5**
afectado/a *adj.* affected **13**
afeitarse *v.* to shave **7**
aficionado/a *adj.* fan **4**
afirmativo/a *adj.* affirmative
afueras *f., pl.* suburbs; outskirts **12**
agencia de bienes raíces *f.* real estate agency **12**
agencia de viajes *f.* travel agency **5**
agente de viajes *m., f.* travel agent **5**
agosto *m.* August **5**
agradable *adj.* pleasant

agrio/a *adj.* sour **8**
agua *f.* water **8**
 agua mineral mineral water **8**
ahora *adv.* now
 ahora mismo right now **5**
ahorrar *v.* to save money **14**
ahorros *m., pl.* savings **14**
aire *m.* air **6**
ajo *m.* garlic
al (*contraction of* **a** + **el**) **4**
 al aire libre open-air **6**
 al contado in cash **14**
 (al) este (to the) east **14**
 al fondo (de) at the end (of) **12**
 al lado de next to; beside **2**
 (al) norte (to the) north **14**
 (al) oeste (to the) west **14**
 (al) sur (to the) south **14**
alcoba *f.* bedroom **12**
alcohol *m.* alcohol **15**
alcohólico/a *adj.* alcoholic **15**
alegrarse (de) *v.* to be happy **13**
alegre *adj.* happy; joyful **5**
alegría *f.* happiness **9**
alemán, alemana *adj.* German **3**
alérgico/a *adj.* allergic **10**
alfombra *f.* carpet; rug **12**
algo *pron.* something; anything **7**
algodón *m.* cotton **6**
alguien *pron.* someone; anyone **7**
algún, alguno/a(s) *adj.* any; some **7**
aliviar *v.* to relieve **15**
 aliviar el estrés/la tensión to relieve stress/tension **15**
allí *adv.* there **5**
 allí mismo right there **14**
almacén *m.* department store **6**
almohada *f.* pillow **12**
almorzar (o:ue) *v.* to have lunch **8**
almuerzo *m.* lunch **8**
¿Aló? *interj.* Hello? (*on the telephone*) **11**
alojamiento *m.* lodging **5**
alquilar *v.* to rent **12**
alquiler *m.* rent **12**

alternador *m.* alternator **11**
altillo *m.* attic **12**
alto/a *adj.* tall **3**
aluminio *m.* aluminum **13**
amable *adj.* nice; friendly **5**
ama *m., f.* **de casa** homemaker;
   housekeeper **12**; housewife
amarillo/a *adj.* yellow **6**
amigo/a *m., f.* friend **3**
amistad *f.* friendship **9**
amor *m.* love **9**
anaranjado/a *adj.* orange **6**
animal *m.* animal **13**
aniversario (de bodas) *m.* (wedding)
   anniversary **9**
anoche *adv.* last night **6**
anteayer *adv.* the day before
   yesterday **6**
antes *adv.* before **7**
   antes de *prep.* before **7**
   antes (de) que *conj.* before **13**
antibiótico *m.* antibiotic **10**
antipático/a *adj.* unpleasant **3**
anunciar *v.* to announce; to advertise
anuncio *m.* advertisement **16**
año *m.* year **5**
   el año pasado last year **6**
apagar *v.* to turn off **11**
aparato *m.* appliance **12**
apartamento *m.* apartment **12**
apellido *m.* last name **9**
apenas *adv.* hardly; scarcely; just **10**
aplaudir *v.* to applaud
apreciar *v.* to appreciate
aprender *v.* to learn **3**
apurarse *v.* to hurry; to rush **15**
aquel, aquella *adj.* that; those (over
   there) **6**
aquél, aquélla *pron.* that; those (over
   there) **6**
aquello *neuter, pron.* that; that thing;
   that fact **6**
aquellos/as *pl. adj.* that; those
   (over there) **6**
aquéllos/as *pl. pron.* those (ones)
   (over there) **6**
aquí *adv.* here **1**
   Aquí está... Here it is... **5**
      Aquí estamos en... Here we are
      at/in... **2**
      aquí mismo right here **11**
árbol *m.* tree **13**
archivo *m.* file **11**
armario *m.* closet **12**
arqueólogo/a *m., f.* archaeologist **16**
arquitecto/a *m., f.* architect **16**
arrancar *v.* to start (*a car*) **11**
arreglar *v.* to fix; to arrange **11**;
   to neaten; to straighten up **12**
arriba *adv.* up
arroz *m.* rice **8**
arte *m.* art **2**
artes *f., pl.* arts
artesanía *f.* craftsmanship; crafts

artículo *m.* article
artista *m., f.* artist **3**
artístico/a *adj.* artistic
arveja *m.* pea **8**
asado/a *adj.* roasted **8**
ascenso *m.* promotion **16**
ascensor *m.* elevator **5**
así *adj.* like this; so (*in such a
   way*) **10**
   así así so-so
asistir (a) *v.* to attend **3**
aspiradora *f.* vacuum cleaner **12**
aspirante *m., f.* candidate; applicant
   16
aspirina *f.* aspirin **10**
atún *m.* tuna **8**
aumentar *v.* **de peso** to gain
   weight **15**
aumento *m.* increase **16**
   aumento de sueldo pay raise **16**
aunque *conj.* although
autobús *m.* bus **1**
automático/a *adj.* automatic **14**
auto(móvil) *m.* auto(mobile) **5**
autopista *f.* highway
ave *f.* bird
avenida *f.* avenue
aventura *f.* adventure
avergonzado/a *adj.* embarrassed **5**
avión *m.* airplane **5**
¡Ay! *interj.* Oh!
   ¡Ay, qué dolor! Oh, what pain!
ayer *adv.* yesterday **6**
ayudar *v.* to help **12**
ayudarse *v.* to help each other
azúcar *m.* sugar **8**
azul *adj.* blue **6**

B

bailar *v.* to dance **2**
bailarín/bailarina *m., f.* dancer **16**
baile *m.* dance
bajar *v.* to go down **11**
bajar(se) de *v.* to get off of/out of
   (a vehicle) **11**
bajo/a *adj.* short (*in height*) **3**
   bajo control under control
balcón *m.* balcony **12**
ballena *f.* whale **13**
ballet *m.* ballet
baloncesto *m.* basketball **4**
banana *f.* banana **8**
banco *m.* bank **14**
banda *f.* band
bandera *f.* flag
bañarse *v.* to bathe; to take a
   bath **7**
baño *m.* bathroom **7**
barato/a *adj.* cheap **6**
barco *m.* boat **5**
barrer *v.* to sweep **12**
   barrer el suelo to sweep the floor **12**

barrio *m.* neighborhood **12**
bastante *adv.* enough; quite **10**;
   pretty
basura *f.* trash **12**
baúl *m.* trunk **11**
beber *v.* to drink **3**
bebida *f.* drink **8**
   bebida alcohólica alcoholic
      beverage **15**
béisbol *m.* baseball **4**
bellas artes *f., pl.* fine arts
belleza *f.* beauty **14**
beneficio *m.* benefit **16**
besar(se) *v.* to kiss (each other)
beso *m.* kiss **6**
biblioteca *f.* library **2**
bicicleta *f.* bicycle **4**
bien *adj.* good; well **1**
bienestar *m.* well-being **15**
**¡Bienvenido(s)/
   a(s)!** *adj.* Welcome! **12**
billete *m.* paper money **8**
billón trillion **6**
biología *f.* biology **2**
bistec *m.* steak **8**
bizcocho *m.* biscuit
blanco/a *adj.* white **6**
bluejeans *m., pl.* jeans **6**
blusa *f.* blouse **6**
boca *f.* mouth **10**
boda *f.* wedding **9**
boleto *m.* ticket
bolsa *f.* bag; purse **6**
bombero/a *m., f.* firefighter **16**
bonito/a *adj.* pretty **3**
borrador *m.* eraser **2**
bosque *m.* forest **13**
   bosque tropical tropical forest;
      rainforest **13**
bota *f.* boot **6**
botella *f.* bottle **9**
   botella de vino bottle of
      wine **9**
botones *m., f., sing.* bellhop **5**
brazo *m.* arm **10**
brindar *v.* to toast (*drink*) **9**
bucear *v.* to scuba dive **4**
bueno... *adv.* well... **2**
buen, bueno/a *adj.* good **3, 6**
   ¡Buen viaje! Have a good trip! **1**
   buena forma good shape (*physical*)
      15
   ¡Buena idea! Good idea! **4**
   Buenas noches. Good evening;
      Good night. **1**
   Buenas tardes. Good afternoon. **1**
   buenísimo extremely good
   ¿Bueno? Hello? (*on telephone*) **11**
   Buenos días. Good morning. **1**
bulevar *m.* boulevard
buscar *v.* to look for **2**
buzón *m.* mailbox **14**

C

caballo *m.* horse **5**
cabaña *f.* cabin **5**
cabe: no cabe duda de there's no doubt **13**
cabeza *f.* head **10**
cada *adj.* each **6**
caerse *v.* to fall (down) **10**
café *m.* café **4**; *adj.* brown **6**; coffee **8**
cafetera *f.* coffee maker
cafetería *f.* cafeteria **2**
caído/a *p.p.* fallen **15**
caja *f.* cash register **6**
cajero/a *m., f.* cashier
  cajero automático automatic teller machine (ATM) **14**
calcetín *m.* sock **6**
calculadora *f.* calculator **11**
caldo *m.* soup **8**
  caldo de patas beef soup **8**
calentamiento global *m.* global warming **13**
calentarse (e:ie) *v.* to warm up **15**
calidad *f.* quality **6**
calle *f.* street **11**
calor *m.* heat **3**
caloría *f.* calorie **15**
calzar *v.* to take size... shoes **6**
cama *f.* bed **5**
cámara *f.* camera **11**
  cámara de video videocamera **11**
  cámara digital digital camera **11**
camarero/a *m., f.* waiter **8**
camarón *m.* shrimp **8**
cambiar (de) *v.* to change **9**
cambio *m.* **de moneda** currency exchange
caminar *v.* to walk **2**
camino *m.* route **11**
camión *m.* truck; bus
camisa *f.* shirt **6**
camiseta *f.* t-shirt **6**
campo *m.* countryside **5**
canadiense *adj.* Canadian **3**
canal *m.* channel (TV)
canción *f.* song
candidato/a *m., f.* candidate
cansado/a *adj.* tired **5**
cantante *m., f.* singer **16**
cantar *v.* to sing **2**
capital *f.* capital city **1**
capó *m.* (car) hood **11**
cara *f.* face **7**
caramelo *m.* caramel
carne *f.* meat **8**
  carne de res beef **8**
carnicería *f.* butcher shop **14**
caro/a *adj.* expensive **6**
carpintero/a *m., f.* carpenter **16**
carrera *f.* career **16**
carretera *f.* highway

carro *m.* car **11**
carta *f.* letter **4**; (playing) card
cartel *m.* poster
cartera *f.* wallet **6**
cartero *m.* mail carrier **14**
casa *f.* house **4**; home
casado/a *adj.* married **9**
casarse (con) *v.* to get married (to) **9**
casi *adv.* almost **10**
catorce fourteen **1**
caza *f.* hunting **13**
cebolla *f.* onion **8**
celebrar *v.* to celebrate **9**
celular *adj.* cellular **11**
cena *f.* dinner **8**
cenar *v.* to have dinner **8**
centro *m.* downtown **4**
  centro comercial shopping mall **6**
cepillarse los dientes/el pelo *v.* to brush one's teeth/one's hair **7**
cerámica *f.* pottery
cerca de *prep.* near **2**
cerdo *m.* pork **8**
cereales *m., pl.* cereal; grains **8**
cero zero **1**
cerrado/a *adj.* closed **5**
cerrar (e:ie) *v.* to close **4**
cerveza *f.* beer **8**
césped *m.* grass
ceviche *m.* lemon-marinated fish dish **8**
  ceviche de camarón lemon-marinated shrimp **8**
chaleco *m.* vest
champán *m.* champagne **9**
champiñón *m.* mushroom **8**
champú *m.* shampoo **7**
chaqueta *f.* jacket **6**
chau *fam., interj.* bye **1**
cheque *m.* (bank) check **14**
  cheque de viajero traveler's check **14**
chévere *adj., fam.* terrific
chico/a *m., f.* boy/girl **1**
chino/a *adj.* Chinese
chocar (con) *v.* to run into; to crash **11**
chocolate *m.* chocolate
choque *m.* collision
chuleta *f.* chop (*food*) **8**
  chuleta de cerdo pork chop **8**
ciclismo *m.* cycling **4**
cielo *m.* sky **13**
cien(to) one hundred **2, 6**
  por ciento percent
ciencia *f.* science
  ciencia ficción science fiction
científico/a *m., f.* scientist **16**
cierto *m.* certain; true **13**
  es cierto it's true/certain **13**
  no es cierto it's not true/certain **13**
cifra *f.* figure
cinco five **1**

cincuenta fifty **2**
cine *m.* movie theater **4**
cinta *f.* (audio) tape
cinturón *m.* belt **6**
circulación *f.* traffic
cita *f.* date; appointment **9**
ciudad *f.* city **4**
ciudadano/a *adj.* citizen
claro que sí *fam.* of course
clase *f.* class **2**
  clase de ejercicios aeróbicos aerobics class **15**
clásico/a *adj.* classical
cliente/a *m., f.* client **6**
clínica *f.* clinic **10**
cobrar *v.* to cash a check **14**; to charge for a product or service **14**
coche *m.* car **11**
cocina *f.* kitchen **12**; stove
cocinar *v.* to cook **12**
cocinero/a *m., f.* cook, chef **16**
cola *f.* line **14**
colesterol *m.* cholesterol **15**
color *m.* color **6**
comedia *f.* comedy; play
comedor *m.* dining room **12**
comenzar (e:ie) *v.* to begin **4**
comer *v.* to eat **3**
comercial *adj.* commercial; business-related **16**
comida *f.* food; meal **8**
como *prep.* like, as **8**
¿cómo? what?; how? **1, 9**
  ¿Cómo es...? What's... like? **3**
  ¿Cómo está usted? How are you? (*form.*) **1**
  ¿Cómo estás? How are you? (*fam.*) **1**
  ¿Cómo les fue...? *pl.* How did... go for you? **15**
  ¿Cómo se llama usted? What's your name? (*form.*) **1**
  ¿Cómo te llamas (tú)? What's your name? (*fam.*) **1**
cómoda *f.* chest of drawers **12**
cómodo/a *adj.* comfortable **5**
compañero/a de clase *m., f.* classmate **2**
compañero/a de cuarto *m., f.* roommate **2**
compañía *f.* company; firm **16**
compartir *v.* to share **3**
completamente *adv.* completely
compositor(a) *m., f.* composer
comprar *v.* to buy **2**
compras *f., pl.* purchases
  ir de compras go shopping
comprender *v.* to understand **3**
comprobar *v.* to check
comprometerse (con) *v.* to get engaged (to) **9**
computación *f.* computer science **2**
computadora *f.* computer **1, 11**

computadora portátil *f.* laptop **11**; portable computer
comunicación *f.* communication
comunicarse (con) *v.* to communicate (with)
comunidad *f.* community **1**
con *prep.* with **2**
  Con él/ella habla. This is he/she. (*on telephone*) **11**
  con frecuencia *adv.* frequently **10**
  Con permiso. Pardon me., Excuse me. **1**
  con tal (de) que provided that **13**
concierto *m.* concert
concordar *v.* to agree
concurso *m.* contest; game show
conducir *v.* to drive **8, 11**
conductor(a) *m., f.* driver, chauffeur **1**
confirmar *v.* to confirm **5**
  confirmar una reservación to confirm a reservation **5**
congelador *m.* freezer
congestionado/a *adj.* congested; stuffed-up **10**
conmigo *pron.* with me **4**
conocer *v.* to know; to be acquainted with **8**
conocido/a *adj.* known
conseguir (e:i) *v.* to get; to obtain **4**
consejero/a *m., f.* counselor; advisor **16**
consejo *m.* advice **9**
conservación *f.* conservation **13**
conservar *v.* to conserve **13**
construir *v.* to build
consultorio *m.* doctor's office **10**
consumir *v.* to consume **15**
contabilidad *f.* accounting **2**
contador(a) *m., f.* accountant **16**
contaminación *f.* pollution **13**; contamination
  contaminación del aire/del agua air/water pollution **13**
contaminado/a *adj.* polluted **13**
contaminar *v.* to pollute **13**
contar (con) *v.* to count (on) **12**
contento/a *adj.* happy; content **5**
contestadora *f.* answering machine **11**
contestar *v.* to answer **2**
contigo *pron.* with you
contratar *v.* to hire **16**
control *m.* control
  control remoto remote control **11**
controlar *v.* to control **13**
conversación *f.* conversation **1**
conversar *v.* to talk; to chat **2**
copa *f.* wineglass; goblet **12**
corazón *m.* heart **10**
corbata *f.* tie **6**
corredor(a) *m., f.* **de bolsa** stockbroker **16**
correo *m.* post office; mail **14**
  correo electrónico e-mail **4**

correr *v.* to run **3**
cortesía *f.* courtesy
cortinas *f., pl.* curtains **12**
corto/a *adj.* short (*in length*) **6**
cosa *f.* thing **1**
costar (o:ue) *f.* to cost **6**
cráter *m.* crater **13**
creer *v.* to believe **13**
  creer (en) *v.* to believe (in) **3**
creído/a *p.p.* believed **15**
crema de afeitar *f.* shaving cream **7**
crimen *m.* crime; murder
cruzar *v.* to cross **14**
cuaderno *m.* notebook **1**
cuadra *f.* city block **14**
cuadro *m.* picture **12**
cuadros *m., pl.* plaid **6**
¿cuál(es)? which?; which one(s)? **2**; what? **9**
  ¿Cuál es la fecha de hoy? What is today's date? **5**
cuando *conj.* when **7**
¿cuándo? *adv.* when? **2, 9**
¿cuánto(s)/a(s)? *adv.* how much?, how many? **1, 9**
  ¿Cuánto cuesta...? How much does... cost? **6**
  ¿Cuántos años tienes/tiene? How old are you? **3**
cuarenta forty **2**
cuarto *m.* room
cuarto/a *adj.* quarter **1**; fourth **5**
  menos cuarto quarter to (time) **1**
  y cuarto quarter after (time) **1**
cuarto de baño *m.* bathroom
cuatro four **1**
cuatrocientos/as four hundred **6**
cubiertos *m., pl.* silverware
cubierto/a *p.p.* covered
cubrir *v.* to cover
cuchara *f.* spoon **12**
cuchillo *m.* knife **12**
cuello *m.* neck **10**
cuenta *f.* bill **9**; account **14**
  cuenta corriente *f.* checking account **14**
  cuenta de ahorros *f.* savings account **14**
cuento *m.* story
cuerpo *m.* body **10**
cuidado *m.* care **3**
cuidar *v.* to take care of **13**
¡Cuídense! Take care! **15**
cultura *f.* culture
cumpleaños *m., sing.* birthday **9**
cumplir años *v.* to have a birthday **9**
cuñado/a *m., f.* brother-in-law; sister-in-law **3**
currículum *m.* résumé **16**; curriculum vitae
curso *m.* course **2**

D

danza *f.* dance
dañar *v.* to damage; to breakdown **11**
dar *v.* to give **6**
  dar un consejo to give advice
  darse con *v.* to bump into; to run into
  darse prisa to hurry; to rush **15**
de *prep.* of; from **1**
  ¿de dónde? from where? **9**
  ¿De dónde eres? *fam.* Where are you from? **1**
  ¿De dónde es usted? *form.* Where are you from? **1**
  ¿De parte de quién? Who is calling? (*on telephone*) **11**
  ¿de quién...? whose...? (*sing.*) **1**
  ¿de quiénes...? whose...? (*pl.*) **1**
  de algodón (made of) cotton **6**
  de aluminio (made of) aluminum **13**
  de compras shopping
  de cuadros plaid **6**
  de excursión hiking **4**
  de hecho in fact
  de ida y vuelta round-trip **5**
  de la mañana in the morning; A.M. **1**
  de la noche in the evening; at night; P.M. **1**
  de la tarde in the afternoon; in the early evening; P.M. **1**
  de lana (made of) wool **6**
  de lunares polka-dotted **6**
  de mi vida of my life **15**
  de moda in fashion **6**
  De nada. You're welcome. **1**
  de ninguna manera no way
  de niño/a as a child **10**
  de parte de on behalf of **11**
  de plástico (made of) plastic **13**
  de rayas striped **6**
  de repente suddenly **6**
  de seda (made of) silk **6**
  de vaqueros western (genre)
  de vez en cuando from time to time **10**
  de vidrio (made of) glass **13**
debajo de *prep.* below; under **2**
deber (+ *inf.*) *v.* to have to (*do something*), should (*do something*) **3**
  Debe ser... It must be... **6**
deber *m.* responsibility; obligation
debido a due to; the fact that
débil *adj.* weak **15**
decidido/a *adj.* decided
decidir *v.* to decide **3**
décimo/a *adj.* tenth **5**
decir *v.* to say; to tell **6**
declarar *v.* to declare; to say
dedo *m.* finger **10**
deforestación *f.* deforestation **13**

dejar *v.* to let **12**; to quit; to leave behind **16**
　　dejar de (**+ inf.**) to stop (*doing something*) **13**
　　dejar una propina to leave a tip **9**
del (*contraction of* **de + el**) of the; from the
delante de *prep.* in front of **2**
delgado/a *adj.* thin; slender **3**
delicioso/a *adj.* delicious **8**
demás *pron.* the rest
demasiado *adv.* too much **6**
dentista *m., f.* dentist **10**
dentro de *adv.* within **16**
dependiente/a *m., f.* clerk **6**
deporte *m.* sport **4**
deportista *m.* sports person
deportivo/a *adj.* sports-related **4**
depositar *v.* to deposit **14**
derecha *f.* right **2**
　　a la derecha de to the right of **2**
derecho *adj.* straight **14**
derechos *m., pl.* rights
desarrollar *v.* to develop **13**
desastre natural *m.* natural disaster
desayunar *v.* to have breakfast **8**
desayuno *m.* breakfast **8**
descafeinado/a *adj.* decaffeinated **15**
descansar *v.* to rest **2**
descompuesto/a *adj.* not working; out of order **11**
describir *v.* to describe **3**
descrito/a *p.p.* described **15**
descubierto/a *p.p.* discovered **15**
descubrir *v.* to discover **13**
desde *prep.* from **6**
desear *v.* to want; to wish **2**; to desire **12**
desempleo *m.* unemployment
desierto *m.* desert **13**
desigualdad *f.* inequality
desordenado/a *adj.* disorderly; messy **5**
despacio *adj.* slowly
despedida *f.* farewell; goodbye
despedir (e:i) *v.* to fire **16**
despedirse (de) (e:i) *v.* to say goodbye (to) **7**
despejado/a *adj.* clear (*weather*)
despertador *m.* alarm clock **7**
despertarse (e:ie) *v.* to wake up **7**
después *adv.* afterwards; then **7**
　　después de after **7**
　　después (de) que *conj.* after **13**
destruir *v.* to destroy **13**
detrás de *prep.* behind **2**
día *m.* day **1**
　　día de fiesta holiday **9**
diario *m.* diary **1**; newspaper
diario/a *adj.* daily **7**
dibujar *v.* to draw **2**
dibujo *m.* drawing
　　dibujos animados *m., pl.* cartoons
diccionario *m.* dictionary **1**

dicho/a *p.p.* said **15**
diciembre *m.* December **5**
dictadura *f.* dictatorship
diecinueve nineteen **1**
dieciocho eighteen **1**
dieciséis sixteen **1**
diecisiete seventeen **1**
diente *m.* tooth **7**
dieta *f.* diet **15**
　　dieta equilibrada balanced diet **15**
diez ten **1**
difícil *adj.* difficult; hard **3**
¿Diga? Hello? (*on telephone*) **11**
diligencia *f.* errand **14**
dinero *m.* money **6**
dirección *f.* address **14**
director(a) *m., f.* director; (*musical*) conductor
disco *m.* disk **11**
disco compacto compact disc (CD) **11**
discriminación *f.* discrimination
discurso *m.* speech
diseñador(a) *m., f.* designer **16**
diseño *m.* design
disfrutar (de) *v.* to enjoy; to reap the benefits (of) **15**
diversión *f.* entertainment; fun activity **4**
divertido/a *adj.* fun **7**
divertirse (e:ie) *v.* to have fun **9**
divorciado/a *adj.* divorced **9**
divorciarse (de) *v.* to get divorced (from) **9**
divorcio *m.* divorce **9**
doblar *v.* to turn **14**
doble *adj.* double
doce twelve **1**
doctor(a) *m., f.* doctor **3, 10**
documental *m.* documentary
documentos de viaje *m., pl.* travel documents
doler (o:ue) *v.* to hurt **10**
dolor *m.* ache; pain **10**
dolor de cabeza *m.* headache **10**
doméstico/a *adj.* domestic
domingo *m.* Sunday **2**
don/doña *title of respect used with a person's first name* **1**
donde *prep.* where
　　¿dónde? where? **1, 9**
　　¿Dónde está…? Where is…? **2**
dormir (o:ue) *v.* to sleep **4**
dormirse (o:ue) *v.* to go to sleep; to fall asleep **7**
dos two **1**
　　dos veces twice; two times **6**
doscientos/as two hundred **6**
drama *m.* drama; play
dramático/a *adj.* dramatic
dramaturgo/a *m., f.* playwright
droga *f.* drug **15**
drogadicto/a *m., f.* drug addict **15**
ducha *f.* shower
ducharse *v.* to shower; to take a

shower **7**
duda *f.* doubt **13**
dudar *v.* to doubt **13**
dueño/a *m., f.* owner **8**; landlord
dulce *adj.* sweet **8**
dulces *m., pl.* sweets; candy **9**
durante *prep.* during **7**
durar *v.* to last

E

e *conj.* (*used instead of* **y** *before words beginning with* **i** *and* **hi**) and
echar *v.* to throw
　　echar una carta al buzón to put a letter in the mailbox; to mail a letter **14**
ecología *f.* ecology **13**
ecologista *adj.* ecological; ecologist **13**
economía *f.* economics
ecoturismo *m.* ecotourism **13**
Ecuador *m.* Ecuador **1**
ecuatoriano/a *adj.* Ecuadorian **3**
edad *f.* age
edificio *m.* building **12**
　　edificio de apartamentos apartment building **12**
efectivo *m.* cash
ejercicio *m.* exercise **15**
　　ejercicios aeróbicos aerobic exercises **15**
　　ejercicios de estiramiento stretching exercises **15**
ejército *m.* army
el *m., sing., def. art.* the **1**
él *sub. pron.* he **1**; *adj. pron.* him
elección *f.* election
electricista *m., f.* electrician **16**
electrodoméstico *m.* electric appliance **12**
elegante *adj. m., f.* elegant **6**
elegir *v.* to elect
ella *sub. pron.* she **1**; *obj. pron.* her
ellos/as *sub. pron.* they **1**; them
embarazada *adj.* pregnant **10**
emergencia *f.* emergency **10**
emitir *v.* to broadcast
emocionante *adj.* exciting
empezar (e:ie) *v.* to begin **4**
empleado/a *m., f.* employee **5**
empleo *m.* job; employment **16**
empresa *f.* company; firm **16**
en *prep.* in; on; at **2**
　　en casa at home **7**
　　en caso (de) que in case (that) **13**
　　en cuanto as soon as **13**
　　en efectivo in cash
　　en exceso in excess; too much **15**
　　en línea in-line **4**
　　¡En marcha! Let's get going! **15**
　　en mi nombre in my name
　　en punto on the dot; exactly; sharp (*time*) **1**

en qué in which; in what; how 2
¿En qué puedo servirles?
How can I help you? 5
enamorado/a *adj.* **(de)** in love
(with) 5
enamorarse (de) *v.* to fall in love
(with) 9
encantado/a *adj.* delighted; pleased to
meet you 1
encantar *v.* to like very much; to love
(*inanimate objects*) 7
encima de *prep.* on top of 2
encontrar (o:ue) *v.* to find 4
encontrar(se) *v.* to meet (each other);
to find (each other)
encuesta *f.* poll; survey
energía *f.* energy 13
  energía nuclear nuclear
    energy 13
  energía solar solar energy 13
enero *m.* January 5
enfermarse *v.* to get sick 10
enfermedad *f.* illness; sickness 10
enfermero/a *m., f.* nurse 10
enfermo/a *adj.* sick 10
enfrente de *adv.* opposite; facing;
in front of 14
engordar *v.* to gain weight 15
enojado/a *adj.* mad; angry 5
enojarse (con) *v.* to get angry (with) 7
ensalada *f.* salad 8
enseguida *adv.* right away 9
enseñar *v.* to teach 2
ensuciar *v.* to get (something) dirty 12;
to dirty
entender (e:ie) *v.* to understand 4
entonces *adv.* then 7
entrada *f.* entrance 12; ticket
entre *prep.* between; among 2
entremeses *m., pl.* hors d'oeuvres 8;
appetizers
entrenarse *v.* to practice; to train 15
entrevista *f.* interview 16
entrevistador(a) *m., f.* interviewer 16
entrevistar *v.* to interview 16
envase *m.* container 13
enviar *v.* to send 14; to mail
equilibrado/a *adj.* balanced 15
equipado/a *adj.* equipped 15
equipaje *m.* luggage 5
equipo *m.* team 4
equivocado/a *adj.* wrong; mistaken 5
eres you are *fam.* 1
es you are *form.* ; he/she/it is 1
  Es una lástima... It's a shame... 13
  Es bueno que... It's good that... 12
  Es de... He/She is from . . . 1
  Es extraño... It's strange... 13
  Es importante que... It's
    important that . . . 12
  Es imposible... It's impossible...
    13
  Es improbable... It's improbable...
    13

Es la una. It's one o'clock. 1
Es malo que... It's bad that... 12
Es mejor que... It's better that...
  12
Es necesario que... It's
  necessary that... 12
Es obvio... It's obvious... 13
Es ridículo... It's ridiculous... 13
Es seguro... It's sure... 13
Es terrible... It's terrible... 13
Es triste... It's sad... 13
Es urgente que... It's urgent
  that... 12
Es verdad... It's true... 13
esa(s) *f., adj.* that; those 6
ésa(s) *f., pron.* those (ones) 6
escalar *v.* to climb 4
  escalar montañas *f., pl.* to climb
    mountains 4
escalera *f.* stairs; stairway 12
escoger *v.* choose
escribir *v.* to write 3
  escribir una carta to write a letter 4
  escribir un mensaje
    electrónico to write an
    e-mail message 4
  escribir una (tarjeta) postal
    to write a postcard 4
escrito/a *p.p.* written 15
escritor(a) *m., f.* writer 16
escritorio *m.* desk 2
escuchar *v.* to listen 2
  escuchar la radio to listen to the
    radio
  escuchar música to listen to music
escuela *f.* school 1
esculpir *v.* to sculpt
escultor(a) *m., f.* sculptor 16
escultura *f.* sculpture
ese *m., sing., adj.* that 6
ése *m., sing., pron.* that (one) 6
eso *neuter, pron.* that;
  that thing 6
esos *m., pl., adj.* those 6
ésos *m., pl., pron.* those (ones) 6
España *f.* Spain 1
español *m.* Spanish (*language*) 2
español(a) *adj.* Spanish 3
espárragos *m., pl.* asparagus
especialización *f.* field of study 16;
  specialization
espectacular *adj.* spectacular 15
espectáculo *m.* show
espejo *m.* mirror 7
esperar *v.* to wait (for); to hope 2;
  to wish 13
esposo/a *m., f.* husband/wife;
  spouse 3
esquí (acuático) *m.* (water) skiing 4
esquiar *v.* to ski 4
esquina *m.* corner 14
está he/she/it is, you are *form.* 1
  Está despejado. It's clear.
    (*weather*) 5

Está (muy) nublado. It's
  (very) cloudy. (*weather*) 5
Está bien. That's fine. 11
esta(s) *f., adj.* this; these 6
esta noche tonight 4
ésta(s) *f., pron.* this (one); these
  (ones) 6
  Ésta es... *f.* This is...
    (*introducing someone*) 1
establecer *v.* to establish
estación *f.* station; season 5
  estación de autobuses bus
    station 5
  estación del metro subway
    station 5
  estación del tren train station 5
estacionar *v.* to park 11
estadio *m.* stadium 2
estado civil *m.* marital status 9
Estados Unidos *m.* (EE.UU.) United
  States 1
estadounidense *adj.* from the United
  States 3
estampado/a *adj.* print
estampilla *f.* stamp 14
estante *m.* bookcase; bookshelf 12
estar *v.* to be 2
  estar a (veinte kilómetros)
    de aquí to be (20 kilometers)
    from here 11
  estar a dieta to be on a diet 15
  estar aburrido/a to be bored 5
  estar afectado/a (por) to be
    affected (by) 13
  estar bajo control to be under
    control
  estar cansado/a to be tired 5
  estar contaminado/a to be
    polluted 13
  estar de acuerdo to agree
  estar de moda to be in fashion 6
  estar de vacaciones to be on
    vacation 5
  estar en buena forma to be in
    good shape 15
  estar enfermo/a to be sick 10
  estar listo/a to be ready 15
  estar perdido/a to be lost 14
  estar roto/a to be broken 10
  estar seguro/a (de) to be sure
    (of) 5, 13
  estar torcido/a to be twisted;
    to be sprained 10
estatua *f.* statue
este *m.* east 14; umm
este *m., sing., adj.* this 6
éste *m., sing., pron.* this (one) 6
  Éste es... *m.* This is...
    (*introducing someone*) 1
estéreo *m.* stereo 11
estilo *m.* style
estiramiento *m.* stretching 15
esto *neuter pron.* this; this thing 6
estómago *m.* stomach 10

estornudar *v.* to sneeze **10**
estos *m., pl., adj.* these **6**
éstos *m., pl., pron.* these (ones) **6**
estrella *f.* star **13**
   estrella de cine *m., f.* movie star
estrés *m.* stress **15**
estudiante *m., f.* student **1, 2**
estudiantil *adj. m., f.* student
estudiar *v.* to study **2**
estufa *f.* stove **12**
estupendo/a *adj.* stupendous **5**
etapa *f.* stage **9**; step
evitar *v.* to avoid **13**
examen *m.* test; exam **2**
   examen médico physical exam **10**
excelente *adj.* excellent **5**
exceso *m.* excess; too much **15**
excursión *f.* hike; tour; excursion **4**
excursionista *m., f.* hiker **4**
éxito *m.* success **16**
experiencia *f.* experience
explicar *v.* to explain **2**
explorar *v.* to explore
   explorar un pueblo to explore a
     town
   explorar una ciudad to explore a
     city
expresión *f.* expression
extinción *f.* extinction **13**
extranjero/a *adj.* foreign
extraño/a *adj.* strange **13**

F

fábrica *f.* factory **13**
fabuloso/a *adj* fabulous **5**
fácil *adj.* easy **3**
   facilísimo extremely easy **8**
falda *f.* skirt **6**
faltar *v.* to lack; to need **7**
familia *f.* family **3**
famoso/a *adj.* famous **16**
farmacia *f.* pharmacy **10**
fascinar *v.* to fascinate; to like very
   much **7**
favorito/a *adj.* favorite **4**
fax *m.* fax (machine) **11**
febrero *m.* February **5**
fecha *f.* date **5**
feliz *adj.* happy **5**
   ¡Felicidades! Congratulations!
     (*for an event such as a birthday*
     or anniversary) **9**
   ¡Felicitaciones! Congratulations!
     (*for an event such as an engagement*
     or a good grade on a test) **9**
   ¡Feliz cumpleaños! Happy
     birthday! **9**
fenomenal *adj.* great **5**; phenomenal
feo/a *adj.* ugly **3**
festival *m.* festival
fiebre *f.* fever **10**
fiesta *f.* party **9**

fijo/a *adj.* set, fixed **6**
fin *m.* end **4**
   fin de semana weekend **4**
finalmente *adv.* finally
firmar *v.* to sign (*a document*) **14**
física *f.* physics **2**
flan *m.* baked custard **9**
flexible *adj.* flexible **15**
flor *f.* flower **13**
folklórico/a *adj.* folk; folkloric
folleto *m.* brochure
fondo *m.* end **12**
forma *f.* shape **15**
formulario *m.* form **14**
foto(grafía) *f.* photograph **1**
francés, francesa *adj.* French **3**
frecuentemente *adv.* frequently **10**
frenos *m., pl.* brakes **11**
fresco/a *adj.* cool
frijoles *m., pl.* beans **8**
frío/a *m.* cold **3**
fritada *f.* fried dish (pork, fish, etc.)
frito/a *adj.* fried **8**
fruta *f.* fruit **8**
frutería *f.* fruit shop **14**
frutilla *f.* strawberry **8**
fuente de fritada *f.* platter of fried
   food
fuera *adv.* outside
fuerte *adj.* strong **15**
fumar *v.* to smoke **15**
   no fumar not to smoke **15**
funcionar *v.* to work **11**; to function
fútbol *m.* soccer **4**
fútbol americano football **4**
futuro/a *adj.* future **16**
   en el futuro in the future **16**

G

gafas (de sol) *f., pl.* (sun)glasses **6**
gafas (oscuras) *f., pl.* (sun)glasses **14**
galleta *f.* cookie **9**
ganar *v.* to win **4**; to earn (*money*) **16**
ganga *f.* bargain **6**
garaje *m.* garage; (mechanic's) repair
   shop **11**; garage **12**
garganta *f.* throat **10**
gasolina *f.* gasoline **11**
gasolinera *f.* gas station **11**
gastar *v.* to spend (*money*) **6**
gato/a *m., f.* cat **3**
gente *f.* people **3**
geografía *f.* geography **2**
gerente *m., f.* manager **16**
gimnasio *m.* gym, gymnasium **4**
gobierno *m.* government **13**
golf *m.* golf **4**
gordo/a *adj.* fat **3**
grabadora *f.* tape recorder **1**
gracias *f., pl.* thank you; thanks **1**
   Gracias por todo. Thanks for
     everything. **9**

   Gracias una vez más. Thanks once
     again. **9**
graduarse (de) *v.* to graduate
   (from) **9**
gran, grande *adj.* big; large; great **3**
grasa *f.* fat **15**
gratis *adj.* free of charge **14**
grave *adj.* grave; serious **10**
gravísimo/a *adj.* extremely
   serious **13**
grillo *m.* cricket
gripe *f.* flu **10**
gris *adj.* gray **6**
gritar *v.* to scream
guantes *m., pl.* gloves **6**
guapo/a *adj.* handsome;
   good-looking **3**
guardar *v.* to save (on a computer) **11**
guerra *f.* war
guía *m., f.* guide
gustar *v.* to be pleasing to; to like **2, 7**
   Me gustaría(n)... I would like **7**
gusto *m.* pleasure **1**
   El gusto es mío. The pleasure
     is mine. **1**
   Gusto de (+ *inf.*) It's a pleasure
     to...
   Mucho gusto. Pleased to meet you. **1**

H

haber (*aux.*) *v.* to have (*done*
   something) **15**
   ha sido un placer it's been a
     pleasure **15**
habitación *f.* room **5**
   habitación doble double room **5**
   habitación individual single
     room **5**
habitantes *m., pl.* inhabitants **13**
hablar *v.* to talk; to speak **2**
hacer *v.* to do; to make **4**
   Hace buen tiempo. It's nice weather.
     5; The weather is good.
   Hace (mucho) calor. It's (very) hot.
     (*weather*) **5**
   Hace fresco. It's cool. (*weather*) **5**
   Hace (mucho) frío. It's (very) cold.
     (*weather*) **5**
   Hace mal tiempo. It's bad weather.
     5; The weather is bad.
   Hace (mucho) sol. It's (very) sunny.
     (*weather*) **5**
   Hace (mucho) viento. It's (very)
     windy. (*weather*) **5**
   hacer cola to stand in line **14**
   hacer diligencias to do errands;
     to run errands **14**
   hacer ejercicio to exercise **15**
   hacer ejercicios aeróbicos to do
     aerobics **15**
   hacer ejercicios de estiramiento
     to do stretching exercises **15**

hacer el papel to play a role
hacer gimnasia to work out 15
hacer juego (con) to match 6
hacer la cama to make the bed 12
hacer las maletas to pack (one's suitcases) 5
hacer los quehaceres domésticos to do household chores 12
hacer turismo to go sightseeing 5
hacer un viaje to take a trip 5
hacer una excursión to go on a hike; to go on a tour 5
hacha *f.* ax
hacia *prep.* toward 14
hambre *f.* hunger 3
hamburguesa *f.* hamburger 8
hasta *prep.* until 6; toward
  Hasta la vista. See you later. 1
  Hasta luego. See you later. 1
  Hasta mañana. See you tomorrow. 1
  hasta que until 13
  Hasta pronto. See you soon. 1
hay there is; there are 1
  Hay (mucha) contaminación. It's (very) smoggy.
  Hay (mucha) niebla. It's (very) foggy. 5
  Hay que It is necessary that 14
  No hay duda de There's no doubt 13
  No hay de qué. You're welcome. 1
hecho/a *p.p.* done 15
heladería *f.* ice cream shop 14
helado/a *adj.* iced 8
helado *m.* ice cream 9
hermanastro/a *m., f.* stepbrother/stepsister 3
hermano/a *m., f.* brother/sister 3
hermano/a mayor/menor *m., f.* older/younger brother/sister 3
hermanos *m., pl.* siblings (brothers and sisters) 3
hermoso/a *adj.* beautiful 6
hierba *f.* grass 13
hijastro/a *m., f.* stepson/stepdaughter 3
hijo/a *m., f.* son/daughter 3
  hijo/a único/a only child 3
  hijos *m., pl.* children 3
historia *f.* history 2; story
hockey *m.* hockey 4
hogar *m.* home 12
hola *interj.* hello; hi 1
hombre *m.* man 1
  hombre de negocios businessman 16
hora *f.* hour 1
horario *m.* schedule 2
horno *m.* oven 12
  horno de microondas microwave oven 12
hospital *m.* hospital 10
hotel *m.* hotel 5

hoy *adv.* today 2
  hoy día nowadays
  Hoy es... Today is... 2
huelga *f.* strike (labor)
hueso *m.* bone 10
huésped *m., f.* guest 5
huevo *m.* egg 8
humanidades *f., pl.* humanities
huracán *m.* hurricane

I

ida *f.* one way (*travel*)
idea *f.* idea 4
iglesia *f.* church 4
igualdad *f.* equality
igualmente *adv.* likewise 1
impermeable *m.* raincoat 6
importante *adj.* important 3
importar *v.* to be important (to); to matter 7, 12
imposible *adj.* impossible 13
impresora *f.* printer 11
imprimir *v.* to print 11
improbable *adj.* improbable 13
impuesto *m.* tax
incendio *m.* fire
increíble *adj.* incredible 5
indicar cómo llegar *v.* to give directions 14
individual *adj.* private (*room*) 5
infección *f.* infection 10
informar *v.* to inform
informe *m.* report; paper (*written work*)
ingeniero/a *m., f.* engineer 3
inglés *m.* English (*language*) 2
inglés, inglesa *adj.* English 3
insistir (en) *v.* to insist (on) 12
inspector(a) de aduanas *m., f.* customs inspector 5
inteligente *adj.* intelligent 3
intercambiar *v.* exchange
interesante *adj.* interesting 3
interesar *v.* to be interesting to; to interest 7
internacional *adj.* international
Internet *m.* Internet 11
inundación *f.* flood
invertir (e:ie) *v.* to invest 16
invierno *m.* winter 5
invitado/a *m., f.* guest (*at a function*) 9
invitar *v.* to invite; to treat 9
inyección *f.* injection 10
ir *v.* to go 4
  ir a (+ *inf.*) to be going to do something 4
  ir a la playa to go to the beach 5
  ir de compras to go shopping 6
  ir de excursión (a las montañas) to go for a hike (in the mountains) 4

ir de pesca to go fishing 5
ir de vacaciones to go on vacation 5
ir en autobús to go by bus 5
ir en auto(móvil) to go by car 5; to go by auto(mobile)
ir en avión to go by plane 5
ir en barco to go by ship 5
ir en metro to go by subway 5
ir en motocicleta to go by motorcycle 5
ir en taxi to go by taxi 5
ir en tren to go by train
irse *v.* to go away; to leave 7
italiano/a *adj.* Italian 3
izquierdo/a *adj.* left 2
  a la izquierda de to the left of 2

J

jabón *m.* soap 7
jamás *adv.* never; not ever 7
jamón *m.* ham 8
japonés, japonesa *adj.* Japanese 3
jardín *m.* garden; yard 12
jefe, jefa *m., f.* boss 16
joven *adj.* young 3
joven *m., f.* youth; young person 1
joyería *f.* jewelry store 14
jubilarse *v.* to retire (*from work*) 9
juego *m.* game
jueves *m., sing.* Thursday 2
jugador(a) *m., f.* player 4
jugar (u:ue) *v.* to play 4
  jugar a las cartas to play cards
jugo *m.* juice 8
  jugo de fruta fruit juice 8
julio *m.* July 5
jungla *f.* jungle
junio *m.* June 5
juntos/as *adj.* together 9
juventud *f.* youth 9

K

kilómetro *m.* kilometer 11

L

la *f., sing., def. art.* the 1
la *f., sing., d.o. pron.* her, it, *form.* you 5
laboratorio *m.* laboratory 2
lago *m.* lake 13
lámpara *f.* lamp 12
lana *f.* wool 6
langosta *f.* lobster 8
lápiz *m.* pencil 1
largo/a *m.* long (*in length*) 6
las *f., pl., def. art.* the 1
las *f., pl., d.o. pron.* them; *form.* you 5
lástima *f.* shame 13

lastimarse *v.* to injure oneself **10**
  lastimarse el pie to injure one's foot **10**
lata *f.* (*tin*) can **13**
lavabo *m.* sink
lavadora *f.* washing machine **12**
lavandería *f.* laundromat **14**
lavaplatos *m., sing.* dishwasher **12**
lavar *v.* to wash **12**
lavarse *v.* to wash oneself **7**
  lavarse la cara to wash one's face **7**
  lavarse las manos to wash one's hands **7**
le *sing., i.o. pron.* to/for him, her, you *form.* **6**
Le presento a... I would like to introduce… to you. *form.* **1**
lección *f.* lesson **1**
leche *f.* milk **8**
lechuga *f.* lettuce **8**
leer *v.* to read **3**
  leer el correo electrónico to read e-mail **4**
  leer un periódico to read a newspaper **4**
  leer una revista to read a magazine **4**
leído/a *p.p.* read **15**
lejos de *prep.* far from **2**
lengua *f.* language **2**
  lenguas extranjeras *f., pl.* foreign languages **2**
lentes de contacto *m., pl.* contact lenses
  lentes de sol sunglasses
lento/a *adj.* slow **11**
les *pl., i.o. pron.* to/for them, you *form.* **6**
letrero *m.* sign **14**
levantar *v.* to lift **15**
  levantar pesas to lift weights **15**
levantarse *v.* to get up **7**
ley *f.* law **13**
libertad *f.* liberty; freedom
libre *adj.* free **4**
librería *f.* bookstore **2**
libro *m.* book **2**
licencia de conducir *f.* driver's license **11**
limón *m.* lemon **8**
limpiar *v.* to clean **12**
  limpiar la casa to clean the house **12**
limpio/a *adj.* clean **5**
línea *f.* line **4**
listo/a *adj.* smart; ready **5**
literatura *f.* literature
llamar *v.* to call **11**
  llamar por teléfono to call on the phone
  llamarse to be called; to be named **7**
llanta *f.* tire **11**

llave *f.* key **5**
llegada *f.* arrival **5**
llegar *v.* to arrive **2**
llenar *v.* to fill
  llenar el tanque to fill up the tank **11**
  llenar un formulario to fill out a form **14**
lleno/a *adj.* full **11**
llevar *v.* to carry **2**; to take; to wear **6**
  llevar una vida sana to lead a healthy lifestyle **15**
  llevarse bien/mal (con) to get along well/badly (with) **9**
llover (o:ue) *v.* to rain **5**
  Llueve. It's raining. **5**
lluvia *f.* rain
lo *m., sing. d.o. pronoun.* him, it, you *form.* **5**
  lo mejor the best (thing)
  Lo pasamos de película. We had a great time.
  lo peor the worst (thing)
  lo que what; that; which **9**
  Lo siento. I'm sorry. **1**
  Lo siento muchísimo. I'm so sorry. **4**
loco/a *adj.* crazy **6**
locutor(a) *m., f.* TV or radio announcer
lomo a la plancha *m.* grilled flank steak **8**
los *m., pl., def. art.* the **1**
los *m., pl., do. pron.* them, you *form.* **5**
luchar (contra), (por) *v.* to fight; to struggle (against), (for)
luego *adv.* afterwards, then **7**; *adv.* later **1**
lugar *m.* place **4**
luna *f.* moon **13**
lunar *m.* polka dot **6**; mole
lunes *m., sing.* Monday **2**
luz *f.* light; electricity **12**

M

madrastra *f.* stepmother **3**
madre *f.* mother **3**
madurez *f.* maturity; middle age **9**
maestro/a *m., f.* teacher (*elementary school*) **16**
magnífico/a *adj.* magnificent **5**
maíz *m.* corn **8**
mal, malo/a *adj.* bad **3**; sick **5**
  malísimo very bad **8**
maleta *f.* suitcase **1**
mamá *f.* mom **3**
mandar *v.* to order **12**; to send **14**; to mail
manejar *v.* to drive **11**
manera *f.* way
mano *f.* hand **1**
  ¡Manos arriba! Hands up!

manta *f.* blanket **12**
mantener *v.* to maintain **15**
  mantenerse en forma to stay in shape **15**
mantequilla *f.* butter **8**
manzana *f.* apple **8**
mañana *f.* morning, A.M. **1**; tomorrow **1**
mapa *m.* map **1, 2**
maquillaje *m.* makeup **7**
maquillarse *v.* to put on makeup **7**
mar *m.* ocean; sea **5**
maravilloso/a *adj.* marvelous **5**
mareado/a *adj.* dizzy; nauseated **10**
margarina *f.* margarine **8**
mariscos *m., pl.* seafood **8**
marrón *adj. m., f.* brown
martes *m., sing.* Tuesday **2**
marzo *m.* March **5**
más *adj.* more **2**
  el/la/los/las más the most **8**
  más de (+ número) more than (+ *number*) **8**
  más tarde later (on) **7**
  más... que more… than **8**
masaje *m.* massage **15**
matemáticas *f., pl.* mathematics **2**
materia *f.* course
matrimonio *m.* marriage; married couple **9**
máximo/a *m., f.* maximum **11**
mayo *m.* May **5**
mayonesa *f.* mayonnaise **8**
mayor *adj.* older **3**; bigger **8**
  el/la mayor *adj.* the oldest; the biggest **8**
me *pron.* me **5**
  Me duele mucho. It hurts me a lot. **10**
  Me gusta(n)... I like… **2**
  No me gusta(n)... I don't like… **2**
  Me gustaría(n)... I would like… **7**
  Me llamo... My name is… **1**
  Me muero por... I'm dying to (for)…
mecánico/a *m., f.* mechanic **11**
mediano/a *adj.* medium
medianoche *f.* midnight **1**
medias *f., pl.* pantyhose, stockings **6**
medicamento *m.* medication **10**
medicina *f.* medicine **10**
médico/a *m., f.* doctor; physician **3**; *adj.* medical **10**
medio/a *m. adj.* half **3**
  medio ambiente environment **13**
  medio/a hermano/a half-brother/half-sister **3**
  medios de comunicación *m., pl.* means of communication; media
  y media thirty minutes past the hour (*time*) **1**
mediodía *m.* noon **1**
mejor *adj.* better **8**
  el/la mejor *m., f.* the best **8**

mejorar *v.* to improve 13
melocotón *m.* peach
menor *adj.* younger 3; smaller 8
    el/la menor *m., f.* the youngest;
      the smallest 8
menos *adv.* less 10
    el/la/los/las menos the least 8
    menos cuarto/menos quince
      quarter to (*time*) 1
    menos de (+ *number*) less
      than (+ *number*) 8
    menos… que less… than 8
mensaje de texto text message 11
mensaje electrónico *m.* e-mail
    message 4
mentira *f.* lie 6
menú *m.* menu 8
mercado *m.* market 6
    mercado al aire libre open-air
      market 6
merendar (e:ie) *v.* to snack in the
    afternoon; to have a(n) (afternoon)
    snack 15
merienda *f.* (afternoon) snack 15
mes *m.* month 5
mesa *f.* table 2
mesita *f.* end table 12
    mesita de noche night stand 12
metro *m.* subway 5
mexicano/a *adj.* Mexican 3
México *m.* Mexico 1
mí *pron. obj. of prep.* me
mi(s) *poss. adj.* my 3
microonda *f.* microwave 12
    horno de microondas
      microwave oven 12
miedo *m.* fear 3
mientras *adv.* while 10
miércoles *m., sing.* Wednesday 2
mil one thousand 6
    mil millones billion 6
    Mil perdones. I'm so sorry. (*lit.* A
      thousand pardons.) 4
milla *f.* mile 11
millón million 6
millones (de) millions (of) 6
mineral *m.* mineral 15
minuto *m.* minute 1
mío(s)/a(s) *poss.* my; (of) mine 11
mirar *v.* to look (at); to watch 2
    mirar (la) televisión to watch
      television 2
mismo/a *adj.* same 3
mochila *f.* backpack 1
moda *f.* fashion 6
módem *m.* modem 11
moderno/a *adj.* modern
molestar *v.* to bother; to annoy 7
monitor *m.* monitor 11
mono *m.* monkey 13
montaña *f.* mountain 4
montar *v.* **a caballo** to ride a horse 5
monumento *m.* monument 4

mora *f.* blackberry 8
morado/a *adj.* purple 6
moreno/a *adj.* dark-haired 3
morir (o:ue) *v.* to die 8
mostrar (o:ue) *v.* to show 4
moto(cicleta) *f.* motorcycle 5
motor *m.* motor 11
muchacho/a *m., f.* boy; girl 3
mucho/a *adj., adv.* many; a lot of;
    much 2, 3
    muchas veces a lot; many
      times 10
    Muchísimas gracias. Thank you
      very, very much. 9
    muchísimo *adj., adv.* very much
      2, 8
    Mucho gusto. Pleased to meet
      you. 1
    (Muchas) gracias. Thank you
      (very much); Thanks (a lot). 1
mudarse *v.* to move (from one house
    to another) 12
muebles *m., pl.* furniture 12
muela *f.* tooth 10
muerte *f.* death 9
muerto/a *p.p.* died 15
mujer *f.* woman 1
    mujer de negocios business
      woman 16
    mujer policía female police
      officer 11
multa *f.* fine; ticket 11
mundial *adj.* worldwide
mundo *m.* world 13
municipal *adj.* municipal
músculo *m.* muscle 15
museo *m.* museum 4
música *f.* music
musical *adj.* musical
músico/a *m., f.* musician
muy *adv.* very 1
    Muy amable. That's very kind of
      you. 5
    (Muy) bien, gracias. (Very) well,
      thanks. 1

N

nacer *v.* to be born 9
nacimiento *m.* birth 9
nacional *adj.* national
nacionalidad *f.* nationality 1
nada *pron., adv.* nothing 1; not
    anything 7
    nada mal not bad at all 5
nadar *v.* to swim 4
nadie *pron.* no one, not anyone 7
naranja *m.* orange 8
nariz *f.* nose 10
natación *f.* swimming 4
natural *adj.* natural 13
naturaleza *f.* nature 13

navegador GPS GPS 11
navegar en Internet *v.* to surf the
    Internet 11
Navidad *f.* Christmas 9
necesario/a *adj.* necessary 12
necesitar *v.* to need 2, 12
negar (e:ie) *v.* to deny 13
negativo/a *m.* negative 7
negocios *m., pl.* business;
    commerce 16
negro/a *adj.* black 6
nervioso/a *adj.* nervous 5
nevar (e:ie) *v.* to snow 5
    Nieva. It's snowing. 5
ni…ni *conj.* neither… nor 7
niebla *f.* fog
nieto/a *m., f.* grandson/
    granddaughter 3
nieve *f.* snow
ningún, ninguno/a(s) *adj.* no; none;
    not any 7
    Ningún problema. No problem. 7
niñez *f.* childhood 9
niño/a *m., f.* child; boy/girl 3
no *adv.* no; not 1
    No cabe duda de There is no
      doubt 13
    No es así. That's not the way it is.
    No es para tanto. It's not a big
      deal. 12
    No es seguro… It's not sure… 13
    No es verdad… It's not true… 13
    No está. It's not here. 5
    No está nada mal. It's not bad
      at all. 5
    no estar de acuerdo to disagree
    no estar seguro/a (de) not to be
      sure (of) 13
    No estoy seguro. I'm not sure.
    no hay there is not; there are
      not 1
    No hay de qué. You're
      welcome. 1
    No hay duda de There
      is no doubt 13
    ¡No me diga(s)! You don't
      say! 11
    No me gustan nada. I don't
      like them at all. 2
    no muy bien not very well 1
    ¿no? right? 1
    no quiero I don't want to 4
    no sé I don't know
    No te/se preocupe(s). Don't
      worry. 7
    no tener razón to be wrong 3
noche *f.* night 1
nombre *m.* name 5
norte *m.* north 14
norteamericano/a *adj.* (North)
    American 3
nos *pron.* us 5
    Nos vemos. See you. 1

nosotros/as *sub. pron.* we 1;
ob. pron. us 8
noticias *f., pl.* news
noticiero *m.* newscast
novecientos/as nine hundred 6
noveno/a *adj.* ninth 5
noventa ninety 2
noviembre *m.* November 5
novio/a *m., f.* boyfriend/girlfriend 3
nube *f.* cloud 13
nublado/a *adj.* cloudy
  Está (muy) nublado. It's (very)
    cloudy.
nuclear *adj.* nuclear 13
nuera *f.* daughter-in-law 3
nuestro(s)/a(s) *poss. adj.* our 3;
  of ours 11
nueve nine 1
nuevo/a *adj.* new 6
número *m.* number 1
  número (shoe) size 6
nunca *adj.* never; not ever 7
nutrición *f.* nutrition 15

O

o *conj.* or 7
o... o *conj.* either . . . or 7
obedecer (c:zc) *v.* to obey
obra *f.* work (*of art, literature, music,*
  etc.)
  obra maestra masterpiece
obtener *v.* to obtain; to get 16
obvio/a *adj.* obvious 13
océano *m.* ocean 13; sea
ochenta eighty 2
ocho eight 1
ochocientos/as eight hundred 6
octavo/a *adj.* eighth 5
octubre *m.* October 5
ocupación *f.* occupation 16
ocupado/a *adj.* busy 5
ocurrir *v.* to occur; to happen
odiar *v.* to hate 9
oeste *m.* west 14
oferta *f.* offer 12
oficina *f.* office 12
oficio *m.* trade 16
ofrecer (c:zc) *v.* to offer 8
oído *m.* sense of hearing; inner ear
oído *p.p.* heard 15
oír *v.* to hear 4
  oiga *form., sing.* listen (*in*
    conversation) 1
  oigan *form., pl.* listen (*in*
    conversation) 1
  Oye. *fam., sing.* Listen. (*in*
    conversation) 1
ojalá (que) *interj.* I hope (that); I wish
  (that) 13
ojo *m.* eye 10
olvidar *v.* to forget 10
once eleven 1

ópera *f.* opera
operación *f.* operation 10
ordenado/a *adj.* orderly 5; well
  organized
ordinal *adj.* ordinal (*number*)
oreja *f.* (outer) ear 10
orquesta *f.* orchestra
ortográfico/a *adj.* spellling
os *fam., pl. pron.* you 5
otoño *m.* fall, autumn 5
otro/a *adj.* other; another 6
  otra vez again

P

paciente *m., f.* patient 10
padrastro *m.* stepfather 3
padre *m.* father 3
  padres *m., pl.* parents 3
pagar *v.* to pay 6
  pagar a plazos to pay in
    installments 14
  pagar al contado to pay in cash 14
  pagar con to pay with 6
  pagar en efectivo to pay in cash
  pagar la cuenta to pay the bill 9
página *f.* page 11
  página principal home page 11
país *m.* country 1
paisaje *m.* landscape 13; countryside
pájaro *m.* bird 13
palabra *f.* word 1
pan *m.* bread 8
  pan tostado toasted bread 8; toast
panadería *f.* bakery 14
pantalla *f.* screen 11
pantalones *m., pl.* pants 6
  pantalones cortos shorts 6
papa *f.* potato 8
  papas fritas *f., pl.* French fries 8
papá *m.* dad 3
  papás *m., pl.* parents 3
papel *m.* paper 2; role
paquete *m.* package 14
par *m.* pair 6
  par de zapatos pair of shoes 6
para *prep.* for; in order to; toward;
  in the direction of; by; used for;
  considering 11
  para que so that 13
parabrisas *m., sing.* windshield 11
parar *v.* to stop 11
parecer *v.* to seem; to appear 8
pared *f.* wall 12
pareja *f.* couple; partner 9
parientes *m., pl.* relatives 3
parque *m.* park 4
párrafo *m.* paragraph
parte: de parte de on behalf of 11
partido *m.* game 4; match (*sports*)
pasado/a *adj.* last; past 6
pasado *p.p.* passed
pasaje *m.* ticket 5

pasaje de ida y vuelta *m.*
  round-trip ticket 5
pasajero/a *m., f.* passenger 1
pasaporte *m.* passport 5
pasar *v.* to go through 5; to pass
  pasar la aspiradora to vacuum 12
  pasar por el banco to go by
    the bank 14
  pasar por la aduana to go
    through customs 5
  pasar el tiempo to spend time 4
  pasarlo bien/mal to have a
    good/bad time 9
pasatiempo *m.* pastime, hobby 4
pasear *v.* to take a walk; to stroll 4
  pasear en bicicleta to ride a
    bicycle 4
  pasear por la ciudad/el pueblo to
    walk around the city/town 4
pasillo *m.* hallway 12
pastel *m.* cake 9
  pastel de chocolate chocolate cake
  pastel de cumpleaños birthday
    cake 9
pastelería *f.* pastry shop 14
pastilla *f.* pill; tablet 10
patata *f.* potato 8
  patatas fritas *f., pl.* French fries 8
patinar (en línea) *v.* to skate
  (in-line) 4
patio *m.* patio; yard 12
pavo *m.* turkey 8
paz *f.* peace
pedir (e:i) *v.* to ask for; to request 4,
  12; to order (*food*) 8
  pedir prestado to borrow 14
  pedir un préstamo to apply for
    a loan 14
peinarse *v.* to comb one's hair 7
película *f.* movie 4
peligro *m.* danger 13
peligroso/a *adj.* dangerous
pelirrojo/a *adj.* red-haired 3
pelo *m.* hair 7
pelota *f.* ball 4
peluquería *f.* hairdressing salon 14
peluquero/a *m., f.* hairdresser 16
penicilina *f.* penicillin 10
pensar (e:ie) *v.* to think 4
  pensar (+ inf.) to intend;
    to plan (*to do something*) 4
  pensar en to think about 4
pensión *f.* boarding house 5
peor *adj.* worse 8
  el/la peor the worst 8
pequeño/a *adj.* small 3
pera *f.* pear
perder (e:ie) *v.* to lose; to miss 4
perdido/a *adj.* lost
Perdón. Pardon me.; Excuse me. 1
perezoso/a *adj.* lazy
perfecto/a *adj.* perfect 5
periódico *m.* newspaper 4
periodismo *m.* journalism 2

periodista *m., f.* journalist **3**
permiso *m.* permission
pero *conf.* but **2**
perro/a *m., f.* dog **3**
persona *f.* person **3**
personaje *m.* character
  personaje principal main character
pesas *f., pl.* weights **15**
pesca *f.* fishing **5**
pescadería *f.* fish market **14**
pescado *m.* fish (*cooked*) **8**
pescador(a) *m., f.* fisherman/
  fisherwoman
pescar *v.* to fish **5**
peso *m.* weight **15**
pez *m.* fish (*live*) **13**
picante *adj.* hot, spicy **8**
pie *m.* foot **10**
piedra *f.* rock; stone **13**
pierna *f.* leg **10**
pimienta *f.* pepper **8**
piña *f.* pineapple **8**
pintar *v.* to paint
pintor(a) *m., f.* painter **16**
pintura *f.* painting; picture **12**
piscina *f.* swimming pool **4**
piso *m.* floor (*of a building*) **5**
pizarra *f.* blackboard **2**
placer *m.* pleasure **15**
  Ha sido un placer. It's been a
    pleasure. **15**
planchar la ropa *v.* to iron clothes **12**
planes *m., pl.* plans **4**
planta *f.* plant **13**
  planta baja ground floor **5**
plástico *m.* plastic **13**
plato *m.* dish (*in a meal*) **8**; *m.*
  plate **12**
  plato principal main dish **8**
playa *f.* beach **5**
plazos *m., pl.* periods; time
pluma *f.* pen **2**
población *f.* population **13**
pobre *m., f., adj.* poor **6**
pobreza *f.* poverty
poco/a *adj.* little **5, 10**; few
poder (o:ue) *v.* to be able to; can **4**
poema *m.* poem
poesía *f.* poetry
poeta *m., f.* poet **16**
policía *f.* police (force) **11**; *m.* (male)
  police officer **11**
política *f.* politics
político/a *m., f.* politician **16**
pollo *m.* chicken **8**
  pollo asado roast chicken **8**
ponchar *v.* to deflate; to get a flat (*tire*)
poner *v.* to put; to place **4**; to turn on
  (*electrical appliances*) **11**
  poner la mesa to set the table **12**
  poner una inyección to give an
    injection **10**
ponerse (+ adj.) to become (+ adj.) **7**;
  to put on **7**

por *prep.* in exchange for; for; by;
  in; through; by means of; along;
  during; around; in search of; by way
  of; per **11**
  por aquí around here **11**
  por avión by plane
  por ciento percent
  por ejemplo for example **11**
  por eso that's why; therefore **11**
  Por favor. Please. **1**
  por fin finally **11**
  por la mañana in the morning **7**
  por la noche at night **7**
  por la tarde in the afternoon; in
    the evening **7**
  por lo menos at least **10**
  ¿por qué? why? **2, 9**
  por supuesto of course
  por teléfono by phone; on the
    phone
  por último finally **7**
porque *conj.* because **2**
portátil *adj.* portable **11**
porvenir *m.* future **16**
posesivo/a *adj.* possessive **3**
posible *adj.* possible **13**
  es posible it's possible **13**
  no es posible it's not possible **13**
postal *f.* postcard **4**
postre *m.* dessert **9**
practicar *v.* to practice **2**
  practicar deportes *m., pl.* to play
    sports **4**
precio (fijo) *m.* (fixed, set) price **6**
preferir (e:ie) *v.* to prefer **4, 12**
pregunta *f.* question
preguntar *v.* to ask (*a question*) **2**
premio *m.* prize; award
prender *v.* to turn on **11**
prensa *f.* press
preocupado/a (por) *adj.* worried
  (about) **5**
preocuparse (por) *v.* to worry
  (about) **7**
preparar *v.* to prepare **2**
preposición *f.* preposition
presentación *f.* introduction
presentar *v.* to introduce; to put on
  (*a performance*)
presiones *f., pl.* pressure **15**
prestado/a *adj.* borrowed
préstamo *m.* loan **14**
prestar *v.* to lend **6**
primavera *f.* spring **5**
primer, primero/a *adj.* first **5**
primo/a *m., f.* cousin **3**
principal *adj.* main **8**
prisa *f.* haste **3**
probable *adj. m., f.* probable **13**
  es probable it's probable **13**
  no es probable it's not probable **13**
probar (o:ue) *v.* to taste; to try **8**
probarse (o:ue) *v.* to try on **7**

problema *m.* problem **1**
profesión *f.* profession **3, 16**
profesor(a) *m., f.* teacher **1**; professor
  2
programa *m.* program **1**
  programa de computación
    software **11**
  programa de entrevistas talk show
programador(a) *m., f.* programmer **3**
prohibir *v.* to prohibit **10, 12**; to forbid
pronombre *m.* pronoun **8**
pronto *adj.* soon **10**
propina *f.* tip **9**
propio/a *adj.* own
proteger *v.* to protect **13**
proteína *f.* protein **15**
próximo/a *adj.* next **16**
prueba *f.* test; quiz **2**
psicología *f.* psychology **2**
psicólogo/a *m., f.* psychologist **16**
publicar *v.* to publish
público *m.* audience
pueblo *m.* town **4**
puerta *f.* door **2**
Puerto Rico *m.* Puerto Rico **1**
puertorriqueño/a *adj.* Puerto Rican **3**
pues *conj.* well **2**; then **15**
puesto *m.* position; job **16**
puesto/a *p.p.* put **15**
puro/a *adj.* pure **13**

Q

que *pron.* that; who; which **9**
  ¡Qué…! How…! **3**
  ¡Qué dolor! What pain!
  ¡Qué gusto (+ inf.)! What a
    pleasure to… !
  ¡Qué ropa más bonita!
    What pretty clothes! **6**
  ¡Qué sorpresa! What a surprise!
  ¿qué? what? **1**; which? **9**
  ¿Qué día es hoy? What day is it?
  ¿Qué es? What is it? **1**
  ¿Qué hay de nuevo? What's
    new? **1**
  ¿Qué hicieron ellos/ellas? What
    did they do? **6**
  ¿Qué hicieron ustedes? What did
    you (*form., pl.*) do? **6**
  ¿Qué hiciste? What did you
    (*fam., sing.*) do? **6**
  ¿Qué hizo él/ella? What did
    he/she do? **6**
  ¿Qué hizo usted? What did you
    (*form., sing.*) do? **6**
  ¿Qué hora es? What time is it? **1**
  ¿Qué les parece? What do
    you guys think? **9**
  ¿Qué pasa? What's happening?;
    What's going on? **1**
  ¿Qué pasó? What happened? **11**;
    What's wrong?

¿Qué precio tiene? What is the price?
¿Qué tal? How are you?; How is it going? 1; How is/are…? 2
¿Qué talla lleva/usa usted? What size do you wear? 6
¿Qué tiempo hace? How's the weather?, What's the weather like? 5
quedar *v.* to be left over; to fit (*clothing*) 7; to be left behind 10; to be located 14
quedarse *v.* to stay; to remain 7
quehaceres domésticos *m., pl.* household chores 12
quemado/a *adj.* burned (out) 11
querer (e:ie) *v.* to want; to love 4
queso *m.* cheese 8
quien(es) *pron.* who 1; whom; that 9
¿Quién es…? Who is…? 1
¿Quién habla? Who is speaking? (*telephone*) 11
¿quién(es)? who?; whom? 1, 9
química *f.* chemistry 2
quince fifteen 1
menos quince quarter to (time) 1
y quince quarter after (time) 1
quinceañera *f.* young woman celebrating her fifteenth birthday 9
quinientos/as five hundred 6
quinto/a *adj.* fifth 5
quisiera *v.* I would like 8
quitar la mesa *v.* to clear the table 12
quitarse *v.* to take off 7
quizás *adv.* maybe 5

R

racismo *m.* racism
radio *f.* radio (*medium*)
radio *m.* radio (set) 11
radiografía *f.* X-ray 10
rápido/a *adj.* fast
ratón *m.* mouse 11
ratos libres *m., pl.* spare time 4
raya *f.* stripe 6
razón *f.* reason 3
rebaja *f.* sale 6
recado *m.* (telephone) message 11
receta *f.* prescription 10
recetar *v.* to prescribe 10
recibir *v.* to receive 3
reciclaje *m.* recycling 13
reciclar *v.* to recycle 13
recién casado/a *m., f.* newlywed 9
recoger *v.* to pick up 13
recomendar (e:ie) *v.* to recommend 8, 12
recordar (o:ue) *v.* to remember 4
recorrer *v.* to tour an area
recurso *m.* resource 13
recurso natural natural resource 13

red *f.* network; Web 11
reducir *v.* to reduce 13
refresco *m.* soft drink 8
refrigerador *m.* refrigerator 12
regalar *v.* to give (*as a gift*) 9
regalo *m.* gift 6
regatear *v.* to bargain 6
región *f.* region; area 13
regresar *v.* to return 2
regular *adj. m., f.* so-so; OK 1
reído *p.p.* laughed 15
reírse (e:i) *v.* to laugh 9
relaciones *f., pl.* relationships
relajarse *v.* to relax 9
reloj *m.* clock; watch 2
renovable *adj.* renewable 13
renunciar (a) *v.* to resign (from) 16
repetir (e:i) *v.* to repeat 4
reportaje *m.* report
reportero/a *m., f.* reporter 16; journalist
representante *m., f.* representative
reproductor de CD *m.* CD player 11
reproductor de DVD *m.* DVD player 11
reproductor de MP3 *m.* MP3 player 11
resfriado *m.* cold (*illness*) 10
residencia estudiantil *f.* dormitory 2
resolver (o:ue) *v.* to resolve; to solve 13
respirar *v.* to breathe 13
respuesta *f.* answer 9
restaurante *m.* restaurant 4
resuelto/a *p.p.* resolved 15
reunión *f.* meeting 16
revisar *v.* to check 11
revisar el aceite to check the oil 11
revista *f.* magazine 4
rico/a *adj.* rich 6; *adj.* tasty; delicious 8
ridículo *adj.* ridiculous 13
río *m.* river 13
riquísimo/a *adj.* extremely delicious 8
rodilla *f.* knee 10
rogar (o:ue) *v.* to beg; to plead 12
rojo/a *adj.* red 6
romántico/a *adj.* romantic
romper (con) *v.* to break up (with) 9
romper(se) *v.* to break 10
romperse la pierna to break one's leg 10
ropa *f.* clothing; clothes 6
ropa interior underwear 6
rosado/a *adj.* pink 6
roto/a *adj.* broken 10; *p.p.* broken 15
rubio/a *adj.* blond(e) 3
ruso/a *adj.* Russian
rutina *f.* routine 7
rutina diaria daily routine 7

S

sábado *m.* Saturday 2
saber *v.* to know; to know how 8
sabrosísimo/a *adj.* extremely delicious
sabroso/a *adj.* tasty; delicious 8
sacar *v.* to take out 12
sacar fotos to take pictures 5
sacar la basura to take out the trash 12
sacar(se) una muela to have a tooth pulled 10
sacudir *v.* to dust 12
sacudir los muebles dust the furniture 12
sal *f.* salt 8
sala *f.* living room 12; room
sala de emergencia(s) emergency room 10
salado/a *adj.* salty 8
salario *m.* salary 16
salchicha *f.* sausage 8
salida *f.* departure; exit 5
salir *v.* to leave 4; to go out
salir con to leave with; to go out with 4; to date (*someone*) 9
salir de to leave from 4
salir para to leave for (*a place*) 4
salmón *m.* salmon 8
salón de belleza *m.* beauty salon 14
salud *f.* health 10
saludable *adj.* healthy 10
saludar(se) *v.* to greet (each other)
saludo *m.* greeting 1
saludos a… greetings to… 1
sandalia *f.* sandal 6
sándwich *m.* sandwich 8
sano/a *adj.* healthy 10
se *ref.pron.* himself, herself, itself, *form.* yourself, themselves, yourselves 7
se *impersonal* one 10
Se nos dañó… The… broke down. 11
Se hizo… He/she/it became…
Se nos pinchó una llanta. We got a flat tire. 11
secadora *f.* clothes dryer 12
sección de (no) fumadores *f.* (non) smoking section 8
secretario/a *m., f.* secretary 16
secuencia *f.* sequence
sed *f.* thirst 3
seda *f.* silk 6
sedentario/a *adj.* sedentary 15; related to sitting
seguir (e:i) *v.* to follow; to continue; to keep (doing something) 4
seguir una dieta equilibrada to eat a balanced diet 15
según *prep.* according to
segundo/a *adj.* second 5

seguro/a *adj.* sure; safe; confident **5**
seis six **1**
seiscientos/as six hundred **6**
sello *m.* stamp **14**
selva *f.* jungle **13**
semáforo *m.* traffic light **11**
semana *f.* week **2**
  fin *m.* **de semana** weekend **4**
  la semana pasada last week **6**
semestre *m.* semester **2**
sendero *m.* trail **13**; trailhead
sentarse (e:ie) *v.* to sit down **7**
sentir(se) (e:ie) *v.* to feel **7**; to be sorry; to regret **13**
señor (Sr.) *m.* Mr.; sir **1**
señora (Sra.) *f.* Mrs.; ma'am **1**
señorita (Srta.) *f.* Miss **1**; young woman **2**
separado/a *adj.* separated **9**
separarse (de) *v.* to separate (from) **9**
septiembre *m.* September **5**
séptimo/a *adj.* seventh **5**
ser *v.* to be **1**
  ser aficionado/a (a) to be a fan (of) **4**
  ser alérgico/a (a) to be allergic (to) **10**
  ser gratis to be free of charge **14**
serio/a *adj.* serious
servilleta *f.* napkin **12**
servir (e:i) *v.* to help **5**; to serve **8**
sesenta sixty **2**
setecientos/as seven hundred **6**
setenta seventy **2**
sexismo *m.* sexism
sexto/a *adj.* sixth **5**
sí *adv.* yes **1**
si *conj.* if **13**
SIDA *m.* AIDS
sido *p.p.* been **15**
siempre *adv.* always **7**
siete seven **1**
silla *f.* chair **2**
sillón *m.* armchair **12**
similar *adj. m., f.* similar
simpático/a *adj.* nice; likeable **3**
sin *prep.* without **13, 15**
  sin duda without a doubt
  sin embargo *adv.* however
  sin que *conj.* without **13**
sino *conj.* but
síntoma *m.* symptom **10**
sitio *m.* **web** website **11**
situado/a *p.p.* located
sobre *m.* envelope **14**; *prep.* on; over **2**
sobrino/a *m., f.* nephew/niece **3**
sociología *f.* sociology **2**
sofá *m.* couch; sofa **12**
sois *fam.* you are **1**
sol *m.* sun **4, 5, 13**
solar *adj.* solar **13**
solicitar *v.* to apply (*for a job*) **16**

solicitud (de trabajo) *f.* (job) application **16**
sólo *adv.* only **3**
soltero/a *adj.* single **9**; unmarried
solución *f.* solution **13**
sombrero *m.* hat **6**
somos we are **1**
son you/they are **1**
  Son las... It's... o'clock. **1**
sonar (o:ue) *v.* to ring **11**
sonreído *p.p.* smiled **15**
sonreír (e:i) *v.* to smile **9**
sopa *f.* soup **8**
sorprender *v.* to surprise **9**
sorpresa *f.* surprise **9**
sótano *m.* basement; cellar **12**
soy I am **1**
  Soy yo. That's me. **1**
  soy de... I'm from... **1**
su(s) *poss. adj.* his; her; its; *form.* your; their; **3**
subir *v.* to go up **11**
subir(se) a to get on/into (a vehicle) **11**
sucio/a *adj.* dirty **5**
sucre *m.* former Ecuadorian currency **6**
sudar *v.* to sweat **15**
suegro/a *m., f.* father-in-law; mother-in-law **3**
sueldo *m.* salary **16**
suelo *m.* floor **12**
sueño *m.* sleep **3**
suerte *f.* luck **3**
suéter *m.* sweater **6**
sufrir *v.* to suffer **13**
  sufrir muchas presiones to be under a lot of pressure **15**
  sufrir una enfermedad to suffer (from) an illness **13**
sugerir (e:ie) *v.* to suggest **12**
supermercado *m.* supermarket **14**
suponer *v.* to suppose **4**
sur *m.* south **14**
sustantivo *m.* noun
suyo(s)/a(s) *poss.* (of) his/her; (of) hers; (of) its; (of) *form.* your, (of) yours, (of) theirs; their **11**

T

tal vez *adv.* maybe **5**
talentoso/a *adj.* talented
talla *f.* size **6**
  talla grande large **6**
taller *m.* **(mecánico)** (mechanic's) repair shop **11**
también *adv.* also; too **2; 7**
tampoco *adv.* neither; not either **7**
tan *adv.* so **5**
  tan pronto como as soon as **13**
  tan... como as... as **8**
tanque *m.* tank **11**

tanto *adv.* so much
  tanto... como as much... as **8**
  tantos/as... como as many... as **8**
tarde *adv.* late **7**
tarde *f.* afternoon; evening; P.M. **1**
tarea *f.* homework **2**
tarjeta *f.* (post) card **4**
  tarjeta de crédito credit card **6**
  tarjeta postal postcard **4**
taxi *m.* taxi(cab) **5**
taza *f.* cup; mug **12**
te *fam. pron.* you **5**
  Te presento a... I would like to introduce... to you. (*fam.*) **1**
  ¿Te gustaría? Would you like to?
  ¿Te gusta(n)...? Do you like...? **2**
té *m.* tea **8**
  té helado iced tea **8**
teatro *m.* theater
teclado *m.* keyboard **11**
técnico/a *m., f.* technician **16**
tejido *m.* weaving
teleadicto/a *m., f.* couch potato **15**
teléfono (celular) *m.* (cellular) telephone **11**
telenovela *f.* soap opera
teletrabajo *m.* telecommuting **16**
televisión *f.* television **11**
  televisión por cable cable television **11**
televisor *m.* television set **11**
temer *v.* to be afraid/concerned; to fear **13**
temperatura *f.* temperature **10**
temprano *adv.* early **7**
tenedor *m.* fork **12**
tener *v.* to have **3**
  tener... años to be... years old **3**
  Tengo... años. I'm... years old. **3**
  tener (mucho) calor to be (very) hot **3**
  tener (mucho) cuidado to be (very) careful **3**
  tener dolor de to have a pain in
  tener éxito to be successful **16**
  tener fiebre to have a fever **10**
  tener (mucho) frío to be (very) cold **3**
  tener ganas de (+ inf.) to feel like (*doing something*) **3**
  tener (mucha) hambre *f.* to be (very) hungry **3**
  tener (mucho) miedo to be (very) afraid/scared of **3**
  tener miedo (de) que to be afraid that
  tener planes to have plans **4**
  tener (mucha) prisa to be in a (big) hurry **3**
  tener que (+ inf.) *v.* to have to (*do something*) **3**
  tener razón to be right **3**

tener (mucha) sed to be (very) thirsty 3
tener (mucho) sueño to be (very) sleepy 3
tener (mucha) suerte to be (very) lucky 3
tener tiempo to have time
tener una cita to have a date; an appointment 9
tenis *m.* tennis 4
tensión *f.* tension
tercer, tercero/a *adj.* third 5
terminar *v.* to end; to finish 2
terminar de (+ inf.) to finish (*doing something*)
terremoto *m.* earthquake
terrible *adj.* terrible 13
terror *m.* horror
ti *prep., obj. of prep., fam.* you
tiempo *m.* time 4; weather
tiempo libre free time 4
tienda *f.* shop; store 6
tienda de campaña *f.* tent 5
tierra *f.* land; soil 13
tinto/a *adj.* red (wine) 8
tío/a *m., f.* uncle/aunt 3
tíos *m.* aunts and uncles 3
título *m.* title
tiza *f.* chalk 2
toalla *f.* towel 7
tobillo *m.* ankle 10
tocar *v.* to play (*a musical instrument*); to touch 13
todavía *adv.* yet; still 5
todo *m.* everything 5
en todo el mundo throughout the world 13
Todo está bajo control. Everything is under control.
(todo) derecho straight ahead 14
¡Todos a bordo! All aboard! 1
todo(s)/a(s) *adj.* all 4; whole
todos *m., pl.* all of us; *m., pl.* everybody; everyone
todos los días every day 10
tomar *v.* to take; to drink 2
tomar clases to take classes 2
tomar el sol to sunbathe 4
tomar en cuenta to take into account 8
tomar fotos to take pictures 13
tomar(le) la temperatura (a alguien) to take (someone's) temperature 10
tomate *m.* tomato 8
tonto/a *adj.* silly; foolish 3
torcerse (el tobillo) *v.* to sprain (one's ankle) 10
torcido/a *adj.* twisted; sprained 10
tormenta *f.* storm
tornado *m.* tornado
tortilla *f.* tortilla 8

tortillas de maíz tortilla made of corn flour 8
tortuga marina *f.* marine turtle 13
tos *f., sing.* cough 10
toser *v.* to cough 10
tostado/a *adj.* toasted 8
tostadora *f.* toaster
trabajador(a) *adj.* hard-working 3
trabajar *v.* to work 2
trabajo *m.* job; work 16; written work
traducir *v.* to translate 8
traer *v.* to bring 4
tráfico *m.* traffic 11
tragedia *f.* tragedy
traído/a *p.p.* brought 15
traje *m.* suit 6
traje de baño bathing suit 6
tranquilo/a *adj.* calm; quiet 15
¡Tranquilo! Stay calm!
transmitir to broadcast
tratar de (+ inf.) *v.* to try (*to do something*) 15
Trato hecho. It's a deal.
trece thirteen 1
treinta thirty 1
y treinta thirty minutes past the hour (time) 1
tren *m.* train 5
tres three 1
trescientos/as three hundred 6
trimestre *m.* trimester; quarter 2
triste *adj.* sad 5
tú *fam. sing. sub. pron.* you 1
Tú eres… You are… 1
tu(s) *fam. poss. adj.* your 3
turismo *m.* tourism 5
turista *m., f.* tourist 1
turístico/a *adj.* touristic
tuyo(s)/a(s) *fam. poss. pron.* your; (of) yours 11

U

Ud. *form., sing. sub. pron.* you 1
Uds. *form., pl. sub. pron.* you 1
último/a *adj.* last
un, uno/a *indef. art.* a; one 1
una vez once; one time 6
una vez más once again 9
único/a *adj.* only 3
universidad *f.* university 2; college
unos/as *pron.* some 1
urgente *adj.* urgent 12
usar *v.* to wear; to use 6
usted *form., sing. sub. pron.* you 1
ustedes *form., pl. sub. pron.* you 1
útil *adj.* useful
uva *f.* grape 8

V

vaca *f.* cow
vacaciones *f., pl.* vacation 5

valle *m.* valley 13
vamos let's go 4
vaquero *m.* cowboy
de vaqueros *m., pl.* western
varios/as *adj., pl.* several 8
vaso *m.* glass 12
veces *f., pl.* times 6
vecino/a *m., f.* neighbor 12
veinte twenty 1
veinticinco twenty-five 1
veinticuatro twenty-four 1
veintidós twenty-two 1
veintinueve twenty-nine 1
veintiocho twenty-eight 1
veintiséis twenty-six 1
veintisiete twenty-seven 1
veintitrés twenty-three 1
veintiún, veintiuno/a twenty-one 1
vejez *f.* old age 9
velocidad *f.* speed 11
velocidad máxima speed limit 11
vendedor(a) *m., f.* salesperson 6
vender *v.* to sell 6
venir *v.* to come 3
ventana *f.* window 2
ver *v.* to see 4
ver películas *f., pl.* to see movies 4
a ver let's see 2
verano *m.* summer 5
verbo *m.* verb
verdad *f.* truth 6
¿verdad? right? 1
verde *adj.,* green; not ripe 5
verduras *pl., f.* vegetables 8
vestido *m.* dress 6
vestirse (e:i) *v.* to get dressed 7
vez *f.* time 6
viajar *v.* to travel 2
viaje *m.* trip 5
viajero/a *m., f.* traveler 5
vida *f.* life 9
video *m.* video 1
videocasete *m.* video cassette 11
videocasetera *f.* VCR 11
videoconferencia *f.* video conference 16
vidrio *m.* glass 13
viejo/a *adj.* old 3
viento *m.* wind
viernes *m., sing.* Friday 5
vinagre *m.* vinegar 8
vino *m.* wine 8
vino blanco white wine 8
vino tinto red wine 8
violencia *f.* violence
visitar *v.* to visit 4
visitar un monumento to visit a monument 4
visto/a *p.p.* seen 15
vitamina *f.* vitamin 15
viudo/a *adj.* widowed 9
vivienda *f.* housing 12
vivir *v.* to live 3

vivo/a *adj.* lively; alive **5**; bright
volante *m.* steering wheel **11**
volcán *m.* volcano **13**
vóleibol *m.* volleyball **4**
volver (o:ue) *v.* to return **4**
volver a ver(te, lo, la) *v.* to see (you)
   again
vos *pron.* you
vosotros/as *fam., pl. sub. pron.* you **1**
votar *v.* to vote
vuelta *f.* return trip
vuelto/a *p.p.* returned **15**
vuestro(s)/a(s) *poss. adj.* your **3**;
   (of) yours **11**

W

walkman *m.* Walkman

Y

y *conj.* and **1**
   y cuarto quarter after (time) **1**
   y media half-past (time) **1**
   y quince quarter after (time) **1**
   y treinta thirty (minutes past
      the hour) **1**
   ¿Y tú? *fam.* And you? **1**
   ¿Y usted? *form.* And you? **1**
ya *adv.* already **6**
yerno *m.* son-in-law **3**
yo *sub. pron.* I **1**
   Yo soy… I'm… **1**
yogur *m.* yogurt

Z

zanahoria *f.* carrot **8**
zapatería *f.* shoe store **14**
zapato *m.* shoe **6**
   par de zapatos pair of shoes **6**
   zapatos de tenis sneakers **6**

English-Spanish

A

A.M. **mañana** *f.* 1
able: be able to **poder (o:ue)** *v.* 4
aboard **a bordo** 1
accident **accidente** *m.* 10
accompany **acompañar** *v.* 14
account **cuenta** *f.* 14
accountant **contador(a)** *m., f.* 16
accounting **contabilidad** *f.* 2
ache **dolor** *m.* 10
acquainted: be acquainted with
    conocer *v.* 8
action **acción** *f.*
active **activo/a** *adj.* 15
actor **actor** *m.* 16
actress **actriz** *f.* 16
addict (*drug*) **drogadicto/a** *adj.* 15
additional **adicional** *adj.*
address **dirección** *f.* 14
adjective **adjetivo** *m.*
adolescence **adolescencia** *f.* 9
adventure **aventura** *f.*
advertise **anunciar** *v.*
advertisement **anuncio** *m.* 16
advice **consejo** *m.* 9
    give advice **dar** *v.* **un consejo**
advise **aconsejar** *v.* 12
advisor **consejero/a** *m., f.* 16
aerobic **aeróbico/a** *adj.* 15
    aerobic exercises **ejercicios
        aeróbicos** 15
    aerobics class **clase de
        ejercicios aeróbicos** 15
affected **afectado/a** *adj.* 13
    be affected (by) **estar** *v.*
        afectado/a (por) 13
affirmative **afirmativo/a** *adj.*
afraid: be (very) afraid **tener (mucho)
    miedo** 3
    be afraid **temer** *v.* 13
after **después de** *prep.* 7; **después
    (de) que** *conj.* 13
afternoon **tarde** *f.* 1
afterward **después** *adv.* 7; **luego** *adv.* 7
again **otra vez** *adv.*
age **edad** *f.*
agree **concordar** *v.* agree; **estar** *v.* **de
    acuerdo**
agreement **acuerdo** *m.*
AIDS **SIDA** *m.*
air **aire** *m.* 6
    air pollution **contaminación del
        aire** 13
airplane **avión** *m.* 5
airport **aeropuerto** *m.* 5
alarm clock **despertador** *m.* 7
alcohol **alcohol** *m.* 15
alcoholic **alcohólico/a** *adj.* 15

alcoholic beverage **bebida
    alcohólica** 15
all **todo(s)/toda(s)** *adj.* 4
    All aboard! **¡Todos a bordo!** 1
    all of us **todos**
    all over the world **en todo el
        mundo**
allergic **alérgico/a** *adj.* 10
    be allergic (to) **ser alérgico/a (a)** 10
alleviate **aliviar** *v.*
almost **casi** *adv.* 10
alone **solo/a** *adj.*
along **por** *prep.* 11
already **ya** *adv.* 6
also **también** *adv.* 2; 7
alternator **alternador** *m.* 11
although **aunque** *conj.*
aluminum **aluminio** *m.* 13
    (made of) aluminum **de aluminio** 13
always **siempre** *adv.* 7
American (*North*)
    norteamericano/a *adj.* 3
among **entre** *prep.* 2
amusement **diversión** *f.*
and **y** 1; **e** (*before words beginning
    with* **i** *or* **hi**)
    And you? **¿Y tú?** *fam.* 1;
        ¿Y usted? *form.* 1
angry **enojado/a** *adj.* 5
    get angry (with) **enojarse** *v.* **(con)** 7
animal **animal** *m.* 13
ankle **tobillo** *m.* 10
anniversary **aniversario** *m.* 9
    wedding anniversary **aniversario
        de bodas** 9
announce **anunciar** *v.*
announcer (*TV/radio*) **locutor(a)** *m., f.*
annoy **molestar** *v.* 7
another **otro/a** *adj.* 6
answer **contestar** *v.* 2; **respuesta** *f.* 9
answering machine **contestadora** *f.* 11
antibiotic **antibiótico** *m.* 10
any **algún, alguno/a(s)** *adj.* 7
anyone **alguien** *pron.* 7
anything **algo** *pron.* 7
apartment **apartamento** *m.* 12
apartment building **edificio de
    apartamentos** 12
appear **parecer** *v.* 8
appetizers **entremeses** *m., pl.*
applaud **aplaudir** *v.*
apple **manzana** *f.* 8
appliance (electric) **electrodoméstico**
    m. 12
applicant **aspirante** *m., f.* 16
application **solicitud** *f.* 16
    job application **solicitud de
        trabajo** 16
apply (*for a job*) **solicitar** *v.* 16
    apply for a loan **pedir** *v.* **un
        préstamo** 14
appointment **cita** *f.* 9
    have an appointment **tener** *v.*

    una cita 9
appreciate **apreciar** *v.*
April **abril** *m.* 5
aquatic **acuático/a** *adj.* 4
archaeologist **arqueólogo/a** *m., f.* 16
architect **arquitecto/a** *m., f.* 16
area **región** *f.* 13
arm **brazo** *m.* 10
armchair **sillón** *m.* 12
army **ejército** *m.*
around **por** *prep.* 11
around here **por aquí** 11
arrange **arreglar** *v.* 11
arrival **llegada** *f.* 5
arrive **llegar** *v.* 2
art **arte** *m.* 2
    fine arts **bellas artes** *f., pl.*
article *m.* **artículo**
artist **artista** *m., f.* 3
artistic **artístico/a** *adj.*
arts **artes** *f., pl.*
as **como** *conj.* 8
    as... as **tan... como** 8
    as a child **de niño/a** 10
    as many... as **tantos/as... como** 8
    as much... as **tanto... como** 8
    as soon as **en cuanto** *conj.* 13;
        tan pronto como *conj.* 13
ask (*a question*) **preguntar** *v.* 2
    ask for **pedir (e:i)** *v.* 4, 12
asparagus **espárragos** *m., pl.*
aspirin **aspirina** *f.* 10
at **a** *prep.* 1; **en** *prep.* 2
    at + *time* **a la(s)** + *time* 1
    at home **en casa** 7
    at least **por lo menos** 10
    at night **por la noche** 7
    at the end (of) **al fondo (de)** 12
    At what time...? **¿A qué hora...?**
        1, 9
    At your service. **A sus órdenes.** 11
attend **asistir (a)** *v.* 3
attic **altillo** *m.* 12
attract **atraer** *v.*
audience **público** *m.*
August **agosto** *m.* 5
aunt **tía** *f.* 3
    aunts and uncles **tíos** *m., pl.* 3
automatic **automático/a** *adj.* 14
    automatic teller machine (ATM)
        cajero automático 14
automobile **automóvil** *m.* 5
autumn **otoño** *m.* 5
avenue **avenida** *f.*
avoid **evitar** *v.* 13
award **premio** *m.*

B

backpack **mochila** *f.* 1
bad **mal, malo/a** *adj.* 3
    It's bad that... **Es malo que...** 12

It's not bad at all. **No está nada mal. 5**
bag **bolsa** *f.* 6
bakery **panadería** *f.* 14
balanced **equilibrado/a** *adj.* 15
   balanced diet **dieta equilibrada** 15
balcony **balcón** *m.* 12
ball **pelota** *f.* 4
ballet **ballet** *m.*
banana **banana** *f.* 8
band **banda** *f.*
bank **banco** *m.* 14
bargain **ganga** *f.* 6; **regatear** *v.* 6
baseball (*game*) **béisbol** *m.* 4
basement **sótano** *m.* 12
basketball (*game*) **baloncesto** *m.* 4
bath **baño** *m.*
   take a bath **bañarse** *v.* 7
bathe **bañarse** *v.* 7
bathing suit **traje** *m.* **de baño** 6
bathroom **baño** *m.* 7; **cuarto de baño** *m.*
be **ser** *v.* 1; **estar** *v.* 2
be… years old **tener… años** 3
beach **playa** *f.* 5
   go to the beach **ir a la playa** 5
beans **frijoles** *m., pl.* 8
beautiful **hermoso/a** *adj.* 6
beauty **belleza** *f.* 14
   beauty salon **peluquería** *f.*; **salón** *m.* **de belleza** 14
because **porque** *conj.* 2
   because of **por** *prep.*
become (+ *adj.*) **ponerse (+ *adj.*)** 7; **convertirse** *v.*
bed **cama** *f.* 5
   go to bed **acostarse (o:ue)** *v.* 7
bedroom **alcoba** *f.* 12; **cuarto** *m.*; **recámara** *f.*
beef **carne** *f.* **de res** 8
   beef soup **caldo** *m.* **de patas** 8
been **sido** *p.p.* 15
beer **cerveza** *f.* 8
before **antes** *adv.* 7; **antes de** *prep.* 7; **antes (de) que** *conj.* 13
beg **rogar (o:ue)** *v.* 12
begin **comenzar (e:ie)** *v.* 4; **empezar (e:ie)** *v.* 4
behalf: on behalf of **de parte de** 11
behind **detrás de** *prep.* 2
believe **creer** *v.* 13
   believe (in) **creer** *v.* **(en)** 3
   believed **creído** *p.p.* 15
bellhop **botones** *m., f., sing.* 5
beloved **enamorado/a** *adj.*
below **debajo de** *prep.* 2
belt **cinturón** *m.* 6
benefit **beneficio** *m.* 16
beside **al lado de** *prep.* 2
besides **además (de)** *adv.* 10
best **mejor** *adj.* 8
   the best **el/la mejor** *m., f.* 8;

   lo mejor *neuter*
better **mejor** *adj.* 8
   It's better that… **Es mejor que…** 12
between **entre** *prep.* 2
bicycle **bicicleta** *f.* 4
big **gran, grande** *adj.* 3
   bigger **mayor** *adj.* 8
   biggest, (the) **el/la mayor** *m., f.* 8
bill **cuenta** *f.* 9
billion **mil millones** 6
biology **biología** *f.* 2
bird **pájaro** *m.* 13; **ave** *f.*
birth **nacimiento** *m.* 9
birthday **cumpleaños** *m., sing.* 9
   birthday cake **pastel de cumpleaños** 9
   have a birthday **cumplir** *v.* **años** 9
biscuit **bizcocho** *m.*
black **negro/a** *adj.* 6
blackberry **mora** *f.* 8
blackboard **pizarra** *f.* 2
blanket **manta** *f.* 12
block (city) **cuadra** *f.* 14
blond(e) **rubio/a** *adj.* 3
blouse **blusa** *f.* 6
blue **azul** *adj.* 6
boarding house **pensión** *f.* 5
boat **barco** *m.* 5
body **cuerpo** *m.* 10
bone **hueso** *m.* 10
book **libro** *m.* 2
bookcase **estante** *m.* 12
bookshelves **estante** *m.* 12
bookstore **librería** *f.* 2
boot **bota** *f.* 6
bore **aburrir** *v.* 7
bored **aburrido/a** *adj.* 5
   be bored **estar** *v.* **aburrido/a** 5
   get bored **aburrirse** *v.*
boring **aburrido/a** *adj.* 5
born: be born **nacer** *v.* 9
borrow **pedir prestado** 14
borrowed **prestado/a** *adj.*
boss **jefe** *m.*, **jefa** *f.* 16
bottle **botella** *f.* 9
   bottle of wine **botella de vino** 9
bother **molestar** *v.* 7
bottom **fondo** *m.*
boulevard **bulevar** *m.*
boy **chico** *m.* 1; **muchacho; niño** *m.* 3
boyfriend **novio** *m.* 3
brakes **frenos** *m., pl.* 11
bread **pan** *m.* 8
break **romper(se)** *v.* 10
   break (one's leg) **romperse (la pierna)** 10
breakdown **dañar** *v.* 10
   The bus broke down. **Se nos dañó el autobús.** 11
   break up (with) **romper** *v.* **(con)** 9
breakfast **desayuno** *m.* 8

have breakfast **desayunar** *v.* 8
breathe **respirar** *v.* 13
bring **traer** *v.* 4
broadcast **transmitir** *v.*; **emitir** *v.*
brochure **folleto** *m.*
broken **roto/a** *adj.* 10; **roto/a** *p.p.* 15
   be broken **estar roto/a** 10
brother **hermano** *m.* 3
   brother-in-law **cuñado** *m., f.* 3
   brothers and sisters **hermanos** *m., pl.* 3
brought **traído/a** *p.p.* 15
brown **café** *adj.* 6; **marrón** *adj.*
brunet(te) **moreno/a** *adj.*
brush **cepillar** *v.* 7
   brush one's hair **cepillarse el pelo** 7
   brush one's teeth **cepillarse los dientes** 7
build **construir** *v.*
building **edificio** *m.* 12
bullfight **corrida** *f.* **de toros**
bump into (*meet accidentally*) **darse con**
burned (out) **quemado/a** *adj.* 11
bus **autobús** *m.* 1
   bus station **estación** *f.* **de autobuses** 5
business **negocios** *m., pl.* 16
   business administration **administración** *f.* **de empresas** 2
   business-related **comercial** *adj.* 16
businessman **hombre** *m.* **de negocios** 16
businesswoman **mujer** *f.* **de negocios** 16
busy **ocupado/a** *adj.* 5
but **pero** *conj.* 2; **sino** *conj.* (*in negative sentences*)
butcher shop **carnicería** *f.* 14
butter **mantequilla** *f.* 8
buy **comprar** *v.* 2
by **por** *conj.* 11; **para** *prep.* 11
   by means of **por** *prep.* 11
   by phone **por teléfono**
   by plane **en avión** 5
   by way of **por** *prep.* 11
Bye. **Chau.** *interj. fam.* 1

C

cabin **cabaña** *f.* 5
cable television **televisión** *f.* **por cable** *m.* 11
café **café** *m.* 4
cafeteria **cafetería** *f.* 2
cake **pastel** *m.* 9
calculator **calculadora** *f.* 11
call **llamar** *v.* 11
   call on the phone **llamar por teléfono**

be called **llamarse** *v.* 7

calm **tranquilo/a** *adj.* 15

   Stay calm! **¡Tranquilo/a!**

calorie **caloría** *f.* 15

camera **cámara** *f.* 11

   digital camera **cámara digital** 11

camp **acampar** *v.* 5

can **lata** *f.* 13

can **poder (o:ue)** *v.* 4

Canadian **canadiense** *adj.* 3

candidate **aspirante** *m. f.* 16;

   candidate **candidato/a** *m., f.*

candy **dulces** *m., pl.* 9

capital city **capital** *f.* 1

car **coche** *m.* 11; **carro** *m.* 11;

   auto(móvil) *m.* 5

caramel **caramelo** *m.*

card **tarjeta** *f.* 4; (*playing*) **carta** *f.*

care **cuidado** *m.* 3

   take care of **cuidar** *v.* 13

career **carrera** *f.* 16

careful: be (very) careful **tener** *v.*

   (mucho) cuidado 3

caretaker **ama** *m., f.* **de casa** 12

carpenter **carpintero/a** *m., f.* 16

carpet **alfombra** *f.* 12

carrot **zanahoria** *f.* 8

carry **llevar** *v.* 2

cartoons **dibujos** *m., pl.* **animados**

case: in case (that) **en caso (de) que**
13

cash (a check) **cobrar** *v.* 14; **efectivo** *m.*

   cash register **caja** *f.* 6

   pay in cash **pagar** *v.* **al contado**
     pagar en efectivo

cashier **cajero/a** *m., f.*

cat **gato/a** *m., f.* 3

CD player **reproductor** *m.* **de CD** 11

celebrate **celebrar** *v.* 9

cellar **sótano** *m.* 12

cellular **celular** *adj.* 11

   cellular telephone **teléfono** *m.*
     celular 11

cereal **cereales** *m., pl.* 8

certain **cierto** *m.*; **seguro** *m.* 13

   it's (not) certain **(no) es**
     seguro/cierto 13

chair **silla** *f.* 2

chalk **tiza** *f.* 2

champagne **champán** *m.* 9

change **cambiar** *v.* **(de)** 9

channel (*TV*) **canal** *m.*

character (*fictional*) **personaje** *m.*

   main character **personaje principal**

charge (for a product or service)
   cobrar *v.* 14

chauffeur **conductor(a)** *m., f.* 1

chat **conversar** *v.* 2

cheap **barato/a** *adj.* 6

check **comprobar** *v.*; **revisar** *v.* 11;
   (*bank*) **cheque** *m.* 14

   check the oil **revisar el aceite** 11

checking account **cuenta** *f.* **corriente**
14

cheese **queso** *m.* 8

chef **cocinero/a** *m., f.* 16

chemistry **química** *f.* 2

chest of drawers **cómoda** *f.* 12

chicken **pollo** *m.* 8

child **niño/a** *m., f.* 3

childhood **niñez** *f.* 9

children **hijos** *m., pl.* 3

Chinese **chino/a** *adj.*

chocolate **chocolate** *m.*

   chocolate cake **pastel** *m.* **de**
     chocolate

cholesterol **colesterol** *m.* 15

choose **escoger** *v.*

chop (*food*) **chuleta** *f.* 8

Christmas **Navidad** *f.* 9

church **iglesia** *f.* 4

citizen **ciudadano/a** *m., f.*

city **ciudad** *f.* 4

class **clase** *f.* 2

   take classes **tomar** *v.* **clases** 2

classical **clásico/a** *adj.*

classmate **compañero/a** *m., f.* **de**
   clase 2

clean **limpio/a** *adj.* 5; **limpiar** *v.* 12

   clean the house *v.* **limpiar la casa**
   12

clear (*weather*) **despejado/a** *adj.* 5

   clear the table **quitar** *v.* **la mesa** 12

   It's clear. (*weather*) **Está**
     despejado. 5

clerk **dependiente/a** *m., f.* 6

client **cliente/a** *m., f.* 6

climb **escalar** *v.* 4

   climb mountains **escalar**
     montañas 4

clinic **clínica** *f.* 10

clock **reloj** *m.* 2

close **cerrar (e:ie)** *v.* 4

closed **cerrado/a** *adj.* 5

closet **armario** *m.* 12

clothes **ropa** *f.* 6

   clothes dryer **secadora** *f.* 12

clothing **ropa** *f.* 6

cloud **nube** *f.* 13

cloudy **nublado/a** *adj.* 5

   It's (very) cloudy. **Está (muy)**
     nublado. 5

coat **abrigo** *m.* 6

coffee **café** *m.* 8

   coffee maker **cafetera** *f.*

cold **frío** *m.* 3; (*disease*) **resfriado** *m.* 10

   be (very) cold (*feel*) **tener (mucho)**
     frío 3

   It's (very) cold. (*weather*) **Hace**
     (mucho) frío. 5

college **universidad** *f.*

collision **choque** *m.*

color **color** *m.* 6

comb one's hair **peinarse** *v.* 7

come **venir** *v.* 3

comedy **comedia** *f.*

comfortable **cómodo/a** *adj.* 5

commerce **negocios** *m., pl.* 16

commercial **comercial** *adj.* 16

communicate (with) **comunicarse** *v.*
   (con)

communication **comunicación** *f.*

   means of communication
     medios *m., pl.* **de comunicación**

community **comunidad** *f.* 1

compact disc (CD) **disco** *m.* **compacto**
11

   compact disc player **reproductor** *m.*
     de CD 11

company **compañía** *f.* 16; **empresa**
f. 16

comparison **comparación** *f.*

completely **completamente** *adv.*

composer **compositor(a)** *m., f.*

computer **computadora** *f.* 1, 11

   computer disc **disco** *m.* 11

   computer monitor **monitor** *m.* 11

   computer programmer
     programador(a) *m., f.* 3

   computer science **computación** *f.* 2

concerned: to be concerned **temer**
v. 13

concert **concierto** *m.*

conductor (*musical*) **director(a)** *m., f.*

confirm **confirmar** *v.* 5

   confirm a reservation **confirmar**
     una reservación 5

congested **congestionado/a** *adj.* 10

Congratulations! (*for an event such*
   as a birthday or anniversary)
   ¡Felicidades! 9; (*for an event such*
   as an engagement or a good grade on
   a test) *f., pl.* **¡Felicitaciones!** 9

conservation **conservación** *f.* 13

conserve **conservar** *v.* 13

considering **para** *prep.* 11

consume **consumir** *v.* 15

contact lenses **lentes** *m. pl.* **de**
   contacto

container **envase** *m.* 13

contamination **contaminación** *f.*

content **contento/a** *adj.* 5

contest **concurso** *m.*

continue **seguir (e:i)** *v.* 4

control **control** *m.*; **controlar** *v.* 13

   be under control **estar bajo control**

conversation **conversación** *f.* 2

converse **conversar** *v.*

cook **cocinar** *v.* 12; **cocinero/a** *m.,*
f. 16

cookie **galleta** *f.* 9

cool **fresco/a** *adj.* 5

   It's cool. (*weather*) **Hace fresco.** 5

corn **maíz** *m.*

corner **esquina** *m.* 14

cost **costar (o:ue)** *v.* 6

cotton **algodón** *m.* 6

   (made of) cotton **de algodón** 6

couch **sofá** *m.* 12

couch potato **teleadicto/a** *m., f.* 15

cough **tos** *f.* 10; **toser** *v.* 10

counselor **consejero/a** *m., f.* 16

count (on) **contar** *v.* **(con)** 12
country (*nation*) **país** *m.* 1
countryside **campo** *m.* 5; **paisaje** *m.*
couple **pareja** *f.* 9
   couple (married) **matrimonio** *m.* 9
course **curso** *m.* 2; **materia** *f.*
courtesy **cortesía** *f.*
cousin **primo/a** *m., f.* 3
cover **cubrir** *v.*
covered **cubierto** *p.p.*
cow **vaca** *f.*
cowboy **vaquero** *m.*
crafts **artesanía** *f.*
craftsmanship **artesanía** *f.*
crash **chocar** *v.* **(con)** 11
crater **cráter** *m.* 13
crazy **loco/a** *adj.* 6
create **crear** *v.*
credit **crédito** *m.* 6
   credit card **tarjeta** *f.* **de crédito** 6
crime **crimen** *m.*
cross **cruzar** *v.* 14
culture **cultura** *f.*
cup **taza** *f.* 12
currency exchange **cambio** *m.* **de moneda**
current events **actualidades** *f., pl.*
curriculum vitae **currículum** *m.*
curtains **cortinas** *f., pl.* 12
custard (*baked*) **flan** *m.* 9
custom **costumbre** *f.*
customer **cliente/a** *m., f.*
customs **aduana** *f.* 5
   customs inspector **inspector(a)** *m., f.* **de aduanas** 5
cycling **ciclismo** *m.* 4

D

dad **papá** *m.* 3
daily **diario/a** *adj.* 7
   daily routine **rutina** *f.* **diaria** 7
damage **dañar** *v.* 10
dance **bailar** *v.* 2; **danza** *f.* **baile** *m.*
dancer **bailarín/bailarina** *m., f.* 16
danger **peligro** *m.* 13
dangerous **peligroso/a** *adj.*
dark-haired **moreno/a** *adj.* 3
date (*appointment*) **cita** *f.* 9; (*calendar*) **fecha** *f.* 5; (*someone*) **salir** *v.* **con (alguien)** 9
   date: have a date **tener** *v.* **una cita** 9
daughter **hija** *f.* 3
   daughter-in-law **nuera** *f.* 3
day **día** *m.* 1
   day before yesterday **anteayer** *adv.* 6
deal **trato** *m.*
   It's a deal. **Trato hecho.**
   It's not a big deal. **No es para tanto.** 12
death **muerte** *f.* 9
decaffeinated **descafeinado/a** *adj.* 15

December **diciembre** *m.* 5
decide **decidir** *v.* 3
decided **decidido/a** *adj.*
declare **declarar** *v.*
deforestation **deforestación** *f.* 13
delicious **delicioso/a** *adj.* 8; **rico/a** *adj.* 8; **sabroso/a** *adj.* 8
delighted **encantado/a** *adj.* 1
dentist **dentista** *m., f.* 10
deny **negar (e: ie)** *v.* 13
department store **almacén** *m.* 6
departure **salida** *f.* 5
deposit **depositar** *v.* 14
describe **describir** *v.* 3
described **descrito/a** *p.p.* 15
desert **desierto** *m.* 13
design **diseño** *m.*
designer **diseñador(a)** *m., f.* 16
desire **desear** *v.* 12
desk **escritorio** *m.* 2
dessert **postre** *m.* 9
destroy **destruir** *v.* 13
develop **desarrollar** *v.* 13
diary **diario** *m.* 1
dictatorship **dictadura** *f.*
dictionary **diccionario** *m.* 1
die **morir (o:ue)** *v.* 8
died **muerto/a** *p.p.* 15
diet **dieta** *f.* 15
   balanced diet **dieta equilibrada** 15
   be on a diet **estar** *v.* **a dieta** 15
   eat a balanced diet **seguir una dieta equilibrada** 15
difficult **difícil** *adj.* 3
dining room **comedor** *m.* 12
dinner **cena** *f.* 8
   have dinner **cenar** *v.* 8
direction: in the direction of **para** *prep.* 11
directions: give directions **indicar cómo llegar** *v.* 14
director **director(a)** *m., f.*
dirty **ensuciar** *v.*; **sucio/a** *adj.* 5
   get (something) dirty **ensuciar** *v.* 12
disagree **no estar de acuerdo**
disaster **desastre** *m.*
discover **descubrir** *v.* 13
discovered **descubierto** *p.p.* 15
discrimination **discriminación** *f.*
dish **plato** *m.* 8
   main dish **plato principal** 8
dishwasher **lavaplatos** *m., sing.* 12
disk **disco** *m.* 11
disorderly **desordenado/a** *adj.* 5
dive **bucear** *v.* 4
divorce **divorcio** *m.* 9
divorced **divorciado/a** *adj.* 9
   get divorced (from) **divorciarse** *v.* **(de)** 9
dizzy **mareado/a** *adj.* 10
do **hacer** *v.* 4
   do aerobics **hacer ejercicios aeróbicos** 15

do errands **hacer diligencias**
do household chores **hacer quehaceres domésticos** 12
do stretching exercises **hacer ejercicios de estiramiento** 15
doctor **médico/a** *m., f.* 3; **doctor(a)** *m., f.* 10
documentary (*film*) **documental** *m.*
dog **perro/a** *m., f.* 3
domestic **doméstico/a** *adj.*
   domestic appliance **electrodoméstico** *m.* 12
done **hecho/a** *p.p.* 15
door **puerta** *f.* 2
dormitory **residencia** *f.* **estudiantil** 2
double **doble** *adj.* 5
   double room **habitación** *f.* **doble** 5
doubt **duda** *f.* 13; **dudar** *v.* 13
   There is no doubt… **No cabe duda de…** 13; **No hay duda de…** 13
Down with… ! **¡Abajo el/la…!**
downtown **centro** *m.* 4
drama **drama** *m.*
dramatic **dramático/a** *adj.*
draw **dibujar** *v.* 2
drawing **dibujo** *m.*
dress **vestido** *m.* 6
   get dressed **vestirse (e:i)** *v.* 7
drink **beber** *v.* 3; **bebida** *f.* 8; **tomar** *v.* 2
   Do you want something to drink? **¿Quieres algo de tomar?**
drive **conducir** *v.* 8; **manejar** *v.* 11
driver **conductor(a)** *m., f.* 1
drug *f.* **droga** 15
   drug addict **drogadicto/a** *adj.* 15
due to **por** *prep.*
   due to the fact that **debido a**
during **durante** *prep.* 7; **por** *prep.* 11
dust **sacudir** *v.* 12
   dust the furniture **sacudir los muebles** 12
DVD player **reproductor de DVD** *m.* 11
dying: I'm dying to (for)… **me muero por…**

E

each **cada** *adj.* 6
eagle **águila** *f.*
ear (*outer*) **oreja** *f.* 10
early **temprano** *adv.* 7
earn **ganar** *v.* 16
earthquake **terremoto** *m.*
ease **aliviar** *v.*
east **este** *m.* 14
   to the east **al este** 14
easy **fácil** *adj.* 3
   extremely easy **facilísimo** 8
eat **comer** *v.* 3
ecological **ecologista** *adj.* 13
ecologist **ecologista** *adj.* 13

ecology **ecología** *f.* 13
economics **economía** *f.*
ecotourism **ecoturismo** *m.* 13
Ecuador **Ecuador** *m.* 1
Ecuadorian **ecuatoriano/a** *adj.* 3
effective **eficaz** *adj. m., f.*
egg **huevo** *m.* 8
eight **ocho** 1
eight hundred **ochocientos/as** 6
eighteen **dieciocho** 1
eighth **octavo/a** 5
eighty **ochenta** 2
either… or **o… o** *conj.* 7
elect **elegir** *v.*
election **elecciones** *f., pl.*
electrician **electricista** *m., f.* 16
electricity **luz** *f.* 12
elegant **elegante** *adj.* 6
elevator **ascensor** *m.* 5
eleven **once** 1
e-mail **correo** *m.* **electrónico** 4
  e-mail message **mensaje** *m.* **electrónico** 4
  read e-mail **leer** *v.* **el correo electrónico** 4
embarrassed **avergonzado/a** *adj.* 5
embrace (each other) **abrazar(se)** *v.*
emergency **emergencia** *f.* 10
  emergency room **sala** *f.* **de emergencia(s)** 10
employee **empleado/a** *m., f.* 5
employment **empleo** *m.* 16
end **fin** *m.* 4; **terminar** *v.* 2
  end table **mesita** *f.* 12
energy **energía** *f.* 13
engaged: get engaged (to) **comprometerse** *v.* **(con)** 9
engineer **ingeniero/a** *m., f.* 3
English (*language*) **inglés** *m.* 2; **inglés, inglesa** *adj.* 3
enjoy **disfrutar** *v.* **(de)** 15
enough **bastante** *adj.* 10
entertainment **diversión** *f.* 4
entrance **entrada** *f.* 12
envelope **sobre** *m.* 14
environment **medio ambiente** *m.* 13
equality **igualdad** *f.*
equipped **equipado/a** *adj.* 15
eraser **borrador** *m.* 2
errand *f.* **diligencia** 14
establish **establecer** *v.*
evening **tarde** *f.* 1
event **acontecimiento** *m.*
every day **todos los días** 10
everybody **todos** *m., pl.*
everything **todo** *m.* 5
  Everything is under control. **Todo está bajo control.**
exactly **en punto** *adv.* 1
exam **examen** *m.* 2
excellent **excelente** *adj.* 5
excess **exceso** *m.* 15
  in excess **en exceso** 15
exchange **intercambiar** *v.*

in exchange for **por** 11
exciting **emocionante** *adj. m., f.*
excursion **excursión** *f.* 4
excuse **disculpar** *v.*
Excuse me. (*May I?*) **Con permiso.** 1; (*I beg your pardon.*) **Perdón.** 1
exercise **ejercicio** *m.* 15
  hacer *v.* **ejercicio** 15
exit **salida** *f.* 5
expensive **caro/a** *adj.* 6
experience **experiencia** *f.*
explain **explicar** *v.* 2
explore **explorar** *v.*
  explore a city/town **explorar una ciudad/pueblo**
expression **expresión** *f.*
extinction **extinción** *f.* 13
eye **ojo** *m.* 10

F

fabulous **fabuloso/a** *adj* 5
face **cara** *f.* 7
facing **enfrente de** *prep.* 14
fact: in fact **de hecho**
factory **fábrica** *f.* 13
fall (down) **caerse** *v.* 10
  fall asleep **dormirse (o:ue)** *v.* 7
  fall in love (with) **enamorarse** *v.* **(de)** 9
fall (season) **otoño** *m.* 5
fallen **caído/a** *p.p.* 15
family **familia** *f.* 3
famous **famoso/a** *adj.* 16
fan **aficionado/a** *adj.* 4
  be a fan (of) **ser aficionado/a (a)** 4
far from **lejos de** *prep.* 2
farewell **despedida** *f.*
fascinate **fascinar** *v.* 7
fashion **moda** *f.* 6
  be in fashion **estar** *v.* **de moda** 6
fast **rápido/a** *adj.*
fat **gordo/a** *adj.* 3; **grasa** *f.* 15
father **padre** *m.* 3
father-in-law **suegro** *m.* 3
favorite **favorito/a** *adj.* 4
fax (machine) **fax** *m.* 11
fear **miedo** *m.* 3; **temer** *v.* 13
February **febrero** *m.* 5
feel *v.* **sentir(se) (e:ie)** 7
  feel like (*doing something*) **tener ganas de (+ inf.)** 3
festival **festival** *m.*
fever **fiebre** *f.* 10
  have a fever **tener** *v.* **fiebre** 10
few **pocos/as** *adj. pl.*
field: field of study **especialización** *f.* 16
fifteen **quince** 1
  young woman celebrating her fifteenth birthday **quinceañera** *f.* 9
fifth **quinto/a** *adj.* 5

fifty **cincuenta** 2
fight **luchar** *v.* **(por)**
figure (*number*) **cifra** *f.*
file **archivo** *m.* 11
fill **llenar** *v.*
  fill out a form **llenar un formulario** 14
  fill up the tank **llenar el tanque** 11
finally **finalmente** *adv*; **por último** 7; **por fin** 11
find **encontrar (o:ue)** *v.* 4
  find (each other) **encontrar(se)** *v.*
fine arts **bellas artes** *f., pl.*
fine **multa** *f.* 11
  That's fine. **Está bien.** 11
finger **dedo** *m.* 10
finish **terminar** *v.* 4
  finish (*doing something*) **terminar** *v.* **de (+ inf.)**
fire **incendio** *m.*; **despedir (e:i)** *v.* 16
firefighter **bombero/a** *m., f.* 16
firm **compañía** *f.* 16; **empresa** *f.* 16
first **primer, primero/a** *adj.* 5
fish (*food*) **pescado** *m.* 8; **pescar** *v.* 5; (*live*) **pez** *m.* 13
  fish market **pescadería** *f.* 14
fisherman **pescador** *m.*
fisherwoman **pescadora** *f.*
fishing **pesca** *f.* 5
fit (*clothing*) **quedar** *v.* 7
five **cinco** 1
five hundred **quinientos/as** 6
fix (*put in working order*) **arreglar** *v.* 11
fixed **fijo/a** *adj.* 6
flag **bandera** *f.*
flank steak **lomo** *m.* 8
flat tire: We got a flat tire. **Se nos pinchó una llanta.** 11
flexible **flexible** *adj.* 15
flood **inundación** *f.*
floor (*story in a building*) **piso** *m.* 5; **suelo** *m.* 12
  ground floor **planta** *f.* **baja** 5
  top floor **planta** *f.* **alta**
flower **flor** *f.* 13
flu **gripe** *f.* 10
fog **niebla** *f.*
foggy: It's (very) foggy. **Hay (mucha) niebla.** 5
folk **folklórico/a** *adj.*
follow **seguir (e:i)** *v.* 4
food **comida** *f.* 8
foolish **tonto/a** *adj.* 3
foot **pie** *m.* 10
football **fútbol** *m.* **americano** 4
for **para** *prep.* 11; **por** *prep.* 11
  for example **por ejemplo** 11
  for me **para mí**
forbid **prohibir** *v.*
foreign **extranjero/a** *adj.*
  foreign languages **lenguas** *f., pl.* **extranjeras** 2
forest **bosque** *m.* 13
forget **olvidar** *v.* 10

fork **tenedor** *m.* 12
form **formulario** *m.* 14
forty **cuarenta** 2
forward **en marcha** *adv.*
four **cuatro** 1
four hundred **cuatrocientos/as** 6
fourteen **catorce** 1
fourth **cuarto/a** *adj.* 5
free **libre** *adj.* 4
  be free of charge **ser gratis** 14
  free time **tiempo** *m.* **libre** 4;
    ratos *m., pl.* **libres** 4
freedom **libertad** *f.*
freezer **congelador** *m.*
French **francés, francesa** *adj.* 3
  French fries **papas** *f., pl* **fritas** 8;
    patatas *f., pl* **fritas** 8
frequently **frecuentemente** *adv.* 10;
  con frecuencia 10
Friday **viernes** *m., sing.* 2
fried **frito/a** *adj.*8
  fried potatoes **papas** *f., pl.* **fritas;**
    patatas *f., pl.* **fritas**
friend **amigo/a** *m., f.* 3
friendly **amable** *adj.* 5
friendship **amistad** *f.* 9
from **de** *prep.* 1; **desde** *prep.* 6
  from where? **¿de donde?** 9
  from the United States
    estadounidense *adj.* 3
  from time to time **de vez en**
    cuando 10
  He/She/It is from… **Es de…** 1
  I'm from… **Soy de…** 1
fruit **fruta** *f.* 8
  fruit juice **jugo** *m.* **de fruta** 8
  fruit shop **frutería** *f.* 14
full **lleno/a** *adj.*11
fun **divertido/a** *adj.* 7
  fun activity **diversión** *f.* 4
  have fun **divertirse (e:ie)** *v.* 9
function **funcionar** *v.*
furniture **muebles** *m., pl.* 12
furthermore **además (de)** *adv.* 10
future **futuro** *m.* 16; **porvenir** *m.* 16
  in the future **en el futuro** 16

G

gain weight **aumentar** *v.* **de peso** 15;
  engordar *v.* 15
game (*match*) **partido** *m.* 4; **juego** *m.* 5
  game show **concurso** *m.*
garage **garaje** *m.* 11, 12
garden **jardín** *m.* 12
garlic **ajo** *m.* 8
gas station **gasolinera** *f.* 11
gasoline **gasolina** *f.* 11
geography **geografía** *f.* 2
German **alemán, alemana** *adj.* 3
get **conseguir (e:i)** *v.* 4; **obtener** *v.* 16
  get along well/badly (with)
    llevarse bien/mal (con) 9

get bored **aburrirse** *v.*
get off of/out of (a vehicle)
  bajar(se) *v.* **de** 11
get on/into (a vehicle)
  subir(se) *v.* **a** 11
get up **levantarse** *v.* 7
gift **regalo** *m.* 6
girl **chica** *f.* 1; **muchacha; niña** *f.* 3
girlfriend **novia** *f.* 3
give **dar** *v.* 6; (*as a gift*) **regalar** 9
  give directions **indicar cómo llegar**
    v. 14
glass (*drinking*) **vaso** *m.* 12; **vidrio**
  m. 13
  (made of) glass **de vidrio** 13
glasses **gafas** *f., pl.* 6
  sunglasses **gafas de sol** 6
global warming **calentamiento global**
  m. 13
gloves **guantes** *m., pl.* 6
go **ir** *v.* 4
  go away **irse** 7
  go by boat **ir en barco** 5
  go by bus **ir en autobús** 5
  go by car **ir en auto(móvil)** 5
  go by motorcycle **ir en**
    motocicleta 5
  go by plane **ir en avión** 5
  go by subway **ir en metro**
  go by taxi **ir en taxi** 5
  go by the bank **pasar por el banco**
    14
  go by train **ir en tren**
  go by **pasar** *v.* **por**
  go down; **bajar** *v.* 11
  go fishing **ir de pesca** 5
  go for a hike (in the mountains) **ir**
    de excursión (a las montañas)
    4
  go out **salir** *v.* 9
  go out with **salir con** 4, 9
  go through customs **pasar por la**
    aduana 5
  go up **subir** *v.* 11
  go with **acompañar** *v.* 14
  Let's get going. **En marcha.** 15
  Let's go. **Vamos.** 4
goblet **copa** *f.* 12
going to: be going to (*do something*) **ir**
  a (+ inf.) 4
golf **golf** *m.* 4
good **buen, bueno/a** *adj.* 1, 3
  Good afternoon. **Buenas tardes.** 1
  Good evening. **Buenas noches.** 1
  Good idea! **¡Buena idea!** 4
  Good morning. **Buenos días.** 1
  Good night. **Buenas noches.** 1
  I'm good, thanks. **Bien, gracias.**
  It's good that… **Es bueno que…**
    12
goodbye **adiós** *m.* 1
  say goodbye (to) **despedirse** *v.*
    (de) (e:i) 7
good-looking **guapo/a** *adj.* 3

government **gobierno** *m.* 13
GPS **navegador GPS** *m.* 11
graduate (from) **graduarse** *v.* **(de)** 9
grains **cereales** *m., pl.* 8
granddaughter **nieta** *f.* 3
grandfather **abuelo** *m.* 3
grandmother **abuela** *f.* 3
grandparents **abuelos** *m., pl.* 3
grandson **nieto** *m.* 3
grape **uva** *f.* 8
grass **hierba** *f.* 13; **césped** *m.*
grave **grave** *adj.* 10
gray **gris** *adj. m., f.* 6
great **gran, grande** *adj.* 3;
  fenomenal *adj.* 5
green **verde** *adj. m., f.* 5
greet (each other) **saludar(se)** *v.*
greeting **saludo** *m.* 1
  Greetings to… **Saludos a…** 1
grilled (*food*) **a la plancha** 8
  grilled flank steak **lomo a la**
    plancha 8
ground floor **planta** *f.* **baja** 5
guest (*at a house/hotel*) **huésped** *m., f.*
  5; (*invited to a function*) **invitado/a**
  m., f. 9
guide **guía** *m., f.*
gym **gimnasio** *m.* 4
gymnasium **gimnasio** *m.* 4

H

hair **pelo** *m.* 7
hairdresser **peluquero/a** *m., f.* 16
hairdressing salon **peluquería** *f.* 14
half **medio/a** *adj.* 3
  half-brother **medio hermano** 3;
  half-sister **media hermana** 3
  half-past (*time*) **y media** 1
hallway **pasillo** *m.* 12
ham **jamón** *m.* 8
hamburger **hamburguesa** *f.* 8
hand **mano** *f.* 1
Hands up! **¡Manos arriba!**
handsome **guapo/a** *adj.* 3
happen **ocurrir** *v.*
happiness **alegría** *f.* 9
Happy birthday! **¡Feliz cumpleaños!** 9
happy **alegre** *adj.* 5; **contento/a** *adj.* 5;
  feliz *adj.* 5
  be happy **alegrarse** *v.* **(de)** 13
hard **difícil** *adj.* 3
hard-working **trabajador(a)** *adj.* 3
hardly **apenas** *adv.* 10
haste **prisa** *f.* 3
hat **sombrero** *m.* 6
hate **odiar** *v.* 9
have **tener** *v.* 3
  Have a good trip! **¡Buen viaje!** 1
  have a tooth pulled **sacar(se) una**
    muela 10
  have to (*do something*) **tener**
    que (+ inf.) 3; **deber (+ inf.)** 3

he **él** *sub. pron.* 1
he is **él es** 1
he/she/it is, you (*form., sing.*)
    are **está** 2
head **cabeza** *f.* 10
headache **dolor de cabeza** *m.* 10
health **salud** *f.* 10
healthful **saludable** *adj.*
healthy **sano/a, saludable** *adj.* 10
    lead a healthy life **llevar** *v.* **una**
    vida sana 15
hear **oír** *v.* 4
heard **oído/a** *p.p.* 15
hearing: sense of hearing **oído** *m.*
heart **corazón** *m.* 10
heat **calor** *m.* 3
Hello. **Hola.** *interj.* 1; (*on the*
    telephone) **Aló.** 11; **¿Bueno?** 11;
    Diga. 11
help **ayudar** *v.* 12; **servir (e:i)** *v.* 5
    help each other **ayudarse** *v.*
her **su(s)** *poss. adj.* 3; **la** *pron.* 5; **le**
    pron. 6;
    hers **suyo(s)/a(s)** *poss. pron.* 11
here **aquí** *adv.* 1
    Here it is… **Aquí está…** 5
    Here we are at/in… **Aquí estamos**
    en… 2
    It's not here. **No está.** 5
Hi. **Hola.** *interj.* 1
highway **autopista** *f.;* **carretera** *f.*
hike **excursión** *f.* 4
    go on a hike **hacer una excursión**
    5; **ir de excursión** 4
hiker **excursionista** *m., f.* 4
hiking **de excursión** 4
him **lo** *pron.* 5; **le** *pron.* 6
hire **contratar** *v.* 16
his **su(s)** *poss. adj.* 3; **suyo(s)/a(s)**
    poss. pron. 11
history **historia** *f.* 2
hobby **pasatiempo** *m.* 4
hockey **hockey** *m.* 4
holiday **día** *m.* **de fiesta** 9
home **hogar** *m.* 12
    home page **página** *f.* **principal** 11
homemaker **ama** (*m., f.*) **de casa** 12
homework **tarea** *f.* 2
hood (car) **capó** *m.* 11
hope **esperar** *v.* 2, 13
    I hope (that) **ojalá (que)** *interj.* 13
horror **terror** *m.*
hors d'oeuvres **entremeses** *m., pl.* 8
horse **caballo** *m.* 5
hospital **hospital** *m.* 10
hot **picante** *adj.* 8
hot: be (very) hot (*feel*) **tener (mucho)**
    calor 3; (*weather*) **hacer (mucho)**
    calor 5
hotel **hotel** *m.* 5
hour **hora** *f.* 1
house **casa** *f.* 4
household chores **quehaceres** *m., pl.*
    domésticos 12

housekeeper **ama** *m., f.* **de casa** 12
housing **vivienda** *f.* 12
How…! **¡Qué…!** 3
    how **¿cómo?** *adv.* 1, 9
    How are you? **¿Qué tal?** 1
    How are you? **¿Cómo estás?**
    fam. 1
    How are you? **¿Cómo está usted?**
    form. 1
    How can I help you? **¿En qué**
    puedo servirles? 5
    How did… go for you? **¿Cómo les**
    fue…? 15
    How is it going? **¿Qué tal?** 1
    How is/are . . . ? **¿Qué tal...?** 2
    How much/many?
    ¿Cuánto(s)/a(s)? 1, 9
    How much does… cost? **¿Cuánto**
    cuesta…? 6
    How old are you? **¿Cuántos**
    años tienes? *fam.* 3
    How's the weather? **¿Qué tiempo**
    hace? 5
however **sin embargo** *adv.*
hug (each other) **abrazar(se)** *v.*
humanities **humanidades** *f., pl.*
hunger **hambre** *f.* 3
hundred **cien, ciento** 2
hungry: be (very) hungry **tener** *v.*
    (mucha) hambre 3
hunting **caza** *f.* 13
hurricane **huracán** *m.*
hurry **apurarse; darse prisa** *v.* 15
    be in a (big) hurry **tener** *v.*
    (mucha) prisa 3
hurt **doler (o:ue)** *v.* 10
    It hurts me a lot. **Me duele mucho.**
    10
husband **esposo** *m.* 3

I

I **yo** *sub. pron.* 1
    I am… **Yo soy…** 1
    I don't like them at all. **No me**
    gustan nada. 2
    I hope (that) **Ojalá (que)** *interj.* 13
    I wish (that) **Ojalá (que)** *interj.* 13
    I would like… **me gustaría(n)…** 7
    I would like to introduce… to you.
    Le presento a… *form.* 1;
    Te presento a… *fam.* 1
ice cream **helado** *m.* 9
    ice cream shop **heladería** *f.* 14
iced **helado/a** *adj.* 9
    iced tea **té helado** 8
idea **idea** *f.* 4
if **si** *conj.* 13
illness **enfermedad** *f.* 10
important **importante** *adj.* 3
    be important to **importar** *v.* 7, 12
    It's important that… **Es**
    importante que… 12

impossible **imposible** *adj.* 13
    It's impossible… **Es imposible…** 13
improbable **improbable** *adj.* 13
    It's improbable… **Es improbable…**
    13
improve **mejorar** *v.* 13
in **en** *prep.* 2; **por** *prep.* 11
    in the afternoon **de la tarde** 1;
    por la tarde 7
    in the evening **de la noche** 1;
    (*early*) **por la tarde** 7
    in the morning **de la mañana** 1;
    por la mañana 7
    in love (with) **enamorado/a (de)** 5
    in which **en qué** 2
    in front of **delante de** *prep.* 2;
    enfrente 14
increase **aumento** *m.* 16
incredible **increíble** *adj.* 5
inequality **desigualdad** *f.*
infection **infección** *f.* 10
inform **informar** *v.*
inhabitants **habitantes** *m., pl* 13
injection **inyección** *f.* 10
    give an injection **poner** *v.* **una**
    inyección 10
injure (oneself) **lastimarse** *v.* 10
    injure (one's foot) **lastimarse**
    (el pie) 10
inner ear **oído** *m.*
insist (on) **insistir** *v.* **(en)** 12
installments: pay in installments
    pagar *v.* **a plazos** 14
intelligent **inteligente** *adj.* 3
intend **pensar** *v.* **(+ inf.)** 4
interest **interesar** *v.* 7
interesting **interesante** *adj.* 3
    be interesting to **interesar** *v.* 7
international **internacional** *adj. m., f.*
Internet **red** *f.;* **Internet** *m.* 11
interview **entrevista** *f.* 16; interview
    entrevistar *v.* 16
interviewer **entrevistador(a)** *m., f.* 16
introduction **presentación** *f.*
invest **invertir (e:ie)** *v.* 16
invite **invitar** *v.* 9
iron clothes **planchar** *v.* **la ropa** 12
it **lo/la** *pron.* 5
Italian **italiano/a** *adj.* 3
its **su(s)** *poss. adj.* 3 , **suyo(s)/a(s)**
    poss. pron. 11

J

jacket **chaqueta** *f.* 6
January **enero** *m.* 5
Japanese **japonés, japonesa** *adj.* 3
jeans **bluejeans** *m., pl.* 6
jewelry store **joyería** *f.* 14
job **empleo** *m.* 16; **puesto** *m.* 16;
    trabajo *m.* 16
    job application **solicitud** *f.* **de**
    trabajo 16

jog **correr** *v.*
journalism **periodismo** *m.* 2
journalist **periodista** *m., f.* 3;
   reportero/a *m., f.*
joy **alegría** *f.*
   give joy **dar** *v.* **alegría**
joyful **alegre** *adj.* 5
juice **jugo** *m.* 8
July **julio** *m.* 5
June **junio** *m.* 5
jungle **selva** *f.* 13, **jungla** *f.*
just **apenas** *adv.* 10
   have just done something
      acabar de (+ *inf.***)** 6

K

keep (doing something) **seguir (e:ie)**
   v. 4
key **llave** *f.* 5
keyboard **teclado** *m.* 11
kilometer **kilómetro** *m.* 11
kind: That's very kind of you. **Muy**
   amable. *adj.* 5
kiss (each other) **besar(se)** *v.*; **beso**
   m. 6
kitchen **cocina** *f.* 12
knee **rodilla** *f.* 10
knife **cuchillo** *m.* 12
know **saber** *v.* 8; **conocer** *v.* 8
know how **saber** *v.* 8

L

laboratory **laboratorio** *m.* 2
lack **faltar** *v.* 7
lake **lago** *m.* 13
lamp **lámpara** *f.* 12
land **tierra** *f.* 13
landlord **dueño/a** *m., f.*
landscape **paisaje** *m.* 13
language **lengua** *f.* 2
laptop (computer) **computadora** *f.*
   portátil 11
large **gran, grande** *adj.* 3
large (*clothing size*) **talla** *f.* **grande**
   adj. 6
last **durar** *v.*; **pasado/a** *adj.* 6;
   último/a *adj.*
   last name **apellido** *m.* 9
   last night **anoche** *adv.* 6
   last week **la semana pasada** 6
   last year **el año pasado** 6
late **tarde** *adv.* 7
later (on) **más tarde** *adv.* 7
   See you later. **Hasta la vista.** 1;
      Hasta luego. 1
laugh **reírse (e:i)** *v.* 9
laughed **reído** *p.p.* 15
laundromat **lavandería** *f.* 14
law **ley** *f.* 13
lawyer **abogado/a** *m., f.* 16
lazy **perezoso/a** *adj.*

learn **aprender** *v.* 3
least, (the) **el/la/los/las menos** 8
leave **salir** *v.* 4; **irse** *v.* 7
   leave a tip **dejar una propina** 9
   leave for (*a place*) **salir para** 4
   leave from **salir de** 4
   leave behind **dejar** *v.* 16
left **izquierdo/a** *adj.* 2
   be left behind **quedar** *v.* 10
   be left over **quedar** *v.* 7
   to the left of **a la izquierda de** 2
leg **pierna** *f.* 10
lemon **limón** *m.* 8
lend **prestar** *v.* 6
less **menos** *adv.* 10
   less… than **menos… que** 8
   less than (+ *number*) **menos de**
      (+ *number***)** 8
lesson **lección** *f.* 1
let **dejar** *v.* 12
   let's see **a ver** 2
letter **carta** *f.* 4
lettuce **lechuga** *f.* 8
liberty **libertad** *f.*
library **biblioteca** *f.* 2
license (*driver's*) **licencia** *f.* **de**
   conducir 11
lie **mentira** *f.* 6
lie down **acostarse (o:ue)** *v.* 7
life **vida** *f.* 9
   of my life **de mi vida** 15
lifestyle: lead a healthy lifestyle
   llevar una vida sana 15
lift **levantar** *v.* 15
   lift weights **levantar pesas** 15
light **luz** *f.* 12
like **como** *prep.* 8; **gustar** *v.* 2, 7
   like this **así** *adv.* 10
   like very much **encantar** *v.*;
      fascinar *v.* 7
   I like… **me gusta(n)…** 2
   I like… very much *v.* **Me**
      encanta…
   Do you like… ? **¿Te gusta(n)…?** 2
likeable **simpático/a** *adj.* 3
likewise **igualmente** *adv.* 1
line **línea** *f.* 4; **cola** (*queue*) *f.* 14
listen to **escuchar** *v.* 2
   Listen! (*command*) **¡Oye!** *fam.*,
      *sing.*1; **¡Oigan!** *form., pl.*
   listen to music **escuchar música**
   listen to the radio **escuchar la**
      radio
literature **literatura** *f.*
little (*quantity*) **poco/a** *adj.* 5; **poco**
   adv. 10
live **vivir** *v.* 3
living room **sala** *f.* 12
loan **préstamo** *m.* 14; **prestar** *v.* 6
lobster **langosta** *f.* 8
located **situado/a** *adj.*
   be located **quedar** *v.* 14
lodging **alojamiento** *m.* 5
long **largo/a** *adj.* 6

look (at) **mirar** *v.* 2
look for **buscar** *v.* 2
lose **perder (e:ie)** *v.* 4
   lose weight **adelgazar** *v.* 15
lost **perdido/a** *adj.* 14
   be lost **estar perdido/a** 14
lot, a **muchas veces** 10
lot of, a **mucho/a** *adj.* 2
love (*another person*) **querer (e:ie)** *v.*
   4; (*things*) **encantar** *v.* 7; **amor** *m.* 9;
   in love (with) **enamorado/a (de)**
   adj. 5
luck **suerte** *f.* 3
lucky: be (very) lucky **tener (mucha)**
   suerte 3
luggage **equipaje** *m.* 5
lunch **almuerzo** *m.* 8
   have lunch **almorzar (o:ue)** *v.* 8

M

ma'am **señora (Sra.)** *f.* 1
mad **enojado/a** *adj.* 5
magazine **revista** *f.* 4
   read a magazine **leer una revista** 4
magnificent **magnífico/a** *adj.* 5
mail **correo** *m.* 14; **enviar** *v.*, **mandar**
   v. mail a letter **echar una carta al**
      buzón 14
   mail carrier **cartero/a** *m.* 14
mailbox **buzón** *m.* 14
main **principal** *adj. m., f.* 8
maintain **mantener** *v.* 15
make **hacer** *v.* 4
   make the bed **hacer la cama** 12
makeup **maquillaje** *m.* 7
man **hombre** *m.* 1
manager **gerente** *m., f.* 16
many **mucho/a** *adj.* 3
   many times **muchas veces** 10
map **mapa** *m.* 1, 2
March **marzo** *m.* 5
margarine **margarina** *f.* 8
marinated fish **ceviche** *m.* 8
   lemon-marinated shrimp **ceviche**
      de camarón 8
marine turtle **tortuga marina** *f.* 13
marital status **estado** *m.* **civil** 9
market **mercado** *m.* 6
   open-air market **mercado al aire**
      libre 6
marriage **matrimonio** *m.* 9
married **casado/a** *adj.* 9
   get married (to) **casarse** *v.* **(con)** 9
marvelous **maravilloso/a** *adj.* 5
marvelously **maravillosamente** *adv.*
massage **masaje** *m.* 15
masterpiece **obra** *f.* **maestra**
match (*sports*) **partido** *m.*
   match **hacer** *v.* **juego (con)** 6
mathematics **matemáticas** *f., pl.* 2
matter **importar** *v.* 7, 12
maturity **madurez** *f.* 9

maximum **máximo/a** *m.* 11

May **mayo** *m.* 5

maybe **tal vez** *adv.* 5; **quizás** *adv.* 5

mayonnaise **mayonesa** *f.* 8

me **me** *pron.* 5

meal **comida** *f.* 8

means of communication **medios** *m., pl.* **de comunicación**

meat **carne** *f.* 8

mechanic **mecánico/a** *m., f.* 11

  (mechanic's) repair shop **taller** *m.* **mecánico** 11; **garaje** *m.* 11

media **medios** *m., pl.* **de comunicación**

medical **médico/a** *adj.* 10

medication **medicamento** *m.* 10

medicine **medicina** *f.* 10

medium **mediano/a** *adj.*

meet (each other) **encontrar(se)** *v.*

meeting **reunión** *f.* 16

menu **menú** *m.* 8

message (*telephone*) **recado** *m.* 11

messy **desordenado/a** *adj.* 5

Mexican **mexicano/a** *adj.* 3

Mexico **México** *m.* 1

microwave **microonda** *f.* 12

  microwave oven **horno** *m.* **de microondas** 12

middle age **madurez** *f.* 9

midnight **medianoche** *f.* 1

mile **milla** *f.* 11

milk **leche** *f.* 8

million **millón** 6

  million of **millón de** 6

mine **mío/a(s)** *poss. pron.* 11

mineral **mineral** *m.* 15

  mineral water **agua** *f.* **mineral** 8

minute **minuto** *m.* 1

mirror **espejo** *m.* 7

Miss **señorita (Srta.)** *f.* 1

miss **perder (e:ie)** *v.* 4

mistaken **equivocado/a** *adj.* 5

modem **módem** *m.* 11

modern **moderno/a** *adj.*

mom **mamá** *f.* 3

Monday **lunes** *m., sing.* 2

money **dinero** *m.* 6

monitor **monitor** *m.* 11

monkey **mono** *m.* 13

month **mes** *m.* 5

monument **monumento** *m.* 4

moon **luna** *f.* 13

more **más** *adj.* 2

  more… than **más… que** 8

  more than (+ *number*) **más de (+ *number*)** 8

morning **mañana** *f.* 1

most, (the) **el/la/los/las más** 8

mother **madre** *f.* 3

mother-in-law **suegra** *f.* 3

motor **motor** *m.* 11

motorcycle **moto(cicleta)** *f.* 5

mountain **montaña** *f.* 4

mouse **ratón** *m.* 11

mouth **boca** *f.* 10

move (*to another house/city/country*) **mudarse** *v.* 12

movie **película** *f.* 4

  movie star **estrella** *f.* **de cine**

  movie theater **cine** *m.* 4

MP3 player **reproductor de MP3** *m.* 11

Mr. **señor (Sr.)** *m.* 1

Mrs. **señora (Sra.)** *f.* 1

much **mucho/a** *adj.* 2, 3

mug **taza** *f.* 12

municipal **municipal** *adj.*

murder **crimen** *m.*

muscle **músculo** *m.* 15

museum **museo** *m.* 4

mushroom **champiñón** *m.* 8

music **música** *f.*

musical **musical** *adj.*

musician **músico/a** *m., f.*

must: It must be . . . **Debe ser…** 6

my **mi(s)** *poss. adj.* 3; **mío(s)/a(s)** *poss. pron.* 11

N

name **nombre** *m.* 5

  in my name **a mi nombre** 5

  in the name of **a nombre de** 5

  last name **apellido** *m.* 9

  My name is… **Me llamo…** 1

  be named **llamarse** *v.* 7

napkin **servilleta** *f.* 12

national **nacional** *adj., m., f.*

nationality **nacionalidad** *f.* 1

natural **natural** *adj., m., f.* 13

  natural disaster **desastre** *m.* **natural**

  natural resource **recurso** *m.* **natural** 13

nature **naturaleza** *f.* 13

nauseated **mareado/a** *adj.* 10

near **cerca de** *prep.* 2

neaten **arreglar** *v.* 12

necessary **necesario/a** *adj.* 12

  It's necessary that… **Es necesario que…** 12; **Hay que…** 14

neck **cuello** *m.* 10

need **faltar** *v.* 7; **necesitar** *v.* 2, 12

negative **negativo/a** *adj.*

neighbor **vecino/a** *m., f.* 12

neighborhood **barrio** *m.* 12

neither… nor **ni… ni** *conj.* 7; neither **tampoco** *adv.* 7

nephew **sobrino** *m.* 3

nervous **nervioso/a** *adj.* 5

network **red** *f.* 11

never **nunca** *adv.* 7; **jamás** *adv.* 7

new **nuevo/a** *adj.* 6

newlywed **recién casado/a** *m., f.* 9

news **noticias** *f., pl.*; **actualidades** *f., pl.*

newscast **noticiero** *m.*

newspaper **periódico** *m.* 4; **diario** *m.*

  read a newspaper **leer un periódico** 4

next **próximo/a** *adj.* 16

next to **al lado de** 2

nice **simpático/a** *adj.* 3; **amable** *adj.* 5

niece **sobrina** *f.* 3

night **noche** *f.* 1

  night stand **mesita** *f.* **de noche** 12

nine **nueve** 1

nine hundred **novecientos/as** 6

nineteen **diecinueve** 1

ninety **noventa** 2

ninth **noveno/a** 5

no **no** 1; **ningún, ninguno/a(s)** *adj.* 7

  no one **nadie** *pron.* 7

  No problem. **Ningún problema.** 7

  no way **de ninguna manera**

none **ningún, ninguno/a(s)** *adj.* 7

noon **mediodía** *m.* 1

nor **ni** *conj.* 7

north **norte** *m.* 14

  to the north **al norte** 14

nose **nariz** *f.* 10

not **no** 1

  not any **ningún, ninguno/a(s)** *adj.* 7

  not anyone **nadie** *pron.* 7

  not anything **nada** *pron.* 7

  not bad at all **nada mal** 5

  not either **tampoco** *adv.* 7

  not ever **nunca** *adv.* 7; **jamás** *adv.* 7

  Not very well. **No muy bien.** 1

  not working **descompuesto/a** *adj.* 11

notebook **cuaderno** *m.* 1

nothing **nada** *pron.* 1; 7

noun **sustantivo** *m.*

November **noviembre** *m.* 5

now **ahora** *adv.*

nowadays **hoy día** *adv.*

nuclear energy **energía nuclear** 13

number **número** *m.* 1

nurse **enfermero/a** *m., f.* 10

nutrition **nutrición** *f.* 15

O

o'clock: It's… o'clock **Son las…** 1

  It's one o'clock. **Es la una.** 1

obey **obedecer (c:zc)** *v.*

obligation **deber** *m.*

obtain **conseguir (e:i)** *v.* 4; **obtener** *v.* 16

obvious **obvio** *adj.* 13

  it's obvious **es obvio** 13

occupation **ocupación** *f.* 16

occur **ocurrir** *v.*

ocean **mar** *m.* 5; **océano** *m.* 13

October **octubre** *m.* 5
of **de** *prep.* 1
   of course **claro que sí; por**
      supuesto
offer **oferta** *f.* 12; **ofrecer (c:zc)** *v.* 8
office **oficina** *f.* 12
   doctor's office **consultorio** *m.* 10
often **a menudo** *adv.* 10
Oh! **¡Ay!**
oil **aceite** *m.* 8
okay **regular** *adj.* 1
   It's okay. **Está bien.**
old **viejo/a** *adj.* 3; old age **vejez** *f.* 9
older **mayor** *adj., m., f.* 3
   older brother, sister **hermano/a**
      mayor *m., f.* 3
oldest **el/la mayor** 8
on **en** *prep.* 2; **sobre** *prep.* 2
   on behalf of **de parte de** *prep.* 11
   on the dot **en punto** *adv.* 1
   on time **a tiempo** *adv.* 10
   on top of **encima de** *prep.* 2
once **una vez** 6
once again **una vez más** 9
one **un, uno/a** 1
   one hundred **cien(to)** 2
   one million **un millón** 6
   one thousand **mil** 6
   one time **una vez** 6
   one way *(travel)* **ida** *f.*
onion **cebolla** *f.* 8
only **sólo** *adv.* 3; **único/a** *adj.* 3
   only child **hijo/a único/a** *m., f.* 3
open **abrir** *v.* 3; **abierto/a** *adj.* 5
open-air **al aire libre** 6
opened **abierto/a** *p.p.* 15
opera **ópera** *f.*
operation **operación** *f.* 10
opposite **en frente de** *prep.* 14
or **o** *conj.* 7
orange **anaranjado/a** *adj.* 6; **naranja**
   f. 8
orchestra **orquesta** *f.*
order **mandar** 12; *(food)* **pedir (e:i)** *v.* 8
   in order to **para** *prep.* 11
orderly **ordenado/a** *adj.* 5
ordinal *(numbers)* **ordinal** *adj.*
other **otro/a** *adj.* 6
our **nuestro(s)/a(s)** *poss. adj.* 3; *poss.*
   pron. 11
out of order **descompuesto/a** *adj.* 11
outside **fuera** *adv.*
outskirts **afueras** *f., pl.* 12
oven **horno** *m.* 12
over **sobre** *prep.* 2
own **propio/a** *adj.*
owner **dueño/a** *m., f.* 8

P

P.M. **tarde** *f.* 1
pack (one's suitcases) **hacer** *v.* **las**
   maletas 5
package **paquete** *m.* 14
page **página** *f.* 11
pain **dolor** *m.* 10
   have a pain in the (knee) **tener** *v.*
      dolor de (rodilla)
paint **pintar** *v.*
painter **pintor(a)** *m., f.* 16
painting **pintura** *f.* 12
pair **par** *m.* 6
   pair of shoes **par de zapatos** 6
pants **pantalones** *m., pl.* 6
pantyhose **medias** *f., pl.* 6
paper **papel** *m.* 2; *(report)* **informe** *m.*
   paper money **billete** *m.*
paragraph **párrafo** *m.*
Pardon me. *(May I?)* **Con permiso.** 1;
   (Excuse me.) Pardon me. **Perdón.** 1
parents **padres** *m., pl.* 3; **papás** *m.,*
   pl. 3
park **parque** *m.* 4; **estacionar** *v.* 11
partner *(one of a couple)* **pareja** *f.* 9
party **fiesta** *f.* 9
pass **pasar** *v.*
passed **pasado/a** *p.p.*
passenger **pasajero/a** *m., f.* 1
passport **pasaporte** *m.* 5
past **pasado/a** *adj.* 6
pastime **pasatiempo** *m.* 4
pastry shop **pastelería** *f.* 14
patient **paciente** *m., f.* 10
patio **patio** *m.* 12
pay **pagar** *v.* 6
   pay with **pagar con** 6
   pay in cash **pagar** *v.* **al contado** 14;
      pagar en efectivo
   pay in installments **pagar** *v.* **a plazos**
      14
   pay the bill **pagar** *v.* **la cuenta** 9
pea **arveja** *m.* 8
peace **paz** *f.*
peach **melocotón** *m.*
pear **pera** *f.*
pen **pluma** *f.* 2
pencil **lápiz** *m.* 1
penicillin **penicilina** *f.* 10
people **gente** *f.* 3
pepper **pimienta** *f.* 8
per **por** *prep.* 11
percent **por ciento**
perfect **perfecto/a** *adj.* 5
perhaps **quizás** *adv.*; **tal vez** *adv.*
periods **plazos** *m., pl.*
permission **permiso** *m.*
person **persona** *f.* 3
pharmacy **farmacia** *f.* 10
phenomenal **fenomenal** *adj.*
photograph **foto(grafía)** *f.* 1

physical *(exam)* **examen** *m.* **médico** 10
physician **médico/a** *m., f.* 3;
   doctor(a) *m., f.*
physics **física** *f., sing.* 2
pick up **recoger** *v.* 13
picture **foto** *f.* 5; **pintura** *f.*
pie **pastel** *m.*
pill (tablet) **pastilla** *f.* 10
pillow **almohada** *f.* 12
pineapple **piña** *f.* 8
pink **rosado/a** *adj.* 6
place **lugar** *m.* 4; **poner** *v.* 4
plaid **de cuadros** *adj.* 6
plan *(to do something)* **pensar** *v.*
   (+ inf.) 4
plane **avión** *m.* 5
plans **planes** *m., pl.* 4
   have plans **tener** *v.* **planes** 4
plant **planta** *f.* 13
plastic **plástico** *m.* 13
   (made of) plastic **de plástico** 13
plate **plato** *m.* 12
   platter of fried food **fuente** *f.*
      de fritada
play **drama** *m.*; **comedia** *f.*;
   jugar (u:ue) *v.* 4; *(a musical*
   instrument) **tocar** *v.*; *(a role)*
   hacer *v.* **el papel**; *(cards)* **jugar** *v.*
   a (las cartas); *(sports)* **practicar** *v.*
   deportes 4
player **jugador(a)** *m., f.* 4
playwright **dramaturgo/a** *m., f.*
plead **rogar (o:ue)** *v.* 12
pleasant **agradable** *adj.*
Please. **Por favor.** 1
Pleased to meet you. **Mucho gusto.** 1;
   Encantado/a. *adj.* 1
pleasing: be pleasing to **gustar** *v.* 7
pleasure **gusto** *m.* 1; **placer** *m.* 15
   It's a pleasure to… **Gusto de (+**
      inf.)
   It's been a pleasure. **Ha sido un**
      placer. 15
   The pleasure is mine. **El gusto**
      es mío. 1
poem **poema** *m.*
poet **poeta** *m., f.* 16
poetry **poesía** *f.*
police (force) **policía** *f.* 11
   police officer **policía** *m.*, **mujer** *f.*
      policía 11
political **político/a** *adj.*
politician **político/a** *m., f.* 16
politics **política** *f.*
polka-dotted **de lunares** *adj.* 6
poll **encuesta** *f.*
pollute **contaminar** *v.* 13
polluted **contaminado/a** *adj.* 13
   be polluted **estar contaminado/a**
      13
pollution **contaminación** *f.* 13
pool **piscina** *f.* 4

poor **pobre** *adj.* 6
population **población** *f.* 13
pork **cerdo** *m.* 8
   pork chop **chuleta** *f.* **de cerdo** 8
portable **portátil** *adj.* 11
   portable computer **computadora**
     f. **portátil**
position **puesto** *m.* 16
possessive **posesivo/a** *adj.* 3
possible **posible** *adj.* 13
   it's (not) possible **(no) es posible** 13
post office **correo** *m.* 14
postcard **postal** *f.* 4; **tarjeta** *f.* **postal** 4
poster **cartel** *m.*
potato **papa** *f.* 8; **patata** *f.* 8
pottery **cerámica** *f.*
practice **entrenarse** *v.* 15;
   practicar *v.* 2
prefer **preferir (e:ie)** *v.* 4, 12
pregnant **embarazada** *adj. f.* 10
prepare **preparar** *v.* 2
preposition **preposición** *f.*
prescribe (*medicine*) **recetar** *v.* 10
prescription **receta** *f.* 10
present **regalo** *m.*; **presentar** *v.*
press **prensa** *f.*
pressure: be under a lot of pressure
   sufrir *v.* **muchas presiones** 15
pretty **bonito/a** *adj.* 3; **bastante** *adv.*
price **precio** *m.* 6
   fixed price **precio** *m.* **fijo** 6
print **estampado/a** *adj.*; **imprimir** *v.*
   11
printer **impresora** *f.* 11
private (*room*) **individual** *adj.* 5
prize **premio** *m.*
probable **probable** *adj.* 13
   it's (not) probable **(no) es**
     probable 13
problem **problema** *m.* 1
profession **profesión** *f.* 3, 16
professor **profesor(a)** *m., f.* 2
program **programa** *m.* 1
programmer **programador(a)** *m., f.* 3
prohibit **prohibir** *v.* 10, 12
promotion (*career*) **ascenso** *m.* 16
pronoun **pronombre** *m.*
protect **proteger** *v.* 13
protein **proteína** *f.* 15
provided that **con tal (de) que** *conj.* 13
psychologist **psicólogo/a** *m., f.* 16
psychology **psicología** *f.* 2
publish **publicar** *v.*
Puerto Rican **puertorriqueño/a** *adj.* 3
Puerto Rico **Puerto Rico** *m.* 1
pull a tooth **sacar** *v.* **una muela**
purchases **compras** *f., pl.*
pure **puro/a** *adj.* 13
purple **morado/a** *adj.* 6
purse **bolsa** *f.* 6
put **poner** *v.* 4; **puesto/a** *p.p.* 15
   put a letter in the mailbox **echar** *v.*
     una carta al buzón 14

put on (*a performance*) **presentar** *v.*
put on (*clothing*) **ponerse** *v.* 7
put on makeup **maquillarse** *v.* 7

Q

quality **calidad** *f.* 6
quarter **trimestre** *m.* 2
   quarter after (*time*) **y cuarto** 1;
     y quince 1
   quarter to (*time*) **menos cuarto** 1;
     menos quince 1
question **pregunta** *f.*
quickly **rápido** *adv.*
quiet **tranquilo/a** *adj.* 15
quit **dejar** *v.* 16
quite **bastante** *adv.* 10
quiz **prueba** *f.* 2

R

racism **racismo** *m.*
radio (*medium*) **radio** *f.*;
   radio (*set*) **radio** *m.* 11
rain **llover (o:ue)** *v.* 5
   It's raining. **Llueve.** 5
raincoat **impermeable** *m.* 6
rainforest **bosque** *m.* **tropical** 13
raise (*salary*) **aumento** *v.* **de sueldo**
   16
read **leer** *v.* 3; **leído/a** *p.p.* 15
ready **listo/a** *adj.* 15
real estate agency **agencia** *f.* **de**
   bienes raíces 12
reap the benefits (of) **disfrutar** *v.* **(de)**
   15
reason **razón** *f.* 3
receive **recibir** *v.* 3
recommend **recomendar (e:ie)** *v.* 8,
   12
recycle **reciclar** *v.* 13
recycling **reciclaje** *m.* 13
red **rojo/a** *adj.* 6
red-haired **pelirrojo/a** *adj.* 3
reduce **reducir** *v.* 13
   reduce stress/tension **aliviar** *v.* **el**
     estrés/la tensión
refrigerator **refrigerador** *m.* 12
region **región** *f.* 13
regret **sentir (e:ie)** *v.* 13
related to sitting **sedentario/a** *adj.*
relationships **relaciones** *f., pl.*
relatives **parientes** *m., pl.* 3
relax **relajarse** *v.* 9
relieve stress/tension **aliviar el**
   estrés/la tensión 15
remain **quedarse** *v.* 7
remember **recordar (o:ue)** *v.* 4;
   acordarse (o:ue) *v.* **(de)** 7
remote control **control** *m.* **remoto** 11
renewable **renovable** *adj.* 13
rent **alquilar** *v.* 12; **alquiler** *m.* 12

repeat **repetir (e:i)** *v.* 4
report **informe** *m.*; **reportaje** *m.*
reporter **reportero/a** *m., f.* 16
representative **representante** *m., f.*
request **pedir (e:i)** *v.* 4
reservation **reservación** *f.* 5
resign (from) **renunciar (a)** *v.* 16
resolve **resolver (o:ue)** *v.* 13
resolved **resuelto/a** *p.p.* 15
resource **recurso** *m.* 13
responsibility **deber** *v.*
rest **descansar** *v.* 2
   the rest **lo/los/las demás** *pron.*
restaurant **restaurante** *m.* 4
résumé **currículum** *m.* 16
retire (from work) **jubilarse** *v.* 9
return **regresar** *v.* 2; **volver (o:ue)** *v.* 4
   return trip **vuelta** *f.*
returned **vuelto/a** *p.p.* 15
rice **arroz** *m.* 8
rich **rico/a** *adj.* 6
ride **pasear** *v.* 4
   ride a bicycle **pasear en bicicleta** 4
   ride a horse **montar a caballo** 5
ridiculous **ridículo/a** *adj.* 13
   it's ridiculous **es ridículo** 13
right **derecha** *f.* 2
   right away **enseguida** *adv.* 9
   right here **aquí mismo** 11
   right now **ahora mismo** 5
   right there **allí mismo** 14
   be right **tener** *v.* **razón** 3
   to the right of **a la derecha de** 2
   right? (*question tag*) **¿no?** 1;
     ¿verdad? 1
rights **derechos** *m., pl.*
ring (*a doorbell*) **sonar (o:ue)** *v.* 11
river **río** *m.* 13
road **camino** *m.*
roast chicken **pollo** *m.* **asado** 8
roasted **asado/a** *adj.* 8
rock **piedra** *f.* 13
role **papel** *m.*
rollerblade **patinar** *v.* **en línea**
romantic **romántico/a** *adj.*
room **habitación** *f.* 5; **cuarto** *m.*;
   (*large, living*) **sala** *f.*
roommate **compañero/a** *m., f.*
   de cuarto 2
round-trip **de ida y vuelta** 5
   round-trip ticket **pasaje** *m.* **de**
     ida y vuelta 5
route **camino** *m.* 11
routine **rutina** *f.* 7
rug **alfombra** *f.* 12
run **correr** *v.* 3
   run errands **hacer diligencias** 14
   run into (*have an accident*)
     chocar *v.* **(con)** 11; (*meet*
     accidentally) **darse con** *v.*
rush **apurarse; darse prisa** *v.* 15
Russian **ruso/a** *adj.*

S

sad **triste** *adj.* 5
  it's sad **es triste** 13
safe **seguro/a** *adj.* 5
said **dicho/a** *p.p.* 15
sake: for the sake of **por** *prep.*
salad **ensalada** *f.* 8
salary **salario** *m.* 16; **sueldo** *m.* 16
sale **rebaja** *f.* 6
salesperson **vendedor(a)** *m., f.* 6
salmon **salmón** *m.* 8
salt **sal** *f.* 8
salty **salado/a** *adj.* 8
same **mismo/a** *adj.* 3
sandal **sandalia** *f.* 6
sandwich **sándwich** *m.* 8
Saturday **sábado** *m.* 2
sausage **salchicha** *f.* 8
save (*on a computer*) **guardar** *v.* 11;
  save (*money*) **ahorrar** *v.* 14
savings **ahorros** *m., pl.* 14
  savings account **cuenta** *f.* **de
    ahorros** 14
say **decir** *v.* 6; **declarar** *v.*
scarcely **apenas** *adv.* 10
scared: be (very) scared **tener** *v.*
  (mucho) miedo 3
schedule **horario** *m.* 2
school **escuela** *f.* 1
science **ciencia** *f.*
  science fiction **ciencia ficción** *f.*
scientist **científico/a** *m., f.* 16
scream **gritar** *v.*
screen **pantalla** *f.* 11
scuba dive **bucear** *v.* 4
sculpt **esculpir** *v.*
sculptor **escultor(a)** *m., f.* 16
sculpture **escultura** *f.*
sea **mar** *m.* 5; **océano** *m.*
seafood **mariscos** *m., pl.* 8
search: in search of **por** *prep.* 11
season **estación** *f.* 5
seat **silla** *f.*
second **segundo/a** *adj.* 5
secretary **secretario/a** *m., f.* 16
sedentary **sedentario/a** *adj.* 15
see **ver** *v.* 4
  see (you) again **volver** *v.* **a
    ver(te, lo, la)**
  see movies **ver películas** 4
  See you. **Nos vemos.** 1
  See you later. **Hasta la vista.** 1;
    Hasta luego. 1
  See you soon. **Hasta pronto.** 1
  See you tomorrow. **Hasta
    mañana.** 1
seem **parecer** *v.* 8
seen **visto/a** *p.p.* 15
sell **vender** *v.* 6
semester **semestre** *m.* 2
send **enviar** *v.*; **mandar** *v.* 14
separate (from) **separarse** *v.* **(de)** 9

separated **separado/a** *adj.* 9
September **septiembre** *m.* 5
sequence **secuencia** *f.*
serious **grave** *adj.* 10
  extremely serious **gravísimo/a**
    adj. 13
serve **servir (e:i)** *v.* 8
set (*fixed*) **fijo** *adj.* 6
  set the table **poner** *v.* **la mesa** 12
seven **siete** 1
seven hundred **setecientos/as** 6
seventeen **diecisiete** 1
seventh **séptimo/a** *adj.* 5
seventy **setenta** 2
several **varios/as** *adj., pl.* 8
sexism **sexismo** *m.*
shame **lástima** *f.* 13
  It's a shame. **Es una lástima.** 13
shampoo **champú** *m.* 7
shape **forma** *f.* 15
  be in good shape **estar en
    buena forma** 15
share **compartir** *v.* 3
sharp (*time*) **en punto** 1
shave **afeitarse** *v.* 7
shaving cream **crema** *f.* **de afeitar** 7
she **ella** *sub. pron.* 1
  she is **ella es** 1
shellfish **mariscos** *m., pl.*
ship **barco** *m.*
shirt **camisa** *f.* 6
shoe **zapato** *m.* 6
  pair of shoes **par de zapatos** 6
  shoe size **número** *m.* **de zapato** 6
  shoe store **zapatería** *f.* 14
  tennis shoes **zapatos** *m., pl.* **de
    tenis**
shop **tienda** *f.* 6
shopping, to go **ir** *v.* **de compras** 6
  shopping mall **centro** *m.* **comercial**
    6
short (*in height*) **bajo/a** *adj.* 3; (*in
  length*) **corto/a** *adj.* 6
short story **cuento** *m.*
shorts **pantalones cortos** *m., pl.* 6
should (*do something*) **deber** *v.*
  (+ *inf.*) 3
show **mostrar (o:ue)** *v.* 4; **espectáculo**
  m.
shower **ducha** *f.*; **ducharse** *v.* 7;
  bañarse *v.*
shrimp **camarón** *m.* 8
siblings **hermanos** *m., pl.* 3
sick **mal, malo/a** 5; **enfermo/a** *adj.*
  10
  be sick **estar enfermo/a** 10
  get sick **enfermarse** *v.* 10
sickness **enfermedad** *f.* 10
sightseeing: go sightseeing **hacer** *v.*
  turismo 5
sign **firmar** *v.* 14; **letrero** *m.* 14
silk **seda** *f.* 6; (made of) **de seda** 6
silly **tonto/a** *adj.* 3
silverware **cubierto** *m.*

similar **similar** *adj. m., f.*
since **desde** *prep.*
sing **cantar** *v.* 2
singer **cantante** *m., f.* 16
single **soltero/a** *adj.* 9
  single room **habitación** *f.*
    individual 5
sink **lavabo** *m.*
sir **señor (Sr.)** *m.* 1
sister **hermana** *f.* 3
sister-in-law **cuñada** *f.* 3
sit down **sentarse (e:ie)** *v.* 7
six **seis** 1
six hundred **seiscientos/as** 6
sixteen **dieciséis** 1
sixth **sexto/a** *adj.* 5
sixty **sesenta** 2
size **talla** *f.* 6
  shoe size **número** *m.* **de zapato** 6
skate (in-line) **patinar** *v.* **(en línea)** 4
ski **esquiar** *v.* 4
skiing **esquí** *m.* 4
  water-skiing **esquí acuático** 4
skirt **falda** *f.* 6
sky **cielo** *m.* 13
sleep **dormir (o:ue)** *v.* 4; **sueño** *m.* 3
  go to sleep **dormirse (o:ue)** *v.* 7
sleepy: be (very) sleepy **tener** *v.*
  (mucho) sueño 3
slender **delgado/a** *adj.* 3
slim down **adelgazar** *v.* 15
slow **lento/a** *adj.* 11
slowly **despacio** *adv.*
small **pequeño/a** *adj.* 3
smaller **menor** *adj.* 8
smallest, (the) **el/la menor** *m., f.* 8
smart **listo/a** *adj.* 5
smile **sonreír (e:i)** *v.* 9
smiled **sonreído** *p.p.* 15
smoggy: It's (very) smoggy. **Hay
  (mucha) contaminación.**
smoke **fumar** *v.* 15
  not to smoke **no fumar** *v.* 15
smoking section **sección** *f.* **de
  fumadores** 8
  (non) smoking section **sección
    de (no) fumadores** 8
snack (in the afternoon) **merendar**
  v. 15; (afternoon snack) **merienda**
  f. 15
  have a snack **merendar** *v.* 15
sneakers **zapatos de tenis** 6
sneeze **estornudar** *v.* 10
snow **nevar (e:ie)** *v.* 5; **nieve** *f.*
snowing: It's snowing. **Nieva.** 5
so (*in such a way*) **así** *adv.* 10; **tan**
  adv. 5
  so much **tanto** *adv.*
  so-so **regular** 1; **así así**
  so that **para que** *conj.* 13
soap **jabón** *m.* 7
  soap opera **telenovela** *f.*
soccer **fútbol** *m.* 4
sociology **sociología** *f.* 2

sock **calcetín** *m.* 6
sofa **sofá** *m.* 12
soft drink **refresco** *m.* 8
software **programa** *m.* **de
    computación** 11
soil **tierra** *f.* 13
solar energy **energía solar** 13
solution **solución** *f.* 13
solve **resolver (o:ue)** *v.* 13
some **algún, alguno/a(s)** *adj.* 7; **unos/
    as** *pron.* 1; **unos/as** *m., f., pl. indef.
    art.* 1
somebody **alguien** *pron.*
someone **alguien** *pron.* 7
something **algo** *pron.* 7
sometimes **a veces** *adv.* 10
son **hijo** *m.* 3
song **canción** *f.*
son-in-law **yerno** *m.* 3
soon **pronto** *adj.* 10
    See you soon. **Hasta pronto.** 1
sorry: be sorry **sentir (e:ie)** *v.* 13
    I'm sorry. **Lo siento.** 1
    I'm so sorry. **Mil perdones.;
        Lo siento muchísimo.** 4
soup **caldo** *m.* 8; **sopa** *f.* 8
sour **agrio/a** *adj.* 8
south **sur** *m.* 14
    to the south **al sur** 14
Spain **España** *f.* 1
Spanish (*language*) **español** *m.* 2;
    español(a) *adj.; m., f.* 3
spare time **ratos** *m., pl.* **libres** 4
speak **hablar** *v.* 2
specialization **especialización** *f.*
spectacular **espectacular** *adj.* 15
speech **discurso** *m.*
speed **velocidad** *f.* 11
    speed limit **velocidad máxima** 11
spelling **ortográfico/a** *adj.*
spend (*money*) **gastar** *v.* 6
    spend time **pasar** *v.* **el tiempo** 4
spicy **picante** *adj.* 8
spoon (*table or large*) **cuchara** *f.* 12
sport **deporte** *m.* 4
    sports-loving **deportivo/a** *adj.*
    sports-related **deportivo/a** *adj.* 4
spouse **esposo/a** *m., f.* 3
sprain (*one's ankle*) **torcerse** *v.*
    (el tobillo) 10
sprained **torcido/a** *adj.* 10
    be sprained **estar** *v.* **torcido/a** 10
spring **primavera** *f.* 5
stadium **estadio** *m.* 2
stage **etapa** *f.* 9
stairs **escalera** *f.* 12
stairway **escalera** *f.* 12
stamp **estampilla** *f.* 14; **sello** *m.* 14
stand in line **hacer** *v.* **cola** 14
star **estrella** *f.* 13
start (*a vehicle*) **arrancar** *v.* 11
state **estado** *m.*
station **estación** *f.* 5
statue **estatua** *f.*

status: marital status **estado** *m.* **civil** 9
stay **quedarse** *v.* 7
    Stay calm! **¡Tranquilo/a!** *adj.*
    stay in shape **mantenerse** *v.* **en
        forma** 15
steak **bistec** *m.* 8
steering wheel **volante** *m.* 11
step **etapa** *f.*
stepbrother **hermanastro** *m.* 3
stepdaughter **hijastra** *f.* 3
stepfather **padrastro** *m.* 3
stepmother **madrastra** *f.* 3
stepsister **hermanastra** *f.* 3
stepson **hijastro** *m.* 3
stereo **estéreo** *m.* 11
still **todavía** *adv.* 5
stock broker **corredor(a)** *m., f.* **de
    bolsa** 16
stockings **medias** *f., pl.* 6
stomach **estómago** *m.* 10
stone **piedra** *f.* 13
stop **parar** *v.* 11
    stop (*doing something*) **dejar** *v.* **de
        (+ *inf.*)** 13
store **tienda** *f.* 6
storm **tormenta** *f.*
story **cuento** *m.;* **historia** *f.*
stove **estufa** *f.* 12
straight **derecho** *adj.* 14
    straight ahead **(todo) derecho** 14
straighten up **arreglar** *v.* 12
strange **extraño/a** *adj.* 13
    It's strange… **Es extraño…** 13
strawberry **frutilla** *f.;* **fresa** *f.* 8
street **calle** *f.* 11
stress **estrés** *m.* 15
stretching **estiramiento** *m.* 15
    stretching exercises **ejercicios**
        m., pl. **de estiramiento** 15
strike (*labor*) **huelga** *f.*
stripe **raya** *f.* 6
    striped **de rayas** *adj.* 6
stroll **pasear** *v.* 4
strong **fuerte** *adj.* 15
struggle (for) **luchar** *v.* **(por)**
student **estudiante** *m., f.* 1;
    estudiantil *adj.*
study **estudiar** *v.* 2
stuffed up (*sinuses*) **congestionado/a**
    adj. 10
stupendous **estupendo/a** *adj.* 5
style **estilo** *m.*
suburbs **afueras** *f., pl.* 12
subway **metro** *m.* 5
    subway station **estación** *f.* **del
        metro** 5
success **éxito** *m.* 16
successful: be successful **tener** *v.* **éxito**
    16
such as **tales como**
suddenly **de repente** *adv.* 6
suffer **sufrir** *v.* 13
    suffer from an illness **sufrir una
        enfermedad** 13

sufficient **bastante** *adj.*
sugar **azúcar** *m.* 8
suggest **sugerir (e:ie)** *v.* 12
suit **traje** *m.* 6
suitcase **maleta** *f.* 1
summer **verano** *m.* 5
sun **sol** *m.* 4, 13
sunbathe **tomar** *v.* **el sol** 4
Sunday **domingo** *m.* 2
sunglasses **gafas** *f., pl.* **de sol** 6; **gafas
    oscuras** 14; **lentes** *m., pl.* **de sol**
sunny: It's (very) sunny. **Hace (mucho)
    sol.** 5
supermarket **supermercado** *m.* 14
suppose **suponer** *v.* 4
sure **seguro/a** *adj.* 5
    be sure (of) **estar** *v.* **seguro/a (de)**
        5, 13
surf the Internet **navegar** *v.* **en Internet**
    11
surprise **sorprender** *v.* 9; **sorpresa** *f.* 9
survey **encuesta** *f.*
sweat **sudar** *v.* 15
sweater **suéter** *m.* 6
sweep the floor **barrer** *v.* **el suelo** 12
sweet **dulce** *adj.* 8
sweets **dulces** *m., pl.* 9
swim **nadar** *v.* 4
swimming **natación** *f.* 4
    swimming pool **piscina** *f.* 4
symptom **síntoma** *m.* 10

T

table **mesa** *f.* 2
tablespoon **cuchara** *f.* 12
tablet (*pill*) **pastilla** *f.* 10
take **tomar** *v.* 2, 8; **llevar** *v.*
    Take care! **¡Cuídense!** 15
    take care of **cuidar** *v.* 13
    take (someone's) temperature
        tomar(le) *v.* **la temperatura
        (a alguien)** 10
    take (*wear*) a shoe size **calzar** *v.* 6
    take a bath **bañarse** *v.* 7
    take a shower **ducharse** *v.* 7
    take into account **tomar** *v.* **en
        cuenta**
    take off **quitarse** *v.* 7
    take out the trash **sacar** *v.* **la basura**
        12
    take pictures **sacar** *v.* **fotos** 5;
        tomar fotos 13
talented **talentoso/a** *adj.*
talk **hablar** *v.* 2; **conversar** *v.* 2
    talk show **programa** *m.* **de
        entrevistas**
tall **alto/a** *adj.* 3
tank **tanque** *m.* 11
tape (*audio*) **cinta** *f.*
    tape recorder **grabadora** *f.* 1
taste **probar (o:ue)** *v.* 8
tasty **rico/a** *adj.* 8; **sabroso/a** *adj.* 8

tax **impuesto** *m.*

taxi(cab) **taxi** *m.* 5

tea **té** *m.* 8

teach **enseñar** *v.* 2

teacher **profesor(a)** *m., f.* 1;
(*elementary school*) **maestro/a** *m.,
f.* 16

team **equipo** *m.* 4

technician **técnico/a** *m., f.* 16

telecommuting **teletrabajo** *m.* 16

teleconference **videoconferencia** *f.*

telephone **teléfono** *m.* 11
cellular telephone **teléfono celular**
11

television **televisión** *f.* 11
television set **televisor** *m.* 11

tell **decir** *v.* 6

temperature **temperatura** *f.* 10

ten **diez** 1

tennis **tenis** *m.* 4
tennis shoes **zapatos** *m., pl.* **de
tenis**

tension **tensión** *f.* 15

tent **tienda** *f.* **de campaña** 5

tenth **décimo/a** *adj.* 5

terrible **terrible** *adj. m., f.* 13
it's terrible **es terrible** 13

terrific **chévere** *adj.*

test **prueba** *f.* 2; **examen** *m.* 2

text message **mensaje de texto** *m.* 11

Thank you. **Gracias.** *f., pl.* 1
Thank you (very much).
(Muchas) gracias. 1
Thank you very, very much.
Muchísimas gracias. 9
Thanks (a lot). **(Muchas) gracias.** 1
Thanks for everything. **Gracias
por todo.** 9
Thanks once again. **Gracias una
vez más.** 9

that **que; quien(es); lo que** *rel. pron.* 9
that (one) **ése, ésa, eso** *pron.* 6;
ese, esa, *adj.* 6
that (*over there*) **aquél, aquélla,
aquello** *pron.* 6;
aquel, aquella *adj.* 6
that which **lo que** *conj.* 9
That's me. **Soy yo.** 1
that's why **por eso** 11

the **el** *m.,* **la** *f. sing., def. art.;* **los** *m.,*
las *f. pl., def. art.* 1

theater **teatro** *m.*

their **su(s)** *poss., adj.* 3; **suyo(s)/a(s)**
poss., pron. 11

them **los/las** *pron.* 5; **les** *pron.* 6

then **después** (*afterward*) *adv.* 7;
entonces (*as a result*) *adv.* 7;
luego (*next*) *adv.* 7; **pues** *adv.* 15

there **allí** *adv.* 5
There is/are… **Hay…** 1;
There is/are not… **No hay…** 1

therefore **por eso** *adv.* 11

these **éstos, éstas** *pron.* 6;
estos, estas *adj.* 6

they **ellos/as** *sub. pron.* 1
they are **ellos/as son** 1

thin **delgado/a** *adj.* 3

thing **cosa** *f.* 1

think **pensar (e:ie)** *v.* 4; (*believe*)
creer *v.* think about **pensar en** 4

third **tercer, tercero/a** *adj.* 5

thirst **sed** *f.* 3

thirsty: be (very) thirsty **tener** *v.*
(mucha) sed 3

thirteen **trece** 1

thirty **treinta** 1; thirty (*minutes past
the hour*) **y treinta** 1; **y media** 1

this **este, esta** *adj.;*
éste, ésta, esto *pron.* 6
This is… (*introduction*) **Éste/a
es…** 1
This is he/she. (*on telephone*)
Con él/ella habla. 11

those **ésos, ésas** *pron.* 6;
esos, esas *adj.* 6

those (*over there*) **aquéllos, aquéllas**
pron. 6; **aquellos, aquellas** *adj.* 6

thousand **mil** *m.* 6

three **tres** 1

three hundred **trescientos/as** 6

throat **garganta** *f.* 10

through **por** *prep.* 11

throughout: throughout the world **en
todo el mundo** 13

throw **echar** *v.*

Thursday **jueves** *m., sing.* 2

thus (*in such a way*) **así** *adj.*

ticket **boleto** *m.;* **entrada** *f.;* **pasaje** *m.*
5; (*traffic*) **multa** *f.* 11

tie **corbata** *f.* 6

time **vez** *f.* 6; **tiempo** *m.* 4
buy on time **comprar** *v.* **a plazos** *m.,
pl.* have a good/bad time **pasar
lo** *v.* **bien/mal** 9
We had a great time. **Lo
pasamos de película.**

times **veces** *f., pl.*
many times **muchas veces** 10

tip **propina** *f.* 9

tire **llanta** *f.* 11

tired **cansado/a** *adj.* 5
be tired **estar** *v.* **cansado/a** 5

title **título** *m.*

to **a** *prep.* 1

toast (*drink*) **brindar** *v.* 9
toast **pan** *m.* **tostado**

toasted **tostado/a** *adj.* 8

toaster **tostadora** *f.*

today **hoy** *adv.* 2
Today is . . . **Hoy es…** 2, 5

together **juntos/as** *adj.* 9

tomato **tomate** *m.* 8

tomorrow **mañana** *adv.* 1
See you tomorrow. **Hasta mañana.** 1

tonight **esta noche** *adv.* 4

too **también** *adv.* 2; 7
too much **demasiado** *adv.* 6;
en exceso 15

tooth **diente** *m.* 7; tooth **muela** *f.* 10

tornado **tornado** *m.*

tortilla **tortilla** *f.* 8

touch **tocar** *v.* 13

tour an area **recorrer** *v.;* **excursión** *f.*
go on a tour **hacer** *v.* **una
excursión** 5

tourism **turismo** *m.* 5

tourist **turista** *m., f.* 1; **turístico/a** *adj.*

toward **para** *prep.* 11; **hacia** *prep.* 14

towel **toalla** *f.* 7

town **pueblo** *m.* 4

trade **oficio** *m.* 16

traffic **circulación** *f.;* **tráfico** *m.* 11
traffic light **semáforo** *m.* 11

tragedy **tragedia** *f.*

trail **sendero** *m.* 13
trailhead **sendero** *m.*

train **entrenarse** *v.* 15; **tren** *m.* 5
train station **estación** *f.* **del tren**
m. 5

translate **traducir** *v.* 8

trash **basura** *f.* 12

travel **viajar** *v.* 2
travel agency **agencia** *f.* **de viajes** 5
travel agent **agente** *m., f.* **de
viajes** 5
travel documents **documentos**
m., pl. **de viaje**

traveler **viajero/a** *m., f.* 5
traveler's check **cheque** *m.* **de
viajero** 14

treat (*entertain*) **invitar** *v.* 9

tree **árbol** *m.* 13

trillion **billón** 6

trimester **trimestre** *m.* 2

trip **viaje** *m.* 5
take a trip **hacer** *v.* **un viaje** 5

tropical forest **bosque** *m.* **tropical** 13

truck **camión** *m.*

true **cierto/a; verdad** *adj.* 13
it's (not) true **(no) es cierto/verdad**
13

trunk **baúl** *m.* 11

truth **verdad** *f.* 6

try **intentar** *v.;* **probar (o:ue)** *v.* 8
try (*to do something*) **tratar** *v.* **de
(+ inf.)** 15
try on **probarse (o:ue)** *v.* 7

t-shirt **camiseta** *f.* 6

Tuesday **martes** *m., sing.* 2

tuna **atún** *m.* 8

turkey **pavo** *m.* 8

turn **doblar** *v.* 14
turn off (*electricity/appliance*)
apagar *v.* 11
turn on (*electricity/appliance*)
poner *v.* 11; **prender** *v.* 11

turtle **tortuga** *f.* 13
marine turtle **tortuga marina** 13

twelve **doce** 1

twenty **veinte** 1

twenty-eight **veintiocho** 1

twenty-five **veinticinco** 1

twenty-four **veinticuatro** 1
twenty-nine **veintinueve** 1
twenty-one **veintiún, veintiuno/a** 1
twenty-seven **veintisiete** 1
twenty-six **veintiséis** 1
twenty-three **veintitrés** 1
twenty-two **veintidós** 1
twice **dos veces** 6
twisted **torcido/a** adj. 10
  be twisted **estar** v. **torcido/a** 10
two **dos** 1
two hundred **doscientos/as** 6
  two times **dos veces** 6

U

ugly **feo/a** adj. 3
uncle **tío** m. 3
under **debajo de** prep. 2; **bajo** prep.
understand **comprender** v. 3;
  entender (e:ie) v. 4
underwear **ropa** f. **interior** 6
unemployment **desempleo** m.
United States **Estados Unidos** m., pl. 1
university **universidad** f. 2
unless **a menos que** adv. 13
unmarried **soltero/a** adj. 9
unpleasant **antipático/a** adj. 3
until **hasta** prep. 6; **hasta que** conj. 13
up **arriba** adv.
urgent **urgente** adj. 12
  It's urgent that... **Es urgente que...** 12
us **nos** pron. 5
use **usar** v. 6
used for **para** prep. 11
useful **útil** adj.

V

vacation **vacaciones** f., pl. 5
  be on vacation **estar** v. **de vacaciones** 5
  go on vacation **ir** v. **de vacaciones** 5
vacuum **pasar** v. **la aspiradora** 12
  vacuum cleaner **aspiradora** f. 12
valley **valle** m. 13
various **varios/as** adj., pl.
VCR **videocasetera** f. 11
vegetables **verduras** f., pl. 8
verb **verbo** m.
very **muy** adv. 1
  very bad **malísimo** 8
  very much **muchísimo** adv. 2
  Very good, thank you. **Muy bien, gracias.**
  (Very) well, thanks. **(Muy) bien, gracias.** 1
vest **chaleco** m.
video **video** m. 1
  videocassette **videocasete** m. 11
  video conference **videoconferencia** f. 16

videocamera **cámara** f. **de video** 11
vinegar **vinagre** m. 8
violence **violencia** f.
visit **visitar** v. 4
  visit a monument **visitar un monumento** 4
vitamin **vitamina** f. 15
volcano **volcán** m. 13
volleyball **vóleibol** m. 4
vote **votar** v.

W

wait (for) **esperar** v. 2
waiter **camarero/a** m., f. 8
wake up **despertarse (e:ie)** v. 7
walk **caminar** v. 2
  take a walk **pasear** v. 4
  walk around the city/town **pasear por la ciudad/el pueblo** 4
Walkman **walkman** m.
wall **pared** f. 12
wallet **cartera** f. 6
want **desear** v. 2; **querer (e:ie)** v. 4, 12
  I don't want to **no quiero** 4
war **guerra** f.
warm (oneself) up **calentarse** v. 15
wash **lavar** v. 12
  wash one's face/hands **lavarse** v. **la cara/las manos** 7
  wash oneself **lavarse** 7
washing machine **lavadora** f. 12
watch **mirar** v. 2; **reloj** m. 2
  watch television **mirar (la) televisión** 2
water **agua** f. 8
  water pollution **contaminación del agua** 13
  water-skiing **esquí** m. **acuático** 4
way **manera** f.
we **nosotros/as** sub. pron. 1
  we are **nosotros/as somos** 1
weak **débil** adj. 15
wear **llevar** v. 6; **usar** v. 6; **calzar** v. (shoes) 6
weather **tiempo** m. 5
  It's bad weather. **Hace mal tiempo.** 5
  It's nice weather. **Hace buen tiempo.** 5
weaving **tejido** m.
Web **red** f. 11
website **sitio** m. **web** 11
wedding **boda** f. 9
Wednesday **miércoles** m., sing. 2
week **semana** f. 2
weekend **fin** m. **de semana** 4
weight **peso** m. 15
  lift weights **levantar** v. **pesas** f., pl. 15
Welcome! **¡Bienvenido(s)/a(s)!** adj. 12
well **pues** adv. 2; **bueno** adv. 2
well-being **bienestar** m. 15

well organized **ordenado/a** adj.
west **oeste** m. 14
  to the west **al oeste** 14
western (genre) **de vaqueros** adj.
whale **ballena** f. 13
what **lo que** 9
  what? **¿qué?** adj., pron. 1, 9; **¿cuál(es)?** 9
  At what time...? **¿A qué hora...?** 1
  What a... ! **¡Qué...!**
  What a pleasure to . . . ! **¡Qué gusto (+ inf.)...**
  What a surprise! **¡Qué sorpresa!**
  What day is it? **¿Qué día es hoy?**
  What did he/she do? **¿Qué hizo él/ella?** 6
  What did they do? **¿Qué hicieron ellos/ellas?** 6
  What did you do? **¿Qué hiciste?** fam., sing.; **¿Qué hizo usted?** form., sing.; **¿Qué hicieron ustedes?** form., pl. 6
  What did you say? **¿Cómo?**
  What do you guys think? **¿Qué les parece?** 9
  What happened? **¿Qué pasó?** 11
  What is it? **¿Qué es?** 1
  What is the date (today)? **¿Cuál es la fecha (de hoy)?**
  What is the price? **¿Qué precio tiene?**
  What is today's date? **¿Cuál es la fecha de hoy?** 5
  What pain! **¡Qué dolor!**
  What pretty clothes! **¡Qué ropa más bonita!** 6
  What size do you wear? **¿Qué talla lleva (usa)?** 6
  What time is it? **¿Qué hora es?** 1
  What's going on? **¿Qué pasa?** 1
  What's happening? **¿Qué pasa?** 1
  What's... like? **¿Cómo es...?** 3
  What's new? **¿Qué hay de nuevo?** 1
  What's the weather like? **¿Qué tiempo hace?** 5
  What's wrong? **¿Qué pasó?**
  What's your name? **¿Cómo se llama usted?** form. 1
  What's your name? **¿Cómo te llamas (tú)?** fam. 1
when **cuando** conj. 7
  When? **¿Cuándo?** 2, 9
where **donde** adj., conj.
  where? (destination) **¿adónde?** 2, 9; (location) **¿dónde?** 1, 9
  Where are you from? **¿De dónde eres?** fam. 1; **¿De dónde es usted?** form. 1
  Where is...? **¿Dónde está...?** 2
  (to) where? **¿adónde?** 2
which **que; lo que** rel. pron. 9
which? **¿cuál(es)?** adj., pron.; **¿qué?** 2, 9

which one(s)? **¿cuál(es)?** 2
while **mientras** *adv.* 10
white **blanco/a** *adj.* 6
  white wine **vino** *m.* **blanco** 8
who **que; quien(es)** *rel. pron.* 9
  who? **¿quién(es)?** 1, 9
  Who is…? **¿Quién es…?** 1
  Who is calling? (*on telephone*)
    ¿De parte de quién? 11
  Who is speaking? (*on telephone*)
    ¿Quién habla? 11
whole **todo/a** *adj.*
whom **quien(es)** *rel. pron.* 9
whose…? **¿de quién(es)…?** 1
why? **¿por qué?** *adv.* 2, 9
widowed **viudo/a** *adj.* 9
wife **esposa** *f.* 3
win **ganar** *v.* 4
wind **viento** *m.*
window **ventana** *f.* 2
windshield **parabrisas** *m., sing.* 11
windy: It's (very) windy. **Hace**
  (mucho) viento. 5
wine **vino** *m.* 8
  red wine **vino tinto** 8
  white wine **vino blanco** 8
wineglass **copa** *f.* 12
winter **invierno** *m.* 5
wish **desear** *v.* 2; **esperar** *v.* 13
  I wish (that) **Ojalá que** 13
with **con** *prep.* 2
  with me **conmigo** 4
  with you **contigo** *fam.*
within **dentro de** *prep.* 16
without **sin** *prep.* 13, 15; **sin que** *conj.*
  13
  without a doubt **sin duda**
woman **mujer** *f.* 1
wool **lana** *f.* 6
  (made of) wool **de lana** 6
word **palabra** *f.* 1
work **trabajar** *v.* 2; **funcionar** *v.* 11;
  trabajo *m.* 16
  work (*of art, literature, music, etc.*)
    obra *f.*
  work out **hacer** *v.* **gimnasia** 15
world **mundo** *m.* 13
worldwide **mundial** *adj. m., f.*
worried (about) **preocupado/a (por)**
  adj. 5
worry (about) **preocuparse** *v.* **(por)** 7
  Don't worry. **No se preocupe.**
    form. 7; **No te preocupes.** *fam.* 7
worse **peor** *adj. m., f.* 8
worst **el/la peor** 8; **lo peor**
Would you like to? **¿Te gustaría?**
write **escribir** *v.* 3
  write a letter/post card/e-mail
  message **escribir una carta/**
    (tarjeta) postal/mensaje *m.*
    electrónico 4

writer **escritor(a)** *m., f.* 16
written **escrito/a** *p.p.* 15
wrong **equivocado/a** *adj.* 5
  be wrong **no tener** *v.* **razón** 3

X

X-ray **radiografía** *f.* 10

Y

yard **jardín** *m.* 12; **patio** *m.* 12
year **año** *m.* 5
  be… years old **tener** *v.* **… años** 3
yellow **amarillo/a** *adj.* 6
yes **sí** *interj.* 1
yesterday **ayer** *adv.* 6
yet **todavía** *adv.* 5
yogurt **yogur** *m.*
you **tú** *sub. pron. fam. sing.* 1; **usted**
  sub. pron. form. sing. 1; **vosotros/**
  as *sub. pron. fam. pl.* 1; **ustedes**
  sub. pron. form. pl. 1; **te** *d. o. pron.*
  fam. sing. 5; **lo** *d. o. pron. m. form.*
  sing. 5; **la** *d. o. pron. f. form. sing.*
  5; **os** *d. o. pron. fam. pl.* 5; **los** *d. o.*
  pron. m. form. pl. 5; **las** *d. o. pron.*
  f. form. pl. 5; **le(s)** *i. o. pron.*
  form. 6
  you are **tú eres** *fam. sing.* 1; **usted**
    es *form. sing.* 1; **vosotros/as**
    sois *fam. pl.* 1; **ustedes son**
    form. pl. 1
  You don't say! **¡No me digas!** *fam.;*
    ¡No me diga! *form.* 11
  You're welcome. **De nada.** 1; **No**
  hay de qué. 1
young **joven** *adj.* 3
  young person **joven** *m., f.* 1
  young woman **señorita** *f.* 2
younger **menor** *adj. m., f.* 3
  younger brother, sister **hermano/a**
    menor *m., f.* 3
youngest **el/la menor** *m., f.* 8
your **su(s)** *poss., adj., form.* 3
  your **tu(s)** *poss., adj., fam. sing.* 3
  your **vuestro(s)/a(s)** *poss., adj.*
    form., pl.
  your(s) *form.* **suyo(s)/a(s)**
    poss. pron., form. 11
  your(s) **tuyo(s)/a(s)** *poss.,*
    fam., sing. 11
youth **juventud** *f.* 9; (young person)
  joven *m., f.* 1

Z

zero **cero** *m.* 1

Índice